SCHOTT-MESSBUCH

SCHOTT-MESSBUCH

FÜR DIE SONN- UND FESTTAGE DES LESEJAHRES B

Originaltexte der authentischen deutschen Ausgabe des Meßbuches und des Meßlektionars

Mit Einführungen herausgegeben von den Benediktinern der Erzabtei Beuron

VERLAG HERDER

FREIBURG · BASEL · WIEN

VORWORT

Mit diesem Schott B kommt die Neuausgabe des Sonntag-Schott zum Abschluß (Schott C: 1982; Schott A: 1983), hundert Jahre nach dem Erscheinen der ersten, von P. Anselm Schott besorgten Ausgabe. Die neue Ausgabe macht noch besser als die vorausgehenden die Entwicklung deutlich, die sich in diesen hundert Jahren vollzogen hat. Das Anliegen des Benediktinermönchs Anselm Schott war, daß alle Teilnehmer am Gottesdienst das heilige Geschehen verstehen und mitvollziehen könnten. Das war damals vor allem durch die lateinische Sprache erschwert, auch der Ritus war teilweise schwer verständlich. Das Zweite Vatikanische Konzil hat sich dieses Anliegen zu eigen gemacht und eine liturgische Erneuerung eingeleitet, wie P. Anselm Schott sie nicht zu träumen gewagt hätte.
Daß auch die erneuerte Liturgie ihre Probleme und Schwierigkeiten hat, braucht kaum gesagt zu werden, und daß ein Meßbuch in der Hand der Laien notwendig ist, zeigt die Erfahrung. Die Volkssprache und der vereinfachte Ritus tun nicht alles. Die Erneuerung der Liturgie erfüllt ihren Sinn in dem Maß, als ihr eine Erneuerung der Gemeinden entspricht. Und diese bleibt eine ständige Aufgabe für Priester und Laien. Die Vorbereitung des Gottesdienstes geht weit über die Regelung von Einzelheiten und den geordneten Verlauf des Ganzen hinaus. Verkündigung des Wortes, Liebe zum Wort und zum Sakrament, Zeugnis des Glaubens und Dienst der Liebe: das alles muß gesucht, gelernt und erworben und schließlich als Gabe Gottes empfangen werden. Das Meßbuch mit seiner Fülle von biblischen und biblisch inspirierten liturgischen Texten ist dazu eine Hilfe. Und das nicht nur am Sonntag.
Über diese Schott-Ausgabe ist das Notwendige in den beiden vorausgegangenen Teilbänden gesagt, es braucht nicht wiederholt zu werden. – Manchen Benützern zur Beruhigung: Soweit wir etwas über die Zukunft wissen, wird diese Schott-Ausgabe für viele Jahre gültig bleiben. Es lohnt, sich dieses Buch wirklich anzueignen. Altes und Neues darin zu entdecken und darin zu leben.

Beuron / San Benito de Llíu-Llíu (Chile), 11. Juli 1984

Odo Haggenmüller OSB

INHALT

Vorwort 5*

Tabelle für die Ordnung der Lesungen 10*
Kalendarium der Sonntage und Herrenfeste 12*
Abkürzungen der biblischen Bücher 16*

Einführung
A. Das Meßbuch 17*
B. Das Kirchenjahr 18*
C. Die heilige Versammlung 20*

DAS HERRENJAHR

Der Advent

1.–4. Adventssonntag 3

Die Weihnachtszeit

Weihnachten:
Am Heiligen Abend 28
In der Heiligen Nacht 35
Am Morgen 41
Am Tag 45
Fest der Heiligen Familie (1. Sonntag nach Weihnachten) . . . 52
Neujahr – Hochfest der Gottesmutter Maria 62
2. Sonntag nach Weihnachten 67
Erscheinung des Herrn 72
Taufe des Herrn 78

Die Fastenzeit

Aschermittwoch 87
1.–5. Fastensonntag 95

Die Karwoche
Palmsonntag 128
Gründonnerstag 153
Karfreitag 169
Karsamstag 192

Die Osterzeit
Ostersonntag:
Osternacht 193
Am Tag 233
Ostermontag 242
2.–6. Sonntag der Osterzeit 250
Christi Himmelfahrt 279
7. Sonntag der Osterzeit 287
Pfingsten 294
Pfingstmontag 312

Die Zeit im Jahreskreis
1.–33. Sonntag im Jahreskreis 439

Herrenfeste im Jahreskreis
Dreifaltigkeitssonntag 319
Fronleichnam 324
Herz Jesu 333
Christkönigssonntag 626

DIE FEIER DER GEMEINDEMESSE

Eröffnung 343
Wortgottesdienst 350
Eucharistiefeier 358
1. Hochgebet 362
2. Hochgebet 371
3. Hochgebet 380
4. Hochgebet 387
Entlassung 401

Präfationen: 402
Adventszeit I–V 402
Weihnachtszeit I–III 405
Erscheinung des Herrn 406
Taufe des Herrn 407
1.–5. Fastensonntag 407
Fastenzeit I–IV 410
Palmsonntag 412
Gründonnerstag (Chrisam-Messe) 412
Leiden des Herrn I und II 413
Osterzeit I–V 414
Christi Himmelfahrt I und II 416
Pfingsten 417
Heiliger Geist I und II 418
Dreifaltigkeit 419
Herz Jesu 419
Königtum Christi 420
Sonntage im Jahreskreis I–VIII 420
Eucharistie I und II 424
Maria I und II 425
Engel 426
Josef 427
Heilige I und II 427
Darstellung des Herrn (2. Februar) 428
Verkündigung des Herrn (25. März) 429
Johannes der Täufer (24. Juni) 429
Petrus und Paulus (29. Juni) 430
Verklärung Christi (6. August) 430
Aufnahme Mariens (15. August) 431
Kreuzerhöhung (14. September) 431
Allerheiligen (1. November) 432
Ohne Erbsünde empfangene Jungfrau Maria 432
Kirchweihe I und II 433
Brautmesse 434
Einheit der Christen 435
Verstorbene I–V 435
Wochentage I–III 437

DIE FESTE DES HERRN UND DER HEILIGEN

2. Februar	Darstellung des Herrn	633
19. März	Hl. Josef	641
25. März	Verkündigung des Herrn	648
24. Juni	Geburt des hl. Johannes des Täufers	654
29. Juni	Apostel Petrus und Paulus	665
6. August	Verklärung des Herrn	676
15. August	Mariä Aufnahme in den Himmel	682
14. September	Kreuzerhöhung	692
1. November	Allerheiligen	697
2. November	Allerseelen	704
9. November	Weihetag der Lateranbasilika	719
8. Dezember	Ohne Erbsünde empfangene Jungfrau Maria	722
26. Dezember	Stephanus	728
27. Dezember	Johannes	733
28. Dezember	Unschuldige Kinder	738

Beim Jahresgedächtnis einer Kirchweihe . . . 743

ANHANG

Anhang I	Commune-Texte für den Gesang des Antwortpsalmes	751
	Kehrverse	751
	Antwortpsalmen	752
Anhang II	Rufe vor dem Evangelium	767
	Rufe vor dem Evangelium in der Fastenzeit und in Messen für Verstorbene	770
Anhang III	Fürbitten	771

Verzeichnis der Schriftlesungen . . . 795

Verzeichnis der Antwortpsalmen . . . 800

Alphabetisches Heiligenverzeichnis . . . 802

Tabelle für die Ordnung der Lesungen

	Leseordnung für die Sonntage	Leseordnung für die Wochentage	Fest der Taufe des Herrn	Wochen im Jahreskreis	Sonntage nach Erscheinung	1. Sonntag der Fastenzeit
1991	B	I	13. Jan.	33	5	17. Febr.
1992	C	II	12. Jan.	33	8	8. März
1993	A	I	10. Jan.	33	7	28. Febr.
1994	B	II	9. Jan.	33	6	20. Febr.
1995	C	I	8. Jan.	34	8	5. März
1996	A	II	7. Jan.	34	7	25. Febr.
1997	B	I	12. Jan.	33	5	16. Febr.
1998	C	II	11. Jan.	33	7	1. März
1999	A	I	10. Jan.	33	6	21. Febr.
2000	B	II	9. Jan.	34	9	12. März
2001	C	I	7. Jan.	34	8	4. März
2002	A	II	13. Jan.	33	5	17. Febr.
2003	B	I	12. Jan.	33	8	9. März
2004	C	II	11. Jan.	33	7	29. Febr.

	Ostern	Pfingsten	Die Woche nach Pfingsten ist die … Woche im Jahreskreis	Fest der heiligsten Dreifaltigkeit	Der Sonntag *nach* Dreifaltigkeit ist der … Sonntag im Jahreskreis	1. Adventssonntag
1991	31. März	19. Mai	7.	26. Mai	9.	1. Dez.
1992	19. April	7. Juni	10.	14. Juni	12.	29. Nov.
1993	11. April	30. Mai	9.	6. Juni	11.	28. Nov.
1994	3. April	22. Mai	8.	29. Mai	10.	27. Nov.
1995	16. April	4. Juni	9.	11. Juni	11.	3. Dez.
1996	7. April	26. Mai	8.	2. Juni	10.	1. Dez.
1997	30. März	18. Mai	7.	25. Mai	9.	30. Nov.
1998	12. April	31. Mai	9.	7. Juni	11.	29. Nov.
1999	4. April	23. Mai	8.	30. Mai	10.	28. Nov.
2000	23. April	11. Juni	10.	18. Juni	12.	3. Dez.
2001	15. April	3. Juni	9.	10. Juni	11.	2. Dez.
2002	31. März	19. Mai	7.	26. Mai	9.	1. Dez.
2003	20. April	8. Juni	10.	15. Juni	12.	30. Nov.
2004	11. April	30. Mai	9.	6. Juni	11.	28. Nov.

Kalendarium der Sonntage und Herrenfeste

Lesejahr B	Seite	1990/91	1993/94	1996/97	1999/2000	2002/03
1. Adventssonntag	3	2. 12.	28. 11.	1. 12.	28. 11.	1. 12.
2. Adventssonntag	10	9. 12.	5. 12.	8. 12.	5. 12.	8. 12.
3. Adventssonntag	16	16. 12.	12. 12.	15. 12.	12. 12.	15.12.
4. Adventssonntag	21	23. 12.	19. 12.	22. 12.	19. 12.	22. 12.
Geburt des Herrn – Weihnachten	28	25. 12.	25. 12.	25. 12.	25. 12.	25. 12.
1. Sonntag nach Weihnachten – Fest der Hl. Familie	52	30. 12.	26. 12.	29. 12.	26. 12.	29. 12.
Oktavtag von Weihnachten – Maria Gottesmutter	62	1. 1.	1. 1.	1. 1.	1. 1.	1. 1.
2. Sonntag nach Weihnachten	67	—	2. 1.	5. 1.	2. 1.	5. 1.
Erscheinung des Herrn	72	6. 1.	6. 1.	6. 1.	6. 1.	6. 1.
Sonntag nach Erscheinung – Taufe des Herrn	78	13. 1.	9. 1.	12. 1.	9. 1.	12. 1.
Aschermittwoch	87	13. 2.	16. 2.	12. 2.	8. 3.	5. 3.
1. Fastensonntag	95	17. 2.	20. 2.	16. 2.	12. 3.	9. 3.
2. Fastensonntag	101	24. 2.	27. 2.	23. 2.	19. 3.	16. 3.
3. Fastensonntag	107	3. 3.	6. 3.	2. 3.	26. 3.	23. 3.
4. Fastensonntag	115	10. 3.	13. 3.	9. 3.	2. 4.	30. 3.
5. Fastensonntag	121	17. 3.	20. 3.	16. 3.	9. 4.	6. 4.

Lesejahr B	Seite	1990/91	1993/94	1996/97	1999/2000	2002/03
Palmsonntag	128	24. 3.	27. 3.	23. 3.	16. 4.	13. 4.
Gründonnerstag	153	28. 3.	31. 3.	27. 3.	20. 4.	17. 4.
Karfreitag	169	29. 3.	1. 4.	28. 3.	21. 4.	18. 4.
Fest der Auferstehung des Herrn	193	31. 3.	3. 4.	30. 3.	23. 4.	20. 4.
Ostermontag	242	1. 4.	4. 4.	31. 3.	24. 4.	21. 4.
2. Sonntag der Osterzeit	250	7. 4.	10. 4.	6. 4.	30. 4.	27. 4.
3. Sonntag der Osterzeit	257	14. 4.	17. 4.	13. 4.	7. 5.	4. 5.
4. Sonntag der Osterzeit	262	21. 4.	24. 4.	20. 4.	14. 5.	11. 5.
5. Sonntag der Osterzeit	268	28. 4.	1. 5.	27. 4.	21. 5.	18. 5.
6. Sonntag der Osterzeit	273	5. 5.	8. 5.	4. 5.	28. 5.	25. 5.
Christi Himmelfahrt	279	9. 5.	12. 5.	8. 5.	1. 6.	29. 5.
7. Sonntag der Osterzeit	287	12. 5.	15. 5.	11. 5.	4. 6.	1. 6.
Pfingsten	294	19. 5.	22. 5.	18. 5.	11. 6.	8. 6.
Pfingstmontag	312	20. 5.	23. 5.	19. 5.	12. 6.	9. 6.
2. Sonntag im Jahreskreis	439	20. 1.	16. 1.	19. 1.	16. 1.	19. 1.
3. Sonntag im Jahreskreis	445	27. 1.	23. 1.	26. 1.	23. 1.	26. 1.
4. Sonntag im Jahreskreis	450	3. 2.	30. 1.	2. 2.	30. 1.	—

Lesejahr B	Seite	1990/91	1993/94	1996/97	1999/2000	2002/03
5. Sonntag im Jahreskreis	456	10. 2.	6. 2.	9. 2.	6. 2.	9. 2.
6. Sonntag im Jahreskreis	461	—	13. 2.	-	13. 2.	16. 2.
7. Sonntag im Jahreskreis	467	—	—	—	20. 2.	23. 2.
8. Sonntag im Jahreskreis	472	—	—	—	27. 2.	2. 3.
9. Sonntag im Jahreskreis	477	2. 6.	—	1. 6.	5. 3.	—
10. Sonntag im Jahreskreis	484	9. 6.	5. 6.	8. 6.	—	—
11. Sonntag im Jahreskreis	490	16. 6.	12. 6.	15. 6.	—	—
12. Sonntag im Jahreskreis	496	23. 6.	19. 6.	22. 6.	25. 6.	22. 6.
13. Sonntag im Jahreskreis	501	30. 6.	26. 6.	—	2. 7.	—
14. Sonntag im Jahreskreis	509	7. 7.	3. 7.	6. 7.	9. 7.	6. 7.
15. Sonntag im Jahreskreis	515	14. 7.	10. 7.	13. 7.	16. 7.	13. 7.
16. Sonntag im Jahreskreis	521	21. 7.	17. 7.	20. 7.	23. 7.	20. 7.
17. Sonntag im Jahreskreis	527	28. 7.	24. 7.	27. 7.	30. 7.	27. 7.
18. Sonntag im Jahreskreis	533	4. 8.	31. 7.	3. 8.	—	3. 8.
19. Sonntag im Jahreskreis	539	11. 8.	7. 8.	10. 8.	13. 8.	10. 8.
20. Sonntag im Jahreskreis	544	18. 8.	14. 8.	17. 8.	20. 8.	17. 8.
21. Sonntag im Jahreskreis	550	25. 8.	21. 8.	24. 8.	27. 8.	24. 8.

Lesejahr B	Seite	1990/91	1993/94	1996/97	1999/2000	2002/03
22. Sonntag im Jahreskreis	556	1. 9.	28. 8.	31. 8.	3. 9.	31. 8.
23. Sonntag im Jahreskreis	562	8. 9.	4. 9.	7. 9.	10. 9.	7. 9.
24. Sonntag im Jahreskreis	568	15. 9.	11. 9.	—	17. 9.	—
25. Sonntag im Jahreskreis	574	22. 9.	18. 9.	21. 9.	24. 9.	21. 9.
26. Sonntag im Jahreskreis	579	29. 9.	25. 9.	28. 9.	1. 10.	28. 9.
27. Sonntag im Jahreskreis	585	6. 10.	2. 10.	5. 10.	8. 10.	5. 10.
28. Sonntag im Jahreskreis	592	13. 10.	9. 10.	12. 10.	15. 10.	12. 10.
29. Sonntag im Jahreskreis	598	20. 10.	16. 10.	19. 10.	22. 10.	19. 10.
30. Sonntag im Jahreskreis	604	27. 10.	23. 10.	26. 10.	29. 10.	26. 10.
31. Sonntag im Jahreskreis	609	3. 11.	30. 10.	—	5. 11.	—
32. Sonntag im Jahreskreis	615	10. 11.	6. 11.	—	12. 11.	—
33. Sonntag im Jahreskreis	621	17. 11.	13. 11.	16. 11.	19. 11.	16. 11.
Christkönigssonntag	626	24. 11.	20. 11.	23. 11.	26. 11.	23. 11.
Herrenfeste im Jahreskreis						
Dreifaltigkeitssonntag	319	26. 5.	29. 5.	25. 5.	18. 6.	15. 6.
Fronleichnam	324	30. 5.	2. 6.	29. 5.	22. 6.	19. 6.
Herz-Jesu-Fest	333	7. 6.	10. 6.	6. 6.	30. 6.	27. 6.

ABKÜRZUNGEN DER BIBLISCHEN BÜCHER

Altes Testament:

Gen	Genesis	Spr	Sprüche
Ex	Exodus	Koh	Kohelet (Prediger)
Lev	Levitikus	Hld	Hoheslied
Num	Numeri	Weish	Weisheit
Dtn	Deuteronomium	Sir	Jesus Sirach
Jos	Josua	Jes	Jesaja
Ri	Richter	Jer	Jeremia
Rut	Rut	Klgl	Klagelieder
1 Sam	1 Samuel	Bar	Baruch
2 Sam	2 Samuel	Ez	Ezechiel
1 Kön	1 Könige	Dan	Daniel
2 Kön	2 Könige	Hos	Hosea
1 Chr	1 Chronik	Joel	Joel
2 Chr	2 Chronik	Am	Amos
Esra	Esra	Obd	Obadja
Neh	Nehemia	Jona	Jona
Tob	Tobit	Mi	Micha
Jdt	Judit	Nah	Nahum
Est	Ester	Hab	Habakuk
1 Makk	1 Makkabäer	Zef	Zefanja (Sophonias)
2 Makk	2 Makkabäer	Hag	Haggai
Ijob	Ijob	Sach	Sacharja
Ps	Psalmen	Mal	Maleachi

Neues Testament:

Mt	Matthäus	1 Tim	1. Timotheusbrief
Mk	Markus	2 Tim	2. Timotheusbrief
Lk	Lukas	Tit	Titusbrief
Joh	Johannes	Phlm	Philemonbrief
Apg	Apostelgeschichte	Hebr	Hebräerbrief
Röm	Römerbrief	Jak	Jakobusbrief
1 Kor	1. Korintherbrief	1 Petr	1. Petrusbrief
2 Kor	2. Korintherbrief	2 Petr	2. Petrusbrief
Gal	Galaterbrief	1 Joh	1. Johannesbrief
Eph	Epheserbrief	2 Joh	2. Johannesbrief
Phil	Philipperbrief	3 Joh	3. Johannesbrief
Kol	Kolosserbrief	Jud	Judasbrief
1 Thess	1. Thessalonicherbrief	Offb	Offenbarung
2 Thess	2. Thessalonicherbrief		

EINFÜHRUNG

A. DAS MESSBUCH

Am 3. April 1969 hat Papst Paul VI. das neue Missale Romanum, das Römische Meßbuch, veröffentlicht. Das Zweite Vatikanische Konzil hatte angeordnet: „Der Meß-Ordo soll so überarbeitet werden, daß der Sinn der einzelnen Teile und ihr wechselseitiger Zusammenhang deutlicher hervortreten und die fromme und tätige Teilnahme der Gläubigen erleichtert wird." Der Meß-Ordo ist im wesentlichen das, was im neuen deutschen Meßbuch als „Feier der Gemeindemesse" bezeichnet wird. Darüber hinaus hatte das Konzil bestimmt, daß die Schatzkammer der Heiligen Schrift weit geöffnet werden soll; alle wichtigeren Teile der Bibel sollen im Verlauf einer bestimmten Zeit im Gottesdienst vorgelesen werden. So ergab sich die Notwendigkeit, das ganze Meßbuch gründlich zu überarbeiten.

Die deutsche Ausgabe des Römischen Meßbuches, von der Deutschen Bischofskonferenz approbiert und vom Papst bestätigt, wurde am ersten Fastensonntag 1976 verbindlich eingeführt. Die Studientexte der vorausgehenden Jahre und das deutsch-lateinische Altarmeßbuch von 1965 wurden damit außer Kraft gesetzt. Doch können ältere (kranke und behinderte) Priester mit Zustimmung des Bischofs weiterhin das sogenannte Tridentinische Missale Papst Pius' V. benützen, soweit es sich nicht um Meßfeiern mit der Gemeinde handelt.

Das neue Meßbuch widerspricht nicht dem Beschluß des Konzils von Trient, sondern führt dessen Absicht weiter. Das Trienter Konzil hatte nichts anderes getan als ein bestimmtes Meßbuch (es gab deren mehrere) für allgemein verbindlich zu erklären, nicht ohne zuvor an diesem Meßbuch, dem Meßbuch der Römischen Kurie, eine Reihe von Verbesserungen und Veränderungen vorzunehmen. Auch in der Folgezeit haben mehrere Päpste, vor allem der heilige Papst Pius X. (1911), an diesem Meßbuch beträchtliche Veränderungen vorgenommen. Papst Paul VI. hat also nichts grundsätzlich Neues getan, als er, den Auftrag des Zweiten Vatikanischen Konzils ausführend, das neue, überarbeitete Meßbuch herausgab.

Die überlieferte Grundordnung der Meßfeier und auch das theologische Grundverständnis der Messe haben sich im neuen Meßbuch nicht geändert. Einzelne Riten und Texte wurden in einfachere und klarere Formen gebracht. So fällt zum Beispiel in der deutschen Fassung auf, daß es bei den Worten über den Kelch heißt: „... mein Blut, das für euch und *für alle* vergossen wird" (früher: *„für viele"*, d. h. für die Vielen). So heißt es sachlich richtig und mit Zustimmung des Papstes auch im französischen und im italienischen Meßbuch (pour tous, per tutti). Auch im alten lateinischen Meßbuch (dem Meßbuch Pius' V.) hieß es ja am Gründonnerstag schon bisher: „Am Abend, bevor er für unser Heil und für das Heil *aller* Menschen (omniumque salute) das Leiden auf sich nahm ..."

Neu sind im Meß-Ordo vor allem die drei Hochgebete, die nun zusätzlich zum alten römischen Meßkanon zur Verfügung stehen. Das ist eine wesentliche Bereicherung unserer Liturgie, die im allgemeinen auch dankbar aufgenommen wurde. Neu sind diese Hochgebete in Wirklichkeit nicht; sie greifen in ihrer Struktur und ihren Aussagen auf älteste Liturgien zurück. Entsprechendes gilt auch von anderen „Neuerungen" in der Meßliturgie. Wichtig ist, daß wir mit dem neuen Meßbuch und der erneuerten Liturgie zu leben lernen. Die Liturgie ist ja in unserem Leben nicht ein isoliertes Zwischenspiel; wir sollen sie als die lebendige Mitte begreifen. Dazu will auch diese Volksausgabe, der neue „Schott", eine Hilfe sein.

B. DAS KIRCHENJAHR

Im Ablauf jedes Jahres feiert die Kirche das Mysterium Christi und damit ihr eigenstes Lebensgeheimnis. Wir sind gewohnt, das Kirchenjahr mit dem Advent, der Zeit der Erwartung, zu beginnen, und wir beschließen es mit dem letzten Sonntag nach Pfingsten. Dabei erfahren wir jedes Jahr, wie Erwartung und Erfüllung ineinandergreifen.

1. Das erste und ursprünglich einzige Fest im christlichen Jahr ist Ostern, das „Pascha des Herrn“. Die Drei Österlichen Tage (vom Abend des Gründonnerstags bis zur Vesper des Ostersonntags) sind der Höhepunkt des ganzen Kirchenjahres. Das christliche Osterfest hat seine Wurzeln in der Paschafeier des Alten Bundes. Israel feierte am Paschafest die Befreiung aus der ägyptischen Knechtschaft als die große Rettungstat seines Gottes. Inhalt des christlichen Festes, im Deutschen „Osterfest“ genannt, ist die neue, größere Befreiung, die Christus durch seinen Tod und seine Auferstehung der ganzen Menschheit gebracht hat. „Als unser Paschalamm ist Christus geopfert worden“, schreibt der Apostel Paulus an die Christen von Korinth (1 Kor 5,7). Sooft die christliche Gemeinde in ihrer Eucharistiefeier die Erinnerung an den Tod und die Auferstehung Christi begeht, feiert sie Ostern. Das tut sie vor allem am ersten Wochentag, dem „Tag des Herrn“. Jeder Sonntag ist ein kleines Osterfest.
Mit der Feier des Todes und der Auferstehung Jesu an Ostern verbindet sich die Erinnerung an seine Himmelfahrt und an die Sendung des Heiligen Geistes. Schon früh entstanden daher, als Begleitfeste von Ostern, die Feste Christi Himmelfahrt und Pfingsten. Als Vorbereitung auf Ostern, als Zeit der Umkehr und der Erneuerung, dient die Fastenzeit, die sechs Wochen vor Ostern beginnt. So umfaßt die österliche Festzeit den Zeitraum vom ersten Fastensonntag (vom Aschermittwoch) bis zum Pfingstsonntag. Einen festen Termin hat das Osterfest nicht: es wird nach abendländischem Brauch am Sonntag nach dem ersten Frühlingsvollmond begangen.

2. Neben Ostern, das als Mitte und Gipfel des liturgischen Jahres zu gelten hat, steht als zweites Hochfest Weihnachten, das Fest der Menschwerdung, an dem wir Jesus, das Kind der Jungfrau Maria, als den wahren Gottessohn begrüßen und anbeten.

Die vorausgehenden Wochen des Advents und das abschließende Fest der Erscheinung (Epiphanie) erweitern und vertiefen den Festgedanken von Weihnachten. „Advent" bedeutete, ebenso wie „Epiphanie", in der Zeit, als diese Feste entstanden, die Ankunft des Herrschers, seinen glückverheißenden Einzug in eine Stadt. An Weihnachten feiern wir mehr die Ankunft des Herrn in Armut und Schwachheit, eben seine menschliche Geburt; die Adventszeit aber erinnert uns, ebenso wie das abschließende Epiphaniefest, an das Kommen Christi in Macht und Herrlichkeit, das wir erwarten.

3. Zwischen dem Weihnachts- und dem Osterfestkreis liegen die „Sonntage im Jahreskreis", die grünen Sonntage. Die „Zeit im Jahreskreis" umfaßt 33 oder 34 Wochen. Sie beginnt am Sonntag nach dem 6. Januar und dauert zunächst bis zum Dienstag vor dem Aschermittwoch. Dann beginnt sie wieder mit dem Montag (Dienstag) nach Pfingsten und endet am Samstag vor dem ersten Adventssonntag.

Der Inhalt auch dieser gewöhnlichen Sonntage und Wochentage ist Christus selbst, der in seiner Kirche und mit ihr den Weg durch das Jahr und durch die Jahrhunderte geht. Daß wir die Wahrheit seiner Auferstehung erkennen, die Macht seiner Liebe erfahren und uns für sein Kommen bereit machen, das ist der Sinn des Kirchenjahres und alles liturgischen Tuns.

C. DIE HEILIGE VERSAMMLUNG

Der Ort, wo christlicher Gottesdienst gefeiert wird, ist die versammelte Gemeinde der Gläubigen: derer, die an Jesus Christus glauben, an seinen Tod am Kreuz, an die göttliche Macht seines Lebens und an sein Kommen in Herrlichkeit.

Diese Versammlung ist mehr als nur die Summe von einzelnen, die Erbauung suchen oder am Sonntag ihre Christenpflicht erfüllen wollen. Gott selbst ist es, der sie zusammenruft, so wie er einst am Sinai die „Kinder Israels" zusammengerufen hat, um zu ihnen zu sprechen und sie zu seinem Volk zu machen. Von der Begegnung mit Gott und vom immer neuen Hören auf sein Wort lebt das Volk Gottes auf seinem Weg durch die Wüste der Jahrhunderte. Hierin gleicht das neue Gottesvolk, die Kirche Christi, dem Volk, zu dem Gott am Sinai gesprochen hat.

Von Anfang an war den Christen die Zusammenkunft zur eucharistischen Feier geradezu lebenswichtig. Sie ohne Not zu versäumen galt als gefährliche Nachlässigkeit, gefährlich für den Glauben des einzelnen wie für den Bestand der Gemeinde. „Wir können nicht auf unsere Sonntagsversammlungen verzichten: die Versammlungen am Tag des Herrn können nicht unterbrochen werden", das erklärten christliche Märtyrer vor dem heidnischen Richter zur Zeit des Kaisers Diokletian. In der Versammlung zur heiligen Feier erfährt und bekundet die Kirche sich selbst, ihren Glauben und ihre Hoffnung. Zwar existiert die Kirche als Gemeinschaft der Glaubenden auch dann, wenn sie nicht versammelt ist, aber sie würde zu bestehen aufhören, wenn ihre Glieder sich nicht immer wieder versammeln würden. Die versammelte Gemeinde am Ort weiß sich dem größeren Ganzen verbunden durch den einen Glauben und die eine Taufe, den einen Geist und die eine gemeinsame Hoffnung. Der Bischof der Diözese und das Oberhaupt der Gesamtkirche werden daher in jeder Meßfeier genannt. Die Freuden und Nöte anderer Gemeinden und aller Menschen sind dem betenden Gedenken gegenwärtig. Nach den Aussagen des Hebräerbriefs (Kapitel 12), die auch in liturgischen Texten wiederkehren, ist der Horizont der christlichen Liturgie noch viel weiter: die festliche Versammlung ereignet sich im himmlischen Jerusalem, in der Stadt des lebendigen Gottes, in der Gemeinschaft mit den Engeln des Himmels, mit den Brüdern und Schwestern, die bereits zur Vollendung gelangt sind, und vor allem: in der Gemeinschaft mit Christus selbst und seiner Hingabe im Opfer.

„Wo zwei oder drei in meinem Namen versammelt sind, da bin ich mitten unter ihnen" (Mt 18,20): diese Verheißung Jesu gilt ganz besonders da, wo sich die Gemeinde (Ortskirche, Hausgemeinschaft) versammelt, um das Wort Gottes zu hören und Eucharistie zu feiern. Da lebt Christus durch den Glauben in den Herzen der Versammelten, er spricht zu ihnen durch das Wort der Schrift, er ist gegenwärtig in der Person dessen, der in der Gemeinde den priesterlichen Dienst erfüllt; besonders aber ist er zugegen in den eucharistischen Gestalten von Brot und Wein. Er selbst gibt sich den Seinen als Brot des Lebens, als das wahre Osterlamm, wie er beim Abendmahl sich den Jüngern als Speise und Trank gereicht hat.

DAS HERRENJAHR

DER ADVENT

ERSTER ADVENTSSONNTAG

Die Welt ist noch nicht fertig, die Geschichte ist nicht zu Ende. Nichts wird bleiben, wie es ist. Die Zukunft ist, wie die Gegenwart, Licht und Dunkel zugleich. Unsere Zukunft aber ist Christus. Er ist gekommen, und er wird kommen; immer ist er der Kommende. Und wir warten auf seinen Tag, seinen Advent. Advent heißt Ankunft: Kommen Christi in offenbarer Wahrheit und Klarheit. Und Gott wartet auf uns: Er gibt uns die gegenwärtige Zeit als Zeit der Gnade, als Weg in die Zukunft. „Ich bin der Weg", sagt uns Christus.

ERÖFFNUNGSVERS Ps 25 (24), 1–3

**Zu dir, Herr, erhebe ich meine Seele. Mein Gott, dir vertraue ich.
Laß mich nicht scheitern, laß meine Feinde nicht triumphieren!
Denn niemand, der auf dich hofft, wird zuschanden.**

TAGESGEBET

**Herr, unser Gott,
alles steht in deiner Macht;
du schenkst das Wollen und das Vollbringen.
Hilf uns, daß wir auf dem Weg der Gerechtigkeit
Christus entgegengehen
und uns durch Taten der Liebe
auf seine Ankunft vorbereiten,
damit wir den Platz zu seiner Rechten erhalten,
wenn er wiederkommt in Herrlichkeit.
Er, der in der Einheit des Heiligen Geistes
mit dir lebt und herrscht in alle Ewigkeit.**

ZUR 1. LESUNG *Die Lesung aus dem Buch Jesaja ist ein Gebet aus dunkler Zeit; nach der Heimkehr aus dem babylonischen Exil war die Situation in Jerusalem schwierig, fast aussichtslos. Dieses Gebet beginnt mit der Anrufung Gottes: „Du bist unser Vater, unser Erlöser von jeher." Gott vergibt die Schuld und gewährt Zukunft denen, die seinen Namen anrufen. Er ist unser Vater.*

ERSTE LESUNG Jes 63,16b–17.19b; 64,3–7

Reiß doch den Himmel auf, und komm herab!

Lesung
aus dem Buch Jesája.

16b **Du, Herr, bist unser Vater,**
„Unser Erlöser von jeher" wirst du genannt.
17 **Warum läßt du uns, Herr, von deinen Wegen abirren**
und machst unser Herz hart,
so daß wir dich nicht mehr fürchten?
Kehre zurück um deiner Knechte willen,
um der Stämme willen, die dein Eigentum sind.
19b **Reiß doch den Himmel auf, und komm herab,**
so daß die Berge zittern vor dir.

3 **Seit Menschengedenken hat man noch nie vernommen,**
kein Ohr hat gehört, kein Auge gesehen,
daß es einen Gott gibt außer dir,
der denen Gutes tut, die auf ihn hoffen.
4 **Ach, kämst du doch denen entgegen, die tun, was recht ist,**
und nachdenken über deine Wege.

Ja, du warst zornig;
denn wir haben gegen dich gesündigt,
von Urzeit an sind wir treulos geworden.
5 **Wie unreine Menschen sind wir alle geworden,**
unsere ganze Gerechtigkeit ist wie ein schmutziges Kleid.
Wie Laub sind wir alle verwelkt,
unsere Schuld trägt uns fort wie der Wind.
6 **Niemand ruft deinen Namen an,**
keiner rafft sich dazu auf, festzuhalten an dir.
Denn du hast dein Angesicht vor uns verborgen
und hast uns der Gewalt unserer Schuld überlassen.
7 **Und doch bist du, Herr, unser Vater.**
Wir sind der Ton, und du bist unser Töpfer,
wir alle sind das Werk deiner Hände.

ANTWORTPSALM Ps 80 (79), 2ac u. 3bc.15–16.18–19 (R: vgl. 4)

℟ **Richte uns wieder auf, o Gott,** (GL 529, 1)[1]
laß dein Angesicht leuchten, dann sind wir gerettet. – ℟

ac **Du Hirte Israels, höre! *** II. Ton[2]
Der du auf den Kérubim thronst, erscheine!

bc **Biete deine gewaltige Macht auf, ***
und komm uns zu Hilfe! – (℟)

5 **Gott der Heerscharen, wende dich uns wieder zu! ***
Blick vom Himmel herab, und sieh auf uns!
Sorge für diesen Weinstock *
6 **und für den Garten, den deine Rechte gepflanzt hat.** – (℟)

8 **Deine Hand schütze den Mann zu deiner Rechten, ***
den Menschensohn, den du für dich groß und stark gemacht.

9 **Erhalt uns am Leben! ***
Dann wollen wir deinen Namen anrufen und nicht von dir weichen. – ℟

ZUR 2. LESUNG *Christen sind dankbare und ungeduldige Menschen. Dankbar für die Gaben des Geistes: für den Glauben und die Hoffnung auf die „Offenbarung unseres Herrn Jesus Christus". Ihm gehen wir entgegen. Das Maß unserer Ungeduld wird dem Maß unseres Glaubens und unserer Liebe entsprechen. Die alltägliche Form des Glaubens und der Liebe aber ist die Treue.*

ZWEITE LESUNG 1 Kor 1, 3–9

Wir warten auf die Offenbarung unseres Herrn Jesus Christus

Lesung
aus dem ersten Brief des Apostels Paulus an die Korínther.

Gnade sei mit euch
und Friede von Gott, unserem Vater,
und dem Herrn Jesus Christus.

---

[1] Anstelle des abgedruckten Kehrverses kann ein entsprechender Kehrvers aus dem „Gotteslob", auf den jeweils in dieser Form verwiesen wird, gesungen werden.

[2] Alle Antwortpsalm-Verse sind durch Unterstreichungen und Bogen zum Singen eingerichtet. Der angegebene Psalmton ist auf dem Beilageblatt mit Noten abgedruckt.

4 **Ich danke Gott jederzeit euretwegen**
für die Gnade Gottes,
die euch in Christus Jesus geschenkt wurde,
5 **daß ihr an allem reich geworden seid in ihm,**
an aller Rede und aller Erkenntnis.
6 **Denn das Zeugnis über Christus wurde bei euch gefestigt,**
7 **so daß euch keine Gnadengabe fehlt,**
während ihr
auf die Offenbarung Jesu Christi, unseres Herrn, wartet.
8 **Er wird euch auch festigen bis ans Ende,**
so daß ihr schuldlos dasteht am Tag Jesu, unseres Herrn.
9 **Treu ist Gott,**
durch den ihr berufen worden seid
zur Gemeinschaft mit seinem Sohn Jesus Christus,
unserem Herrn.

RUF VOR DEM EVANGELIUM Vers: Ps 85 (84), 8

Halleluja. Halleluja.[1]

Erweise uns, Herr, deine Huld,
und gewähre uns dein Heil!

Halleluja.

ZUM EVANGELIUM *Es gibt Ereignisse der Zukunft, die wir im voraus berechnen und vielleicht auch beeinflussen können. Das große Ereignis aber, auf das wir warten, hat kein Datum in unserem Kalender. „Ihr wißt nicht, wann die Zeit da ist." Bis dahin, bis „der Hausherr kommt", ist Zeit des Wachens: verantwortlich die gegenwärtige Stunde leben und nach dem Herrn ausschauen, der kommen wird – an seinem Tag.*

EVANGELIUM Mk 13, 33–37

Seid wachsam! Denn ihr wißt nicht, wann der Hausherr kommt

✠ **Aus dem heiligen Evangelium nach Markus.**

In jener Zeit sprach Jesus zu seinen Jüngern:
33 **Seht euch vor,**
und bleibt wach!

[1] Singweisen für das Halleluja siehe Beilageblatt.

Denn ihr wißt nicht, wann die Zeit da ist.
4 Es ist wie mit einem Mann,
der sein Haus verließ, um auf Reisen zu gehen:
Er übertrug alle Verantwortung seinen Dienern,
jedem eine bestimmte Aufgabe;
dem Türhüter befahl er, wachsam zu sein.

5 Seid also wachsam!
Denn ihr wißt nicht, wann der Hausherr kommt,
ob am Abend oder um Mitternacht,
ob beim Hahnenschrei oder erst am Morgen.
6 Er soll euch, wenn er plötzlich kommt,
nicht schlafend antreffen.

7 Was ich aber euch sage,
das sage ich allen:
Seid wachsam!

Oder:

EVANGELIUM Mk 13,24–37

Dann wird man den Menschensohn mit großer Macht und Herrlichkeit auf den Wolken kommen sehen.
Seid wachsam! Denn ihr wißt nicht, wann der Hausherr kommt

✠ Aus dem heiligen Evangelium nach Markus.

Jesus sprach zu seinen Jüngern:
4 In jenen Tagen, nach der großen Not,
wird sich die Sonne verfinstern,
und der Mond wird nicht mehr scheinen;
5 die Sterne werden vom Himmel fallen,
und die Kräfte des Himmels werden erschüttert werden.

6 Dann wird man den Menschensohn
mit großer Macht und Herrlichkeit
auf den Wolken kommen sehen.
7 Und er wird die Engel aussenden
und die von ihm Auserwählten
aus allen vier Windrichtungen zusammenführen,
vom Ende der Erde bis zum Ende des Himmels.

8 Lernt etwas aus dem Vergleich mit dem Feigenbaum!
Sobald seine Zweige saftig werden und Blätter treiben,
wißt ihr, daß der Sommer nahe ist.

29 **Genauso sollt ihr erkennen,**
wenn ihr all das geschehen seht,
daß das Ende vor der Tür steht.

30 **Amen, ich sage euch:**
Diese Generation wird nicht vergehen,
bis das alles eintrifft.
31 **Himmel und Erde werden vergehen,**
aber meine Worte werden nicht vergehen.
32 **Doch jenen Tag und jene Stunde kennt niemand,**
auch nicht die Engel im Himmel,
nicht einmal der Sohn,
sondern nur der Vater.

33 **Seht euch also vor,**
und bleibt wach!
Denn ihr wißt nicht, wann die Zeit da ist.
34 **Es ist wie mit einem Mann,**
der sein Haus verließ, um auf Reisen zu gehen:
Er übertrug alle Verantwortung seinen Dienern,
jedem eine bestimmte Aufgabe;
dem Türhüter befahl er, wachsam zu sein.

35 **Seid also wachsam!**
Denn ihr wißt nicht, wann der Hausherr kommt,
ob am Abend oder um Mitternacht,
ob beim Hahnenschrei oder erst am Morgen.
36 **Er soll euch, wenn er plötzlich kommt,**
nicht schlafend antreffen.

37 **Was ich aber euch sage,**
das sage ich allen:
Seid wachsam!

Glaubensbekenntnis, S. 352 ff.
Fürbitten vgl. S. 771 ff.

ZUR EUCHARISTIEFEIER *Wachen heißt klar die Wirklichkeit sehen, in der wir leben, und die Wirklichkeit, der wir entgegengehen. Diese Wirklichkeit heißt Christus. Er ist uns jetzt schon gegenwärtig: in seinem Wort, im Sakrament, in den Brüdern.*

GABENGEBET

**Allmächtiger Gott,
alles, was wir haben, kommt von dir.
Nimm die Gaben an, die wir darbringen.
Mache sie für uns in diesem Leben
zum Sakrament der Erlösung
und rufe uns an deinen Tisch im kommenden Reich.
Darum bitten wir durch Christus, unseren Herrn.**

Adventspräfation, S. 402 ff.

KOMMUNIONVERS Ps 85 (84), 13

**Der Herr wird seinen Segen spenden,
und unsere Erde bringt ihre Frucht hervor.**

SCHLUSSGEBET

**Herr, unser Gott,
du hast uns an deinem Tisch
mit neuer Kraft gestärkt.
Zeige uns den rechten Weg
durch diese vergängliche Welt
und lenke unseren Blick auf das Unvergängliche,
damit wir in allem dein Reich suchen.
Darum bitten wir durch Christus, unseren Herrn.**

FÜR DEN TAG UND DIE WOCHE

Er ist nahe *Gott ist da, Gott ist ganz nahe. Er kann gefunden werden. Wir Menschen haben keine Maße, um seine Unermeßlichkeit zu fassen; keine Hände, die ihn greifen, keine Begriffe, die ihn be-greifen könnten. Aber er hat uns ein Herz gegeben, das ihn suchen kann und finden will. „Im Wolkendunkel komme ich zu dir", sagte er zu Mose. Er kommt, aber im Wolkendunkel. Er ist nahe, aber in Verborgenheit.*

ZWEITER ADVENTSSONNTAG

Wiederkunft Christi und Ende der Welt: das sind Ereignisse, die unsere Vorstellungskraft übersteigen. Der Christ weiß darüber das Wesentliche: daß die Geschichte dieser Welt die Geschichte Gottes ist, daß Gott die Welt vollenden will, nicht zerstören. Und daß die Offenbarung der Herrlichkeit Gottes nicht ein stumpfes, blindes Ereignis sein kann; sie wird von denen vorbereitet und auch jetzt schon erfahren, die sich Gott zuwenden mit der ganzen Kraft ihres Lebens.

ERÖFFNUNGSVERS

Vgl. Jes 30, 19.30

Der Herr wird kommen, um die Welt zu erlösen.
Volk Gottes, mach dich bereit.
Höre auf ihn, und dein Herz wird sich freuen.

TAGESGEBET

Allmächtiger und barmherziger Gott,
deine Weisheit allein zeigt uns den rechten Weg.
Laß nicht zu,
daß irdische Aufgaben und Sorgen uns hindern,
deinem Sohn entgegenzugehen.
Führe uns durch dein Wort und deine Gnade
zur Gemeinschaft mit ihm,
der in der Einheit des Heiligen Geistes
mit dir lebt und herrscht in alle Ewigkeit.

ZUR 1. LESUNG *Der Gott Israels ist bei seinem Volk, auch in der Fremde. Er wird es aus dem babylonischen Exil in die Heimat zurückführen, wie er es einst aus der ägyptischen Knechtschaft befreit hat. Der Prophet hat in dieser Zeit der Not den Auftrag, zu trösten, dem Volk wieder Hoffnung zu geben. Gott ist treu, sein Wort gilt. Und er ist mächtig, die Schuld zu vergeben und das Verlorene zu retten.*

ERSTE LESUNG

Jes 40, 1–5.9–11

Bahnt für den Herrn einen Weg!

Lesung
aus dem Buch Jesája.

1 **Tröstet, tröstet mein Volk,**
spricht euer Gott.
2 **Redet Jerusalem zu Herzen**
und verkündet der Stadt,
daß ihr Frondienst zu Ende geht,
daß ihre Schuld beglichen ist;
denn sie hat die volle Strafe erlitten von der Hand des Herrn
für all ihre Sünden.

3 **Eine Stimme ruft:**
Bahnt für den Herrn einen Weg durch die Wüste!
Baut in der Steppe eine ebene Straße für unseren Gott!
4 **Jedes Tal soll sich heben,**
jeder Berg und Hügel sich senken.
Was krumm ist, soll gerade werden,
und was hüglig ist, werde eben.
5 **Dann offenbart sich die Herrlichkeit des Herrn,**
alle Sterblichen werden sie sehen.
Ja, der Mund des Herrn hat gesprochen.

9 **Steig auf einen hohen Berg,**
Zion, du Botin der Freude!
Erheb deine Stimme mit Macht,
Jerusalem, du Botin der Freude!
Erheb deine Stimme, fürchte dich nicht!
Sag den Städten in Juda:
Seht, da ist euer Gott.
10 **Seht, Gott, der Herr, kommt mit Macht,**
er herrscht mit starkem Arm.
Seht, er bringt seinen Siegespreis mit:
Alle, die er gewonnen hat, gehen vor ihm her.
11 **Wie ein Hirt führt er seine Herde zur Weide,**
er sammelt sie mit starker Hand.
Die Lämmer trägt er auf dem Arm,
die Mutterschafe führt er behutsam.

ANTWORTPSALM Ps 85 (84), 9–10.11–12.13–14 (R: 8)

℟ **Erweise uns, Herr, deine Huld,** (GL 118, 4)
und gewähre uns dein Heil! – ℟

9 **Ich will hören, was Gott redet: †** VI. Ton
Frieden verkündet der Herr seinem Volk *
und seinen Frommen, den Menschen mit redlichem Herzen.

10 **Sein Heil ist denen nahe, die ihn fürchten. ***
Seine Herrlichkeit wohne in unserm Land. – (℟)

11 **Es begegnen einander Huld und Treue; ***
Gerechtigkeit und Friede küssen sich.

12 **Treue sproßt aus der Erde hervor; ***
Gerechtigkeit blickt vom Himmel hernieder. – (℟)

13 **Auch spendet der Herr dann Segen, ***
und unser Land gibt seinen Ertrag.

14 **Gerechtigkeit geht vor ihm her, ***
und Heil folgt der Spur seiner Schritte. – ℟

ZUR 2. LESUNG *Die frühe Christenheit erwartete die Wiederkunft des Herrn in naher Zukunft (1 Thess 4, 14–17). Aber die Jahre vergingen, und es geschah nichts; wie sollte man das verstehen und im Glauben bewältigen? Die Antwort des zweiten Petrusbriefs: Die Zeit Gottes hat andere Maße als unsere kleine Menschenzeit. Unsere Zeit ist begrenzt; sie wird verlängert, weil Gott will, daß alle Menschen sich bekehren und gerettet werden. Für den Christen aber gilt jetzt schon das Gesetz der kommenden Welt: Reinheit der Gesinnung und der Tat und ein Leben in Frieden und Gerechtigkeit.*

ZWEITE LESUNG 2 Petr 3, 8–14

Wir erwarten einen neuen Himmel und eine neue Erde

Lesung
aus dem zweiten Brief des Apostels Petrus.

8 **Das eine, liebe Brüder, dürft ihr nicht übersehen:**
daß beim Herrn ein Tag wie tausend Jahre
und tausend Jahre wie ein Tag sind.

Der Herr zögert nicht mit der Erfüllung der Verheißung,
wie einige meinen, die von Verzögerung reden;
er ist nur geduldig mit euch,
weil er nicht will, daß jemand zugrunde geht,
sondern daß alle sich bekehren.

10 **Der Tag des Herrn wird aber kommen wie ein Dieb.**
Dann wird der Himmel prasselnd vergehen,
die Elemente werden verbrannt und aufgelöst,
die Erde und alles, was auf ihr ist,
werden nicht mehr gefunden.

11 **Wenn sich das alles in dieser Weise auflöst:**
wie heilig und fromm müßt ihr dann leben,
12 **den Tag Gottes erwarten**
und seine Ankunft beschleunigen!
An jenem Tag wird sich der Himmel im Feuer auflösen,
und die Elemente werden im Brand zerschmelzen.
13 **Dann erwarten wir, seiner Verheißung gemäß,**
einen neuen Himmel und eine neue Erde,
in denen die Gerechtigkeit wohnt.

14 **Weil ihr das erwartet, liebe Brüder,**
bemüht euch darum, von ihm ohne Makel und Fehler
und in Frieden angetroffen zu werden.

RUF VOR DEM EVANGELIUM Vers: Lk 3,4.6

Halleluja. Halleluja.

Bereitet dem Herrn den Weg!
Ebnet ihm die Straßen!
Und alle Menschen werden das Heil sehen, das von Gott kommt.

Halleluja.

ZUM EVANGELIUM *Das Wort „Evangelium" bedeutet Frohe Botschaft: die Gute Nachricht von Jesus, dem Christus, dem verheißenen Retter, Gottessohn und Menschensohn. Er selbst in seiner Person ist das Evangelium Gottes; in seinem Wort und seiner Tat spricht Gott die Menschen an. Johannes der Täufer war sein Vorbote und Wegbereiter; er trat als Prophet auf, herb und streng, aber demütig sich beugend vor dem Größeren, der nach ihm kam.*

EVANGELIUM Mk 1,1–8

Bereitet dem Herrn den Weg!

✠ **Aus dem heiligen Evangelium nach Markus.**

1 **Anfang des Evangeliums von Jesus Christus, dem Sohn Gottes:**
2 **Es begann, wie es bei dem Propheten Jesája steht:**

Ich sende meinen Boten vor dir her;
er soll den Weg für dich bahnen.
3 **Eine Stimme ruft in der Wüste:**
Bereitet dem Herrn den Weg!
Ebnet ihm die Straßen!

4 **So trat Johannes der Täufer in der Wüste auf**
und verkündigte Umkehr und Taufe
zur Vergebung der Sünden.
5 **Ganz Judäa und alle Einwohner Jerusalems zogen zu ihm hinaus;**
sie bekannten ihre Sünden
und ließen sich im Jordan von ihm taufen.
6 **Johannes trug ein Gewand aus Kamelhaaren**
und einen ledernen Gürtel um seine Hüften,
und er lebte von Heuschrecken und wildem Honig.
7 **Er verkündete:**
Nach mir kommt einer, der ist stärker als ich;
ich bin es nicht wert,
mich zu bücken, um ihm die Schuhe aufzuschnüren.
8 **Ich habe euch nur mit Wasser getauft,**
er aber wird euch mit dem Heiligen Geist taufen.

Glaubensbekenntnis, S. 352 ff.
Fürbitten vgl. S. 771 ff.

ZUR EUCHARISTIEFEIER *Die Gemeinde, die um den Altar versammelt ist, hat den Ruf zur Umkehr gehört. Gott ruft uns in seine Nähe; die Feier der Eucharistie besiegelt aufs neue unsere Gemeinschaft mit Gott im Heiligen Geist.*

GABENGEBET

Barmherziger Gott,
wir bekennen, daß wir immer wieder versagen
und uns nicht auf unsere Verdienste berufen können.
Komm uns zu Hilfe, ersetze, was uns fehlt,
und nimm unsere Gebete und Gaben gnädig an.
Darum bitten wir durch Christus, unseren Herrn.

Adventspräfation, S. 402 ff.

KOMMUNIONVERS Bar 5, 5; 4, 36

Jerusalem, erhebe dich,
steig auf den Berg und schau die Freude,
die von deinem Gott zu dir kommt.

SCHLUSSGEBET

Herr, unser Gott,
im heiligen Mahl
hast du uns mit deinem Geist erfüllt.
Lehre uns durch die Teilnahme an diesem Geheimnis,
die Welt im Licht deiner Weisheit zu sehen
und das Unvergängliche mehr zu lieben
als das Vergängliche.
Darum bitten wir durch Christus, unseren Herrn.

FÜR DEN TAG UND DIE WOCHE

Nicht der Mensch, wiewohl er für seine Schuld büßt, leistet Genugtuung, sondern Gott ist es, der es an der Strafe genug sein läßt.
Nicht der Mensch bereitet Gott den Weg, sondern Gott bahnt sich selber eine Straße zum Menschen.
Nicht der Mensch vermag durch sein eigenes Bemühen Gott zu erkennen, sondern Gott gibt sich, durch die Offenbarung seiner Herrlichkeit, aus freien Stücken dem Menschen zu erkennen.
Nicht der Mensch macht Gottes Wort wirksam, sondern Gottes Wort währt und bewährt sich trotz des Versagens des Menschen.
Nicht der Mensch geht zu Gott, sondern Gott kommt zum Menschen.
(Notker Füglister)

DRITTER ADVENTSSONNTAG

Der Mensch fragt nach dem Sinn und sehnt sich nach Glück. Sein Herz ist unruhig, bis es seinen Ort, das Ziel seiner Sehnsucht, erreicht hat. Sehnsucht nach Gott ist Sehnsucht nach Frieden und Freude, nach der Fülle. Nicht Sehnsucht nach dieser oder jener Gabe Gottes, sondern nach ihm selbst, dem lebendigen Gott. Damit geben wir Gott die Ehre, und wir werden bereit, die ganze Fülle Gottes zu empfangen.

ERÖFFNUNGSVERS Phil 4,4.5

Freut euch im Herrn zu jeder Zeit! Noch einmal sage ich: Freut euch! Denn der Herr ist nahe.

TAGESGEBET

**Allmächtiger Gott,
sieh gütig auf dein Volk,
das mit gläubigem Verlangen
das Fest der Geburt Christi erwartet.
Mache unser Herz bereit
für das Geschenk der Erlösung,
damit Weihnachten für uns alle
ein Tag der Freude und der Zuversicht werde.
Darum bitten wir durch Jesus Christus.**

ZUR 1. LESUNG *Wenn der Geist Gottes über einen Propheten kommt, ist das wie eine Salbung, eine Weihe für den Dienst, der ihm aufgetragen wird: Gottes Wort in die Welt hineinzusagen. – Die Worte am Anfang der heutigen Lesung hat Jesus auf sich selbst bezogen (Lk 4,18–19; Jes 61,1–2). Er ist der Gesalbte Gottes, der „Christus", mehr und anders als alle Propheten. Sein Wort vom Reich Gottes ist Frohe Botschaft, Gute Nachricht – für die Armen. Wer dieses Wort aufnimmt, für den hat das große Fest Gottes begonnen.*

ERSTE LESUNG Jes 61, 1–2a.10–11

Von Herzen will ich mich freuen über den Herrn

**Lesung
aus dem Buch Jesája.**

1 **Der Geist Gottes, des Herrn, ruht auf mir;
denn der Herr hat mich gesalbt.
Er hat mich gesandt,
damit ich den Armen eine frohe Botschaft bringe
und alle heile, deren Herz zerbrochen ist,
damit ich den Gefangenen die Entlassung verkünde
und den Gefesselten die Befreiung,**
2a **damit ich ein Gnadenjahr des Herrn ausrufe.**
10 **Von Herzen will ich mich freuen über den Herrn.
Meine Seele soll jubeln über meinen Gott.
Denn er kleidet mich in Gewänder des Heils,
er hüllt mich in den Mantel der Gerechtigkeit,
wie ein Bräutigam sich festlich schmückt
und wie eine Braut ihr Geschmeide anlegt.**
11 **Denn wie die Erde die Saat wachsen läßt
und der Garten die Pflanzen hervorbringt,
so bringt Gott, der Herr, Gerechtigkeit hervor
und Ruhm vor allen Völkern.**

ANTWORTPSALM Lk 1, 46–48.49–50.53–54 (R: vgl. Jes 61, 10b)

R Meine Seele soll jubeln über Gott, meinen Retter. – R (GL 597, 2)

46 **Meine Seele preist die Größe des Herrn, *** VI. Ton
47 **und mein Geist jubelt über Gott, meinen Retter.**

48 **Denn auf die Niedrigkeit seiner Magd hat er geschaut. *
Siehe, von nun an preisen mich selig alle Geschlechter. – (R)**

49 **Denn der Mächtige hat Großes an mir getan, *
und sein Name ist heilig.**

50 **Er erbarmt sich von Geschlecht zu Geschlecht *
über alle, die ihn fürchten. – (R)**

53 **Die Hungernden beschenkt er mit seinen Gaben *
und läßt die Reichen leer ausgehn.**

54 **Er nimmt sich seines Knechtes Israel an *
und denkt an sein Erbarmen. – R**

ZUR 2. LESUNG *Als Christen leben wir mit voller Verantwortung in unserem Jahrhundert, in unserer gegenwärtigen Welt. In dieser Welt ist die christliche Gemeinde der Ort des Glaubens und der Hoffnung, des Gebets und der Freude. Der Geist Gottes macht uns fähig, die Gegenwart zu verstehen und verantwortlich auf die Zukunft hin zu leben, auf „den Tag der Ankunft unseres Herrn Jesus Christus". Da wird offenbar werden, was wir in Wirklichkeit sind. Geist, Seele und Leib: der ganze Mensch wird gewogen.*

ZWEITE LESUNG 1 Thess 5, 16–24

Der Gott des Friedens bewahre euren Geist, eure Seele und euren Leib, damit ihr ohne Tadel seid, wenn der Herr kommt

Lesung
aus dem ersten Brief des Apostels Paulus an die Thessalónicher.

Brüder!
16 **Freut euch zu jeder Zeit!**
17 **Betet ohne Unterlaß!**
18 **Dankt für alles;**
denn das will Gott von euch,
die ihr Christus Jesus gehört.

19 **Löscht den Geist nicht aus!**
20 **Verachtet prophetisches Reden nicht!**
21 **Prüft alles, und behaltet das Gute!**
22 **Meidet das Böse in jeder Gestalt!**

23 **Der Gott des Friedens heilige euch ganz und gar**
und bewahre euren Geist,
eure Seele und euren Leib unversehrt,
damit ihr ohne Tadel seid,
wenn Jesus Christus, unser Herr, kommt.
24 **Gott, der euch beruft, ist treu;**
er wird es tun.

RUF VOR DEM EVANGELIUM Vers: vgl. Jes 61, 1 (Lk 4, 18)

Halleluja. Halleluja.

Der Geist des Herrn ruht auf mir.
Der Herr hat mich gesandt,
den Armen die Frohe Botschaft zu bringen.

Halleluja.

ZUM EVANGELIUM *Die Propheten des Alten Bundes haben Gottes Geist und Gottes Wort empfangen. Der letzte von ihnen, Johannes der Täufer, steht an der Schwelle des Neuen Bundes. Er ist die Stimme, die in der Wüste ruft; er bereitet den Weg für den Größeren, der nach ihm kommt. Dieser einzigartigen Berufung des Johannes entspricht die vollkommene Treue, mit der er bis zuletzt seine Aufgabe erfüllt hat.*

EVANGELIUM Joh 1,6–8.19–28

Mitten unter euch steht der, den ihr nicht kennt

✠ **Aus dem heiligen Evangelium nach Johannes.**

Es trat ein Mensch auf, der von Gott gesandt war;
sein Name war Johannes.
Er kam als Zeuge,
um Zeugnis abzulegen für das Licht,
damit alle durch ihn zum Glauben kommen.
Er war nicht selbst das Licht,
er sollte nur Zeugnis ablegen für das Licht.

9 **Dies ist das Zeugnis des Johannes:**
Als die Juden
von Jerusalem aus Priester und Leviten zu ihm sandten
mit der Frage: Wer bist du?,
0 **bekannte er und leugnete nicht;**
er bekannte: Ich bin nicht der Messias.
1 **Sie fragten ihn: Was bist du dann?**
Bist du Elíja?
Und er sagte: Ich bin es nicht.
Bist du der Prophet?
Er antwortete: Nein.

2 **Da fragten sie ihn: Wer bist du?**
Wir müssen denen, die uns gesandt haben, Auskunft geben.
Was sagst du über dich selbst?
3 **Er sagte:**
Ich bin die Stimme, die in der Wüste ruft:
Ebnet den Weg für den Herrn!,
wie der Prophet Jesája gesagt hat.
4 **Unter den Abgesandten waren auch Pharisäer.**
5 **Sie fragten Johannes:**

Warum taufst du dann, wenn du nicht der Messias bist,
nicht Elíja und nicht der Prophet?

26 **Er antwortete ihnen: Ich taufe mit Wasser.**
Mitten unter euch steht der, den ihr nicht kennt
27 **und der nach mir kommt;**
ich bin es nicht wert,
ihm die Schuhe aufzuschnüren.

28 **Dies geschah in Betánien,**
auf der anderen Seite des Jordan,
wo Johannes taufte.

Glaubensbekenntnis, S. 352 ff.
Fürbitten vgl. S. 771 ff.

ZUR EUCHARISTIEFEIER *Christus ist mitten unter uns, aber nicht als irgendeiner, der eben auch mitmacht. Er ist die Mitte, er ist das Herz. Seine Opferhingabe macht die Gemeinde um den Altar erst möglich. Und er geht, wenn wir ihn aufnehmen, mit uns in den Tag und die Woche hinein.*

GABENGEBET

Herr, unser Gott,
in dieser Feier
erfüllen wir den Auftrag deines Sohnes.
Nimm unsere Gaben an
und gib deiner Kirche die Gnade,
immer und überall sein Opfer zu feiern.
Schenke uns durch dieses Geheimnis dein Heil,
das du der Welt bereitet hast.
Darum bitten wir durch Christus, unseren Herrn.

Adventspräfation, S. 402 ff.

KOMMUNIONVERS Jes 35,4

Sagt den Verzagten: Habt Mut, fürchtet euch nicht!
Seht, hier ist euer Gott!
Er selbst wird kommen und euch erretten.

SCHLUSSGEBET

**Barmherziger Gott,
komm durch dieses heilige Mahl
uns schwachen Menschen zu Hilfe.
Reinige uns von Schuld
und mache uns bereit für das kommende Fest.
Darum bitten wir durch Christus, unseren Herrn.**

FÜR DEN TAG UND DIE WOCHE

Der hat Advent gefeiert, der im Glauben erfahren hat: Gott ist größer als unser Herz (1 Joh 3,20). Er wird und muß unsere menschlichen Wünsche, Hoffnungen und Ansprüche immer wieder enttäuschen; er muß für unseren Verstand immer wieder anstößig und für unser Gefühl ärgerlich und aufregend erscheinen, nicht weil er zu klein ist, um uns alles zu erfüllen, sondern weil er größer und überschwenglicher ist und alle unsere Vorstellung und Sehnsucht übersteigt. So ist uns sein Kommen geheimnisvoll verborgen, und doch steht er schon mitten unter uns. (Adventspredigt)

VIERTER ADVENTSSONNTAG

Auf einer früheren Stufe der Offenbarung mochte die Macht als das erscheinen, was die Gottheit vom „schwachen, sterblichen" Menschen unterscheidet. Dann aber geschah es, daß Gott seine Macht und Größe in der Schwachheit offenbarte: in der Geburt Jesu, in seinem Leiden und Sterben. Wenn wir dem Geheimnis Gottes näher kommen wollen, müssen wir umdenken: auf Macht und Größe verzichten, um in der Ohnmacht, etwa durch kleine Taten der Liebe, die Macht Gottes kennenzulernen.

ERÖFFNUNGSVERS Vgl. Jes 45,8

**Tauet, ihr Himmel, von oben!
Ihr Wolken, regnet herab den Gerechten!
Tu dich auf, o Erde, und sprosse den Heiland hervor!**

TAGESGEBET

**Allmächtiger Gott,
gieße deine Gnade in unsere Herzen ein.
Durch die Botschaft des Engels
haben wir die Menschwerdung Christi,
deines Sohnes, erkannt.
Führe uns durch sein Leiden und Kreuz
zur Herrlichkeit der Auferstehung.
Darum bitten wir durch ihn, Jesus Christus.**

ZUR 1. LESUNG *Gott hat Israel aus Ägypten herausgeführt und im Land Kanaan eingepflanzt. Und er hat David als König von Israel bestätigt. Nun will David für die Bundeslade, das Zeichen der Gegenwart Gottes, einen Tempel bauen. Aber Gott braucht keinen Tempel aus Stein; er ist an allen Orten und für alle Menschen da. Dagegen wird Gott für David ein „Haus" bauen, das heißt, seiner Familie Bestand geben, bis die Zeit erfüllt ist: bis aus der Jungfrau Maria der wahre Thronerbe Davids geboren wird (vgl. Evangelium).*

ERSTE LESUNG 2 Sam 7, 1–5.8b–12.14a.16

Dein Haus und dein Königtum sollen durch mich auf ewig bestehen bleiben

**Lesung
aus dem zweiten Buch Sámuel.**

**1 In jenen Tagen,
als König David in seinem Haus wohnte
und der Herr ihm Ruhe
vor allen seinen Feinden ringsum verschafft hatte,
2 sagte er zu dem Propheten Natan:
Ich wohne in einem Haus aus Zedernholz,
die Lade Gottes aber wohnt in einem Zelt.
3 Natan antwortete dem König:
Geh nur und tu alles, was du im Sinn hast;
denn der Herr ist mit dir.**

**4 Aber in jener Nacht erging das Wort des Herrn an Natan:
5 Geh zu meinem Knecht David,
und sag zu ihm: So spricht der Herr:
Du willst mir ein Haus bauen, damit ich darin wohne?**

8b Ich habe dich von der Weide und von der Herde weggeholt,
damit du Fürst über mein Volk Israel wirst,
9 und ich bin überall mit dir gewesen,
wohin du auch gegangen bist.
Ich habe alle deine Feinde vor deinen Augen vernichtet,
und ich will dir einen großen Namen machen,
der dem Namen der Großen auf der Erde gleich ist.
10 Ich will meinem Volk Israel einen Platz zuweisen
und es einpflanzen,
damit es an seinem Ort sicher wohnen kann
und sich nicht mehr ängstigen muß
und schlechte Menschen es nicht mehr unterdrücken wie früher
11 und auch von dem Tag an,
an dem ich Richter in meinem Volk Israel eingesetzt habe.
Ich verschaffe dir Ruhe vor allen deinen Feinden.

Nun verkündet dir der Herr,
daß der Herr dir ein Haus bauen wird.
12 Wenn deine Tage erfüllt sind
und du dich zu deinen Vätern legst,
werde ich deinen leiblichen Sohn
als deinen Nachfolger einsetzen
und seinem Königtum Bestand verleihen.
14a Ich will für ihn Vater sein,
und er wird für mich Sohn sein.
16 Dein Haus und dein Königtum
sollen durch mich auf ewig bestehen bleiben;
dein Thron soll auf ewig Bestand haben.

ANTWORTPSALM Ps 89 (88), 2–3.20a u. 4–5.27 u. 29 (R: 2a)

R Von den Taten deiner Huld, o Herr, will ich ewig singen. – R
(GL 527, 2)

2 Von den Taten deiner Huld, Herr, will ich ewig singen, *
bis zum fernsten Geschlecht laut deine Treue verkünden. VIII. Ton

3 Denn ich bekenne: Deine Huld besteht für immer und ewig; *
deine Treue steht fest im Himmel. – (R)

20a Einst hast du in einer Vision zu deinen Frommen gesprochen: †
4 „Ich habe einen Bund geschlossen mit meinem Erwählten *
und David, meinem Knecht, geschworen:

5 Deinem Haus gebe ich auf ewig Bestand, *
und von Geschlecht zu Geschlecht richte ich deinen Thron auf. – (R)

27 **Er wird zu mir rufen: Mein Vater bist du, ***
mein Gott, der Fels meines Heiles.

29 **Auf ewig werde ich ihm meine Huld bewahren, ***
mein Bund mit ihm bleibt allzeit bestehen."

℟ **Von den Taten deiner Huld, o Herr, will ich ewig singen.**

ZUR 2. LESUNG *In der Verkündigung des Evangeliums wird die Absicht Gottes offenbar; alle Menschen, alle Völker sind zum Glauben berufen. Gott schließt niemand aus, seine erbarmende Liebe umfaßt alle. Das läßt sich nicht an den Ereignissen der Geschichte ablesen; für den Apostel Paulus war es die große Offenbarung, die seinem Leben einen neuen Sinn gegeben hat: für die Heidenvölker Bote des Evangeliums zu sein. Davon kann er nur mit Staunen und großer Ehrfurcht sprechen.*

ZWEITE LESUNG Röm 16, 25–27

Das Geheimnis, das seit ewigen Zeiten unausgesprochen war, wurde jetzt offenbar

Lesung
aus dem Brief des Apostels Paulus an die Römer.

25 **Ehre sei dem, der die Macht hat, euch Kraft zu geben**
– gemäß meinem Evangelium
und der Botschaft von Jesus Christus,
gemäß der Offenbarung jenes Geheimnisses,
das seit ewigen Zeiten unausgesprochen war,
26 **jetzt aber nach dem Willen des ewigen Gottes offenbart**
und durch prophetische Schriften kundgemacht wurde,
um alle Heiden zum Gehorsam des Glaubens zu führen.
27 **Ihm, dem einen, weisen Gott,**
sei Ehre durch Jesus Christus in alle Ewigkeit!
Amen.

RUF VOR DEM EVANGELIUM Vers: vgl. Lk 1, 38

Halleluja. Halleluja.

Maria sagte:
Siehe, ich bin die Magd des Herrn;
mir geschehe nach deinem Wort.

Halleluja.

ZUM EVANGELIUM *Über alle Untreue der Menschen hinweg hat Gott seine Verheißung wahr gemacht. Sie erfüllt sich in Jesus, dem Sohn Davids. Gott braucht dazu keine äußeren Machtmittel, aber er braucht die Zustimmung der Jungfrau, die er dazu erwählt hat, die Mutter des Erlösers zu werden. Maria hört das Wort des Gottesboten und spricht das Ja der demütigen Magd des Herrn.*

EVANGELIUM Lk 1,26–38

Du wirst ein Kind empfangen, einen Sohn wirst du gebären

✠ **Aus dem heiligen Evangelium nach Lukas.**

26 **In jener Zeit wurde der Engel Gabriel**
von Gott in eine Stadt in Galiläa namens Nazaret
27 **zu einer Jungfrau gesandt.**
Sie war mit einem Mann namens Josef verlobt,
der aus dem Haus David stammte.
Der Name der Jungfrau war Maria.

28 **Der Engel trat bei ihr ein**
und sagte: Sei gegrüßt, du Begnadete,
der Herr ist mit dir.
29 **Sie erschrak über die Anrede**
und überlegte, was dieser Gruß zu bedeuten habe.
30 **Da sagte der Engel zu ihr: Fürchte dich nicht, Maria;**
denn du hast bei Gott Gnade gefunden.
31 **Du wirst ein Kind empfangen,**
einen Sohn wirst du gebären:
dem sollst du den Namen Jesus geben.
32 **Er wird groß sein**
und Sohn des Höchsten genannt werden.
Gott, der Herr, wird ihm den Thron seines Vaters David geben.
33 **Er wird über das Haus Jakob in Ewigkeit herrschen,**
und seine Herrschaft wird kein Ende haben.

34 **Maria sagte zu dem Engel:**
Wie soll das geschehen, da ich keinen Mann erkenne?

35 **Der Engel antwortete ihr:**
Der Heilige Geist wird über dich kommen,
und die Kraft des Höchsten wird dich überschatten.

Deshalb wird auch das Kind heilig
und Sohn Gottes genannt werden.

36 **Auch Elisabet, deine Verwandte,**
hat noch in ihrem Alter einen Sohn empfangen;
obwohl sie als unfruchtbar galt,
ist sie jetzt schon im sechsten Monat.

37 **Denn für Gott ist nichts unmöglich.**

38 **Da sagte Maria:**
Ich bin die Magd des Herrn;
mir geschehe, wie du es gesagt hast.

Danach verließ sie der Engel.

Glaubensbekenntnis, S. 352 ff.
Fürbitten vgl. S. 771 ff.

ZUR EUCHARISTIEFEIER *Gottes Wort und Gottes Geist stehen am Anfang der neuen Schöpfung. Wenn wir, wie Maria, dem Wort Gottes Raum geben in unserem Leben, wird der Geist Gottes auch uns erfüllen und heiligen. Das Sakrament, das wir empfangen, ist dafür das große, mächtige Zeichen.*

GABENGEBET

Herr, unser Gott,
wir legen die Gaben auf den Altar,
Heilige sie durch deinen Geist,
der mit seiner Kraft
die Jungfrau Maria überschattet hat.
Darum bitten wir durch Christus, unseren Herrn.

Adventspräfation, S. 402 ff.

KOMMUNIONVERS Jes 7,14

Seht, die Jungfrau wird empfangen und einen Sohn gebären.
Sein Name ist Immanuel, Gott mit uns.

SCHLUSSGEBET

Allmächtiger Gott,
du hast uns in diesem Mahl das Heil zugesagt
und uns schon jetzt Anteil daran gegeben.

Laß uns das Kommen deines Sohnes
in Freude erwarten
und mache uns um so eifriger in deinem Dienst,
je näher das Fest seiner Geburt heranrückt.
Darum bitten wir durch Christus, unseren Herrn.

FÜR DEN TAG UND DIE WOCHE

Wozu auf den warten, *der schon gekommen ist? Ist der Advent nicht ein Abschnitt des Kirchenjahres „als ob"? Ein unaufrichtiges Vormachen, ein alljährliches Kinderspiel? „Nein, denn er ist in dir noch nicht wiedergeboren. Und du bist neu. Du bist anders als vor einem Jahr. Du siehst anders als vor einem Jahr. Du hörst anders als vor einem Jahr. Du denkst anders als vor einem Jahr. Er muß in dir neu geboren werden." (Mieczyslaw Maliński)*

DIE WEIHNACHTSZEIT

25. Dezember

HOCHFEST DER GEBURT DES HERRN WEIHNACHTEN

Am Heiligen Abend

Die Menschheit – heute und immer – bewegt sich zwischen Angst und Hoffnung. Die Hoffnung hat ihren letzten Grund allein in der Treue Gottes. Jesus, der Sohn, ist das leibhaftige Ja Gottes zu seiner Verheißung. Rettung und Heil kommen durch ihn – wenn wir ihn aufnehmen: wenn wir uns bereit machen für sein Wort und seine Gabe.

ERÖFFNUNGSVERS Vgl. Ex 16, 6–7

Heute sollt ihr es erfahren:
Der Herr kommt, um uns zu erlösen,
und morgen werdet ihr seine Herrlichkeit schauen.

Ehre sei Gott. S. 348 ff.

TAGESGEBET

Gütiger Gott,
Jahr für Jahr erwarten wir voll Freude
das Fest unserer Erlösung.
Gib, daß wir deinen Sohn von ganzem Herzen
als unseren Retter und Heiland aufnehmen,
damit wir ihm
voll Zuversicht entgegengehen können,
wenn er am Ende der Zeiten als Richter wiederkommt.
Er, der in der Einheit des Heiligen Geistes
mit dir lebt und herrscht in alle Ewigkeit.

ZUR 1. LESUNG *Erlösung, Heil, Herrlichkeit: der heutige Mensch hat Mühe, diese Worte zu verstehen. Freiheit, Gesundheit, Friede, Glück, das verstehen wir besser. Und genau das meint der Prophet, der in Jes 62 als Beter und Tröster spricht. Im Glauben weiß er: Gott wird ihn hören, denn Gott liebt sein Volk und seine heilige Stadt.*

ERSTE LESUNG Jes 62, 1–5

Der Herr hat an dir seine Freude

Lesung
aus dem Buch Jesája.

Um Zions willen kann ich nicht schweigen,
um Jerusalems willen nicht still sein,
bis das Recht in ihm aufstrahlt wie ein helles Licht
und sein Heil aufleuchtet wie eine brennende Fackel.

Dann sehen die Völker deine Gerechtigkeit
und alle Könige deine strahlende Pracht.
Man ruft dich mit einem neuen Namen,
den der Mund des Herrn für dich bestimmt.
Du wirst zu einer prächtigen Krone in der Hand des Herrn,
zu einem königlichen Diadem in der Rechten deines Gottes.

Nicht länger nennt man dich „Die Verlassene"
und dein Land nicht mehr „Das Ödland",
sondern man nennt dich „Meine Wonne"
und dein Land „Die Vermählte".
Denn der Herr hat an dir seine Freude,
und dein Land wird mit ihm vermählt.

Wie der junge Mann sich mit der Jungfrau vermählt,
so vermählt sich mit dir dein Erbauer.
Wie der Bräutigam sich freut über die Braut,
so freut sich dein Gott über dich.

ANTWORTPSALM Ps 89 (88), 20a u. 4–5.16–17.27 u. 29 (R: 2a)

℟ **Von den Taten deiner Huld, o Herr, will ich ewig singen.** – ℟
(GL 527, 2)

20a **Einst hast du in einer Vision zu deinen Frommen gesprochen:** †
„Ich habe einen Bund geschlossen mit meinem Erwählten *
und David, meinem Knecht, geschworen: VIII. Ton

Deinem Haus gebe ich auf ewig Bestand, *
und von Geschlecht zu Geschlecht richte ich deinen Thron auf." – (℟)

16 **Wohl dem Volk, das dich als König zu feiern weiß!** *
Herr, sie gehen im Licht deines Angesichts.

17 **Sie freuen sich über deinen Namen zu jeder Zeit,** *
über deine Gerechtigkeit jubeln sie. – (℟)

27 Er wird zu mir rufen: Mein Vater bist du, *
mein Gott, der Fels meines Heiles.

29 Auf ewig werde ich ihm meine Huld bewahren, *
mein Bund mit ihm bleibt allzeit bestehen.

R Von den Taten deiner Huld, o Herr, will ich ewig singen.

ZUR 2. LESUNG *Auf seiner ersten Missionsreise wird Paulus in Antiochia (in Pisidien) eingeladen, in der Synagoge am Sabbat ein Wort des Trostes zu sagen. Er erinnert seine jüdischen Zuhörer an die Geschichte Israels von Abraham bis auf Johannes den Täufer. Johannes hat auf Jesus, den Größeren, hingewiesen. Und er hat zur Umkehr aufgerufen. Niemand kann Jesus als den Retter und Herrn erkennen, wenn er nicht bereit ist, ein anderer Mensch zu werden.*

ZWEITE LESUNG Apg 13, 16–17.22–25

Aus Davids Geschlecht hat Gott dem Volk Israel Jesus als Retter geschickt

Lesung
aus der Apostelgeschichte.

16 In der Synagoge von Antióchia in Pisídien stand Paulus auf,
gab mit der Hand ein Zeichen
und sagte:

Ihr Israeliten und ihr Gottesfürchtigen, hört!
17 Der Gott dieses Volkes Israel hat unsere Väter erwählt
und das Volk in der Fremde erhöht, in Ägypten;
er hat sie mit hoch erhobenem Arm von dort herausgeführt.
22 Dann erhob er David zu ihrem König,
von dem er bezeugte:
Ich habe David, den Sohn des Ísai,
als einen Mann nach meinem Herzen gefunden,
der alles, was ich will, vollbringen wird.

23 Aus seinem Geschlecht
hat Gott dem Volk Israel,
der Verheißung gemäß, Jesus als Retter geschickt.
24 Vor dessen Auftreten hat Johannes
dem ganzen Volk Israel Umkehr und Taufe verkündigt.

25 Als Johannes aber seinen Lauf vollendet hatte,
sagte er: Ich bin nicht der, für den ihr mich haltet;

aber seht, nach mir kommt einer,
dem die Sandalen von den Füßen zu lösen ich nicht wert bin.

RUF VOR DEM EVANGELIUM

Halleluja. Halleluja.

Morgen wird die Sünde der Erde getilgt,
und über uns herrscht der Retter der Welt.

Halleluja.

ZUM EVANGELIUM *Sohn Davids, Sohn Abrahams: als wahrer Mensch, als Kind eines bestimmten Volkes tritt der Sohn Gottes in diese Welt ein. Auf ihn, den Messias, war die Geschichte Israels hingeordnet; auf ihn warten die Völker der Erde, auch wenn sie es nicht wissen. – Mit Ehrfurcht schaut Josef, der stille und treue Helfer, auf das Geheimnis der ihm anvertrauten Frau.*

EVANGELIUM Mt 1, 1–25

Stammbaum Jesu Christi, des Sohnes Davids, des Sohnes Abrahams

✠ **Aus dem heiligen Evangelium nach Matthäus.**

Stammbaum Jesu Christi,
des Sohnes Davids, des Sohnes Abrahams:
Abraham war der Vater von Ísaak,
Ísaak von Jakob,
Jakob von Juda und seinen Brüdern.
Juda war der Vater von Perez und Serach;
ihre Mutter war Tamar.
Perez war der Vater von Hezron,
Hezron von Aram,
Aram von Amminádab,
Amminádab von Nachschon,
Nachschon von Salmon.
Salmon war der Vater von Boas;
dessen Mutter war Rahab.
Boas war der Vater von Obed;
dessen Mutter war Rut.
Obed war der Vater von Ísai,
Ísai der Vater des Königs David.

David war der Vater von Sálomo,
dessen Mutter die Frau des Uríja war.

7 Sálomo war der Vater von Rehábeam,
Rehábeam von Abíja,
Abíja von Asa,
8 Asa von Jóschafat,
Jóschafat von Joram,
Joram von Usíja.
9 Usíja war der Vater von Jotam,
Jotam von Ahas,
Ahas von Hiskíja,
10 Hiskíja von Manásse,
Manásse von Amos,
Amos von Joschíja.
11 Joschíja war der Vater von Jójachin und seinen Brüdern;
das war zur Zeit der Babylonischen Gefangenschaft.
12 Nach der Babylonischen Gefangenschaft
war Jójachin der Vater von Scheáltiël,
Scheáltiël von Serubbábel,
13 Serubbábel von Abíhud,
Abíhud von Éljakim,
Éljakim von Azor.
14 Azor war der Vater von Zadok,
Zadok von Achim,
Achim von Éliud,
15 Éliud von Eleásar,
Eleásar von Mattan,
Mattan von Jakob.
16 Jakob war der Vater von Josef, dem Mann Marias;
von ihr wurde Jesus geboren,
der der Christus – der Messias – genannt wird.
17 Im ganzen sind es also von Abraham bis David
vierzehn Generationen,
von David bis zur Babylonischen Gefangenschaft
vierzehn Generationen
und von der Babylonischen Gefangenschaft bis zu Christus
vierzehn Generationen.

18 Mit der Geburt Jesu Christi war es so:
Maria, seine Mutter, war mit Josef verlobt;
noch bevor sie zusammengekommen waren,
zeigte sich, daß sie ein Kind erwartete
– durch das Wirken des Heiligen Geistes.

19 Josef, ihr Mann,
der gerecht war und sie nicht bloßstellen wollte,
beschloß, sich in aller Stille von ihr zu trennen.

20 Während er noch darüber nachdachte,
erschien ihm ein Engel des Herrn im Traum
und sagte: Josef, Sohn Davids,
fürchte dich nicht, Maria als deine Frau zu dir zu nehmen;
denn das Kind, das sie erwartet,
ist vom Heiligen Geist.
21 Sie wird einen Sohn gebären;
ihm sollst du den Namen Jesus geben;
denn er wird sein Volk von seinen Sünden erlösen.

22 Dies alles ist geschehen,
damit sich erfüllte,
was der Herr durch den Propheten gesagt hat:

23 Seht, die Jungfrau wird ein Kind empfangen,
einen Sohn wird sie gebären,
und man wird ihm den Namen Immánuel geben,
das heißt übersetzt: Gott ist mit uns.

24 Als Josef erwachte,
tat er, was der Engel des Herrn ihm befohlen hatte,
und nahm seine Frau zu sich.
25 Er erkannte sie aber nicht, bis sie ihren Sohn gebar.
Und er gab ihm den Namen Jesus.

Oder:

KURZFASSUNG Mt 1, 18–25

Maria wird einen Sohn gebären; ihm sollst du den Namen Jesus geben

✠ Aus dem heiligen Evangelium nach Matthäus.

18 Mit der Geburt Jesu Christi war es so:
Maria, seine Mutter, war mit Josef verlobt;
noch bevor sie zusammengekommen waren,
zeigte sich, daß sie ein Kind erwartete
– durch das Wirken des Heiligen Geistes.
19 Josef, ihr Mann,
der gerecht war und sie nicht bloßstellen wollte,
beschloß, sich in aller Stille von ihr zu trennen.

20 **Während er noch darüber nachdachte,**
erschien ihm ein Engel des Herrn im Traum
und sagte: Josef, Sohn Davids,
fürchte dich nicht, Maria als deine Frau zu dir zu nehmen;
denn das Kind, das sie erwartet,
ist vom Heiligen Geist.
21 **Sie wird einen Sohn gebären;**
ihm sollst du den Namen Jesus geben;
denn er wird sein Volk von seinen Sünden erlösen.
22 **Dies alles ist geschehen,**
damit sich erfüllte,
was der Herr durch den Propheten gesagt hat:
23 **Seht, die Jungfrau wird ein Kind empfangen,**
einen Sohn wird sie gebären,
und man wird ihm den Namen Immánuel geben,
das heißt übersetzt: Gott ist mit uns.
24 **Als Josef erwachte,**
tat er, was der Engel des Herrn ihm befohlen hatte,
und nahm seine Frau zu sich.
25 **Er erkannte sie aber nicht, bis sie ihren Sohn gebar.**
Und er gab ihm den Namen Jesus.

Glaubensbekenntnis, S. 352 ff.
Zu den Worten hat Fleisch angenommen bzw. empfangen durch den Heiligen Geist knien alle.
Fürbitten vgl. S. 774 f.

ZUR EUCHARISTIEFEIER *„Mit uns ist Gott": in Jesus ist der prophetische Name Wahrheit geworden. Gott ist bei uns, der helfende, rettende Gott. Durch Jesus haben wir Gemeinschaft auch mit allen, die auf sein Kommen warten.*

GABENGEBET

Herr, unser Gott,
mit der Menschwerdung deines Sohnes
hat unsere Rettung begonnen.
Nimm diese Gaben an
und mache uns durch diese Opferfeier bereit
für das Geheimnis der Heiligen Nacht,

in der wir den Ursprung unserer Erlösung
festlich begehen.
Darum bitten wir durch Christus, unseren Herrn.

Weihnachtspräfation, S. 405 f.
In den Hochgebeten I–III eigener Einschub.

KOMMUNIONVERS Vgl. Jes 40, 5

Die Herrlichkeit des Herrn wird offenbar,
und alle Menschen erfahren Gottes Heil.

SCHLUSSGEBET

Allmächtiger Gott,
gib uns Anteil am göttlichen Leben
durch die Menschwerdung deines Sohnes,
dessen Fleisch und Blut
wir im Sakrament empfangen haben.
Darum bitten wir durch ihn, Christus, unseren Herrn.

DIE FREUDE

Gott läßt sich finden
von denen, die ihn aufrichtig suchen;
er kommt bei denen an,
die ihn mit Sehnsucht und Freude erwarten.

In der Heiligen Nacht

In den Weihnachtsmessen nimmt man für gewöhnlich die entsprechenden hier angegebenen Formulare. Man kann jedoch in jeder der drei Messen diejenigen Texte auswählen, die man unter Beachtung der pastoralen Erfordernisse der Gemeinde für die geeigneteren hält.

Gott hat ja gesagt zum Menschen, zu allen und zu jedem. Zu mir. Gott kommt uns entgegen, er nimmt uns an. Das Wort, das er uns sagt, ist sein Sohn: „Ein Kind ist uns geboren." Gott liebt uns, und er wartet auf unsere Liebe.

ERÖFFNUNGSVERS Ps 2, 7

Der Herr sprach zu mir:
Mein Sohn bist du, heute habe ich dich gezeugt.

Oder:

Freut euch im Herrn,
heute ist uns der Heiland geboren.
Heute ist der wahre Friede vom Himmel herabgestiegen.

Ehre sei Gott, S. 348 ff.

TAGESGEBET

Herr, unser Gott,
in dieser hochheiligen Nacht
ist uns das wahre Licht aufgestrahlt.
Laß uns dieses Geheimnis
im Glauben erfassen und bewahren,
bis wir im Himmel
den unverhüllten Glanz deiner Herrlichkeit schauen.
Darum bitten wir durch Jesus Christus.

ZUR 1. LESUNG *Einem verwüsteten Land, einem verängstigten Volk sagt der Prophet (um 730 v. Chr.) eine Zukunft an, in der es Gerechtigkeit, Frieden und Freude gibt. Jetzt schon leuchtet ein Licht in die Finsternis herein: die Geburt des königlichen Kindes, des Retters. Übergroße Namen und Eigenschaften werden ihm zugesprochen; der Blick weitet sich: in dem neugeborenen Kind liegt die Hoffnung der Menschheit beschlossen.*

ERSTE LESUNG Jes 9, 1–6

Ein Sohn ist uns geschenkt; man nennt ihn: Fürst des Friedens

Lesung
aus dem Buch Jesája.

1 **Das Volk, das im Dunkel lebt,**
sieht ein helles Licht;
über denen, die im Land der Finsternis wohnen,
strahlt ein Licht auf.
2 **Du erregst lauten Jubel**
und schenkst große Freude.
Man freut sich in deiner Nähe,
wie man sich freut bei der Ernte,
wie man jubelt, wenn Beute verteilt wird.

Denn wie am Tag von Mídian
zerbrichst du das drückende Joch,
das Tragholz auf unserer Schulter und den Stock des Treibers.
Jeder Stiefel, der dröhnend daherstampft,
jeder Mantel, der mit Blut befleckt ist, wird verbrannt,
wird ein Fraß des Feuers.

Denn uns ist ein Kind geboren,
ein Sohn ist uns geschenkt.
Die Herrschaft liegt auf seiner Schulter;
man nennt ihn: Wunderbarer Ratgeber, Starker Gott,
Vater in Ewigkeit, Fürst des Friedens.
Seine Herrschaft ist groß,
und der Friede hat kein Ende.
Auf dem Thron Davids herrscht er über sein Reich;
er festigt und stützt es durch Recht und Gerechtigkeit,
jetzt und für alle Zeiten.
Der leidenschaftliche Eifer des Herrn der Heere
wird das vollbringen.

ANTWORTPSALM Ps 96 (95), 1–2.3 u. 11.12–13a (R: vgl. Lk 2,11)

R Heute ist uns der Heiland geboren: (GL 149,2)
Christus, der Herr. – R

Singet dem Herrn ein neues Lied, * V. Ton
singt dem Herrn, alle Länder der Erde!

Singt dem Herrn und preist seinen Namen, *
verkündet sein Heil von Tag zu Tag! – (R)

Erzählt bei den Völkern von seiner Herrlichkeit, *
bei allen Nationen von seinen Wundern!

1 Der Himmel freue sich, die Erde frohlocke, *
es brause das Meer und alles, was es erfüllt! – (R)

2 Es jauchze die Flur und was auf ihr wächst! *
Jubeln sollen alle Bäume des Waldes

3a vor dem Herrn, wenn er kommt, *
wenn er kommt, um die Erde zu richten. – R

ZUR 2. LESUNG *Gottes Wort ist hörbar, seine Gnade ist sichtbar geworden: im Sohn, der geboren wurde und gestorben ist für uns. Zwischen der ersten Ankunft Christi und der Offenbarung seiner Herrlichkeit läuft die Zeit der Geschichte und die unseres eigenen Lebens. Zeit der Hoffnung und der Bewährung.*

ZWEITE LESUNG Tit 2,11–14

Die Gnade Gottes ist erschienen, um alle Menschen zu retten

Lesung
aus dem Brief des Apostels Paulus an Titus.

11 Die Gnade Gottes ist erschienen,
um alle Menschen zu retten.
12 Sie erzieht uns dazu,
uns von der Gottlosigkeit
und den irdischen Begierden loszusagen,
und besonnen, gerecht und fromm in dieser Welt zu leben,
13 während wir auf die selige Erfüllung unserer Hoffnung warten:
auf das Erscheinen der Herrlichkeit
unseres großen Gottes und Retters Christus Jesus.
14 Er hat sich für uns hingegeben,
um uns von aller Schuld zu erlösen
und sich ein reines Volk zu schaffen,
das ihm als sein besonderes Eigentum gehört
und voll Eifer danach strebt, das Gute zu tun.

RUF VOR DEM EVANGELIUM Vers: vgl. Lk 2,10–11

Halleluja. Halleluja.

Ich verkünde euch eine große Freude:
Heute ist uns der Retter geboren;
er ist der Messias, der Herr.

Halleluja.

ZUM EVANGELIUM *Aus Betlehem stammte Isai, der Ahnherr des davidischen Königshauses. Dort wird Jesus, der Sohn Davids, geboren, der Gottessohn, der Messias. Himmel und Erde (Engel und Men-*

schen) huldigen ihm, auch wenn es noch Nacht ist. Das Zeichen seiner Ankunft ist die Armut, die Schwachheit des Kindes.

EVANGELIUM — Lk 2, 1–14

Heute ist euch der Retter geboren

✠ Aus dem heiligen Evangelium nach Lukas.

In jenen Tagen erließ Kaiser Augústus den Befehl,
alle Bewohner des Reiches in Steuerlisten einzutragen.
Dies geschah zum erstenmal;
damals war Quirínius Statthalter von Syrien.
Da ging jeder in seine Stadt, um sich eintragen zu lassen.
So zog auch Josef
von der Stadt Nazaret in Galiläa
hinauf nach Judäa in die Stadt Davids, die Betlehem heißt;
denn er war aus dem Haus und Geschlecht Davids.
Er wollte sich eintragen lassen
mit Maria, seiner Verlobten,
die ein Kind erwartete.

Als sie dort waren,
kam für Maria die Zeit ihrer Niederkunft,
und sie gebar ihren Sohn, den Erstgeborenen.
Sie wickelte ihn in Windeln
und legte ihn in eine Krippe,
weil in der Herberge kein Platz für sie war.

In jener Gegend lagerten Hirten auf freiem Feld
und hielten Nachtwache bei ihrer Herde.

Da trat der Engel des Herrn zu ihnen,
und der Glanz des Herrn umstrahlte sie.
Sie fürchteten sich sehr,
0 der Engel aber sagte zu ihnen: Fürchtet euch nicht,
denn ich verkünde euch eine große Freude,
die dem ganzen Volk zuteil werden soll:
1 Heute ist euch in der Stadt Davids der Retter geboren;
er ist der Messias, der Herr.

2 Und das soll euch als Zeichen dienen:
Ihr werdet ein Kind finden,
das, in Windeln gewickelt, in einer Krippe liegt.

13 **Und plötzlich war bei dem Engel ein großes himmlisches Heer,**
das Gott lobte
und sprach:
14 **Verherrlicht ist Gott in der Höhe,**
und auf Erden ist Friede
bei den Menschen seiner Gnade.

Glaubensbekenntnis, S. 352 ff.
Zu den Worten hat Fleisch angenommen bzw. empfangen durch den Heiligen Geist knien alle.
Fürbitten vgl. S. 774 f.

ZUR EUCHARISTIEFEIER *Das Kind in der Krippe, das Brot auf dem Altar: nur wer mit dem Herzen sehen kann, begreift die Zeichen der Liebe. Und er empfängt, was er schaut: die Gabe Gottes „für das Leben der Welt".*

GABENGEBET

Allmächtiger Gott,
in dieser heiligen Nacht
bringen wir dir unsere Gaben dar.
Nimm sie an
und gib, daß wir durch den wunderbaren Tausch
deinem Sohn gleichgestaltet werden,
in dem unsere menschliche Natur
mit deinem göttlichen Wesen vereint ist.
Darum bitten wir durch ihn, Christus, unseren Herrn.

Weihnachtspräfation, S. 405 f.
In den Hochgebeten I–III eigener Einschub.

KOMMUNIONVERS Joh 1, 14

Das Wort ist Fleisch geworden,
und wir haben seine Herrlichkeit geschaut.

SCHLUSSGEBET

Herr, unser Gott,
in der Freude über die Geburt unseres Erlösers
bitten wir dich:

Gib uns die Gnade, ihm unser ganzes Leben zu weihen,
damit wir einst Anteil erhalten
an der ewigen Herrlichkeit deines Sohnes,
der mit dir lebt und herrscht in alle Ewigkeit.

EIN MENSCH FÜR MICH
Wie viele kleine Lichter *muß Gott uns ausblasen, bis uns das eine Licht aufgeht: die Freude an Gott, meinem Heiland und Retter. Die Freude, daß er herabgekommen ist zu mir, daß er Mensch geworden ist, nicht bloß ein Mensch wie ich, sondern ein Mensch für mich, mein Heiland. (Th. Brüggemann)*

Am Morgen

Wo ist Betlehem? Gar nicht weit, gleich nebenan: da, wo wir Jesus finden, in Armut und Liebe. Er ist einer von uns geworden, der ewige Sohn ein kleines Menschenkind. Er hat lachen und weinen gelernt.

ERÖFFNUNGSVERS Vgl. Jes 9, 1.5; Lk 1,33

Ein Licht strahlt heute über uns auf, denn geboren ist uns der Herr.
Und man nennt ihn: Starker Gott, Friedensfürst,
Vater der kommenden Welt.
Seine Herrschaft wird kein Ende haben.

Ehre sei Gott, S. 348 ff.

TAGESGEBET

Allmächtiger Gott,
dein ewiges Wort ist Fleisch geworden,
um uns mit dem Glanz deines Lichtes zu erfüllen.
Gib, daß in unseren Werken widerstrahlt,
was durch den Glauben in unserem Herzen leuchtet.
Darum bitten wir durch ihn, Jesus Christus.

ZUR 1. LESUNG *In schwieriger Zeit wird der Stadt Jerusalem und ihren Einwohnern das Heil angekündigt. Gott hat sein Volk wieder angenommen, er führt die Gefangenen heim. Die Verheißung geht über den Rahmen rein politischer Erwartungen hinaus; sie gilt dem neuen Volk der Erlösten, einem neuen Zion, mit dem Gott einen neuen, ewigen Bund schließt.*

ERSTE LESUNG Jes 62,11–12

Sieh her, jetzt kommt deine Rettung

Lesung
aus dem Buch Jesája.

11 **Hört, was der Herr bis ans Ende der Erde bekanntmacht:**
Sagt der Tochter Zion:
Sieh her, jetzt kommt deine Rettung.
Siehe, er bringt seinen Siegespreis mit:
Alle, die er gewonnen hat,
gehen vor ihm her.
12 **Dann nennt man sie „Das heilige Volk",**
„Die Erlösten des Herrn".
Und dich nennt man
„Die begehrte, die nicht mehr verlassene Stadt".

ANTWORTPSALM Ps 97 (96), 1 u. 6.11–12

R Ein Licht strahlt heute über uns auf: (GL 149,3)
geboren ist Christus, der Herr. – R

1 **Der Herr ist König. Die Erde frohlocke. *** V. Ton
Freuen sollen sich die vielen Inseln.

6 **Seine Gerechtigkeit verkünden die Himmel, ***
seine Herrlichkeit schauen alle Völker. – (R)

11 **Ein Licht erstrahlt den Gerechten ***
und Freude den Menschen mit redlichem Herzen.

12 **Ihr Gerechten, freut euch am Herrn, ***
und lobt seinen heiligen Namen! – R

ZUR 2. LESUNG *Gott hat sich in Jesus als der Liebende und der Barmherzige geoffenbart. Er rettet uns: er befreit uns von unserer Vergangenheit und gibt uns die Kraft seines Geistes zu einem neuen Anfang.*

ZWEITE LESUNG Tit 3,4–7

Gott hat uns gerettet aufgrund seines Erbarmens

**Lesung
aus dem Brief des Apostels Paulus an Titus.**

**4 Als die Güte und Menschenliebe Gottes, unseres Retters, erschien,
5 hat er uns gerettet
– nicht weil wir Werke vollbracht hätten,
die uns gerecht machen können,
sondern aufgrund seines Erbarmens –
durch das Bad der Wiedergeburt
und der Erneuerung im Heiligen Geist.**

**6 Ihn hat er in reichem Maß über uns ausgegossen
durch Jesus Christus, unseren Retter,
7 damit wir durch seine Gnade gerecht gemacht werden
und das ewige Leben erben, das wir erhoffen.**

RUF VOR DEM EVANGELIUM Vers: Lk 2,14

Halleluja. Halleluja.

**Verherrlicht ist Gott in der Höhe,
und auf Erden ist Friede bei den Menschen seiner Gnade.
Halleluja.**

ZUM EVANGELIUM *Die Hirten kommen nach Betlehem. Sie schauen und staunen, sie glauben und erzählen. Maria begreift noch nicht alles; glaubend bewahrt sie das Gehörte in ihrem Herzen, um es ein Leben lang zu bedenken.*

EVANGELIUM Lk 2,15–20

Die Hirten fanden Maria und Josef und das Kind

✠ Aus dem heiligen Evangelium nach Lukas.

**15 Als die Engel die Hirten verlassen hatten
und in den Himmel zurückgekehrt waren,
sagten die Hirten zueinander: Kommt,
wir gehen nach Betlehem,
um das Ereignis zu sehen, das uns der Herr verkünden ließ.**

16 **So eilten sie hin**
und fanden Maria und Josef
und das Kind, das in der Krippe lag.
17 **Als sie es sahen,**
erzählten sie, was ihnen über dieses Kind gesagt worden war.
18 **Und alle, die es hörten,**
staunten über die Worte der Hirten.
19 **Maria aber**
bewahrte alles, was geschehen war, in ihrem Herzen
und dachte darüber nach.
20 **Die Hirten kehrten zurück,**
rühmten Gott
und priesen ihn für das, was sie gehört und gesehen hatten;
denn alles war so gewesen,
wie es ihnen gesagt worden war.

Glaubensbekenntnis, S. 352 ff.
Zu den Worten hat Fleisch angenommen bzw. empfangen durch den Heiligen Geist knien alle.
Fürbitten vgl. S. 774 f.

ZUR EUCHARISTIEFEIER *Wir hören das Wort, und wir empfangen das lebendige Brot. Gottes ewiges Wort ist Fleisch geworden, um unser tägliches und notwendiges Brot zu sein.*

GABENGEBET

Himmlischer Vater,
erfülle die Gaben dieser Erde mit deinem Segen,
damit sie das Geheimnis dieses Tages darstellen:
Wie Christus
als neugeborener Mensch und als wahrer Gott
vor uns aufleuchtet,
so laß uns durch diese irdische Speise
das göttliche Leben empfangen.
Darum bitten wir durch ihn, Christus, unseren Herrn.

Weihnachtspräfation, S. 405 f.
In den Hochgebeten I–III eigener Einschub.

KOMMUNIONVERS Vgl. Sach 9, 9

**Juble laut, Tochter Zion, jauchze, Tochter Jerusalem,
siehe, dein König kommt zu dir, der Heilige, der Heiland der Welt.**

SCHLUSSGEBET

**Herr, unser Gott,
die Menschwerdung deines Sohnes
erfülle uns mit Freude und Dank.
Laß uns dieses unergründliche Geheimnis
im Glauben erfassen und in tätiger Liebe bekennen.
Darum bitten wir durch Christus, unseren Herrn.**

UMSONST

*Wär Christus tausendmal in Betlehem geboren –
und nicht in dir,
du bleibst noch ewiglich verloren.
(Angelus Silesius)*

Am Tag

Wort aus dem Schweigen, Licht in eine dunkle Welt hinein, Leben, das stärker ist als der Tod: das sind nicht mehr nur Ideen und Hoffnungen; es ist das Ereignis in der Mitte der Zeit. Die Welt merkt es kaum. Und doch ist alles anders geworden. Gott hat sich seiner Welt ausgeliefert, und er nimmt sich nicht mehr zurück.

ERÖFFNUNGSVERS Vgl. Jes 9, 5

**Ein Kind ist uns geboren, ein Sohn ist uns geschenkt.
Auf seinen Schultern ruht die Herrschaft.**

Ehre sei Gott, S. 348 ff.

TAGESGEBET

**Allmächtiger Gott,
du hast den Menschen
in seiner Würde wunderbar erschaffen
und noch wunderbarer wiederhergestellt.**

Laß uns teilhaben an der Gottheit deines Sohnes,
der unsere Menschennatur angenommen hat.
Er, der in der Einheit des Heiligen Geistes
mit dir lebt und herrscht in alle Ewigkeit.

ZUR 1. LESUNG *Noch ist die gute Nachricht, daß Gott sich um die Menschen kümmert, nicht überall angekommen. Aber die „Wächter", Menschen mit wachem Herzen und sehenden Augen, verkünden die große Freude. Es gibt Hoffnung, denn „Gott ist König". Er sagt es allen Völkern der Erde: Ich bin da.*

ERSTE LESUNG Jes 52,7–10

Alle Enden der Erde sehen das Heil unseres Gottes

Lesung
aus dem Buch Jesája.

7 **Wie willkommen sind auf den Bergen**
die Schritte des Freudenboten, der Frieden ankündigt,
der eine frohe Botschaft bringt und Rettung verheißt,
der zu Zion sagt: Dein Gott ist König.
8 **Horch, deine Wächter erheben die Stimme,**
sie beginnen alle zu jubeln.
Denn sie sehen mit eigenen Augen,
wie der Herr nach Zion zurückkehrt.
9 **Brecht in Jubel aus,**
jauchzt alle zusammen,
ihr Trümmer Jerusalems!
Denn der Herr tröstet sein Volk,
er erlöst Jerusalem.
10 **Der Herr macht seinen heiligen Arm frei**
vor den Augen aller Völker.
Alle Enden der Erde
sehen das Heil unseres Gottes.

ANTWORTPSALM

Ps 98 (97), 1.2–3b.3c–4.5–6 (R: vgl. 3cd)

℞ Alle Enden der Erde sehen das Heil unsres Gottes. – ℞ (GL 149, 1)

VIII. Ton

Singet dem Herrn ein neues Lied; *
denn er hat wunderbare Taten vollbracht!

Er hat mit seiner Rechten geholfen *
und mit seinem heiligen Arm. – (℞)

Der Herr hat sein Heil bekannt gemacht *
und sein gerechtes Wirken enthüllt vor den Augen der Völker.

ab Er dachte an seine Huld *
und an seine Treue zum Hause Israel. – (℞)

cd Alle Enden der Erde *
sahen das Heil unsres Gottes.

Jauchzt vor dem Herrn, alle Länder der Erde, *
freut euch, jubelt und singt! – (℞)

Spielt dem Herrn auf der Harfe, *
auf der Harfe zu lautem Gesang!

Zum Schall der Trompeten und Hörner *
jauchzt vor dem Herrn, dem König! – ℞

ZUR 2. LESUNG *Durch das Wort Gottes, den ewigen Sohn, wurde am Anfang die Welt erschaffen; „in dieser Endzeit aber" kommt der Sohn, um die Welt mit Gott zu versöhnen. Vom Christusereignis her verstehen wir den Alten Bund als Zeit der Verheißung und Erwartung. Die Erfüllung ist anders, als die Propheten es wissen konnten: sie ist göttlicher und zugleich menschlicher.*

ZWEITE LESUNG

Hebr 1, 1–6

Gott hat zu uns gesprochen durch den Sohn

Lesung
aus dem Hebräerbrief.

Viele Male und auf vielerlei Weise
hat Gott einst zu den Vätern gesprochen durch die Propheten;

2 in dieser Endzeit aber
hat er zu uns gesprochen durch den Sohn,
den er zum Erben des Alls eingesetzt
und durch den er auch die Welt erschaffen hat;
3 er ist der Abglanz seiner Herrlichkeit
und das Abbild seines Wesens;
er trägt das All durch sein machtvolles Wort,
hat die Reinigung von den Sünden bewirkt
und sich dann zur Rechten der Majestät in der Höhe gesetzt;
4 er ist um so viel erhabener geworden als die Engel,
wie der Name, den er geerbt hat, ihren Namen überragt.
5 Denn zu welchem Engel hat er jemals gesagt:

Mein Sohn bist du,
heute habe ich dich gezeugt,

und weiter:

Ich will für ihn Vater sein,
und er wird für mich Sohn sein?

6 Wenn er aber den Erstgeborenen wieder in die Welt einführt,
sagt er:
Alle Engel Gottes sollen sich vor ihm niederwerfen.

RUF VOR DEM EVANGELIUM

Halleluja. Halleluja.

Aufgeleuchtet ist uns aufs neue der Tag der Erlösung:
Ein großes Licht ist heute auf Erden erschienen.
Kommt, ihr Völker, und betet an den Herrn, unseren Gott!
Halleluja.

ZUM EVANGELIUM *Ewig spricht Gott sein eigenes Wesen aus in dem Wort, das Licht ist von Gottes Licht und Glut von seiner Glut. Die Welt ist geschaffen worden durch dieses Wort. Und das Wort ist Fleisch geworden, Gott ist uns ganz nahe gekommen. Und er wird nie mehr aufhören, uns zu sagen, daß er da ist und daß er uns liebt.*

EVANGELIUM Joh 1,1–18

Das Wort ist Fleisch geworden und hat unter uns gewohnt

✠ **Aus dem heiligen Evangelium nach Johannes.**

1 **Im Anfang war das Wort,**
und das Wort war bei Gott,
und das Wort war Gott.
2 **Im Anfang war es bei Gott.**
3 **Alles ist durch das Wort geworden,**
und ohne das Wort wurde nichts, was geworden ist.
4 **In ihm war das Leben,**
und das Leben war das Licht der Menschen.
5 **Und das Licht leuchtet in der Finsternis,**
und die Finsternis hat es nicht erfaßt.

6 **Es trat ein Mensch auf, der von Gott gesandt war;**
sein Name war Johannes.
7 **Er kam als Zeuge,**
um Zeugnis abzulegen für das Licht,
damit alle durch ihn zum Glauben kommen.
8 **Er war nicht selbst das Licht,**
er sollte nur Zeugnis ablegen für das Licht.
9 **Das wahre Licht, das jeden Menschen erleuchtet,**
kam in die Welt.
10 **Er war in der Welt,**
und die Welt ist durch ihn geworden,
aber die Welt erkannte ihn nicht.
11 **Er kam in sein Eigentum,**
aber die Seinen nahmen ihn nicht auf.
12 **Allen aber, die ihn aufnahmen,**
gab er Macht, Kinder Gottes zu werden,
allen, die an seinen Namen glauben,
13 **die nicht aus dem Blut,**
nicht aus dem Willen des Fleisches,
nicht aus dem Willen des Mannes,
sondern aus Gott geboren sind.

14 **Und das Wort ist Fleisch geworden**
und hat unter uns gewohnt,
und wir haben seine Herrlichkeit gesehen,
die Herrlichkeit des einzigen Sohnes vom Vater,
voll Gnade und Wahrheit.

15 Johannes legte Zeugnis für ihn ab
und rief:
Dieser war es, über den ich gesagt habe:
Er, der nach mir kommt,
ist mir voraus, weil er vor mir war.
16 Aus seiner Fülle haben wir alle empfangen,
Gnade über Gnade.
17 Denn das Gesetz wurde durch Mose gegeben,
die Gnade und die Wahrheit kamen durch Jesus Christus.
18 Niemand hat Gott je gesehen.
Der Einzige, der Gott ist und am Herzen des Vaters ruht,
er hat Kunde gebracht.

Oder:

KURZFASSUNG Joh 1, 1–5.9–14

Das Wort ist Fleisch geworden und hat unter uns gewohnt

✠ Aus dem heiligen Evangelium nach Johannes.

1 Im Anfang war das Wort,
und das Wort war bei Gott,
und das Wort war Gott.
2 Im Anfang war es bei Gott.
3 Alles ist durch das Wort geworden,
und ohne das Wort wurde nichts, was geworden ist.
4 In ihm war das Leben,
und das Leben war das Licht der Menschen.
5 Und das Licht leuchtet in der Finsternis,
und die Finsternis hat es nicht erfaßt.
9 Das wahre Licht, das jeden Menschen erleuchtet,
kam in die Welt.
10 Er war in der Welt,
und die Welt ist durch ihn geworden,
aber die Welt erkannte ihn nicht.
11 Er kam in sein Eigentum,
aber die Seinen nahmen ihn nicht auf.
12 Allen aber, die ihn aufnahmen,
gab er Macht, Kinder Gottes zu werden,
allen, die an seinen Namen glauben,

die nicht aus dem Blut,
nicht aus dem Willen des Fleisches,
nicht aus dem Willen des Mannes,
sondern aus Gott geboren sind.

Und das Wort ist Fleisch geworden
und hat unter uns gewohnt,
und wir haben seine Herrlichkeit gesehen,
die Herrlichkeit des einzigen Sohnes vom Vater,
voll Gnade und Wahrheit.

Glaubensbekenntnis, S. 352 ff.
Zu den Worten hat Fleisch angenommen bzw. empfangen durch den Heiligen Geist knien alle.
Fürbitten vgl. S. 774 f.

ZUR EUCHARISTIEFEIER *Jesus Christus hat unser aller Fleisch und Blut angenommen. Er hat unsere Natur geheiligt und gereinigt. Durch ihn haben wir Vergebung und Gnade. Seht, das Lamm Gottes.*

GABENGEBET

Gott, unser Vater,
in diesen Gaben
willst du uns Versöhnung schenken
und uns wieder mit dir verbinden.
Nimm sie an
und gib durch sie unserem heiligen Dienst
die höchste Vollendung.
Darum bitten wir durch Christus, unseren Herrn.

Weihnachtspräfation, S. 405 f.
In den Hochgebeten I–III eigener Einschub.

KOMMUNIONVERS Ps 98 (97), 3

Alle Enden der Erde sahen die rettende Tat unseres Gottes.

SCHLUSSGEBET

Barmherziger Gott,
in dieser heiligen Feier
hast du uns deinen Sohn geschenkt,
der heute als Heiland der Welt geboren wurde.

Durch ihn sind wir wiedergeboren
zum göttlichen Leben,
führe uns auch zur ewigen Herrlichkeit durch ihn,
der mit dir lebt und herrscht in alle Ewigkeit.

DAS WORT IST GESPROCHEN
Jedes der Worte Gottes *trägt die Gesichtszüge seines Sohnes und hat den Klang seiner Stimme. Die Menschen haben nicht auf ihn gehört. Sie haben ihn umgebracht, und das tun sie bis ans Ende der Zeit. Warum von Gott tausend andere Worte erwarten? Wenn er zu schweigen scheint, heißt das, daß er schon gesprochen hat. Wir sollen lernen, dieses Wort zu hören.*

Sonntag in der Weihnachtsoktav

oder, wenn in die Weihnachtsoktav kein Sonntag fällt, 30. Dezember. Vor dem Evangelium wird dann nur eine Lesung genommen.

FEST DER HEILIGEN FAMILIE

Für die Familie von heute, Vater, Mutter und Kinder, was kann für sie die Heilige Familie von Nazaret bedeuten? Damals war doch alles ganz anders. Alles? Da war das Kind, das sie liebten: Maria, die Mutter, und Josef, der Vater an Gottes Statt. Diese drei waren eins, in Ehrfurcht und Liebe.
Fragen und Schmerzen warten auf das Kind und die Eltern. Nichts kann ihnen schaden: nichts dem Kind, das geliebt wird, und nichts den Eltern, die vertrauen und bereit sind, das Leben des Kindes und ihr eigenes zu wagen.

ERÖFFNUNGSVERS Lk 2, 16
Die Hirten eilten hin und fanden Maria und Josef
und das Kind, das in einer Krippe lag.
Ehre sei Gott, S. 348 ff.

TAGESGEBET

**Herr, unser Gott,
in der Heiligen Familie
hast du uns ein leuchtendes Vorbild geschenkt.
Gib unseren Familien die Gnade,
daß auch sie in Frömmigkeit und Eintracht leben
und einander in der Liebe verbunden bleiben.
Führe uns alle
zur ewigen Gemeinschaft in deinem Vaterhaus.
Darum bitten wir durch Jesus Christus.**

ZUR 1. LESUNG *Mahnungen, wie sie der „Sohn des Sirach" im 2. Jahrhundert vor Christus geschrieben hat, wagt heute kaum mehr jemand zu schreiben. Um so notwendiger ist es, sie zu überdenken. – Die Lesung hat keine Beziehung zur Heiligen Familie von Nazaret; sie dient allgemein der Familie von damals und von heute als Lehre und Weisung.*

ERSTE LESUNG Sir 3,2–6.12–14 (3–7.14–17a)

Der Herr hat den Kindern befohlen, ihren Vater zu ehren und das Recht ihrer Mutter zu achten

**Lesung
aus dem Buch Jesus Sirach.**

**Der Herr hat den Kindern befohlen, ihren Vater zu ehren,
und die Söhne verpflichtet, das Recht ihrer Mutter zu achten.
Wer den Vater ehrt,
erlangt Verzeihung der Sünden,
und wer seine Mutter achtet,
gleicht einem Menschen, der Schätze sammelt.
Wer den Vater ehrt, wird Freude haben an den eigenen Kindern,
und wenn er betet,
wird er Erhörung finden.
Wer den Vater achtet, wird lange leben,
und wer seiner Mutter Ehre erweist, der erweist sie dem Herrn.**

2 **Mein Sohn, wenn dein Vater alt ist,
nimm dich seiner an,
und betrübe ihn nicht, solange er lebt.**

13 Wenn sein Verstand abnimmt,
sieh es ihm nach,
und beschäme ihn nicht in deiner Vollkraft!
14 Denn die Liebe zum Vater wird nicht vergessen,
sie wird als Sühne für deine Sünden eingetragen.

ANTWORTPSALM Ps 128 (127), 1–2.3.4–5 (R: vgl. 1)

(GL 649,1)

℟ Selig die Menschen,
die Gottes Wege gehen! – ℟

V. Ton

1 Wohl dem Mann, der den Herrn fürchtet und ehrt *
und der auf seinen Wegen geht!
2 Was deine Hände erwarben, kannst du genießen; *
wohl dir, es wird dir gut ergehen. – (℟)
3 Wie ein fruchtbarer Weinstock ist deine Frau *
drinnen in deinem Haus.
Wie junge Ölbäume sind deine Kinder *
rings um deinen Tisch. – (℟)
4 So wird der Mann gesegnet, *
der den Herrn fürchtet und ehrt.
5 Es segne dich der Herr vom Zion her. *
Du sollst dein Leben lang das Glück Jerusalems schauen. – ℟

Oder:

ERSTE LESUNG Gen 15, 1–6; 21, 1–3

Einführung *Mit einer dreifachen Verheißung hatte Gott Abraham auf den Weg geschickt: Nachkommenschaft, Land und Segen. Abraham vertraute dem Wort Gottes, aber lange mußte er im Dunkel des Glaubens warten, bis ihm der verheißene Sohn geboren wurde, der Erbe des Segens. Abraham nannte ihn Isaak: Kind der Freude Gottes und seiner Eltern.*

Dein leiblicher Sohn wird dein Erbe sein

Lesung
aus dem Buch Génesis.

In jenen Tagen
1 erging das Wort des Herrn in einer Vision an Abram:

Fürchte dich nicht, Abram,
ich bin dein Schild;
dein Lohn wird sehr groß sein.

Abram antwortete: Herr, mein Herr,
was willst du mir schon geben?
Ich gehe doch kinderlos dahin,
und Erbe meines Hauses ist Eliëser aus Damáskus.
Und Abram sagte:
Du hast mir ja keine Nachkommen gegeben;
also wird mich mein Haussklave beerben.

Da erging das Wort des Herrn an ihn:
Nicht er wird dich beerben,
sondern dein leiblicher Sohn wird dein Erbe sein.
Er führte ihn hinaus
und sprach: Sieh doch zum Himmel hinauf,
und zähl die Sterne,
wenn du sie zählen kannst.
Und er sprach zu ihm:
So zahlreich werden deine Nachkommen sein.

Abram glaubte dem Herrn,
und der Herr rechnete es ihm als Gerechtigkeit an.

Der Herr nahm sich Saras an,
wie er gesagt hatte,
und er tat Sara so, wie er versprochen hatte.
Sara wurde schwanger
und gebar dem Abraham noch in seinem Alter einen Sohn
zu der Zeit, die Gott angegeben hatte.
Abraham nannte den Sohn, den ihm Sara gebar, Ísaak.

ANTWORTPSALM Ps 105 (104), 1–2.3–4.5–6.8–9 (R: 7a.8a)

℟ Der Herr ist unser Gott; (GL 528, 2)
ewig denkt er an seinen Bund. – ℟

Dankt dem Herrn! Ruft seinen Namen an! * IV. Ton
Macht unter den Völkern seine Taten bekannt!

Singt ihm und spielt ihm, *
sinnt nach über all seine Wunder! – (℟)

Rühmt euch seines heiligen Namens! *
Alle, die den Herrn suchen, sollen sich von Herzen freuen.

4 Fragt nach dem Herrn und seiner Macht; *
sucht sein Antlitz allezeit! – (R)

5 Denkt an die Wunder, die er getan hat, *
an seine Zeichen und die Beschlüsse aus seinem Mund.

6 Bedenkt es, ihr Nachkommen seines Knechtes Abraham, *
ihr Kinder Jakobs, die er erwählt hat. – (R)

8 Ewig denkt er an seinen Bund, *
an das Wort, das er gegeben hat für tausend Geschlechter,

9 an den Bund, den er mit Abraham geschlossen, *
an den Eid, den er Ísaak geschworen hat.

R Der Herr ist unser Gott;
ewig denkt er an seinen Bund.

ZUR 2. LESUNG *Allen Mahnungen an die Gemeinde und die verschiedenen Stände voraus steht die Aussage, daß Gott uns kennt und liebt. Daraus ergibt sich die Grundregel für das Zusammenleben von Christen: Die Liebe ist das Band, das alles zusammenhält und vollkommen macht. Wo das Wort Christi gehört wird, wohnt der Friede und wird die Freude spürbar, die aus Gott kommt.*

ZWEITE LESUNG Kol 3, 12–21

Die Liebe ist das Band, das alles zusammenhält

Lesung
aus dem Brief des Apostels Paulus an die Kolósser.

Brüder!
12 **Ihr seid von Gott geliebt,**
seid seine auserwählten Heiligen.
Darum bekleidet euch mit aufrichtigem Erbarmen,
mit Güte, Demut, Milde, Geduld!
13 **Ertragt euch gegenseitig,**
und vergebt einander,
wenn einer dem andern etwas vorzuwerfen hat.
Wie der Herr euch vergeben hat,
so vergebt auch ihr!
14 **Vor allem aber liebt einander,**
denn die Liebe ist das Band,
das alles zusammenhält und vollkommen macht.

**In eurem Herzen herrsche der Friede Christi;
dazu seid ihr berufen als Glieder des einen Leibes.
Seid dankbar!**

**Das Wort Christi wohne mit seinem ganzen Reichtum bei euch.
Belehrt und ermahnt einander in aller Weisheit!
Singt Gott in eurem Herzen Psalmen, Hymnen und Lieder,
wie sie der Geist eingibt,
denn ihr seid in Gottes Gnade.
Alles, was ihr in Worten und Werken tut,
geschehe im Namen Jesu, des Herrn.
Durch ihn dankt Gott, dem Vater!**

**Ihr Frauen,
ordnet euch euren Männern unter,
wie es sich im Herrn geziemt.
Ihr Männer,
liebt eure Frauen,
und seid nicht aufgebracht gegen sie!
Ihr Kinder,
gehorcht euren Eltern in allem;
denn so ist es gut und recht im Herrn.
Ihr Väter,
schüchtert eure Kinder nicht ein,
damit sie nicht mutlos werden.**

RUF VOR DEM EVANGELIUM — Vers: Kol 3,15a.16a

Halleluja. Halleluja.

**In eurem Herzen herrsche der Friede Christi.
Das Wort Christi wohne mit seinem ganzen Reichtum bei euch.**

Halleluja.

Oder:

ZWEITE LESUNG — Hebr 11,8.11–12.17–19

Einführung *Es versteht sich nicht von selbst, daß ein Mensch sich nach dem Wort Gottes richtet. Die Lesung weist auf die großen Gestalten des Alten Bundes, die Patriarchen, hin. Sie gingen den Weg des Glaubens; sie vertrauten der Zusage Gottes und gehorchten seinem Wort. Sie und ihre Nachkommen waren, trotz vielfachen Versagens, Menschen des Vertrauens und der Hoffnung.*

Der Glaube Abrahams, Saras und Isaaks

Lesung
aus dem Hebräerbrief.

8 **Aufgrund des Glaubens gehorchte Abraham dem Ruf,**
wegzuziehen in ein Land, das er zum Erbe erhalten sollte;
und er zog weg,
ohne zu wissen, wohin er kommen würde.

11 **Aufgrund des Glaubens empfing selbst Sara die Kraft,**
trotz ihres Alters noch Mutter zu werden;
denn sie hielt den für treu,
der die Verheißung gegeben hatte.
12 **So stammen denn auch von einem einzigen Menschen,**
dessen Kraft bereits erstorben war,
viele ab:
zahlreich wie die Sterne am Himmel
und der Sand am Meeresstrand, den man nicht zählen kann.

17 **Aufgrund des Glaubens brachte Abraham den Ísaak dar,**
als er auf die Probe gestellt wurde,
und gab den einzigen Sohn dahin,
er, der die Verheißungen empfangen hatte
18 **und zu dem gesagt worden war:**
Durch Ísaak wirst du Nachkommen haben.
19 **Er verließ sich darauf,**
daß Gott sogar die Macht hat, Tote zum Leben zu erwecken;
darum erhielt er Ísaak auch zurück.
Das ist ein Sinnbild.

RUF VOR DEM EVANGELIUM Vers: vgl. Hebr 1, 1–2

Halleluja. Halleluja.

Einst hat Gott zu den Vätern gesprochen durch die Propheten;
heute aber hat er zu uns gesprochen durch den Sohn.

Halleluja.

ZUM EVANGELIUM *Die Eltern Jesu halten sich an die Vorschrift des Gesetzes, sie bringen ihr Kind zum Tempel, um es dem Herrn zu weihen und das vorgeschriebene Opfer darzubringen. Durch die Worte des greisen Simeon wird offenbar, daß Jesus nicht, wie die an-*

deren Erstgeborenen, einfach der Familie zurückgegeben wird. An das Loblied des Simeon schließt sich eine Weissagung an, von der auch Maria, die Mutter, betroffen wird. Schon wird das Kreuz sichtbar. Zunächst aber wird das Kind bei seinen Eltern in Nazaret bleiben, die Armut seiner Eltern teilen und von ihnen alles lernen: sprechen, gehen, beten, arbeiten.

EVANGELIUM Lk 2,22–40

Das Kind wuchs heran; Gott erfüllte es mit Weisheit

✠ Aus dem heiligen Evangelium nach Lukas.

22 Es kam für die Eltern Jesu
der Tag der vom Gesetz des Mose vorgeschriebenen Reinigung.
Sie brachten das Kind nach Jerusalem hinauf,
um es dem Herrn zu weihen,
23 gemäß dem Gesetz des Herrn,
in dem es heißt:
Jede männliche Erstgeburt soll dem Herrn geweiht sein.
24 Auch wollten sie ihr Opfer darbringen,
wie es das Gesetz des Herrn vorschreibt:
ein Paar Turteltauben oder zwei junge Tauben.

25 In Jerusalem lebte damals ein Mann namens Símeon.
Er war gerecht und fromm
und wartete auf die Rettung Israels,
und der Heilige Geist ruhte auf ihm.
26 Vom Heiligen Geist war ihm offenbart worden,
er werde den Tod nicht schauen,
ehe er den Messias des Herrn gesehen habe.

27 Jetzt wurde er vom Geist in den Tempel geführt;
und als die Eltern Jesus hereinbrachten,
um zu erfüllen, was nach dem Gesetz üblich war,
28 nahm Símeon das Kind in seine Arme
und pries Gott mit den Worten:

29 Nun läßt du, Herr,
deinen Knecht, wie du gesagt hast, in Frieden scheiden.
30 Denn meine Augen haben das Heil gesehen,
31 das du vor allen Völkern bereitet hast,
32 ein Licht, das die Heiden erleuchtet,
und Herrlichkeit für dein Volk Israel.

33 Sein Vater und seine Mutter
staunten über die Worte, die über Jesus gesagt wurden.
34 Und Símeon segnete sie
und sagte zu Maria, der Mutter Jesu:
Dieser ist dazu bestimmt,
daß in Israel viele durch ihn zu Fall kommen
und viele aufgerichtet werden,
und er wird ein Zeichen sein, dem widersprochen wird.
35 Dadurch sollen die Gedanken vieler Menschen offenbar werden.
Dir selbst aber
wird ein Schwert durch die Seele dringen.

36 Damals lebte auch eine Prophetin namens Hanna,
eine Tochter Pénuëls, aus dem Stamm Ascher.
Sie war schon hochbetagt.
Als junges Mädchen hatte sie geheiratet
und sieben Jahre mit ihrem Mann gelebt;
37 nun war sie eine Witwe von vierundachtzig Jahren.
Sie hielt sich ständig im Tempel auf
und diente Gott Tag und Nacht mit Fasten und Beten.

38 In diesem Augenblick nun trat sie hinzu,
pries Gott
und sprach über das Kind
zu allen, die auf die Erlösung Jerusalems warteten.

39 Als seine Eltern alles getan hatten,
was das Gesetz des Herrn vorschreibt,
kehrten sie nach Galiläa in ihre Stadt Nazaret zurück.
40 Das Kind wuchs heran und wurde kräftig;
Gott erfüllte es mit Weisheit,
und seine Gnade ruhte auf ihm.

Oder:

KURZFASSUNG Lk 2,22.39–40

Das Kind wuchs heran; Gott erfüllte es mit Weisheit

✠ Aus dem heiligen Evangelium nach Lukas.

22 Es kam für die Eltern Jesu
der Tag der vom Gesetz des Mose vorgeschriebenen Reinigung.
Sie brachten das Kind nach Jerusalem hinauf,
um es dem Herrn zu weihen.

39 **Als seine Eltern alles getan hatten,**
was das Gesetz des Herrn vorschreibt,
kehrten sie nach Galiläa in ihre Stadt Nazaret zurück.

40 **Das Kind wuchs heran und wurde kräftig;**
Gott erfüllte es mit Weisheit,
und seine Gnade ruhte auf ihm.

Am Sonntag: Glaubensbekenntnis, S. 352 ff.
Fürbitten vgl. S. 774 f.

ZUR EUCHARISTIEFEIER *Menschsein heißt Mensch werden: erkennen und erkannt werden, lieben und geliebt werden; es heißt, das Loslassen lernen und die Treue.*

GABENGEBET

Herr, unser Gott,
am Fest der Heiligen Familie
bringen wir das Opfer der Versöhnung dar.
Höre auf die Fürsprache
der jungfräulichen Gottesmutter
und des heiligen Josef.
Erhalte unsere Familien in deiner Gnade
und in deinem Frieden.
Darum bitten wir durch Christus, unseren Herrn.

Weihnachtspräfation, S. 405 f.
In den Hochgebeten I–III eigener Einschub.

KOMMUNIONVERS Bar 3, 38

Unser Gott ist auf der Erde erschienen,
als Mensch unter den Menschen.

SCHLUSSGEBET

Gott, unser Vater,
du hast uns mit dem Brot des Himmels gestärkt.
Bleibe bei uns mit deiner Gnade,
damit wir das Vorbild der Heiligen Familie nachahmen
und nach der Mühsal dieses Lebens
in ihrer Gemeinschaft das Erbe erlangen,
das du deinen Kindern bereitet hast.
Darum bitten wir durch Christus, unseren Herrn.

ZUM ÜBERDENKEN

Menschsein *Wenn wir von unserem Gott bekennen, daß er Mensch geworden ist, um uns zu erlösen, dann müssen wir diesen Satz mit dem ganzen Gewicht seines Inhalts annehmen. Zum Menschsein gehört eben nicht nur das Licht, das Gesunde, das Schöne und Starke, das moralisch Vollkommene. Zum Menschsein gehört auch das Dunkle, die Armut, die Krankheit, die Glaubensnot, die Angst, die Verzweiflung. Freuen wir uns, daß Gott ein ganzer Mensch wurde, daß er Licht und Schatten unserer Existenz angenommen hat. (Sigfried Grän)*

1. Januar – Neujahr

OKTAVTAG VON WEIHNACHTEN
HOCHFEST DER GOTTESMUTTER MARIA

Jahresanfang – Oktavtag von Weihnachten – Festtag der Mutter Gottes, das ist viel für einen einzigen Tag. Er braucht aber auch viel, dieser Tag, der ein Anfang werden soll, nicht nur im Kalender. Im Namen Gottes, im Licht seines Angesichts gehen wir unsern Weg. Wir schauen auf den Sohn, er schaut uns an, das Kind mit dem Herzen Gottes und mit den Augen seiner Mutter.

ERÖFFNUNGSVERS Sedulius

Gruß dir, heilige Mutter, du hast den König geboren,
der in Ewigkeit herrscht über Himmel und Erde.

Oder: Vgl. Jes 9, 1.5; Lk 1, 33

Ein Licht strahlt heute über uns auf,
denn geboren ist uns der Herr.
Und man nennt ihn: Starker Gott, Friedensfürst,
Vater der kommenden Welt.
Seine Herrschaft wird kein Ende haben.

Ehre sei Gott, S. 348 ff.

TAGESGEBET

Barmherziger Gott,
durch die Geburt deines Sohnes
aus der Jungfrau Maria
hast du der Menschheit das ewige Heil geschenkt.
Laß uns (auch im neuen Jahr) immer und überall
die Fürbitte der gnadenvollen Mutter erfahren,
die uns den Urheber des Lebens geboren hat,
Jesus Christus,
deinen Sohn, unseren Herrn und Gott,
der in der Einheit des Heiligen Geistes
mit dir lebt und herrscht in alle Ewigkeit.

ZUR 1. LESUNG *Am Morgen der Schöpfung hat Gott Menschen und Tiere gesegnet. Kraft des Lebens, Frucht des Feldes, Friede in der Natur und unter den Menschen: das sind die Gaben seines Segens. Nur Gott kann eigentlich segnen; im „Licht seines Angesichts", in seiner gnadenvollen Gegenwart und Gemeinschaft, wird alles heil und gut. Menschen segnen, indem sie den Namen und die Kraft Gottes herbeirufen.*

ERSTE LESUNG

Num 6, 22–27

So sollen sie meinen Namen auf die Israeliten legen, und ich werde sie segnen

Lesung
aus dem Buch Númeri.

22 **Der Herr sprach zu Mose:**
23 **Sag zu Aaron und seinen Söhnen:**
So sollt ihr die Israeliten segnen;
sprecht zu ihnen:
24 **Der Herr segne dich und behüte dich.**
25 **Der Herr lasse sein Angesicht über dich leuchten**
und sei dir gnädig.
26 **Der Herr wende sein Angesicht dir zu**
und schenke dir Heil.
27 **So sollen sie meinen Namen auf die Israeliten legen,**
und ich werde sie segnen.

ANTWORTPSALM Ps 67 (66), 2–3.5.6 u. 8 (R: 2a)

℟ Gott sei uns gnädig und segne uns. – ℟ (GL 149, 4)

2 **Gott sei uns gnädig und segne uns. *** VIII. Ton
Er lasse über uns sein Angesicht leuchten,

3 **damit auf Erden sein Weg erkannt wird ***
und unter allen Völkern sein Heil. – (℟)

5 **Die Nationen sollen sich freuen und jubeln. ***
Denn du richtest den Erdkreis gerecht.

Du richtest die Völker nach Recht *
und regierst die Nationen auf Erden. – (℟)

6 **Die Völker sollen dir danken, o Gott, ***
danken sollen dir die Völker alle.

8 **Es segne uns Gott. ***
Alle Welt fürchte und ehre ihn. – ℟

ZUR 2. LESUNG *Christus ist gekommen, um uns frei zu machen, frei von den Mächten des Schicksals und der Geschichte, auch frei von dem, was am Gesetz des Alten Bundes veraltet war. Er gibt uns seinen Geist als das neue Gesetz unseres Lebens.*

ZWEITE LESUNG Gal 4, 4–7

Gott sandte seinen Sohn, geboren von einer Frau, damit wir die Sohnschaft erlangen

Lesung
aus dem Brief des Apostels Paulus an die Gálater.

Brüder!
4 **Als die Zeit erfüllt war,**
sandte Gott seinen Sohn,
geboren von einer Frau
und dem Gesetz unterstellt,
5 **damit er die freikaufe, die unter dem Gesetz stehen,**
und damit wir die Sohnschaft erlangen.
6 **Weil ihr aber Söhne seid,**
sandte Gott den Geist seines Sohnes in unser Herz,
den Geist, der ruft: Abba, Vater.

7 **Daher bist du nicht mehr Sklave, sondern Sohn;**
bist du aber Sohn,
dann auch Erbe,
Erbe durch Gott.

RUF VOR DEM EVANGELIUM Vers: vgl. Hebr 1, 1–2

Halleluja. Halleluja.

Einst hat Gott zu den Vätern gesprochen durch die Propheten;
heute aber hat er zu uns gesprochen durch den Sohn.
Halleluja.

ZUM EVANGELIUM *Jesus wurde in die Ordnung des Alten Bundes hineingeboren und hat sich dem Gesetz unterstellt. Sein Name Jesus (Jeschua, Josua: Jahwe rettet) deutet an, was er sein wird: Retter, Heiland der Welt; in Mt 1, 21 wird erklärt: „denn er wird sein Volk von seinen Sünden erlösen".*

EVANGELIUM Lk 2, 16–21

Sie fanden Maria und Josef und das Kind.
Als acht Tage vorüber waren, gab man dem Kind den Namen Jesus

✠ **Aus dem heiligen Evangelium nach Lukas.**

In jener Zeit
16 **eilten die Hirten nach Betlehem**
und fanden Maria und Josef
und das Kind, das in der Krippe lag.
17 **Als sie es sahen,**
erzählten sie, was ihnen über dieses Kind gesagt worden war.
18 **Und alle, die es hörten,**
staunten über die Worte der Hirten.
19 **Maria aber**
bewahrte alles, was geschehen war, in ihrem Herzen
und dachte darüber nach.
20 **Die Hirten kehrten zurück,**
rühmten Gott
und priesen ihn für das, was sie gehört und gesehen hatten;
denn alles war so gewesen,
wie es ihnen gesagt worden war.

21 **Als acht Tage vorüber waren**
und das Kind beschnitten werden sollte,
gab man ihm den Namen Jesus,
den der Engel genannt hatte,
noch ehe das Kind im Schoß seiner Mutter empfangen wurde.

Glaubensbekenntnis, S. 352 ff.

ZUR EUCHARISTIEFEIER *Wir setzen die große Danksagung fort, die Maria einst angestimmt hat. Wir danken dem Vater, denn „er hat uns mit allem Segen seines Geistes gesegnet durch unsere Gemeinschaft mit Christus im Himmel" (Eph 1,3).*

GABENGEBET

Barmherziger Gott, von dir kommt alles Gute,
und du führst es zum Ziel.
Wir danken dir für den Anfang des Heiles,
das du uns in der Geburt deines Sohnes
aus der Jungfrau Maria eröffnet hast.
Höre auf ihre Fürsprache
und führe uns (in diesem Jahr)
näher zu dir.
Darum bitten wir durch Christus, unseren Herrn.

Marienpräfation, S. 425 f., oder Weihnachtspräfation, S. 405 f.
In den Hochgebeten I–III eigener Einschub.

KOMMUNIONVERS Hebr 13,8

Jesus Christus ist derselbe gestern und heute und in Ewigkeit.

SCHLUSSGEBET

Herr, unser Gott,
am Fest der seligen Jungfrau Maria,
die wir als Mutter deines Sohnes
und Mutter der Kirche bekennen,
haben wir voll Freude
das heilige Sakrament empfangen.
Laß es uns eine Hilfe sein,
die uns zum ewigen Leben führt.
Darum bitten wir durch Christus, unseren Herrn.

BESSER ALS EIN LICHT

Ich sagte zu dem Engel,
der an der Pforte des neuen Jahres stand:
Gib mir ein Licht, damit ich sicheren Fußes
der Ungewißheit entgegengehen kann.

Aber er antwortete:
Geh nur hin in die Dunkelheit,
und leg deine Hand in die Hand Gottes!
Das ist besser als ein Licht
und sicherer als ein bekannter Weg. (Aus China)

ZWEITER SONNTAG NACH WEIHNACHTEN

Die guten Anfänge kommen aus der Stille, wie aus dunklen Bergen. Im unfaßbaren Schweigen spricht Gott sein Wort, den ewigen Sohn. Das Wort ist gesprochen, wird gesprochen, ewig und jetzt. Das Licht leuchtet, es rettet und richtet. Im Licht des ewigen Wortes steht unsere Zeit, auch dieses neu begonnene Jahr.

ERÖFFNUNGSVERS Weish 18, 14–15

Als tiefes Schweigen das All umfing
und die Nacht bis zur Mitte gelangt war,
da stieg dein allmächtiges Wort, o Herr,
vom Himmel herab, vom königlichen Thron.

Ehre sei Gott, S. 348 ff.

TAGESGEBET

Allmächtiger, ewiger Gott,
du erleuchtest alle, die an dich glauben.
Offenbare dich den Völkern der Erde,
damit alle Menschen
das Licht deiner Herrlichkeit schauen.
Darum bitten wir durch Jesus Christus.

ZUR 1. LESUNG *Das Wort Gottes steht der Welt nicht nur gegenüber, es durchdringt sie, es ist die ständige Quelle all dessen, was in der Welt lebt und leuchtet. In der Schrift (Spr 8) wird das Wort Gottes gleichgesetzt mit Gottes ewiger Weisheit. Durch sein Wort und seine Weisheit ist Gott gegenwärtig bei seinem Volk und in seinem Tempel. In Zukunft aber wird die Menschheit Jesu der lebendige Tempel Gottes, sein heiliges Zelt sein.*

ERSTE LESUNG Sir 24,1–2.8–12 (1–4.12–16)

Die Weisheit Gottes faßte Wurzel bei seinem ruhmreichen Volk

Lesung
aus dem Buch Jesus Sirach.

1 **Die Weisheit lobt sich selbst,**
sie rühmt sich bei ihrem Volk.
2 **Sie öffnet ihren Mund in der Versammlung Gottes**
und rühmt sich vor seinen Scharen:

8 **Der Schöpfer des Alls gab mir Befehl;**
er, der mich schuf, wußte für mein Zelt eine Ruhestätte.
Er sprach: In Jakob sollst du wohnen,
in Israel sollst du deinen Erbbesitz haben.
9 **Vor der Zeit, am Anfang, hat er mich erschaffen,**
und bis in Ewigkeit vergehe ich nicht.
10 **Ich tat vor ihm Dienst im heiligen Zelt**
und wurde dann auf dem Zion eingesetzt.
11 **In der Stadt, die er ebenso liebt wie mich, fand ich Ruhe,**
Jerusalem wurde mein Machtbereich.
12 **Ich faßte Wurzel bei einem ruhmreichen Volk**
im Eigentum des Herrn,
in seinem Erbbesitz.

ANTWORTPSALM Ps 147,12–13.14–15.19–20 (R: Joh 1,14)

R **Das Wort ist Fleisch geworden** (GL 149,6)
und hat unter uns gewohnt. – R
(*Oder:* **Halleluja.**)

12 **Jerusalem, preise den Herrn,** * IX. Ton
lobsinge, Zion, deinem Gott!
13 **Denn er hat die Riegel deiner Tore festgemacht,** *
die Kinder in deiner Mitte gesegnet. – (R)

14 **Er verschafft deinen Grenzen Frieden ***
und sättigt dich mit bestem Weizen.

15 **Er sendet sein Wort zur Erde, ***
rasch eilt sein Befehl dahin. – (R)

19 **Er verkündet Jakob sein Wort, ***
Israel seine Gesetze und Rechte.

20 **An keinem andern Volk hat er so gehandelt, ***
keinem sonst seine Rechte verkündet. – R

ZUR 2. LESUNG *In seinem Sohn hat Gott uns all das geschenkt, was durch die Gaben des Alten Bundes angedeutet und vorbereitet war. Aber wir brauchen die klare Schau des Glaubens und ein lauteres Herz, um unsere Berufung zu begreifen und ihr durch die Tat zu entsprechen. Mit dem größeren Glauben wächst auch unsere Hoffnung auf Teilhabe an Gottes Herrlichkeit.*

ZWEITE LESUNG Eph 1, 3–6.15–18

Gott hat uns im voraus dazu bestimmt, seine Söhne zu werden durch Jesus Christus

Lesung
aus dem Brief des Apostels Paulus an die Épheser.

3 **Gepriesen sei Gott,**
der Gott und Vater unseres Herrn Jesus Christus.
Er hat uns mit allem Segen seines Geistes gesegnet
durch unsere Gemeinschaft mit Christus im Himmel.
4 **Denn in ihm hat er uns erwählt vor der Erschaffung der Welt,**
damit wir heilig und untadelig leben vor Gott;
5 **er hat uns aus Liebe im voraus dazu bestimmt,**
seine Söhne zu werden durch Jesus Christus
und zu ihm zu gelangen nach seinem gnädigen Willen,
6 **zum Lob seiner herrlichen Gnade.**
Er hat sie uns geschenkt in seinem geliebten Sohn.

15/16 **Darum höre ich nicht auf, für euch zu danken,**
wenn ich in meinen Gebeten an euch denke;
denn ich habe von eurem Glauben an Jesus, den Herrn,
und von eurer Liebe zu allen Heiligen gehört.

17 **Der Gott Jesu Christi, unseres Herrn,**
der Vater der Herrlichkeit,
gebe euch den Geist der Weisheit und Offenbarung,
damit ihr ihn erkennt.
18 **Er erleuchte die Augen eures Herzens,**
damit ihr versteht,
zu welcher Hoffnung ihr durch ihn berufen seid,
welchen Reichtum
die Herrlichkeit seines Erbes den Heiligen schenkt.

RUF VOR DEM EVANGELIUM

Vers: vgl. 1 Tim 3,16

Halleluja. Halleluja.

Christus, offenbart im Fleisch, verkündet unter den Heiden,
Christus, geglaubt in der Welt: Ehre sei dir!
Halleluja.

ZUM EVANGELIUM *Durch das Wort, das vor aller Zeit war, ist die Zeit und die Welt geworden. Licht und Leben kommen von ihm. Und das Wort ist Fleisch geworden. Denen, die ihn aufnehmen, weist Christus den Weg, und er schenkt ihnen Gnade und Herrlichkeit.*

EVANGELIUM

Joh 1,1–18

Das Wort ist Fleisch geworden und hat unter uns gewohnt

siehe S. 49f.

Oder:

KURZFASSUNG

Joh 1,1–5.9–14

Das Wort ist Fleisch geworden und hat unter uns gewohnt

✠ **Aus dem heiligen Evangelium nach Johannes.**

1 **Im Anfang war das Wort,**
und das Wort war bei Gott,
und das Wort war Gott.
2 **Im Anfang war es bei Gott.**
3 **Alles ist durch das Wort geworden,**
und ohne das Wort wurde nichts, was geworden ist.
4 **In ihm war das Leben,**
und das Leben war das Licht der Menschen.

Und das Licht leuchtet in der Finsternis,
und die Finsternis hat es nicht erfaßt.

Das wahre Licht, das jeden Menschen erleuchtet,
kam in die Welt.
0 **Er war in der Welt,**
und die Welt ist durch ihn geworden,
aber die Welt erkannte ihn nicht.
1 **Er kam in sein Eigentum,**
aber die Seinen nahmen ihn nicht auf.

2 **Allen aber, die ihn aufnahmen,**
gab er Macht, Kinder Gottes zu werden,
allen, die an seinen Namen glauben,
3 **die nicht aus dem Blut,**
nicht aus dem Willen des Fleisches,
nicht aus dem Willen des Mannes,
sondern aus Gott geboren sind.

4 **Und das Wort ist Fleisch geworden**
und hat unter uns gewohnt,
und wir haben seine Herrlichkeit gesehen,
die Herrlichkeit des einzigen Sohnes vom Vater,
voll Gnade und Wahrheit.

Glaubensbekenntnis, S. 352 ff.
Fürbitten vgl. S. 774 f.

ZUR EUCHARISTIEFEIER *Christus ruft die zu seinem Mahl, die ihn aufnehmen. Aus seiner Fülle empfangen wir Gnade über Gnade. Er ist gekommen, damit wir das Leben haben, sein eigenes Leben.*

GABENGEBET

Herr, unser Gott,
heilige unsere Gaben
durch die Menschwerdung deines Sohnes.
Durch seine Geburt hast du allen Menschen
den Weg der Wahrheit gewiesen
und ihnen dein Reich verheißen.
Laß uns in dieser Feier verkosten,
was du denen bereitet hast, die dich lieben.
Darum bitten wir durch Christus, unseren Herrn.

Weihnachtspräfation, S. 405 f.

KOMMUNIONVERS Joh 1, 12

Allen, die ihn aufnahmen,
gab er Macht, Kinder Gottes zu werden.

SCHLUSSGEBET

Herr, unser Gott,
befreie uns durch die Wirkung dieses Sakramentes
von unseren Fehlern und Sünden.
Erfülle unser Verlangen
und schenke uns alles,
was wir zum Heil nötig haben.
Darum bitten wir durch Christus, unseren Herrn.

DIE GUTE GABE

Jesus ist das Heil selbst. Das Heil: vorbereitet im Wort der Propheten; verkündet durch Jesu eigenes Wort; weitergegeben im Wort der Kirche. Es ist dasselbe, zu sagen, die Apostel verkünden den Erlöser, wie zu sagen, sie verkünden die Gaben des Heils. Denn Jesus hat es vom guten Vater her, Gabe zu sein: die gute Gabe, die Summe des Heils. (Origenes)

6. Januar

ERSCHEINUNG DES HERRN

Hochfest

Über das Fest der Erscheinung des Herrn (= Epiphanía) vgl. die Einführung zum Kirchenjahr.

Epiphanie, Erscheinung des Herrn: göttliche Wahrheit und Herrlichkeit leuchten, wenn auch noch verborgen, in dem Kind von Betlehem. Suchende Menschen finden den Weg (Magier, Könige, Sterndeuter). Sie kommen mit Gaben und gehen als Beschenkte. Als Boten des Lichts in eine dunkle Welt. Weil dieses Kind geboren wurde, gibt es für alle Menschen Hoffnung, auch für die in der Ferne.

ERÖFFNUNGSVERS Vgl. Mal 3, 1; 1 Chr 19, 12

Seht, gekommen ist der Herrscher, der Herr.
In seiner Hand ist die Macht und das Reich.

Ehre sei Gott, S. 348 ff.

TAGESGEBET

**Allherrschender Gott,
durch den Stern, dem die Weisen gefolgt sind,
hast du am heutigen Tag
den Heidenvölkern deinen Sohn geoffenbart.
Auch wir haben dich schon im Glauben erkannt.
Führe uns vom Glauben
zur unverhüllten Anschauung deiner Herrlichkeit.
Darum bitten wir durch Jesus Christus.**

ZUR 1. LESUNG *Licht bedeutet in der Bibel Offenbarung der Macht und Herrlichkeit Gottes, auch sein rettendes Eingreifen in die Geschichte der Menschen. Nach dunklen Jahren (538 v. Chr., Ende des babylonischen Exils) kann der Rest des Volkes Israel wieder Hoffnung haben. Gott ist da, er holt sein Volk heim. Die Völker der Erde staunen und kommen herbei, um mit ihren Gaben dem Gott Israels zu huldigen.*

ERSTE LESUNG Jes 60, 1–6

Die Herrlichkeit des Herrn geht leuchtend auf über dir

**Lesung
aus dem Buch Jesája.**

**Auf, werde licht, Jerusalem,
denn es kommt dein Licht,
und die Herrlichkeit des Herrn geht leuchtend auf über dir.
Denn siehe, Finsternis bedeckt die Erde
und Dunkel die Völker,
doch über dir geht leuchtend der Herr auf,
seine Herrlichkeit erscheint über dir.
Völker wandern zu deinem Licht
und Könige zu deinem strahlenden Glanz.
Blick auf und schau umher:
Sie alle versammeln sich und kommen zu dir.
Deine Söhne kommen von fern,
deine Töchter trägt man auf den Armen herbei.
Du wirst es sehen, und du wirst strahlen,
dein Herz bebt vor Freude und öffnet sich weit.**

Denn der Reichtum des Meeres strömt dir zu,
die Schätze der Völker kommen zu dir.
6 **Zahllose Kamele bedecken dein Land,**
Dromedare aus Mídian und Efa.
Sie alle kommen von Saba,
bringen Weihrauch und Gold
und verkünden die ruhmreichen Taten des Herrn.

ANTWORTPSALM Ps 72 (71), 1–2.7–8.10–11.12–13 (R: 11)

℟ Alle Könige müssen ihm huldigen, (GL 153,1)
alle Völker ihm dienen. – ℟

1 **Verleih dein Richteramt, o Gott, dem König, *** VI. Ton
dem Königssohn gib dein gerechtes Walten!
2 **Er regiere dein Volk in Gerechtigkeit ***
und deine Armen durch rechtes Urteil. – (℟)

7 **Die Gerechtigkeit blühe auf in seinen Tagen ***
und großer Friede, bis der Mond nicht mehr da ist.
8 **Er herrsche von Meer zu Meer, ***
vom Strom bis an die Enden der Erde. – (℟)

10 **Die Könige von Tarschisch und von den Inseln bringen Geschenke, ***
die Könige von Saba und Seba kommen mit Gaben.
11 **Alle Könige müssen ihm huldigen, ***
alle Völker ihm dienen. – (℟)

12 **Er rettet den Gebeugten, der um Hilfe schreit, ***
den Armen und den, der keinen Helfer hat.
13 **Er erbarmt sich des Gebeugten und Schwachen, ***
er rettet das Leben der Armen. – ℟

ZUR 2. LESUNG *Schon im Alten Testament war zu lesen, daß Gott Rettung und Heil nicht nur dem Volk Israel zugedacht hat. Aber solche Aussagen waren im Judentum weithin überhört, jedenfalls nicht in ihrer ganzen Tragweite verstanden worden. Selbst für Paulus, den Schriftkundigen, war es eine große Offenbarung, daß Gott ohne Unterschied alle Völker zum messianischen Heil beruft.*

ZWEITE LESUNG Eph 3, 2–3a.5–6

Jetzt ist offenbart worden: Auch die Heiden haben an der Verheißung in Christus Jesus teil

Lesung
aus dem Brief des Apostels Paulus an die Épheser.

Brüder!
2 **Ihr habt gehört,**
welches Amt die Gnade Gottes mir für euch verliehen hat.
3a **Durch eine Offenbarung**
wurde mir das Geheimnis Christi mitgeteilt.
5 **Den Menschen früherer Generationen war es nicht bekannt;**
jetzt aber ist es seinen heiligen Aposteln und Propheten
durch den Geist offenbart worden:
6 **daß nämlich die Heiden Miterben sind,**
zu demselben Leib gehören
und an derselben Verheißung in Christus Jesus teilhaben
durch das Evangelium.

RUF VOR DEM EVANGELIUM Vers: vgl. Mt 2, 2

Halleluja. Halleluja.
Wir haben seinen Stern gesehen
und sind gekommen, dem Herrn zu huldigen.
Halleluja.

ZUM EVANGELIUM *Fremden Menschen, Ausländern, Heiden leuchtet der Stern. Sie suchen und fragen, bis sie den neugeborenen König finden. Die Gelehrten in Jerusalem wissen aus der Schrift, wo der Messias geboren werden soll, aber keiner von ihnen geht nach Betlehem. So wird schon am Anfang des Matthäusevangeliums sichtbar, was am Schluß klar ausgesprochen wird: Alle Völker der Erde sind zum Heil berufen, das Jesus Christus gebracht hat (Mt 28, 18–20).*

EVANGELIUM Mt 2, 1–12

Wir haben seinen Stern aufgehen sehen und sind gekommen, um ihm zu huldigen

✠ Aus dem heiligen Evangelium nach Matthäus.

1 Als Jesus zur Zeit des Königs Herodes
in Betlehem in Judäa geboren worden war,
kamen Sterndeuter aus dem Osten nach Jerusalem
2 und fragten: Wo ist der neugeborene König der Juden?
Wir haben seinen Stern aufgehen sehen
und sind gekommen, um ihm zu huldigen.

3 Als König Herodes das hörte, erschrak er
und mit ihm ganz Jerusalem.
4 Er ließ alle Hohenpriester
und Schriftgelehrten des Volkes
zusammenkommen
und erkundigte sich bei ihnen,
wo der Messias geboren werden solle.

5 Sie antworteten ihm: In Betlehem in Judäa;
denn so steht es bei dem Propheten:

6 Du, Betlehem im Gebiet von Juda,
bist keineswegs die unbedeutendste
unter den führenden Städten von Juda;
denn aus dir wird ein Fürst hervorgehen,
der Hirt meines Volkes Israel.

7 Danach rief Herodes die Sterndeuter heimlich zu sich
und ließ sich von ihnen genau sagen,
wann der Stern erschienen war.
8 Dann schickte er sie nach Betlehem
und sagte: Geht und forscht sorgfältig nach, wo das Kind ist;
und wenn ihr es gefunden habt, berichtet mir,
damit auch ich hingehe und ihm huldige.
9 Nach diesen Worten des Königs machten sie sich auf den Weg.
Und der Stern, den sie hatten aufgehen sehen,
zog vor ihnen her
bis zu dem Ort, wo das Kind war;
dort blieb er stehen.
10 Als sie den Stern sahen,
wurden sie von sehr großer Freude erfüllt.
11 Sie gingen in das Haus

und sahen das Kind und Maria, seine Mutter;
da fielen sie nieder und huldigten ihm.
Dann holten sie ihre Schätze hervor
und brachten ihm Gold, Weihrauch und Myrrhe als Gaben dar.
2 Weil ihnen aber im Traum geboten wurde,
nicht zu Herodes zurückzukehren,
zogen sie auf einem anderen Weg heim in ihr Land.

Glaubensbekenntnis, S. 352 ff.
Fürbitten vgl. S. 775 f.

ZUR EUCHARISTIEFEIER *Die Feier der Eucharistie ist „Mysterium des Glaubens": ein großes, göttlich-menschliches Empfangen und Geben. Gold, Weihrauch und Myrrhe sind die sprechenden Sinnbilder unseres Glaubens, unserer Liebe und der durchgehaltenen Treue.*

GABENGEBET

Allmächtiger Gott,
nimm die Gaben deiner Kirche an.
Sie bringt nicht mehr Gold,
Weihrauch und Myrrhe dar,
sondern er, den diese Gaben bezeichnen,
wird für uns geopfert und uns zur Speise gegeben,
unser Herr Jesus Christus,
der mit dir lebt und herrscht in alle Ewigkeit.

Präfation von Erscheinung des Herrn, S. 406.
In den Hochgebeten I–III eigener Einschub.

KOMMUNIONVERS Vgl. Mt 2, 2

Wir haben seinen Stern aufgehen sehen
und sind gekommen, dem Herrn mit Geschenken zu huldigen.

SCHLUSSGEBET

Wir danken dir, allmächtiger Gott,
für die heiligen Gaben
und bitten dich:
Erhelle unsere Wege mit dem Licht deiner Gnade,
damit wir in Glauben und Liebe erfassen,
was du uns im Geheimnis der Eucharistie geschenkt hast.
Darum bitten wir durch Christus, unseren Herrn.

BEGEGNUNG

Niemand hat Gott je geschaut, aber wenn wir einander lieben, bleibt Gott in uns, und seine Liebe ist in uns vollendet (1 Joh 4, 12). – In der liebenden Begegnung mit dem Bruder leuchtet uns das Bild Christi auf, geschieht Epiphanie: im Lächeln des Kindes, im Blick des geliebten Menschen, im dankbaren Auge des Beschenkten, im sorgendurchfurchten Gesicht des Kranken – in jeder liebenden Bewegung des Herzens, in jedem Dank, jedem Du. (R. Pesch)

Sonntag nach dem 6. Januar

TAUFE DES HERRN

Fest

Auch die Taufe Jesu ist ein Epiphaniegeschehen: Aufleuchten des sich offenbarenden Gottes. Der Vater nennt Jesus, der sich in die Reihe der Sünder gestellt hat, seinen geliebten Sohn. Der Geist Gottes ruht auf ihm, er wird ihn in die Wüste hinausführen, dann nach Galiläa, Jerusalem, Golgota. In der Kraft dieses Geistes wird Jesus sich als Opfer darbringen für die Sünde der Welt.

ERÖFFNUNGSVERS Vgl. Mt 3, 16–17

Als Jesus getauft war, öffnete sich der Himmel,
und er sah den Geist Gottes wie eine Taube auf sich herabkommen.
Und die Stimme des Vaters aus dem Himmel sprach:
Das ist mein geliebter Sohn, an dem ich Gefallen habe.

Ehre sei Gott, S. 348ff.

TAGESGEBET

Allmächtiger, ewiger Gott,
bei der Taufe im Jordan
kam der Heilige Geist auf unseren Herrn Jesus Christus herab,
und du hast ihn als deinen geliebten Sohn geoffenbart.
Gib, daß auch wir,
die aus dem Wasser und dem Heiligen Geist wiedergeboren sind,
in deinem Wohlgefallen stehen
und als deine Kinder aus der Fülle dieses Geistes leben.
Darum bitten wir durch Jesus Christus.

Oder:

Allmächtiger Gott,
dein einziger Sohn,
vor aller Zeit aus dir geboren,
ist in unserem Fleisch sichtbar erschienen.
Wie er uns gleichgeworden ist in der menschlichen Gestalt,
so werde unser Inneres neu geschaffen nach seinem Bild.
Darum bitten wir durch ihn,
der in der Einheit des Heiligen Geistes
mit dir lebt und herrscht in alle Ewigkeit.

ZUR 1. LESUNG *In der Form einer Gottesrede beschreibt der Prophet die Berufung des „Knechtes". Der Gottesknecht, eine geheimnisvolle prophetisch-königliche Gestalt im zweiten Teil des Jesaja-Buches, soll allen Völkern Gottes Treue und Erbarmen verkünden. Für diese Aufgabe wird er mit dem Geist Gottes ausgerüstet. Das Neue Testament sieht diese Aussage in Jesus Christus erfüllt (vgl. Jes 42,1 und das Gotteswort bei der Taufe Jesu: Mt 3,17).*

ERSTE LESUNG Jes 42,5a.1–4.6–7

Seht, das ist mein Knecht, an ihm finde ich Gefallen

Lesung
aus dem Buch Jesája.

5a So spricht Gott, der Herr:
1 Seht, das ist mein Knecht, den ich stütze;
das ist mein Erwählter, an ihm finde ich Gefallen.
Ich habe meinen Geist auf ihn gelegt,
er bringt den Völkern das Recht.
2 Er schreit nicht und lärmt nicht
und läßt seine Stimme nicht auf der Straße erschallen.
3 Das geknickte Rohr zerbricht er nicht,
und den glimmenden Docht löscht er nicht aus;
ja, er bringt wirklich das Recht.
4 Er wird nicht müde und bricht nicht zusammen,
bis er auf der Erde das Recht begründet hat.
Auf sein Gesetz warten die Inseln.

6 Ich, der Herr, habe dich aus Gerechtigkeit gerufen,
ich fasse dich an der Hand.

Ich habe dich geschaffen
und dazu bestimmt,
der Bund für mein Volk
und das Licht für die Völker zu sein:
7 **blinde Augen zu öffnen,**
Gefangene aus dem Kerker zu holen
und alle, die im Dunkel sitzen, aus ihrer Haft zu befreien.

ANTWORTPSALM Ps 29 (28), 1–2.3ac–4.3b u. 9b–10 (R: vgl. 11b)

R **Der Herr schenkt seinem Volk den Frieden.** – R (GL 743,1)

1 **Bringt dar dem Herrn, ihr Himmlischen,** * I. Ton
bringt dar dem Herrn Lob und Ehre!

2 **Bringt dar dem Herrn die Ehre seines Namens,** *
werft euch nieder vor dem Herrn in heiligem Schmuck! – (R)

3ac **Die Stimme des Herrn erschallt über den Wassern,** *
der Herr über gewaltigen Wassern.

4 **Die Stimme des Herrn ertönt mit Macht,** *
die Stimme des Herrn voll Majestät. – (R)

3b **Der Gott der Herrlichkeit donnert.** *
9b **In seinem Palast rufen alle: O herrlicher Gott!**

10 **Der Herr thront über der Flut,** *
der Herr thront als König in Ewigkeit. – R

Oder:

ERSTE LESUNG Jes 55, 1–11

Einführung *An alle, die Durst haben nach der Gabe Gottes, nach dem lebendigen Wasser, ergeht die Einladung: Kommt, trinkt, eßt! Aber auch: Hört und seht! Das Wort Gottes ist wahr und verläßlich. Der neue Bund, der angekündigt wird, ist die Erfüllung der alten Verheißung. Das wird einem verzagten Volk gesagt, das Mühe hat, an die Zukunft zu glauben, die Gott ihm schenken will.*

Kommt zum Wasser; hört, dann werdet ihr leben

Lesung
aus dem Buch Jesája.

So spricht der Herr:
1 Auf, ihr Durstigen, kommt alle zum Wasser!
Auch wer kein Geld hat, soll kommen.
Kauft Getreide, und eßt, kommt und kauft ohne Geld,
kauft Wein und Milch ohne Bezahlung!
2 Warum bezahlt ihr mit Geld, was euch nicht nährt,
und mit dem Lohn eurer Mühen, was euch nicht satt macht?
Hört auf mich,
dann bekommt ihr das Beste zu essen
und könnt euch laben an fetten Speisen.

3 Neigt euer Ohr mir zu, und kommt zu mir,
hört, dann werdet ihr leben.
Ich will einen ewigen Bund mit euch schließen
gemäß der beständigen Huld, die ich David erwies.
4 Seht her: Ich habe ihn zum Zeugen für die Völker gemacht,
zum Fürsten und Gebieter der Nationen.
5 Völker, die du nicht kennst, wirst du rufen;
Völker, die dich nicht kennen, eilen zu dir,
um des Herrn, deines Gottes, des Heiligen Israels willen,
weil er dich herrlich gemacht hat.

6 Sucht den Herrn, solange er sich finden läßt,
ruft ihn an, solange er nahe ist.
7 Der Ruchlose soll seinen Weg verlassen,
der Frevler seine Pläne.
Er kehre um zum Herrn,
damit er Erbarmen hat mit ihm,
und zu unserem Gott;
denn er ist groß im Verzeihen.
8 Meine Gedanken sind nicht eure Gedanken,
und eure Wege sind nicht meine Wege – Spruch des Herrn.
9 So hoch der Himmel über der Erde ist,
so hoch erhaben sind meine Wege über eure Wege
und meine Gedanken über eure Gedanken.

10 Denn wie der Regen und der Schnee vom Himmel fällt
und nicht dorthin zurückkehrt,
sondern die Erde tränkt

und sie zum Keimen und Sprossen bringt,
wie er dem Sämann Samen gibt und Brot zum Essen,
11 **so ist es auch mit dem Wort, das meinen Mund verläßt:**
Es kehrt nicht leer zu mir zurück,
sondern bewirkt, was ich will,
und erreicht all das, wozu ich es ausgesandt habe.

ANTWORTPSALM

Jes 12, 2.3 u. 4bcd.5–6 (R: 3)

R Ihr werdet Wasser schöpfen voll Freude (GL 209, 2)
aus den Quellen des Heils. – R

2 **Gott ist meine Rettung; *** VII. Ton
ihm will ich vertrauen und niemals verzagen.

Denn meine Stärke und mein Lied ist der Herr. *
Er ist für mich zum Retter geworden. – (R)

3 **Ihr werdet Wasser schöpfen voll Freude ***
aus den Quellen des Heils.

4bcd **Dankt dem Herrn! Ruft seinen Namen an! †**
Macht seine Taten unter den Völkern bekannt, *
verkündet: Sein Name ist groß und erhaben! – (R)

5 **Preist den Herrn; denn herrliche Taten hat er vollbracht; ***
auf der ganzen Erde soll man es wissen.

6 **Jauchzt und jubelt, ihr Bewohner von Zion; ***
denn groß ist in eurer Mitte der Heilige Israels. – R

ZUR 2. LESUNG *Gott hat auf Jesus, als er getauft wurde, den Heiligen Geist herabgesandt; er hat Jesus als seinen Sohn bezeugt und zum Messias gesalbt. Durch ihn hat er allen Menschen, Juden und Heiden, Versöhnung und Frieden verkündet. Das ist die Predigt der apostolischen Zeit, die gute Nachricht auch für die heutige Welt.*

ZWEITE LESUNG

Apg 10, 34–38

Gott hat Jesus gesalbt mit dem Heiligen Geist

Lesung
aus der Apostelgeschichte.

34 **In jenen Tagen begann Petrus zu reden**
und sagte:

Wahrhaftig jetzt begreife ich,
daß Gott nicht auf die Person sieht,
5 **sondern daß ihm in jedem Volk willkommen ist,**
wer ihn fürchtet
und tut, was recht ist.

6 **Er hat das Wort den Israeliten gesandt,**
indem er den Frieden verkündete durch Jesus Christus;
dieser ist der Herr aller.

7 **Ihr wißt, was im ganzen Land der Juden geschehen ist,**
angefangen in Galiläa,
nach der Taufe, die Johannes verkündet hat:
8 **wie Gott Jesus von Nazaret gesalbt hat**
mit dem Heiligen Geist und mit Kraft,
wie dieser umherzog,
Gutes tat
und alle heilte, die in der Gewalt des Teufels waren;
denn Gott war mit ihm.

RUF VOR DEM EVANGELIUM Vers: vgl. Mt 3,16.17; Mk 9,7

Halleluja. Halleluja.

Der Himmel tat sich auf, und eine Stimme sprach:
Das ist mein geliebter Sohn; auf ihn sollt ihr hören.

Halleluja.

Oder:

ZWEITE LESUNG 1 Joh 5,1–9

Einführung *Was von Gott kommt, ist stärker als diese Welt. Von Gott kommen der Glaube und die Liebe: Glaube an Jesus, den Christus und Gottessohn; Liebe zu den Menschen, die unsere Brüder geworden sind. Durch Wasser und Blut ist der Sohn Gottes zu uns gekommen: im Wasser des Jordan wollte er getauft werden; am Kreuz hat er sein Blut vergossen. Der Geist, der sich im Leben Jesu wie in seinem Sterben als mächtig erwiesen hat, ist die Kraft Gottes auch im Leben des Christen.*

Drei sind es, die Zeugnis geben: der Geist, das Wasser und das Blut

Lesung
aus dem ersten Johannesbrief.

Brüder!
1 Jeder, der glaubt, daß Jesus der Christus ist,
stammt von Gott,
und jeder, der den Vater liebt,
liebt auch den, der von ihm stammt.
2 Wir erkennen, daß wir die Kinder Gottes lieben,
wenn wir Gott lieben und seine Gebote erfüllen.
3 Denn die Liebe zu Gott besteht darin,
daß wir seine Gebote halten.
Seine Gebote sind nicht schwer.
4 Denn alles, was von Gott stammt, besiegt die Welt.
Und das ist der Sieg, der die Welt besiegt hat:
unser Glaube.
5 Wer sonst besiegt die Welt
außer dem, der glaubt, daß Jesus der Sohn Gottes ist?
6 Dieser ist es, der durch Wasser und Blut gekommen ist:
Jesus Christus.
Er ist nicht nur im Wasser gekommen,
sondern im Wasser und im Blut.
Und der Geist ist es, der Zeugnis ablegt;
denn der Geist ist die Wahrheit.
7 Drei sind es, die Zeugnis ablegen:
8 der Geist,
das Wasser
und das Blut;
und diese drei sind eins.
9 Wenn wir von Menschen ein Zeugnis annehmen,
so ist das Zeugnis Gottes gewichtiger;
denn das ist das Zeugnis Gottes:
Er hat Zeugnis abgelegt für seinen Sohn.

RUF VOR DEM EVANGELIUM Vers: vgl. Joh 1,29

Halleluja. Halleluja.

Johannes sah Jesus auf sich zukommen und sagte:
Seht, das Lamm Gottes, das die Sünde der Welt hinwegnimmt.

Halleluja.

ZUM EVANGELIUM *Johannes der Täufer weist auf Jesus hin, auf den Größeren, der nach ihm kommt. Ihm will er durch seine Predigt und Bußtaufe den Weg bereiten. Auch Jesus hat sich von Johannes taufen lassen. Er hat sich in die Reihe der Sünder gestellt; er hat die Sünde der Welt auf sich genommen.*

EVANGELIUM Mk 1,7–11

Du bist mein geliebter Sohn, an dir habe ich Gefallen gefunden

✠ **Aus dem heiligen Evangelium nach Markus.**

In jener Zeit
trat Johannes in der Wüste auf
und verkündete:
Nach mir kommt einer,
der ist stärker als ich;
ich bin es nicht wert,
mich zu bücken, um ihm die Schuhe aufzuschnüren.
Ich habe euch nur mit Wasser getauft,
er aber wird euch mit dem Heiligen Geist taufen.

In jenen Tagen kam Jesus aus Nazaret in Galiläa
und ließ sich von Johannes im Jordan taufen.
0 **Und als er aus dem Wasser stieg,**
sah er, daß der Himmel sich öffnete
und der Geist wie eine Taube auf ihn herabkam.
1 **Und eine Stimme aus dem Himmel sprach:**
Du bist mein geliebter Sohn,
an dir habe ich Gefallen gefunden.

Glaubensbekenntnis, S. 352 ff.
Fürbitten vgl. S. 774 f.

ZUR EUCHARISTIEFEIER *Jesus hat die Schuld der Welt auf sich genommen, und in diesem Augenblick hat sich der Vater zu ihm bekannt, zu seinem geliebten Sohn; er bejaht den Weg Jesu und nimmt dessen Opferhingabe an.*

GABENGEBET

**Gott, unser Vater,
wir feiern den Tag,
an dem du Jesus
als deinen geliebten Sohn geoffenbart hast.
Nimm unsere Gaben an
und mache sie zum Opfer Christi,
der die Sünden der ganzen Welt abgewaschen hat.
Er, der mit dir lebt und herrscht in alle Ewigkeit.**

Präfation von der Taufe des Herrn, S. 407.

KOMMUNIONVERS Joh 1, 30.34

**Dieser ist es, über den Johannes gesagt hat:
Ich habe es gesehen und lege Zeugnis ab:
Dieser ist der Sohn Gottes.**

SCHLUSSGEBET

**Gütiger Gott,
du hast uns mit deinem Wort
und dem Brot des Lebens genährt.
Gib, daß wir gläubig auf deinen Sohn hören,
damit wir deine Kinder heißen
und es in Wahrheit sind.
Darum bitten wir durch Christus, unseren Herrn.**

SEINE TAUFE

Jesus hat seinen Tod als eine Taufe *betrachtet. Im Heiligen Geist hat er sich als makelloses Opfer Gott dargebracht. Sein Opfer folgt aus der Taufe, und seine Verherrlichung aus seinem Opfer. Von seiner Taufe sind alle betroffen, die an ihn glauben. In seinem Tod sind* wir *getauft (Röm 6, 3); wir sind aber auch durch den einen Geist in einen einzigen Leib aufgenommen (1 Kor 12, 13). (Yves Congar)*

DIE FASTENZEIT

Fastenzeit heißt nicht nur, weniger essen und trinken, überhaupt weniger für sich selbst fordern und verbrauchen. Der Sinn: Der ganze Mensch soll frei und gesund werden; sich selbst wiederfinden; das einüben und verwirklichen, was wir durch die Taufe geworden sind: der neue Mensch, in dem Christus sichtbar wird. Das Gesetz Christi: nicht fordern, sondern schenken; loslassen, sich selber lassen und wie durch den Tod hindurch das neue, größere Leben gewinnen.

ASCHERMITTWOCH

In der heutigen Messe wird die Asche gesegnet und ausgeteilt. Sie wird aus den gesegneten Palmzweigen des Vorjahres bereitet.

ERÖFFNUNG UND WORTGOTTESDIENST

ERÖFFNUNGSVERS Weish 11, 24–25.27

Du erbarmst dich aller, o Herr,
und hast Nachsicht mit den Sünden der Menschen,
damit sie sich bekehren;
denn du bist der Herr, unser Gott.

Das Allgemeine Schuldbekenntnis entfällt. Es wird durch die Austeilung der Asche ersetzt.

TAGESGEBET

Getreuer Gott, im Vertrauen auf dich
beginnen wir
die vierzig Tage der Umkehr und Buße.
Gib uns die Kraft zu christlicher Zucht,
damit wir dem Bösen absagen
und mit Entschiedenheit das Gute tun.
Darum bitten wir durch Jesus Christus.

ZUR LESUNG *Zur Zeit des Propheten Joel wurde das Land Juda so von Heuschrecken verwüstet, daß nichts zu essen übrigblieb; auch für die täglichen Opfer im Tempel war nichts mehr da (1, 1–12). Der Prophet sieht in den Heuschrecken die Vorboten eines noch größeren Strafgerichts (2, 1–2). Darum ruft er zur Buße auf. Nicht eine liturgische Bußfeier soll es sein, sondern eine wirkliche Bekehrung: eine Hinwendung des ganzen Menschen zum barmherzigen Gott. „Vielleicht" hat er Mitleid und wendet das Unheil ab. „Vielleicht": der schuldige Mensch hat keinen Anspruch, aber er darf hoffen. Zwei Gründe hat Gott, sein Volk zu verschonen: 1. seine erbarmende Liebe, 2. seine eigene Ehre; die Heiden würden ja spotten, wenn Jahwe sein Volk zugrunde gehen ließe. Das letztere ist freilich eine volkstümliche Gottesvorstellung, die nicht auf der Höhe der großen Propheten steht.*

ERSTE LESUNG — Joël 2, 12–18

Zerreißt eure Herzen, nicht eure Kleider

Lesung
aus dem Buch Joël.

12 **So spricht der Herr:**
Kehrt um zu mir von ganzem Herzen,
mit Fasten, Weinen und Klagen.
13 **Zerreißt eure Herzen, nicht eure Kleider,**
und kehrt um zum Herrn, eurem Gott!
Denn er ist gnädig und barmherzig,
langmütig und reich an Güte,
und es reut ihn, daß er das Unheil verhängt hat.
14 **Vielleicht kehrt er um, und es reut ihn,**
und er läßt Segen zurück,
so daß ihr Speise- und Trankopfer darbringen könnt
für den Herrn, euren Gott.
15 **Auf dem Zion stoßt in das Horn,**
ordnet ein heiliges Fasten an,
ruft einen Gottesdienst aus!
16 **Versammelt das Volk,**
heiligt die Gemeinde!
Versammelt die Alten,
holt die Kinder zusammen, auch die Säuglinge!
Der Bräutigam verlasse seine Kammer
und die Braut ihr Gemach.

7 Zwischen Vorhalle und Altar sollen die Priester klagen,
die Diener des Herrn sollen sprechen:
Hab Mitleid, Herr, mit deinem Volk,
und überlaß dein Erbe nicht der Schande,
damit die Völker nicht über uns spotten.
Warum soll man bei den Völkern sagen:
Wo ist denn ihr Gott?

8 Da erwachte im Herrn die Leidenschaft für sein Land,
und er hatte Erbarmen mit seinem Volk.

ANTWORTPSALM Ps 51 (50), 3–4.5–6b.12–13.14 u. 17 (℟: vgl. 3)

℟ Erbarme dich unser, o Herr, (GL 190, 1)
denn wir haben gesündigt. – ℟

Gott, sei mir gnädig nach deiner Huld, * IV. Ton
tilge meine Frevel nach deinem reichen Erbarmen!

Wasch meine Schuld von mir ab, *
und mach mich rein von meiner Sünde! – (℟)

Denn ich erkenne meine bösen Taten, *
meine Sünde steht mir immer vor Augen.

ab Gegen dich allein habe ich gesündigt, *
ich habe getan, was dir mißfällt. – (℟)

2 Erschaffe mir, Gott, ein reines Herz, *
und gib mir einen neuen, beständigen Geist!

3 Verwirf mich nicht von deinem Angesicht, *
und nimm deinen heiligen Geist nicht von mir! – (℟)

4 Mach mich wieder froh mit deinem Heil; *
mit einem willigen Geist rüste mich aus!

7 Herr, öffne mir die Lippen, *
und mein Mund wird deinen Ruhm verkünden. – ℟

ZUR 2. LESUNG *Die neue Schöpfung ist nicht abgeschlossen; sie ist im Werden bis zum Tag der Vollendung. Und bis dahin hat Gott das „Wort der Versöhnung" Menschen aufgetragen, die seine „Botschafter" sind. Sie sollen den Menschen immer neu sagen, was Gott für uns getan hat und was sich daraus an Möglichkeiten und auch an Forderungen ergibt.*

ZWEITE LESUNG 2 Kor 5, 20 – 6, 2

Laßt euch mit Gott versöhnen! Jetzt ist sie da, die Zeit der Gnade

Lesung
aus dem zweiten Brief des Apostels Paulus an die Korínther.

Brüder!
20 **Wir sind Gesandte an Christi Statt,**
und Gott ist es, der durch uns mahnt.
Wir bitten an Christi Statt:
Laßt euch mit Gott versöhnen!
21 **Er hat den, der keine Sünde kannte,**
für uns zur Sünde gemacht,
damit wir in ihm Gerechtigkeit Gottes würden.
1 **Als Mitarbeiter Gottes ermahnen wir euch,**
daß ihr seine Gnade nicht vergebens empfangt.
2 **Denn es heißt:**
Zur Zeit der Gnade erhöre ich dich,
am Tag der Rettung helfe ich dir.
Jetzt ist sie da, die Zeit der Gnade;
jetzt ist er da, der Tag der Rettung.

RUF VOR DEM EVANGELIUM Vers: Ps 95 (94), 7d.8a

Herr Jesus, dir sei Ruhm und Ehre![1] – R

Wenn ihr heute seine Stimme hört,
verhärtet nicht euer Herz!

Herr Jesus, dir sei Ruhm und Ehre!

ZUM EVANGELIUM *Die „Gerechtigkeit", wie Jesus sie versteht (V. 1), hat nur die eine große Sorge, mit dem Willen Gottes übereinzustimmen. Almosengeben, Beten und Fasten sind drei Äußerungen der Frömmigkeit, in denen drei Grundhaltungen des Menschen zum Ausdruck kommen und sich in ihrer Echtheit bewähren müssen: im Fasten die Demut vor Gott, im Beten die Hoffnung und im Almosen die Liebe. Alle drei sind nichts wert, wenn der Mensch nicht mit reiner Absicht Gott sucht. Der Heuchler hat im Endgericht nichts mehr zu erwarten, das wird eindringlich gesagt in dem dreimaligen „Amen, ich sage euch …" (6, 2.5.16).*

---

[1] Die Zusammenstellung der Rufe, die in der Fastenzeit an die Stelle des Halleluja treten können, siehe Anhang II, S. 770.

EVANGELIUM Mt 6,1–6.16–18

Dein Vater, der das Verborgene sieht, wird es dir vergelten

✛ Aus dem heiligen Evangelium nach Matthäus.

In jener Zeit sprach Jesus zu seinen Jüngern:
1 Hütet euch,
eure Gerechtigkeit vor den Menschen zur Schau zu stellen;
sonst habt ihr keinen Lohn
von eurem Vater im Himmel zu erwarten.

2 Wenn du Almosen gibst,
laß es also nicht vor dir herposaunen,
wie es die Heuchler in den Synagogen und auf den Gassen tun,
um von den Leuten gelobt zu werden.
Amen, das sage ich euch:
Sie haben ihren Lohn bereits erhalten.
3 Wenn du Almosen gibst,
soll deine linke Hand nicht wissen, was deine rechte tut.
4 Dein Almosen soll verborgen bleiben,
und dein Vater, der auch das Verborgene sieht,
wird es dir vergelten.

5 Wenn ihr betet,
macht es nicht wie die Heuchler.
Sie stellen sich beim Gebet
gern in die Synagogen und an die Straßenecken,
damit sie von den Leuten gesehen werden.
Amen, das sage ich euch:
Sie haben ihren Lohn bereits erhalten.

Du aber geh in deine Kammer, wenn du betest,
und schließ die Tür zu;
dann bete zu deinem Vater, der im Verborgenen ist.
Dein Vater, der auch das Verborgene sieht,
wird es dir vergelten.

16 Wenn ihr fastet,
macht kein finsteres Gesicht wie die Heuchler.
Sie geben sich ein trübseliges Aussehen,
damit die Leute merken, daß sie fasten.
Amen, das sage ich euch:
Sie haben ihren Lohn bereits erhalten.

17 Du aber salbe dein Haar, wenn du fastest,
und wasche dein Gesicht,
18 damit die Leute nicht merken, daß du fastest,
sondern nur dein Vater, der auch das Verborgene sieht;
und dein Vater, der das Verborgene sieht,
wird es dir vergelten.

SEGNUNG UND AUSTEILUNG DER ASCHE

Nach der Homilie lädt der Priester die Gläubigen zum Gebet ein:

**Liebe Brüder und Schwestern,
wir wollen Gott, unseren Vater, bitten,
daß er diese Asche segne,
die wir als Zeichen der Buße empfangen.**

Nach einer kurzen Gebetsstille betet der Priester, die Hände gefaltet:

**Barmherziger Gott,
du bist den Demütigen nahe
und läßt dich durch Buße versöhnen.
Neige dein Ohr unseren Bitten
und segne ✠ alle, die gekommen sind,
um das Aschenkreuz zu empfangen.
Hilf uns, die vierzig Tage der Buße
in rechter Gesinnung zu begehen,
damit wir das heilige Osterfest
mit geläutertem Herzen feiern.
Darum bitten wir durch Christus, unseren Herrn.**

Oder:

**Gott, du willst nicht den Tod des Sünders,
du willst, daß er sich bekehrt und lebt.
Erhöre gnädig unsere Bitten:
Segne ✠ diese Asche,
mit der wir uns bezeichnen lassen,
weil wir wissen, daß wir Staub sind
und zum Staub zurückkehren,
Hilf uns, die vierzig Tage der Buße
in rechter Gesinnung zu begehen.**

**Verzeih uns unsere Sünden,
erneuere uns nach dem Bild deines Sohnes
und schenke uns durch seine Auferstehung
das unvergängliche Leben.
Darum bitten wir durch ihn, Christus, unseren Herrn.**

Der Priester besprengt die Asche mit Weihwasser (ohne Begleitgebet). Danach legt er allen, die vor ihn hintreten, die Asche auf und spricht zu jedem einzelnen.

Bekehrt euch und glaubt an das Evangelium. Mk 1,15

Oder: Vgl. Gen 3,19

Bedenke, Mensch, daß du Staub bist und wieder zum Staub zurückkehren wirst.

Während der Austeilung der Asche wird gesungen.

ANTIPHON

Joel 2,13

Laßt uns umkehren zum Herrn, unserem Gott, denn er ist gnädig und barmherzig und langmütig. Groß ist seine Güte, und es reut ihn, daß er Unheil verhängt hat.

Oder: Joel 2,17; Est 4,17

Zwischen Vorhalle und Altar sollen die Priester klagen, die Diener des Herrn sollen sprechen: Hab Mitleid, Herr, mit deinem Volk, laß den Mund derer, die dich loben, nicht verstummen.

Oder: Ps 51, (50), 3

Tilge, Herr, meine Frevel nach deinem reichen Erbarmen.

Diese Antiphon kann mit Psalm 51 (50) verbunden und nach jedem einzelnen Vers wiederholt werden.

RESPONSORIUM

Vgl. Bar 3,2; Ps 79 (78),9

Wir wollen Buße tun für das, was wir gefehlt haben, und uns bessern, damit wir nicht, plötzlich vom Tod überrascht, nach einer Gnadenfrist suchen, die uns niemand geben kann. * Höre, Herr, und hab Erbarmen, denn wir haben gesündigt vor dir.

℣ **Hilf uns, du Gott unseres Heils! Um der Ehre deines Namens willen reiß uns heraus! * Höre, Herr ...**

Es kann auch ein anderer geeigneter Gesang genommen werden.

Wenn die Asche ausgeteilt ist, werden abschließend die Fürbitten gesprochen.

EUCHARISTIEFEIER

GABENGEBET

**Herr, unser Gott,
zu Beginn der heiligen vierzig Tage
bringen wir dieses Opfer dar
und bitten dich:
Hilf uns, umzukehren
und Taten der Buße und der Liebe zu vollbringen,
damit wir unseren bösen Neigungen nicht nachgeben.
Reinige uns von Sünden und mache uns fähig,
das Gedächtnis des Leidens
unseres Herrn Jesus Christus
mit ganzer Hingabe zu begehen,
der mit dir lebt und herrscht in alle Ewigkeit.**

Fastenpräfation IV, S. 411.

KOMMUNIONVERS Ps 1, 2–3

Wer über die Weisung des Herrn nachsinnt bei Tag und Nacht, bringt seine Frucht zur rechten Zeit.

SCHLUSSGEBET

**Barmherziger Gott,
stärke uns durch dieses heilige Mahl,
damit wir fasten können, wie es dir gefällt,
und durch die Feier dieser Tage Heilung finden.
Darum bitten wir durch Christus, unseren Herrn.**

Die Segnung und Austeilung der Asche kann auch außerhalb der Messe stattfinden.

Wenn die Weihe und die Austeilung der Asche nicht im Zusammenhang mit einer Meßfeier stehen, ist es angemessen, vorher einen Wortgottesdienst zu halten, bei dem die für die Meßfeier vorgesehenen Texte genommen werden.

„DIE RELIGIONSGESCHICHTE *weist die Asche als Bild der Vergänglichkeit und als Zeichen der Trauer und der Buße aus. Sich das Haupt mit Asche zu bestreuen galt nicht nur bei den Israeliten, sondern auch bei Ägyptern, Arabern und Griechen als ausdrucksvolle Gebärde der Klage. Von hier aus versteht man die altkirchliche Sitte, daß öffentliche Sünder im rauhen Gewand und mit Asche bestreut ihre Bußzeit antraten. Man konnte sich für diese Sitte auf Gewohnheiten berufen, die mehrfach im Alten und Neuen Testament geschildert sind: Ps 102, 10; Jes 58, 5; Mt 11, 21 u. a. Seit dem 7. Jahrhundert ist der Aschermittwoch als Tag der Bußeröffnung bezeugt. Von diesem Tag bis zum Gründonnerstag wurde von der eigentlichen Eucharistiefeier ausgeschlossen und mit schweren Bußleistungen belegt, wer eine Kapitalsünde begangen hatte. Damit waren wohl nicht nur Unzucht, Mord und Glaubensabfall gemeint, sondern alles, was heute noch beim Durchschnittsmenschen als auch subjektiv schweres Vergehen präsumiert werden kann ... Als die Einrichtung der öffentlichen Buße mehr und mehr an Bedeutung verlor und endlich ganz verschwand, blieb jene Zeremonie in ihrer Grundform als sinnvolle Einführung aller Gläubigen in die große Bußzeit der Kirche bestehen. Diese Übung hatte sich gewiß schon eine beträchtliche Zeit eingebürgert, als Papst Urban II. auf der Synode von Benevent 1091 es als eine Pflicht der Gläubigen bezeichnete, am Beginn der Fastenzeit sich in der Kirche mit Asche bestreuen zu lassen" (Alfons Auer).*

ERSTER FASTENSONNTAG

„Fastenzeit" oder „Österliche Bußzeit", das sind die vierzig Tage der Vorbereitung auf Ostern, das Fest aller Feste. Wir werden an die vierzig Jahre erinnert, die Israel in der Wüste verbracht hat, zwischen Ägypten, dem Land der Knechtschaft, und dem verheißenen Land Kanaan. Und an die vierzig Tage, die Jesus in der Wüste gefastet hat. Wüste bedeutet Freiheit, aber auch Unsicherheit, Armut, Durst und Hunger. Alles Unwesentliche wird unwichtig, künstliche Lichter und falsche Ideale verblassen, je mehr wir uns in das Licht Christi stellen. Wir begreifen die Notwendigkeit, anders zu werden. Wir verstehen die Umkehr, die Rückkehr zu Gott als Geschenk seiner Gnade und zugleich als die große, wesentliche Arbeit unseres Lebens.

ERÖFFNUNGSVERS Ps 91 (90), 15–16

**Wenn er mich anruft, dann will ich ihn erhören.
Ich bin bei ihm in der Not, befreie ihn und bringe ihn zu Ehren.
Ich sättige ihn mit langem Leben und lasse ihn mein Heil schauen.**

TAGESGEBET

**Allmächtiger Gott,
du schenkst uns die heiligen vierzig Tage
als eine Zeit der Umkehr und der Buße.
Gib uns durch ihre Feier die Gnade,
daß wir in der Erkenntnis Jesu Christi voranschreiten
und die Kraft seiner Erlösungstat
durch ein Leben aus dem Glauben sichtbar machen.
Darum bitten wir durch ihn,
der in der Einheit des Heiligen Geistes
mit dir lebt und herrscht in alle Ewigkeit.**

ZUR 1. LESUNG *Die Sintflut war das Gericht Gottes über eine aus der Ordnung geratene Welt. Aber nach dem Gericht gewährt Gott einen neuen Anfang; er schließt einen Bund mit Noach und der ganzen Menschheit. Trotz des Bösen, das auch in Zukunft geschehen wird, will er die Erde nicht wieder verwüsten. Das ist eine Aussage des Glaubens und der Hoffnung in der Zeit des babylonischen Exils, gültig auch für spätere Zeiten des Gerichts und des scheinbar unvermeidlichen Untergangs. Gottes Treue bleibt bestehen.*

ERSTE LESUNG Gen 9, 8–15

Ich habe meinen Bund mit euch geschlossen; nie wieder soll eine Flut kommen und die Erde verderben

**Lesung
aus dem Buch Génesis.**

**8 Gott sprach zu Noach
und seinen Söhnen, die bei ihm waren:
9 Hiermit schließe ich meinen Bund
mit euch und mit euren Nachkommen
10 und mit allen Lebewesen bei euch,
mit den Vögeln, dem Vieh und allen Tieren des Feldes,**

mit allen Tieren der Erde,
die mit euch aus der Arche gekommen sind.
11 Ich habe meinen Bund mit euch geschlossen:
Nie wieder sollen alle Wesen aus Fleisch
vom Wasser der Flut ausgerottet werden;
nie wieder soll eine Flut kommen und die Erde verderben.
12 Und Gott sprach:
Das ist das Zeichen des Bundes,
den ich stifte zwischen mir und euch
und den lebendigen Wesen bei euch
für alle kommenden Generationen:
13 Meinen Bogen setze ich in die Wolken;
er soll das Bundeszeichen sein zwischen mir und der Erde.
14 Balle ich Wolken über der Erde zusammen
und erscheint der Bogen in den Wolken,
15 dann gedenke ich des Bundes,
der besteht zwischen mir und euch
und allen Lebewesen, allen Wesen aus Fleisch,
und das Wasser wird nie wieder zur Flut werden,
die alle Wesen aus Fleisch vernichtet.

ANTWORTPSALM Ps 25 (24), 4–5.6–7.8–9 (R: vgl. 10)

℟ Deine Wege, Herr, sind Huld und Treue (GL 233,7)
für alle, die deinen Bund bewahren. – ℟

4 Zeige mir, Herr, deine Wege, * VI. Ton
lehre mich deine Pfade!

5 Führe mich in deiner Treue und lehre mich; †
denn du bist der Gott meines Heiles. *
Auf dich hoffe ich allezeit. – (℟)

6 Denk an dein Erbarmen, Herr, †
und an die Taten deiner Huld; *
denn sie bestehen seit Ewigkeit.

7 Denk nicht an meine Jugendsünden und meine Frevel! *
In deiner Huld denk an mich, Herr, denn du bist gütig. – (℟)

8 Gut und gerecht ist der Herr, *
darum weist er die Irrenden auf den rechten Weg.

9 Die Demütigen leitet er nach seinem Recht, *
die Gebeugten lehrt er seinen Weg. – ℟

ZUR 2. LESUNG *Die Lesung aus dem ersten Petrusbrief enthält Grundaussagen über den christlichen Glauben. Christus ist gestorben für die Sünden der Welt; er ist in das Reich des Todes hinabgestiegen, und er ist von den Toten auferstanden. Nachdem Christus bis in den Tod hinein den Weg der Menschen gegangen ist, kann der Mensch durch die Taufe den Weg zum Leben gehen. Die Taufe wird hier als Gegenbild der Sintflut gesehen. Sie gewährt das reine Gewissen und orientiert den Menschen dorthin, wohin Christus vorausgegangen ist.*

ZWEITE LESUNG 1 Petr 3, 18–22

Euch rettet jetzt die Taufe

Lesung
aus dem ersten Brief des Apostels Petrus.

Liebe Brüder!
18 **Christus ist der Sünden wegen ein einziges Mal gestorben,**
er, der Gerechte, für die Ungerechten,
um euch zu Gott hinzuführen;
dem Fleisch nach wurde er getötet,
dem Geist nach lebendig gemacht.
19 **So ist er auch zu den Geistern gegangen, die im Gefängnis waren,**
und hat ihnen gepredigt.
20 **Diese waren einst ungehorsam,**
als Gott in den Tagen Noachs geduldig wartete,
während die Arche gebaut wurde;
in ihr wurden nur wenige, nämlich acht Menschen,
durch das Wasser gerettet.

21 **Dem entspricht die Taufe, die jetzt euch rettet.**
Sie dient nicht dazu,
den Körper von Schmutz zu reinigen,
sondern sie ist eine Bitte an Gott
um ein reines Gewissen
aufgrund der Auferstehung Jesu Christi,
22 **der in den Himmel gegangen ist;**
dort ist er zur Rechten Gottes,
und Engel, Gewalten und Mächte sind ihm unterworfen.

RUF VOR DEM EVANGELIUM Vers: vgl. Mt 4,4b

Lob dir, Christus, König und Erlöser! * – R

**Nicht nur von Brot lebt der Mensch,
sondern von jedem Wort aus Gottes Mund.**

Lob dir, Christus, König und Erlöser!

ZUM EVANGELIUM *Nach der Taufe Jesu berichtet das Markusevangelium kurz über die vierzig Tage in der Wüste und über das erste Auftreten Jesu in Galiläa. Der Widersacher hat keine Gewalt über ihn, den ganz Heiligen. Engel und Tiere dienen ihm, dem neuen Menschen. Jesus ruft das „Evangelium Gottes" aus; es gibt Rettung für den, der an das Evangelium glaubt. Glaube und Umkehr sind Forderungen Gottes an den Menschen, und es sind zugleich seine Gaben.*

EVANGELIUM Mk 1,12–15

Er wurde vom Satan in Versuchung geführt, und die Engel dienten ihm

✠ Aus dem heiligen Evangelium nach Markus.

**In jener Zeit
12 trieb der Geist Jesus in die Wüste.
13 Dort blieb Jesus vierzig Tage lang
und wurde vom Satan in Versuchung geführt.
Er lebte bei den wilden Tieren,
und die Engel dienten ihm.**

**14 Nachdem man Johannes ins Gefängnis geworfen hatte,
ging Jesus wieder nach Galiläa;
er verkündete das Evangelium Gottes
15 und sprach:
Die Zeit ist erfüllt,
das Reich Gottes ist nahe.
Kehrt um,
und glaubt an das Evangelium!**

Glaubensbekenntnis, S. 352 ff.
Fürbitten vgl. S. 776 ff.

* Die Zusammenstellung der Rufe, die in der Fastenzeit an die Stelle des Halleluja treten können, siehe Anhang II, S. 770.

ZUR EUCHARISTIEFEIER *Jesus ruft uns zur Umkehr. Er ruft mich. Wenn sein Wort mich trifft, kann ich nicht so bleiben, wie ich bin. Bekehrung bedeutet: anders werden. Dafür wird uns die Zeit der Gnade gewährt: daß in unserem Leben Christus Gestalt gewinnt.*

GABENGEBET

**Herr, unser Gott,
wir bringen Brot und Wein für das heilige Opfer,
das wir zum Beginn dieser Fastenzeit feiern.
Nimm mit diesen Gaben uns selbst an
und vereine unsere Hingabe
mit dem Opfer deines Sohnes,
der mit dir lebt und herrscht in alle Ewigkeit.**

Präfation vom 1. Fastensonntag, S. 407,
oder von der Fastenzeit, S. 410 f.

KOMMUNIONVERS

Mt 4, 4

**Nicht nur vom Brot lebt der Mensch,
sondern von jedem Wort, das aus Gottes Mund kommt.**

Oder: Ps 91 (90), 4

**Mit seinen Flügeln schirmt dich der Herr,
unter seinen Schwingen findest du Zuflucht.**

SCHLUSSGEBET

**Gütiger Gott,
du hast uns das Brot des Himmels gegeben,
damit Glaube, Hoffnung und Liebe in uns wachsen.
Erhalte in uns das Verlangen nach diesem wahren Brot,
das der Welt das Leben gibt,
und stärke uns mit jedem Wort,
das aus deinem Mund hervorgeht.
Darum bitten wir durch Christus, unseren Herrn.**

FÜR DEN TAG UND DIE WOCHE

Disziplin *Um das Herz gezielt auf etwas auszurichten, bedarf es nicht nur eines ehrlichen Wollens, sondern auch einer festen Entschlossenheit. Disziplin gehört wesentlich zur Jüngerschaft. Die Übung geistlicher Disziplin schärft unser Wahrnehmungsvermögen für die leise, sanfte Stimme Gottes.*
Jesus hörte ständig auf den Vater, achtete ständig aufmerksam auf seine Stimme, war ständig bereit, seinen Weisungen zu folgen. Jesus war „ganz Ohr". Darin besteht das Eigentliche des Gebets: ganz Ohr für Gott zu sein. Den innersten Kern allen Betens stellt dieses Hören dar, dieses gehorsame Stehen in der Gegenwart Gottes. (Henri Nouwen)

ZWEITER FASTENSONNTAG

Der Mensch erwacht zu sich selbst, wird eigentlich er selbst erst in der Begegnung mit dem andern, dem Du. Er sieht und wird gesehen; er nimmt den andern an und weiß sich selbst angenommen. Angenommen und gleichzeitig gefordert. Von Abraham, dem Freund, konnte Gott Großes fordern: das Opfer des geliebten Sohnes. Von Jesus, dem Sohn, alles: Leben und Tod. Jesus war der vollkommene Mensch, der ganz verwirklichte Mensch. Auf ihn schaute Gott mit reinem Wohlgefallen; in ihm offenbarte er sein eigenes Wesen, seine Heiligkeit und seine Herrlichkeit.

ERÖFFNUNGSVERS Ps 27 (26), 8–9

Mein Herz denkt an dein Wort: Sucht mein Angesicht!
Dein Angesicht, Herr, will ich suchen.
Verbirg nicht dein Gesicht vor mir.

Oder: Ps 25 (24), 6.2.22

Denk an dein Erbarmen, Herr, und an die Taten deiner Huld,
denn sie bestehen seit Ewigkeit.
Laß unsere Feinde nicht triumphieren!
Befreie uns, Gott Israels, aus all unseren Nöten.

TAGESGEBET

**Gott, du hast uns geboten,
auf deinen geliebten Sohn zu hören.
Nähre uns mit deinem Wort
und reinige die Augen unseres Geistes,
damit wir fähig werden,
deine Herrlichkeit zu erkennen.
Darum bitten wir durch Jesus Christus.**

ZUR 1. LESUNG *Gott prüfte den Glauben Abrahams, er befahl ihm, den einzigen Sohn als Opfer darzubringen. Hat Gott solche Proben nötig, um zu wissen, was im Menschen ist? Gott hat es nicht nötig; aber der Mensch soll wenigstens ahnen, daß Gott groß ist, unbegreiflich anders. Durch Schmerz und Verzicht kann der Mensch innerlich wachsen und reifen und jene Freiheit gewinnen, die ihn erst eigentlich zum Menschen macht.*

ERSTE LESUNG Gen 22, 1–2.9a.10–13.15–18

Das Opfer unseres Vaters Abraham (Meßbuch: Erstes Hochgebet)

**Lesung
aus dem Buch Génesis.**

**In jenen Tagen
1 stellte Gott Abraham auf die Probe.
Er sprach zu ihm: Abraham!
Er antwortete: Hier bin ich.
2 Gott sprach: Nimm deinen Sohn,
deinen einzigen, den du liebst, Ísaak,
geh in das Land Moríja,
und bring ihn dort auf einem der Berge, den ich dir nenne,
als Brandopfer dar.**

**9a Als sie an den Ort kamen, den ihm Gott genannt hatte,
baute Abraham den Altar
und schichtete das Holz auf.
10 Schon streckte Abraham seine Hand aus
und nahm das Messer, um seinen Sohn zu schlachten.
11 Da rief ihm der Engel des Herrn vom Himmel her zu:
Abraham, Abraham!**

Er antwortete: Hier bin ich.
2 Jener sprach:
Streck deine Hand nicht gegen den Knaben aus,
und tu ihm nichts zuleide!
Denn jetzt weiß ich, daß du Gott fürchtest;
du hast mir deinen einzigen Sohn nicht vorenthalten.
3 Als Abraham aufschaute,
sah er: Ein Widder hatte sich hinter ihm
mit seinen Hörnern im Gestrüpp verfangen.
Abraham ging hin,
nahm den Widder
und brachte ihn statt seines Sohnes als Brandopfer dar.

5 Der Engel des Herrn
rief Abraham zum zweitenmal vom Himmel her zu
6 und sprach:
Ich habe bei mir geschworen – Spruch des Herrn:
Weil du das getan hast
und deinen einzigen Sohn mir nicht vorenthalten hast,
will ich dir Segen schenken in Fülle
und deine Nachkommen zahlreich machen
wie die Sterne am Himmel
und den Sand am Meeresstrand.
Deine Nachkommen sollen das Tor ihrer Feinde einnehmen.
Segnen sollen sich mit deinen Nachkommen alle Völker der Erde,
weil du auf meine Stimme gehört hast.

ANTWORTPSALM Ps 116 (115), 10 u. 15.16–17.18–19 (R: vgl. 9)

℟ Ich gehe meinen Weg vor Gott (GL 528, 3)
im Land der Lebenden. – ℟

Voll Vertrauen war ich, auch wenn ich sagte: * VI. Ton
Ich bin so tief gebeugt.

Kostbar ist in den Augen des Herrn *
das Sterben seiner Frommen. – (℟)

Ach Herr, ich bin doch dein Knecht, †
dein Knecht bin ich, der Sohn deiner Magd. *
Du hast meine Fesseln gelöst.

Ich will dir ein Opfer des Dankes bringen *
und anrufen den Namen des Herrn. – (℟)

18 **Ich will dem Herrn meine Gelübde erfüllen ***
offen vor seinem ganzen Volk,

19 **in den Vorhöfen am Hause des Herrn, ***
in deiner Mitte, Jerusalem.

℟ **Ich gehe meinen Weg vor Gott**
im Land der Lebenden.

ZUR 2. LESUNG *Abraham war bereit, seinen einzigen Sohn zu opfern. Tatsächlich wurde Isaak nicht geopfert. An seiner Stelle und für uns alle hat Gott seinen eigenen Sohn hingegeben. Mußte das sein? Für uns bleibt dies ein Geheimnis, weil wir weder von der Heiligkeit Gottes noch von seiner Gerechtigkeit und seiner Liebe eine hinreichende Vorstellung haben. Wir wissen nur, daß alles Tun Gottes aus seiner Liebe fließt, und daß er mächtig ist, um alle zu retten, die ihm vertrauen.*

ZWEITE LESUNG Röm 8,31b–34

Gott hat seinen eigenen Sohn nicht verschont

Lesung
aus dem Brief des Apostels Paulus an die Römer.

Brüder!
31b **Ist Gott für uns,**
wer ist dann gegen uns?
32 **Er hat seinen eigenen Sohn nicht verschont,**
sondern ihn für uns alle hingegeben
– wie sollte er uns mit ihm nicht alles schenken?

33 **Wer kann die Auserwählten Gottes anklagen?**
Gott ist es, der gerecht macht.
34 **Wer kann sie verurteilen?**
Christus Jesus, der gestorben ist,
mehr noch: der auferweckt worden ist,
sitzt zur Rechten Gottes
und tritt für uns ein.

RUF VOR DEM EVANGELIUM

Lob dir, Christus, König und Erlöser! – R

Aus der leuchtenden Wolke rief die Stimme des Vaters:
Das ist mein geliebter Sohn; auf ihn sollt ihr hören.

Lob dir, Christus, König und Erlöser!

ZUM EVANGELIUM *Dem Bericht über die Verklärung Jesu ging das Bekenntnis des Petrus voraus: Du bist der Messias (Mk 8,29). Und Jesus hat sein bevorstehendes Leiden angekündigt. Beides gehört zur Aussage über Jesus: das Kreuz und die messianische Würde und Herrlichkeit. „Mein geliebter Sohn – auf ihn sollt ihr hören", damit sagt die Stimme aus der Wolke den Jüngern das, was sie unbedingt wissen müssen.*

EVANGELIUM Mk 9,2–10

Aus der Wolke rief eine Stimme: Das ist mein geliebter Sohn

✠ Aus dem heiligen Evangelium nach Markus.

In jener Zeit
nahm Jesus Petrus, Jakobus und Johannes beiseite
und führte sie auf einen hohen Berg,
aber nur sie allein.
Und er wurde vor ihren Augen verwandelt;
seine Kleider wurden strahlend weiß,
so weiß, wie sie auf Erden kein Bleicher machen kann.
Da erschien vor ihren Augen Elíja und mit ihm Mose,
und sie redeten mit Jesus.

Petrus sagte zu Jesus: Rabbi, es ist gut, daß wir hier sind.
Wir wollen drei Hütten bauen,
eine für dich, eine für Mose und eine für Elíja.
Er wußte nämlich nicht, was er sagen sollte;
denn sie waren vor Furcht ganz benommen.

Da kam eine Wolke und warf ihren Schatten auf sie,
und aus der Wolke rief eine Stimme:
Das ist mein geliebter Sohn;
auf ihn sollt ihr hören.

8 **Als sie dann um sich blickten,**
sahen sie auf einmal niemand mehr bei sich außer Jesus.
9 **Während sie den Berg hinabstiegen,**
verbot er ihnen,
irgend jemand zu erzählen, was sie gesehen hatten,
bis der Menschensohn von den Toten auferstanden sei.
10 **Dieses Wort beschäftigte sie,**
und sie fragten einander, was das sei:
von den Toten auferstehen.

Glaubensbekenntnis, S. 352 ff.
Fürbitten vgl. S. 776 ff.

ZUR EUCHARISTIEFEIER *Für einen Augenblick sahen die Jünger einen Schimmer von der verborgenen Herrlichkeit Jesu. Unser Glaube schaut ihn, den geliebten Sohn, in den Gestalten von Brot und Wein auf dem Altar. Die Gemeinschaft mit ihm wird auch unsern Leib, unser ganzes Wesen umwandeln, so daß wir ihm ähnlich werden.*

GABENGEBET

Herr, das Opfer, das wir feiern,
nehme alle Schuld von uns.
Es heilige uns an Leib und Seele,
damit wir uns in rechter Weise
auf das Osterfest vorbereiten.
Darum bitten wir durch Christus, unseren Herrn.

Präfation vom 2. Fastensonntag, S. 408,
oder von der Fastenzeit, S. 410 f.

KOMMUNIONVERS Mt 17, 5

Dies ist mein geliebter Sohn, an dem ich Gefallen gefunden habe:
Auf den sollt ihr hören.

SCHLUSSGEBET

Herr,
du hast uns im Sakrament
an der Herrlichkeit deines Sohnes Anteil gegeben.

Wir danken dir,
daß du uns schon auf Erden teilnehmen läßt
an dem, was droben ist.
Durch Christus, unseren Herrn.

FÜR DEN TAG UND DIE WOCHE
Du aber, Herr, *gehst hinab vom Berg der Verklärung, ins Tal zu den Menschen, wo das Kreuz dich erwartet. Du hast dich nicht geschont, du hast dich verbraucht: ein Weizenkorn, das in die Erde geht und stirbt. Jesus, Bruder der Welt, wir ahnen es ja: daß es keine Geborgenheit mehr gibt bei dir, keine Verwurzelung in dir, keine Versenkung in dich, es sei denn dort, wo du bist: bei deinen geringsten Brüdern mitten in der Welt. (Theo Brüggemann)*

DRITTER FASTENSONNTAG

Der Mensch ist in dieser geschaffenen Welt das Wesen, das von Gott angesprochen wurde und immer neu angesprochen wird. Gottes Wort an den Menschen ist Offenbarung, Verheißung und Forderung. Auch die Verheißung ist Forderung, und die Forderung Gottes ist Offenbarung und Verheißung; sie sagt uns, wer Gott ist, und zeigt uns den Weg, den wir gehen können.

ERÖFFNUNGSVERS Ps 25 (24), 15–16

Meine Augen schauen stets auf den Herrn;
denn er befreit meine Füße aus dem Netz.
Wende dich zu mir und sei mir gnädig;
denn ich bin einsam und gebeugt.

Oder: Ez 36, 22–26

Wort Gottes, des Herrn:
Ich werde euch beweisen, daß ich heilig bin.
Ich sammle euch aus allen Ländern.
Ich gieße reines Wasser über euch, damit ihr rein werdet,
und gebe euch einen neuen Geist.

TAGESGEBET

**Gott, unser Vater,
du bist der Quell des Erbarmens und der Güte,
wir stehen als Sünder vor dir,
und unser Gewissen klagt uns an.
Sieh auf unsere Not und laß uns Vergebung finden
durch Fasten, Gebet und Werke der Liebe.
Darum bitten wir durch Jesus Christus.**

Es können auch die Lesungen und das Evangelium vom Lesejahr A genommen werden.

ZUR 1. LESUNG *Durch den Bundesschluß am Sinai hat Gott das Volk Israel zu seinem Volk, zu seinem besonderen Eigentum gemacht. Die Zehn Gebote sind die Satzung des Bundes, und sie geben dem Volk Gottes die lebensnotwendige Ordnung. Grundlegende Forderung ist die Treue zum einen und einzigen Gott, dem Retter und Befreier. Die einzelnen Gebote sind eine Art Grenzwall zum Schutz des einzelnen und der Gemeinschaft.*

ERSTE LESUNG Ex 20, 1–17

Das Gesetz wurde durch Mose gegeben (Joh 1, 17)

**Lesung
aus dem Buch Éxodus.**

**In jenen Tagen
1 sprach Gott auf dem Berg Sínai alle diese Worte:
2 Ich bin Jahwe, dein Gott, der dich aus Ägypten geführt hat,
aus dem Sklavenhaus.**

**3 Du sollst neben mir keine anderen Götter haben.
4 Du sollst dir kein Gottesbild machen
und keine Darstellung von irgend etwas am Himmel droben,
auf der Erde unten
oder im Wasser unter der Erde.
5 Du sollst dich nicht vor anderen Göttern niederwerfen
und dich nicht verpflichten, ihnen zu dienen.**

**Denn ich, der Herr, dein Gott,
bin ein eifersüchtiger Gott:**

Bei denen, die mir feind sind,
verfolge ich die Schuld der Väter an den Söhnen,
an der dritten und vierten Generation;
bei denen, die mich lieben und auf meine Gebote achten,
erweise ich Tausenden meine Huld.

Du sollst den Namen des Herrn, deines Gottes, nicht mißbrauchen;
denn der Herr läßt den nicht ungestraft,
der seinen Namen mißbraucht.

Gedenke des Sabbats:
Halte ihn heilig!
Sechs Tage darfst du schaffen und jede Arbeit tun.
0 Der siebte Tag ist ein Ruhetag,
dem Herrn, deinem Gott, geweiht.
An ihm darfst du keine Arbeit tun:
du, dein Sohn und deine Tochter,
dein Sklave und deine Sklavin,
dein Vieh
und der Fremde, der in deinen Stadtbereichen Wohnrecht hat.

1 Denn in sechs Tagen hat der Herr Himmel, Erde und Meer gemacht
und alles, was dazugehört;
am siebten Tag ruhte er.
Darum hat der Herr den Sabbattag gesegnet
und ihn für heilig erklärt.

2 Ehre deinen Vater und deine Mutter,
damit du lange lebst
in dem Land, das der Herr, dein Gott, dir gibt.
3 Du sollst nicht morden.
Du sollst nicht die Ehe brechen.
Du sollst nicht stehlen.
Du sollst nicht falsch gegen deinen Nächsten aussagen.
Du sollst nicht nach dem Haus deines Nächsten verlangen.
Du sollst nicht nach der Frau deines Nächsten verlangen,
nach seinem Sklaven oder seiner Sklavin,
seinem Rind oder seinem Esel
oder nach irgend etwas, das deinem Nächsten gehört.

Oder:

KURZFASSUNG Ex 20, 1–3.7–8.12–17

Das Gesetz wurde durch Mose gegeben (Joh 1, 17)

**Lesung
aus dem Buch Éxodus.**

**In jenen Tagen
1 sprach Gott auf dem Berg Sínai alle diese Worte:
2 Ich bin Jahwe, dein Gott, der dich aus Ägypten geführt hat,
aus dem Sklavenhaus.
3 Du sollst neben mir keine anderen Götter haben.**

**7 Du sollst den Namen des Herrn, deines Gottes, nicht mißbrauchen;
denn der Herr läßt den nicht ungestraft,
der seinen Namen mißbraucht.**

**8 Gedenke des Sabbats:
Halte ihn heilig!**

**12 Ehre deinen Vater und deine Mutter,
damit du lange lebst
in dem Land, das der Herr, dein Gott, dir gibt.
13 Du sollst nicht morden.
14 Du sollst nicht die Ehe brechen.
15 Du sollst nicht stehlen.
16 Du sollst nicht falsch gegen deinen Nächsten aussagen.
17 Du sollst nicht nach dem Haus deines Nächsten verlangen.
Du sollst nicht nach der Frau deines Nächsten verlangen,
nach seinem Sklaven oder seiner Sklavin,
seinem Rind oder seinem Esel
oder nach irgend etwas, das deinem Nächsten gehört.**

ANTWORTPSALM Ps 19 (18), 8.9.10.11–12 (R: Joh 6, 68c)

℟ Herr, du hast Worte des ewigen Lebens. – ℟ (GL 465)

8 Die Weisung des Herrn ist vollkommen, * II. Ton
sie erquickt den Menschen.

Das Gesetz des Herrn ist verläßlich, *
den Unwissenden macht es weise. – (℟)

9 Die Befehle des Herrn sind richtig, *
sie erfreuen das Herz;

das Gebot des Herrn ist lauter, *
es erleuchtet die Augen. – (R)

0 Die Furcht des Herrn ist rein, *
sie besteht für immer.

Die Urteile des Herrn sind wahr, *
gerecht sind sie alle. – (R)

1 Sie sind kostbarer als Gold, als Feingold in Menge. *
Sie sind süßer als Honig, als Honig aus Waben.

2 Auch dein Knecht läßt sich von ihnen warnen; *
wer sie beachtet, hat reichen Lohn. – R

ZUR 2. LESUNG *Die jüdische Messiaserwartung hatte von einem glanzvollen, siegreichen Messias geträumt. Die Heiden aber, damals und heute, wollen interessante Weisheiten hören: Lösung der Lebensrätsel, Bewußtseinserweiterung, Selbstverwirklichung ... Aber Gott ist größer. Er vollendet sein größtes Werk in der Schwachheit des irdischen Jesus und in der Torheit des Kreuzes.*

ZWEITE LESUNG 1 Kor 1, 22–25

Wir verkündigen Christus als den Gekreuzigten

Lesung
aus dem ersten Brief des Apostels Paulus an die Korínther.

Brüder!
Die Juden fordern Zeichen,
die Griechen suchen Weisheit.
Wir dagegen
verkündigen Christus als den Gekreuzigten:
für Juden ein empörendes Ärgernis,
für Heiden eine Torheit,
für die Berufenen aber, Juden wie Griechen,
Christus, Gottes Kraft und Gottes Weisheit.
Denn das Törichte an Gott
ist weiser als die Menschen,
und das Schwache an Gott
ist stärker als die Menschen.

RUF VOR DEM EVANGELIUM

Vers: vgl. Joh 3,16a.15

Lob dir, Christus, König und Erlöser! – ℟

**So sehr hat Gott die Welt geliebt,
daß er seinen einzigen Sohn hingab,
damit jeder, der glaubt, in ihm das ewige Leben hat.**

Lob dir, Christus, König und Erlöser!

ZUM EVANGELIUM *Jesus hat den Tempel von Jerusalem geliebt und geehrt; er hat ihn das Haus seines Vaters genannt. Eben deshalb erträgt er es nicht, daß dieser Tempel durch Geschäftemacher entwürdigt wird. Nach seiner Vollmacht gefragt, antwortet Jesus mit einem verborgenen Hinweis auf seinen Tod und seine Auferstehung am dritten Tag. Das haben die Jünger erst später verstanden; nachdem Jesus von den Toten auferstanden war, hat der Heilige Geist sie an dieses Wort erinnert.*

EVANGELIUM

Joh 2,13–25

Reißt diesen Tempel nieder, in drei Tagen werde ich ihn wieder aufrichten

✠ Aus dem heiligen Evangelium nach Johannes.

13 **Das Paschafest* der Juden war nahe,
und Jesus zog nach Jerusalem hinauf.**
14 **Im Tempel fand er die Verkäufer von Rindern, Schafen und Tauben
und die Geldwechsler, die dort saßen.**

15 **Er machte eine Geißel aus Stricken
und trieb sie alle aus dem Tempel hinaus,
dazu die Schafe und Rinder;
das Geld der Wechsler schüttete er aus,
und ihre Tische stieß er um.**

16 **Zu den Taubenhändlern sagte er:
Schafft das hier weg,
macht das Haus meines Vaters nicht zu einer Markthalle!**
17 **Seine Jünger erinnerten sich an das Wort der Schrift:
Der Eifer für dein Haus verzehrt mich.**

---

* Sprich: Pas-chafest.

18 Da stellten ihn die Juden zur Rede:
Welches Zeichen läßt du uns sehen
als Beweis, daß du dies tun darfst?
19 Jesus antwortete ihnen: Reißt diesen Tempel nieder,
in drei Tagen werde ich ihn wieder aufrichten.
20 Da sagten die Juden:
Sechsundvierzig Jahre wurde an diesem Tempel gebaut,
und du willst ihn in drei Tagen wieder aufrichten?
21 Er aber meinte den Tempel seines Leibes.
22 Als er von den Toten auferstanden war,
erinnerten sich seine Jünger, daß er dies gesagt hatte,
und sie glaubten der Schrift
und dem Wort, das Jesus gesprochen hatte.
23 Während er zum Paschafest in Jerusalem war,
kamen viele zum Glauben an seinen Namen,
als sie die Zeichen sahen, die er tat.
24 Jesus aber vertraute sich ihnen nicht an,
denn er kannte sie alle
25 und brauchte von keinem ein Zeugnis über den Menschen;
denn er wußte, was im Menschen ist.

Glaubensbekenntnis, S. 352 ff.
Fürbitten vgl. S. 776 ff.

ZUR EUCHARISTIEFEIER *Gott ist gegenwärtig und erreichbar, wo er aufrichtig gesucht und geehrt wird. Für uns ist in besonderer Weise Jesus selbst der Ort Gottes, der lebendige Tempel, in dem die Fülle der Gottheit wohnt. Er ist auch der wahre Beter; durch ihn und mit ihm beten wir zum Vater.*

GABENGEBET

Barmherziger Gott,
befreie uns durch dieses Opfer
von unseren Sünden
und schenke uns die Kraft,
auch den Brüdern zu vergeben,
wenn sie an uns schuldig geworden sind.
Darum bitten wir durch Christus, unseren Herrn.

Präfation vom 3. Fastensonntag, S. 408,
oder von der Fastenzeit, S. 410 f.

KOMMUNIONVERS Joh 4, 13–14

Wenn das Evangelium von der Samariterin gelesen wurde:

**Wer von dem Wasser trinkt, das ich ihm geben werde,
wird niemals mehr Durst haben.
Es wird in ihm zur Quelle,
deren Wasser ins ewige Leben sprudelt – so spricht der Herr.**

Wenn ein anderes Evangelium gelesen wurde: Ps 84 (83), 4–5

**Der Sperling findet ein Haus
und die Schwalbe ein Nest für ihre Jungen
– deine Altäre, Herr der Heerscharen, mein Gott und mein König!
Selig, die wohnen in deinem Haus, die dich allzeit loben!**

SCHLUSSGEBET

**Herr und Gott,
du hast uns mit dem Brot des Himmels gesättigt
und uns in dieser Speise
ein Unterpfand dessen gegeben,
was unseren Augen noch verborgen ist.
Laß in unserem Leben sichtbar werden,
was wir im Sakrament empfangen haben.
Darum bitten wir durch Christus, unseren Herrn.**

FÜR DEN TAG UND DIE WOCHE

Raum und Zeit *Die Religion hat ihre Riten, ihr Wissen, ihre Stätten und ihre bevorzugten Zeiten. Dadurch geht von ihr menschliche Anziehungskraft aus. Der Glaube hingegen heiligt alle Dinge, er sondert nichts ab. Unser Glaube beansprucht keinen eigenen Raum für sich. Er umfängt die Gesamtheit des Raumes und der Zeit. Er bezieht sich auf den Sinn alles Wirklichen. Mit anderen Worten: der Glaube ist der Widerhall auf die universale Herrschaft Gottes über die ganze Welt. Er will vor aller Augen sichtbar gelebt werden, gemeinsam, alles umfassend. Das ist sein Sinn für unser Leben. (Claude Geffré)*

VIERTER FASTENSONNTAG

Weitergehen von einer Erfahrung zur anderen, von einer Entscheidung zur anderen: unaufhörlich sich selber loslassen, sterben, damit der neue Mensch werden kann: das ist die Grundbedingung des Wachstums. Mensch sein heißt Mensch werden; Christ sein heißt Christ werden. Wir sind nie am Ziel; wenn unser Herz wach ist, findet es keine Ruhe, bis es in dem ruht, von dem seine ganze Unruhe herkam.

ERÖFFNUNGSVERS Vgl. Jes 66, 10–11

Freue dich, Stadt Jerusalem!
Seid fröhlich zusammen mit ihr, alle, die ihr traurig wart.
Freut euch und trinkt euch satt an der Quelle göttlicher Tröstung.

TAGESGEBET

Herr, unser Gott,
du hast in deinem Sohn
die Menschheit auf wunderbare Weise mit dir versöhnt.
Gib deinem Volk einen hochherzigen Glauben,
damit es mit froher Hingabe dem Osterfest entgegeneilt.
Darum bitten wir durch Jesus Christus.

Es können auch die Lesungen und das Evangelium vom Lesejahr A genommen werden.

ZUR 1. LESUNG *Mit dem Strafgericht über Jerusalem im Jahr 587 v. Chr. war die große Geschichte Israels zu Ende gegangen. Im Schlußkapitel des 2. Chronikbuches schaut der Verfasser auf diese Geschichte zurück. Immer wieder hatte Gott durch die Propheten gemahnt und gewarnt; aber die Könige und die Priester haben nicht auf sie gehört. So mußte schließlich das Gericht kommen. Aber das letzte Wort, das Gott über die Sünder spricht, ist nicht Gericht, sondern Erbarmen. Die Strafe ist Ruf Gottes zur Besinnung und Umkehr.*

ERSTE LESUNG 2 Chr 36,14–16.19–23

Der Zorn und das Erbarmen des Herrn werden offenbar durch die Verbannung und die Befreiung des Volkes

**Lesung
aus dem zweiten Buch der Chronik.**

**In jenen Tagen
14 begingen alle führenden Männer Judas
und die Priester und das Volk viel Untreue.
Sie ahmten die Greueltaten der Völker nach
und entweihten das Haus,
das der Herr in Jerusalem zu seinem Heiligtum gemacht hatte.**

**15 Immer wieder hatte der Herr, der Gott ihrer Väter,
sie durch seine Boten gewarnt;
denn er hatte Mitleid mit seinem Volk und seiner Wohnung.
16 Sie aber verhöhnten die Boten Gottes,
verachteten sein Wort
und verspotteten seine Propheten,
bis der Zorn des Herrn gegen sein Volk so groß wurde,
daß es keine Heilung mehr gab.**

**19 Die Chaldäer verbrannten das Haus Gottes,
rissen die Mauern Jerusalems nieder,
legten Feuer an alle seine Paläste
und zerstörten alle wertvollen Geräte.
20 Alle, die dem Schwert entgangen waren,
führte Nebukadnézzar in die Verbannung nach Babel.
Dort mußten sie ihm und seinen Söhnen als Sklaven dienen,
bis das Reich der Perser zur Herrschaft kam.
21 Da ging das Wort in Erfüllung,
das der Herr durch den Mund Jeremías verkündet hatte.
Das Land bekam seine Sabbate ersetzt,
es lag brach während der ganzen Zeit der Verwüstung,
bis siebzig Jahre voll waren.**

**22 Im ersten Jahr des Königs Kyrus von Persien
sollte sich erfüllen,
was der Herr durch Jeremía gesprochen hatte.
Darum erweckte der Herr den Geist des Königs Kyrus von Persien,
und Kyrus ließ in seinem ganzen Reich
mündlich und schriftlich den Befehl verkünden:**

23 So spricht Kyrus, der König von Persien:
Der Herr, der Gott des Himmels,
hat mir alle Reiche der Erde verliehen.
Er selbst hat mir aufgetragen,
ihm in Jerusalem in Juda ein Haus zu bauen.
Jeder unter euch, der zu seinem Volk gehört
– der Herr, sein Gott, sei mit ihm –,
der soll hinaufziehen.

ANTWORTPSALM Ps 137 (136), 1–2.3–4.5–6 (R: vgl. 5a)

℟ Wie könnte ich dich je vergessen, Jerusalem! – ℟ (GL 529, 1)

1 An den Strömen von Babel, †
da saßen wir und weinten, *
wenn wir an Zion dachten.

2 Wir hängten unsere Harfen *
an die Weiden in jenem Land. – (℟)

3 Dort verlangten von uns die Zwingherren Lieder, †
unsere Peiniger forderten Jubel: *
„Singt uns Lieder vom Zion!“

4 Wie könnten wir singen die Lieder des Herrn, *
fern, auf fremder Erde? – (℟)

5 Wenn ich dich je vergesse, Jerusalem, *
dann soll mir die rechte Hand verdorren.

6 Die Zunge soll mir am Gaumen kleben, †
wenn ich an dich nicht mehr denke, *
wenn ich Jerusalem nicht zu meiner höchsten Freude erhebe. – ℟

ZUR 2. LESUNG *Der Mensch entfernt sich von Gott durch Unglauben und Ungehorsam. Dadurch wird er aber kein freier Mensch, im Gegenteil, er verfällt dem eigenen Ich, dem Tod. Gott aber will das Leben. Und er allein kann den Menschen befreien, denn Gott ist die Liebe. In den Geretteten wird seine Liebe sichtbar, spürbar: dadurch daß wir gut sind und das Gute tun, das Gott uns von jeher zugedacht hat und heute zu tun aufgibt.*

ZWEITE LESUNG Eph 2,4–10

Wir waren tot infolge unserer Sünden; aus Gnade sind wir gerettet

Lesung
aus dem Brief des Apostels Paulus an die Épheser.

Brüder!
4/5 **Gott, der voll Erbarmen ist,**
hat uns, die wir infolge unserer Sünden tot waren,
in seiner großen Liebe, mit der er uns geliebt hat,
zusammen mit Christus wieder lebendig gemacht.

Aus Gnade seid ihr gerettet.
6 **Er hat uns mit Christus auferweckt**
und uns zusammen mit ihm einen Platz im Himmel gegeben.
7 **Dadurch, daß er in Christus Jesus gütig an uns handelte,**
wollte er den kommenden Zeiten
den überfließenden Reichtum seiner Gnade zeigen.

8 **Denn aus Gnade seid ihr durch den Glauben gerettet,**
nicht aus eigener Kraft
– Gott hat es geschenkt –,
9 **nicht aufgrund eurer Werke,**
damit keiner sich rühmen kann.

10 **Seine Geschöpfe sind wir,**
in Christus Jesus dazu geschaffen,
in unserem Leben die guten Werke zu tun,
die Gott für uns im voraus bereitet hat.

RUF VOR DEM EVANGELIUM Vers: vgl. Joh 3,16a.15

Lob dir, Christus, König und Erlöser! – R

So sehr hat Gott die Welt geliebt,
daß er seinen einzigen Sohn hingab,
damit jeder, der glaubt, in ihm das ewige Leben hat.

Lob dir, Christus, König und Erlöser!

ZUM EVANGELIUM *Das ewige Leben ist nicht eine Verlängerung des gegenwärtigen Lebens; es ist vielmehr die Hinwendung des ganzen Menschen zur Wahrheit und Wirklichkeit Gottes. Für Jesus war die Stunde seines Todes auch die Stunde seiner Verherrlichung, seines Hinübergehens in die Herrlichkeit des Vaters. Wir aber sind durch die*

Taufe in das Christusereignis hineingenommen; wer glaubt und die Wahrheit tut, der ist vom Tod in das Leben hinübergegangen.

EVANGELIUM Joh 3,14–21

Gott hat seinen Sohn in die Welt gesandt, damit die Welt durch ihn gerettet wird

✠ **Aus dem heiligen Evangelium nach Johannes.**

In jener Zeit sprach Jesus zu Nikodémus:
14 **Wie Mose die Schlange in der Wüste erhöht hat,**
so muß der Menschensohn erhöht werden,
15 **damit jeder, der an ihn glaubt,**
in ihm das ewige Leben hat.

16 **Denn Gott hat die Welt so sehr geliebt,**
daß er seinen einzigen Sohn hingab,
damit jeder, der an ihn glaubt,
nicht zugrunde geht, sondern das ewige Leben hat.

17 **Denn Gott hat seinen Sohn nicht in die Welt gesandt,**
damit er die Welt richtet,
sondern damit die Welt durch ihn gerettet wird.
18 **Wer an ihn glaubt,**
wird nicht gerichtet;
wer nicht glaubt, ist schon gerichtet,
weil er an den Namen des einzigen Sohnes Gottes
nicht geglaubt hat.

19 **Denn mit dem Gericht verhält es sich so:**
Das Licht kam in die Welt,
und die Menschen liebten die Finsternis mehr als das Licht;
denn ihre Taten waren böse.

20 **Jeder, der Böses tut,**
haßt das Licht
und kommt nicht zum Licht,
damit seine Taten nicht aufgedeckt werden.
21 **Wer aber die Wahrheit tut,**
kommt zum Licht,
damit offenbar wird,
daß seine Taten in Gott vollbracht sind.

Glaubensbekenntnis, S. 352 ff.; Fürbitten vgl. S. 776 ff.

ZUR EUCHARISTIEFEIER *Das ganze Evangelium und das Geheimnis der Eucharistie ist in diesen Worten enthalten: Gott hat die Welt so sehr geliebt, daß er seinen einzigen Sohn hingab, damit jeder, der an ihn glaubt ... das ewige Leben hat.*

GABENGEBET

**Herr, unser Gott,
in der Freude auf das Osterfest
bringen wir unsere Gaben dar.
Hilf uns, gläubig und ehrfürchtig das Opfer zu feiern,
das der Welt Heilung schenkt und den Tod überwindet.
Darum bitten wir durch Christus, unseren Herrn.**

Präfation vom 4. Fastensonntag, S. 409,
oder von der Fastenzeit, S. 410f.

KOMMUNIONVERS

Wenn das Evangelium vom Blindgeborenen gelesen wurde: Vgl. Joh 9, 11

**Der Herr salbte meine Augen;
ich ging hin, wusch mich und wurde sehend
und glaube an Gott.**

Wenn ein anderes Evangelium gelesen wurde: Ps 122 (121), 3–4

**Jerusalem, du starke Stadt, dicht gebaut und fest gefügt!
Dorthin ziehen die Stämme hinauf, die Stämme des Herrn,
den Namen des Herrn zu preisen.**

SCHLUSSGEBET

**Allmächtiger Gott,
dein ewiges Wort ist das wahre Licht,
das jeden Menschen erleuchtet.
Heile die Blindheit unseres Herzens,
damit wir erkennen, was vor dir recht ist,
und dich aufrichtig lieben.
Darum bitten wir durch Christus, unseren Herrn.**

FÜR DEN TAG UND DIE WOCHE

Die Weise unserer Liebe *ist dadurch bestimmt, daß wir selber sie von Gott empfangen und entsprechend an die Brüder weiterzugeben haben. Gott hat für jeden Menschen, der am Kreuz von seinen Sünden und aus unabsehbarer Gottferne erlöst worden ist, sich ganz in den Tod gegeben, also steht hinter jedem Menschen diese Wirklichkeit. Jeder ist, was er ist, ein Geliebter des ewigen Gottes, trotz allem, was er mir zu sein scheint. Im Glauben sehe ich hinter jedem die Liebe des Menschensohnes, und vielleicht desto mehr, je mehr dieser für ihn zu tragen hatte. (H. Urs von Balthasar)*

FÜNFTER FASTENSONNTAG

Das Gesetz des Lebens ist dem Gesetz der Liebe verwandt: Geben und Empfangen bedingen sich; Schenken ist Beschenktwerden. Der Mensch gewinnt sein Leben in dem Maß, als er bereit ist, es für andere hinzugeben. Wer sich aufsparen will, dessen Leben bleibt klein und unfruchtbar. Jesus hat es uns gesagt und vorgelebt. Er ist der Hohepriester des Neuen Bundes, er ist auch das Opfer der Versöhnung. Er ist das Weizenkorn, das in die Erde gefallen ist, um zu sterben. Weil er gestorben ist, haben wir das Leben.

ERÖFFNUNGSVERS Ps 43 (42), 1–2

Verschaff mir Recht, o Gott,
und führe meine Sache gegen ein treuloses Volk!
Rette mich vor bösen und tückischen Menschen,
denn du bist mein starker Gott.

TAGESGEBET

Herr, unser Gott,
dein Sohn hat sich aus Liebe zur Welt
dem Tod überliefert.
Laß uns in seiner Liebe bleiben
und mit deiner Gnade aus ihr leben.
Darum bitten wir durch Jesus Christus.

Es können auch die Lesungen und das Evangelium vom Lesejahr A genommen werden.

ZUR 1. LESUNG *Am Sinai hatte Gott mit Israel einen Bund geschlossen, Israel war sein heiliges Volk geworden. Als Satzung des Bundes hatte es die Zehn Gebote empfangen. Aber diesen Bund hat Israel hundertmal gebrochen, und es hat keine Möglichkeit mehr, ihn zu erneuern. Nun aber, in einer Zeit der Krise und des Gerichts (um 600 v. Chr.), verkündet der Prophet, daß Gott einen neuen Anfang machen will; er wird alle Untreue vergeben und dem Volk ein neues Herz schenken und einen neuen Geist. So wird es auf neue Weise wahr: „Ich werde ihr Gott sein, und sie werden mein Volk sein."*

ERSTE LESUNG Jer 31, 31–34

Ich schließe mit ihnen einen neuen Bund, und an ihre Sünde denke ich nicht mehr

Lesung
aus dem Buch Jeremia.

31 **Seht, es werden Tage kommen – Spruch des Herrn –,**
in denen ich mit dem Haus Israel und dem Haus Juda
einen neuen Bund schließen werde,
32 **nicht wie der Bund war,**
den ich mit ihren Vätern geschlossen habe,
als ich sie bei der Hand nahm,
um sie aus Ägypten herauszuführen.
Diesen meinen Bund haben sie gebrochen,
obwohl ich ihr Gebieter war
– Spruch des Herrn.
33 **Denn das wird der Bund sein,**
den ich nach diesen Tagen mit dem Haus Israel schließe
– Spruch des Herrn:
Ich lege mein Gesetz in sie hinein
und schreibe es auf ihr Herz.
Ich werde ihr Gott sein,
und sie werden mein Volk sein.
34 **Keiner wird mehr den andern belehren,**
man wird nicht zueinander sagen: Erkennt den Herrn!,
sondern sie alle, klein und groß,

werden mich erkennen
– Spruch des Herrn.
Denn ich verzeihe ihnen die Schuld,
an ihre Sünde denke ich nicht mehr.

ANTWORTPSALM Ps 51 (50), 3–4.12–13.14–15 (R: vgl. 12a)

R Ein reines Herz erschaffe mir, o Gott! – R (GL 528, 2)

Gott, sei mir gnädig nach deiner Huld, * IV. Ton
tilge meine Frevel nach deinem reichen Erbarmen!

Wasch meine Schuld von mir ab, *
und mach mich rein von meiner Sünde! – (R)

2 **Erschaffe mir, Gott, ein reines Herz, ***
und gib mir einen neuen, beständigen Geist!

3 **Verwirf mich nicht von deinem Angesicht, ***
und nimm deinen heiligen Geist nicht von mir! – (R)

4 **Mach mich wieder froh mit deinem Heil; ***
mit einem willigen Geist rüste mich aus!

5 **Dann lehre ich Abtrünnige deine Wege, ***
und die Sünder kehren um zu dir. – R

ZUR 2. LESUNG *Jesus ist der Hohepriester des Neuen Bundes, der Mittler zwischen Gott und den Menschen. Er, der Sohn, ist als Mensch den Weg des Gehorsams gegangen, so ist er für uns zum Vorbild und Wegbereiter geworden; wir können ihm nachfolgen. Wenn wir teilhaben an seinem Leiden und seinem Tod, gewinnen wir das „Heil“: das Leben, das kein Ende und keine Grenze hat.*

ZWEITE LESUNG Hebr 5,7–9

Er hat den Gehorsam gelernt und ist der Urheber des ewigen Heils geworden

Lesung
aus dem Hebräerbrief.

Als Christus auf Erden lebte,
hat er mit lautem Schreien und unter Tränen
Gebete und Bitten vor den gebracht,
der ihn aus dem Tod retten konnte,
und er ist erhört und aus seiner Angst befreit worden.

8 **Obwohl er der Sohn war,**
hat er durch Leiden den Gehorsam gelernt;
9 **zur Vollendung gelangt,**
ist er für alle, die ihm gehorchen,
der Urheber des ewigen Heils geworden.

RUF VOR DEM EVANGELIUM Vers: Joh 12,26a

Lob dir, Christus, König und Erlöser! – R

(So spricht der Herr:)*
Wenn einer mir dienen will, folge er mir nach;
und wo ich bin, dort wird auch mein Diener sein.

Lob dir, Christus, König und Erlöser!

ZUM EVANGELIUM *Jesus hat wiederholt von seiner „Stunde" gesprochen, der Stunde seiner „Erhöhung" durch Tod und Auferstehung. Danach wird auch die Heidenwelt ihn sehen und an ihn glauben können. „Wir wollen Jesus sehen", sagten einige Griechen in Jerusalem. Jesus antwortet mit dem Hinweis auf sein bevorstehendes Sterben. Das Weizenkorn muß sterben, um Frucht bringen zu können.*

EVANGELIUM Joh 12,20–33

Wenn das Weizenkorn in die Erde fällt und stirbt, bringt es reiche Frucht

✠ Aus dem heiligen Evangelium nach Johannes.

In jener Zeit
20 **traten einige Griechen,**
die beim Osterfest in Jerusalem Gott anbeten wollten,
21 **an Philíppus heran,**
der aus Betsáida in Galiläa stammte,
und sagten zu ihm: Herr, wir möchten Jesus sehen.
22 **Philíppus ging und sagte es Andreas;**
Andreas und Philíppus gingen und sagten es Jesus.

23 **Jesus aber antwortete ihnen:**
Die Stunde ist gekommen,
daß der Menschensohn verherrlicht wird.

* Wenn der Vers gesungen wird, kann die Einleitung So spricht der Herr entfallen.

4 **Amen, amen, ich sage euch:**
Wenn das Weizenkorn nicht in die Erde fällt und stirbt,
bleibt es allein;
wenn es aber stirbt,
bringt es reiche Frucht.
5 **Wer an seinem Leben hängt,**
verliert es;
wer aber sein Leben in dieser Welt gering achtet,
wird es bewahren bis ins ewige Leben.
6 **Wenn einer mir dienen will,**
folge er mir nach;
und wo ich bin,
dort wird auch mein Diener sein.
Wenn einer mir dient,
wird der Vater ihn ehren.

7 **Jetzt ist meine Seele erschüttert.**
Was soll ich sagen:
Vater, rette mich aus dieser Stunde?
Aber deshalb bin ich in diese Stunde gekommen.
8 **Vater, verherrliche deinen Namen!**

Da kam eine Stimme vom Himmel:
Ich habe ihn schon verherrlicht
und werde ihn wieder verherrlichen.
9 **Die Menge, die dabeistand und das hörte,**
sagte: Es hat gedonnert.
Andere sagten: Ein Engel hat zu ihm geredet.

0 **Jesus antwortete**
und sagte: Nicht mir galt diese Stimme,
sondern euch.
1 **Jetzt wird Gericht gehalten über diese Welt;**
jetzt wird der Herrscher dieser Welt hinausgeworfen werden.
2 **Und ich, wenn ich über die Erde erhöht bin,**
werde alle zu mir ziehen.

3 **Das sagte er,**
um anzudeuten, auf welche Weise er sterben werde.

Glaubensbekenntnis, S. 352 ff.
Fürbitten vgl. S. 776 ff.

ZUR EUCHARISTIEFEIER *Jesus hat uns beten gelehrt: Dein Wille geschehe. Er selbst betet: Vater, verherrliche deinen Namen! Verherrlicht wird Gottes Name dadurch, daß sein Wille geschieht und seine Heiligkeit offenbar wird: in der Opferhingabe Jesu.*

GABENGEBET

Erhöre uns, allmächtiger Gott.
Du hast uns durch dein Wort
zum Zeugnis eines christlichen Lebens berufen.
Reinige uns durch dieses Opfer
und stärke uns zum Kampf gegen das Böse.
Darum bitten wir durch Christus, unseren Herrn.

Präfation vom 5. Fastensonntag, S. 409,
oder von der Fastenzeit, S. 410f.

KOMMUNIONVERS

Wenn das Evangelium von der Auferweckung des Lazarus gelesen wurde:

Joh 11, 26

Jeder, der lebt und an mich glaubt,
wird in Ewigkeit nicht sterben – so spricht der Herr.

Amen, Amen, ich sage euch:
Wenn das Weizenkorn nicht in die Erde fällt und stirbt,
bleibt es allein.
Wenn es aber stirbt, bringt es reiche Frucht.

SCHLUSSGEBET

Allmächtiger Gott,
du hast uns
das Sakrament der Einheit geschenkt.
Laß uns immer lebendige Glieder Christi bleiben,
dessen Leib und Blut wir empfangen haben.
Darum bitten wir durch ihn, Christus, unseren Herrn.

FÜR DEN TAG UND DIE WOCHE

Jesus sehen *Unsere Zeitgenossen verlangen danach, heute dem lebendigen Christus zu begegnen. Sie wollen ihn mit Augen sehen, mit Händen greifen.*

Wie die Pilger griechischer Herkunft, die nach Jerusalem hinaufgezogen waren, sich an den Apostel Philippus wandten mit der Bitte: „Wir wollen Jesus sehen", so wollen unsere Zeitgenossen ihm unmittelbar gegenübertreten. Das Unglück für uns Christen ist, daß sie verlangen, Christus in jedem von uns zu sehen: wir sollen ihn durch uns hindurchscheinen lassen wie ein Kirchenfenster die Sonne.

Was der Ungläubige uns vorwirft, ist nicht, daß wir Christen sind, sondern daß wir es nicht genug sind: hierin liegt das Drama. Als Gandhi das Evangelium las, war er erschüttert und wäre beinahe Christ geworden; der Anblick der Christen hielt ihn auf und ließ ihn sich zurückziehen. Hier, wahrhaftig, liegt unsere größte Verantwortung. (Kardinal Suenens)

HEILIGE WOCHE – KARWOCHE

PALMSONNTAG

Das Reich Gottes, das Jesus verkündet hat, ist für die Armen. Er selbst hat arm gelebt. Er ist ein armer und demütiger Messias; er selbst will es so. Und „der Jünger muß sich damit begnügen, daß es ihm geht wie seinem Meister". Den Hosannajubel des Palmsonntags hat Jesus hingenommen. Bald wird er diese ganze Menge gegen sich haben; auch die Jünger werden ihn allein lassen.

FEIER DES EINZUGS JESU IN JERUSALEM

Die Gemeinde versammelt sich, wenn es möglich ist, an einem Ort außerhalb der Kirche. Die Gläubigen tragen Zweige in den Händen.
Zur Eröffnung kann man folgenden Vers singen oder einen anderen geeigneten Gesang:

Hosanna dem Sohne Davids! Mt 21,9
Gepriesen, der kommt im Namen des Herrn,
der König von Israel. Hosanna in der Höhe!

Der Priester begrüßt die Gemeinde mit etwa folgenden Worten:

Liebe Brüder und Schwestern!
In den Tagen der Fastenzeit haben wir uns auf Ostern vorbereitet; wir haben uns bemüht um die Bekehrung unseres Herzens und um tätige Nächstenliebe. Heute aber sind wir zusammengekommen, um mit der ganzen Kirche in die Feier der österlichen Geheimnisse unseres Herrn einzutreten.
Christus ist in seine Stadt Jerusalem eingezogen; dort wollte er Leiden und Tod auf sich nehmen, dort sollte er auch auferstehen. Mit Glauben und innerer Hingabe begehen wir das Gedächtnis seines Einzugs. Wir folgen dem Herrn auf seinem Leidensweg und nehmen teil an seinem Kreuz, damit wir auch Anteil erhalten an seiner Auferstehung und seinem Leben.

Dann spricht der Priester:

Allmächtiger, ewiger Gott,
segne ✠ diese (grünen) Zweige,
die Zeichen des Lebens und des Sieges,
mit denen wir Christus, unserem König, huldigen.

Mit Lobgesängen begleiten wir ihn in seine heilige Stadt;
gib, daß wir durch ihn zum himmlischen Jerusalem gelangen,
der mit dir lebt und herrscht in alle Ewigkeit.

Oder:

Allmächtiger Gott,
am heutigen Tag
huldigen wir Christus in seinem Sieg
und tragen ihm zu Ehren
(grüne) Zweige in den Händen.
Mehre unseren Glauben und unsere Hoffnung,
erhöre gnädig unsere Bitten
und laß uns in Christus
die Frucht guter Werke bringen.
Darum bitten wir durch ihn, Christus, unseren Herrn.

Er besprengt (ohne Begleitgebet) die Zweige mit Weihwasser.

ZUM EVANGELIUM *Als Festpilger und als Messias zieht Jesus in Jerusalem ein. Ein junger Esel ist sein königliches Reittier. Er kommt im Namen und Auftrag Gottes und nimmt die Huldigung der Volksmenge an. Das Johannesevangelium betont stärker als Markus die königliche Würde Jesu; es spricht von Palmzweigen, wo Markus nur Grasbüschel nennt.*
Aber Jesus ist einsam, er weiß, was kommen wird. Selbst seine Jünger haben den Einzug in Jerusalem erst später in seiner Tragweite verstanden.

EVANGELIUM Mk 11, 1–10

Gesegnet sei er, der kommt im Namen des Herrn

✠ **Aus dem heiligen Evangelium nach Markus.**

Es war einige Tage vor dem Osterfest.
1 **Als sie in die Nähe von Jerusalem kamen,**
nach Bétfage und Betánien am Ölberg,
schickte Jesus zwei seiner Jünger voraus.
2 **Er sagte zu ihnen: Geht in das Dorf, das vor euch liegt;**
gleich wenn ihr hineinkommt,
werdet ihr einen jungen Esel angebunden finden,
auf dem noch nie ein Mensch gesessen hat.

Bindet ihn los,
und bringt ihn her!
3 Und wenn jemand zu euch sagt: Was tut ihr da?,
dann antwortet: Der Herr braucht ihn;
er läßt ihn bald wieder zurückbringen.
4 Da machten sie sich auf den Weg
und fanden außen an einer Tür an der Straße
einen jungen Esel angebunden,
und sie banden ihn los.
5 Einige, die dabeistanden, sagten zu ihnen:
Wie kommt ihr dazu, den Esel loszubinden?
6 Sie gaben ihnen zur Antwort, was Jesus gesagt hatte,
und man ließ sie gewähren.
7 Sie brachten den jungen Esel zu Jesus,
legten ihre Kleider auf das Tier,
und er setzte sich darauf.
8 Und viele breiteten ihre Kleider auf der Straße aus;
andere rissen auf den Feldern Zweige von den Büschen ab
und streuten sie auf den Weg.
9 Die Leute, die vor ihm hergingen und die ihm folgten, riefen:

Hosanna!
Gesegnet sei er, der kommt im Namen des Herrn!
10 Gesegnet sei das Reich unseres Vaters David,
das nun kommt.
Hosanna in der Höhe!

Oder:

EVANGELIUM — Joh 12, 12–16

Gesegnet sei er, der kommt im Namen des Herrn

✠ Aus dem heiligen Evangelium nach Johannes.

In jener Zeit
12 hörte die Volksmenge,
die sich zum Osterfest eingefunden hatte,
Jesus komme nach Jerusalem.
13 Da nahmen sie Palmzweige,
zogen hinaus, um ihn zu empfangen,
und riefen:

Hosanna!

Gesegnet sei er, der kommt im Namen des Herrn,
der König Israels!

Jesus fand einen jungen Esel und setzte sich darauf
– wie es in der Schrift heißt:
Fürchte dich nicht, Tochter Zion!
Siehe, dein König kommt;
er sitzt auf dem Fohlen einer Eselin.

Das alles verstanden seine Jünger zunächst nicht;
als Jesus aber verherrlicht war,
da wurde ihnen bewußt, daß es so über ihn in der Schrift stand
und daß man so an ihm gehandelt hatte.

Nach dem Evangelium kann eine kurze Homilie gehalten werden.

Zur Prozession

Liebe Brüder und Schwestern!
Wie einst das Volk von Jerusalem Jesus zujubelte, so begleiten auch wir jetzt den Herrn und singen ihm Lieder.

Während der Prozession:

Kehrvers 1 mit Psalm 24 (23)

Die Kinder von Jerusalem trugen Zweige in den Händen. / Sie zogen dem Herrn entgegen und riefen: / Hosanna in der Höhe!

Oder:

Kehrvers 2 mit Psalm 47 (46)

Die Kinder von Jerusalem / legten ihre Kleider über den Weg und riefen: / Hosanna dem Sohne Davids. / Hochgelobt sei, der da kommt im Namen des Herrn.

Diese Kehrverse können zwischen den Versen des Psalmes wiederholt werden.

Hymnus auf Christus, den König

℟ Ruhm und Preis und Ehre / sei dir, Erlöser und König / Jubelnd rief einst das Volk / sein Hosianna dir zu. – ℟

Du bist Israels König, / Davids Geschlechte entsprossen, / der im Namen des Herrn / als der Gesegnete kommt. – ℟

Dir lobsingen im Himmel / ewig der Seligen Chöre; / so auch preist dich der Mensch, / so alle Schöpfung zugleich. – R
Einst mit Zweigen in Händen / eilte das Volk dir entgegen; so mit Lied und Gebet / ziehen wir heute mit dir. – R
Dort erklang dir der Jubel, / als du dahingingst zu leiden; / dir, dem König der Welt, / bringen wir hier unser Lob. – R
Hat ihr Lob dir gefallen, / nimm auch das unsre entgegen, / großer König und Herr, / du, dem das Gute gefällt.

R Ruhm und Preis und Ehre / sei dir, Erlöser und König! / Jubelnd rief einst das Volk / sein Hosianna dir zu.

Beim Einzug in die Kirche singt man folgenden Antwortgesang (oder ein entsprechendes Lied):

Ch: Gepriesen, der kommt im Namen des Herrn!
A: Gepriesen, der kommt im Namen des Herrn!
Ch: Als das Volk hörte, daß Jesus nach Jerusalem komme, da zogen sie ihm entgegen. Sie trugen Palmzweige in den Händen und riefen: Hosanna, hosanna, hosanna in der Höhe.
A: Hosanna, hosanna, hosanna in der Höhe.

Als Abschluß der Prozession wird das Eröffnungsgebet der Messe gesprochen.

MESSE

Nur wenn keine Prozession stattgefunden hat:

ERÖFFNUNGSVERS

Sechs Tage vor dem Osterfest kam der Herr in die Stadt Jerusalem.
Da liefen ihm Kinder entgegen
mit Palmzweigen in den Händen und riefen:
Hosanna in der Höhe!
Sei gepriesen, der du kommst als Heiland der Welt.

Ps 24 (23), 9–10

Ihr Tore, hebt euch nach oben,
hebt euch, ihr uralten Pforten;
denn es kommt der König der Herrlichkeit.

Wer ist der König der Herrlichkeit?
Der Herr der Heerscharen,
er ist der König der Herrlichkeit.

Hosanna in der Höhe!
Sei gepriesen, der du kommst als Heiland der Welt.

TAGESGEBET

**Allmächtiger, ewiger Gott,
deinem Willen gehorsam,
hat unser Erlöser Fleisch angenommen,
er hat sich selbst erniedrigt
und sich unter die Schmach des Kreuzes gebeugt.
Hilf uns,
daß wir ihm auf dem Weg des Leidens nachfolgen
und an seiner Auferstehung Anteil erlangen.
Darum bitten wir durch ihn, Jesus Christus.**

ZUR 1. LESUNG *In Jesaja 42 (vgl. 6. Januar) wurden die Berufung des Gottesknechts und seine Ausrüstung mit dem Geist Gottes beschrieben. Ein zweites Lied vom Gottesknecht (Jes 49,1–6) zeigt die Schwere seiner Mission. Das dritte Lied (die heutige Lesung) zeichnet ihn als den vollkommenen Jünger und treuen Propheten, der nicht zurückweicht vor Spott und Verfolgung.*

ERSTE LESUNG Jes 50,4–7

Mein Gesicht verbarg ich nicht vor Schmähungen, doch ich weiß, daß ich nicht in Schande gerate (Drittes Lied vom Gottesknecht)

**Lesung
aus dem Buch Jesája.**

**Gott, der Herr, gab mir die Zunge eines Jüngers,
damit ich verstehe,
die Müden zu stärken durch ein aufmunterndes Wort.
Jeden Morgen weckt er mein Ohr,
damit ich auf ihn höre wie ein Jünger.
Gott, der Herr, hat mir das Ohr geöffnet.**

**Ich aber wehrte mich nicht
und wich nicht zurück.
Ich hielt meinen Rücken denen hin, die mich schlugen,
und denen, die mir den Bart ausrissen, meine Wangen.
Mein Gesicht verbarg ich nicht
vor Schmähungen und Speichel.**

**Doch Gott, der Herr, wird mir helfen;
darum werde ich nicht in Schande enden.
Deshalb mache ich mein Gesicht hart wie ein Kiesel;
ich weiß, daß ich nicht in Schande gerate.**

ANTWORTPSALM Ps 22 (21), 8–9.17–18.19–20.23–24 (R: 2)

℟ **Mein Gott, mein Gott,** (GL 176,2)
warum hast du mich verlassen? – ℟

8 **Alle, die mich sehen, verlachen mich,** * III. Ton
verziehen die Lippen, schütteln den Kopf:

9 **„Er wälze die Last auf den Herrn,** †
der soll ihn befreien! *
Der reiße ihn heraus, wenn er an ihm Gefallen hat!“ – (℟)

17 **Viele Hunde umlagern mich,** †
eine Rotte von Bösen umkreist mich. *
Sie durchbohren mir Hände und Füße.

18 **Man kann all meine Knochen zählen;** *
sie gaffen und weiden sich an mir. – (℟)

19 **Sie verteilen unter sich meine Kleider** *
und werfen das Los um mein Gewand.

20 **Du aber, Herr, halte dich nicht fern!** *
Du, meine Stärke, eil mir zu Hilfe! – (℟)

23 **Ich will deinen Namen meinen Brüdern verkünden,** *
inmitten der Gemeinde dich preisen.

24 **Die ihr den Herrn fürchtet, preist ihn,** †
ihr alle vom Stamm Jakobs, rühmt ihn; *
erschauert alle vor ihm, ihr Nachkommen Israels! – ℟

ZUR 2. LESUNG *Aus der Gottesherrlichkeit ist der Sohn in die tiefste Erniedrigung hinabgestiegen. Er hat den Kreuzestod auf sich genommen. Sein Gehorsam war Liebe zum Vater und Liebe zu den Menschen. Ihn, den Erniedrigten, hat Gott zum Kyrios, zum Herrn über Zeiten und Welten gemacht. Auf ihn sollen wir schauen, an ihm uns orientieren: „Seid untereinander so gesinnt, wie es dem Leben in Christus Jesus entspricht“ (Phil 2,5).*

ZWEITE LESUNG Phil 2,6–11

Christus Jesus erniedrigte sich; darum hat ihn Gott über alle erhöht

Lesung
aus dem Brief des Apostels Paulus an die Philipper.

6 **Christus Jesus war Gott gleich,**
hielt aber nicht daran fest, wie Gott zu sein,

sondern er entäußerte sich
und wurde wie ein Sklave
und den Menschen gleich.
Sein Leben war das eines Menschen;
er erniedrigte sich
und war gehorsam bis zum Tod,
bis zum Tod am Kreuz.

Darum hat ihn Gott über alle erhöht
und ihm den Namen verliehen,
der größer ist als alle Namen,
10 damit alle im Himmel, auf der Erde und unter der Erde
ihre Knie beugen vor dem Namen Jesu
11 und jeder Mund bekennt:
„Jesus Christus ist der Herr"
– zur Ehre Gottes, des Vaters.

RUF VOR DER PASSION Vers: vgl. Phil 2,8b–9

Christus Sieger, Christus König, Christus Herr in Ewigkeit! – ℟

Christus war für uns gehorsam bis zum Tod,
bis zum Tod am Kreuz.
Darum hat ihn Gott über alle erhöht
und ihm den Namen verliehen, der größer ist als alle Namen.
Christus Sieger, Christus König, Christus Herr in Ewigkeit!

ZUR PASSION *In Jerusalem muß sich das Geschick Jesu erfüllen, am jüdischen Osterfest, dem Fest der Befreiung aus der ägyptischen Knechtschaft. Vermutlich war es der 7. April des Jahres 30. – Im Leiden und Sterben Jesu wird sichtbar, was das ganze Evangelium hindurch verhüllt blieb: Jesus ist der Menschensohn und Gottesknecht, Messiaskönig, Gottes Sohn. Er selbst bestimmt den Augenblick seiner Verhaftung, er gibt das Signal für das Todesurteil, er stirbt bewußt und frei. Aber der einzige, der ihn, den Gekreuzigten, als Sohn Gottes bekennt, ist der römische Offizier, ein Heide.*

PASSION Mk 14,1 – 15,47

Das Leiden unseres Herrn Jesus Christus

E = Evangelist, † = Worte Jesu, S = Worte sonstiger Personen

Das Leiden unseres Herrn Jesus Christus nach Markus.

Der Beschluß des Hohen Rates

1 E Es war zwei Tage vor dem Pascha*
und dem Fest der Ungesäuerten Brote.
Die Hohenpriester und die Schriftgelehrten
suchten nach einer Möglichkeit,
Jesus mit List in ihre Gewalt zu bringen, um ihn zu töten.
2 Sie sagten aber:
S Ja nicht am Fest,
damit es im Volk keinen Aufruhr gibt.

Die Salbung in Betanien

3 E Als Jesus in Betánien
im Haus Simons des Aussätzigen bei Tisch war,
kam eine Frau
mit einem Alabastergefäß voll echtem, kostbarem Nardenöl,
zerbrach es
und goß das Öl über sein Haar.
4 Einige aber wurden unwillig
und sagten zueinander:
S Wozu diese Verschwendung?
5 Man hätte das Öl um mehr als dreihundert Denare verkaufen
und das Geld den Armen geben können.
E Und sie machten der Frau heftige Vorwürfe.
6 Jesus aber sagte:
† Hört auf!
Warum laßt ihr sie nicht in Ruhe?
Sie hat ein gutes Werk an mir getan.
7 Denn die Armen habt ihr immer bei euch,
und ihr könnt ihnen Gutes tun, so oft ihr wollt;
mich aber habt ihr nicht immer.

---

* Sprich: Pas-cha.

Sie hat getan, was sie konnte.
Sie hat im voraus meinen Leib für das Begräbnis gesalbt.
Amen, ich sage euch:
Überall auf der Welt, wo das Evangelium verkündet wird,
wird man sich an sie erinnern
und erzählen, was sie getan hat.

Der Verrat durch Judas

E Judas Iskáriot, einer der Zwölf, ging zu den Hohenpriestern.
Er wollte Jesus an sie ausliefern.
Als sie das hörten,
freuten sie sich
und versprachen, ihm Geld dafür zu geben.
Von da an
suchte er nach einer günstigen Gelegenheit, ihn auszuliefern.

Die Vorbereitung des Paschamahls

Am ersten Tag des Festes der Ungesäuerten Brote,
an dem man das Paschalamm schlachtete,
sagten die Jünger zu Jesus:
S Wo sollen wir das Paschamahl für dich vorbereiten?
E Da schickte er zwei seiner Jünger voraus
und sagte zu ihnen:
† Geht in die Stadt;
dort wird euch ein Mann begegnen, der einen Wasserkrug trägt.
Folgt ihm,
bis er in ein Haus hineingeht;
dann sagt zu dem Herrn des Hauses:
Der Meister läßt dich fragen:
Wo ist der Raum,
in dem ich mit meinen Jüngern das Paschalamm essen kann?
Und der Hausherr
wird euch einen großen Raum im Obergeschoß zeigen,
der schon für das Festmahl hergerichtet
und mit Polstern ausgestattet ist.
Dort bereitet alles für uns vor!
E Die Jünger machten sich auf den Weg
und kamen in die Stadt.

Sie fanden alles so, wie er es ihnen gesagt hatte,
und bereiteten das Paschamahl vor.

Das Mahl

17 Als es Abend wurde,
kam Jesus mit den Zwölf.
18 Während sie nun bei Tisch waren und aßen,
sagte er:
† Amen, ich sage euch:
Einer von euch wird mich verraten und ausliefern,
einer von denen, die zusammen mit mir essen.
19 E Da wurden sie traurig,
und einer nach dem andern fragte ihn:
S Doch nicht etwa ich?
20 E Er sagte zu ihnen:
† Einer von euch Zwölf,
der mit mir aus derselben Schüssel ißt.
21 Der Menschensohn muß zwar seinen Weg gehen,
wie die Schrift über ihn sagt.
Doch weh dem Menschen,
durch den der Menschensohn verraten wird.
Für ihn wäre es besser,
wenn er nie geboren wäre.

22 E Während des Mahls nahm er das Brot
und sprach den Lobpreis;
dann brach er das Brot,
reichte es ihnen
und sagte:
† Nehmt, das ist mein Leib.
23 E Dann nahm er den Kelch,
sprach das Dankgebet,
reichte ihn den Jüngern,
und sie tranken alle daraus.
24 Und er sagte zu ihnen:
† Das ist mein Blut,
das Blut des Bundes, das für viele vergossen wird.
25 Amen, ich sage euch:
Ich werde nicht mehr von der Frucht des Weinstocks trinken
bis zu dem Tag,
an dem ich von neuem davon trinke im Reich Gottes.

Der Gang zum Ölberg

26 E Nach dem Lobgesang gingen sie zum Ölberg hinaus.
27 Da sagte Jesus zu ihnen:
† Ihr werdet alle an mir Anstoß nehmen
und zu Fall kommen;
denn in der Schrift steht:
Ich werde den Hirten erschlagen,
dann werden sich die Schafe zerstreuen.
28 Aber nach meiner Auferstehung
werde ich euch nach Galiläa vorausgehen.
29 E Da sagte Petrus zu ihm:
S Auch wenn alle an dir Anstoß nehmen
– ich nicht!
30 E Jesus antwortete ihm:
† Amen, ich sage dir:
Noch heute nacht, ehe der Hahn zweimal kräht,
wirst du mich dreimal verleugnen.
31 E Petrus aber beteuerte:
S Und wenn ich mit dir sterben müßte
– ich werde dich nie verleugnen.
E Das gleiche sagten auch alle anderen.

Das Gebet in Getsemani

32 Sie kamen zu einem Grundstück, das Getsémani heißt,
und er sagte zu seinen Jüngern:
† Setzt euch und wartet hier,
während ich bete.
33 E Und er nahm Petrus, Jakobus und Johannes mit sich.
Da ergriff ihn Furcht und Angst,
34 und er sagte zu ihnen:
† Meine Seele ist zu Tode betrübt.
Bleibt hier und wacht!
35 E Und er ging ein Stück weiter,
warf sich auf die Erde nieder
und betete, daß die Stunde, wenn möglich, an ihm vorübergehe.
36 Er sprach:
† Abba, Vater,
alles ist dir möglich.
Nimm diesen Kelch von mir!

Aber nicht, was ich will,
sondern was du willst, soll geschehen.
37 E Und er ging zurück
und fand sie schlafend.
Da sagte er zu Petrus:
† Simon, du schläfst?
Konntest du nicht einmal eine Stunde wach bleiben?
38 Wacht und betet,
damit ihr nicht in Versuchung geratet.
Der Geist ist willig,
aber das Fleisch ist schwach.
39 E Und er ging wieder weg
und betete mit den gleichen Worten.
40 Als er zurückkam,
fand er sie wieder schlafend,
denn die Augen waren ihnen zugefallen;
und sie wußten nicht, was sie ihm antworten sollten.
41 Und er kam zum drittenmal
und sagte zu ihnen:
† Schlaft ihr immer noch und ruht euch aus?
Es ist genug.
Die Stunde ist gekommen;
jetzt wird der Menschensohn den Sündern ausgeliefert.
42 Steht auf,
wir wollen gehen!
Seht, der Verräter, der mich ausliefert, ist da.

Die Gefangennahme

43 E Noch während er redete,
kam Judas, einer der Zwölf,
mit einer Schar von Männern,
die mit Schwertern und Knüppeln bewaffnet waren;
sie waren von den Hohenpriestern,
den Schriftgelehrten und den Ältesten geschickt worden.
44 Der Verräter hatte mit ihnen ein Zeichen vereinbart
und gesagt:
S Der, den ich küssen werde, der ist es.
Nehmt ihn fest,
führt ihn ab,
und laßt ihn nicht entkommen.

E Und als er kam,
ging er sogleich auf Jesus zu
und sagte:
S Rabbi!
E Und er küßte ihn.
Da ergriffen sie ihn
und nahmen ihn fest.
Einer von denen, die dabeistanden,
zog das Schwert,
schlug auf den Diener des Hohenpriesters ein
und hieb ihm ein Ohr ab.
Da sagte Jesus zu ihnen:
† Wie gegen einen Räuber
seid ihr mit Schwertern und Knüppeln ausgezogen,
um mich festzunehmen.
Tag für Tag war ich bei euch im Tempel und lehrte,
und ihr habt mich nicht verhaftet;
aber das ist geschehen, damit die Schrift in Erfüllung geht.
E Da verließen ihn alle
und flohen.
Ein junger Mann aber,
der nur mit einem leinenen Tuch bekleidet war,
wollte ihm nachgehen.
Da packten sie ihn;
er aber ließ das Tuch fallen
und lief nackt davon.

Das Verhör vor dem Hohen Rat

Darauf führten sie Jesus zum Hohenpriester,
und es versammelten sich alle Hohenpriester
und Ältesten und Schriftgelehrten.
Petrus aber war Jesus von weitem
bis in den Hof des hohepriesterlichen Palastes gefolgt;
nun saß er dort bei den Dienern
und wärmte sich am Feuer.

Die Hohenpriester und der ganze Hohe Rat
bemühten sich um Zeugenaussagen gegen Jesus,
um ihn zum Tod verurteilen zu können;
sie fanden aber nichts.

56 Viele machten zwar falsche Aussagen über ihn,
aber die Aussagen stimmten nicht überein.
57 Einige der falschen Zeugen, die gegen ihn auftraten, behaupteten:
58 S Wir haben ihn sagen hören:
Ich werde diesen von Menschen erbauten Tempel niederreißen
und in drei Tagen einen anderen errichten,
der nicht von Menschenhand gemacht ist.
59 E Aber auch in diesem Fall stimmten die Aussagen nicht überein.
60 Da stand der Hohepriester auf,
trat in die Mitte
und fragte Jesus:
S Willst du denn nichts sagen
zu dem, was diese Leute gegen dich vorbringen?
61 E Er aber schwieg
und gab keine Antwort.
Da wandte sich der Hohepriester nochmals an ihn
und fragte:
S Bist du der Messias, der Sohn des Hochgelobten?
62 E Jesus sagte:
† Ich bin es.
Und ihr werdet den Menschensohn
zur Rechten der Macht sitzen
und mit den Wolken des Himmels kommen sehen.
63 E Da zerriß der Hohepriester sein Gewand
und rief:
S Wozu brauchen wir noch Zeugen?
64 Ihr habt die Gotteslästerung gehört.
Was ist eure Meinung?
E Und sie fällten einstimmig das Urteil:
S Er ist schuldig und muß sterben.
65 E Und einige spuckten ihn an,
verhüllten sein Gesicht,
schlugen ihn
und riefen:
S Zeig, daß du ein Prophet bist!
E Auch die Diener schlugen ihn ins Gesicht.

Die Verleugnung durch Petrus

66 Als Petrus unten im Hof war,
kam eine von den Mägden des Hohenpriesters.

Sie sah, wie Petrus sich wärmte,
blickte ihn an
und sagte:
S Auch du warst mit diesem Jesus aus Nazaret zusammen.
E Doch er leugnete es
und sagte:
S Ich weiß nicht und verstehe nicht, wovon du redest.
E Dann ging er in den Vorhof hinaus.
Als die Magd ihn dort bemerkte,
sagte sie zu denen, die dabeistanden, noch einmal:
S Der gehört zu ihnen.
E Er aber leugnete es wieder ab.
Wenig später sagten die Leute, die dort standen,
von neuem zu Petrus:
S Du gehörst wirklich zu ihnen;
du bist doch auch ein Galiläer.
E Da fing er an zu fluchen
und schwor:
S Ich kenne diesen Menschen nicht, von dem ihr redet.
E Gleich darauf krähte der Hahn zum zweitenmal,
und Petrus erinnerte sich,
daß Jesus zu ihm gesagt hatte: Ehe der Hahn zweimal kräht,
wirst du mich dreimal verleugnen.
Und er begann zu weinen.

Die Verhandlung vor Pilatus

Gleich in der Frühe faßten die Hohenpriester,
die Ältesten und die Schriftgelehrten,
also der ganze Hohe Rat,
über Jesus einen Beschluß:
Sie ließen ihn fesseln und abführen
und lieferten ihn Pilatus aus.
Pilatus fragte ihn:
S Bist du der König der Juden?
E Er antwortete ihm:
† Du sagst es.
E Die Hohenpriester brachten viele Anklagen gegen ihn vor.
Da wandte sich Pilatus wieder an ihn
und fragte:
S Willst du denn nichts dazu sagen?

Sieh doch, wie viele Anklagen sie gegen dich vorbringen.
5 E Jesus aber gab keine Antwort mehr,
so daß Pilatus sich wunderte.

6 Jeweils zum Fest
ließ Pilatus einen Gefangenen frei, den sie sich ausbitten durften.
7 Damals saß gerade ein Mann namens Barábbas im Gefängnis,
zusammen mit anderen Aufrührern,
die bei einem Aufstand einen Mord begangen hatten.
8 Die Volksmenge zog zu Pilatus hinauf
und bat, ihnen die gleiche Gunst zu gewähren wie sonst.
9 Pilatus fragte sie:
S Wollt ihr, daß ich den König der Juden freilasse?
10 E Er merkte nämlich,
daß die Hohenpriester nur aus Neid
Jesus an ihn ausgeliefert hatten.
11 Die Hohenpriester aber wiegelten die Menge auf,
lieber die Freilassung des Barábbas zu fordern.
12 Pilatus wandte sich von neuem an sie
und fragte:
S Was soll ich dann mit dem tun,
den ihr den König der Juden nennt?
13 E Da schrien sie:
S Kreuzige ihn!
14 E Pilatus entgegnete:
S Was hat er denn für ein Verbrechen begangen?
E Sie schrien noch lauter:
S Kreuzige ihn!
15 E Darauf ließ Pilatus, um die Menge zufriedenzustellen,
Barábbas frei
und gab den Befehl, Jesus zu geißeln und zu kreuzigen.

Die Verspottung Jesu durch die Soldaten

16 Die Soldaten führten ihn in den Palast hinein,
das heißt in das Prätórium,
und riefen die ganze Kohórte zusammen.
17 Dann legten sie ihm einen Purpurmantel um
und flochten einen Dornenkranz;
den setzten sie ihm auf
18 und grüßten ihn:
S Heil dir, König der Juden!

19 E Sie schlugen ihm mit einem Stock auf den Kopf
und spuckten ihn an,
knieten vor ihm nieder
und huldigten ihm.
20a Nachdem sie so ihren Spott mit ihm getrieben hatten,
nahmen sie ihm den Purpurmantel ab
und zogen ihm seine eigenen Kleider wieder an.

Die Kreuzigung

20b Dann führten sie Jesus hinaus,
um ihn zu kreuzigen.
21 Einen Mann, der gerade vom Feld kam,
Simon von Zyréne,
den Vater des Alexánder und des Rufus,
zwangen sie, sein Kreuz zu tragen.
22 Und sie brachten Jesus an einen Ort namens Gólgota,
das heißt übersetzt: Schädelhöhe.
23 Dort reichten sie ihm Wein, der mit Myrrhe gewürzt war;
er aber nahm ihn nicht.
24 Dann kreuzigten sie ihn.
Sie warfen das Los
und verteilten seine Kleider unter sich
und gaben jedem, was ihm zufiel.
25 Es war die dritte Stunde, als sie ihn kreuzigten.
26 Und eine Aufschrift auf einer Tafel gab seine Schuld an:
Der König der Juden.
27 Zusammen mit ihm kreuzigten sie zwei Räuber,
den einen rechts von ihm, den andern links.
(28)/29 Die Leute, die vorbeikamen,
verhöhnten ihn,
schüttelten den Kopf
und riefen:
S Ach, du willst den Tempel niederreißen
und in drei Tagen wieder aufbauen?
30 Hilf dir doch selbst,
und steig herab vom Kreuz!
31 E Auch die Hohenpriester und die Schriftgelehrten verhöhnten ihn
und sagten zueinander:
S Anderen hat er geholfen,
sich selbst kann er nicht helfen.

32 Der Messias, der König von Israel!
Er soll doch jetzt vom Kreuz herabsteigen,
damit wir sehen und glauben.
E Auch die beiden Männer,
die mit ihm zusammen gekreuzigt wurden,
beschimpften ihn.

(Hier stehen alle auf.)

Der Tod Jesu

33 Als die sechste Stunde kam,
brach über das ganze Land eine Finsternis herein.
Sie dauerte bis zur neunten Stunde.
34 Und in der neunten Stunde rief Jesus mit lauter Stimme:
† Éloi, Éloi,
lema sabachtáni?,
E das heißt übersetzt:
† Mein Gott, mein Gott,
warum hast du mich verlassen?
35 E Einige von denen, die dabeistanden und es hörten, sagten:
S Hört, er ruft nach Elíja!
36 E Einer lief hin,
tauchte einen Schwamm in Essig,
steckte ihn auf einen Stock
und gab Jesus zu trinken.
Dabei sagte er:
S Laßt uns doch sehen, ob Elíja kommt und ihn herabnimmt.
37 E Jesus aber schrie laut auf.
Dann hauchte er den Geist aus.

Hier knien alle zu einer kurzen Gebetsstille nieder.

38 Da riß der Vorhang im Tempel von oben bis unten entzwei.

39 Als der Hauptmann, der Jesus gegenüberstand,
ihn auf diese Weise sterben sah, sagte er:
S Wahrhaftig, dieser Mensch war Gottes Sohn.

40 E Auch einige Frauen sahen von weitem zu,
darunter Maria aus Mágdala,
Maria, die Mutter von Jakobus dem Kleinen und Joses,
sowie Sálome;
41 sie waren Jesus schon in Galiläa nachgefolgt
und hatten ihm gedient.

Noch viele andere Frauen waren dabei,
die mit ihm nach Jerusalem hinaufgezogen waren.

Das Begräbnis Jesu

2 Da es Rüsttag war, der Tag vor dem Sabbat,
und es schon Abend wurde,
3 ging Josef von Arimathäa,
ein vornehmer Ratsherr, der auch auf das Reich Gottes wartete,
zu Pilatus
und wagte es, um den Leichnam Jesu zu bitten.
4 Pilatus war überrascht,
als er hörte, daß Jesus schon tot sei.
Er ließ den Hauptmann kommen
und fragte ihn, ob Jesus bereits gestorben sei.
5 Als der Hauptmann ihm das bestätigte,
überließ er Josef den Leichnam.
6 Josef kaufte ein Leinentuch,
nahm Jesus vom Kreuz,
wickelte ihn in das Tuch
und legte ihn in ein Grab,
das in einen Felsen gehauen war.
Dann wälzte er einen Stein vor den Eingang des Grabes.
7 Maria aus Mágdala aber
und Maria, die Mutter des Joses,
beobachteten, wohin der Leichnam gelegt wurde.

Oder:

KURZFASSUNG Mk 15,1–39

Das Leiden unseres Herrn Jesus Christus

E = Evangelist, † = Worte Jesu, S = Worte sonstiger Personen

Das Leiden unseres Herrn Jesus Christus nach Markus.

Die Verhandlung vor Pilatus

E Gleich in der Frühe faßten die Hohenpriester,
die Ältesten und die Schriftgelehrten,
also der ganze Hohe Rat,
über Jesus einen Beschluß:

Sie ließen ihn fesseln und abführen
und lieferten ihn Pilatus aus.
2 Pilatus fragte ihn:
S Bist du der König der Juden?
E Er antwortete ihm:
† Du sagst es.
3 E Die Hohenpriester brachten viele Anklagen gegen ihn vor.
4 Da wandte sich Pilatus wieder an ihn
und fragte:
S Willst du denn nichts dazu sagen?
Sieh doch, wie viele Anklagen sie gegen dich vorbringen.
5 E Jesus aber gab keine Antwort mehr,
so daß Pilatus sich wunderte.

6 Jeweils zum Fest
ließ Pilatus einen Gefangenen frei, den sie sich ausbitten durften.
7 Damals saß gerade ein Mann namens Barábbas im Gefängnis,
zusammen mit anderen Aufrührern,
die bei einem Aufstand einen Mord begangen hatten.
8 Die Volksmenge zog zu Pilatus hinauf
und bat, ihnen die gleiche Gunst zu gewähren wie sonst.
9 Pilatus fragte sie:
S Wollt ihr, daß ich den König der Juden freilasse?
10 E Er merkte nämlich,
daß die Hohenpriester nur aus Neid
Jesus an ihn ausgeliefert hatten.
11 Die Hohenpriester aber wiegelten die Menge auf,
lieber die Freilassung des Barábbas zu fordern.
12 Pilatus wandte sich von neuem an sie
und fragte:
S Was soll ich dann mit dem tun,
den ihr den König der Juden nennt?
13 E Da schrien sie:
S Kreuzige ihn!
14 E Pilatus entgegnete:
S Was hat er denn für ein Verbrechen begangen?
E Sie schrien noch lauter:
S Kreuzige ihn!
15 E Darauf ließ Pilatus, um die Menge zufriedenzustellen,
Barábbas frei
und gab den Befehl, Jesus zu geißeln und zu kreuzigen.

Die Verspottung Jesu durch die Soldaten

16 Die Soldaten führten ihn in den Palast hinein,
das heißt in das Prätórium,
und riefen die ganze Kohórte zusammen.
17 Dann legten sie ihm einen Purpurmantel um
und flochten einen Dornenkranz;
den setzten sie ihm auf
18 und grüßten ihn:
S Heil dir, König der Juden!
19 E Sie schlugen ihm mit einem Stock auf den Kopf
und spuckten ihn an,
knieten vor ihm nieder
und huldigten ihm.
20a Nachdem sie so ihren Spott mit ihm getrieben hatten,
nahmen sie ihm den Purpurmantel ab
und zogen ihm seine eigenen Kleider wieder an.

Die Kreuzigung

20b Dann führten sie Jesus hinaus,
um ihn zu kreuzigen.
21 Einen Mann, der gerade vom Feld kam,
Simon von Zyréne,
den Vater des Alexánder und des Rufus,
zwangen sie, sein Kreuz zu tragen.
22 Und sie brachten Jesus an einen Ort namens Gólgota,
das heißt übersetzt: Schädelhöhe.
23 Dort reichten sie ihm Wein, der mit Myrrhe gewürzt war;
er aber nahm ihn nicht.
24 Dann kreuzigten sie ihn.
Sie warfen das Los
und verteilten seine Kleider unter sich
und gaben jedem, was ihm zufiel.
25 Es war die dritte Stunde, als sie ihn kreuzigten.
26 Und eine Aufschrift auf einer Tafel gab seine Schuld an:
Der König der Juden.
27 Zusammen mit ihm kreuzigten sie zwei Räuber,
den einen rechts von ihm, den andern links.
(28)/29 Die Leute, die vorbeikamen,
verhöhnten ihn,

schüttelten den Kopf
und riefen:
S Ach, du willst den Tempel niederreißen
und in drei Tagen wieder aufbauen?
30 Hilf dir doch selbst,
und steig herab vom Kreuz!
31 E Auch die Hohenpriester und die Schriftgelehrten verhöhnten ihn
und sagten zueinander:
S Anderen hat er geholfen,
sich selbst kann er nicht helfen.
32 Der Messias, der König von Israel!
Er soll doch jetzt vom Kreuz herabsteigen,
damit wir sehen und glauben.
E Auch die beiden Männer,
die mit ihm zusammen gekreuzigt wurden,
beschimpften ihn.

(Hier stehen alle auf.)

Der Tod Jesu

33 Als die sechste Stunde kam,
brach über das ganze Land eine Finsternis herein.
Sie dauerte bis zur neunten Stunde.
34 Und in der neunten Stunde rief Jesus mit lauter Stimme:
† Éloi, Éloi,
lema sabachtáni?,
E das heißt übersetzt:
† Mein Gott, mein Gott,
warum hast du mich verlassen?
35 E Einige von denen, die dabeistanden und es hörten, sagten:
S Hört, er ruft nach Elíja!
36 E Einer lief hin,
tauchte einen Schwamm in Essig,
steckte ihn auf einen Stock
und gab Jesus zu trinken.
Dabei sagte er:
S Laßt uns doch sehen, ob Elíja kommt und ihn herabnimmt.
37 E Jesus aber schrie laut auf.
Dann hauchte er den Geist aus.

Hier knien alle zu einer kurzen Gebetsstille nieder.

38 Da riß der Vorhang im Tempel von oben bis unten entzwei.
39 Als der Hauptmann, der Jesus gegenüberstand,
ihn auf diese Weise sterben sah, sagte er:
S Wahrhaftig, dieser Mensch war Gottes Sohn.

Glaubensbekenntnis, S. 352 ff.
Fürbitten vgl. S. 776 ff.

ZUR EUCHARISTIEFEIER *Die Hingabe im Opfer ist nur möglich aus Liebe und daher in der Freude. „Die Welt soll erkennen, daß ich den Vater liebe und so handle, wie es mir der Vater aufgetragen hat“ (Joh 14,31).*

GABENGEBET

Herr, unser Gott,
schenke uns Verzeihung
durch das Leiden deines Sohnes.
Wir haben sie zwar durch unsere Taten nicht verdient,
aber wir vertrauen auf dein Erbarmen.
Darum versöhne uns mit dir
durch das einzigartige Opfer
unseres Herrn Jesus Christus,
der mit dir lebt und herrscht in alle Ewigkeit.

Präfation, S. 412.

KOMMUNIONVERS Mt 26,42

Mein Vater, wenn dieser Kelch an mir nicht vorübergehen kann und ich ihn trinken muß, so geschehe dein Wille.

SCHLUSSGEBET

Herr, unser Gott,
du hast uns im heiligen Mahl gestärkt.
Durch das Sterben deines Sohnes
gibst du uns die Kraft,
das Leben zu erhoffen, das uns der Glaube verheißt.
Gib uns durch seine Auferstehung die Gnade,
das Ziel unserer Pilgerschaft zu erreichen.
Darum bitten wir durch ihn, Christus, unseren Herrn.

FÜR DEN TAG UND DIE WOCHE

Der Weg *Gehorsam aus freier Liebe bis in die äußersten Auswirkungen hinein, bis in den Tod, das ist die Lebensform des menschgewordenen Gottes. Hier öffnet sich für den gewöhnlichen Menschen der Zugang, am Leben, Tun und Leiden des Gottmenschen teilzunehmen. Vom Menschen her trägt dieser Liebesgehorsam den Namen Glaube. Glaube des Christen: das erlösende Jawort mitsprechen, das Jesus Christus uns vorspricht, seinen Weg mitgehen. Liebender Glaube, der alles hofft; hoffende Liebe, die alles glaubt; glaubende Hoffnung, die alles liebt, was Gott will.*

GRÜNDONNERSTAG

CHRISAM-MESSE

Am Gründonnerstag, dem Tag vor dem Beginn der großen Osterfeier, werden am Vormittag in den Bischofskirchen die heiligen Öle geweiht: der Chrisam für die Salbung nach der Taufe, für die Firmung, die Weihe des Bischofs und des Priesters, auch für die Weihe von Kirchen und Altären; das Katechumenenöl für die Salbung vor der Taufe; das Krankenöl für das Sakrament der Krankensalbung.
Wegen seiner wohltuenden Wirkung ist das Öl in der Heiligen Schrift Sinnbild für Gesundheit, Freude, Kraft des Geistes, Glück des Friedens (z. B. Ps 45,8; 23,5; 104,15; Jes 61,3). Gesalbt wurden im Alten Bund vor allem die Könige und die Priester. „Der Gesalbte" (= Christus) ist dann auch ein Titel des erwarteten Retters der Endzeit. Jesus hat die Worte „Der Geist des Herrn ruht auf mir, denn der Herr hat mich gesalbt" (Jes 61,1–2: 1. Lesung dieser Messe) auf sich bezogen, als er in der Synagoge von Nazaret die Stelle aus Jesaja vorlas (Lk 4,16–21: Evangelium). Die Jünger Jesu haben von ihrem Herrn nicht nur den Namen „Christen" (= Gesalbte), sondern auch die Salbung des Geistes (vgl. 2 Kor 1,21–22; Joh 2,20.27); sie haben den Geist Christi empfangen und haben Anteil an seinem königlichen Priestertum (vgl. Offb 1,5–8: 2. Lesung).

Zum Zeichen der Einheit aller Diözesanpriester sollen Priester aus allen Regionen des Bistums mit dem Bischof gemeinsam diese Messe feiern.

ERÖFFNUNGSVERS Offb 1,6

Jesus Christus hat uns die Würde von Königen gegeben
und uns zu Priestern gemacht
für den Dienst vor seinem Gott und Vater.
Ihm sei die Herrlichkeit und die Herrschermacht in Ewigkeit. Amen.

Ehre sei Gott, S. 348 ff.

TAGESGEBET

Allmächtiger, ewiger Gott,
du hast deinen eingeborenen Sohn
mit dem Heiligen Geiste gesalbt
und ihn zum Herrn und Christus gemacht.
Uns aber hast du Anteil an seiner Würde geschenkt.
Hilf uns, in der Welt Zeugen der Erlösung zu sein.
Darum bitten wir durch ihn, Jesus Christus.

ERSTE LESUNG Jes 61,1–3a.6a.8b–9

Der Herr hat mich gesalbt; er hat mich gesandt, damit ich den Armen eine frohe Botschaft bringe und das Öl der Freude

Lesung
aus dem Buch Jesája.

1 Der Geist Gottes, des Herrn, ruht auf mir;
denn der Herr hat mich gesalbt.
Er hat mich gesandt,
damit ich den Armen eine frohe Botschaft bringe
und alle heile, deren Herz zerbrochen ist,
damit ich den Gefangenen die Entlassung verkünde
und den Gefesselten die Befreiung,
2 damit ich ein Gnadenjahr des Herrn ausrufe,
einen Tag der Vergeltung unseres Gottes,
damit ich alle Trauernden tröste,
3a die Trauernden Zions erfreue,
ihnen Schmuck bringe anstelle von Schmutz,
Freudenöl statt Trauergewand,
Jubel statt der Verzweiflung.

6a Ihr alle werdet „Priester des Herrn" genannt,
man sagt zu euch „Diener unseres Gottes".

8b Ich bin treu und gebe ihnen den Lohn,
ich schließe mit ihnen einen ewigen Bund.
9 Ihre Nachkommen werden bei allen Nationen bekannt sein
und ihre Kinder in allen Völkern.
Jeder, der sie sieht, wird erkennen:
Das sind die Nachkommen, die der Herr gesegnet hat.

ANTWORTPSALM Ps 89 (88), 20a u. 21–22.25 u. 27 (R: 2a)

R Von den Taten deiner Huld, o Herr, will ich ewig singen. – R
(GL 527, 2)

20a Einst hast du in einer Vision zu deinen Frommen gesprochen: †
21 „Ich habe David, meinen Knecht, gefunden * VIII. Ton
und ihn mit meinem heiligen Öl gesalbt.

22 Beständig wird meine Hand ihn halten *
und mein Arm ihn stärken. – (R)

25 Meine Treue und meine Huld begleiten ihn, *
und in meinem Namen erhebt er sein Haupt.

27 Er wird zu mir rufen: Mein Vater bist du, *
mein Gott, der Fels meines Heiles." – R

ZWEITE LESUNG Offb 1, 5–8

Er hat uns zu Königen gemacht und zu Priestern vor Gott, seinem Vater

Lesung
aus der Offenbarung des Johannes.

Gnade sei mit euch und Friede von Jesus Christus;
er ist der treue Zeuge,
der Erstgeborene der Toten,
der Herrscher über die Könige der Erde.
Er liebt uns
und hat uns von unseren Sünden erlöst durch sein Blut;
er hat uns zu Königen gemacht
und zu Priestern vor Gott, seinem Vater.
Ihm sei die Herrlichkeit und die Macht in alle Ewigkeit. Amen.

Siehe, er kommt mit den Wolken,
und jedes Auge wird ihn sehen,
auch alle, die ihn durchbohrt haben;
und alle Völker der Erde
werden seinetwegen jammern und klagen.
Ja, amen.

Ich bin das Alpha und das Ómega, spricht Gott, der Herr,
der ist
und der war
und der kommt,
der Herrscher über die ganze Schöpfung.

RUF VOR DEM EVANGELIUM Vers: vgl. Jes 61, 1 (Lk 4, 18)

Herr Jesus, dir sei Ruhm und Ehre! – R

Der Geist des Herrn ruht auf mir.
Der Herr hat mich gesandt,
den Armen die Frohe Botschaft zu bringen.

Herr Jesus, dir sei Ruhm und Ehre!

EVANGELIUM Lk 4, 16–21

Der Geist des Herrn ruht auf mir; denn der Herr hat mich gesalbt

✠ Aus dem heiligen Evangelium nach Lukas.

In jener Zeit
16 **kam Jesus nach Nazaret, wo er aufgewachsen war,**
und ging, wie gewohnt, am Sabbat in die Synagoge.
Als er aufstand, um aus der Schrift vorzulesen,
17 **reichte man ihm das Buch des Propheten Jesája.**
Er schlug das Buch auf
und fand die Stelle, wo es heißt:
18 **Der Geist des Herrn ruht auf mir;**
denn der Herr hat mich gesalbt.
Er hat mich gesandt,
damit ich den Armen eine gute Nachricht bringe;
damit ich den Gefangenen die Entlassung verkünde
und den Blinden das Augenlicht;
damit ich die Zerschlagenen in Freiheit setze
19 **und ein Gnadenjahr des Herrn ausrufe.**
20 **Dann schloß er das Buch,**
gab es dem Synagogendiener
und setzte sich.
Die Augen aller in der Synagoge waren auf ihn gerichtet.
21 **Da begann er, ihnen darzulegen:**
Heute hat sich das Schriftwort, das ihr eben gehört habt, erfüllt.

Wo es üblich ist, kann auf die Homilie eine Erneuerung der Bereitschaftserklärung zum priesterlichen Dienst folgen. Kein Glaubensbekenntnis und keine Fürbitten.

GABENGEBET

**Herr, unser Gott,
dieses heilige Opfer helfe uns,
daß wir den alten Menschen ablegen
und den neuen anziehen,
der nach deinem Bild geschaffen ist.
Darum bitten wir durch Christus, unseren Herrn.**

Präfation, S. 412.

KOMMUNIONVERS Ps 89 (88), 2

**Von den Taten deiner Huld, Herr, will ich ewig singen,
bis zum fernsten Geschlecht laut deine Treue verkünden.**

SCHLUSSGEBET

**Allmächtiger Gott,
durch deine Sakramente
schenkst du uns die Kraft zu einem neuen Leben.
Gib, daß wir in der Welt
den Geist Christi verbreiten
und seine Liebe bezeugen.
Darum bitten wir durch ihn, Christus, unseren Herrn.**

DIE DREI ÖSTERLICHEN TAGE VOM LEIDEN, VOM TOD UND VON DER AUFERSTEHUNG DES HERRN

Die heiligen drei Tage sind in Wirklichkeit nur ein einziger Tag. Wir begehen in diesen Tagen das eine Mysterium der Erhöhung Jesu, sein Hinübergehen aus dieser Welt zum Vater.
Das letzte Mahl Jesu mit seinen Jüngern, der Tod am Kreuz, die Auferstehung am dritten Tag, darin entfaltet sich die eine unfaßbare Wahrheit:
Gott hat die Menschen geliebt, und er liebt sie, auch wenn sie es nicht wissen und nicht wollen. Gott rettet die Menschen durch die Opferhingabe des ewigen, menschgewordenen Sohnes.

GRÜNDONNERSTAG
oder
HOHER DONNERSTAG

MESSE VOM LETZTEN ABENDMAHL

ERÖFFNUNG UND WORTGOTTESDIENST

ERÖFFNUNGSVERS Vgl. Gal 6,14

Wir rühmen uns des Kreuzes unseres Herrn Jesus Christus.
In ihm ist uns Heil geworden und Auferstehung und Leben.
Durch ihn sind wir erlöst und befreit.

Ehre sei Gott, S. 348ff.
Zum Gloria läuten die Glocken.

TAGESGEBET

Allmächtiger, ewiger Gott,
am Abend vor seinem Leiden
hat dein geliebter Sohn der Kirche
das Opfer des Neuen und Ewigen Bundes anvertraut
und das Gastmahl seiner Liebe gestiftet.
Gib, daß wir aus diesem Geheimnis
die Fülle des Lebens und der Liebe empfangen.
Darum bitten wir durch ihn, Christus, unseren Herrn.

ZUR 1. LESUNG *Das Paschafest war ein uraltes Hirtenfest; in Israel wurde es, zusammen mit dem Fest der Ungesäuerten Brote, zur Erinnerung an den Auszug aus Ägypten gefeiert. Für jede Generation wird das Ereignis der Befreiung aus der Knechtschaft neu gegenwärtig, wenn das geopferte Lamm gegessen wird. Und durch diese Erinnerung an die große Rettungstat Gottes am Anfang empfängt die Hoffnung auf ein noch größeres Heilsereignis neue Kraft.*

ERSTE LESUNG Ex 12, 1–8.11–14

Die Feier des Paschamahles

Lesung
aus dem Buch Éxodus.

In jenen Tagen
sprach der Herr zu Mose und Aaron in Ägypten:
Dieser Monat soll die Reihe eurer Monate eröffnen,
er soll euch als der erste unter den Monaten des Jahres gelten.
Sagt der ganzen Gemeinde Israel:

Am Zehnten dieses Monats
soll jeder ein Lamm für seine Familie holen,
ein Lamm für jedes Haus.
Ist die Hausgemeinschaft für ein Lamm zu klein,
so nehme er es zusammen mit dem Nachbarn,
der seinem Haus am nächsten wohnt,
nach der Anzahl der Personen.
Bei der Aufteilung des Lammes müßt ihr berücksichtigen,
wieviel der einzelne essen kann.
Nur ein fehlerfreies, männliches, einjähriges Lamm darf es sein,
das Junge eines Schafes oder einer Ziege müßt ihr nehmen.
Ihr sollt es bis zum vierzehnten Tag dieses Monats aufbewahren.
Gegen Abend
soll die ganze versammelte Gemeinde Israel
die Lämmer schlachten.
Man nehme etwas von dem Blut
und bestreiche damit die beiden Türpfosten und den Türsturz
an den Häusern, in denen man das Lamm essen will.
Noch in der gleichen Nacht soll man das Fleisch essen.

Über dem Feuer gebraten
und zusammen mit ungesäuertem Brot und Bitterkräutern
soll man es essen.

11 So aber sollt ihr es essen:
eure Hüften gegürtet,
Schuhe an den Füßen,
den Stab in der Hand.
Eßt es hastig!
Es ist die Paschafeier* für den Herrn
– das heißt: der Vorübergang des Herrn.

12 In dieser Nacht gehe ich durch Ägypten
und erschlage in Ägypten
jeden Erstgeborenen bei Mensch und Vieh.
Über alle Götter Ägyptens halte ich Gericht,
ich, der Herr.
13 Das Blut an den Häusern, in denen ihr wohnt,
soll ein Zeichen zu eurem Schutz sein.
Wenn ich das Blut sehe,
werde ich an euch vorübergehen,
und das vernichtende Unheil wird euch nicht treffen,
wenn ich in Ägypten dreinschlage.

14 Diesen Tag sollt ihr als Gedenktag begehen.
Feiert ihn als Fest zur Ehre des Herrn!
Für die kommenden Generationen
macht euch diese Feier zur festen Regel!

ANTWORTPSALM

Ps 116 (115), 12–13.15–16.17–18 (R: vgl. 1 Kor 10, 16)

℞ Der Kelch des Segens gibt uns Anteil an Christi Blut. – ℞
(GL 176, 5)

12 Wie kann ich dem Herrn all das vergelten, * II. Ton
was er mir Gutes getan hat?

13 Ich will den Kelch des Heils erheben *
und anrufen den Namen des Herrn. – (℞)

15 Kostbar ist in den Augen des Herrn *
das Sterben seiner Frommen.

---

* Sprich: Pas-chafeier.

16 **Ach Herr, ich bin doch dein Knecht, †**
dein Knecht bin ich, der Sohn deiner Magd. *
Du hast meine Fesseln gelöst. – (R)

17 **Ich will dir ein Opfer des Dankes bringen ***
und anrufen den Namen des Herrn.

18 **Ich will dem Herrn meine Gelübde erfüllen ***
offen vor seinem ganzen Volk. – R

ZUR 2. LESUNG *Über das Letzte Abendmahl Jesu wird an vier Stellen des Neuen Testaments berichtet: Mt 26,26–28; Mk 14,22–24; Lk 22,19–20; 1 Kor 11,23–25. Die Berichte stimmen im wesentlichen überein; kleine Unterschiede haben sich vor allem durch die verschiedene Praxis örtlicher Liturgien herausgebildet. In diesem Mahl hat Jesus die großen Vorbilder und Verheißungen des Alten Bundes erfüllt. Er hat dem Paschamahl einen neuen, endgültigen Sinn und Inhalt gegeben. Er selbst ist der Knecht Gottes, der sein Leben für die Vielen dahingibt (vgl. Jes 53,45; 42,6); er ist das Lamm, das geopfert wird und mit seinem Blut den Neuen Bund begründet (vgl. Ex 24,8; Jer 31,31–34). Die Teilnahme an diesem Mahl bedeutet Gemeinschaft mit Christus in seinem Tod und seiner Verherrlichung, auch Gemeinschaft mit allen, die von diesem Brot essen, und mit allen, für die Christus gestorben ist.*

ZWEITE LESUNG 1 Kor 11,23–26

Sooft ihr von diesem Brot eßt und aus diesem Kelch trinkt, verkündet ihr den Tod des Herrn, bis er kommt

Lesung
aus dem ersten Brief des Apostels Paulus an die Korínther.

Brüder!
3 **Ich habe vom Herrn empfangen,**
was ich euch dann überliefert habe:

Jesus, der Herr,
nahm in der Nacht, in der er ausgeliefert wurde, Brot,

24 **sprach das Dankgebet,**
brach das Brot
und sagte: Das ist mein Leib für euch.
Tut dies zu meinem Gedächtnis!

25 **Ebenso nahm er nach dem Mahl den Kelch**
und sprach: Dieser Kelch ist der Neue Bund in meinem Blut.
Tut dies, sooft ihr daraus trinkt,
zu meinem Gedächtnis!

26 **Denn sooft ihr von diesem Brot eßt und aus dem Kelch trinkt,**
verkündet ihr den Tod des Herrn, bis er kommt.

RUF VOR DEM EVANGELIUM

Vers: Joh 13, 34ac

Herr Jesus, dir sei Ruhm und Ehre! – R

(So spricht der Herr:)
Ein neues Gebot gebe ich euch:
Wie ich euch geliebt habe, so sollt auch ihr einander lieben.

Herr Jesus, dir sei Ruhm und Ehre!

Oder:
Dies ist mein Gebot:
Liebet einander, wie ich euch geliebt.

ZUM EVANGELIUM *Frei und wissend geht Jesus seiner Stunde entgegen. Der Evangelist deutet den Weg Jesu als Liebe „bis zur Vollendung“: bis ans Ende, bis zum Äußersten seiner göttlichen und menschlichen Möglichkeit. In der tiefsten Erniedrigung Jesu wird seine göttliche Größe offenbar. Die Fußwaschung ist, wie das Abendmahl, Vorausnahme und Darstellung dessen, was am Kreuz geschah: dienende Liebe, Hingabe bis in den Tod. Die Liebe ist das Lebensgesetz Christi und seiner Kirche.*

EVANGELIUM

Joh 13,1–15

Er erwies ihnen seine Liebe bis zur Vollendung

✠ Aus dem heiligen Evangelium nach Johannes.

Es war vor dem Paschafest*.
Jesus wußte, daß seine Stunde gekommen war,
um aus dieser Welt zum Vater hinüberzugehen.
Da er die Seinen, die in der Welt waren, liebte,
erwies er ihnen seine Liebe bis zur Vollendung.

Es fand ein Mahl statt,
und der Teufel
hatte Judas, dem Sohn des Simon Iskáriot,
schon ins Herz gegeben, ihn zu verraten und auszuliefern.
Jesus,
der wußte, daß ihm der Vater alles in die Hand gegeben hatte
und daß er von Gott gekommen war und zu Gott zurückkehrte,
stand vom Mahl auf,
legte sein Gewand ab
und umgürtete sich mit einem Leinentuch.
Dann goß er Wasser in eine Schüssel
und begann, den Jüngern die Füße zu waschen
und mit dem Leinentuch abzutrocknen,
mit dem er umgürtet war.

Als er zu Simon Petrus kam, sagte dieser zu ihm:
Du, Herr, willst mir die Füße waschen?
Jesus antwortete ihm:
Was ich tue, verstehst du jetzt noch nicht;
doch später wirst du es begreifen.

Petrus entgegnete ihm: Niemals sollst du mir die Füße waschen!

Jesus erwiderte ihm:
Wenn ich dich nicht wasche,
hast du keinen Anteil an mir.

Da sagte Simon Petrus zu ihm:
Herr, dann nicht nur meine Füße,
sondern auch die Hände und das Haupt.

* Sprich: Pas-chafest.

10 Jesus sagte zu ihm:
Wer vom Bad kommt, ist ganz rein
und braucht sich nur noch die Füße zu waschen.
Auch ihr seid rein,
aber nicht alle.
11 Er wußte nämlich, wer ihn verraten würde;
darum sagte er: Ihr seid nicht alle rein.
12 Als er ihnen die Füße gewaschen,
sein Gewand wieder angelegt
und Platz genommen hatte,
sagte er zu ihnen:
„Begreift ihr, was ich an euch getan habe?
13 Ihr sagt zu mir Meister und Herr,
und ihr nennt mich mit Recht so; denn ich bin es.
14 Wenn nun ich, der Herr und Meister,
euch die Füße gewaschen habe,
dann müßt auch ihr einander die Füße waschen.
15 Ich habe euch ein Beispiel gegeben,
damit auch ihr so handelt, wie ich an euch gehandelt habe.

FUSSWASCHUNG

Antiphon 1 Vgl. Joh 13, 4.5.15

Jesus stand vom Mahl auf, goß Wasser in eine Schüssel / und begann, den Jüngern die Füße zu waschen: / dies Beispiel hat er ihnen gegeben.

Antiphon 2 Joh 13, 6.7.8

Herr, du willst mir die Füße waschen? / Jesus antwortete: / Wenn ich dich nicht wasche, hast du keine Gemeinschaft mit mir. ℣ Als er zu Simon Petrus kam, sagte dieser: ℟ Herr, du willst mir die Füße waschen? ℣ Was ich tue, verstehst du jetzt nicht, du wirst es aber später erkennen. ℟ Herr, du willst mir die Füße waschen?

Antiphon 3 Vgl. Joh 13, 14

Wenn ich, euer Meister und Herr, euch die Füße gewaschen habe, / müßt auch ihr einander die Füße waschen.

Antiphon 4 Joh 13, 35

Daran werden alle erkennen, daß ihr meine Jünger seid, / wenn ihr Liebe habt zueinander. ℣ Jesus sagte zu seinen Jüngern: ℟ Daran werden alle erkennen, / daß ihr meine Jünger seid, wenn ihr Liebe habt zueinander.

Antiphon 5 Joh 13, 34

Ein neues Gebot gebe ich euch: „Liebt einander!" / Wie ich euch geliebt habe, so sollt auch ihr einander lieben.

Antiphon 6 1 Kor 13, 13

In euch sollen bleiben Glaube, Hoffnung, Liebe, diese drei: / am größten unter ihnen ist die Liebe. ℣ Jetzt bleiben Glaube, Hoffnung, Liebe, diese drei: / am größten unter ihnen ist die Liebe. ℟ In euch sollen bleiben Glaube, Hoffnung, Liebe, diese drei: / am größten unter ihnen ist die Liebe.

Auf die Fußwaschung oder, wenn sie nicht stattfindet, auf die Homilie folgen die Fürbitten (vgl. S. 776 ff.). Kein Glaubensbekenntnis.

EUCHARISTIEFEIER

ZUR EUCHARISTIEFEIER *An die Liebe Christi glauben, heißt das nicht auch, an die Ohnmacht Gottes glauben? Aber die Schwachheit Gottes ist stärker als die Macht der Mächtigen. Die Macht vergeht, die Liebe bleibt. Die Liebe Christi läßt uns nicht ruhen; sie ist die Unruhe Gottes und der Menschen. In der Ruhe die Unruhe.*

Während des Opfergangs und der Bereitung der Gaben singt man den folgenden Gesang (oder ein entsprechendes Lied):

Kehrvers

Wo Güte und Liebe, da wohnet Gott. – ℟

1. Christi Liebe hat uns geeint, / laßt uns frohlocken und jubeln in ihm! / Fürchten und lieben wollen wir den lebendigen Gott / und einander lieben aus lauterem Herzen. – ℟

2. Da wir allesamt eines geworden, / hüten wir uns, getrennt zu werden im Geiste! / Es fliehe der Streit, böser Hader entweiche; / in unserer Mitte wohne der Herr. – ℟

3. Christus spricht zu den Seinen: / Wo zwei oder drei / in meinem Namen versammelt sind, / da bin ich mitten unter ihnen. – ℟

4. So laßt uns Gott anhangen aus ganzer Seele, / und nichts soll stehen vor seiner Liebe. / Laßt uns in Gott dem Nächsten gut sein wie uns selbst / und Gottes wegen lieben auch den Feind. – ℟

5. Mit den Heiligen wollen wir schauen / dein Antlitz, Christus, dereinst in der Herrlichkeit. / O welch unermeßliche Freude / durch die grenzenlose Weite der Ewigkeit. Amen. – ℟

GABENGEBET

Herr,
gib, daß wir das Geheimnis des Altares ehrfürchtig feiern;
denn sooft wir die Gedächtnisfeier dieses Opfers begehen,
vollzieht sich an uns das Werk der Erlösung.
Durch Christus, unseren Herrn.

Präfation von der heiligen Eucharistie I, S. 424.

Die Hochgebete I–III haben folgende Eigentexte:

Hochgebet I

In Gemeinschaft mit der ganzen Kirche feiern wir den hochheiligen Tag, an dem unser Herr Jesus Christus sich für uns hingegeben hat. Wir gedenken deiner Heiligen und ehren vor allem Maria, die glorreiche, allzeit jungfräuliche Mutter unseres Herrn und Gottes Jesus Christus. Wir ehren ihren Bräutigam, den heiligen Josef, deine heiligen Apostel und Märtyrer: Petrus und Paulus, Andreas (Jakobus, Johannes, Thomas, Jakobus, Philippus, Bartholomäus, Matthäus, Simon und Thaddäus, Linus, Kletus, Klemens, Xystus, Kornelius, Cyprianus, Laurentius, Chrysogonus, Johannes und Paulus, Kosmas und Damianus) und alle deine Heiligen; blicke auf ihr heiliges Leben und Sterben und gewähre uns auf ihre Fürsprache in allem deine Hilfe und deinen Schutz.

Nimm gnädig an, o Gott, diese Gaben deiner Diener und deiner ganzen Gemeinde. Wir bringen sie dar am Tag, an dem unser Herr Jesus Christus seinen Jüngern aufgetragen hat, die Geheimnisse seines Leibes und Blutes zu feiern. Ordne unsere Tage in deinem Frieden, rette uns vor dem ewigen Verderben und nimm uns auf in die Schar deiner Erwählten.

Schenke, o Gott, diesen Gaben Segen in Fülle und nimm sie zu eigen an. Mache sie uns zum wahren Opfer im Geiste, das dir wohlgefällt; zum Leib und Blut deines geliebten Sohnes, unseres Herrn Jesus Christus.

Am Abend, bevor er für unser Heil und das Heil aller Menschen das Leiden auf sich nahm – das ist heute –, nahm er das Brot in seine heiligen und ehrwürdigen Hände, erhob die Augen zum Himmel, zu dir, seinem Vater, dem allmächtigen Gott, sagte dir Lob und Dank, brach das Brot, reichte es seinen Jüngern und sprach:
Nehmet und esset alle davon:
Das ist mein Leib, der für euch hingegeben wird.

Hochgebet II

Ja, du bist heilig, großer Gott, du bist der Quell aller Heiligkeit. Darum kommen wir vor dein Angesicht und feiern in Gemeinschaft mit der ganzen Kirche den hochheiligen Tag, an dem unser Herr Jesus Christus sich für uns hingegeben hat. Durch ihn, unseren Erlöser und Heiland, den du verherrlicht hast, bitten wir dich: Sende deinen Geist auf diese Gaben herab und heilige sie, damit sie uns werden Leib ✛ und Blut deines Sohnes, unseres Herrn Jesus Christus.
Denn am Abend, an dem er ausgeliefert wurde und sich aus freiem Willen dem Leiden unterwarf – das ist heute –, nahm er das Brot und sagte Dank, brach es, reichte es seinen Jüngern und sprach:
Nehmet und esset alle davon:
Das ist mein Leib, der für euch hingegeben wird.

Hochgebet III

Ja, du bist heilig, großer Gott, und alle deine Werke verkünden dein Lob. Denn durch deinen Sohn, unseren Herrn Jesus Christus, und in der Kraft des Heiligen Geistes erfüllst du die ganze Schöpfung mit Leben und Gnade. Bis ans Ende der Zeiten versammelst du dir ein Volk, damit deinem Namen das reine Opfer dargebracht werde vom Aufgang der Sonne bis zum Untergang.
Darum kommen wir vor dein Angesicht und feiern in Gemeinschaft mit der ganzen Kirche den Tag, an dem unser Herr Jesus Christus sich für uns hingegeben hat. Durch ihn, unseren Erlöser und Heiland, den du verherrlicht hast, bitten wir dich: Heilige unsere Gaben durch deinen Geist, damit sie uns werden Leib ✛ und Blut deines

Sohnes, unseres Herrn Jesus Christus, der uns aufgetragen hat, dieses Geheimnis zu feiern.
Denn in der Nacht, da er verraten wurde – das ist heute –, nahm er das Brot und sagte Dank, brach es, reichte es seinen Jüngern und sprach:
Nehmet und esset alle davon:
Das ist mein Leib, der für euch hingegeben wird.

KOMMUNIONVERS 1 Kor 11, 24.25

Das ist mein Leib, der für euch hingegeben wird.
Dieser Kelch ist der Neue Bund in meinem Blut.
Sooft ihr dieses Brot eßt und diesen Kelch trinkt,
tut es zum Gedenken an mich – so spricht der Herr.

SCHLUSSGEBET

Allmächtiger Gott,
du hast uns heute
im Abendmahl deines Sohnes gestärkt.
Sättige uns beim himmlischen Gastmahl
mit dem ewigen Leben.
Darum bitten wir durch ihn, Christus, unseren Herrn.

ÜBERTRAGUNG DES ALLERHEILIGSTEN

Während das heilige Sakrament an den dafür bestimmten Ort übertragen wird, singt man den Hymnus Pange lingua oder ein entsprechendes Lied. Die Strophe Gott ist nah in diesem Zeichen wird erst am Aufbewahrungsort gesungen.

1. Das Geheimnis laßt uns künden, / das uns Gott im Zeichen bot: / Jesu Leib, für unsre Sünden / hingegeben in den Tod, / Jesu Blut, in dem wir finden / Heil und Rettung aus der Not.

2. Von Maria uns geboren, / ward Gott Sohn uns Menschen gleich, / kam zu suchen, was verloren, / sprach das Wort vom Himmelreich, / hat den Seinen zugeschworen: / Allezeit bin ich bei euch.

3. Auf geheimnisvolle Weise / macht er dies Versprechen wahr; / als er in der Jünger Kreise / bei dem Osterlamme war, / gab in Brot und Wein zur Speise / sich der Herr den Seinen dar.

4. **Gottes Wort, ins Fleisch gekommen, / wandelt durch sein Wort den Wein / und das Brot zum Mahl der Frommen, / lädt auch die Verlornen ein. / Der Verstand verstummt beklommen, / nur das Herz begreift's allein.**

5. **Gott ist nah in diesem Zeichen: / Kniet hin und betet an! / Das Gesetz der Furcht muß weichen, / da der neue Bund begann; / Mahl der Liebe ohnegleichen: / nehmt im Glauben teil daran.**

6. **Gott, dem Vater, und dem Sohne / singe Lob, du Christenheit. / Auch dem Geist auf gleichem Throne / sei der Lobgesang geweiht. / Bringet Gott im Jubeltone / Ehre, Ruhm und Herrlichkeit. Amen.**

Nach der Feier wird der Altar abgedeckt.
Den Gläubigen wird empfohlen, eine nächtliche Anbetung vor dem heiligen Sakrament zu halten. Diese Anbetung soll aber nach Mitternacht ohne jede Feierlichkeit sein.

KARFREITAG
DIE FEIER VOM LEIDEN UND STERBEN CHRISTI

„Durch das heilige Ostergeschehen hat Christus, der Herr, die Menschen erlöst und Gott auf vollkommene Weise geehrt.
Er hat durch seinen Tod unseren Tod überwunden, durch seine Auferstehung hat er das Leben neu geschaffen.
Die drei Tage des Leidens und der Auferstehung des Herrn sind deshalb der Höhepunkt des ganzen Kirchenjahrs" (Missale Romanum)

Heute und am Karsamstag findet nach altem Brauch keine Eucharistiefeier statt. Die Gedächtnisfeier vom Leiden und Tod Christi wird am Nachmittag gehalten. Sie beginnt mit einem Eröffnungsgebet und besteht aus drei Hauptteilen:

1. Wortgottesdienst mit drei Schriftlesungen und den großen Fürbitten,
2. Erhebung und Verehrung des heiligen Kreuzes,
3. Kommunionfeier.

ERÖFFNUNGSGEBET

Gedenke, Herr, der großen Taten,
die dein Erbarmen gewirkt hat.
Schütze und heilige deine Diener,
für die dein Sohn Jesus Christus sein Blut vergossen
und das österliche Geheimnis eingesetzt hat,
der mit dir lebt und herrscht in alle Ewigkeit.

Oder:

Allmächtiger, ewiger Gott,
durch das Leiden deines Sohnes
hast du den Tod vernichtet,
der vom ersten Menschen
auf alle Geschlechter übergegangen ist.
Nach dem Gesetz der Natur tragen wir
das Abbild des ersten Adam an uns;
hilf uns durch deine Gnade,
das Bild des neuen Adam in uns auszuprägen
und Christus ähnlich zu werden,
der mit dir lebt und herrscht in alle Ewigkeit.

I. WORTGOTTESDIENST

ZUR 1. LESUNG *Was sich im Leiden und Sterben des „Gottesknechtes" ereignet hat, ist eigentlich unfaßbar. Und es geht alle an: Israel und die Völker der Erde. Das 4. Lied vom Gottesknecht gibt eine prophetische Deutung des Geschehenen. Das Lied beginnt mit einer Gottesrede und verläuft dann in Rede und Gegenrede zwischen dem Volk (den Völkern) und dem Propheten; durch eine zweite Gottesrede wird es abgeschlossen. Den vollen Sinn dieses prophetischen Textes können wir erst verstehen, seitdem sich in Christus alles erfüllt hat. Er ist der Mann der Schmerzen, er hat die Schuld von uns allen auf sich genommen und gesühnt.*

ERSTE LESUNG

Jes 52,13 – 53,12

Er wurde durchbohrt wegen unserer Verbrechen (Viertes Lied vom Gottesknecht)

**Lesung
aus dem Buch Jesája.**

**13 Seht, mein Knecht hat Erfolg,
er wird groß sein und hoch erhaben.
14 Viele haben sich über ihn entsetzt,
so entstellt sah er aus,
nicht mehr wie ein Mensch,
seine Gestalt war nicht mehr die eines Menschen.
15 Jetzt aber setzt er viele Völker in Staunen,
Könige müssen vor ihm verstummen.
Denn was man ihnen noch nie erzählt hat,
das sehen sie nun;
was sie niemals hörten,
das erfahren sie jetzt.**

**Wer hat unserer Kunde geglaubt?
Der Arm des Herrn – wem wurde er offenbar?
Vor seinen Augen wuchs er auf wie ein junger Sproß,
wie ein Wurzeltrieb aus trockenem Boden.
Er hatte keine schöne und edle Gestalt,
so daß wir ihn anschauen mochten.
Er sah nicht so aus, daß wir Gefallen fanden an ihm.
Er wurde verachtet und von den Menschen gemieden,
ein Mann voller Schmerzen,
mit Krankheit vertraut.
Wie einer, vor dem man das Gesicht verhüllt,
war er verachtet;
wir schätzten ihn nicht.**

**Aber er hat unsere Krankheit getragen
und unsere Schmerzen auf sich geladen.
Wir meinten, er sei von Gott geschlagen,
von ihm getroffen und gebeugt.
Doch er wurde durchbohrt wegen unserer Verbrechen,
wegen unserer Sünden zermalmt.
Zu unserem Heil lag die Strafe auf ihm,
durch seine Wunden sind wir geheilt.**

**Wir hatten uns alle verirrt wie Schafe,
jeder ging für sich seinen Weg.**

Doch der Herr lud auf ihn
die Schuld von uns allen.
7 Er wurde mißhandelt und niedergedrückt,
aber er tat seinen Mund nicht auf.
Wie ein Lamm, das man zum Schlachten führt,
und wie ein Schaf angesichts seiner Scherer,
so tat auch er seinen Mund nicht auf.

8 Durch Haft und Gericht wurde er dahingerafft,
doch wen kümmerte sein Geschick?
Er wurde vom Land der Lebenden abgeschnitten
und wegen der Verbrechen seines Volkes zu Tode getroffen.
9 Bei den Ruchlosen gab man ihm sein Grab,
bei den Verbrechern seine Ruhestätte,
obwohl er kein Unrecht getan hat
und kein trügerisches Wort in seinem Mund war.

10 Doch der Herr fand Gefallen an seinem zerschlagenen Knecht,
er rettete den, der sein Leben als Sühnopfer hingab.
Er wird Nachkommen sehen und lange leben.
Der Plan des Herrn wird durch ihn gelingen.
11 Nachdem er so vieles ertrug,
erblickt er das Licht.
Er sättigt sich an Erkenntnis.
Mein Knecht, der gerechte,
macht die vielen gerecht;
er lädt ihre Schuld auf sich.

12 Deshalb gebe ich ihm seinen Anteil unter den Großen,
und mit den Mächtigen teilt er die Beute,
weil er sein Leben dem Tod preisgab
und sich unter die Verbrecher rechnen ließ.
Denn er trug die Sünden von vielen
und trat für die Schuldigen ein.

ANTWORTPSALM

Ps 31 (30), 2 u. 6.12–13.15–16.17 u. 25 (R: Lk 23,46)

R Vater, in deine Hände lege ich meinen Geist. – R (GL 203,1)

2 Herr, ich suche Zuflucht bei dir. † IV. Ton
Laß mich doch niemals scheitern; *
rette mich in deiner Gerechtigkeit!

6 In deine Hände lege ich voll Vertrauen meinen Geist; *
du hast mich erlöst, Herr, du treuer Gott. – (R)

12 Zum Spott geworden bin ich all meinen Feinden, †
ein Hohn den Nachbarn, ein Schrecken den Freunden; *
wer mich auf der Straße sieht, der flieht vor mir.

13 Ich bin dem Gedächtnis entschwunden wie ein Toter, *
bin geworden wie ein zerbrochenes Gefäß. – (R)

15 Ich aber, Herr, ich vertraue dir, *
ich sage: „Du bist mein Gott."

16 In deiner Hand liegt mein Geschick; *
entreiß mich der Hand meiner Feinde und Verfolger. – (R)

17 Laß dein Angesicht leuchten über deinem Knecht, *
hilf mir in deiner Güte!

25 Euer Herz sei stark und unverzagt, *
ihr alle, die ihr wartet auf den Herrn. – R

ZUR 2. LESUNG *In Jesus haben wir einen Hohenpriester, dem wir vertrauen können. Er ist Gottes Sohn, er ist aber auch einer von uns. Er kennt unsere Schwachheit. Weil er selbst ohne Sünde war, konnte er Sühne leisten für unsere Sünden. Nachdem er seinen Weg vollendet hat, ist er für immer unser Hoherpriester, unser Mittler bei Gott.*

ZWEITE LESUNG

Hebr 4,14–16; 5,7–9

Er hat den Gehorsam gelernt und ist für alle, die ihm gehorchen, der Urheber des ewigen Heils geworden

Lesung
aus dem Hebräerbrief.

Brüder!
14 Da wir einen erhabenen Hohenpriester haben,
der die Himmel durchschritten hat,
Jesus, den Sohn Gottes,
laßt uns an dem Bekenntnis festhalten.
15 Wir haben ja nicht einen Hohenpriester,
der nicht mitfühlen könnte mit unserer Schwäche,
sondern einen, der in allem wie wir
in Versuchung geführt worden ist,
aber nicht gesündigt hat.

16 Laßt uns also voll Zuversicht hingehen zum Thron der Gnade,
damit wir Erbarmen und Gnade finden
und so Hilfe erlangen zur rechten Zeit.

7 Als Christus auf Erden lebte,
hat er mit lautem Schreien und unter Tränen
Gebete und Bitten vor den gebracht,
der ihn aus dem Tod retten konnte,
und er ist erhört und aus seiner Angst befreit worden.
8 Obwohl er der Sohn war,
hat er durch Leiden den Gehorsam gelernt;
9 zur Vollendung gelangt,
ist er für alle, die ihm gehorchen,
der Urheber des ewigen Heils geworden.

RUF VOR DER PASSION

Vers: vgl. Phil 2,8b–9

Herr Jesus, dir sei Ruhm und Ehre! – R

Christus war für uns gehorsam bis zum Tod,
bis zum Tod am Kreuz.
Darum hat ihn Gott über alle erhöht
und ihm den Namen verliehen, der größer ist als alle Namen.

Herr Jesus, dir sei Ruhm und Ehre!

ZUR PASSION *Die Leidensgeschichte ist viel mehr als ein bloßer Bericht; sie ist Deutung und Verkündigung; sie sagt nicht nur, was geschah, sondern auch warum und wozu es geschah. Das Johannesevangelium zeigt noch deutlicher als die früheren Evangelien, daß Jesus sich mit klarem Wissen freiwillig dem Tod ausgeliefert hat. Souverän steht er seinen Anklägern und Richtern gegenüber. Niemand kann ihm das Leben entreißen, er selbst gibt es hin. Nach der Darstellung des Johannesevangeliums starb Jesus zu der Stunde, als im Tempel die Lämmer für das Paschamahl geschlachtet wurden. Er selbst ist das wahre Osterlamm, sein Blut ist der Preis für unsere Rettung.*

PASSION Joh 18,1 – 19,42

Das Leiden unseres Herrn Jesus Christus

E = Evangelist, † = Worte Jesu, S = Worte sonstiger Personen

Das Leiden unseres Herrn Jesus Christus nach Johannes.

Die Verhaftung

E Jesus ging mit seinen Jüngern hinaus,
auf die andere Seite des Baches Kidron.
Dort war ein Garten;
in den ging er mit seinen Jüngern hinein.
Auch Judas, der Verräter, der ihn auslieferte, kannte den Ort,
weil Jesus dort oft mit seinen Jüngern zusammengekommen war.
Judas holte die Soldaten
und die Gerichtsdiener der Hohenpriester und der Pharisäer,
und sie kamen dorthin mit Fackeln, Laternen und Waffen.
Jesus, der alles wußte, was mit ihm geschehen sollte,
ging hinaus
und fragte sie:
† Wen sucht ihr?
E Sie antworteten ihm:
S Jesus von Nazaret.
E Er sagte zu ihnen:
† Ich bin es.
E Auch Judas, der Verräter, stand bei ihnen.
Als er zu ihnen sagte: Ich bin es!,
wichen sie zurück und stürzten zu Boden.

7 Er fragte sie noch einmal:
† Wen sucht ihr?
E Sie sagten:
S Jesus von Nazaret.
8 E Jesus antwortete:
† Ich habe euch gesagt, daß ich es bin.
Wenn ihr mich sucht,
dann laßt diese gehen!
9 E So sollte sich das Wort erfüllen, das er gesagt hatte:
Ich habe keinen von denen verloren, die du mir gegeben hast.
10 Simon Petrus aber, der ein Schwert bei sich hatte, zog es,
schlug nach dem Diener des Hohenpriesters
und hieb ihm das rechte Ohr ab;
der Diener hieß Malchus.
11 Da sagte Jesus zu Petrus:
† Steck das Schwert in die Scheide!
Der Kelch, den mir der Vater gegeben hat
– soll ich ihn nicht trinken?

Das Verhör vor Hannas und die Verleugnung durch Petrus

12 E Die Soldaten,
ihre Befehlshaber
und die Gerichtsdiener der Juden nahmen Jesus fest,
fesselten ihn
13 und führten ihn zuerst zu Hannas;
er war nämlich der Schwiegervater des Kájaphas,
der in jenem Jahr Hoherpriester war.
14 Kájaphas aber war es, der den Juden den Rat gegeben hatte:
S Es ist besser, daß ein einziger Mensch für das Volk stirbt.
15 E Simon Petrus und ein anderer Jünger folgten Jesus.
Dieser Jünger war mit dem Hohenpriester bekannt
und ging mit Jesus in den Hof des hohepriesterlichen Palastes.
16 Petrus aber blieb draußen am Tor stehen.
Da kam der andere Jünger,
der Bekannte des Hohenpriesters, heraus;
er sprach mit der Pförtnerin und führte Petrus hinein.
17 Da sagte die Pförtnerin zu Petrus:
S Bist du nicht auch einer von den Jüngern dieses Menschen?
E Er antwortete:

S Nein.
18 E Die Diener und die Knechte
hatten sich ein Kohlenfeuer angezündet
und standen dabei, um sich zu wärmen;
denn es war kalt.
Auch Petrus stand bei ihnen und wärmte sich.

19 Der Hohepriester
befragte Jesus über seine Jünger und über seine Lehre.
20 Jesus antwortete ihm:
† Ich habe offen vor aller Welt gesprochen.
Ich habe immer in der Synagoge und im Tempel gelehrt,
wo alle Juden zusammenkommen.
Nichts habe ich im geheimen gesprochen.
21 Warum fragst du mich?
Frag doch die, die mich gehört haben,
was ich zu ihnen gesagt habe;
sie wissen, was ich geredet habe.
22 E Auf diese Antwort hin
schlug einer von den Knechten, der dabeistand, Jesus ins Gesicht
und sagte:
S Redest du so mit dem Hohenpriester?
23 E Jesus entgegnete ihm:
† Wenn es nicht recht war, was ich gesagt habe,
dann weise es nach;
wenn es aber recht war,
warum schlägst du mich?
24 E Danach schickte ihn Hannas
gefesselt zum Hohenpriester Kájaphas.

25 Simon Petrus aber stand am Feuer und wärmte sich.
Sie sagten zu ihm:
S Bist nicht auch du einer von seinen Jüngern?
E Er leugnete
und sagte:
S Nein.
26 E Einer von den Dienern des Hohenpriesters,
ein Verwandter dessen,
dem Petrus das Ohr abgehauen hatte, sagte:
S Habe ich dich nicht im Garten bei ihm gesehen?
27 E Wieder leugnete Petrus,
und gleich darauf krähte ein Hahn.

Das Verhör und die Verurteilung durch Pilatus

28 Von Kájaphas brachten sie Jesus zum Prätórium;
es war früh am Morgen.
Sie selbst gingen nicht in das Gebäude hinein,
um nicht unrein zu werden,
sondern das Paschalamm* essen zu können.
29 Deshalb kam Pilatus zu ihnen heraus
und fragte:
S Welche Anklage erhebt ihr gegen diesen Menschen?
30 E Sie antworteten ihm:
S Wenn er kein Übeltäter wäre,
hätten wir ihn dir nicht ausgeliefert.
31 E Pilatus sagte zu ihnen:
S Nehmt ihr ihn doch,
und richtet ihn nach eurem Gesetz!
E Die Juden antworteten ihm:
S Uns ist es nicht gestattet, jemand hinzurichten.
32 E So sollte sich das Wort Jesu erfüllen,
mit dem er angedeutet hatte, auf welche Weise er sterben werde.
33 Pilatus ging wieder in das Prätórium hinein,
ließ Jesus rufen
und fragte ihn:
S Bist du der König der Juden?
34 E Jesus antwortete:
† Sagst du das von dir aus,
oder haben es dir andere über mich gesagt?
35 E Pilatus entgegnete:
S Bin ich denn ein Jude?
Dein eigenes Volk und die Hohenpriester
haben dich an mich ausgeliefert.
Was hast du getan?
36 E Jesus antwortete:
† Mein Königtum ist nicht von dieser Welt.
Wenn es von dieser Welt wäre,
würden meine Leute kämpfen,
damit ich den Juden nicht ausgeliefert würde.
Aber mein Königtum ist nicht von hier.

---

*Sprich: Pas-chalamm.

7 E Pilatus sagte zu ihm:
S Also bist du doch ein König?
E Jesus antwortete:
† Du sagst es,
ich bin ein König.
Ich bin dazu geboren und dazu in die Welt gekommen,
daß ich für die Wahrheit Zeugnis ablege.
Jeder, der aus der Wahrheit ist,
hört auf meine Stimme.
8a E Pilatus sagte zu ihm:
S Was ist Wahrheit?

8b E Nachdem er das gesagt hatte,
ging er wieder zu den Juden hinaus
und sagte zu ihnen:
S Ich finde keinen Grund, ihn zu verurteilen.
9 Ihr seid gewohnt,
daß ich euch am Paschafest einen Gefangenen freilasse.
Wollt ihr also, daß ich euch den König der Juden freilasse?
0 E Da schrien sie wieder:
S Nicht diesen, sondern Barábbas!
E Barábbas aber war ein Straßenräuber.

Darauf ließ Pilatus Jesus geißeln.
Die Soldaten flochten einen Kranz aus Dornen;
den setzten sie ihm auf
und legten ihm einen purpurroten Mantel um.
Sie stellten sich vor ihn hin
und sagten:
S Heil dir, König der Juden!
E Und sie schlugen ihm ins Gesicht.
Pilatus ging wieder hinaus
und sagte zu ihnen:
S Seht, ich bringe ihn zu euch heraus;
ihr sollt wissen,
daß ich keinen Grund finde, ihn zu verurteilen.
E Jesus kam heraus;
er trug die Dornenkrone und den purpurroten Mantel.
Pilatus sagte zu ihnen:
S Seht, da ist der Mensch!
E Als die Hohenpriester und ihre Diener ihn sahen,
schrien sie:

S Ans Kreuz mit ihm,
ans Kreuz mit ihm!
E Pilatus sagte zu ihnen:
S Nehmt ihr ihn, und kreuzigt ihn!
Denn ich finde keinen Grund, ihn zu verurteilen.
7 E Die Juden entgegneten ihm:
S Wir haben ein Gesetz,
und nach diesem Gesetz muß er sterben,
weil er sich als Sohn Gottes ausgegeben hat.

8 E Als Pilatus das hörte,
wurde er noch ängstlicher.
9 Er ging wieder in das Prätórium hinein
und fragte Jesus:
S Woher stammst du?
E Jesus aber gab ihm keine Antwort.
10 Da sagte Pilatus zu ihm:
S Du sprichst nicht mit mir?
Weißt du nicht, daß ich Macht habe, dich freizulassen,
und Macht, dich zu kreuzigen?
11 E Jesus antwortete:
† Du hättest keine Macht über mich,
wenn es dir nicht von oben gegeben wäre;
darum liegt größere Schuld
bei dem, der mich dir ausgeliefert hat.
12 E Daraufhin wollte Pilatus ihn freilassen,
aber die Juden schrien:
S Wenn du ihn freiläßt, bist du kein Freund des Kaisers;
jeder, der sich als König ausgibt,
lehnt sich gegen den Kaiser auf.
13 E Auf diese Worte hin ließ Pilatus Jesus herausführen,
und er setzte sich auf den Richterstuhl
an dem Platz, der Lithóstrotos,
auf hebräisch Gábbata, heißt.
14 Es war am Rüsttag des Paschafestes,
ungefähr um die sechste Stunde.
Pilatus sagte zu den Juden:
S Da ist euer König!
15 E Sie aber schrien:
S Weg mit ihm,
kreuzige ihn!

E Pilatus aber sagte zu ihnen:
S Euren König soll ich kreuzigen?
E Die Hohenpriester antworteten:
S Wir haben keinen König außer dem Kaiser.
6a E Da lieferte er ihnen Jesus aus,
damit er gekreuzigt würde.

Die Hinrichtung Jesu

6b Sie übernahmen Jesus.
7 Er trug sein Kreuz
und ging hinaus zur sogenannten Schädelhöhe,
die auf hebräisch Gólgota heißt.
8 Dort kreuzigten sie ihn
und mit ihm zwei andere,
auf jeder Seite einen,
in der Mitte Jesus.
9 Pilatus ließ auch ein Schild anfertigen
und oben am Kreuz befestigen;
die Inschrift lautete:
Jesus von Nazaret,
der König der Juden.
0 Dieses Schild lasen viele Juden,
weil der Platz, wo Jesus gekreuzigt wurde, nahe bei der Stadt lag.
Die Inschrift war hebräisch, lateinisch und griechisch abgefaßt.
1 Die Hohenpriester der Juden sagten zu Pilatus:
S Schreib nicht: Der König der Juden,
sondern daß er gesagt hat: Ich bin der König der Juden.
2 E Pilatus antwortete:
S Was ich geschrieben habe,
habe ich geschrieben.

3 E Nachdem die Soldaten Jesus ans Kreuz geschlagen hatten,
nahmen sie seine Kleider
und machten vier Teile daraus,
für jeden Soldaten einen.
Sie nahmen auch sein Untergewand,
das von oben her ganz durchgewebt und ohne Naht war.
4 Sie sagten zueinander:
S Wir wollen es nicht zerteilen,
sondern darum losen, wem es gehören soll.
E So sollte sich das Schriftwort erfüllen:

Sie verteilten meine Kleider unter sich
und warfen das Los um mein Gewand.
Dies führten die Soldaten aus.

25 Bei dem Kreuz Jesu standen seine Mutter
und die Schwester seiner Mutter, Maria, die Frau des Klopas,
und Maria von Mágdala.
26 Als Jesus seine Mutter sah
und bei ihr den Jünger, den er liebte,
sagte er zu seiner Mutter:
† Frau, siehe, dein Sohn!
27 E Dann sagte er zu dem Jünger:
† Siehe, deine Mutter!
E Und von jener Stunde an nahm sie der Jünger zu sich.

(Hier stehen alle auf.)

28 Danach, als Jesus wußte, daß nun alles vollbracht war,
sagte er, damit sich die Schrift erfüllte:
† Mich dürstet.
29 E Ein Gefäß mit Essig stand da.
Sie steckten einen Schwamm mit Essig auf einen Ysopzweig
und hielten ihn an seinen Mund.
30 Als Jesus von dem Essig genommen hatte, sprach er:
† Es ist vollbracht!
E Und er neigte das Haupt
und gab seinen Geist auf.

Hier knien alle zu einer kurzen Gebetsstille nieder.

Die Bestattung des Leichnams

31 Weil Rüsttag war
und die Körper während des Sabbats
nicht am Kreuz bleiben sollten,
baten die Juden Pilatus,
man möge den Gekreuzigten die Beine zerschlagen
und ihre Leichen dann abnehmen;
denn dieser Sabbat war ein großer Feiertag.
32 Also kamen die Soldaten
und zerschlugen dem ersten die Beine,
dann dem andern, der mit ihm gekreuzigt worden war.

33 Als sie aber zu Jesus kamen
und sahen, daß er schon tot war,
zerschlugen sie ihm die Beine nicht,
34 sondern einer der Soldaten stieß mit der Lanze in seine Seite,
und sogleich floß Blut und Wasser heraus.
35 Und der, der es gesehen hat, hat es bezeugt,
und sein Zeugnis ist wahr.
Und er weiß, daß er Wahres berichtet,
damit auch ihr glaubt.
36 Denn das ist geschehen,
damit sich das Schriftwort erfüllte:
Man soll an ihm kein Gebein zerbrechen.
37 Und ein anderes Schriftwort sagt:
Sie werden auf den blicken, den sie durchbohrt haben.

38 Josef aus Arimathäa war ein Jünger Jesu,
aber aus Furcht vor den Juden nur heimlich.
Er bat Pilatus, den Leichnam Jesu abnehmen zu dürfen,
und Pilatus erlaubte es.
Also kam er und nahm den Leichnam ab.

39 Es kam auch Nikodémus,
der früher einmal Jesus bei Nacht aufgesucht hatte.
Er brachte eine Mischung aus Myrrhe und Aloë,
etwa hundert Pfund.
40 Sie nahmen den Leichnam Jesu
und umwickelten ihn mit Leinenbinden,
zusammen mit den wohlriechenden Salben,
wie es beim jüdischen Begräbnis Sitte ist.

41 An dem Ort, wo man ihn gekreuzigt hatte, war ein Garten,
und in dem Garten war ein neues Grab,
in dem noch niemand bestattet worden war.
42 Wegen des Rüsttages der Juden
und weil das Grab in der Nähe lag,
setzten sie Jesus dort bei.

GROSSE FÜRBITTEN

Der Priester spricht die Gebetsaufforderung, in der das Anliegen zum Ausdruck kommt. Dann verharren alle eine Weile in stillem Gebet. Danach spricht der Priester die Oration.

1. Für die heilige Kirche

Laßt uns beten, Brüder und Schwestern, für die heilige Kirche Gottes, daß unser Gott und Herr ihr Frieden schenke auf der ganzen Erde, sie eine und behüte und uns ein Leben gewähre in Ruhe und Sicherheit zum Lob seines Namens.
(Beuget die Knie. – *Stille* – Erhebet euch.)

Allmächtiger, ewiger Gott,
du hast in Christus
allen Völkern deine Herrlichkeit geoffenbart.
Behüte, was du in deinem Erbarmen geschaffen hast,
damit deine Kirche auf der ganzen Erde
in festem Glauben verharre.
Darum bitten wir durch Christus, unseren Herrn.

2. Für den Papst

Laßt uns auch beten für unsern Papst N.: Der allmächtige Gott, der ihn zum Bischofsamt erwählt hat, erhalte ihn seiner Kirche und gebe ihm Kraft, das heilige Volk Gottes zu leiten.
(Beuget die Knie. – *Stille* – Erhebet euch.)

Allmächtiger, ewiger Gott,
du Hirte deines Volkes,
in deiner Weisheit ist alles begründet.
Höre auf unser Gebet
und bewahre in deiner Güte unseren Papst N.
Leite durch ihn deine Kirche und gib,
daß sie wachse im Glauben und in der Liebe.
Darum bitten wir durch Christus, unseren Herrn.

3. Für alle Stände der Kirche

Laßt uns beten für unseren Bischof N., für alle Bischöfe, Priester, Diakone, für alle, die zum Dienst in der Kirche bestellt sind, und für das ganze Volk Gottes:
(Beuget die Knie. – *Stille* – Erhebet euch.)

Allmächtiger, ewiger Gott,
dein Geist heiligt den ganzen Leib der Kirche und leitet ihn.
erhöre unser Gebet für alle Stände deines Volkes
und gib ihnen die Gnade, dir in Treue zu dienen.
Darum bitten wir durch Christus, unseren Herrn.

4. Für die Katechumenen

Laßt uns auch beten für die (unsere) Katechumenen: Unser Herr und Gott öffne ihre Herzen für sein Wort, er schenke ihnen in der Taufe die Vergebung aller Sünden und nehme sie auf in sein Vaterhaus, damit sie das Leben finden in unserem Herrn Jesus Christus.
(Beuget die Knie. – *Stille* – Erhebet euch.)

Allmächtiger, ewiger Gott,
du gibst deiner Kirche immer neue Fruchtbarkeit.
Schenke allen, die sich auf die Taufe vorbereiten,
Wachstum im Glauben und in der Erkenntnis.
Führe sie zur Wiedergeburt aus dem Quell der Taufe
und nimm sie an als deine Kinder.
Darum bitten wir durch Christus, unseren Herrn.

5. Für die Einheit der Christen

Laßt uns beten für alle Brüder und Schwestern, die an Christus glauben, daß unser Herr und Gott sie leite auf dem Weg der Wahrheit und sie zusammenführe in der Einheit der heiligen Kirche.
(Beuget die Knie. – *Stille* – Erhebet euch.)

Allmächtiger Gott,
du allein kannst die Spaltung überwinden
und die Einheit bewahren.
Erbarme dich deiner Christenheit,
die geheiligt ist durch die eine Taufe.
Einige sie im wahren Glauben
und schließe sie zusammen durch das Band der Liebe.
Darum bitten wir durch Christus, unseren Herrn.

6. *Für die Juden*

Laßt uns auch beten für die Juden, zu denen Gott, unser Herr, zuerst gesprochen hat: Er bewahre sie in der Treue zu seinem Bund und in der Liebe zu seinem Namen, damit sie das Ziel erreichen, zu dem sein Ratschluß sie führen will.
(Beuget die Knie. – *Stille* – Erhebet euch.)

Allmächtiger, ewiger Gott,
du hast Abraham und seinen Kindern
deine Verheißung gegeben.
Erhöre das Gebet deiner Kirche für das Volk,
das du als erstes zu deinem Eigentum erwählt hast:
Gib, daß es zur Fülle der Erlösung gelangt.
Darum bitten wir durch Christus, unseren Herrn.

7. *Für alle, die nicht an Christus glauben*

Laßt uns beten für alle, die nicht an Christus glauben, daß der Heilige Geist sie erleuchte und sie auf den Weg des Heiles führe.
(Beuget die Knie. – *Stille* – Erhebet euch.)

Allmächtiger, ewiger Gott,
steh allen bei, die sich nicht zu Christus bekennen,
daß sie mit redlichem Herzen vor dir leben
und die Wahrheit finden.
Uns aber gib,
daß wir das Geheimnis deines Lebens immer tiefer erfassen
und in der brüderlichen Liebe wachsen,
damit wir immer mehr
zu glaubhaften Zeugen deiner Güte werden.
Darum bitten wir durch Christus, unseren Herrn.

8. *Für alle, die nicht an Gott glauben*

Laßt uns auch beten für alle, die Gott nicht erkennen, daß sie mit seiner Hilfe ihrem Gewissen folgen und so zum Gott und Vater aller Menschen gelangen.
(Beuget die Knie. – *Stille* – Erhebet euch.)

Allmächtiger, ewiger Gott,
du hast den Menschen geschaffen,
daß er dich suche und in dir Ruhe finde.
Gib dich zu erkennen
in den Beweisen deines Erbarmens
und in den Taten deiner Gläubigen,
damit die Menschen trotz aller Hindernisse dich finden
und als den wahren Gott und Vater bekennen.
Darum bitten wir durch Christus, unseren Herrn.

9. Für die Regierenden

Laßt uns beten für die Regierenden: Unser Herr und Gott lenke ihren Geist und ihr Herz nach seinem Willen, damit sie den wahren Frieden und die Freiheit suchen zum Heil aller Völker.
(Beuget die Knie. – *Stille* – Erhebet euch.)

Allmächtiger, ewiger Gott,
in deiner Hand sind die Herzen der Menschen
und das Recht der Völker.
Schau gnädig auf jene, die uns regieren,
damit auf der ganzen Welt
Sicherheit und Frieden herrschen,
Wohlfahrt der Völker und Freiheit des Glaubens.
Darum bitten wir durch Christus, unseren Herrn.

10. Für alle notleidenden Menschen

Laßt uns Gott, den allmächtigen Vater, bitten für alle, die der Hilfe bedürfen: Er reinige die Welt von allem Irrtum, nehme die Krankheiten hinweg, vertreibe den Hunger, löse ungerechte Fesseln, gebe den Heimatlosen Sicherheit, den Pilgernden und Reisenden eine glückliche Heimkehr, den Kranken die Gesundheit und den Sterbenden das ewige Leben.
(Beuget die Knie. – *Stille* – Erhebet euch.)

Allmächtiger, ewiger Gott,
du Trost der Betrübten, du Kraft der Leidenden,
höre auf alle, die in ihrer Bedrängnis zu dir rufen,
und laß sie in jeder Not deine Barmherzigkeit erfahren.
Darum bitten wir durch Christus, unseren Herrn.

II. ERHEBUNG UND VEREHRUNG DES KREUZES

Einladungsruf beim Zeigen des heiligen Kreuzes:

V: Seht das Kreuz, an dem der Herr gehangen, das Heil der Welt.
A: Kommt, lasset uns anbeten.

GESANG WÄHREND DER KREUZVEREHRUNG

RUF

A: Dein Kreuz, o Herr, verehren wir, / und deine heilige Auferstehung preisen und rühmen wir: / Denn siehe, durch das Holz des Kreuzes / kam Freude in alle Welt.
V: Gott sei uns gnädig und segne uns. / Er lasse sein Angesicht über uns leuchten / und erbarme sich unser. Vgl. Ps 67 (66),2
A: Dein Kreuz, o Herr, verehren wir, / und deine heilige Auferstehung preisen und rühmen wir: / Denn siehe, durch das Holz des Kreuzes / kam Freude in alle Welt.

IMPROPERIEN

1.

A: Mein Volk, was habe ich dir getan,
womit nur habe ich dich betrübt?
Antworte mir.

V: Aus der Knechtschaft Ägyptens habe ich dich herausgeführt.
Du aber bereitest das Kreuz deinem Erlöser.

A: Mein Volk, was habe ich dir getan,
womit nur habe ich dich betrübt?
Antworte mir.

I. Hágios, ho Theós.
II. Sanctus Deus.
III. Heiliger Gott.

I. Hágios Ischyrós.
II. Sanctus Fortis.
III. Heiliger, starker Gott.

I. Hágios Athánatos, eléison hemás.
II. Sanctus Immortális, miserére nobis.
III. Heiliger, unsterblicher Gott, erbarme dich unser.

V: Vierzig Jahre habe ich dich geleitet durch die Wüste.
Ich habe dich mit Manna gespeist
und dich hineingeführt in das Land der Verheißung.
Du aber bereitest das Kreuz deinem Erlöser.

I. Hágios, ho Theós.
II. Sanctus Deus.
III. Heiliger Gott.

I. Hágios Ischyrós.
II. Sanctus Fortis.
III. Heiliger, starker Gott.

I. Hágios Athánatos, eléison hemás.
II. Sanctus Immortális, miserére nobis.
III. Heiliger, unsterblicher Gott, erbarme dich unser.

V: Was hätte ich dir mehr tun sollen und tat es nicht?
Als meinen erlesenen Weinberg pflanzte ich dich,
du aber brachtest mir bittere Trauben,
du hast mich in meinem Durst mit Essig getränkt
und mit der Lanze deinem Erlöser die Seite durchstoßen.

I. Hágios, ho Theós.
II. Sanctus Deus.
III. Heiliger Gott.

I. Hágios Ischyrós.
II. Sanctus Fortis.
III. Heiliger, starker Gott.

I. Hágios Athánatos, eléison hemás.
II. Sanctus Immortális, miserére nobis.
III. Heiliger, unsterblicher Gott, erbarme dich unser.

2.

V: Deinetwegen habe ich Ägypten geschlagen
und seine Erstgeburt,
du aber hast mich geschlagen und dem Tod überliefert.

A: Mein Volk, was habe ich dir getan,
womit nur habe ich dich betrübt?
Antworte mir.

V: Ich habe dich aus Ägypten herausgeführt
und den Pharao versinken lassen im Roten Meer,
du aber hast mich den Hohenpriestern überliefert.

A: Mein Volk …

V: **Ich habe vor dir einen Weg durch das Meer gebahnt, du aber hast mit der Lanze meine Seite geöffnet.**

A: **Mein Volk ...**

V: **In einer Wolkensäule bin ich dir vorangezogen, du aber hast mich vor den Richterstuhl des Pilatus geführt.**

A: **Mein Volk ...**

V: **Ich habe dich in der Wüste mit Manna gespeist, du aber hast mich ins Gesicht geschlagen und mich gegeißelt.**

A: **Mein Volk ...**

V: **Ich habe dir Wasser aus dem Felsen zu trinken gegeben und dich gerettet, du aber hast mich getränkt mit Galle und Essig.**

A: **Mein Volk ...**

V: **Deinetwegen habe ich die Könige Kanaans geschlagen, du aber schlugst mir mit einem Rohr auf mein Haupt.**

A: **Mein Volk ...**

V: **Ich habe dir ein Königszepter in die Hand gegeben, du aber hast mich gekrönt mit einer Krone von Dornen.**

A: **Mein Volk ...**

V: **Ich habe dich erhöht und ausgestattet mit großer Kraft, du aber erhöhtest mich am Holz des Kreuzes.**

A: **Mein Volk ...**

III. KOMMUNION

ZUR KOMMUNIONFEIER *Als „Sakrament der Liebe Gottes" empfangen wir den geopferten Leib und das vergossene Blut des Herrn. Wir verkünden seinen Tod, und wir schauen aus nach dem Tag der Vollendung.*

Das heilige Sakrament wird zum Altar gebracht, während alle schweigend stehen. Dann beginnt der Priester:

Dem Wort unseres Herrn und Erlösers gehorsam und getreu seiner göttlichen Weisung, wagen wir zu sprechen:

Vater unser im Himmel,
Geheiligt werde dein Name.
Dein Reich komme.
Dein Wille geschehe,
wie im Himmel so auf Erden.
Unser tägliches Brot gib uns heute.
Und vergib uns unsere Schuld,
wie auch wir vergeben unsern Schuldigern.
Und führe uns nicht in Versuchung,
sondern erlöse uns von dem Bösen.

Der Priester fährt allein fort:

**Erlöse uns, Herr, allmächtiger Vater, von allem Bösen
und gib Frieden in unseren Tagen.
Komm uns zu Hilfe mit deinem Erbarmen
und bewahre uns vor Verwirrung und Sünde,
damit wir voll Zuversicht
das Kommen unseres Erlösers Jesus Christus erwarten.**

Die Gemeinde beschließt das Gebet mit dem Ruf:

**Denn dein ist das Reich und die Kraft
und die Herrlichkeit in Ewigkeit. Amen.**

Der Priester spricht leise:

Herr Jesus Christus, der Empfang deines Leibes bringe mir nicht Gericht und Verdammnis, sondern Segen und Heil.

Dann, zur Gemeinde gewendet:

Seht das Lamm Gottes, das hinwegnimmt die Sünde der Welt.

Zusammen mit der Gemeinde fügt er einmal hinzu:

Herr, ich bin nicht würdig, daß du eingehst unter mein Dach, aber sprich nur ein Wort, so wird meine Seele gesund.

Nach der Kommunion der Gläubigen und einer kurzen Zeit heiligen Schweigens spricht der Priester das Schlußgebet und daran anschließend das Segensgebet.

Lasset uns beten.

**Allmächtiger, ewiger Gott,
durch den Tod und die Auferstehung deines Sohnes
hast du uns das neue Leben geschenkt.
Bewahre in uns, was deine Barmherzigkeit gewirkt hat,
und gib uns durch den Empfang dieses Sakramentes die Kraft,
dir treu zu dienen.
Darum bitten wir durch Christus, unseren Herrn.**

Segensgebet über das Volk

**Herr, unser Gott,
reicher Segen komme herab auf dein Volk,
das den Tod deines Sohnes gefeiert hat
und die Auferstehung erwartet.
Schenke ihm Verzeihung und Trost,
Wachstum im Glauben und die ewige Erlösung.
Darum bitten wir durch Christus, unseren Herrn.**

DER VATER IST BEI MIR

*Wenn ihr den Menschensohn erhöht habt,
dann werdet ihr erkennen, daß ich es bin.
Ihr werdet erkennen, daß ich nichts im eigenen Namen tue,
sondern nur das sage, was mich der Vater gelehrt hat.
Und er, der mich gesandt hat, ist bei mir.
Er hat mich nicht allein gelassen,
weil ich immer das tue, was ihm gefällt. (Joh 8,28–29)*

KARSAMSTAG

Der Karsamstag ist ein stiller Tag, ohne liturgische Feier. Nur die Tagzeiten werden gebetet.

Jesus ist wirklich gestorben. Er ist in die tiefste menschliche Not hineingegangen, er ist „hinabgestiegen in das Reich des Todes". Er hat unserem Tod die Bitterkeit genommen. Wir wissen, unsere Gemeinschaft mit Christus überdauert den Tod.
Christus ist unser Leben und unsere Auferstehung. Das muß in unserem gegenwärtigen Leben sichtbar werden: in der Freude, die aus der Hoffnung und aus der Liebe geboren wird.

Alles ist mir von meinem Vater übergeben worden,
und niemand kennt den Sohn, nur der Vater.
Und niemand kennt den Vater, nur der Sohn,
und der, dem der Sohn es offenbaren will.

Deshalb liebt mich der Vater,
weil ich mein Leben dahingebe,
um es wieder zu empfangen.
(Mt 11,27; Joh 10,17)

DIE OSTERZEIT

HOCHFEST DER AUFERSTEHUNG DES HERRN
OSTERSONNTAG
DIE FEIER DER OSTERNACHT

Die Feier der Osternacht verläuft in vier Zeiten oder Teilen:

1. Teil: *Lichtfeier.* Die Gemeinde versammelt sich um das Feuer. Segnung des Feuers. Bereitung der Osterkerze. Einzug (Prozession) in die Kirche. Das Osterlob (Exsultet).

2. Teil: *Wortgottesdienst.* In den Lesungen werden die früheren Taten Gottes vergegenwärtigt, die auch für die Gegenwart und die Zukunft des neuen Gottesvolkes eine Verheißung sind.

3. Teil: *Tauffeier.* Weihe des Taufwassers und Spendung der Taufe, falls Taufbewerber da sind. Erneuerung des Taufbekenntnisses durch die ganze Gemeinde.

4. Teil: *Eucharistiefeier.* Der auferstandene Herr lädt die Neugetauften und die ganze Gemeinde zu seinem Gastmahl ein: alle, die er durch seinen Tod und seine Auferstehung erlöst und geheiligt hat.

Erster Teil

LICHTFEIER

Segnung des Feuers und Bereitung der Osterkerze

Der Priester begrüßt die Gemeinde und führt sie kurz in den Sinn der Nachtfeier ein:

Liebe Brüder und Schwestern!
In der Osternacht ist unser Herr Jesus Christus vom Tode auferstanden und zum Leben hinübergegangen. Darum hält die Kirche in der ganzen Welt diese Nacht heilig, sie lädt ihre Söhne und Töchter, wo immer sie wohnen, ein, zu wachen und zu beten. Auch wir sind in (zu Beginn – am Ende) dieser Nacht der Einladung gefolgt. Wir begehen das Gedächtnis des österlichen Heilswerkes Christi, indem wir das Wort Gottes hören und die heiligen Mysterien feiern in der zuversichtlichen Hoffnung, daß wir einst am Sieg Christi über den Tod und an seinem Leben in Gott teilnehmen dürfen.

Er segnet das Feuer.

Lasset uns beten.

**Allmächtiger, ewiger Gott,
du hast durch Christus allen,
die an dich glauben,
das Licht deiner Herrlichkeit geschenkt.
Segne ✠ dieses neue Feuer,
das die Nacht erhellt,
und entflamme in uns die Sehnsucht nach dir,
dem unvergänglichen Licht,
damit wir mit reinem Herzen
zum ewigen Osterfest gelangen.
Darum bitten wir durch ihn, Christus, unseren Herrn.
Alle: Amen.**

Wo es Brauch ist, ritzt nun der Priester mit einem Griffel ein Kreuz in die Kerze, darüber zeichnet er den griechischen Buchstaben Alpha, darunter den Buchstaben Omega, zwischen die Kreuzarme schreibt er die Jahreszahl. Dabei spricht er:

Christus, gestern und heute *(senkrechter Balken),*
Anfang und Ende *(Querbalken),*
Alpha *(über dem Kreuz),*
und Omega *(unter dem Kreuz).*
Sein ist die Zeit *(1. Ziffer)*
und die Ewigkeit *(2. Ziffer).*
Sein ist die Macht und die Herrlichkeit *(3. Ziffer)*
in alle Ewigkeit. Amen *(4. Ziffer).*

A
1 | 9
8 | 8
Ω

In das eingeritzte Kreuz kann der Priester fünf Weihrauchkörner einfügen in nebenstehender Reihenfolge; dabei spricht er:

Durch seine heiligen Wunden, (1)
die leuchten in Herrlichkeit, (2)
behüte uns (3)
und bewahre uns (4)
Christus, der Herr. Amen. (5)

1
4 2 5
3

Der Priester zündet am Feuer die Osterkerze an und spricht dabei:

**Christus ist glorreich auferstanden vom Tod.
Sein Licht vertreibe das Dunkel der Herzen.**

PROZESSION

Der Diakon oder der Priester selbst nimmt die Osterkerze, hebt sie empor und singt:

Christus, das Licht!

Alle antworten:

Dank sei Gott.

Alle ziehen in die Kirche ein; der Diakon mit der Osterkerze geht voran. Wenn Weihrauch verwendet wird, geht der Rauchfaßträger dem Diakon voraus. Am Eingang der Kirche bleibt der Diakon stehen, hebt die Osterkerze empor und singt zum zweitenmal:

Christus, das Licht!

Alle antworten:

Dank sei Gott.

Die Mitfeiernden zünden ihre Kerzen an der Osterkerze an und ziehen weiter. Vor dem Altar wendet sich der Diakon dem Volk zu und singt zum drittenmal:

Christus, das Licht!

Alle antworten:

Dank sei Gott.

In der Kirche werden die Lichter angezündet.

DAS OSTERLOB

(Exsultet)

Während vom Diakon oder vom Priester das Osterlob gesungen wird, stehen alle und halten die brennenden Kerzen.

Wird das Osterlob von einem Kantor gesungen, der nicht Priester oder Diakon ist, so entfallen die durch ( ) eingeklammerten Worte. Das Osterlob kann auch in einer kürzeren Form gesungen werden.

Längere Form des Osterlobes

Frohlocket, ihr Chöre der Engel, frohlocket, ihr himmlischen Scharen, lasset die Posaune erschallen, preiset den Sieger, den erhabenen König! Lobsinge, du Erde, überstrahlt vom Glanz aus der Höhe! Licht des großen Königs umleuchtet dich. Siehe, geschwunden ist allerorten das Dunkel. Auch du freue dich, Mutter Kirche, umkleidet von Licht und herrlichem Glanze! Töne wider, heilige Halle, töne von des Volkes mächtigem Jubel.

(Darum bitte ich euch, geliebte Brüder, ihr Zeugen des Lichtes, das diese Kerze verbreitet: Ruft mit mir zum allmächtigen Vater um sein Erbarmen und seine Hilfe, daß er, der mich ohne mein Verdienst, aus reiner Gnade, in die Schar der Leviten berufen hat, mich erleuchte mit dem Glanz seines Lichtes, damit ich würdig das Lob dieser Kerze verkünde.)

(V: Der Herr sei mit euch.
A: Und mit deinem Geiste.)
V: Erhebet die Herzen.
A: Wir haben sie beim Herrn.
V: Lasset uns danken dem Herrn, unserm Gott.
A: Das ist würdig und recht.
V: In Wahrheit ist es würdig und recht, den verborgenen Gott, den allmächtigen Vater, mit aller Glut des Herzens zu rühmen und seinen eingeborenen Sohn, unsern Herrn Jesus Christus, mit jubelnder Stimme zu preisen. Er hat für uns beim ewigen Vater Adams Schuld bezahlt und den Schuldbrief ausgelöscht mit seinem Blut, das er aus Liebe vergossen hat. Gekommen ist das heilige Osterfest, an dem das wahre Lamm geschlachtet ward, dessen Blut die Türen der Gläubigen heiligt und das Volk bewahrt vor Tod und Verderben.

Dies ist die Nacht, die unsere Väter, die Söhne Israels, aus Ägypten befreit und auf trockenem Pfad durch die Fluten des Roten Meeres geführt hat.

Dies ist die Nacht, in der die leuchtende Säule das Dunkel der Sünde vertrieben hat.

Dies ist die Nacht, die auf der ganzen Erde alle, die an Christus glauben, scheidet von den Lastern der Welt, dem Elend der Sünde entreißt, ins Reich der Gnade heimführt und einfügt in die heilige Kirche.

Dies ist die selige Nacht, in der Christus die Ketten des Todes zerbrach und aus der Tiefe als Sieger emporstieg. Wahrhaftig, umsonst wären wir geboren, hätte uns nicht der Erlöser gerettet.

O unfaßbare Liebe des Vaters: Um den Knecht zu erlösen, gabst du den Sohn dahin! O wahrhaft heilbringende Sünde des Adam, du wurdest uns zum Segen, da Christi Tod dich vernichtet hat. O glückliche Schuld, welch großen Erlöser hast du gefunden!

O wahrhaft selige Nacht, dir allein war es vergönnt, die Stunde zu kennen, in der Christus erstand von den Toten. Dies ist die Nacht, von der geschrieben steht: „Die Nacht wird hell wie der Tag, wie strahlendes Licht wird die Nacht mich umgeben.“ Der Glanz dieser

heiligen Nacht nimmt den Frevel hinweg, reinigt von Schuld, gibt den Sündern die Unschuld, den Trauernden Freude. Weit vertreibt sie den Haß, sie einigt die Herzen und beugt die Gewalten.
In dieser gesegneten Nacht, heiliger Vater, nimm an das Abendopfer unseres Lobes, nimm diese Kerze entgegen als unsere festliche Gabe! Aus dem köstlichen Wachs der Bienen bereitet, wird sie dir dargebracht von deiner heiligen Kirche durch die Hand ihrer Diener. So ist nun das Lob dieser kostbaren Kerze erklungen, die entzündet wurde am lodernden Feuer zum Ruhme des Höchsten. Wenn auch ihr Licht sich in die Runde verteilt hat, so verlor es doch nichts von der Kraft seines Glanzes. Denn die Flamme wird genährt vom schmelzenden Wachs, das der Fleiß der Bienen für diese Kerze bereitet hat.
O wahrhaft selige Nacht, die Himmel und Erde versöhnt, die Gott und Menschen verbindet!
Darum bitten wir dich, o Herr: Geweiht zum Ruhm deines Namens, leuchte die Kerze fort, um in dieser Nacht das Dunkel zu vertreiben. Nimm sie an als lieblich duftendes Opfer, vermähle ihr Licht mit den Lichtern am Himmel. Sie leuchte, bis der Morgenstern erscheint, jener wahre Morgenstern, der in Ewigkeit nicht untergeht: dein Sohn, unser Herr Jesus Christus, der von den Toten erstand, der den Menschen erstrahlt im österlichen Licht: der lebt und herrscht in Ewigkeit. A: Amen.

Kürzere Form des Osterlobes

Der Anfang lautet wie in der längeren Form. Dann:

In Wahrheit ist es würdig und recht, den verborgenen Gott, den allmächtigen Vater, mit aller Glut des Herzens zu rühmen und seinen eingeborenen Sohn, unseren Herrn Jesus Christus, mit jubelnder Stimme zu preisen. Er hat für uns beim ewigen Vater Adams Schuld bezahlt und den Schuldbrief ausgelöscht mit seinem Blut, das er aus Liebe vergossen hat. Gekommen ist das heilige Osterfest, an dem das wahre Lamm geschlachtet ward, dessen Blut die Türen der Gläubigen heiligt und das Volk bewahrt vor Tod und Verderben.
Dies ist die Nacht, die unsere Väter, die Söhne Israels, aus Ägypten befreit und auf trockenem Pfad durch die Fluten des Roten Meeres geführt hat.
Dies ist die Nacht, in der die leuchtende Säule das Dunkel der Sünde vertrieben hat.
Dies ist die Nacht, die auf der ganzen Erde alle, die an Christus glauben, scheidet von den Lastern der Welt, dem Elend der Sünde

entreißt, ins Reich der Gnade heimführt und einfügt in die heilige Kirche.
Dies ist die selige Nacht, in der Christus die Ketten des Todes zerbrach und aus der Tiefe als Sieger emporstieg.
O unfaßbare Liebe des Vaters: Um den Knecht zu erlösen, gabst du den Sohn dahin! O wahrhaft heilbringende Sünde des Adam, du wurdest uns zum Segen, da Christi Tod dich vernichtet hat. O glückliche Schuld, welch großen Erlöser hast du gefunden!
Der Glanz dieser heiligen Nacht nimmt den Frevel hinweg, reinigt von Schuld, gibt den Sündern die Unschuld, den Trauernden Freude.
O wahrhaft selige Nacht, die Himmel und Erde versöhnt, die Gott und Menschen verbindet! In dieser gesegneten Nacht, heiliger Vater, nimm an das Abendopfer unseres Lobes, nimm diese Kerze entgegen als unsere festliche Gabe! Aus dem köstlichen Wachs der Bienen bereitet, wird sie dir dargebracht von deiner heiligen Kirche durch die Hand ihrer Diener.
So bitten wir dich, o Herr: Geweiht zum Ruhm deines Namens, leuchte die Kerze fort, um in dieser Nacht das Dunkel zu vertreiben. Nimm sie an als lieblich duftendes Opfer, vermähle ihr Licht mit den Lichtern am Himmel. Sie leuchte, bis der Morgenstern erscheint, jener wahre Morgenstern, der in Ewigkeit nicht untergeht: dein Sohn, unser Herr Jesus Christus, der von den Toten erstand, der den Menschen erstrahlt im österlichen Licht, der lebt und herrscht in Ewigkeit! A: **Amen.**

Alle löschen die Kerzen aus und setzen sich.

Zweiter Teil
WORTGOTTESDIENST

In dieser Nachtfeier werden neun Lesungen vorgetragen, sieben (oder wenigstens drei) aus dem Alten Testament und zwei aus dem Neuen Testament (Epistel und Evangelium). Die Lesung vom Durchzug durch das Rote Meer (Ex 14) darf nie ausfallen.

ZUR 1. LESUNG *Der biblische Bericht über die Erschaffung der Welt ist nicht eine naturwissenschaftliche Darstellung, sondern eine religiöse Aussage über Gott und diese Welt. Die Sprache ist groß und feierlich. Deutlich wird die Erschaffung des Menschen herausgehoben. Mit Weisheit und Liebe hat Gott ihn nach seinem Bild geschaffen und ihm die Schöpfung unterworfen. Sie soll dem Menschen gehorchen, er aber soll sie in der Ordnung Gottes verwalten.*

ERSTE LESUNG Gen 1, 1 – 2, 2

Gott sah alles an, was er gemacht hatte: Es war sehr gut

Lesung
aus dem Buch Génesis.

Im Anfang schuf Gott Himmel und Erde;
die Erde aber war wüst und wirr,
Finsternis lag über der Urflut,
und Gottes Geist schwebte über dem Wasser.
Gott sprach:
Es werde Licht.
Und es wurde Licht.
Gott sah, daß das Licht gut war.
Gott schied das Licht von der Finsternis,
und Gott nannte das Licht Tag,
und die Finsternis nannte er Nacht.
Es wurde Abend, und es wurde Morgen:
erster Tag.

Dann sprach Gott:
Ein Gewölbe entstehe mitten im Wasser
und scheide Wasser von Wasser.
Gott machte also das Gewölbe
und schied das Wasser unterhalb des Gewölbes
vom Wasser oberhalb des Gewölbes.
So geschah es,
und Gott nannte das Gewölbe Himmel.
Es wurde Abend, und es wurde Morgen:
zweiter Tag.

Dann sprach Gott:
Das Wasser unterhalb des Himmels sammle sich an einem Ort,
damit das Trockene sichtbar werde.
So geschah es.
Das Trockene nannte Gott Land,
und das angesammelte Wasser nannte er Meer.
Gott sah, daß es gut war.
Dann sprach Gott:
Das Land lasse junges Grün wachsen,
alle Arten von Pflanzen, die Samen tragen,
und von Bäumen,
die auf der Erde Früchte bringen mit ihrem Samen darin.

So geschah es.
12 Das Land brachte junges Grün hervor,
alle Arten von Pflanzen, die Samen tragen,
alle Arten von Bäumen,
die Früchte bringen mit ihrem Samen darin.
Gott sah, daß es gut war.
13 Es wurde Abend, und es wurde Morgen:
dritter Tag.

14 Dann sprach Gott:
Lichter sollen am Himmelsgewölbe sein,
um Tag und Nacht zu scheiden.
Sie sollen Zeichen sein
und zur Bestimmung von Festzeiten, von Tagen und Jahren dienen;
15 sie sollen Lichter am Himmelsgewölbe sein,
die über die Erde hin leuchten.
So geschah es.
16 Gott machte die beiden großen Lichter,
das größere, das über den Tag herrscht,
das kleinere, das über die Nacht herrscht,
auch die Sterne.
17 Gott setzte die Lichter an das Himmelsgewölbe,
damit sie über die Erde hin leuchten,
18 über Tag und Nacht herrschen
und das Licht von der Finsternis scheiden.
Gott sah, daß es gut war.
19 Es wurde Abend, und es wurde Morgen:
vierter Tag.

20 Dann sprach Gott:
Das Wasser wimmle von lebendigen Wesen,
und Vögel sollen über dem Land am Himmelsgewölbe dahinfliegen.
21 Gott schuf alle Arten von großen Seetieren
und anderen Lebewesen, von denen das Wasser wimmelt,
und alle Arten von gefiederten Vögeln.
Gott sah, daß es gut war.
22 Gott segnete sie
und sprach: Seid fruchtbar, und vermehrt euch,
und bevölkert das Wasser im Meer,
und die Vögel sollen sich auf dem Land vermehren.
23 Es wurde Abend, und es wurde Morgen:
fünfter Tag.

Dann sprach Gott:
Das Land bringe alle Arten von lebendigen Wesen hervor,
von Vieh,
von Kriechtieren
und von Tieren des Feldes.
So geschah es.
Gott machte alle Arten von Tieren des Feldes,
alle Arten von Vieh
und alle Arten von Kriechtieren auf dem Erdboden.
Gott sah, daß es gut war.

Dann sprach Gott:
Laßt uns Menschen machen
als unser Abbild, uns ähnlich.
Sie sollen herrschen über die Fische des Meeres,
über die Vögel des Himmels,
über das Vieh,
über die ganze Erde
und über alle Kriechtiere auf dem Land.
Gott schuf also den Menschen als sein Abbild;
als Abbild Gottes schuf er ihn.
Als Mann und Frau schuf er sie.
Gott segnete sie,
und Gott sprach zu ihnen:
Seid fruchtbar, und vermehrt euch,
bevölkert die Erde,
unterwerft sie euch,
und herrscht über die Fische des Meeres,
über die Vögel des Himmels
und über alle Tiere, die sich auf dem Land regen.
Dann sprach Gott:
Hiermit übergebe ich euch
alle Pflanzen auf der ganzen Erde, die Samen tragen,
und alle Bäume mit samenhaltigen Früchten.
Euch sollen sie zur Nahrung dienen.
Allen Tieren des Feldes,
allen Vögeln des Himmels
und allem, was sich auf der Erde regt,
was Lebensatem in sich hat,
gebe ich alle grünen Pflanzen zur Nahrung.

So geschah es.
31 Gott sah alles an, was er gemacht hatte:
Es war sehr gut.
Es wurde Abend, und es wurde Morgen:
der sechste Tag.

1 So wurden Himmel und Erde vollendet und ihr ganzes Gefüge.
2 Am siebten Tag
vollendete Gott das Werk, das er geschaffen hatte,
und er ruhte am siebten Tag,
nachdem er sein ganzes Werk vollbracht hatte.

Oder:

KURZFASSUNG Gen 1,1.26–31a

Gott sah alles an, was er gemacht hatte: Es war sehr gut

Lesung
aus dem Buch Génesis.

1 Im Anfang schuf Gott Himmel und Erde.

26 Und Gott sprach:
Laßt uns Menschen machen
als unser Abbild, uns ähnlich.
Sie sollen herrschen über die Fische des Meeres,
über die Vögel des Himmels,
über das Vieh,
über die ganze Erde
und über alle Kriechtiere auf dem Land.
27 Gott schuf also den Menschen als sein Abbild;
als Abbild Gottes schuf er ihn.
Als Mann und Frau schuf er sie.

28 Gott segnete sie,
und Gott sprach zu ihnen:
Seid fruchtbar, und vermehrt euch,
bevölkert die Erde,
unterwerft sie euch,
und herrscht über die Fische des Meeres,
über die Vögel des Himmels
und über alle Tiere, die sich auf dem Land regen.
29 Dann sprach Gott:

Hiermit übergebe ich euch
alle Pflanzen auf der ganzen Erde, die Samen tragen,
und alle Bäume mit samenhaltigen Früchten.
Euch sollen sie zur Nahrung dienen.
30 Allen Tieren des Feldes,
allen Vögeln des Himmels
und allem, was sich auf der Erde regt,
was Lebensatem in sich hat,
gebe ich alle grünen Pflanzen zur Nahrung.
So geschah es.

31a Gott sah alles an, was er gemacht hatte:
Es war sehr gut.

ANTWORTPSALM

Ps 104 (103), 1–2.5–6.10 u. 12.13–14b.24 u. 1ab (R: vgl. 30)

R Sende aus deinen Geist, (GL 253, 1)
und das Antlitz der Erde wird neu. – R

Lobe den Herrn, meine Seele! † VII. Ton
Herr, mein Gott, wie groß bist du! *
Du bist mit Hoheit und Pracht bekleidet.

Du hüllst dich in Licht wie in ein Kleid, *
du spannst den Himmel aus wie ein Zelt. – (R)

Du hast die Erde auf Pfeiler gegründet; *
in alle Ewigkeit wird sie nicht wanken.

Einst hat die Urflut sie bedeckt wie ein Kleid, *
die Wasser standen über den Bergen. – (R)

10 Du läßt die Quellen hervorsprudeln in den Tälern, *
sie eilen zwischen den Bergen dahin.

12 An den Ufern wohnen die Vögel des Himmels, *
aus den Zweigen erklingt ihr Gesang. – (R)

13 Du tränkst die Berge aus deinen Kammern, *
aus deinen Wolken wird die Erde satt.

14ab Du läßt Gras wachsen für das Vieh, *
auch Pflanzen für den Menschen, die er anbaut. – (R)

24 Herr, wie zahlreich sind deine Werke! †
Mit Weisheit hast du sie alle gemacht, *
die Erde ist voll von deinen Geschöpfen.

1ab Lobe den Herrn, meine Seele! *
Herr, mein Gott, wie groß bist du!

℟ Sende aus deinen Geist,
und das Antlitz der Erde wird neu.

Oder:

ANTWORTPSALM Ps 33 (32),4–5.6–7.12–13.20 u. 22 (℟: vgl. 5b)

℟ Von deiner Huld, o Herr, ist die Erde erfüllt. – ℟ (GL 477)

V. Ton

4 Das Wort des Herrn ist wahrhaftig, *
all sein Tun ist verläßlich.

5 Er liebt Gerechtigkeit und Recht, *
die Erde ist erfüllt von der Huld des Herrn. – (℟)

6 Durch das Wort des Herrn wurden die Himmel geschaffen, *
ihr ganzes Heer durch den Hauch seines Mundes.

7 Wie in einem Schlauch faßt er das Wasser des Meeres, *
verschließt die Urflut in Kammern. – (℟)

12 Wohl dem Volk, dessen Gott der Herr ist, *
der Nation, die er sich zum Erbteil erwählt hat.

13 Der Herr blickt herab vom Himmel, *
er sieht auf alle Menschen. – (℟)

20 Unsre Seele hofft auf den Herrn; *
er ist für uns Schild und Hilfe.

22 Laß deine Güte über uns walten, o Herr, *
denn wir schauen aus nach dir. – ℟

GEBET

Allmächtiger Gott,
du bist wunderbar in allem, was du tust.
Laß deine Erlösten erkennen,
daß deine Schöpfung groß ist,
doch größer noch das Werk der Erlösung,
die du uns in der Fülle der Zeit geschenkt hast
durch den Tod des Osterlammes,
unseres Herrn Jesus Christus,
der mit dir lebt und herrscht in alle Ewigkeit.

Oder (wenn die Kurzfassung gelesen wurde):

Allmächtiger Gott,
du hast den Menschen wunderbar erschaffen
und noch wunderbarer erlöst.
Hilf uns, den Verlockungen der Sünde
durch die Kraft des Geistes zu widerstehen,
damit wir zu den ewigen Freuden gelangen.
Darum bitten wir durch Christus, unseren Herrn.

ZUR 2. LESUNG *Die Berufung Abrahams war der Anfang einer Heilsordnung, die zunächst ihm und seinen Nachkommen, in Wirklichkeit aber allen Völkern zugedacht war. Der Glaube Abrahams war Vertrauen und Gehorsam. Abraham war bereit, seinen einzigen und geliebten Sohn Isaak zu opfern. Gott hat den Sohn Abrahams verschont, aber seinen eigenen geliebten Sohn hat er hingegeben für das Leben der Welt (Joh 3,16; Röm 8,32).*

ZWEITE LESUNG Gen 22,1–18

Das Opfer unseres Vaters Abraham (Meßbuch: 1. Hochgebet)

Lesung
aus dem Buch Génesis.

In jenen Tagen
stellte Gott Abraham auf die Probe.
Er sprach zu ihm: Abraham!
Er antwortete: Hier bin ich.
Gott sprach: Nimm deinen Sohn,
deinen einzigen, den du liebst, Ísaak,
geh in das Land Moríja,
und bring ihn dort auf einem der Berge, den ich dir nenne,
als Brandopfer dar.

Frühmorgens stand Abraham auf,
sattelte seinen Esel,
holte seine beiden Jungknechte und seinen Sohn Ísaak,
spaltete Holz zum Opfer
und machte sich auf den Weg
zu dem Ort, den ihm Gott genannt hatte.

4 Als Abraham am dritten Tag aufblickte,
sah er den Ort von weitem.

5 Da sagte Abraham zu seinen Jungknechten:
Bleibt mit dem Esel hier!
Ich will mit dem Knaben hingehen und anbeten;
dann kommen wir zu euch zurück.
6 Abraham nahm das Holz für das Brandopfer
und lud es seinem Sohn Ísaak auf.
Er selbst nahm das Feuer und das Messer in die Hand.
So gingen beide miteinander.
7 Nach einer Weile sagte Ísaak zu seinem Vater Abraham: Vater!
Er antwortete: Ja, mein Sohn!
Dann sagte Ísaak:
Hier ist Feuer und Holz.
Wo aber ist das Lamm für das Brandopfer?
8 Abraham entgegnete:
Gott wird sich das Opferlamm aussuchen, mein Sohn.
Und beide gingen miteinander weiter.

9 Als sie an den Ort kamen, den ihm Gott genannt hatte,
baute Abraham den Altar,
schichtete das Holz auf,
fesselte seinen Sohn Ísaak
und legte ihn auf den Altar, oben auf das Holz.
10 Schon streckte Abraham seine Hand aus
und nahm das Messer, um seinen Sohn zu schlachten.
11 Da rief ihm der Engel des Herrn vom Himmel her zu:
Abraham, Abraham!
Er antwortete: Hier bin ich.
12 Jener sprach:
Streck deine Hand nicht gegen den Knaben aus,
und tu ihm nichts zuleide!
Denn jetzt weiß ich, daß du Gott fürchtest;
du hast mir deinen einzigen Sohn nicht vorenthalten.
13 Als Abraham aufschaute,
sah er: Ein Widder hatte sich hinter ihm
mit seinen Hörnern im Gestrüpp verfangen.
Abraham ging hin,
nahm den Widder
und brachte ihn statt seines Sohnes als Brandopfer dar.

14 Abraham nannte jenen Ort Jahwe-Jire – Der Herr sieht –,

wie man noch heute sagt:
Auf dem Berg läßt sich der Herr sehen.

15 Der Engel des Herrn
rief Abraham zum zweitenmal vom Himmel her zu
16 und sprach:
Ich habe bei mir geschworen – Spruch des Herrn:
Weil du das getan hast
und deinen einzigen Sohn mir nicht vorenthalten hast,
17 will ich dir Segen schenken in Fülle
und deine Nachkommen zahlreich machen
wie die Sterne am Himmel
und den Sand am Meeresstrand.
Deine Nachkommen sollen das Tor ihrer Feinde einnehmen.
18 Segnen sollen sich mit deinen Nachkommen alle Völker der Erde,
weil du auf meine Stimme gehört hast.

Oder:

KURZFASSUNG Gen 22,1–2.9a.10–13.15–18

Das Opfer unseres Vaters Abraham (Meßbuch: 1. Hochgebet)

Lesung aus dem Buch Génesis.

In jenen Tagen
1 stellte Gott Abraham auf die Probe.
Er sprach zu ihm: Abraham!
Er antwortete: Hier bin ich.
2 Gott sprach: Nimm deinen Sohn,
deinen einzigen, den du liebst, Ísaak,
geh in das Land Moríja,
und bring ihn dort auf einem der Berge, den ich dir nenne,
als Brandopfer dar.
9a Als sie an den Ort kamen, den ihm Gott genannt hatte,
baute Abraham den Altar
und schichtete das Holz auf.
10 Schon streckte Abraham seine Hand aus
und nahm das Messer, um seinen Sohn zu schlachten.
11 Da rief ihm der Engel des Herrn vom Himmel her zu:
Abraham, Abraham!
Er antwortete: Hier bin ich.
12 Jener sprach:
Streck deine Hand nicht gegen den Knaben aus,
und tu ihm nichts zuleide!

Denn jetzt weiß ich, daß du Gott fürchtest;
du hast mir deinen einzigen Sohn nicht vorenthalten.
13 Als Abraham aufschaute,
sah er: Ein Widder hatte sich hinter ihm
mit seinen Hörnern im Gestrüpp verfangen.
Abraham ging hin,
nahm den Widder
und brachte ihn statt seines Sohnes als Brandopfer dar.

15 Der Engel des Herrn
rief Abraham zum zweitenmal vom Himmel her zu
16 und sprach:
Ich habe bei mir geschworen – Spruch des Herrn:
Weil du das getan hast
und deinen einzigen Sohn mir nicht vorenthalten hast,
17 will ich dir Segen schenken in Fülle
und deine Nachkommen zahlreich machen
wie die Sterne am Himmel
und den Sand am Meeresstrand.
Deine Nachkommen sollen das Tor ihrer Feinde einnehmen.
18 Segnen sollen sich mit deinen Nachkommen alle Völker der Erde,
weil du auf meine Stimme gehört hast.

ANTWORTPSALM Ps 16 (15), 5 u. 8.9–10.2 u. 11 (R: vgl. 1)
(GL 527, 7)

R Behüte mich, Gott,
denn ich vertraue auf dich. – R

5 Du, Herr, gibst mir das Erbe und reichst mir den Becher; * IV. Ton
du hältst mein Los in deinen Händen.

8 Ich habe den Herrn beständig vor Augen. *
Er steht mir zur Rechten, ich wanke nicht. – (R)

9 Darum freut sich mein Herz und frohlockt meine Seele; *
auch mein Leib wird wohnen in Sicherheit.

10 Denn du gibst mich nicht der Unterwelt preis; *
du läßt deinen Frommen das Grab nicht schauen. – (R)

2 Ich sage zum Herrn: „Du bist mein Herr; *
mein ganzes Glück bist du allein.“

11 Du zeigst mir den Pfad zum Leben. †
Vor deinem Angesicht herrscht Freude in Fülle, *
zu deiner Rechten Wonne für alle Zeit. – R

GEBET

Gott, du Vater aller Gläubigen,
durch deine Gnade
mehrst du auf dem ganzen Erdenrund
die Kinder deiner Verheißung.
Durch das österliche Sakrament der Taufe
erfüllst du den Eid,
den du Abraham geschworen hast,
und machst ihn zum Vater aller Völker.
Gib allen, die du zu deinem Volk berufen hast,
die Gnade, diesem Ruf zu folgen.
Darum bitten wir durch Christus, unseren Herrn.

ZUR 3. LESUNG *Der Auszug aus Ägypten lebt in der Erinnerung Israels als das grundlegende Heilsereignis des Anfangs. Ägypten bedeutete Knechtschaft; das Schilfmeer (das Rote Meer) hätte für Israel den Tod bedeutet, wenn Gott nicht eingegriffen hätte. Der Apostel Paulus nennt den Durchzug durch das Rote Meer eine „Taufe": ein Vorbild der Taufe, in der wir mit Christus gestorben und auferstanden sind. Die Rettung am Schilfmeer ist auch Vorbild des rettenden Eingreifens Gottes am Ende der Zeit (Offb 15,3–4).*

DRITTE LESUNG Ex 14,15 – 15,1

Die Israeliten zogen auf trockenem Boden mitten durch das Meer

Lesung
aus dem Buch Éxodus.

In jenen Tagen,
als die Israeliten sahen, daß die Ägypter ihnen nachrückten,
erschraken sie sehr
und schrien zum Herrn.
5 Da sprach der Herr zu Mose: Was schreist du zu mir?
Sag den Israeliten, sie sollen aufbrechen.
6 Und du heb deinen Stab hoch,
streck deine Hand über das Meer, und spalte es,
damit die Israeliten
auf trockenem Boden in das Meer hineinziehen können.
7 Ich aber will das Herz der Ägypter verhärten,
damit sie hinter ihnen hineinziehen.

So will ich am Pharao und an seiner ganzen Streitmacht,
an seinen Streitwagen und Reitern meine Herrlichkeit erweisen.
18 Die Ägypter sollen erkennen, daß ich der Herr bin,
wenn ich am Pharao, an seinen Streitwagen und Reitern
meine Herrlichkeit erweise.

19 Der Engel Gottes, der den Zug der Israeliten anführte, erhob sich
und ging an das Ende des Zuges,
und die Wolkensäule vor ihnen erhob sich
und trat an das Ende.
20 Sie kam zwischen das Lager der Ägypter
und das Lager der Israeliten.
Die Wolke war da und Finsternis,
und Blitze erhellten die Nacht.
So kamen sie die ganze Nacht einander nicht näher.

21 Mose streckte seine Hand über das Meer aus,
und der Herr trieb die ganze Nacht
das Meer durch einen starken Ostwind fort.
Er ließ das Meer austrocknen,
und das Wasser spaltete sich.
22 Die Israeliten zogen auf trockenem Boden ins Meer hinein,
während rechts und links von ihnen
das Wasser wie eine Mauer stand.
23 Die Ägypter setzten ihnen nach;
alle Pferde des Pharao, seine Streitwagen und Reiter
zogen hinter ihnen ins Meer hinein.

24 Um die Zeit der Morgenwache
blickte der Herr aus der Feuer- und Wolkensäule
auf das Lager der Ägypter
und brachte es in Verwirrung.
25 Er hemmte die Räder an ihren Wagen
und ließ sie nur schwer vorankommen.
Da sagte der Ägypter:
Ich muß vor Israel fliehen,
denn Jahwe kämpft an ihrer Seite gegen Ägypten.

26 Darauf sprach der Herr zu Mose:
Streck deine Hand über das Meer,
damit das Wasser zurückflutet
und den Ägypter, seine Wagen und Reiter zudeckt.

27 Mose streckte seine Hand über das Meer,
und gegen Morgen flutete das Meer an seinen alten Platz zurück,
während die Ägypter auf der Flucht ihm entgegenliefen.
So trieb der Herr die Ägypter mitten ins Meer.
28 Das Wasser kehrte zurück
und bedeckte Wagen und Reiter,
die ganze Streitmacht des Pharao,
die den Israeliten ins Meer nachgezogen war.
Nicht ein einziger von ihnen blieb übrig.
29 Die Israeliten aber waren auf trockenem Boden
mitten durch das Meer gezogen,
während rechts und links von ihnen
das Wasser wie eine Mauer stand.

30 So rettete der Herr an jenem Tag Israel aus der Hand der Ägypter.
Israel sah die Ägypter tot am Strand liegen.
31 Als Israel sah,
daß der Herr
mit mächtiger Hand an den Ägyptern gehandelt hatte,
fürchtete das Volk den Herrn.
Sie glaubten an den Herrn
und an Mose, seinen Knecht.

1 Damals sang Mose mit den Israeliten dem Herrn dieses Lied;
sie sagten:
Ich singe dem Herrn ein Lied,
denn er ist hoch und erhaben.
Rosse und Wagen warf er ins Meer.

ANTWORTPSALM

Ex 15,1b–2b.2c–3.4–5.6 u. 13.17–18 (R: vgl. 1bc)

℟ Dem Herrn will ich singen, (GL 209,1)
machtvoll hat er sich kundgetan. – ℟

b Ich singe dem Herrn ein Lied, † VIII. Ton
denn er ist hoch und erhaben. *
Rosse und Wagen warf er ins Meer.

ab Meine Stärke und mein Lied ist der Herr, *
er ist für mich zum Retter geworden. – (℟)

cd Er ist mein Gott, ihn will ich preisen; *
den Gott meines Vaters will ich rühmen.

3 Der Herr ist ein Krieger, *
Jahwe ist sein Name. – (R)

4 Pharaos Wagen und seine Streitmacht warf er ins Meer. *
Seine besten Kämpfer versanken im Schilfmeer.

5 Fluten deckten sie zu, *
sie sanken in die Tiefe wie Steine. – (R)

6 Deine Rechte, Herr, ist herrlich an Stärke; *
deine Rechte, Herr, zerschmettert den Feind.

13 Du lenktest in deiner Güte das Volk, das du erlöst hast, *
du führtest sie machtvoll zu deiner heiligen Wohnung. – (R)

17 Du brachtest sie hin und pflanztest sie ein *
auf dem Berg deines Erbes.

Einen Ort, wo du thronst, Herr, hast du gemacht; †
ein Heiligtum, Herr, haben deine Hände gegründet. *
18 Der Herr ist König für immer und ewig.

℟ Dem Herrn will ich singen,
machtvoll hat er sich kundgetan.

GEBET

Gott,
deine uralten Wunder
leuchten noch in unseren Tagen.
Was einst dein mächtiger Arm
an einem Volk getan hat,
das tust du jetzt an allen Völkern:
Einst hast du Israel
aus der Knechtschaft des Pharao befreit
und durch die Fluten des Roten Meeres geführt;
nun aber führst du alle Völker
durch das Wasser der Taufe zur Freiheit.
Gib, daß alle Menschen Kinder Abrahams werden
und zur Würde des auserwählten Volkes gelangen.
Darum bitten wir durch Christus, unseren Herrn.

Oder:

**Herr, unser Gott,
du hast uns durch das Licht des Neuen Bundes
den Sinn der Wunder erschlossen,
die du im Alten Bund gewirkt hast:
Das Rote Meer
ist ein Bild für das Wasser der Taufe;
das befreite Volk Israel deutet hin
auf das heilige Volk des Neuen Bundes.
Gib, daß alle Menschen durch den Glauben
an der Würde Israels teilhaben
und im Heiligen Geist
die Gnade der Wiedergeburt empfangen.
Darum bitten wir durch Christus, unseren Herrn.**

ZUR 4. LESUNG *Der Gott der ganzen Erde kümmert sich um sein Volk und seine heilige Stadt Jerusalem. Die Treulose hat seinen Zorn zu spüren bekommen (Zerstörung Jerusalems, 587 v. Chr.); jetzt aber soll sie sein Erbarmen und seine ewige Treue erfahren. Das Trostwort des Propheten weist über die geschichtliche Situation hinaus in die Zukunft, auf ein neues Jerusalem, ein erneuertes Gottesvolk.*

VIERTE LESUNG Jes 54,5–14

Mit ewiger Huld habe ich Erbarmen mit dir, spricht dein Erlöser, der Herr

**Lesung
aus dem Buch Jesája.**

**Jerusalem, dein Schöpfer ist dein Gemahl,
„Herr der Heere" ist sein Name.
Der Heilige Israels ist dein Erlöser,
„Gott der ganzen Erde" wird er genannt.**

**Ja, der Herr hat dich gerufen
als verlassene, bekümmerte Frau.
Kann man denn die Frau verstoßen,
die man in der Jugend geliebt hat?, spricht dein Gott.
Nur für eine kleine Weile habe ich dich verlassen,
doch mit großem Erbarmen hole ich dich heim.
Einen Augenblick nur verbarg ich vor dir mein Gesicht
in aufwallendem Zorn;**

aber mit ewiger Huld habe ich Erbarmen mit dir,
spricht dein Erlöser, der Herr.

9 Wie in den Tagen Noachs soll es für mich sein:
So wie ich damals schwor,
daß die Flut Noachs die Erde nie mehr überschwemmen wird,
so schwöre ich jetzt, dir nie mehr zu zürnen
und dich nie mehr zu schelten.
10 Auch wenn die Berge von ihrem Platz weichen
und die Hügel zu wanken beginnen
– meine Huld wird nie von dir weichen
und der Bund meines Friedens nicht wanken,
spricht der Herr, der Erbarmen hat mit dir.

11 Du Ärmste, vom Sturm Gepeitschte, die ohne Trost ist,
sieh her:
Ich selbst lege dir ein Fundament aus Malachít
und Grundmauern aus Saphír.
12 Aus Rubínen mache ich deine Zinnen,
aus Berýll deine Tore
und alle deine Mauern aus kostbaren Steinen.
13 Alle deine Söhne werden Jünger des Herrn sein,
und groß ist der Friede deiner Söhne.
14 Du wirst auf Gerechtigkeit gegründet sein.
Du bist fern von Bedrängnis,
denn du brauchst dich nicht mehr zu fürchten,
und bist fern von Schrecken;
er kommt an dich nicht heran.

ANTWORTPSALM

Ps 30 (29), 2 u. 4.5–6b.6cd u. 12a u. 13b (R: vgl. 2ab)

R Herr, du zogst mich empor aus der Tiefe; (GL 527,6)
ich will dich rühmen in Ewigkeit. – R

2 Ich will dich rühmen, Herr, † II. Ton
denn du hast mich aus der Tiefe gezogen *
und läßt meine Feinde nicht über mich triumphieren.

4 Herr, du hast mich herausgeholt aus dem Reich des Todes, *
aus der Schar der Todgeweihten mich zum Leben gerufen. – (R)

5 Singt und spielt dem Herrn, ihr seine Frommen, *
preist seinen heiligen Namen!

6ab Denn sein Zorn dauert nur einen Augenblick, *
doch seine Güte ein Leben lang. – (℟)

6cd Wenn man am Abend auch weint, *
am Morgen herrscht wieder Jubel.

12a Du hast mein Klagen in Tanzen verwandelt, *
13b Herr, mein Gott, ich will dir danken in Ewigkeit. – ℟

GEBET

Allmächtiger, ewiger Gott,
verherrliche deinen Namen,
Gewähre, was du den Vätern
um ihres Glaubens willen versprochen hast,
und mehre durch die Taufe die Zahl deiner Kinder.
Laß deine Kirche erfahren, daß sich erfüllt,
was die Heiligen des Alten Bundes gläubig erhofft haben.
Darum bitten wir durch Christus, unseren Herrn.

ZUR 5. LESUNG *Frühere Heilsankündigungen haben von der Rettung als Befreiung aus der Gefangenschaft und Rückkehr in die Heimat gesprochen. In Jesaja 54–55 wird das kommende Heil als neuer Bund bezeichnet, ein „ewiger Bund", in dem sich die früheren Verheißungen erfüllen. Gott ist treu, aber er kann nur einem Volk helfen, das seine Armut vor Gott begreift und sich für die Gabe Gottes öffnet.*

FÜNFTE LESUNG Jes 55,1–11

Kommt zu mir, dann werdet ihr leben. Ich will einen ewigen Bund mit euch schließen

Lesung
aus dem Buch Jesája.

So spricht der Herr:
Auf, ihr Durstigen, kommt alle zum Wasser!
Auch wer kein Geld hat, soll kommen.
Kauft Getreide, und eßt, kommt und kauft ohne Geld,
kauft Wein und Milch ohne Bezahlung!

2 Warum bezahlt ihr mit Geld, was euch nicht nährt,
und mit dem Lohn eurer Mühen, was euch nicht satt macht?
Hört auf mich,
dann bekommt ihr das Beste zu essen
und könnt euch laben an fetten Speisen.
3 Neigt euer Ohr mir zu, und kommt zu mir,
hört, dann werdet ihr leben.
Ich will einen ewigen Bund mit euch schließen
gemäß der beständigen Huld, die ich David erwies.
4 Seht her: Ich habe ihn zum Zeugen für die Völker gemacht,
zum Fürsten und Gebieter der Nationen.
5 Völker, die du nicht kennst, wirst du rufen;
Völker, die dich nicht kennen, eilen zu dir,
um des Herrn, deines Gottes, des Heiligen Israels willen,
weil er dich herrlich gemacht hat.

6 Sucht den Herrn, solange er sich finden läßt,
ruft ihn an, solange er nahe ist.
7 Der Ruchlose soll seinen Weg verlassen,
der Frevler seine Pläne.
Er kehre um zum Herrn,
damit er Erbarmen hat mit ihm,
und zu unserem Gott,
denn er ist groß im Verzeihen.
8 Meine Gedanken sind nicht eure Gedanken,
und eure Wege sind nicht meine Wege – Spruch des Herrn.
9 So hoch der Himmel über der Erde ist,
so hoch erhaben sind meine Wege über eure Wege
und meine Gedanken über eure Gedanken.

10 Denn wie der Regen und der Schnee vom Himmel fällt
und nicht dorthin zurückkehrt,
sondern die Erde tränkt
und sie zum Keimen und Sprossen bringt,
wie er dem Sämann Samen gibt und Brot zum Essen,
11 so ist es auch mit dem Wort, das meinen Mund verläßt:
Es kehrt nicht leer zu mir zurück,
sondern bewirkt, was ich will,
und erreicht all das, wozu ich es ausgesandt habe.

ANTWORTPSALM Jes 12, 2.3 u. 4bcd.5–6 (R: 3)

R Ihr werdet Wasser schöpfen voll Freude (GL 209, 2)
aus den Quellen des Heils. – R

2 Gott ist meine Rettung; * VII. Ton
ihm will ich vertrauen und niemals verzagen.
Denn meine Stärke und mein Lied ist der Herr. *
Er ist für mich zum Retter geworden. – (R)

3 Ihr werdet Wasser schöpfen voll Freude *
aus den Quellen des Heils.

4bcd Dankt dem Herrn! Ruft seinen Namen an! †
Macht seine Taten unter den Völkern bekannt, *
verkündet: Sein Name ist groß und erhaben! – (R)

5 Preist den Herrn; denn herrliche Taten hat er vollbracht; *
auf der ganzen Erde soll man es wissen.

6 Jauchzt und jubelt, ihr Bewohner von Zion; *
denn groß ist in eurer Mitte der Heilige Israels. – R

GEBET

Allmächtiger, ewiger Gott,
du einzige Hoffnung der Welt,
durch die Propheten
hast du die Heilsereignisse angekündigt,
die sich in unseren Tagen erfüllen.
Erwecke du selbst in uns das Verlangen,
dir immer treuer zu dienen;
denn niemand macht Fortschritte im Guten,
wenn ihn nicht deine Gnade führt.
Darum bitten wir durch Christus, unseren Herrn.

ZUR 6. LESUNG *In den Werken der Schöpfung offenbart Gott seine Macht und Größe. Bei allen Völkern gab es weise Menschen, die in der wohlgeordneten Schönheit die Spuren Gottes erkannten. Der Vorzug Israels aber war es, daß Gott selbst es auf den Weg der Weisheit geführt hat. In den Zehn Geboten soll es den Weg erkennen, auf dem es Leben, Frieden und Glück findet.*

SECHSTE LESUNG Bar 3,9–15.32 – 4,4

Geh deinen Weg im Licht der Weisheit Gottes

Lesung
aus dem Buch Baruch.

9 Höre, Israel, die Gebote des Lebens;
merkt auf, um Einsicht zu erlangen.
10 Warum, Israel, warum lebst du im Gebiet der Feinde,
siechst dahin in einem fremden Land,
11 bist unrein geworden, den Toten gleich,
wurdest zu den Abgeschiedenen gezählt?
12 Du hast den Quell der Weisheit verlassen.
13 Wärest du auf Gottes Weg gegangen,
du wohntest in Frieden für immer.
14 Nun lerne, wo die Einsicht ist,
wo Kraft und wo Klugheit,
dann erkennst du zugleich,
wo langes Leben und Lebensglück,
wo Licht für die Augen und Frieden zu finden sind.

15 Wer hat je den Ort der Weisheit gefunden?
Wer ist zu ihren Schatzkammern vorgedrungen?
32 Doch der Allwissende kennt sie;
er hat sie in seiner Einsicht entdeckt.
Er hat ja die Erde für immer gegründet,
er hat sie mit Tieren bevölkert.
33 Er entsendet das Licht, und es eilt dahin;
er ruft es zurück, und zitternd gehorcht es ihm.
34 Froh leuchten die Sterne auf ihren Posten.
35 Ruft er sie,
so antworten sie: Hier sind wir.
Sie leuchten mit Freude für ihren Schöpfer.
36 Das ist unser Gott;
kein anderer gilt neben ihm.
37 Er hat den Weg der Weisheit ganz erkundet
und hat sie Jakob, seinem Diener, verliehen,
Israel, seinem Liebling.
38 Dann erschien sie auf der Erde
und hielt sich unter den Menschen auf.

1 Sie ist das Buch der Gebote Gottes,
das Gesetz, das ewig besteht.

Alle, die an ihr festhalten, finden das Leben;
doch alle, die sie verlassen, verfallen dem Tod.
Kehr um, Jakob, ergreif sie!
Geh deinen Weg im Glanz ihres Lichtes!
Überlaß deinen Ruhm keinem andern,
dein Vorrecht keinem fremden Volk!
Glücklich sind wir, das Volk Israel;
denn wir wissen, was Gott gefällt.

ANTWORTPSALM Ps 19 (18), 8.9.10.11–12 (R: Joh 6, 68c)

R Herr, du hast Worte des ewigen Lebens. – R (GL 465)

Die Weisung des Herrn ist vollkommen, * II. Ton
sie erquickt den Menschen.

Das Gesetz des Herrn ist verläßlich, *
den Unwissenden macht es weise. – (R)

Die Befehle des Herrn sind richtig, *
sie erfreuen das Herz;

das Gebot des Herrn ist lauter, *
es erleuchtet die Augen. – (R)

Die Furcht des Herrn ist rein, *
sie besteht für immer.

Die Urteile des Herrn sind wahr, *
gerecht sind sie alle. – (R)

Sie sind kostbarer als Gold, als Feingold in Menge. *
Sie sind süßer als Honig, als Honig aus Waben.

Auch dein Knecht läßt sich von ihnen warnen; *
wer sie beachtet, hat reichen Lohn. – R

GEBET

Gott, unser Vater,
du mehrst die Zahl deiner Kinder
und rufst aus allen Völkern
Menschen in deine Kirche.
Beschütze gütig die Täuflinge,
damit sie den Quell der Weisheit niemals verlassen
und auf deinen Wegen gehen.
Darum bitten wir durch Christus, unseren Herrn.

ZUR 7. LESUNG *Nach der Zerstörung Jerusalems (587 v. Chr.) empfängt der Prophet ein Gotteswort, das ihm das Geschehene deutet und die Zukunft enthüllt. Gott wird Israel nicht seinem Schicksal überlassen. Er ist ja nicht irgendein Gott; er ist Jahwe Zebaot, der Herr der Heere, Israels Gott. Die Rettung wird aber nicht nur darin bestehen, daß die Gefangenen heimkehren dürfen; Gott wird ihnen ein neues Herz und einen neuen Geist geben. Mit einem erneuerten Volk wird er einen neuen Bund schließen.*

SIEBTE LESUNG Ez 36,16–17a.18–28

Ich gieße reines Wasser über euch aus und schenke euch ein neues Herz

Lesung
aus dem Buch Ezéchiel.

16 Das Wort des Herrn erging an mich:
17a Hör zu, Menschensohn!
Als Israel in seinem Land wohnte,
machten sie das Land durch ihr Verhalten und ihre Taten unrein.
18 Da goß ich meinen Zorn über sie aus,
weil sie Blut vergossen im Land
und das Land mit ihren Götzen befleckten.
19 Ich zerstreute sie unter die Völker;
in alle Länder wurden sie vertrieben.
Nach ihrem Verhalten und nach ihren Taten habe ich sie gerichtet.
20 Als sie aber zu den Völkern kamen,
entweihten sie überall, wohin sie kamen,
meinen heiligen Namen;
denn man sagte von ihnen:
Das ist das Volk Jahwes,
und doch mußten sie sein Land verlassen.
21 Da tat mir mein heiliger Name leid,
den das Haus Israel bei den Völkern entweihte,
wohin es auch kam.

22 Darum sag zum Haus Israel:
So spricht Gott, der Herr:
Nicht euretwegen handle ich, Haus Israel,
sondern um meines heiligen Namens willen,
den ihr bei den Völkern entweiht habt,
wohin ihr auch gekommen seid.

23 Meinen großen, bei den Völkern entweihten Namen,
den ihr mitten unter ihnen entweiht habt,
werde ich wieder heiligen.
Und die Völker
– Spruch Gottes, des Herrn –
werden erkennen, daß ich der Herr bin,
wenn ich mich an euch vor ihren Augen als heilig erweise.
24 Ich hole euch heraus aus den Völkern,
ich sammle euch aus allen Ländern und bringe euch in euer Land.
25 Ich gieße reines Wasser über euch aus,
dann werdet ihr rein.
Ich reinige euch von aller Unreinheit und von allen euren Götzen.

26 Ich schenke euch ein neues Herz
und lege einen neuen Geist in euch.
Ich nehme das Herz von Stein aus eurer Brust
und gebe euch ein Herz von Fleisch.
27 Ich lege meinen Geist in euch
und bewirke, daß ihr meinen Gesetzen folgt
und auf meine Gebote achtet
und sie erfüllt.
28 Dann werdet ihr in dem Land wohnen,
das ich euren Vätern gab.
Ihr werdet mein Volk sein,
und ich werde euer Gott sein.

ANTWORTPSALM

Ps 42 (41), 3.5 u. 10a; 43 (42), 3–4
(R: vgl. 42 (41), 2)

R Wie der Hirsch verlangt nach frischem Wasser, (GL 209, 3)
so verlangt meine Seele, Gott, nach dir. – R

42,3 Meine Seele dürstet nach Gott, * I. Ton
nach dem lebendigen Gott.

Wann darf ich kommen *
und Gottes Antlitz schauen? – (R)

5 Das Herz geht mir über, wenn ich daran denke: †
wie ich zum Haus Gottes zog in festlicher Schar, *
mit Jubel und Dank in feiernder Menge.

10a Ich sage zu Gott, meinem Fels: *
„Warum hast du mich vergessen?" – (R)

43,3 Sende dein Licht und deine Wahrheit, damit sie mich leiten; *
sie sollen mich führen zu deinem heiligen Berg und zu deiner Wohnung.

4 So will ich zum Altar Gottes treten, zum Gott meiner Freude. *
Jauchzend will ich dich auf der Harfe loben, Gott, mein Gott.

R Wie der Hirsch verlangt nach frischem Wasser,
so verlangt meine Seele, Gott, nach dir.

Falls eine Taufe gespendet wird:
Jes 12,2.3 u. 4bcd.5–6 (R: 3), siehe S. 217.

Oder:

ANTWORTPSALM Ps 51 (50),12–13.14–15.18–19 (R: vgl. 12a)

R Ein reines Herz erschaffe mir, o Gott. – R (GL 528,2)

III. Ton

12 Erschaffe mir, Gott, ein reines Herz, *
und gib mir einen neuen, beständigen Geist!

13 Verwirf mich nicht von deinem Angesicht, *
und nimm deinen heiligen Geist nicht von mir! – (R)

14 Mach mich wieder froh mit deinem Heil; *
mit einem willigen Geist rüste mich aus!

15 Dann lehre ich Abtrünnige deine Wege, *
und die Sünder kehren um zu dir. – (R)

18 Schlachtopfer willst du nicht, ich würde sie dir geben; *
an Brandopfern hast du kein Gefallen.

19 Das Opfer, das Gott gefällt, ist ein zerknirschter (·) Geist, *
ein zerbrochenes und zerschlagenes Herz wirst du, Gott, nicht verschmähen. – R

GEBET

Gott,
du unwandelbare Kraft, du ewiges Licht,
schau gütig auf deine Kirche
und wirke durch sie das Heil der Menschen.
So erfahre die Welt,
was du von Ewigkeit her bestimmt hast:
Was alt ist, wird neu,
was dunkel ist, wird licht,
was tot war, steht auf zum Leben,

und alles wird wieder heil in dem,
der der Ursprung von allem ist,
in unserem Herrn Jesus Christus,
der mit dir lebt und herrscht in alle Ewigkeit.

Oder:

Herr, unser Gott,
durch die Schriften des Alten und des Neuen Bundes
führst du uns ein
in das Geheimnis dieser heiligen Nacht.
Öffne unsere Augen für das Werk deines Erbarmens
und schenk uns durch die Gnade dieser Osternacht
die feste Zuversicht, daß auch unser Leben
in deiner Herrlichkeit vollendet wird.
Darum bitten wir durch Christus, unseren Herrn.

Oder (wenn eine Taufe folgt):

Sei uns nahe, allmächtiger Gott,
und wirke in den Sakramenten,
die uns deine Liebe schenkt:
Sende den Geist aus,
der uns zu deinen Kindern macht,
den Geist, durch den dir aus dem Wasser der Taufe
ein neues Volk geboren wird.
Was wir unter heiligen Zeichen vollziehen,
das vollende du mit deiner Kraft.
Darum bitten wir durch Christus, unseren Herrn.

Nach dem Gebet zur letzten Lesung aus dem Alten Testament:
Ehre sei Gott, S. 348 ff.

TAGESGEBET

Lasset uns beten.

Gott, du hast diese Nacht hell gemacht
durch den Glanz der Auferstehung unseres Herrn.
Erwecke in deiner Kirche den Geist der Kindschaft,
den du uns durch die Taufe geschenkt hast,
damit wir neu werden an Leib und Seele
und dir mit aufrichtigem Herzen dienen.
Darum bitten wir durch Jesus Christus.

ZUR EPISTEL *Christus ist ein für allemal gestorben und von den Toten auferstanden; sein Leben ist göttliches Leben. In diese Christuswirklichkeit sind wir durch die Taufe eingetreten; alles hat Gott uns durch ihn und mit ihm geschenkt. Aber was wir empfangen haben, muß gelebte Wirklichkeit werden: in der Zustimmung des Glaubens und im Ja des Gehorsams.*

EPISTEL Röm 6,3–11

Sind wir mit Christus gestorben, so glauben wir, daß wir auch mit ihm leben werden

Lesung
aus dem Brief des Apostels Paulus an die Römer.

Brüder!
3 **Wir alle, die wir auf Christus Jesus getauft wurden,**
sind auf seinen Tod getauft worden.
4 **Wir wurden mit ihm begraben durch die Taufe auf den Tod;**
und wie Christus durch die Herrlichkeit des Vaters
von den Toten auferweckt wurde,
so sollen auch wir als neue Menschen leben.

5 **Wenn wir nämlich ihm gleich geworden sind in seinem Tod,**
dann werden wir mit ihm
auch in seiner Auferstehung vereinigt sein.
6 **Wir wissen doch:**
Unser alter Mensch wurde mitgekreuzigt,
damit der von der Sünde beherrschte Leib vernichtet werde
und wir nicht Sklaven der Sünde bleiben.
7 **Denn wer gestorben ist,**
der ist frei geworden von der Sünde.

8 **Sind wir nun mit Christus gestorben,**
so glauben wir, daß wir auch mit ihm leben werden.
9 **Wir wissen,**
daß Christus, von den Toten auferweckt, nicht mehr stirbt;
der Tod hat keine Macht mehr über ihn.
10 **Denn durch sein Sterben**
ist er ein für allemal gestorben für die Sünde,
sein Leben aber lebt er für Gott.
11 **So sollt auch ihr euch als Menschen begreifen,**
die für die Sünde tot sind,
aber für Gott leben in Christus Jesus.

ANTWORTPSALM

Ps 118 (117), 1–2.16–17.22–23

℟ Halleluja, halleluja, halleluja. – ℟[1] (GL 209, 4)

VIII. Ton

Danket dem Herrn, denn er ist gütig, *
denn seine Huld währt ewig.

So soll Israel sagen: *
Denn seine Huld währt ewig. – (℟)

16 „Die Rechte des Herrn ist erhoben, *
die Rechte des Herrn wirkt mit Macht!"

17 Ich werde nicht sterben, sondern leben, *
um die Taten des Herrn zu verkünden. – (℟)

22 Der Stein, den die Bauleute verwarfen, *
er ist zum Eckstein geworden.

23 Das hat der Herr vollbracht, *
vor unseren Augen geschah dieses Wunder. – ℟

ZUM EVANGELIUM *Die Erzählung von Jesu Leiden und Tod gipfelt in der Osterbotschaft: Er ist auferstanden, er lebt. Das leere Grab war ein Zeichen, aber noch keine Botschaft. Erst die Begegnung mit dem Auferstandenen macht das Zeichen verstehbar. Die Begegnung aber ist nur möglich, wenn das Herz bereit ist, zu sehen und zu glauben. Die Liebe macht dazu fähig. Das ist auch die Lehre aus der Erzählung von den Emmausjüngern (Messe am Abend): das brennende Herz spürt die Nähe des Herrn und versteht die Wahrheit der Heiligen Schriften.*

EVANGELIUM

Mk 16, 1–7

Ihr sucht Jesus von Nazaret, den Gekreuzigten; er ist auferstanden

✠ Aus dem heiligen Evangelium nach Markus.

Als der Sabbat vorüber war,
kauften Maria aus Mágdala,
Maria, die Mutter des Jakóbus,
und Sálome wohlriechende Öle,

---

[1] Nach alter Tradition kann auch der Zelebrant dieses Halleluja anstimmen.

um damit zum Grab zu gehen
und Jesus zu salben.

2 Am ersten Tag der Woche kamen sie in aller Frühe zum Grab,
als eben die Sonne aufging.
3 Sie sagten zueinander:
Wer könnte uns den Stein vom Eingang des Grabes wegwälzen?
4 Doch als sie hinblickten,
sahen sie, daß der Stein schon weggewälzt war;
er war sehr groß.

5 Sie gingen in das Grab hinein
und sahen auf der rechten Seite einen jungen Mann sitzen,
der mit einem weißen Gewand bekleidet war;
da erschraken sie sehr.

6 Er aber sagte zu ihnen: Erschreckt nicht!
Ihr sucht Jesus von Nazaret, den Gekreuzigten.
Er ist auferstanden;
er ist nicht hier.
Seht, da ist die Stelle, wo man ihn hingelegt hatte.
7 Nun aber geht
und sagt seinen Jüngern, vor allem Petrus:
Er geht euch voraus nach Galiläa;
dort werdet ihr ihn sehen,
wie er es euch gesagt hat.

Dritter Teil

TAUFFEIER

Allerheiligenlitanei

(entfällt, wenn keine Taufe gespendet und auch kein Taufwasser gesegnet wird)

Kyrie, eleison. *Oder:* Herr, erbarme dich.
Christe, eleison. Christus, erbarme dich.
Kyrie, eleison. Herr, erbarme dich.
Heilige Maria, Mutter Gottes A: Bitte für uns.
Heiliger Michael

Ihr heiligen Engel Gottes A: Bittet für uns.
Heiliger Johannes der Täufer A: Bitte für uns.
Heiliger Josef
Heilige Apostel Petrus und Paulus A: Bittet für uns.
Heiliger Andreas A: Bitte für uns.
Heiliger Johannes
Heilige Maria Magdalena
Heiliger Stephanus
Heiliger Ignatius von Antiochien
Heiliger Laurentius
Heilige Perpetua und Felizitas A: Bittet für uns.
Heilige Agnes A: Bitte für uns.
Heiliger Gregor
Heiliger Augustinus
Heiliger Athanasius
Heiliger Basilius
Heiliger Martin
Heiliger Benedikt
Heiliger Franziskus
Heiliger Dominikus
Heiliger Franz Xaver
Heiliger Pfarrer von Ars
Heilige Katharina von Siena
Heilige Theresia von Ávila
Alle Heiligen Gottes A: Bittet für uns.
Jesus, sei uns gnädig A: Herr, befreie uns.
Von allem Bösen
Von aller Sünde
Von der ewigen Verdammnis
Durch deine Menschwerdung und dein heiliges Leben
Durch dein Sterben und dein Auferstehn
Durch die Sendung des Heiligen Geistes
Wir armen Sünder A: Wir bitten dich, erhöre uns.

Wenn getauft wird:

Schenke diesem (diesen) Erwählten im Wasser der Taufe das neue Leben

Wenn nicht getauft wird:

Heilige in deiner Gnade dieses Wasser für die Taufe deiner Kinder

Jesus, Sohn des lebendigen Gottes
Christus, höre uns. A: Christus, erhöre uns.

Taufwasserweihe

Der Priester segnet das Taufwasser:

Allmächtiger, ewiger Gott, deine unsichtbare Macht bewirkt das Heil der Menschen durch sichtbare Zeichen. Auf vielfältige Weise hast du das Wasser dazu erwählt, daß es hinweise auf das Geheimnis der Taufe: Schon im Anfang der Schöpfung schwebte dein Geist über dem Wasser und schenkte ihm die Kraft, zu retten und zu heiligen. Selbst die Sintflut war ein Zeichen der Taufe, denn das Wasser brachte der Sünde den Untergang und heiligem Leben einen neuen Anfang. Als die Kinder Abrahams, aus Pharaos Knechtschaft befreit, trockenen Fußes das Rote Meer durchschritten, da waren sie ein Bild deiner Gläubigen, die durch das Wasser der Taufe aus der Knechtschaft des Bösen befreit sind.
Allmächtiger, ewiger Gott, dein geliebter Sohn wurde von Johannes im Jordan getauft und von dir gesalbt mit Heiligem Geiste. Als er am Kreuz hing, flossen aus seiner Seite Blut und Wasser. Nach seiner Auferstehung befahl er den Jüngern: „Geht hin und lehret alle Völker und taufet sie im Namen des Vaters und des Sohnes und des Heiligen Geistes.“
Allmächtiger, ewiger Gott, schau gnädig auf deine Kirche und öffne ihr den Brunnen der Taufe. Dieses Wasser empfange die Gnade deines eingeborenen Sohnes vom Heiligen Geiste, damit der Mensch, der auf dein Bild hin geschaffen ist, durch das Sakrament der Taufe gereinigt wird von der alten Schuld und aus Wasser und Heiligem Geiste aufersteht zum neuen Leben deiner Kinder.

Bei den folgenden Worten kann der Priester die Osterkerze einmal oder dreimal in das Wasser einsenken:

Durch deinen geliebten Sohn steige herab in dieses Wasser die Kraft des Heiligen Geistes, damit alle, die durch die Taufe mit Christus begraben sind in seinen Tod, durch die Taufe mit Christus auferstehn zum ewigen Leben. Darum bitten wir durch Jesus Christus, deinen Sohn, unseren Herrn und Gott, der in der Einheit des Heiligen Geistes mit dir lebt und herrscht in Ewigkeit.
A: Amen.

Zuruf Dan 3,77

Preist, ihr Quellen, den Herrn,
lobt und erhebt ihn in Ewigkeit!

Oder ein Lied.

Nun werden die einzelnen Täuflinge über ihren Glauben befragt und getauft. Erwachsene Täuflinge empfangen sofort nach der Taufe die Firmung, wenn ein Bischof oder ein Priester mit Firmvollmacht anwesend ist.

Folgt keine Taufe und wird auch kein Taufwasser gesegnet, dann segnet der Priester das Wasser mit folgendem Gebet:

Liebe Brüder und Schwestern!
Wir bitten den Herrn, daß er dieses Wasser segne, mit dem wir nun besprengt werden. Das geweihte Wasser soll uns an die Taufe erinnern; Gott aber erneuere in uns seine Gnade, damit wir dem Geist treu bleiben, den wir empfangen haben.

Kurze Gebetsstille. Dann:

Herr, unser Gott, sei deinem Volk nahe, das wachend und betend diese Osternacht feiert. Du hast uns wunderbar erschaffen und noch wunderbarer wiederhergestellt. Wir gedenken deiner großen Taten und bitten dich:
Segne dieses Wasser, das uns an deine Sorge für uns Menschen erinnert. Im Anfang hast du das Wasser erschaffen, damit es der Erde Fruchtbarkeit bringt und uns Menschen zum frischen Trunk und zum reinigenden Bad wird.
Du hast das Wasser in Dienst genommen für das Werk deines Erbarmens: Im Roten Meer hast du dein Volk durch das Wasser aus der Knechtschaft Ägyptens befreit, in der Wüste mit Wasser aus dem Felsen seinen Durst gestillt.
Die Propheten sahen im Bild des lebendigen Wassers den Neuen Bund, den du mit uns Menschen schließen wolltest.
Durch das Wasser, das Christus im Jordan geheiligt hat, reinigst du im Bad der Taufe den sündigen Menschen und schenkst ihm das neue Leben deiner Kinder.
Darum sei dieses Wasser eine Erinnerung an unsere Taufe, es vereinige uns in österlicher Freude mit unseren Brüdern und Schwestern, die in dieser heiligen Nacht getauft werden, und mit allen, die aus dem Wasser und dem Heiligen Geist wiedergeboren sind zum ewigen Leben. Darum bitten wir durch Christus, unseren Herrn.
A: **Amen.**

Erneuerung des Taufversprechens

Nach der Spendung der Taufe (und der Firmung) oder, falls eine solche nicht stattfand, nach der Segnung des Wassers erneuern alle, mit brennenden Kerzen in den Händen, das Taufbekenntnis:

Priester:

Liebe Brüder und Schwestern!
Wir alle sind einst durch das österliche Geheimnis der Taufe mit Christus begraben worden, damit wir mit ihm auferstehen zu einem neuen Leben. Nach den vierzig Tagen der Fastenzeit, in denen wir uns auf Ostern vorbereitet haben, wollen wir darum das Taufversprechen erneuern, mit dem wir einst dem Satan abgeschworen und Gott versprochen haben, ihm, unserem Herrn, in der heiligen katholischen Kirche zu dienen.
Deshalb frage ich euch:

P: **Widersagt ihr dem Satan?**
A: **Ich widersage.**
P: **Und all seiner Bosheit?**
A: **Ich widersage.**
P: **Und all seinen Verlockungen?**
A: **Ich widersage.**

Oder:

P: **Widersagt ihr dem Bösen, um in der Freiheit der Kinder Gottes leben zu können?**
A: **Ich widersage.**
P: **Widersagt ihr den Verlockungen des Bösen, damit es nicht Macht über euch gewinnt?**
A: **Ich widersage.**
P: **Widersagt ihr dem Satan, dem Urheber des Bösen?**
A: **Ich widersage.**

Dann fragt der Priester:

P: **Glaubt ihr an Gott, den Vater, den Allmächtigen, den Schöpfer des Himmels und der Erde?**
A: **Ich glaube.**
P: **Glaubt ihr an Jesus Christus, seinen eingeborenen Sohn, unseren Herrn, der geboren ist von der Jungfrau Maria, der gelitten hat und begraben wurde, von den Toten auferstand und zur Rechten des Vaters sitzt?**
A: **Ich glaube.**
P: **Glaubt ihr an den Heiligen Geist, die heilige katholische Kirche, die Gemeinschaft der Heiligen, die Vergebung der Sünden, die Auferstehung der Toten und das ewige Leben?**
A: **Ich glaube.**

Der Priester schließt:

Der allmächtige Gott, der Vater unseres Herrn Jesus Christus, hat uns aus dem Wasser und dem Heiligen Geist neues Leben geschenkt und uns alle Sünden vergeben. Er bewahre uns durch seine Gnade in Christus Jesus, unserem Herrn, zum ewigen Leben.
A: **Amen.**

Der Priester besprengt die Gemeinde mit dem gesegneten Wasser, währenddessen singen alle die Antiphon:

Ich sah ein Wasser ausgehen vom Tempel,
von dessen rechter Seite.
Halleluja, Halleluja.
Und alle, zu denen das Wasser kam, wurden gerettet,
und sie werden rufen:
Halleluja, Halleluja. *Vgl. Ez 47, 1–2.9*

Danach geht der Priester an seinen Sitz und spricht die Fürbitten. Das Glaubensbekenntnis entfällt.

Vierter Teil

EUCHARISTIEFEIER

Der Priester geht zum Altar und beginnt in der gewohnten Weise die Eucharistiefeier.

Wir sind mit Christus auferstanden. Er ist in unserer Mitte gegenwärtig. Wir danken dem Vater durch ihn; wir bitten ihn, daß er uns zu glaubwürdigen Zeugen seiner Auferstehung mache.

GABENGEBET

Herr, unser Gott,
nimm die Gebete und Gaben deines Volkes an
und gib, daß diese österliche Feier,
die im Opfer des wahren Osterlammes ihren Ursprung hat,
uns zum ewigen Heil führt.
Darum bitten wir durch Christus, unseren Herrn.

Osterpräfation I: diese Nacht, S. 414.
In den Hochgebeten I–III eigene Einschübe.

KOMMUNIONVERS 1 Kor 5, 7–8

Unser Osterlamm ist geopfert, Christus, der Herr. Halleluja!
Wir sind befreit von Sünde und Schuld.
So laßt uns Festmahl halten in Freude. Halleluja!

SCHLUSSGEBET

Herr, unser Gott,
du hast uns durch die österlichen Sakramente gestärkt.
Schenke uns den Geist deiner Liebe,
damit deine Gemeinde ein Herz und eine Seele wird.
Darum bitten wir durch Christus, unseren Herrn.

Zur Entlassung:

Gehet hin in Frieden. Halleluja, Halleluja.
Dank sei Gott, dem Herrn. Halleluja, Halleluja.

ZUM NACHDENKEN

Der neue Mensch

„Der auferstandene Christus trägt die neue Menschheit in sich.
das letzte herrliche Ja Gottes zum neuen Menschen.
Zwar lebt die Menschheit noch im Alten,
aber sie ist schon über das Alte hinaus,
zwar lebt sie noch in einer Welt des Todes,
aber sie ist schon über den Tod hinaus,
zwar lebt sie noch in einer Welt der Sünde,
aber sie ist schon über die Sünde hinaus.
Die Nacht ist noch nicht vorüber,
aber es tagt schon."
(D. Bonhoeffer)

OSTERSONNTAG

Am Tag

Zwischen der Auferstehung Christi und der Offenbarung seiner Macht und Herrlichkeit läuft unsere Zeit, unser Weg. Wir gehen im Licht des Glaubens, oder auch: in der Dunkelheit des Glaubens. Unser Glaube stützt sich auf das Zeugnis derer, die den Auferstandenen gesehen haben. Die Welt um uns aber und die Generationen nach uns leben von dem Glauben, den wir bekennen und durch unser Leben bezeugen.

ERÖFFNUNGSVERS Vgl. Ps 139 (138), 18.5–6

Ich bin erstanden und bin immer bei dir. Halleluja.
Du hast deine Hand auf mich gelegt. Halleluja.
Wie wunderbar ist für mich dieses Wissen. Halleluja.

Oder: Vgl. Lk 24, 34; Offb 1, 6

Der Herr ist auferstanden, er ist wahrhaft auferstanden. Halleluja.
Sein ist die Macht und die Herrlichkeit in Ewigkeit. Halleluja.

Ehre sei Gott, S. 348 ff.

TAGESGEBET

Allmächtiger, ewiger Gott,
am heutigen Tag
hast du durch deinen Sohn den Tod besiegt
und uns den Zugang zum ewigen Leben erschlossen.
Darum begehen wir in Freude
das Fest seiner Auferstehung.
Schaffe uns neu durch deinen Geist,
damit auch wir auferstehen
und im Licht des Lebens wandeln.
Darum bitten wir durch Jesus Christus.

ZUR 1. LESUNG *In knappen, inhaltsschweren Sätzen ist in der Petrusrede das apostolische Zeugnis über Jesus zusammengefaßt. In der Mitte steht die Botschaft von seinem Tod und seiner Auferstehung. „Gott hat ihn auferweckt“: Auf diesem Zeugnis ruhen unser Oster-*

glaube und unsere ganze Hoffnung. Jesus lebt. Gott hat ihn zum Richter über Lebende und Tote bestellt. Der Richter ist aber auch der Retter: Wer an ihn glaubt, wird leben; ihm werden die Sünden vergeben.

ERSTE LESUNG Apg 10, 34a.37–43

Wir haben mit ihm nach seiner Auferstehung gegessen und getrunken

Lesung
aus der Apostelgeschichte.

In jenen Tagen
34a begann Petrus zu reden
und sagte:
37 Ihr wißt, was im ganzen Land der Juden geschehen ist,
angefangen in Galiläa,
nach der Taufe, die Johannes verkündet hat:
38 wie Gott Jesus von Nazaret gesalbt hat
mit dem Heiligen Geist und mit Kraft,
wie dieser umherzog,
Gutes tat
und alle heilte, die in der Gewalt des Teufels waren;
denn Gott war mit ihm.
39 Und wir sind Zeugen
für alles, was er im Land der Juden und in Jerusalem getan hat.
Ihn haben sie an den Pfahl gehängt und getötet.
40 Gott aber hat ihn am dritten Tag auferweckt
und hat ihn erscheinen lassen,
41 zwar nicht dem ganzen Volk,
wohl aber den von Gott vorherbestimmten Zeugen:
uns, die wir mit ihm nach seiner Auferstehung von den Toten
gegessen und getrunken haben.

42 Und er hat uns geboten, dem Volk zu verkündigen
und zu bezeugen:
Das ist der von Gott eingesetzte Richter
der Lebenden und der Toten.

43 Von ihm bezeugen alle Propheten,
daß jeder, der an ihn glaubt,
durch seinen Namen die Vergebung der Sünden empfängt.

ANTWORTPSALM Ps 118 (117), 1–2.16–17.22–23 (℟: vgl. 24)

℟ **Das ist der Tag, den der Herr gemacht;** (GL 232, 4)
laßt uns jubeln und seiner uns freuen. – ℟

Oder: ℟ **Halleluja. – ℟**

Danket dem Herrn, denn er ist gütig, * VI. Ton
denn seine Huld währt ewig!

So soll Israel sagen: *
Denn seine Huld währt ewig. – (℟)

6 **„Die Rechte des Herrn ist erhoben, ***
die Rechte des Herrn wirkt mit Macht!"

7 **Ich werde nicht sterben, sondern leben, ***
um die Taten des Herrn zu verkünden. – (℟)

2 **Der Stein, den die Bauleute verwarfen, ***
er ist zum Eckstein geworden.

3 **Das hat der Herr vollbracht, ***
vor unseren Augen geschah dieses Wunder. – ℟

ZUR 2. LESUNG *Die Auferstehung Jesu erweist sich dort als wahr und wirklich, wo sie Folgen hat. Wer auf den Tod und die Auferstehung Jesu getauft worden ist, dessen Leben ist von Christus her geprägt. Noch sind wir nicht endgültig da, wo Christus ist: „oben", „in der Herrlichkeit" der Vollendung, aber unser Denken, Suchen und Hoffen geht dorthin.*

ZWEITE LESUNG Kol 3, 1–4

Strebt nach dem, was im Himmel ist, wo Christus zur Rechten Gottes sitzt

Lesung
aus dem Brief des Apostels Paulus an die Kolósser.

Brüder!
Ihr seid mit Christus auferweckt;
darum strebt nach dem, was im Himmel ist,
wo Christus zur Rechten Gottes sitzt.
Richtet euren Sinn auf das Himmlische
und nicht auf das Irdische!

3 **Denn ihr seid gestorben,**
und euer Leben ist mit Christus verborgen in Gott.
4 **Wenn Christus, unser Leben, offenbar wird,**
dann werdet auch ihr mit ihm offenbar werden in Herrlichkeit.

Oder:

ZWEITE LESUNG 1 Kor 5,6b–8

Einführung *Vor der Opferung des Paschalammes wurde aus den jüdischen Häusern der alte Sauerteig fortgeschafft; mit neuem, ungesäuertem Brot feierte man das Paschamahl. Darin sieht der Apostel einen Hinweis auf das neue Pascha, wie es in der christlichen Gemeinde gefeiert wird und gelebt werden soll. Christus, das Lamm Gottes, ist unser neues Fest, er ist unser Mahl. Der alte Sauerteig (Zersetzung, Sünde) muß fortgeschafft werden; Ostern ist der Tag eines neuen Anfangs.*

Schafft den alten Sauerteig weg, damit ihr neuer Teig seid

Lesung
aus dem ersten Brief des Apostels Paulus an die Korínther.

Brüder!
6b **Ihr wißt, daß ein wenig Sauerteig den ganzen Teig durchsäuert.**
7 **Schafft den alten Sauerteig weg,**
damit ihr neuer Teig seid.
Ihr seid ja schon ungesäuertes Brot;
denn als unser Paschalamm* ist Christus geopfert worden.
8 **Laßt uns also das Fest nicht mit dem alten Sauerteig feiern,**
nicht mit dem Sauerteig der Bosheit und Schlechtigkeit,
sondern mit den ungesäuerten Broten
der Aufrichtigkeit und Wahrheit.

SEQUENZ

Wenn die musikalische Gestaltung es nahelegt, kann die Sequenz nach dem Hallelujavers gesungen werden, wobei sie dann mit Amen. Halleluja abgeschlossen wird.

Singt das Lob dem Osterlamme,
bringt es ihm dar, ihr Christen.

---

* Sprich: Pas-chalamm.

**Das Lamm erlöst' die Schafe:
Christus, der ohne Schuld war,
versöhnte die Sünder mit dem Vater.**

**Tod und Leben, die kämpften
unbegreiflichen Zweikampf;
des Lebens Fürst, der starb, herrscht nun lebend.**

**Maria Magdalena,
sag uns, was du gesehen.**

**Sah Engel in dem Grab,
die Binden und das Linnen.**

**Das Grab des Herrn sah ich offen
und Christus von Gottes Glanz umflossen.**

**Er lebt, der Herr, meine Hoffnung,
er geht euch voran nach Galiläa.**

**Laßt uns glauben, was Maria den Jüngern verkündet.
Sie sahen den Herren, den Auferstandnen.**

**Ja, der Herr ist auferstanden, ist wahrhaft erstanden.
Du Sieger, König, Herr, hab Ebarmen! (Amen. Halleluja.)**

RUF VOR DEM EVANGELIUM — Vers: vgl. 1 Kor 5,7b–8a

Halleluja. Halleluja.

**Unser Paschalamm ist geopfert: Christus.
So laßt uns das Festmahl feiern im Herrn.**

Halleluja.

ZUM EVANGELIUM *Von der Auferstehung Jesu haben die ersten Zeugen zwei Dinge gesehen: das leere Grab und den auferstandenen Herrn. Das leere Grab war ein Zeichen, verstehbar erst durch die Begegnung mit dem Auferstandenen. Die Begegnung aber ist nur möglich, wenn das Herz bereit ist, zu sehen und zu glauben. Die Liebe macht dazu fähig. – Das ist auch die Lehre aus der Erzählung von den Emmausjüngern (Lukas 24; Messe am Abend): Das brennende Herz spürt die Nähe des Herrn und versteht die Wahrheit der heiligen Schriften.*

EVANGELIUM

Joh 20, 1–9

Er sah und glaubte

✠ Aus dem heiligen Evangelium nach Johannes.

1 Am ersten Tag der Woche kam Maria von Mágdala
frühmorgens, als es noch dunkel war, zum Grab
und sah, daß der Stein vom Grab weggenommen war.
2 Da lief sie schnell zu Simon Petrus
und dem Jünger, den Jesus liebte,
und sagte zu ihnen:
Man hat den Herrn aus dem Grab weggenommen,
und wir wissen nicht, wohin man ihn gelegt hat.
3 Da gingen Petrus und der andere Jünger hinaus
und kamen zum Grab;
4 sie liefen beide zusammen dorthin,
aber weil der andere Jünger schneller war als Petrus,
kam er als erster ans Grab.
5 Er beugte sich vor
und sah die Leinenbinden liegen,
ging aber nicht hinein.
6 Da kam auch Simon Petrus, der ihm gefolgt war,
und ging in das Grab hinein.
Er sah die Leinenbinden liegen
7 und das Schweißtuch, das auf dem Kopf Jesu gelegen hatte;
es lag aber nicht bei den Leinenbinden,
sondern zusammengebunden daneben
an einer besonderen Stelle.
8 Da ging auch der andere Jünger,
der zuerst an das Grab gekommen war, hinein;
er sah und glaubte.
9 Denn sie wußten noch nicht aus der Schrift,
daß er von den Toten auferstehen mußte.

Oder:

EVANGELIUM

Joh 20, 1–18

Er sah und glaubte. – Ich gehe hinauf zu meinem Vater und zu eurem Vater

✠ Aus dem heiligen Evangelium nach Johannes.

1 Am ersten Tag der Woche kam Maria von Mágdala
frühmorgens, als es noch dunkel war, zum Grab
und sah, daß der Stein vom Grab weggenommen war.

Da lief sie schnell zu Simon Petrus
und dem Jünger, den Jesus liebte,
und sagte zu ihnen:
Man hat den Herrn aus dem Grab weggenommen,
und wir wissen nicht, wohin man ihn gelegt hat.

Da gingen Petrus und der andere Jünger hinaus
und kamen zum Grab;
sie liefen beide zusammen dorthin,
aber weil der andere Jünger schneller war als Petrus,
kam er als erster ans Grab.

Er beugte sich vor
und sah die Leinenbinden liegen,
ging aber nicht hinein.

Da kam auch Simon Petrus, der ihm gefolgt war,
und ging in das Grab hinein.

Er sah die Leinenbinden liegen
und das Schweißtuch, das auf dem Kopf Jesu gelegen hatte;
es lag aber nicht bei den Leinenbinden,
sondern zusammengebunden daneben
an einer besonderen Stelle.

Da ging auch der andere Jünger,
der zuerst an das Grab gekommen war, hinein;
er sah und glaubte.
Denn sie wußten noch nicht aus der Schrift,
daß er von den Toten auferstehen mußte.
Dann kehrten die Jünger wieder nach Hause zurück.
Maria aber stand draußen vor dem Grab und weinte.
Während sie weinte,
beugte sie sich in die Grabkammer hinein.
Da sah sie zwei Engel in weißen Gewändern sitzen,
den einen dort, wo der Kopf,
den anderen dort,
wo die Füße des Leichnams Jesu gelegen hatten.
Die Engel sagten zu ihr: Frau, warum weinst du?
Sie antwortete ihnen:
Man hat meinen Herrn weggenommen,
und ich weiß nicht, wohin man ihn gelegt hat.

Als sie das gesagt hatte,
wandte sie sich um und sah Jesus dastehen,
wußte aber nicht, daß es Jesus war.

15 Jesus sagte zu ihr: Frau, warum weinst du?
Wen suchst du?
Sie meinte, es sei der Gärtner,
und sagte zu ihm: Herr, wenn du ihn weggebracht hast,
sag mir, wohin du ihn gelegt hast.
Dann will ich ihn holen.

16 Jesus sagte zu ihr: Maria!
Da wandte sie sich ihm zu
und sagte auf hebräisch zu ihm: Rabbúni!, das heißt: Meister.

17 Jesus sagte zu ihr: Halte mich nicht fest;
denn ich bin noch nicht zum Vater hinaufgegangen.
Geh aber zu meinen Brüdern,
und sag ihnen:
Ich gehe hinauf zu meinem Vater und zu eurem Vater,
zu meinem Gott und zu eurem Gott.

18 Maria von Mágdala ging zu den Jüngern
und verkündete ihnen: Ich habe den Herrn gesehen.
Und sie richtete aus,
was er ihr gesagt hatte.

Oder:

Das Evangelium der Osternacht, S. 225 f

Oder (bei einer Abendmesse):

RUF VOR DEM EVANGELIUM

und EVANGELIUM Lk 24,13–35, S. 246 ff.

Glaubensbekenntnis, S. 352 ff.
Fürbitten vgl. S. 779 f.

ZUR EUCHARISTIEFEIER *Wir glauben und bekennen den Tod des Herrn und seine Auferstehung. In sein Geheimnis treten wir ein; ihm, der in Herrlichkeit kommen wird, begegnen wir in der Feier der Eucharistie.*

GABENGEBET

Herr, unser Gott,
nimm die Gaben an,
die wir in österlicher Freude darbringen
für das Opfer, durch das deine Kirche

auf wunderbare Weise wiedergeboren
und gestärkt wird.
Darum bitten wir durch Christus, unseren Herrn.

Osterpräfation I: diesen Tag, S. 414.

In den Hochgebeten I–III eigene Einschübe.

KOMMUNIONVERS 1 Kor 6, 7–8

Unser Osterlamm ist geopfert, Christus, der Herr. Halleluja.
Wir sind befreit von Sünde und Schuld.
So laßt uns Festmahl halten in Freude. Halleluja.

SCHLUSSGEBET

Allmächtiger Gott,
du hast deiner Kirche
durch die österlichen Geheimnisse
neues Leben geschenkt.
Bewahre und beschütze uns in deiner Liebe
und führe uns zur Herrlichkeit der Auferstehung.
Darum bitten wir durch Christus, unseren Herrn.

DIE OSTERKERZE

Licht in der Osternacht, Sinnbild des Auferstandenen:
an ihm entzündet sich unser Glaube.
Am Glauben des einen Christen entzündet sich der des andern.
Nach der Osterzeit wird die Kerze am Taufbrunnen aufgestellt.
Dort brennt sie, wenn ein Kind oder ein Erwachsener
getauft wird: zum Licht Christi auferweckt wird.
Die Osterkerze sagt uns, daß alle Gnade, alles Licht
von der Auferstehung Jesu ausgeht.

OSTERMONTAG

Nach dem Osterereignis wissen wir, wer Christus ist: der ganz Heilige und Treue, der Sohn. Jetzt wissen wir auch erst, wer Gott ist: der Lebendige, der Leben Schaffende. Er schafft in uns ein neues Herz, in dem sein Wort leuchten und glühen kann. Und er ist bei uns auf unserem Weg.

ERÖFFNUNGSVERS Vgl. Ex 13, 5.9

Der Herr hat euch in das Land geführt,
wo Milch und Honig strömen.
Immer soll das Gesetz des Herrn in eurem Herzen sein.
Halleluja.

Oder:

Der Herr ist vom Tod auferstanden, wie er gesagt hat.
Freut euch und frohlockt, denn er herrscht in Ewigkeit. Halleluja.

Ehre sei Gott, S. 348 ff.

TAGESGEBET

Gott, du Herr allen Lebens,
durch die Taufe schenkst du deiner Kirche
Jahr für Jahr neue Söhne und Töchter.
Gib, daß alle Christen in ihrem Leben dem Sakrament treu bleiben,
das sie im Glauben empfangen haben.
Darum bitten wir durch Jesus Christus.

ZUR 1. LESUNG *Im Mittelpunkt der Rede des Petrus an Pfingsten steht die Aussage über den Tod Jesu und seine Auferstehung. Die Auferstehung ist durch Zeugen verbürgt, die Jesus gesehen haben; Petrus verweist außerdem auf den Psalm 16, den er auf Christus deutet. Dieser Psalm, zunächst das Gebet eines Menschen, der sein Leben bedroht sieht, ist durch das Christusereignis in seinem Vollsinn deutlich geworden: Gott gibt den, der ihm treu ist, nicht dem Tod preis. Seit der Auferstehung Jesu haben auch wir Hoffnung auf ewiges Leben in der Gemeinschaft mit Gott.*

ERSTE LESUNG Apg 2,14.22–33

Gott hat Jesus auferweckt, dafür sind wir alle Zeugen

Lesung
aus der Apostelgeschichte.

4 Am Pfingsttag trat Petrus auf,
zusammen mit den Elf;
er erhob seine Stimme und begann zu reden:
Ihr Juden und alle Bewohner von Jerusalem!
Dies sollt ihr wissen,
achtet auf meine Worte!

2 Jesus, den Nazoräer,
den Gott vor euch beglaubigt hat
durch machtvolle Taten, Wunder und Zeichen,
die er durch ihn in eurer Mitte getan hat, wie ihr selbst wißt
3 – ihn, der nach Gottes beschlossenem Willen und Vorauswissen
hingegeben wurde,
habt ihr durch die Hand von Gesetzlosen
ans Kreuz geschlagen und umgebracht.

4 Gott aber hat ihn von den Wehen des Todes befreit
und auferweckt;
denn es war unmöglich, daß er vom Tod festgehalten wurde.
5 David nämlich sagt über ihn:
Ich habe den Herrn beständig vor Augen.
Er steht mir zur Rechten, ich wanke nicht.
6 Darum freut sich mein Herz
und frohlockt meine Zunge,
und auch mein Leib wird in sicherer Hoffnung ruhen;
7 denn du gibst mich nicht der Unterwelt preis,
noch läßt du deinen Frommen die Verwesung schauen.
8 Du zeigst mir die Wege zum Leben,
du erfüllst mich mit Freude vor deinem Angesicht.

9 Brüder,
ich darf freimütig zu euch über den Patriarchen David reden:
Er starb und wurde begraben,
und sein Grabmal ist bei uns erhalten bis auf den heutigen Tag.
0 Da er ein Prophet war
und wußte, daß Gott ihm den Eid geschworen hatte,
einer von seinen Nachkommen werde auf seinem Thron sitzen,
1 sagte er vorausschauend über die Auferstehung des Christus:

Er gibt ihn nicht der Unterwelt preis,
und sein Leib schaut die Verwesung nicht.
32 Diesen Jesus hat Gott auferweckt,
dafür sind wir alle Zeugen.
33 Nachdem er durch die rechte Hand Gottes erhöht worden war
und vom Vater den verheißenen Heiligen Geist empfangen hatte,
hat er ihn ausgegossen,
wie ihr seht und hört.

ANTWORTPSALM Ps 89 (88), 2–3.4–5 (R: 2a)

℟ Von den Taten deiner Huld, o Herr, will ich ewig singen. – ℟ (GL 527, 2)

Oder:

℟ Halleluja. – ℟

2 Von den Taten deiner Huld, Herr, will ich ewig singen, * VIII. Ton
bis zum fernsten Geschlecht laut deine Treue verkünden.
3 Denn ich bekenne: Deine Huld besteht für immer und ewig; *
deine Treue steht fest im Himmel. – (℟)

4 „Ich habe einen Bund geschlossen mit meinem Erwählten *
und David, meinem Knecht, geschworen:
5 Deinem Haus gebe ich auf ewig Bestand, *
und von Geschlecht zu Geschlecht richte ich deinen Thron auf.“ – ℟

ZUR 2. LESUNG *Im 1. Korintherbrief lesen wir das älteste schriftliche Zeugnis über die Auferstehung Jesu, geschrieben um das Jahr 55. Es ist älter als die Ostererzählungen der Evangelien. Paulus hat in seinem Damaskuserlebnis Jesus als den Lebenden erfahren (Apg 9, 3–6). Und er hat über die Auferstehung Jesu zuverlässige Überlieferungen, die er weitergibt. Er verweist aber auch (wie Petrus: 1. Lesung) auf die Schrift, das heißt auf Stellen des Alten Testaments, in denen die christliche Kirche Hinweise auf die Auferstehung Jesu erkennt.*

ZWEITE LESUNG 1 Kor 15, 1–8.11

Das Evangelium, das ich euch verkündet habe, ist der Grund, auf dem ihr steht

Lesung
aus dem ersten Brief des Apostels Paulus an die Korínther.

Ich erinnere euch, Brüder,
an das Evangelium, das ich euch verkündet habe.
Ihr habt es angenommen;
es ist der Grund, auf dem ihr steht.
Durch dieses Evangelium werdet ihr gerettet,
wenn ihr an dem Wortlaut festhaltet,
den ich euch verkündet habe.
Oder habt ihr den Glauben vielleicht unüberlegt angenommen?

Denn vor allem habe ich euch überliefert,
was auch ich empfangen habe:

Christus ist für unsere Sünden gestorben, gemäß der Schrift,
und ist begraben worden.
Er ist am dritten Tag auferweckt worden, gemäß der Schrift,
und erschien dem Kephas, dann den Zwölf.

Danach erschien er mehr als fünfhundert Brüdern zugleich;
die meisten von ihnen sind noch am Leben,
einige sind entschlafen.
Danach erschien er dem Jakobus,
dann allen Aposteln.
Als letztem von allen erschien er auch mir,
dem Unerwarteten, der „Mißgeburt".
Ob nun ich verkündige oder die anderen:
das ist unsere Botschaft,
und das ist der Glaube, den ihr angenommen habt.

RUF VOR DEM EVANGELIUM Vers: vgl. Lk 24, 32

Halleluja. Halleluja.

Brannte uns nicht das Herz,
als der Herr unterwegs mit uns redete
und uns den Sinn der Schrift erschloß?

Halleluja.

ZUM EVANGELIUM *Mit dem Tod Jesu ist für die Jünger eine Welt von Hoffnungen zusammengebrochen. Der Auferstandene selbst belehrt sie, daß alles so geschehen „mußte“: so war es in den heiligen Schriften vorausgesagt. Den Jüngern brannte das Herz, als Jesus ihnen „den Sinn der Schrift erschloß“; aber erst beim Brotbrechen gingen ihnen die Augen auf. Als Zeugen des Auferstandenen kehrten sie nach Jerusalem zurück.*

EVANGELIUM Lk 24,13–35

Sie erkannten ihn, als er das Brot brach

✠ **Aus dem heiligen Evangelium nach Lukas.**

13 Am ersten Tag der Woche
waren zwei von den Jüngern Jesu
auf dem Weg in ein Dorf namens Emmaus,
das sechzig Stadien von Jerusalem entfernt ist.
14 Sie sprachen miteinander über all das, was sich ereignet hatte.
15 Während sie redeten und ihre Gedanken austauschten,
kam Jesus hinzu und ging mit ihnen.
16 Doch sie waren wie mit Blindheit geschlagen,
so daß sie ihn nicht erkannten.
17 Er fragte sie: Was sind das für Dinge,
über die ihr auf eurem Weg miteinander redet?

Da blieben sie traurig stehen,
18 und der eine von ihnen – er hieß Kléopas – antwortete ihm:
Bist du so fremd in Jerusalem,
daß du als einziger nicht weißt,
was in diesen Tagen dort geschehen ist?
19 Er fragte sie: Was denn?

Sie antworteten ihm: Das mit Jesus aus Nazaret.
Er war ein Prophet,
mächtig in Wort und Tat vor Gott und dem ganzen Volk.
20 Doch unsere Hohenpriester und Führer
haben ihn zum Tod verurteilen und ans Kreuz schlagen lassen.
21 Wir aber hatten gehofft,
daß er der sei, der Israel erlösen werde.
Und dazu ist heute schon der dritte Tag,
seitdem das alles geschehen ist.

2 Aber nicht nur das:
Auch einige Frauen aus unserem Kreis
haben uns in große Aufregung versetzt.
Sie waren in der Frühe beim Grab,
3 fanden aber seinen Leichnam nicht.
Als sie zurückkamen,
erzählten sie, es seien ihnen Engel erschienen
und hätten gesagt, er lebe.
4 Einige von uns gingen dann zum Grab
und fanden alles so, wie die Frauen gesagt hatten;
ihn selbst aber sahen sie nicht.

5 Da sagte er zu ihnen: Begreift ihr denn nicht?
Wie schwer fällt es euch,
alles zu glauben, was die Propheten gesagt haben.
6 Mußte nicht der Messias all das erleiden,
um so in seine Herrlichkeit zu gelangen?
7 Und er legte ihnen dar,
ausgehend von Mose und allen Propheten,
was in der gesamten Schrift über ihn geschrieben steht.

8 So erreichten sie das Dorf, zu dem sie unterwegs waren.
Jesus tat, als wolle er weitergehen,
9 aber sie drängten ihn
und sagten: Bleib doch bei uns;
denn es wird bald Abend,
der Tag hat sich schon geneigt.
Da ging er mit hinein, um bei ihnen zu bleiben.
0 Und als er mit ihnen bei Tisch war,
nahm er das Brot,
sprach den Lobpreis,
brach das Brot und gab es ihnen.
1 Da gingen ihnen die Augen auf,
und sie erkannten ihn;
dann sahen sie ihn nicht mehr.
2 Und sie sagten zueinander:
Brannte uns nicht das Herz in der Brust,
als er unterwegs mit uns redete
und uns den Sinn der Schrift erschloß?

3 Noch in derselben Stunde brachen sie auf
und kehrten nach Jerusalem zurück,
und sie fanden die Elf und die anderen Jünger versammelt.

34 **Diese sagten:**
Der Herr ist wirklich auferstanden
und ist dem Simon erschienen.
35 **Da erzählten auch sie,**
was sie unterwegs erlebt
und wie sie ihn erkannt hatten,
als er das Brot brach.

Oder:

EVANGELIUM Mt 28,8–15

Einführung *Ein helles und ein dunkles Bild wird uns im heutigen Evangelium gezeigt: die Frauen beten Jesus an und sprechen damit ihr Bekenntnis zum auferstandenen Herrn aus (V. 8–10). Die Hohenpriester und die Ältesten offenbaren noch über den Tod Jesu hinaus ihren Haß gegen ihn und ihre geheime Furcht vor ihm. Und so ist es geblieben „bis heute" (V. 15): Glaube und Anbetung oder Haß und Lüge, das sind die möglichen Weisen, dem Auferstandenen gegenüber Stellung zu beziehen. Freilich könnte man sagen, das sei eine unerlaubte Vereinfachung; es gibt doch zum mindesten auch die Möglichkeit, daß jemand die Schwierigkeiten nicht überwinden kann, die sich seinem Glauben an die Auferstehung Jesu entgegenstellen. Aber wer Glaubensschwierigkeiten hat, ist eben ein Glaubender, selbst wenn er mit den Schwierigkeiten nicht fertig wird.*

Sagt meinen Brüdern, sie sollen nach Galiläa gehen, und dort werden sie mich sehen

✠ **Aus dem heiligen Evangelium nach Matthäus.**

Nachdem die Frauen die Botschaft des Engels vernommen hatten,
8 **verließen sie sogleich das Grab**
und eilten voll Furcht und großer Freude zu seinen Jüngern,
um ihnen die Botschaft zu verkünden.

9 **Plötzlich kam ihnen Jesus entgegen**
und sagte: Seid gegrüßt!
Sie gingen auf ihn zu,
warfen sich vor ihm nieder
und umfaßten seine Füße.

Da sagte Jesus zu ihnen:
Fürchtet euch nicht!
Geht und sagt meinen Brüdern,
sie sollen nach Galiläa gehen,
und dort werden sie mich sehen.

Noch während die Frauen unterwegs waren,
kamen einige von den Wächtern in die Stadt
und berichteten den Hohenpriestern alles, was geschehen war.
Diese faßten gemeinsam mit den Ältesten den Beschluß,
die Soldaten zu bestechen.
Sie gaben ihnen viel Geld
und sagten: Erzählt den Leuten:
Seine Jünger sind bei Nacht gekommen
und haben ihn gestohlen, während wir schliefen.
Falls der Statthalter davon hört,
werden wir ihn beschwichtigen
und dafür sorgen, daß ihr nichts zu befürchten habt.
Die Soldaten nahmen das Geld
und machten alles so, wie man es ihnen gesagt hatte.
So kommt es,
daß dieses Gerücht bei den Juden bis heute verbreitet ist.

Fürbitten vgl. S. 779f.

ZUR EUCHARISTIEFEIER *Vom Wort des Auferstandenen erglüht das Herz der Jünger, und beim Brotbrechen gehen ihnen die Augen auf. Nicht anders als damals geschieht auch heute und hier die Begegnung mit Christus.*

GABENGEBET

Gott,
du hast deinem Volk
durch das Bekenntnis des Glaubens
und den Empfang der Taufe neues Leben geschenkt.
Nimm die Gaben (der Neugetauften und aller)
deiner Gläubigen gnädig an
und laß uns in dir
Seligkeit und ewiges Leben finden.
Darum bitten wir durch Christus, unseren Herrn.

Osterpräfation I, S. 414.
In den Hochgebeten I–III eigene Einschübe.

KOMMUNIONVERS

Vgl. Röm 6, 9

Christus ist vom Tod erstanden; er stirbt nicht mehr.
Gebrochen ist die Macht des Todes. Halleluja.

SCHLUSSGEBET

Allmächtiger Gott,
du hast uns durch die österlichen Geheimnisse
auf den Weg des Lebens geführt.
Laß deine Gnade in uns mächtig werden,
damit wir uns deiner Gaben würdig erweisen
und unseren Weg zu dir vollenden.
Darum bitten wir durch Christus, unseren Herrn.

WIRKLICHKEIT

Wir haben die heiligen drei Tage gefeiert. Nicht nur Erinnerung an längst Vergangenes, sondern Erleiden gegenwärtiger Not und Tragik, Erfahren von Schuld und Vergebung, Eintauchen in das Mysterium des Todes, Auferwecktwerden zum Leben.
Was wir als Liturgie gefeiert, als großes heiliges Spiel gespielt haben, das war – und ist – göttlich-menschliche Wirklichkeit, unsere eigene Wirklichkeit. Auch auf dem Weg nach Emmaus sind wir nicht nur Zuschauer. (Heinz Flügel)

ZWEITER SONNTAG DER OSTERZEIT

Weißer Sonntag

Der gefährlichste Feind des Glaubens und der Liebe ist der Zweifel: die bohrende Frage, ob nicht alles nur Betrug oder Selbsttäuschung war. Gründe und Beweise helfen nicht weiter, sie werden ja ebenfalls in den Zweifel hineingezogen. Helfen kann nur eine große, alles verändernde Erfahrung: die Offenbarung der Wahrheit selbst oder die spontane Mitteilung der Liebe. Dem „ungläubigen" Thomas hat Jesus seine Wunden gezeigt, um die Wunde des Zweifels zu heilen.

ERÖFFNUNGSVERS

1 Petr 2, 2

Wie neugeborene Kinder
verlangt nach der unverfälschten Milch des Wortes,
damit ihr durch sie heranwachst und das Heil erlangt.
Halleluja.

Oder:

Esra 2, 36–37

Freut euch und dankt Gott, der euch zu sich gerufen hat.
Ihr seid Kinder Gottes und Erben seiner Herrlichkeit. Halleluja.

Ehre sei Gott, S. 348 ff.

TAGESGEBET

Barmherziger Gott,
durch die jährliche Osterfeier
erneuerst du den Glauben deines Volkes.
Laß uns immer tiefer erkennen,
wie heilig das Bad der Taufe ist,
das uns gereinigt hat,
wie mächtig dein Geist,
aus dem wir wiedergeboren sind,
und wie kostbar das Blut, durch das wir erkauft sind.
Darum bitten wir durch Jesus Christus.

ZUR 1. LESUNG *Weil Christus auferstanden ist, gibt es die „Gemeinde der Gläubigen", die Kirche Christi. Der Glaube der Gemeinde ruht auf der Aussage der Apostel; sie sind die Zeugen der Auferstehung. Der Geist des Auferstandenen ist das Band der Einheit aller Glaubenden und die Kraft ihrer tätigen Liebe.*

ERSTE LESUNG

Apg 4, 32–35

Die Gemeinde der Gläubigen war ein Herz und eine Seele

Lesung
aus der Apostelgeschichte.

32 **Die Gemeinde der Gläubigen war ein Herz und eine Seele.**
Keiner nannte etwas von dem, was er hatte, sein Eigentum,
sondern sie hatten alles gemeinsam.

33 Mit großer Kraft legten die Apostel Zeugnis ab
von der Auferstehung Jesu, des Herrn,
und reiche Gnade ruhte auf ihnen allen.
34 Es gab auch keinen unter ihnen, der Not litt.
Denn alle, die Grundstücke oder Häuser besaßen,
verkauften ihren Besitz,
brachten den Erlös
35 und legten ihn den Aposteln zu Füßen.
Jedem wurde davon so viel zugeteilt, wie er nötig hatte.

ANTWORTPSALM Ps 118 (117), 2 u. 4.16–17.18 u. 22.23–24 (R: 1)

℟ Danket dem Herrn, denn er ist gütig, (GL 233, 1)
denn seine Huld währt ewig. – ℟

Oder:
℟ Halleluja. – ℟

2 So soll Israel sagen: * VI. Ton
Denn seine Huld währt ewig.

4 So sollen alle sagen, die den Herrn fürchten und ehren: *
Denn seine Huld währt ewig. – (℟)

16 „Die Rechte des Herrn ist erhoben, *
die Rechte des Herrn wirkt mit Macht!"

17 Ich werde nicht sterben, sondern leben, *
um die Taten des Herrn zu verkünden. – (℟)

18 Der Herr hat mich hart gezüchtigt, *
doch er hat mich nicht dem Tod übergeben.

22 Der Stein, den die Bauleute verwarfen, *
er ist zum Eckstein geworden. – (℟)

23 Das hat der Herr vollbracht, *
vor unseren Augen geschah dieses Wunder.

24 Dies ist der Tag, den der Herr gemacht hat; *
wir wollen jubeln und uns an ihm freuen. – ℟

ZUR 2. LESUNG *Die Liebe, die von Gott stammt, ist nicht ein Gefühl, sondern eine Lebensform, eine Macht. Wer Gott liebt, der liebt auch seine Geschöpfe. Er ist stärker als die „Welt", die mit ihrem Begehren und Prahlen den Menschen zerstört. Die Macht dieser Welt ist in ihrem tödlichen Unwesen aufgedeckt, seit aus der Seite Jesu Blut und Wasser geflossen sind.*

ZWEITE LESUNG 1 Joh 5, 1–6

Alles, was von Gott stammt, besiegt die Welt

Lesung
aus dem ersten Johannesbrief.

Brüder!
Jeder, der glaubt, daß Jesus der Christus ist,
stammt von Gott,
und jeder, der den Vater liebt,
liebt auch den, der von ihm stammt.
Wir erkennen, daß wir die Kinder Gottes lieben,
wenn wir Gott lieben und seine Gebote erfüllen.

Denn die Liebe zu Gott besteht darin,
daß wir seine Gebote halten.
Seine Gebote sind nicht schwer.
Denn alles, was von Gott stammt, besiegt die Welt.
Und das ist der Sieg, der die Welt besiegt hat:
unser Glaube.
Wer sonst besiegt die Welt
außer dem, der glaubt, daß Jesus der Sohn Gottes ist?

Dieser ist es, der durch Wasser und Blut gekommen ist:
Jesus Christus.
Er ist nicht nur im Wasser gekommen,
sondern im Wasser und im Blut.
Und der Geist ist es, der Zeugnis ablegt;
denn der Geist ist die Wahrheit.

RUF VOR DEM EVANGELIUM Vers: Joh 20, 29

Halleluja. Halleluja.

(So spricht der Herr:)
Weil du mich gesehen hast, Thomas, glaubst du.
Selig sind, die nicht sehen und doch glauben.

Halleluja.

ZUM EVANGELIUM *Der Ostergruß des Auferstandenen heißt „Friede!"; seine Gabe für die Jünger ist der Heilige Geist, der Lebensatem der neuen Schöpfung. In der Kraft des Geistes werden die Jünger das Werk Jesu fortsetzen; sie werden sein Wort verkünden und Sünden vergeben. Der Glaube soll nicht an Erscheinungen und Wundern hängen; er ereignet sich in der Begegnung mit Christus: im Hören des Wortes, in der Gemeinschaft der Glaubenden.*

EVANGELIUM

Joh 20, 19–31

Acht Tage darauf kam Jesus und trat in ihre Mitte

✠ **Aus dem heiligen Evangelium nach Johannes.**

19 **Am Abend des ersten Tages der Woche,**
als die Jünger aus Furcht vor den Juden
die Türen verschlossen hatten,
kam Jesus,
trat in ihre Mitte
und sagte zu ihnen: Friede sei mit euch!
20 **Nach diesen Worten**
zeigte er ihnen seine Hände und seine Seite.
Da freuten sich die Jünger, daß sie den Herrn sahen.
21 **Jesus sagte noch einmal zu ihnen: Friede sei mit euch!**
Wie mich der Vater gesandt hat,
so sende ich euch.
22 **Nachdem er das gesagt hatte,**
hauchte er sie an
und sprach zu ihnen: Empfangt den Heiligen Geist!
23 **Wem ihr die Sünden vergebt,**
dem sind sie vergeben;
wem ihr die Vergebung verweigert,
dem ist sie verweigert.

24 **Thomas, genannt Dídymus – Zwilling –, einer der Zwölf,**
war nicht bei ihnen, als Jesus kam.
25 **Die anderen Jünger sagten zu ihm:**
Wir haben den Herrn gesehen.
Er entgegnete ihnen:
Wenn ich nicht die Male der Nägel an seinen Händen sehe
und wenn ich meinen Finger nicht in die Male der Nägel

und meine Hand nicht in seine Seite lege,
glaube ich nicht.

26 **Acht Tage darauf waren seine Jünger wieder versammelt,**
und Thomas war dabei.
Die Türen waren verschlossen.

Da kam Jesus,
trat in ihre Mitte
und sagte: Friede sei mit euch!

27 **Dann sagte er zu Thomas:**
Streck deinen Finger aus
– hier sind meine Hände!
Streck deine Hand aus und leg sie in meine Seite,
und sei nicht ungläubig, sondern gläubig!

28 **Thomas antwortete ihm:**
Mein Herr und mein Gott!
29 **Jesus sagte zu ihm:**
Weil du mich gesehen hast, glaubst du.
Selig sind, die nicht sehen und doch glauben.

30 **Noch viele andere Zeichen,**
die in diesem Buch nicht aufgeschrieben sind,
hat Jesus vor den Augen seiner Jünger getan.
31 **Diese aber sind aufgeschrieben,**
damit ihr glaubt, daß Jesus der Messias ist,
der Sohn Gottes,
und damit ihr durch den Glauben
das Leben habt in seinem Namen.

Glaubensbekenntnis, S. 352 ff.
Fürbitten vgl. S. 779 f.

ZUR EUCHARISTIEFEIER *Jesus, der Auferstandene, ist unser Friede. Von ihm empfangen wir das Wort der Vergebung und das Brot des ewigen Lebens. Vom Apostel Thomas lernen wir die Antwort des Glaubens: Mein Herr und mein Gott!*

GABENGEBET

**Gott,
du hast deinem Volk
durch das Bekenntnis des Glaubens
und den Empfang der Taufe neues Leben geschenkt.
Nimm die Gaben (der Neugetauften und aller)
deiner Gläubigen gnädig an
und laß uns in dir
Seligkeit und ewiges Leben finden.
Darum bitten wir durch Christus, unseren Herrn.**

Osterpräfation I, S. 414.
In den Hochgebeten I–III eigene Einschübe.

KOMMUNIONVERS Joh 20, 29

Selig, die nicht sehen und doch glauben. Halleluja.

SCHLUSSGEBET

**Allmächtiger Gott,
im heiligen Sakrament haben wir
den Leib und das Blut deines Sohnes empfangen.
Laß diese österliche Gabe in uns weiterwirken
und fruchtbar sein.
Darum bitten wir durch Christus, unseren Herrn.**

FÜR DEN TAG UND DIE WOCHE

Mit Wunden *„Er ist auferstanden, aber mit Wunden. Mit Wunden, aber mit verklärten" (J. Bernhart). – Nur der Glaube kann das Ostergeheimnis ergreifen. Dennoch bleibt der Vernunft das Recht der kritischen Nachfrage. Der „ungläubige" Thomas bezweifelte nicht die Aussage der anderen Jünger: Wir haben den Herrn gesehen. Er wollte aber sichergehen, daß der Auferstandene, den sie gesehen haben, derselbe war, der ihn einst in die Nachfolge gerufen hatte und dann am Kreuz gestorben war. Er, und kein anderer. Kein anderer kann die Wundmale des Gekreuzigten vorweisen. „Seht doch meine Hände und Füße an: Ich bin es wirklich" (Lk 24, 39).*

DRITTER SONNTAG DER OSTERZEIT

Sich bekehren heißt sich Gott zuwenden, und seit Ostern: an Christus glauben. Diese Bekehrung, denken wir, liegt hinter uns. Wir haben gesagt: Ich glaube. Wir haben es in der Osternacht neu gesagt. Aber das Taufbekenntnis ist auch ein Taufversprechen, ein Gelöbnis, und wir haben Mühe, das vorausgeschickte Wort einzuholen durch die Tat unseres täglichen Lebens. Bekehrung bedeutet Veränderung zum Besseren. Ob wir die nötig haben?

ERÖFFNUNGSVERS Ps 66 (65), 1–2

Jauchzt vor Gott, alle Menschen der Erde!
Spielt zum Ruhm seines Namens!
Verherrlicht ihn mit Lobpreis! Halleluja.

Ehre sei Gott, S. 348 ff.

TAGESGEBET

Allmächtiger Gott,
laß die österliche Freude in uns fortdauern,
denn du hast deiner Kirche
neue Lebenskraft geschenkt
und die Würde unserer Gotteskindschaft
in neuem Glanz erstrahlen lassen.
Gib, daß wir den Tag der Auferstehung
voll Zuversicht erwarten
als einen Tag des Jubels und des Dankes.
Darum bitten wir durch Jesus Christus.

ZUR 1. LESUNG *Jesus lebt, und er ist mächtig, um zu heilen und zu retten. In seinem Namen hat Petrus einen Gelähmten geheilt; in diesem Namen kann er auch denen Vergebung zusprechen, die Jesus getötet haben. Das ist die österliche Botschaft: Bekehrung ist möglich; Gott nimmt den Sünder an, der umkehrt und Buße tut.*

ERSTE LESUNG Apg 3,12a.13–15.17–19

Den Urheber des Lebens habt ihr getötet, aber Gott hat ihn von den Toten auferweckt

**Lesung
aus der Apostelgeschichte.**

In jenen Tagen
12a **wandte sich Petrus an das Volk:**
13 **Der Gott Abrahams, Ísaaks und Jakobs,**
der Gott unserer Väter, hat seinen Knecht Jesus verherrlicht,
den ihr verraten und vor Pilatus verleugnet habt,
obwohl dieser entschieden hatte, ihn freizulassen.
14 **Ihr aber habt den Heiligen und Gerechten verleugnet**
und die Freilassung eines Mörders gefordert.
15 **Den Urheber des Lebens habt ihr getötet,**
aber Gott hat ihn von den Toten auferweckt.
Dafür sind wir Zeugen.

17 **Nun, Brüder, ich weiß, ihr habt aus Unwissenheit gehandelt,**
ebenso wie eure Führer.
18 **Gott aber hat auf diese Weise erfüllt,**
was er durch den Mund aller Propheten
im voraus verkündigt hat:
daß sein Messias leiden werde.
19 **Also kehrt um,**
und tut Buße,
damit eure Sünden getilgt werden.

ANTWORTPSALM Ps 4,2.4 u. 7.8–9 (R: vgl. 7b)

℟ **Laß dein Angesicht über uns leuchten, o Herr!** – ℟ (GL 233, 5)

Oder:

℟ **Halleluja.** – ℟

2 **Wenn ich rufe, erhöre mich,** * IV. Ton
Gott, du mein Retter!

Du hast mir Raum geschaffen, als mir angst war. *
Sei mir gnädig, und hör auf mein Flehen! – (℟)

4 **Erkennt doch: Wunderbar handelt der Herr an den Frommen;** *
der Herr erhört mich, wenn ich zu ihm rufe.

7 **Viele sagen: „Wer läßt uns Gutes erleben?" ***
Herr, laß dein Angesicht über uns leuchten! – (R)

8 **Du legst mir größere Freude ins Herz, ***
als andere haben bei Korn und Wein in Fülle.

9 **In Frieden leg' ich mich nieder und schlafe ein; ***
denn du allein, Herr, läßt mich sorglos ruhen. – R

ZUR 2. LESUNG *Wer schuldig geworden ist, muß nicht verzweifeln; wir haben einen Mittler bei Gott: den, der die Sünde der Welt auf sich genommen hat. „Er ist die Sühne für unsere Sünden." An diese Ermutigung schließt die Lesung aus dem ersten Johannesbrief eine klärende Warnung an: Christsein heißt zuallererst Christus erkennen: an ihn glauben und an seinem Wort festhalten. Die Treue zu Christus aber bewährt sich in der Bruderliebe.*

ZWEITE LESUNG 1 Joh 2, 1–5a

Er ist die Sühne, nicht nur für unsere Sünden, sondern auch für die der ganzen Welt

Lesung
aus dem ersten Johannesbrief.

1 **Meine Kinder, ich schreibe euch dies, damit ihr nicht sündigt.**
Wenn aber einer sündigt,
haben wir einen Beistand beim Vater:
Jesus Christus, den Gerechten.
2 **Er ist die Sühne für unsere Sünden,**
aber nicht nur für unsere Sünden,
sondern auch für die der ganzen Welt.

3 **Wenn wir seine Gebote halten,**
erkennen wir, daß wir ihn erkannt haben.
4 **Wer sagt: Ich habe ihn erkannt!,**
aber seine Gebote nicht hält,
ist ein Lügner,
und die Wahrheit ist nicht in ihm.
5a **Wer sich aber an sein Wort hält,**
in dem ist die Gottesliebe wahrhaft vollendet.

RUF VOR DEM EVANGELIUM Vers: vgl. Lk 24, 32

Halleluja. Halleluja.

Herr Jesus, erschließ uns die Schrift!
Laß unser Herz entbrennen, wenn du zu uns redest.

Halleluja.

ZUM EVANGELIUM *Die Nachricht vom leeren Grab ist noch keine Osterbotschaft. Erst die persönliche Gegenwart des Auferstandenen und sein helfendes Wort haben den Jüngern die Augen geöffnet. Sie lernen die Schrift verstehen und begreifen die Absicht Gottes in dem, was geschehen ist. Die Auferstehung Jesu ist die Erfüllung der Schrift und ein Neubeginn der Geschichte Gottes mit den Menschen. Gott macht den Anfang, er vergibt die Sünden.*

EVANGELIUM Lk 24, 35–48

So steht es in der Schrift: Der Messias wird leiden und am dritten Tag von den Toten auferstehen

✠ **Aus dem heiligen Evangelium nach Lukas.**

Die beiden Jünger, die von Emmaus zurückgekehrt waren,
35 **erzählten den Elf und den anderen Jüngern,**
was sie unterwegs erlebt
und wie sie Jesus erkannt hatten,
als er das Brot brach.

36 **Während sie noch darüber redeten,**
trat er selbst in ihre Mitte
und sagte zu ihnen: Friede sei mit euch!
37 **Sie erschraken und hatten große Angst,**
denn sie meinten, einen Geist zu sehen.

38 **Da sagte er zu ihnen: Was seid ihr so bestürzt?**
Warum laßt ihr in eurem Herzen solche Zweifel aufkommen?
39 **Seht meine Hände und meine Füße an:**
Ich bin es selbst.
Faßt mich doch an,
und begreift: Kein Geist hat Fleisch und Knochen,
wie ihr es bei mir seht.
40 **Bei diesen Worten zeigte er ihnen seine Hände und Füße.**

41 Sie staunten,
konnten es aber vor Freude immer noch nicht glauben.
Da sagte er zu ihnen: Habt ihr etwas zu essen hier?
42 Sie gaben ihm ein Stück gebratenen Fisch;
43 er nahm es und aß es vor ihren Augen.

44 Dann sprach er zu ihnen:
Das sind die Worte,
die ich zu euch gesagt habe, als ich noch bei euch war:
Alles muß in Erfüllung gehen,
was im Gesetz des Mose,
bei den Propheten und in den Psalmen über mich gesagt ist.

45 Darauf öffnete er ihnen die Augen
für das Verständnis der Schrift.
46 Er sagte zu ihnen: So steht es in der Schrift:
Der Messias wird leiden
und am dritten Tag von den Toten auferstehen,
47 und in seinem Namen
wird man allen Völkern, angefangen in Jerusalem, verkünden,
sie sollen umkehren, damit ihre Sünden vergeben werden.

48 Ihr seid Zeugen dafür.

Glaubensbekenntnis, S. 352 ff.
Fürbitten vgl. S. 779 f.

ZUR EUCHARISTIEFEIER *Die Schrift hat sich erfüllt: Knecht Gottes, Lamm Gottes, Sühne für die Schuld der Vielen: Ich bin es, sagt Jesus. Beim Brotbrechen haben die Jünger ihn erkannt, am Zeichen der Hingabe, der bleibenden Gemeinschaft. Ich bin es, sagt Jesus auch heute, wenn er uns im Brot des Lebens sich selber gibt.*

GABENGEBET

Allmächtiger Gott,
nimm die Gaben an,
die deine Kirche dir in österlicher Freude darbringt.
Du hast ihr Grund gegeben zu solchem Jubel,
erhalte ihr die Freude bis zur Vollendung.
Darum bitten wir durch Christus, unseren Herrn.

Osterpräfation, S. 414 ff.

KOMMUNIONVERS Lk 24,46–47

Es steht geschrieben: Der Messias wird leiden
und am dritten Tag von den Toten auferstehen,
und in seinem Namen wird man allen Völkern
die Bekehrung predigen,
damit ihre Sünden vergeben werden. Halleluja.

SCHLUSSGEBET

Ewiger Gott,
du hast uns durch die Ostergeheimnisse erneuert.
Wende dich uns voll Güte zu
und bleibe bei uns mit deiner Huld,
bis wir mit verklärtem Leib
zum unvergänglichen Leben auferstehen.
Darum bitten wir durch Christus, unseren Herrn.

FÜR DEN TAG UND DIE WOCHE

Von Gott geliebt *Wie die Schrift bezeugt, hat Jerusalem die Zeit seiner Heimsuchung nicht erkannt, und ein großer Teil der Juden hat das Evangelium nicht angenommen, ja nicht wenige haben sich seiner Ausbreitung widersetzt (vgl. Röm 11,28). Nichtsdestoweniger sind die Juden nach dem Zeugnis der Apostel immer noch von Gott geliebt um der Väter willen; sind doch seine Gnadengaben und seine Berufung unwiderruflich. Mit den Propheten und mit dem Apostel Paulus erwartet die Kirche den Tag, der nur Gott bekannt ist, an dem alle Völker mit* einer *Stimme den Herrn anrufen und ihm „Schulter an Schulter dienen" (Zef 3,9). (II. Vatik. Konzil, Erklärung über das Verhältnis der Kirche zu den nichtchristlichen Religionen, 4)*

VIERTER SONNTAG DER OSTERZEIT

Nichts Kostbareres gibt es für den Menschen als das Leben: ein volles, geglücktes, glückliches Leben. Dem Leben dienen ist das Größte, was ein Mensch für andere tun kann. Jesus hat für uns sein Leben eingesetzt; er liebt uns. Er ruft uns beim Namen, der Gute Hirt. Er nimmt uns in Dienst; auch wir sollen helfen, retten, heilen.

ERÖFFNUNGSVERS Ps 33 (32), 5–6

**Die Erde ist voll von der Huld des Herrn.
Durch das Wort des Herrn wurden die Himmel geschaffen.
Halleluja.**

Ehre sei Gott, S. 348 ff.

TAGESGEBET

**Allmächtiger, ewiger Gott,
dein Sohn ist der Kirche siegreich vorausgegangen
als der Gute Hirt.
Geleite auch die Herde,
für die er sein Leben dahingab,
aus aller Not zur ewigen Freude.
Darum bitten wir durch ihn, Jesus Christus.**

ZUR 1. LESUNG *Der Grund, warum die jüdische Behörde den Aposteln entgegentrat und sie einsperren ließ, war der Glaube an die Auferstehung Jesu. Die Verteidigungsrede des Petrus ist in Wirklichkeit eine Missionspredigt. In der Mitte steht die Botschaft von Jesus, dem Gekreuzigten und Auferstandenen. Nur im Glauben an ihn gibt es Heilung und Heil.*

ERSTE LESUNG Apg 4, 8–12

In keinem anderen ist das Heil zu finden

**Lesung
aus der Apostelgeschichte.**

**In jenen Tagen
sagte Petrus,
erfüllt vom Heiligen Geist:
Ihr Führer des Volkes und ihr Ältesten!
Wenn wir heute
wegen einer guten Tat an einem kranken Menschen
darüber vernommen werden, durch wen er geheilt worden ist,
so sollt ihr alle und das ganze Volk Israel wissen:
im Namen Jesu Christi, des Nazoräers,
den ihr gekreuzigt habt
und den Gott von den Toten auferweckt hat.
Durch ihn steht dieser Mann gesund vor euch.**

11 **Er – Jesus – ist der Stein,**
der von euch Bauleuten verworfen wurde,
der aber zum Eckstein geworden ist.
12 **Und in keinem anderen ist das Heil zu finden.**
Denn es ist uns Menschen
kein anderer Name unter dem Himmel gegeben,
durch den wir gerettet werden sollen.

ANTWORTPSALM Ps 118 (117), 1 u. 4.8–9.21–22.23 u. 26.28–29 (R: 22)

℟ Der Stein, den die Bauleute verwarfen,
er ist zum Eckstein geworden. – ℟ (GL 233, 1)

Oder:
℟ Halleluja. – ℟

1 **Danket dem Herrn, denn er ist gütig, *** VI. Ton
denn seine Huld währt ewig.

4 **So sollen alle sagen, die den Herrn fürchten und ehren: ***
Denn seine Huld währt ewig. – (℟)

8 **Besser, sich zu bergen beim Herrn, ***
als auf Menschen zu bauen.

9 **Besser, sich zu bergen beim Herrn, ***
als auf Fürsten zu bauen. – (℟)

21 **Ich danke dir, daß du mich erhört hast; ***
du bist für mich zum Retter geworden.

22 **Der Stein, den die Bauleute verwarfen, ***
er ist zum Eckstein geworden. – (℟)

23 **Das hat der Herr vollbracht, ***
vor unseren Augen geschah dieses Wunder.

26 **Gesegnet sei er, der kommt im Namen des Herrn. ***
Wir segnen euch, vom Haus des Herrn her. – (℟)

28 **Du bist mein Gott, dir will ich danken; ***
mein Gott, dich will ich rühmen.

29 **Danket dem Herrn, denn er ist gütig, ***
denn seine Huld währt ewig. – ℟

ZUR 2. LESUNG *Daß wir Kinder Gottes sind, woher wissen wir das, und wie sollen wir es verstehen? Noch ist es ja nicht sichtbar, wie es auch im Leben Jesu nicht offenkundig war. Wir wissen es durch sein Wort und durch seinen Geist, der uns fähig macht, das Wort zu hören. Und wir fangen an, es zu begreifen, wenn wir seinem Wort in unserem Leben Raum geben, so daß wir selbst zum Wort der Liebe Gottes werden für andere.*

ZWEITE LESUNG 1 Joh 3, 1–2

Wir werden Gott sehen, wie er ist

Lesung
aus dem ersten Johannesbrief.

Brüder!
Seht, wie groß die Liebe ist, die der Vater uns geschenkt hat:
Wir heißen Kinder Gottes,
und wir sind es.
Die Welt erkennt uns nicht,
weil sie ihn nicht erkannt hat.

Liebe Brüder, jetzt sind wir Kinder Gottes.
Aber was wir sein werden,
ist noch nicht offenbar geworden.
Wir wissen, daß wir ihm ähnlich sein werden,
wenn er offenbar wird;
denn wir werden ihn sehen, wie er ist.

RUF VOR DEM EVANGELIUM Vers: Joh 10, 14

Halleluja. Halleluja.

(So spricht der Herr:)
Ich bin der gute Hirt.
Ich kenne die Meinen, und die Meinen kennen mich.

Halleluja.

ZUM EVANGELIUM *„Hirten" nannten sich in der alten Zeit die Könige und Führer des Volkes. Jesus ist der „gute Hirt". Im Licht des Osterereignisses offenbart dieses Wort seine tiefe Wahrheit: Der gute Hirt gibt sein Leben hin für die Seinen. Seither heißt Hirte sein: für andere leben, arbeiten, leiden; dem Leben dienen, der Wahrheit und der Einheit.*

EVANGELIUM Joh 10, 11–18

Der gute Hirt gibt sein Leben hin für die Schafe

✠ **Aus dem heiligen Evangelium nach Johannes.**

In jener Zeit sprach Jesus:
11 **Ich bin der gute Hirt.**
Der gute Hirt gibt sein Leben hin für die Schafe.
12 **Der bezahlte Knecht aber,**
der nicht Hirt ist und dem die Schafe nicht gehören,
läßt die Schafe im Stich
und flieht, wenn er den Wolf kommen sieht;
und der Wolf reißt sie und jagt sie auseinander.
Er flieht,
13 **weil er nur ein bezahlter Knecht ist**
und ihm an den Schafen nichts liegt.

14 **Ich bin der gute Hirt;**
ich kenne die Meinen,
und die Meinen kennen mich,
15 **wie mich der Vater kennt**
und ich den Vater kenne;
und ich gebe mein Leben hin für die Schafe.

16 **Ich habe noch andere Schafe,**
die nicht aus diesem Stall sind;
auch sie muß ich führen,
und sie werden auf meine Stimme hören;
dann wird es nur eine Herde geben und einen Hirten.

17 **Deshalb liebt mich der Vater,**
weil ich mein Leben hingebe, um es wieder zu nehmen.
18 **Niemand entreißt es mir,**
sondern ich gebe es aus freiem Willen hin.
Ich habe Macht, es hinzugeben,
und ich habe Macht, es wieder zu nehmen.
Diesen Auftrag habe ich von meinem Vater empfangen.

Glaubensbekenntnis, S. 352 ff.
Fürbitten vgl. S. 779 f.

ZUR EUCHARISTIEFEIER *Nicht jeder Hirt kann sein Leben hingeben für seine Schafe. Jesus hat es für die vielen dahingegeben: für alle, die auf seine Stimme hören. Er hat den Tod angenommen, er gibt uns das Leben. Durch ihn haben wir Gemeinschaft mit dem Vater.*

GABENGEBET

**Herr, unser Gott,
gib, daß wir dir allzeit danken
durch die Feier der österlichen Geheimnisse.
In ihnen führst du das Werk der Erlösung fort,
mache sie für uns
zur Quelle der unvergänglichen Freude.
Darum bitten wir durch Christus, unseren Herrn.**

Osterpräfation, S. 414 ff.

KOMMUNIONVERS

**Auferstanden ist der Gute Hirt. Er gab sein Leben für die Schafe.
Er ist für seine Herde gestorben. Halleluja.**

SCHLUSSGEBET

**Gott, du Hirt deines Volkes,
sieh voll Huld auf deine Herde,
die durch das kostbare Blut deines Sohnes erkauft ist;
bleibe bei ihr
und führe sie auf die Weide des ewigen Lebens.
Darum bitten wir durch ihn, Christus, unseren Herrn.**

FÜR DEN TAG UND DIE WOCHE

Christus begegnen *Wenn der Mensch die Sehnsucht nach Glück, die ihm das Herz verbrennt, stillen möchte, dann muß er seine Schritte zu Jesus hinlenken. Christus ist nicht weit von ihm. In Wahrheit ist unser Leben hier auf Erden ein ständiges Begegnen mit Christus: mit Christus, gegenwärtig in der Heiligen Schrift als Wort Gottes; mit Christus, gegenwärtig in seinen Dienern als Lehrer, Priester und Hirte; mit Christus, gegenwärtig im Nächsten und insbesondere in den Armen, den Kranken, den Ausgestoßenen, die seine leidenden Glieder sind; mit Christus, gegenwärtig in den Sakramenten, in denen sich sein Heilswirken fortsetzt; mit Christus, dem Gast in unserem Herzen, in dem er wohnt, in dem er sein göttliches Leben mitteilt. (Papst Johannes Paul II.)*

FÜNFTER SONNTAG DER OSTERZEIT

Die Schwierigkeit, an die Auferstehung Jesu zu glauben, kommt für viele weniger aus dem Ereignis selber als aus seiner scheinbaren Wirkungslosigkeit. Sind die Menschen anders geworden? Ist die Welt besser geworden? Wahrscheinlich gehören wir selbst zu denen, die so fragen. Die Wahrheit kann nur durch die Wahrheit bewiesen werden. Die gelebte Wahrheit. Jesus ist die Wahrheit Gottes, er ist die Tat Gottes für uns alle. Wer seine Wahrheit tut, wer durch sein Wort rein und klar geworden ist, der ehrt Gott und hilft denen, die Gott suchen.

ERÖFFNUNGSVERS Ps 98 (97), 1–2

Singt dem Herrn ein neues Lied,
denn er hat wunderbare Taten vollbracht
und sein gerechtes Wirken enthüllt vor den Augen der Völker.
Halleluja.

Ehre sei Gott, S. 348 ff.

TAGESGEBET

Gott, unser Vater,
du hast uns durch deinen Sohn erlöst
und als deine geliebten Kinder angenommen.
Sieh voll Güte auf alle, die an Christus glauben,
und schenke ihnen die wahre Freiheit
und das ewige Erbe.
Darum bitten wir durch Jesus Christus.

ZUR 1. LESUNG *Für den neubekehrten Saulus (Paulus) war es nicht leicht, den Anschluß an die Gemeinde von Jerusalem zu finden; es gab noch viel Mißtrauen. Barnabas war ihm ein Freund und Helfer. Dann aber kam die Gefahr von der anderen Seite, von den „Hellenisten", das waren griechisch sprechende Juden, einst Freunde des Saulus. Nun hätten sie ihn am liebsten aus dem Weg geräumt. Aber Gott hatte mit Saulus noch große Dinge vor.*

ERSTE LESUNG Apg 9,26–31

Barnabas erzählte den Jüngern, wie Saulus auf dem Weg den Herrn gesehen habe

Lesung
aus der Apostelgeschichte.

In jenen Tagen,
6 als Saulus nach Jerusalem kam,
versuchte er, sich den Jüngern anzuschließen.
Aber alle fürchteten sich vor ihm
und konnten nicht glauben, daß er ein Jünger war.

7 Bárnabas jedoch nahm sich seiner an
und brachte ihn zu den Aposteln.
Er erzählte ihnen, wie Saulus auf dem Weg den Herrn gesehen habe
und daß dieser mit ihm gesprochen habe
und wie er in Damáskus
mutig und offen im Namen Jesu aufgetreten sei.

8 So ging er bei ihnen in Jerusalem ein und aus,
trat unerschrocken im Namen des Herrn auf
9 und führte auch Streitgespräche mit den Hellenísten.
Diese aber planten, ihn zu töten.
0 Als die Brüder das merkten,
brachten sie ihn nach Cäsaréa hinab
und schickten ihn von dort nach Tarsus.

1 Die Kirche in ganz Judäa, Galiläa und Samárien
hatte nun Frieden;
sie wurde gefestigt
und lebte in der Furcht vor dem Herrn.
Und sie wuchs durch die Hilfe des Heiligen Geistes.

ANTWORTPSALM Ps 22 (21), 26–27.28 u. 30ab.30c–32 (R: 26a)

℟ Deine Treue, Herr, preise ich in großer Gemeinde. – ℟ (GL 717, 1)

Oder:

℟ Halleluja. – ℟

6 Deine Treue preise ich in großer Gemeinde; * III. Ton
ich erfülle meine Gelübde vor denen, die Gott fürchten.

7 Die Armen sollen essen und sich sättigen; †
den Herrn sollen preisen, die ihn suchen. *
Aufleben soll euer Herz für immer. – (℟)

28 Alle Enden der Erde sollen daran denken †
und werden umkehren zum Herrn: *
Vor ihm werfen sich alle Stämme der Völker nieder.

30ab Vor ihm allein sollen niederfallen die Mächtigen der Erde, *
vor ihm sich alle niederwerfen, die in der Erde ruhen. – (R)

30c Meine Seele, sie lebt für ihn; *
31 mein Stamm wird ihm dienen.
Vom Herrn wird man dem künftigen Geschlecht erzählen, †
32 seine Heilstat verkündet man dem kommenden Volk; *
denn er hat das Werk getan.

R Deine Treue, Herr, preise ich in großer Gemeinde.

Oder:
R Halleluja.

ZUR 2. LESUNG *Ob wir in der Wahrheit und Gnade Gottes stehen, erkennen wir an der Bruderliebe und an dem Frieden, den wir selbst haben und anderen mitteilen. Die Liebe fordert den ganzen Menschen, seine Zeit und seine Kraft. Aber sie gibt mehr, als sie fordert; sie gibt dem Menschen die Gewißheit, daß er mit Gott Gemeinschaft hat.*

ZWEITE LESUNG 1 Joh 3, 18–24

Wir sollen an den Namen Jesu Christi glauben und einander lieben

Lesung
aus dem ersten Johannesbrief.

18 Meine Kinder,
wir wollen nicht mit Wort und Zunge lieben,
sondern in Tat und Wahrheit.

19 Daran werden wir erkennen, daß wir aus der Wahrheit sind,
und werden unser Herz in seiner Gegenwart beruhigen.
20 Denn wenn das Herz uns auch verurteilt
– Gott ist größer als unser Herz,
und er weiß alles.

21 Liebe Brüder, wenn das Herz uns aber nicht verurteilt,
haben wir gegenüber Gott Zuversicht;

22 **alles, was wir erbitten,**
empfangen wir von ihm,
weil wir seine Gebote halten
und tun, was ihm gefällt.

23 **Und das ist sein Gebot:**
Wir sollen an den Namen seines Sohnes Jesus Christus glauben
und einander lieben, wie es seinem Gebot entspricht.
24 **Wer seine Gebote hält,**
bleibt in Gott und Gott in ihm.
Und daß er in uns bleibt,
erkennen wir an dem Geist, den er uns gegeben hat.

RUF VOR DEM EVANGELIUM Vers: Joh 15,4a.5b

Halleluja. Halleluja.

(So spricht der Herr:)
Bleibt in mir, dann bleibe ich in euch.
Wer in mir bleibt, der bringt reiche Frucht.

Halleluja.

ZUM EVANGELIUM *Jesus, der gute Hirt, ist auch der wahre Weinstock. Im Alten Bund war das Gottesvolk Israel der Weinberg Gottes gewesen. Der gute Weinstock aber ist Jesus selbst, der Mittler des neuen Bundes. Wer mit ihm Gemeinschaft hat, der hat das Leben. Wer in ihm bleibt und an seinem Wort festhält, dessen Leben ist fruchtbar.*

EVANGELIUM Joh 15,1–8

Wer in mir bleibt und in wem ich bleibe, der bringt reiche Frucht

✠ **Aus dem heiligen Evangelium nach Johannes.**

In jener Zeit sprach Jesus zu seinen Jüngern:
Ich bin der wahre Weinstock,
und mein Vater ist der Winzer.
Jede Rebe an mir, die keine Frucht bringt,
schneidet er ab,
und jede Rebe, die Frucht bringt,
reinigt er, damit sie mehr Frucht bringt.

3 Ihr seid schon rein durch das Wort, das ich zu euch gesagt habe.
4 Bleibt in mir,
dann bleibe ich in euch.
Wie die Rebe aus sich keine Frucht bringen kann,
sondern nur, wenn sie am Weinstock bleibt,
so könnt auch ihr keine Frucht bringen,
wenn ihr nicht in mir bleibt.
5 Ich bin der Weinstock,
ihr seid die Reben.
Wer in mir bleibt und in wem ich bleibe,
der bringt reiche Frucht;
denn getrennt von mir könnt ihr nichts vollbringen.
6 Wer nicht in mir bleibt,
wird wie die Rebe weggeworfen,
und er verdorrt.
Man sammelt die Reben,
wirft sie ins Feuer,
und sie verbrennen.
7 Wenn ihr in mir bleibt und wenn meine Worte in euch bleiben,
dann bittet um alles, was ihr wollt:
Ihr werdet es erhalten.
8 Mein Vater wird dadurch verherrlicht,
daß ihr reiche Frucht bringt und meine Jünger werdet.

Glaubensbekenntnis, S. 352 ff.
Fürbitten vgl. S. 779 f.

ZUR EUCHARISTIEFEIER *Zu Jesus kommen heißt an ihn glauben. In ihm bleiben heißt in seiner Liebe bleiben. Das ist nicht Sache des Gefühls, sondern der lebendigen Tat: den Glauben leben, die Liebe tun.*

GABENGEBET

Erhabener Gott,
durch die Feier des heiligen Opfers
gewährst du uns Anteil an deiner göttlichen Natur.
Gib, daß wir dich nicht nur
als den einen wahren Gott erkennen,
sondern unser ganzes Leben nach dir ausrichten.
Darum bitten wir durch Christus, unseren Herrn.

Osterpräfation, S. 414 ff.

KOMMUNIONVERS Joh 15, 1.5

So spricht der Herr:
Ich bin der wahre Weinstock, ihr seid die Rebzweige.
Wer in mir bleibt und in wem ich bleibe,
der bringt reiche Frucht. Halleluja.

SCHLUSSGEBET

Barmherziger Gott, höre unser Gebet.
Du hast uns im Sakrament
das Brot des Himmels gegeben,
damit wir an Leib und Seele gesunden.
Gib, daß wir
die Gewohnheiten des alten Menschen ablegen
und als neue Menschen leben.
Darum bitten wir durch Christus, unseren Herrn.

FÜR DEN TAG UND DIE WOCHE

Was zählt *Wir mögen wunderbare Werke vollbringen, zählen werden nur jene, die der barmherzigen Liebe Christi in uns entspringen. Am Abend unseres Lebens wird es die Liebe sein, nach der wir beurteilt werden, die Liebe, die wir allmählich in uns haben wachsen und sich entfalten lassen, in Barmherzigkeit für jeden Menschen in der Kirche und in der Welt. Unsere Hinwendung gilt allen Menschen ohne Ausnahme, weil in jedem Menschen Zeichen Christi, unseres Bruders, erkennbar sind. (Frère Roger)*

SECHSTER SONNTAG DER OSTERZEIT

Die Osterpredigt ergibt sich aus dem Osterereignis. In der Auferstehung Jesu ist das Geheimnis Gottes offenkundig geworden. Durch Jesus wissen wir, was Liebe ist. Die Liebe kommt von Gott, die Liebe hat Menschengestalt angenommen. Die Liebe ist treu bis in den Tod. Sie ist klar und weit, und sie macht frei – den, der liebt, und den, der geliebt wird. Daran erkennt man die Liebe.

ERÖFFNUNGSVERS Vgl. Jes 48,20

Verkündet es jauchzend, damit man es hört!
Ruft es hinaus bis ans Ende der Erde!
Ruft: Der Herr hat sein Volk befreit. Halleluja.

Ehre sei Gott, S. 348 ff.

TAGESGEBET

Allmächtiger Gott,
laß uns die österliche Zeit in herzlicher Freude begehen
und die Auferstehung unseres Herrn preisen,
damit das Ostergeheimnis,
das wir in diesen fünfzig Tagen feiern,
unser ganzes Leben prägt und verwandelt.
Darum bitten wir durch Jesus Christus.

Wo Christi Himmelfahrt an dem darauffolgenden Sonntag gefeiert wird, können heute die Zweite Lesung und das Evangelium vom Siebten Sonntag der Osterzeit, S. 290 ff., genommen werden.

ZUR 1. LESUNG *Die Bekehrungsgeschichte des römischen Hauptmanns Kornelius ist der ausführlichste Einzelbericht in der Apostelgeschichte. Mit der Taufe des Kornelius hat die Kirche den ersten Schritt in die Welt der Heidenvölker getan. Der Geist von Pfingsten kommt, zum Staunen der frommen Judenchristen, auch über diesen Heiden und seine Familie. Gott ist in jedem Volk und bei allen Menschen, die ihn aufrichtig suchen. Kennzeichen des Heiligen Geistes: das gemeinsame Hören auf Gottes Wort im Glauben an Jesus Christus und im Gebet.*

ERSTE LESUNG Apg 10,25–26.34–35.44–48

Auch auf die Heiden wurde die Gabe des Heiligen Geistes ausgegossen

Lesung aus der Apostelgeschichte.

25 **Als Petrus in Cäsaréa beim Hauptmann Kornélius ankam,**
ging ihm dieser entgegen
und warf sich ehrfürchtig vor ihm nieder.
26 **Petrus aber richtete ihn auf**
und sagte: Steh auf!
Auch ich bin nur ein Mensch.
34 **Dann begann Petrus zu reden**
und sagte:

Wahrhaftig, jetzt begreife ich,
daß Gott nicht auf die Person sieht,
5 sondern daß ihm in jedem Volk willkommen ist,
wer ihn fürchtet
und tut, was recht ist.

4 Noch während Petrus redete,
kam der Heilige Geist auf alle herab, die das Wort hörten.
5 Die gläubig gewordenen Juden, die mit Petrus gekommen waren,
konnten es nicht fassen,
daß auch auf die Heiden
die Gabe des Heiligen Geistes ausgegossen wurde.
6 Denn sie hörten sie in Zungen reden
und Gott preisen.

Petrus aber sagte:
7 Kann jemand denen das Wasser zur Taufe verweigern,
die ebenso wie wir den Heiligen Geist empfangen haben?
8 Und er ordnete an,
sie im Namen Jesu Christi zu taufen.
Danach baten sie ihn,
einige Tage zu bleiben.

ANTWORTPSALM Ps 98 (97), 1.2–3b.3c–4 (R: vgl. 2)

℟ Der Herr hat sein Heil enthüllt (GL 149, 1)
vor den Augen der Völker. – ℟

Oder:

℟ Halleluja. – ℟

Singet dem Herrn ein neues Lied; * VIII. Ton
denn er hat wunderbare Taten vollbracht.

Er hat mit seiner Rechten geholfen *
und mit seinem heiligen Arm. – (℟)

Der Herr hat sein Heil bekannt gemacht *
und sein gerechtes Wirken enthüllt vor den Augen der Völker.

b Er dachte an seine Huld *
und an seine Treue zum Hause Israel. – (℟)

d Alle Enden der Erde *
sahen das Heil unsres Gottes.

Jauchzt vor dem Herrn, alle Länder der Erde, *
freut euch, jubelt und singt! – ℟

ZUR 2. LESUNG *Die Liebe, die uns in Christus begegnet, ist göttlich nach ihrem Ursprung und in ihrer Wesensart. Ob wir die Liebe annehmen, die Gott uns schenkt, wird daran sichtbar, daß wir den Mitmenschen als Bruder, als Nächsten, in unser Leben hineinnehmen. Die Liebe Christi in uns zerstört nicht die menschliche Liebe; sie gibt ihr im Gegenteil die Glut der Reinheit und das Siegel der Ganzheit.*

ZWEITE LESUNG 1 Joh 4,7–10

Gott ist die Liebe

Lesung
aus dem ersten Johannesbrief.

7 **Liebe Brüder, wir wollen einander lieben;**
denn die Liebe ist aus Gott,
und jeder, der liebt, stammt von Gott
und erkennt Gott.
8 **Wer nicht liebt,**
hat Gott nicht erkannt;
denn Gott ist die Liebe.
9 **Die Liebe Gottes wurde unter uns dadurch offenbart,**
daß Gott seinen einzigen Sohn in die Welt gesandt hat,
damit wir durch ihn leben.
10 **Nicht darin besteht die Liebe,**
daß wir Gott geliebt haben,
sondern daß er uns geliebt
und seinen Sohn als Sühne für unsere Sünden gesandt hat.

RUF VOR DEM EVANGELIUM Vers: vgl. Joh 14,23

Halleluja. Halleluja.

(So spricht der Herr:)
Wer mich liebt, hält fest an meinem Wort.
Mein Vater wird ihn lieben, und wir werden bei ihm wohnen.

Halleluja.

ZUM EVANGELIUM *Weinstock und Rebzweig bilden eine lebendige Einheit. So fließt auch der Strom des Lebens, die Liebe, vom Vater zum Sohn, vom Sohn zu den Jüngern. Durch die Taufe wurden wir in diese Gemeinschaft hineingeboren. Kennzeichen des Bleibens in der*

Liebe ist die Treue des Glaubens und des Gehorsams. Ihre Frucht ist die gemeinsame Freude und das Vertrauen.

EVANGELIUM Joh 15,9–17

Es gibt keine größere Liebe, als wenn einer sein Leben für seine Freunde hingibt

✠ **Aus dem heiligen Evangelium nach Johannes.**

In jener Zeit sprach Jesus zu seinen Jüngern:
Wie mich der Vater geliebt hat,
so habe auch ich euch geliebt.
Bleibt in meiner Liebe!
Wenn ihr meine Gebote haltet,
werdet ihr in meiner Liebe bleiben,
so wie ich die Gebote meines Vaters gehalten habe
und in seiner Liebe bleibe.

Dies habe ich euch gesagt,
damit meine Freude in euch ist
und damit eure Freude vollkommen wird.
Das ist mein Gebot:
Liebt einander,
so wie ich euch geliebt habe.
Es gibt keine größere Liebe,
als wenn einer sein Leben für seine Freunde hingibt.

Ihr seid meine Freunde,
wenn ihr tut, was ich euch auftrage.

Ich nenne euch nicht mehr Knechte;
denn der Knecht weiß nicht, was sein Herr tut.
Vielmehr habe ich euch Freunde genannt;
denn ich habe euch alles mitgeteilt,
was ich von meinem Vater gehört habe.

Nicht ihr habt mich erwählt,
sondern ich habe euch erwählt
und dazu bestimmt, daß ihr euch aufmacht und Frucht bringt
und daß eure Frucht bleibt.
Dann wird euch der Vater alles geben,
um was ihr ihn in meinem Namen bittet.

Dies trage ich euch auf:
Liebt einander!

Glaubensbekenntnis, S. 352 ff.; Fürbitten vgl. S. 779 f.

ZUR EUCHARISTIEFEIER *Die Eucharistie ist uns als Sakrament der Gemeinschaft gegeben. Die gemeinsame Feier verbindet uns immer neu und immer tiefer mit all denen, die von dem einen Brot leben, in dem Christus uns sich selber gibt.*

GABENGEBET

Herr und Gott,
laß unser Gebet zu dir aufsteigen
und nimm unsere Gaben an.
Reinige uns durch deine Gnade,
damit wir fähig werden,
das Sakrament deiner großen Liebe zu empfangen.
Darum bitten wir durch Christus, unseren Herrn.

Osterpräfation, S. 414 ff.

KOMMUNIONVERS Joh 14, 15–16

So spricht der Herr:
Wenn ihr mich liebt, werdet ihr meine Gebote halten.
Ich werde den Vater bitten,
und er wird euch einen anderen Beistand geben,
damit er immer bei euch bleibt. Halleluja.

SCHLUSSGEBET

Allmächtiger Gott,
du hast uns durch die Auferstehung Christi
neu geschaffen für das ewige Leben.
Erfülle uns
mit der Kraft dieser heilbringenden Speise,
damit das österliche Geheimnis
in uns reiche Frucht bringt.
Darum bitten wir durch Christus, unseren Herrn.

FÜR DEN TAG UND DIE WOCHE

Die Tiefe *Das Gebet, in dem wir in die Tiefen Gottes hinabsteigen, ist nicht dazu da, daß wir uns in unserer Haut wohler fühlen; Beten – nicht um irgendeines Gewinnes willen, sondern um als freie Menschen in die lebendige Gemeinschaft mit Christus hineinzufinden. Wenn der*

Mensch versucht, diese Gemeinschaft in Worte zu fassen, ist es bewußtes Beten. Es ist kein Privileg für einige wenige. Es ist ein Weg, der gangbar ist für die Jüngsten wie für die Ältesten. Im Gebet gewinnt unser Herz Klarheit und Durchsichtigkeit. Christus ist gegenwärtig. (Frère Roger)

CHRISTI HIMMELFAHRT

Hochfest

Christus, der Menschgewordene und Gekreuzigte, wurde in die Herrlichkeit Gottes aufgenommen. Dort ist er als unser Hoherpriester, unser Mittler, unsere Hoffnung. Er ist von der Erde nicht abwesend, er hat uns nicht allein gelassen. Und er läßt uns nicht in Ruhe; er macht uns für diese Welt verantwortlich, er sendet uns in die Welt.

ERÖFFNUNGSVERS Apg 1, 11

Ihr Männer von Galiläa,
was steht ihr da und schaut zum Himmel?
Der Herr wird wiederkommen, wie er jetzt aufgefahren ist. Halleluja.

Ehre sei Gott, S. 348 ff.

TAGESGEBET

Allmächtiger, ewiger Gott,
erfülle uns mit Freude und Dankbarkeit,
denn in der Himmelfahrt deines Sohnes
hast du den Menschen erhöht.
Schenke uns das feste Vertrauen,
daß auch wir zu der Herrlichkeit gerufen sind,
in die Christus uns vorausgegangen ist,
der in der Einheit des Heiligen Geistes
mit dir lebt und herrscht in alle Ewigkeit.

ZUR 1. LESUNG *In seinem Evangelium hat Lukas berichtet, was Jesus getan und gelehrt hat; in der Apostelgeschichte beschreibt er das*

Werden und Wachsen der Kirche. Die Worte Jesu vor seinem Weggang sind für die Jünger zugleich Verheißung und Auftrag. Für alle Menschen sollen sie Boten und Zeugen Christi sein. Von Pfingsten bis zur Wiederkunft Christi wird die Kirche Christi missionierende Kirche sein. Dazu empfängt sie die Kraft des Heiligen Geistes.

ERSTE LESUNG Apg 1, 1–11

Dieser Jesus, der in den Himmel aufgenommen wurde, wird ebenso wiederkommen, wie ihr ihn habt zum Himmel hingehen sehen

Lesung
aus der Apostelgeschichte.

1 **Im ersten Buch, lieber Theóphilus,**
habe ich über alles berichtet, was Jesus getan und gelehrt hat,
2 **bis zu dem Tag, an dem er in den Himmel aufgenommen wurde.**
Vorher hat er durch den Heiligen Geist
den Aposteln, die er sich erwählt hatte, Anweisungen gegeben.
3 **Ihnen hat er nach seinem Leiden**
durch viele Beweise gezeigt, daß er lebt;
vierzig Tage hindurch ist er ihnen erschienen
und hat vom Reich Gottes gesprochen.
4 **Beim gemeinsamen Mahl gebot er ihnen:**
Geht nicht weg von Jerusalem,
sondern wartet auf die Verheißung des Vaters,
die ihr von mir vernommen habt.
5 **Johannes hat mit Wasser getauft,**
ihr aber
werdet schon in wenigen Tagen mit dem Heiligen Geist getauft.
6 **Als sie nun beisammen waren, fragten sie ihn:**
Herr, stellst du in dieser Zeit
das Reich für Israel wieder her?
7 **Er sagte zu ihnen:**
Euch steht es nicht zu, Zeiten und Fristen zu erfahren,
die der Vater in seiner Macht festgesetzt hat.
8 **Aber ihr werdet die Kraft des Heiligen Geistes empfangen,**
der auf euch herabkommen wird;
und ihr werdet meine Zeugen sein
in Jerusalem und in ganz Judäa und Samárien
und bis an die Grenzen der Erde.

Als er das gesagt hatte,
wurde er vor ihren Augen emporgehoben,
und eine Wolke nahm ihn auf und entzog ihn ihren Blicken.
0 Während sie unverwandt ihm nach zum Himmel emporschauten,
standen plötzlich zwei Männer in weißen Gewändern bei ihnen
1 und sagten: Ihr Männer von Galiläa,
was steht ihr da und schaut zum Himmel empor?
Dieser Jesus, der von euch ging
und in den Himmel aufgenommen wurde,
wird ebenso wiederkommen,
wie ihr ihn habt zum Himmel hingehen sehen.

ANTWORTPSALM Ps 47 (46), 2–3.6–7.8–9 (R: vgl. 6)

℟ Gott stieg empor unter Jubel, (GL 232, 5)
der Herr beim Schall der Posaunen. – ℟

Oder:
℟ Halleluja. – ℟

VI. Ton

Ihr Völker alle, klatscht in die Hände; *
jauchzt Gott zu mit lautem Jubel!

Denn furchtgebietend ist der Herr, der Höchste, *
ein großer König über die ganze Erde. – (℟)

Gott stieg empor unter Jubel, *
der Herr beim Schall der Hörner.

Singt unserm Gott, ja, singt ihm! *
Spielt unserm König, spielt ihm! – (℟)

Denn Gott ist König der ganzen Erde. *
Spielt ihm ein Psalmenlied!

Gott wurde König über alle Völker, *
Gott sitzt auf seinem heiligen Thron. – ℟

ZUR 2. LESUNG *Das Gebet des Apostels wird zu einer großen Aussage über die Macht und Größe Gottes. Gott hat Jesus von den Toten auferweckt und an seine Seite erhöht; er hat ihn zum Haupt der Kirche und der ganzen Schöpfung gemacht. Die Kirche ist sein „Leib“: sie lebt durch ihn, und er lebt in ihr. Die Kirche ist der Raum, wo Christus für die Welt gegenwärtig ist.*

ZWEITE LESUNG Eph 1,17–23

Gott hat Christus auf den Platz zu seiner Rechten erhoben

Lesung
aus dem Brief des Apostels Paulus an die Épheser.

Brüder!
17 **Der Gott Jesu Christi, unseres Herrn,**
der Vater der Herrlichkeit,
gebe euch den Geist der Weisheit und Offenbarung,
damit ihr ihn erkennt.
18 **Er erleuchte die Augen eures Herzens,**
damit ihr versteht,
zu welcher Hoffnung ihr durch ihn berufen seid,
welchen Reichtum
die Herrlichkeit seines Erbes den Heiligen schenkt
19 **und wie überragend groß**
seine Macht sich an uns, den Gläubigen, erweist
durch das Wirken seiner Kraft und Stärke.
20 **Er hat sie an Christus erwiesen,**
den er von den Toten auferweckt
und im Himmel auf den Platz zu seiner Rechten erhoben hat,
21 **hoch über alle Fürsten und Gewalten,**
Mächte und Herrschaften
und über jeden Namen, der nicht nur in dieser Welt,
sondern auch in der zukünftigen genannt wird.
22 **Alles hat er ihm zu Füßen gelegt**
und ihn, der als Haupt alles überragt,
über die Kirche gesetzt.
23 **Sie ist sein Leib**
und wird von ihm erfüllt, der das All ganz und gar beherrscht.

Oder:

ZWEITE LESUNG Eph 4,1–13

Einführung *Die Berufung zum christlichen Glauben ist eine Berufung in die Gemeinde der Glaubenden hinein. Der eine Geist Gottes ist es, der den ganzen Leib beseelt und ihm die Einheit gibt. Derselbe Geist aber offenbart sich in der Vielfalt der Gaben, die alle zum Auf-*

bau des ganzen notwendig sind. Christus, der Auferstandene, teilt jedem seine besondere Gabe und Aufgabe zu.

Christus in seiner vollendeten Gestalt

Lesung
aus dem Brief des Apostels Paulus an die Epheser.

Brüder!
1 Ich, der ich um des Herrn willen im Gefängnis bin,
ermahne euch, ein Leben zu führen,
das des Rufes würdig ist, der an euch erging.

2 Seid demütig, friedfertig und geduldig,
ertragt einander in Liebe,
3 und bemüht euch, die Einheit des Geistes zu wahren
durch den Frieden, der euch zusammenhält.
4 Ein Leib und ein Geist,
wie euch durch eure Berufung
auch eine gemeinsame Hoffnung gegeben ist;
5 ein Herr,
ein Glaube,
eine Taufe,
6 ein Gott und Vater aller,
der über allem und durch alles und in allem ist.

7 Aber jeder von uns empfing die Gnade
in dem Maß, wie Christus sie ihm geschenkt hat.
8 Deshalb heißt es: Er stieg hinauf zur Höhe
und erbeutete Gefangene,
er gab den Menschen Geschenke.
9 Wenn er aber hinaufstieg,
was bedeutet dies anderes, als daß er auch zur Erde herabstieg?
10 Derselbe, der herabstieg,
ist auch hinaufgestiegen bis zum höchsten Himmel,
um das All zu beherrschen.

11 Und er gab den einen das Apostelamt,
andere setzte er als Propheten ein,
andere als Evangelisten,
andere als Hirten und Lehrer,
12 um die Heiligen für die Erfüllung ihres Dienstes zu rüsten,
für den Aufbau des Leibes Christi.

13 **So sollen wir alle**
zur Einheit im Glauben
und in der Erkenntnis des Sohnes Gottes gelangen,
damit wir zum vollkommenen Menschen werden
und Christus in seiner vollendeten Gestalt darstellen.

Oder:

KURZFASSUNG Eph 4, 1–7.11–13

Christus in seiner vollendeten Gestalt

Lesung
aus dem Brief des Apostels Paulus an die Epheser.

Brüder!
1 **Ich, der ich um des Herrn willen im Gefängnis bin,**
ermahne euch, ein Leben zu führen,
das des Rufes würdig ist, der an euch erging.
2 **Seid demütig, friedfertig und geduldig,**
ertragt einander in Liebe,
3 **und bemüht euch, die Einheit des Geistes zu wahren**
durch den Frieden, der euch zusammenhält.
4 **Ein Leib und ein Geist,**
wie euch durch eure Berufung
auch eine gemeinsame Hoffnung gegeben ist;
5 **ein Herr,**
ein Glaube,
eine Taufe,
6 **ein Gott und Vater aller,**
der über allem und durch alles und in allem ist.
7 **Aber jeder von uns empfing die Gnade**
in dem Maß, wie Christus sie ihm geschenkt hat.
11 **Und er gab den einen das Apostelamt,**
andere setzte er als Propheten ein,
andere als Evangelisten,
andere als Hirten und Lehrer,
12 **um die Heiligen für die Erfüllung ihres Dienstes zu rüsten,**
für den Aufbau des Leibes Christi.
13 **So sollen wir alle**
zur Einheit im Glauben
und in der Erkenntnis des Sohnes Gottes gelangen,

damit wir zum vollkommenen Menschen werden
und Christus in seiner vollendeten Gestalt darstellen.

RUF VOR DEM EVANGELIUM Vers: Mt 28, 19a.20b

Halleluja. Halleluja.

(So spricht der Herr:)
Geht zu allen Völkern,
und macht alle Menschen zu meinen Jüngern.
Ich bin bei euch alle Tage bis zum Ende der Welt.

Halleluja.

ZUM EVANGELIUM *Die Himmelfahrt Jesu wird am Schluß des Markusevangeliums kurz berichtet und theologisch gedeutet: Es ist die Thronbesteigung des Messias-Königs, der seine Herrschaft antritt. Für das Evangelium, die Botschaft von der Gottesherrschaft, beginnt mit dem Weggang Jesu ein neuer, entscheidender Abschnitt: Der ganzen Welt, allen Menschen wird die Botschaft verkündet. Die Menschheit wird in die Entscheidung gerufen.*

EVANGELIUM Mk 16, 15–20

Er wurde in den Himmel aufgenommen und setzte sich zur Rechten Gottes

✠ Aus dem heiligen Evangelium nach Markus.

In jener Zeit erschien Jesus den Elf
15 **und sprach zu ihnen:**
Geht hinaus in die ganze Welt,
und verkündet das Evangelium allen Geschöpfen!
16 **Wer glaubt und sich taufen läßt,**
wird gerettet;
wer aber nicht glaubt,
wird verdammt werden.

17 **Und durch die, die zum Glauben gekommen sind,**
werden folgende Zeichen geschehen:
In meinem Namen werden sie Dämonen austreiben;
sie werden in neuen Sprachen reden;
18 **wenn sie Schlangen anfassen oder tödliches Gift trinken,**
wird es ihnen nicht schaden;
und die Kranken, denen sie die Hände auflegen,
werden gesund werden.

19 **Nachdem Jesus, der Herr, dies zu ihnen gesagt hatte,**
wurde er in den Himmel aufgenommen
und setzte sich zur Rechten Gottes.

20 **Sie aber zogen aus und predigten überall.**
Der Herr stand ihnen bei
und bekräftigte die Verkündigung
durch die Zeichen, die er geschehen ließ.

Glaubensbekenntnis, S. 352 ff.
Fürbitten vgl. S. 779 f.

ZUR EUCHARISTIEFEIER *Christus, der erhöhte Herr, ist in seiner Kirche gegenwärtig; in der Verkündigung des Evangeliums wie im Wort des Sakramentes ist die Kraft seines Geistes am Werk. Neue Schöpfung entsteht überall da, wo Gottes lebendiger Atem weht.*

GABENGEBET

Allmächtiger Gott,
am Fest der Himmelfahrt deines Sohnes
bringen wir dieses Opfer dar.
Gib uns durch diese heilige Feier die Gnade,
daß wir uns über das Irdische erheben
und suchen, was droben ist.
Darum bitten wir durch Christus, unseren Herrn.

Präfation, S. 416 f.
In den Hochgebeten I–III eigener Einschub.

KOMMUNIONVERS Mt 28, 20

Ich bin bei euch alle Tage bis zum Ende der Welt. Halleluja.

SCHLUSSGEBET

Allmächtiger, ewiger Gott,
du hast uns, die wir noch auf Erden leben,
deine göttlichen Geheimnisse anvertraut.
Lenke unser Sinnen und Verlangen zum Himmel,
wo Christus als Erster der Menschen bei dir ist,
der mit dir lebt und herrscht in alle Ewigkeit.

HERAUSFORDERUNG

Gott hat sein Wort gesprochen. Er fordert unsere Antwort heraus. Die Antwort haben wir mit unserer ganzen Person zu geben. Gottes Wort und seine Wahrheit kann nicht der Gegenstand neutraler Forschung sein; die angemessene Weise der Annäherung an Gott ist die Anbetung. Nicht einen gedachten Gott sollen wir haben. Gott sagt du zu uns. Wir finden ihn nur, wenn auch wir du sagen. Wir sollen Gott gegenwärtig haben „im Gemüt, im Streben und in der Liebe". (Meister Eckehart)

SIEBTER SONNTAG DER OSTERZEIT

Die Freude ist wie die Liebe: Sie verlangt Ewigkeit, sie will über die Zeit hinaus dauern, sie will „bleiben". Das sagen uns die Lesungen aus dem Johannesevangelium und den Johannesbriefen. Unser Herz stimmt zu, und unser Glaube bestätigt es auch dann, wenn unsere Erfahrung Widerspruch anmeldet. Gott hat uns angesprochen, er nimmt uns an; er liebt uns mit göttlichem Ernst und mit göttlicher Freude, auch mit Geduld und Erbarmen.

ERÖFFNUNGSVERS Ps 27 (26), 7–9

Vernimm, o Herr, mein lautes Rufen;
sei mir gnädig und erhöre mich!
Mein Herz denkt an dein Wort: „Sucht mein Angesicht!"
Dein Angesicht, Herr, will ich suchen.
Verbirg nicht dein Gesicht vor mir! Halleluja.

Ehre sei Gott, S. 348 ff.

TAGESGEBET

Allmächtiger Gott,
wir bekennen, daß unser Erlöser
bei dir in deiner Herrlichkeit ist.
Erhöre unser Rufen
und laß uns erfahren,
daß er alle Tage bis zum Ende der Welt
bei uns bleibt, wie er uns verheißen hat.
Er, der in der Einheit des Heiligen Geistes
mit dir lebt und herrscht in alle Ewigkeit.

ZUR 1. LESUNG *Mit einem Grundbestand von 120 Gläubigen tritt die Urgemeinde von Jerusalem in die Geschichte ein. Das ist das Zehnfache der Zahl der Apostel. Die Zwölfzahl ist auch die Zahl der Stämme Israels. Nach dem unglücklichen Weggang des Judas mußte diese Zahl wiederhergestellt werden. Der Hinzugewählte muß von Anfang an bei Jesus gewesen sein, vor allem aber muß er Zeuge der Auferstehung Jesu sein. Auf dem Zeugnis der Apostel ruht der Glaube der Kirche.*

ERSTE LESUNG Apg 1,15–17.20a.c–26

Einer von diesen muß nun zusammen mit uns Zeuge seiner Auferstehung sein

Lesung
aus der Apostelgeschichte.

15 **In jenen Tagen erhob sich Petrus im Kreis der Brüder**
– etwa hundertzwanzig waren zusammengekommen –
und sagte:
16 **Brüder!**
Es mußte sich das Schriftwort erfüllen,
das der Heilige Geist durch den Mund Davids
im voraus über Judas gesprochen hat.
Judas wurde zum Anführer derer, die Jesus gefangennahmen.
17 **Er wurde zu uns gezählt**
und hatte Anteil am gleichen Dienst.

20ac **Es steht im Buch der Psalmen:**
Sein Amt soll ein anderer erhalten!
21 **Einer von den Männern,**
die die ganze Zeit mit uns zusammen waren,
als Jesus, der Herr, bei uns ein und aus ging,
22 **angefangen von der Taufe durch Johannes**
bis zu dem Tag,
an dem er von uns ging und in den Himmel aufgenommen wurde,
– einer von diesen muß nun zusammen mit uns
Zeuge seiner Auferstehung sein.

23 **Und sie stellten zwei Männer auf:**
Josef, genannt Barsábbas, mit dem Beinamen Justus,
und Matthías.
24 **Dann beteten sie:**

Herr, du kennst die Herzen aller;
zeige, wen von diesen beiden du erwählt hast,
5 **diesen Dienst und dieses Apostelamt zu übernehmen.**
Denn Judas hat es verlassen
und ist an den Ort gegangen, der ihm bestimmt war.
6 **Dann gaben sie ihnen Lose;**
das Los fiel auf Matthías,
und er wurde den elf Aposteln zugerechnet.

ANTWORTPSALM Ps 103 (102), 1–2.11–12.19–20b (R: 19a)

℟ **Der Herr hat seinen Thron errichtet im Himmel.** – ℟ (GL 529, 8)

Oder:

℟ **Halleluja.** – ℟

VIII. Ton

Lobe den Herrn, meine Seele, *
und alles in mir seinen heiligen Namen!

Lobe den Herrn, meine Seele, *
und vergiß nicht, was er dir Gutes getan hat. – (℟)

1 **So hoch der Himmel über der Erde ist, ***
so hoch ist seine Huld über denen, die ihn fürchten.

2 **So weit der Aufgang entfernt ist vom Untergang, ***
so weit entfernt er die Schuld von uns. – (℟)

9 **Der Herr hat seinen Thron errichtet im Himmel, ***
seine königliche Macht beherrscht das All.

0ab **Lobt den Herrn, ihr seine Engel, ***
ihr starken Helden, die seine Befehle vollstrecken. – ℟

ZUR 2. LESUNG *Wir haben Gemeinschaft mit Gott, weil sein Geist in uns wohnt und wirkt. An zwei Zeichen erkennen wir, daß wir den Geist Gottes haben: 1. daß wir an Jesus Christus als den Sohn Gottes glauben, 2. daß wir einander als Brüder und Schwestern zugetan sind. Damit bezeugen wir auch, daß Christus lebt.*

ZWEITE LESUNG 1 Joh 4, 11–16

Wer in der Liebe bleibt, bleibt in Gott, und Gott bleibt in ihm

Lesung
aus dem ersten Johannesbrief.

11 **Liebe Brüder, wenn Gott uns so geliebt hat,**
müssen auch wir einander lieben.
12 **Niemand hat Gott je geschaut;**
wenn wir einander lieben,
bleibt Gott in uns,
und seine Liebe ist in uns vollendet.
13 **Daran erkennen wir, daß wir in ihm bleiben**
und er in uns bleibt:
Er hat uns von seinem Geist gegeben.
14 **Wir haben gesehen und bezeugen,**
daß der Vater den Sohn gesandt hat
als den Retter der Welt.
15 **Wer bekennt, daß Jesus der Sohn Gottes ist,**
in dem bleibt Gott,
und er bleibt in Gott.
16 **Wir haben die Liebe, die Gott zu uns hat, erkannt**
und gläubig angenommen.
Gott ist die Liebe,
und wer in der Liebe bleibt,
bleibt in Gott,
und Gott bleibt in ihm.

RUF VOR DEM EVANGELIUM Vers: vgl. Joh 14, 18; 16, 22b

Halleluja. Halleluja.

(So spricht der Herr:)
Ich lasse euch nicht als Waisen zurück.
Ich komme wieder zu euch.
Dann wird euer Herz sich freuen.

Halleluja.

ZUM EVANGELIUM *Das unverwechselbare Kennzeichen der christlichen Gemeinde ist die Freude. Ohne sie gibt es keinen Glauben und keine Liebe. „Meine Freude", sagt Jesus; sie ist Ausdruck der Le-*

bensfülle, die er durch seine Einheit mit dem Vater hat. Die Jüngergemeinde lebt noch in einer Welt, die völlig anders denkt, aber Christus hat uns durch den Heiligen Geist in seine eigene Gottesgemeinschaft aufgenommen.

EVANGELIUM

Joh 17,6a.11b–19

Bewahre sie in deinem Namen, den du mir gegeben hast, damit sie eins sind wie wir

✢ **Aus dem heiligen Evangelium nach Johannes.**

In jener Zeit erhob Jesus seine Augen zum Himmel
und betete:
6a **Vater, ich habe deinen Namen**
den Menschen offenbart,
die du mir aus der Welt gegeben hast.
11b **Heiliger Vater,**
bewahre sie in deinem Namen, den du mir gegeben hast,
damit sie eins sind wie wir.
12 **Solange ich bei ihnen war,**
bewahrte ich sie in deinem Namen, den du mir gegeben hast.
Und ich habe sie behütet,
und keiner von ihnen ging verloren,
außer dem Sohn des Verderbens,
damit sich die Schrift erfüllt.

13 **Aber jetzt gehe ich zu dir.**
Doch dies rede ich noch in der Welt,
damit sie meine Freude in Fülle in sich haben.
14 **Ich habe ihnen dein Wort gegeben,**
und die Welt hat sie gehaßt,
weil sie nicht von der Welt sind,
wie auch ich nicht von der Welt bin.
15 **Ich bitte nicht, daß du sie aus der Welt nimmst,**
sondern daß du sie vor dem Bösen bewahrst.
16 **Sie sind nicht von der Welt,**
wie auch ich nicht von der Welt bin.

17 **Heilige sie in der Wahrheit;**
dein Wort ist Wahrheit.
18 **Wie du mich in die Welt gesandt hast,**
so habe auch ich sie in die Welt gesandt.

19 **Und ich heilige mich für sie,**
damit auch sie in der Wahrheit geheiligt sind.

Glaubensbekenntnis, S. 352 ff.
Fürbitten vgl. S. 779 f.

ZUR EUCHARISTIEFEIER *Durch das Opfer Christi sind wir alle geheiligt; wir sind in die Gemeinschaft Gottes hineingenommen, und von da aus werden wir in die Welt gesandt. Mit Grund erwarten die Menschen Ungewöhnliches von dem, der sich zu Christus bekennt.*

GABENGEBET

Herr und Gott,
nimm die Gebete und Opfergaben
deiner Gläubigen an.
Laß uns diese heilige Feier
mit ganzer Hingabe begehen,
damit wir einst das Leben
in der Herrlichkeit des Himmels erlangen.
Darum bitten wir durch Christus, unseren Herrn.

Präfation von Christi Himmelfahrt, S. 416 f.

KOMMUNIONVERS Vgl. Joh 17, 22

Ich bitte dich, Vater, laß sie eins sein,
wie wir eins sind. Halleluja.

SCHLUSSGEBET

Erhöre uns, Gott, unser Heil,
und schenke uns die feste Zuversicht,
daß durch die Feier der heiligen Geheimnisse
die ganze Kirche jene Vollendung erlangen wird,
die Christus, ihr Haupt,
in deiner Herrlichkeit schon besitzt,
der mit dir lebt und herrscht in alle Ewigkeit.

FÜR DEN TAG UND DIE WOCHE

Sakrament der Liebe Gottes *Der Auferstandene macht euch frei von dem, was euch hindert, im Glauben zu leben: im Frieden mit den anderen, in der Wahrheit, in der Einheit, in der Vergebung, in der Liebe zu leben. Er legt in euch sein göttliches Leben hinein und seine Macht der Erneuerung. Geht auf die Straßen der Welt, in eure Familien, in eure Städte, in eure Schulen, um in gewisser Weise das Sakrament der Liebe Gottes zu sein bei jedem eurer Brüder, damit sie den Erlöser in ihr Leben aufnehmen. Es ist das Geheimnis des Glückes. (Johannes Paul II.)*

PFINGSTEN

Hochfest

Pfingsten war im Alten Bund ein frohes Erntefest: das neue Pfingsten, fünfzig Tage nach Ostern, ist auf neue Weise ein Fest der Ernte, der Erfüllung und Vollendung. Es ist die Frucht von Ostern, die Bestätigung der Auferstehung Jesu, seiner Erhöhung zum Vater und seiner bleibenden Gegenwart bei der Gemeinde.

Am Vorabend

Aus pastoralen Gründen ist es erlaubt, die Texte vom Tag, S. 301 ff., zu nehmen:

ERÖFFNUNGSVERS Röm 5,5

**Die Liebe Gottes ist ausgegossen in unsere Herzen
durch den Heiligen Geist, der uns gegeben ist. Halleluja.**

Ehre sei Gott, S. 348 ff.

TAGESGEBET

**Gott, unser Herr,
du hast das österliche Geheimnis
im Geschehen des Pfingsttages vollendet
und Menschen aus allen Völkern
das Heil geoffenbart.
Vereine im Heiligen Geist
die Menschen aller Sprachen und Nationen
zum Bekenntnis deines Namens.
Darum bitten wir durch Jesus Christus.**

Oder:

**Allmächtiger Gott,
der Glanz deiner Herrlichkeit
strahle über uns auf,
und Christus, das Licht von deinem Licht,
erleuchte die Herzen aller Getauften
und stärke sie durch den Heiligen Geist.
Darum bitten wir durch Jesus Christus.**

ZUR 1. LESUNG *Babel, die mächtige Stadt, war dem biblischen Verfasser der Inbegriff menschlicher Überheblichkeit. Dort stand der Tempel des Stadtgottes Marduk mit seinem siebenstöckigen Turm, genannt „Fundament des Himmels und der Erde". Aber wo der Mensch seine Grenzen überschreitet, wird die Größe zur Lüge, und die Macht zerfällt. Nur in der Wahrheit kommt die Einheit zustande.*

ERSTE LESUNG Gen 11, 1–9

Man nannte die Stadt Babel; denn dort hat der Herr die Sprachen aller Welt verwirrt

Lesung
aus dem Buch Génesis.

Alle Menschen hatten die gleiche Sprache
und gebrauchten die gleichen Worte.
Als sie von Osten aufbrachen,
fanden sie eine Ebene im Land Schinar
und siedelten sich dort an.

Sie sagten zueinander: Auf, formen wir Lehmziegel,
und brennen wir sie zu Backsteinen.
So dienten ihnen gebrannte Ziegel als Steine
und Erdpech als Mörtel.
Dann sagten sie: Auf, bauen wir uns eine Stadt
und einen Turm mit einer Spitze bis zum Himmel,
und machen wir uns damit einen Namen,
dann werden wir uns nicht über die ganze Erde zerstreuen.

Da stieg der Herr herab,
um sich Stadt und Turm anzusehen,
die die Menschenkinder bauten.
Er sprach: Seht nur, ein Volk sind sie,
und eine Sprache haben sie alle.
Und das ist erst der Anfang ihres Tuns.
Jetzt wird ihnen nichts mehr unerreichbar sein,
was sie sich auch vornehmen.

Auf, steigen wir hinab,
und verwirren wir dort ihre Sprache,
so daß keiner mehr die Sprache des anderen versteht.

8 Der Herr zerstreute sie von dort aus über die ganze Erde,
und sie hörten auf, an der Stadt zu bauen.
9 Darum nannte man die Stadt Babel – Wirrsal –,
denn dort hat der Herr die Sprache aller Welt verwirrt,
und von dort aus hat er die Menschen
über die ganze Erde zerstreut.

Oder:

ERSTE LESUNG Ex 19,3–8a.16–20

Einführung *Fünfzig Tage nach Ostern feierte man im späten Judentum neben dem Erntedank auch den Bundesschluß und die Gesetzgebung am Sinai. Israel ist Gottes Eigentum, sein heiliges Volk geworden. Christus aber ist mehr als Mose; er ist nicht zum Sinai, sondern zum Himmel hinaufgestiegen und hat vom Vater her den versprochenen Geist gesandt, der von nun an das Gesetz und die Seele des Gottesvolkes sein wird.*

Vor den Augen des ganzen Volkes stieg der Herr auf den Berg Sinai herab

Lesung
aus dem Buch Éxodus.

In jenen Tagen
3 stieg Mose zu Gott hinauf.
Da rief ihm der Herr vom Berg her zu:
Das sollst du dem Haus Jakob sagen
und den Israeliten verkünden:
4 Ihr habt gesehen, was ich den Ägyptern angetan habe,
wie ich euch auf Adlerflügeln getragen
und hierher zu mir gebracht habe.
5 Jetzt aber,
wenn ihr auf meine Stimme hört und meinen Bund haltet,
werdet ihr unter allen Völkern mein besonderes Eigentum sein.
Mir gehört die ganze Erde,
6 ihr aber sollt mir als ein Reich von Priestern
und als ein heiliges Volk gehören.
Das sind die Worte, die du den Israeliten mitteilen sollst.

7 Mose ging und rief die Ältesten des Volkes zusammen.
Er legte ihnen alles vor, was der Herr ihm aufgetragen hatte.
8a Das ganze Volk antwortete einstimmig
und erklärte: Alles, was der Herr gesagt hat, wollen wir tun.

6 **Am dritten Tag, im Morgengrauen,**
begann es zu donnern und zu blitzen,
schwere Wolken lagen über dem Berg,
und gewaltiger Hörnerschall erklang.
Das ganze Volk im Lager begann zu zittern.
7 **Mose führte es aus dem Lager hinaus Gott entgegen.**
Unten am Berg blieben sie stehen.

8 **Der ganze Sínai war in Rauch gehüllt,**
denn der Herr war im Feuer auf ihn herabgestiegen:
Der Rauch stieg vom Berg auf wie Rauch aus einem Schmelzofen.
Der ganze Berg bebte gewaltig,
9 **und der Hörnerschall wurde immer lauter.**
Mose redete,
und Gott antwortete im Donner.
0 **Der Herr war auf den Sínai,**
auf den Gipfel des Berges, herabgestiegen.
Er hatte Mose zu sich auf den Gipfel des Berges gerufen,
und Mose war hinaufgestiegen.

Oder:

ERSTE LESUNG Ez 37, 1–14

Einführung *Die Vision von der Wiederbelebung der Totengebeine wird in der Lesung selbst auf die Heimkehr und Wiederherstellung des Volkes Israel gedeutet. Gottes mächtiger Lebensatem, der „Geist", soll aber nicht nur die nationale Wiederherstellung des Volkes bewirken, sondern vor allem seine geistige Erneuerung. Es soll sichtbar werden, daß Jahwe, der Gott Israels, auch das Tote zum Leben erwecken und das Angesicht der Erde erneuern kann.*

Ihr ausgetrockneten Gebeine, ich selbst bringe Geist in euch, dann werdet ihr lebendig

Lesung
aus dem Buch Ezéchiel.

In jenen Tagen
legte sich die Hand des Herrn auf mich,
und der Herr brachte mich im Geist hinaus
und versetzte mich mitten in die Ebene.
Sie war voll von Gebeinen.

2 Er führte mich ringsum an ihnen vorüber,
und ich sah sehr viele über die Ebene verstreut liegen;
sie waren ganz ausgetrocknet.

3 Er fragte mich: Menschensohn,
können diese Gebeine wieder lebendig werden?
Ich antwortete: Herr und Gott, das weißt nur du.

4 Da sagte er zu mir: Sprich als Prophet über diese Gebeine,
und sag zu ihnen: Ihr ausgetrockneten Gebeine,
hört das Wort des Herrn!
5 So spricht Gott, der Herr, zu diesen Gebeinen:
Ich selbst bringe Geist in euch,
dann werdet ihr lebendig.
6 Ich spanne Sehnen über euch und umgebe euch mit Fleisch;
ich überziehe euch mit Haut und bringe Geist in euch,
dann werdet ihr lebendig.
Dann werdet ihr erkennen, daß ich der Herr bin.

7 Da sprach ich als Prophet, wie mir befohlen war;
und noch während ich redete,
hörte ich auf einmal ein Geräusch:
Die Gebeine rückten zusammen, Bein an Bein.
8 Und als ich hinsah, waren plötzlich Sehnen auf ihnen,
und Fleisch umgab sie,
und Haut überzog sie.
Aber es war noch kein Geist in ihnen.

9 Da sagte er zu mir: Rede als Prophet zum Geist,
rede, Menschensohn,
sag zum Geist: So spricht Gott, der Herr:
Geist, komm herbei von den vier Winden!
Hauch diese Erschlagenen an,
damit sie lebendig werden.

10 Da sprach ich als Prophet, wie er mir befohlen hatte,
und es kam Geist in sie.
Sie wurden lebendig und standen auf
– ein großes, gewaltiges Heer.

11 Er sagte zu mir: Menschensohn,
diese Gebeine sind das ganze Haus Israel.
Jetzt sagt Israel: Ausgetrocknet sind unsere Gebeine,

**unsere Hoffnung ist untergegangen,
wir sind verloren.
Deshalb tritt als Prophet auf,
und sag zu ihnen: So spricht Gott, der Herr:
Ich öffne eure Gräber
und hole euch, mein Volk, aus euren Gräbern herauf.
Ich bringe euch zurück in das Land Israel.
Wenn ich eure Gräber öffne
und euch, mein Volk, aus euren Gräbern heraufhole,
dann werdet ihr erkennen, daß ich der Herr bin.
Ich hauche euch meinen Geist ein,
dann werdet ihr lebendig,
und ich bringe euch wieder in euer Land.
Dann werdet ihr erkennen, daß ich der Herr bin.
Ich habe gesprochen.
und ich führe es aus
– Spruch des Herrn.**

Oder:

ERSTE LESUNG Joel 3, 1–5

Einführung *Joel verheißt für die Endzeit, was Mose einst gewünscht hatte (Num 11, 29): Das ganze Volk wird vom Geist Gottes ergriffen werden. Es werden Tage schwerer Heimsuchung und letzter Entscheidung sein; wer sich mit Glauben und Vertrauen an Gott hält, wird gerettet. Der Apostel Petrus hat in seiner Pfingstrede die Joelweissagung angeführt (Apg 2, 17–21). Die Geistgabe an Pfingsten ist das große Angebot Gottes in den „letzten Tagen" der Menschheitsgeschichte.*

Ich werde meinen Geist ausgießen über meine Knechte und Mägde

**Lesung
aus dem Buch Joël.
So spricht Gott, der Herr:
Es wird geschehen,
daß ich meinen Geist ausgieße über alles Fleisch.
Eure Söhne und Töchter werden Propheten sein,
eure Alten werden Träume haben,
und eure jungen Männer haben Visionen.
Auch über Knechte und Mägde
werde ich meinen Geist ausgießen in jenen Tagen.**

3 **Ich werde wunderbare Zeichen wirken**
am Himmel und auf der Erde:
Blut und Feuer und Rauchsäulen.
4 **Die Sonne wird sich in Finsternis verwandeln**
und der Mond in Blut,
ehe der Tag des Herrn kommt,
der große und schreckliche Tag.

5 **Und es wird geschehen:**
Wer den Namen des Herrn anruft, wird gerettet.
Denn auf dem Berg Zion und in Jerusalem gibt es Rettung,
wie der Herr gesagt hat,
und wen der Herr ruft,
der wird entrinnen.

ANTWORTPSALM

Ps 104 (103), 1–2.24–25.27–28.29–30 (R: vgl. 30)

R **Sende aus deinen Geist,** (GL 253, 1)
und das Antlitz der Erde wird neu. – R

Oder: R **Halleluja.** – R

1 **Lobe den Herrn, meine Seele! †** VII. Ton
Herr, mein Gott, wie groß bist du! *
Du bist mit Hoheit und Pracht bekleidet.

2 **Du hüllst dich in Licht wie in ein Kleid, ***
du spannst den Himmel aus wie ein Zelt. – (R)

24 **Herr, wie zahlreich sind deine Werke! †**
Mit Weisheit hast du sie alle gemacht, *
die Erde ist voll von deinen Geschöpfen.

25 **Da ist das Meer, so groß und weit, ***
darin ein Gewimmel ohne Zahl: kleine und große Tiere. – (R)

27 **Sie alle warten auf dich, ***
daß du ihnen Speise gibst zur rechten Zeit.

28 **Gibst du ihnen, dann sammeln sie ein; ***
öffnest du deine Hand, werden sie satt an Gutem. – (R)

29 **Verbirgst du dein Gesicht, sind sie verstört; †**
nimmst du ihnen den Atem, so schwinden sie hin *
und kehren zurück zum Staub der Erde.

30 **Sendest du deinen Geist aus, so werden sie alle erschaffen, ***
und du erneuerst das Antlitz der Erde. – ℟

ZUR 2. LESUNG *Immer noch warten wir darauf, daß sichtbar wird, was wir durch die Taufe und den Empfang des Heiligen Geistes geworden sind. In der täglichen Erfahrung sehen wir Schwachheit und Sünde. Aber der Geist Gottes hilft uns; er gibt uns die Kraft zu glauben, zu hoffen, zu beten. Er kennt unser Herz.*

ZWEITE LESUNG Röm 8,22–27

Der Geist selber tritt für uns ein mit Seufzen, das wir nicht in Worte fassen können

Lesung
aus dem Brief des Apostels Paulus an die Römer.

Brüder!
22 **Wir wissen, daß die gesamte Schöpfung**
bis zum heutigen Tag seufzt und in Geburtswehen liegt.
23 **Aber auch wir,**
obwohl wir als Erstlingsgabe den Geist haben,
seufzen in unserem Herzen
und warten darauf, daß wir mit der Erlösung unseres Leibes
als Söhne offenbar werden.

24 **Denn wir sind gerettet,**
doch in der Hoffnung.
Hoffnung aber, die man schon erfüllt sieht,
ist keine Hoffnung.
Wie kann man auf etwas hoffen, das man sieht?
25 **Hoffen wir aber auf das, was wir nicht sehen,**
dann harren wir aus in Geduld.

26 **So nimmt sich auch der Geist unserer Schwachheit an.**
Denn wir wissen nicht,
worum wir in rechter Weise beten sollen;
der Geist selber tritt jedoch für uns ein
mit Seufzen, das wir nicht in Worte fassen können.
27 **Und Gott, der die Herzen erforscht,**
weiß, was die Absicht des Geistes ist:
Er tritt so, wie Gott es will,
für die Heiligen ein.

RUF VOR DEM EVANGELIUM

Zum Vers Komm, Heiliger Geist … knien alle.

Halleluja. Halleluja.

Komm, Heiliger Geist,
erfülle die Herzen deiner Gläubigen,
und entzünde in ihnen das Feuer deiner Liebe!

Halleluja.

ZUM EVANGELIUM *Am letzten Tag des Laubhüttenfestes offenbart sich Jesus als die Quelle lebendigen Wassers. Die Wasserspende einst in der Wüste und das Wasserschöpfen am Laubhüttenfest waren Hinweise auf die eigentliche Gabe, die Gott geben will: den Heiligen Geist. Seine Symbole sind das Wasser, der Atem, der Sturm, das Feuer.*

EVANGELIUM Joh 7, 37–39

Ströme von lebendigem Wasser werden fließen

✠ Aus dem heiligen Evangelium nach Johannes.

37 **Am letzten Tag des Festes, dem großen Tag,**
stellte sich Jesus hin
und rief:

Wer Durst hat, komme zu mir,
38 **und es trinke, wer an mich glaubt.**
Wie die Schrift sagt:
Aus seinem Inneren
werden Ströme von lebendigem Wasser fließen.

39 **Damit meinte er den Geist,**
den alle empfangen sollten, die an ihn glauben;
denn der Geist war noch nicht gegeben,
weil Jesus noch nicht verherrlicht war.

Glaubensbekenntnis, S. 352 ff.
Fürbitten vgl. S. 780 f.

ZUR EUCHARISTIEFEIER *Die Fülle der Gottheit, das Mysterium des dreifaltigen Gottes, wohnte in dem Menschen Jesus. Das kostbare Gefäß mußte zerbrochen werden, damit für uns alle sein Reichtum strömen kann.*

GABENGEBET

Herr, unser Gott,
dein Geist segne diese Gaben
und erfülle durch sie die Kirche
mit der Kraft deiner Liebe,
damit die ganze Welt erkennt,
daß du sie zum Heil gerufen hast.
Darum bitten wir durch Christus, unseren Herrn.

Pfingstpräfation, S. 417.
In den Hochgebeten I–III eigener Einschub.

KOMMUNIONVERS Joh 7,37

Am letzten Tag des Festes, dem großen Tag,
stand Jesus da und rief:
Wer Durst hat, komme zu mir und trinke. Halleluja.

SCHLUSSGEBET

Herr, unser Gott,
du hast uns im heiligen Mahl gesättigt.
Erfülle uns durch dieses Sakrament
mit der Glut des Heiligen Geistes,
den du am Pfingstfest den Aposteln gesandt hast.
Darum bitten wir durch Christus, unseren Herrn.

Am Tag

Der Heilige Geist ist das innerste Geheimnis Gottes, sozusagen sein Herz, und er ist die letzte, äußerste Gabe Gottes für die Welt. Er erneuert die Schöpfung von innen her, er läßt nichts so, wie es war. Wer an die Kraft dieses Geistes glaubt und um sein Kommen bittet, muß wissen, daß er die göttliche Unruhe herbeiruft.

ERÖFFNUNGSVERS Vgl. Weish 1,7

Der Geist des Herrn erfüllt den Erdkreis.
In ihm hat alles Bestand.
Nichts bleibt verborgen vor ihm. Halleluja.

Oder: Röm 5, 5

**Die Liebe Gottes ist ausgegossen in unsere Herzen
durch den Heiligen Geist, der uns gegeben ist. Halleluja.**

Ehre sei Gott, S. 348 ff.

TAGESGEBET

**Allmächtiger, ewiger Gott,
durch das Geheimnis des heutigen Tages
heiligst du deine Kirche
in allen Völkern und Nationen.
Erfülle die ganze Welt
mit den Gaben des Heiligen Geistes,
und was deine Liebe
am Anfang der Kirche gewirkt hat,
das wirke sie auch heute
in den Herzen aller, die an dich glauben.
Darum bitten wir durch Jesus Christus.**

ZUR 1. LESUNG *Die Weissagung des Propheten Joel und die Verheißung Jesu haben sich an Pfingsten erfüllt. Sie erfüllen sich weiterhin während der ganzen Zeit der Kirche. Immer wird man die Kirche Christi daran erkennen und danach beurteilen, ob sie dem Wirken des Geistes Raum gibt und in allen Sprachen den Menschen die Botschaft Gottes zu bringen weiß.*

ERSTE LESUNG Apg 2, 1–11

Alle wurden mit dem Heiligen Geist erfüllt und begannen zu reden

**Lesung
aus der Apostelgeschichte.**

1 **Als der Pfingsttag gekommen war,
befanden sich alle am gleichen Ort.**
2 **Da kam plötzlich vom Himmel her ein Brausen,
wie wenn ein heftiger Sturm daherfährt,
und erfüllte das ganze Haus, in dem sie waren.**
3 **Und es erschienen ihnen Zungen wie von Feuer,
die sich verteilten;
auf jeden von ihnen ließ sich eine nieder.**

Alle wurden mit dem Heiligen Geist erfüllt
und begannen, in fremden Sprachen zu reden,
wie es der Geist ihnen eingab.

In Jerusalem aber wohnten Juden,
fromme Männer aus allen Völkern unter dem Himmel.
Als sich das Getöse erhob,
strömte die Menge zusammen und war ganz bestürzt;
denn jeder hörte sie in seiner Sprache reden.
Sie gerieten außer sich vor Staunen
und sagten:

Sind das nicht alles Galiläer, die hier reden?
Wieso kann sie jeder von uns in seiner Muttersprache hören:

Parther, Meder und Elamíter,
Bewohner von Mesopotámien, Judäa und Kappadózien,
von Pontus und der Provinz Asien,
0 von Phrýgien und Pamphýlien,
von Ägypten und dem Gebiet Líbyens nach Zyréne hin,
auch die Römer, die sich hier aufhalten,
1 Juden und Proselýten,
Kreter und Áraber,
wir hören sie in unseren Sprachen Gottes große Taten verkünden.

ANTWORTPSALM

Ps 104 (103), 1–2.24–25.29–30.31 u. 34 (R: vgl. 30)

R Sende aus deinen Geist, (GL 253,1)
und das Antlitz der Erde wird neu. – R

Oder: R Halleluja. – R

Lobe den Herrn, meine Seele! † VII. Ton
Herr, mein Gott, wie groß bist du! *
Du bist mit Hoheit und Pracht bekleidet.

Du hüllst dich in Licht wie in ein Kleid, *
du spannst den Himmel aus wie ein Zelt. – (R)

4 Herr, wie zahlreich sind deine Werke! †
Mit Weisheit hast du sie alle gemacht, *
die Erde ist voll von deinen Geschöpfen.

5 Da ist das Meer, so groß und weit, *
darin ein Gewimmel ohne Zahl: kleine und große Tiere. – (R)

29 Verbirgst du dein Gesicht, sind sie verstört; †
nimmst du ihnen den Atem, so schwinden sie hin *
und kehren zurück zum Staub der Erde.

30 Sendest du deinen Geist aus, so werden sie alle erschaffen, *
und du erneuerst das Antlitz der Erde. – (R)

31 Ewig währe die Herrlichkeit des Herrn; *
der Herr freue sich seiner Werke.

34 Möge ihm mein Dichten gefallen. *
Ich will mich freuen am Herrn.

R Sende aus deinen Geist,
und das Antlitz der Erde wird neu.

Oder: R Halleluja.

ZUR 2. LESUNG *Im Bekenntnis „Jesus ist der Herr" hat die Jüngergemeinde ihren Glauben an die Auferstehung Jesu und an seine Erhöhung an die Seite des Vaters ausgesprochen (vgl. Phil 2,9–11). Es ist der eine Geist Christi, der in der Kirche die Vielheit der Gaben und Dienste bewirkt und der die Einheit des Glaubens und des Bekenntnisses schafft.*

ZWEITE LESUNG 1 Kor 12,3b–7.12–13

Durch den einen Geist wurden wir in der Taufe alle in einen einzigen Leib aufgenommen

Lesung
aus dem ersten Brief des Apostels Paulus an die Korínther.

Brüder!
3b Keiner kann sagen: Jesus ist der Herr!,
wenn er nicht aus dem Heiligen Geist redet.
4 Es gibt verschiedene Gnadengaben,
aber nur den einen Geist.
5 Es gibt verschiedene Dienste,
aber nur den einen Herrn.
6 Es gibt verschiedene Kräfte, die wirken,
aber nur den einen Gott:
Er bewirkt alles in allen.

Jedem aber wird die Offenbarung des Geistes geschenkt,
damit sie anderen nützt.

2 **Denn wie der Leib eine Einheit ist, doch viele Glieder hat,**
alle Glieder des Leibes aber,
obgleich es viele sind, einen einzigen Leib bilden:
so ist es auch mit Christus.
3 **Durch den einen Geist**
wurden wir in der Taufe
alle in einen einzigen Leib aufgenommen,
Juden und Griechen, Sklaven und Freie;
und alle wurden wir
mit dem einen Geist getränkt.

Oder:

ZWEITE LESUNG Gal 5,16–25

Einführung *Es gibt in der Sprache des Apostels Paulus „Werke des Fleisches" und „Früchte des Geistes". „Fleisch" ist alles menschliche Tun, soweit es nicht von Christus erlöst ist und von seinem Geist bestimmt wird: Haß, Lüge, Maßlosigkeit in allen Formen. Der Geist Christi macht frei von solchen Zwängen, er vollendet in uns das Werk der Erlösung.*

Laßt euch vom Geist leiten!

Lesung
aus dem Brief des Apostels Paulus an die Gálater.

Brüder!
16 **Laßt euch vom Geist leiten,**
dann werdet ihr das Begehren des Fleisches nicht erfüllen.
17 **Denn das Begehren des Fleisches richtet sich gegen den Geist,**
das Begehren des Geistes aber gegen das Fleisch;
beide stehen sich als Feinde gegenüber,
so daß ihr nicht imstande seid, das zu tun, was ihr wollt.
18 **Wenn ihr euch aber vom Geist führen laßt,**
dann steht ihr nicht unter dem Gesetz.
19 **Die Werke des Fleisches sind deutlich erkennbar:**
Unzucht, Unsittlichkeit, ausschweifendes Leben,

20 Götzendienst, Zauberei,
Feindschaften, Streit, Eifersucht,
Jähzorn, Eigennutz, Spaltungen, Parteiungen,
21 Neid und Mißgunst,
Trink- und Eßgelage
und ähnliches mehr.
Ich wiederhole, was ich euch schon früher gesagt habe:
Wer so etwas tut,
wird das Reich Gottes nicht erben.
22 Die Frucht des Geistes aber ist Liebe, Freude, Friede,
Langmut, Freundlichkeit, Güte, Treue,
23 Sanftmut und Selbstbeherrschung;
dem allem widerspricht das Gesetz nicht.
24 Alle, die zu Christus Jesus gehören,
haben das Fleisch
und damit ihre Leidenschaften und Begierden gekreuzigt.
25 Wenn wir aus dem Geist leben,
dann wollen wir dem Geist auch folgen.

SEQUENZ*

Komm herab, o Heil'ger Geist, / der die finstre Nacht zerreißt, / strahle Licht in diese Welt.

Komm, der alle Armen liebt, / komm, der gute Gaben gibt, / komm, der jedes Herz erhellt.

Höchster Tröster in der Zeit, / Gast, der Herz und Sinn erfreut, / köstlich Labsal in der Not,

in der Unrast schenkst du Ruh, / hauchst in Hitze Kühlung zu, / spendest Trost in Leid und Tod.

Komm, o du glückselig Licht, / fülle Herz und Angesicht, / dring bis auf der Seele Grund.

Ohne dein lebendig Wehn / kann im Menschen nichts bestehn, / kann nichts heil sein noch gesund.

Was befleckt ist, wasche rein, / Dürrem gieße Leben ein, / heile du, wo Krankheit quält.

---

* Wird die Sequenz nach dem Ruf vor dem Evangelium gesungen, wird sie mit Amen. Halleluja abgeschlossen.

Wärme du, was kalt und hart, / löse, was in sich erstarrt, / lenke, was den Weg verfehlt.

Gib dem Volk, das dir vertraut, / das auf deine Hilfe baut, / deine Gaben zum Geleit.

Laß es in der Zeit bestehn, / deines Heils Vollendung sehn / und der Freuden Ewigkeit. (Amen. Halleluja.)

RUF VOR DEM EVANGELIUM

Zum Vers Komm, Heiliger Geist ... knien alle.

Halleluja. Halleluja.

Komm, Heiliger Geist,
erfülle die Herzen deiner Gläubigen,
und entzünde in ihnen das Feuer deiner Liebe!

Halleluja.

ZUM EVANGELIUM *Die Geistsendung gehört zum Ostergeschehen, sie wird deshalb im Johannesevangelium (anders als bei Lukas) als Ereignis des Auferstehungstages berichtet. Der Ostergruß des Auferstandenen heißt „Friede"; seine Ostergabe ist die Freude. Beide sind Früchte des Heiligen Geistes (vgl. Gal 5,22). Der Geist selbst ist die große Gabe, die alle anderen in sich schließt. Er verbindet für immer die Jünger mit dem auferstandenen Herrn, er eint sie untereinander, und er schafft eine erneuerte Welt durch die Vergebung der Sünden.*

EVANGELIUM Joh 20,19–23

Wie mich der Vater gesandt hat, so sende ich euch: Empfangt den Heiligen Geist

✠ Aus dem heiligen Evangelium nach Johannes.

Am Abend des ersten Tages der Woche,
als die Jünger aus Furcht vor den Juden
die Türen verschlossen hatten,
kam Jesus,
trat in ihre Mitte
und sagte zu ihnen: Friede sei mit euch!

Nach diesen Worten
zeigte er ihnen seine Hände und seine Seite.

Da freuten sich die Jünger, daß sie den Herrn sahen.

21 **Jesus sagte noch einmal zu ihnen: Friede sei mit euch!**
Wie mich der Vater gesandt hat,
so sende ich euch.

22 **Nachdem er das gesagt hatte,**
hauchte er sie an
und sprach zu ihnen: Empfangt den Heiligen Geist!
23 **Wem ihr die Sünden vergebt,**
dem sind sie vergeben;
wem ihr die Vergebung verweigert,
dem ist sie verweigert.

Oder:

EVANGELIUM Joh 15,26–27; 16,12–15

Einführung *Der Geist von Pfingsten ist der Geist der Wahrheit; er ist der „Beistand", er hilft der Kirche, die ganze Wahrheit Gottes zu verstehen, wie sie in Jesus Christus offenbar geworden ist. Der Geist „verherrlicht" Christus: er macht seine göttliche Sendung sichtbar und vollendet sein Werk. Er bringt kein neues Evangelium; aber er macht uns fähig, das Evangelium Christi zu hören, zu verstehen und es weiterzusagen.*

Der Geist der Wahrheit wird euch in die ganze Wahrheit führen

✠ **Aus dem heiligen Evangelium nach Johannes.**

In jener Zeit sprach Jesus zu seinen Jüngern:
26 **Wenn der Beistand kommt,**
den ich euch vom Vater aus senden werde,
der Geist der Wahrheit, der vom Vater ausgeht,
dann wird er Zeugnis für mich ablegen.
27 **Und auch ihr sollt Zeugnis ablegen,**
weil ihr von Anfang an bei mir seid.

12 **Noch vieles habe ich euch zu sagen,**
aber ihr könnt es jetzt nicht tragen.
13 **Wenn aber jener kommt, der Geist der Wahrheit,**
wird er euch in die ganze Wahrheit führen.

Denn er wird nicht aus sich selbst heraus reden,
sondern er wird sagen, was er hört,
und euch verkünden, was kommen wird.

4 **Er wird mich verherrlichen;**
denn er wird von dem, was mein ist, nehmen
und es euch verkünden.
5 **Alles, was der Vater hat, ist mein;**
darum habe ich gesagt:
Er nimmt von dem, was mein ist,
und wird es euch verkünden.

Glaubensbekenntnis, S. 352 ff.
Fürbitten vgl. S. 780 f.

ZUR EUCHARISTIEFEIER *Es ist derselbe Heilige Geist, der durch die Sündenvergebung die Gemeinde erneuert und auf dem Altar unsere Opfergaben heiligt. Für beides danken wir dem Herrn, unserem Gott.*

GABENGEBET

Allmächtiger Gott,
erfülle die Verheißung deines Sohnes:
Sende uns deinen Geist,
damit er uns in die volle Wahrheit einführt
und uns das Geheimnis dieses Opfers
immer mehr erschließt.
Darum bitten wir durch Christus, unseren Herrn.

Pfingstpräfation, S. 417.
In den Hochgebeten I–III eigener Einschub.

KOMMUNIONVERS Vgl. Apg 2, 4.11

Alle wurden mit dem Heiligen Geist erfüllt
und verkündeten Gottes große Taten. Halleluja.

SCHLUSSGEBET

Herr, unser Gott,
du hast deine Kirche
mit himmlischen Gaben beschenkt.

Erhalte ihr deine Gnade,
damit die Kraft aus der Höhe, der Heilige Geist,
in ihr weiterwirkt
und die geistliche Speise sie nährt
bis zur Vollendung.
Darum bitten wir durch Christus, unseren Herrn.

ATME IN MIR, *du Heiliger Geist, daß ich Heiliges denke.*
Treibe mich, du Heiliger Geist, daß ich Heiliges tue.
Locke mich, du Heiliger Geist, daß ich Heiliges hüte.
Hüte mich, du Heiliger Geist,
daß ich deine Gabe nie mehr verliere. (Augustinus)

PFINGSTMONTAG

Pfingsten, der fünfzigste Tag nach Ostern, ist der Tag der Erfüllung und der Fülle. Mit Pfingsten geht die österliche Festzeit zu Ende. Die Sonntage und Jahre danach sind Zeit der Kirche, Zeit des Heiligen Geistes, Zeit des Wachsens und Reifens und der Bewährung. – Wenn wir den Pfingstmontag als zweiten Feiertag begehen können, ist das eine Dreingabe des Heiligen Geistes, die erstaunlicherweise noch nicht „abgeschafft“ wurde. Ein Grund zur Freude und zur Besinnung.

ERÖFFNUNGSVERS Offb 1, 5–6

Christus liebt uns
und hat uns durch sein Blut befreit von unseren Sünden;
er hat uns die Würde von Königen gegeben
und uns zu Priestern gemacht
für den Dienst vor seinem Gott und Vater. Halleluja.

Ehre sei Gott, S. 348 ff.

TAGESGEBET

Gott und Vater unseres Herrn Jesus Christus,
im Neuen Bund
berufst du aus allen Völkern dein Volk

und führst es zusammen im Heiligen Geist.
Gib, daß deine Kirche ihrer Sendung treu bleibt,
daß sie ein Sauerteig ist für die Menschheit,
die du in Christus erneuern
und zu deiner Familie umgestalten willst.
Darum bitten wir durch ihn,
der in der Einheit des Heiligen Geistes
mit dir lebt und herrscht in alle Ewigkeit.

ZUR 1. LESUNG *Überall, wohin die Jünger Jesu kamen, verkündeten sie die Botschaft von Jesus, dem gekreuzigten und auferstandenen Messias. In Samaria war es Philippus, der das Evangelium predigte. Große Freude wird als Wirkung dieser Mission vermerkt (8, 8). Aus Jerusalem kommen die Apostel Petrus und Johannes, um zu „firmen", könnten wir sagen: um den Heiligen Geist auf die Neubekehrten herabzurufen und die Einheit der Jüngergemeinde zu festigen.*

ERSTE LESUNG Apg 8, 1b.4.14–17

Petrus und Johannes legten ihnen die Hände auf

Lesung
aus der Apostelgeschichte.

b **In jenen Tagen**
brach eine schwere Verfolgung
über die Kirche in Jerusalem herein.
Alle wurden in die Gegenden von Judäa und Samárien zerstreut,
mit Ausnahme der Apostel.
Die Gläubigen, die zerstreut worden waren,
zogen umher und verkündeten das Wort.

4 **Als die Apostel in Jerusalem hörten,**
daß Samárien das Wort Gottes angenommen hatte,
schickten sie Petrus und Johannes dorthin.
5 **Diese zogen hinab**
und beteten für sie, sie möchten den Heiligen Geist empfangen.
6 **Denn er war noch auf keinen von ihnen herabgekommen;**
sie waren nur auf den Namen Jesu, des Herrn, getauft.
7 **Dann legten sie ihnen die Hände auf,**
und sie empfingen den Heiligen Geist.

Oder:

ERSTE LESUNG Ez 37,1–14

Ihr ausgetrockneten Gebeine, ich selbst bringe Geist in euch; dann werdet ihr lebendig

siehe S. 297 ff.

ANTWORTPSALM Ps 22 (21),23–24.26–27.28 u. 31b–32 (R: vgl. 23a)

R Deinen Namen will ich meinen Brüdern verkünden. – R (GL 717, 1)

Oder:

R Halleluja. – R

23 **Ich will deinen Namen, Herr, meinen Brüdern verkünden, *** III. Ton
inmitten der Gemeinde dich preisen.

24 **Die ihr den Herrn fürchtet, preist ihn, †**
ihr alle vom Stamm Jakobs, rühmt ihn; *
erschauert alle vor ihm, ihr Nachkommen Israels! – (R)

26 **Deine Treue preise ich in großer Gemeinde; ***
ich erfülle meine Gelübde vor denen, die Gott fürchten.

27 **Die Armen sollen essen und sich sättigen; †**
den Herrn sollen preisen, die ihn suchen. *
Aufleben soll euer Herz für immer. – (R)

28 **Alle Enden der Erde sollen daran denken †**
und werden umkehren zum Herrn: *
Vor ihm werfen sich alle Stämme der Völker nieder.

31b **Vom Herrn wird man dem künftigen Geschlecht erzählen, †**
32 **seine Heilstat verkündet man dem kommenden Volk; ***
denn er hat das Werk getan. – R

ZUR 2. LESUNG *Durch Christus ist uns das Mysterium Gottes offenbar geworden: die Absicht seiner unbegreiflichen Liebe, alle Menschen durch Jesus Christus zur Erkenntnis der Wahrheit zu führen. Es ist der Geist Christi, der uns durch den Glauben und die Taufe gleichsam „besiegelt", so daß wir Gottes besonderes Eigentum werden. Der Geist ist in den Getauften die Kraft der Liebe und das Licht der Hoffnung auf Teilhabe am Leben Gottes.*

ZWEITE LESUNG Eph 1, 3a.4a.13–19a

Ihr habt das Siegel des verheißenen Heiligen Geistes empfangen

Lesung
aus dem Brief des Apostels Paulus an die Épheser.

a Gepriesen sei Gott,
der Gott und Vater unseres Herrn Jesus Christus:
a In ihm hat er uns erwählt vor der Erschaffung der Welt.
3 Durch ihn habt auch ihr das Wort der Wahrheit gehört,
das Evangelium von eurer Rettung;
durch ihn habt ihr das Siegel
des verheißenen Heiligen Geistes empfangen,
als ihr den Glauben annahmt.
4 Der Geist ist der erste Anteil des Erbes,
das wir erhalten sollen,
der Erlösung, durch die wir Gottes Eigentum werden,
zum Lob seiner Herrlichkeit.

5/6 Darum höre ich nicht auf, für euch zu danken,
wenn ich in meinen Gebeten an euch denke;
denn ich habe von eurem Glauben an Jesus, den Herrn,
und von eurer Liebe zu allen Heiligen gehört.
7 Der Gott Jesu Christi, unseres Herrn,
der Vater der Herrlichkeit,
gebe euch den Geist der Weisheit und Offenbarung,
damit ihr ihn erkennt.
8 Er erleuchte die Augen eures Herzens,
damit ihr versteht,
zu welcher Hoffnung ihr durch ihn berufen seid,
welchen Reichtum
die Herrlichkeit seines Erbes den Heiligen schenkt
9a und wie überragend groß
seine Macht sich an uns, den Gläubigen, erweist.

RUF VOR DEM EVANGELIUM

Zum Vers Komm, Heiliger Geist … knien alle.

Halleluja. Halleluja.

Komm, Heiliger Geist,
erfülle die Herzen deiner Gläubigen,
und entzünde in ihnen das Feuer deiner Liebe!

Halleluja.

ZUM EVANGELIUM *Jesus öffnet uns den Weg zum Vater; er allein, er ist der Sohn. Er kennt den Vater wie niemand sonst; die Fülle Gottes wohnt in ihm, die Glut des Geistes leuchtet in ihm. Und er kann die Klarheit und Freude Gottes denen schenken, die ein klares Auge haben und ein einfältiges Herz. Er will allen die Liebe des Vaters offenbaren, und doch ist da eine Grenze: die Menschen selbst können sich der Wahrheit verschließen oder öffnen. Jeder Mensch, der die Gabe Gottes annimmt, ist für Jesus ein Grund zum Dank und zur Preisung Gottes.*

EVANGELIUM Lk 10, 21–24

Selig, die sehen, was ihr seht, und hören, was ihr hört

✠ **Aus dem heiligen Evangelium nach Lukas.**

21 **In jener Stunde rief Jesus, vom Heiligen Geist erfüllt,**
voll Freude aus:
Ich preise dich, Vater, Herr des Himmels und der Erde,
weil du all das den Weisen und Klugen verborgen,
den Unmündigen aber offenbart hast.
Ja, Vater, so hat es dir gefallen.
22 **Mir ist von meinem Vater alles übergeben worden;**
niemand weiß, wer der Sohn ist,
nur der Vater,
und niemand weiß, wer der Vater ist,
nur der Sohn
und der, dem es der Sohn offenbaren will.
23 **Jesus wandte sich an die Jünger**
und sagte zu ihnen allein:
Selig sind die, deren Augen sehen, was ihr seht.
24 **Ich sage euch:**
Viele Propheten und Könige wollten sehen, was ihr seht,
und haben es nicht gesehen,
und wollten hören, was ihr hört,
und haben es nicht gehört.

Fürbitten vgl. S. 780 f.

ZUR EUCHARISTIEFEIER *Wenn wir Eucharistie feiern, stimmen wir in den Lobpreis und die Danksagung ein, die Jesus, vom Heiligen Geist erfüllt, angestimmt hat. Dank dem Vater, mit der Stimme des Sohnes, in der Freude des Heiligen Geistes. Dank dafür, daß wir etwas vom Geheimnis Gottes wissen dürfen; daß uns der Weg zu Gott geöffnet wurde durch Jesus Christus.*

GABENGEBET

**Gott, unser Vater,
nimm unsere Gaben an,
in denen das Opfer deines Sohnes
gegenwärtig wird.
Aus seiner Seitenwunde
ist die Kirche hervorgegangen
als Werk des Heiligen Geistes.
Laß sie ihren Ursprung nie vergessen,
sondern daraus in dieser Feier
Heil und Leben schöpfen.
Darum bitten wir durch Christus, unseren Herrn.**

Sonntagspräfation VIII, S. 424.

KOMMUNIONVERS Joh 16, 13

**Wenn der Geist der Wahrheit kommt,
wird er euch in die volle Wahrheit einführen. Halleluja.**

SCHLUSSGEBET

**Herr, du hast uns gestärkt
durch das Sakrament deines Sohnes.
Mache das Werk deiner Kirche fruchtbar
und enthülle durch sie den Armen
das Geheimnis unserer Erlösung;
denn die Armen hast du vor allen dazu berufen,
Anteil zu haben an deinem Reich.
Darum bitten wir durch Christus, unseren Herrn.**

Oder:

**Gütiger Gott,
bewahre dem Volk der Erlösten
deine Liebe und Treue.
Das Leiden deines Sohnes hat uns gerettet,
sein Geist, der von dir ausgeht,
führe uns den rechten Weg.
Darum bitten wir durch Christus, unseren Herrn.**

ZUM ÜBERDENKEN

Das Evangelium tun *Man versteht das Evangelium nicht, wenn man es nur liest; man versteht es nur, wenn man es tut. (Ch. de Foucauld)*

Bitte um den Geist
*Komm, Herr Jesus, und lebe in mir,
in der Fülle deiner Kraft,
in der Lauterkeit deiner Wege,
in der Heiligkeit deines Geistes,
und bezwinge alle böse Macht
durch deinen Geist –
zur Ehre des Vaters. Amen. (Condren, um 1630)*

HERRENFESTE IM JAHRESKREIS

Sonntag nach Pfingsten

DREIFALTIGKEITSSONNTAG

Hochfest

Die heilige Dreifaltigkeit ist nicht ein in sich selbst ruhendes Geheimnis. Von jeher spricht Gott sein Wort in die geschaffene Welt hinein, und im Wort ist die Kraft seines Geistes. Die Erschaffung der Welt und die Erlösung sind das Werk des einen dreifaltigen Gottes. In seiner Kraft wird bis ans Ende der Zeit das Evangelium verkündet und die Taufe gespendet. Die ganze Welt ist der Acker, auf dem die Saat des Wortes Frucht bringen soll.

ERÖFFNUNGSVERS

Gepriesen sei der dreieinige Gott:
der Vater und sein eingeborener Sohn
und der Heilige Geist;
denn er hat uns sein Erbarmen geschenkt.

Ehre sei Gott, S. 348 ff.

TAGESGEBET

Herr, himmlischer Vater,
du hast dein Wort und deinen Geist
in die Welt gesandt,
um das Geheimnis des göttlichen Lebens
zu offenbaren.
Gib, daß wir im wahren Glauben
die Größe der göttlichen Dreifaltigkeit bekennen
und die Einheit der drei Personen
in ihrem machtvollen Wirken verehren.
Darum bitten wir durch Jesus Christus.

ZUR 1. LESUNG *Jahwe, der Gott Israels, der sich am Sinai offenbart hat, ist der eine und einzige Gott. Er hat sein Volk aus Ägypten herausgeholt, ihm seinen Namen und seinen Willen bekanntgemacht und ihm das Land Kanaan in Besitz gegeben. Er ist der Einzige „im Himmel droben und auf der Erde unten". Immer und überall ist er denen nahe, die ihn suchen und auf sein Wort hören.*

ERSTE LESUNG Dtn 4,32–34.39–40

Jahwe ist der Gott im Himmel droben und auf der Erde unten, keiner sonst

Lesung
aus dem Buch Deuteronómium.

Mose sprach zum Volk;
er sagte:
32 **Forsche einmal in früheren Zeiten nach,**
die vor dir gewesen sind,
seit dem Tag, als Gott den Menschen auf der Erde schuf;
forsche nach vom einen Ende des Himmels bis zum andern Ende:

Hat sich je etwas so Großes ereignet wie dieses,
und hat man je solche Worte gehört?
33 **Hat je ein Volk**
einen Gott mitten aus dem Feuer im Donner sprechen hören,
wie du ihn gehört hast,
und ist am Leben geblieben?

34 **Oder hat je ein Gott es ebenso versucht,**
zu einer Nation zu kommen
und sie mitten aus einer anderen herauszuholen
unter Prüfungen,
unter Zeichen, Wundern und Krieg,
mit starker Hand und hoch erhobenem Arm
und unter großen Schrecken,
wie es der Herr, euer Gott, in Ägypten mit euch getan hat,
vor deinen Augen?

39 **Heute sollst du erkennen und dir zu Herzen nehmen:**
Jahwe ist der Gott im Himmel droben
und auf der Erde unten,
keiner sonst.
40 **Daher sollst du auf seine Gesetze**
und seine Gebote, auf die ich dich heute verpflichte, achten,
damit es dir und später deinen Nachkommen gut geht
und du lange lebst
in dem Land, das der Herr, dein Gott, dir gibt für alle Zeit.

ANTWORTPSALM Ps 33 (32), 4–5.6 u. 9.18–19.20 u. 22
(R: vgl. 12b)

R Selig das Volk, das der Herr sich zum Erbteil erwählt hat. – R
(GL 646, 1)

4 **Das Wort des Herrn ist wahrhaftig, ***
all sein Tun ist verläßlich. V. Ton

5 **Er liebt Gerechtigkeit und Recht, ***
die Erde ist erfüllt von der Huld des Herrn. – (R)

6 **Durch das Wort des Herrn wurden die Himmel geschaffen, ***
ihr ganzes Heer durch den Hauch seines Mundes.

9 **Der Herr sprach, und sogleich geschah es; ***
er gebot, und alles war da. – (R)

18 **Das Auge des Herrn ruht auf allen, die ihn fürchten und ehren, ***
die nach seiner Güte ausschaun;

19 **denn er will sie dem Tod entreißen ***
und in der Hungersnot ihr Leben erhalten. – (R)

20 **Unsre Seele hofft auf den Herrn; ***
er ist für uns Schild und Hilfe.

22 **Laß deine Güte über uns walten, o Herr, ***
denn wir schauen aus nach dir. – R

ZUR 2. LESUNG *Anders als alle Geschöpfe lebt Jesus von Gott her und zu Gott hin; er ist der Sohn. Die Fülle des Heiligen Geistes wohnt in ihm. Weil wir denselben Geist empfangen haben, sind auch wir Söhne, Kinder Gottes. Wir erkennen es an dem Vertrauen, mit dem wir Gott als unseren Vater anreden. Wir sind Söhne, und wir sind frei: wir können ohne Furcht leben, Gott ist mit uns.*

ZWEITE LESUNG Röm 8, 14–17

Ihr habt den Geist empfangen, der euch zu Söhnen macht, den Geist, in dem wir rufen: Abba, Vater!

Lesung
aus dem Brief des Apostels Paulus an die Römer.

Brüder!
14 **Alle, die sich vom Geist Gottes leiten lassen,**
sind Söhne Gottes.

15 **Denn ihr habt nicht einen Geist empfangen,**
der euch zu Sklaven macht,
so daß ihr euch immer noch fürchten müßtet,
sondern ihr habt den Geist empfangen,
der euch zu Söhnen macht,
den Geist, in dem wir rufen: Abba, Vater!

16 **So bezeugt der Geist selber unserem Geist,**
daß wir Kinder Gottes sind.
17 **Sind wir aber Kinder, dann auch Erben;**
wir sind Erben Gottes
und sind Miterben Christi,
wenn wir mit ihm leiden,
um mit ihm auch verherrlicht zu werden.

RUF VOR DEM EVANGELIUM Vers: vgl. Offb 1,8

Halleluja. Halleluja.

Ehre sei dem Vater und dem Sohn und dem Heiligen Geist.
Ehre sei dem einen Gott,
der war und der ist und der kommen wird.

Halleluja.

ZUM EVANGELIUM *Der Auferstandene offenbart sich den Jüngern als der Menschensohn, dem alle Macht übertragen ist. Aus dieser Vollmacht heraus gibt er ihnen den Missionsbefehl und verheißt ihnen seine bleibende Nähe. Der Missionsauftrag ist unbegrenzt nach Raum und Zeit. Wer ein Jünger Jesu geworden ist, wird auf den Namen des Vaters und des Sohnes und des Heiligen Geistes getauft; er bindet sich nicht nur an Christus; er wird in die Gemeinschaft des dreifaltigen Gottes eingetaucht.*

EVANGELIUM Mt 28,16–20

Tauft sie auf den Namen des Vaters und des Sohnes und des Heiligen Geistes!

✠ **Aus dem heiligen Evangelium nach Matthäus.**

In jener Zeit
16 **gingen die elf Jünger nach Galiläa**
auf den Berg, den Jesus ihnen genannt hatte.

17 **Und als sie Jesus sahen,**
fielen sie vor ihm nieder.
Einige aber hatten Zweifel.

18 **Da trat Jesus auf sie zu**
und sagte zu ihnen:
Mir ist alle Macht gegeben im Himmel und auf der Erde.
19 **Darum geht zu allen Völkern,**
und macht alle Menschen zu meinen Jüngern;
tauft sie
auf den Namen des Vaters und des Sohnes
und des Heiligen Geistes,
20 **und lehrt sie,**
alles zu befolgen, was ich euch geboten habe.
Seid gewiß:
Ich bin bei euch alle Tage bis zum Ende der Welt.

Glaubensbekenntnis, S. 352 ff.
Fürbitten vgl. S. 781 ff.

ZUR EUCHARISTIEFEIER *Die Eucharistie gewährt uns Gemeinschaft mit Christus und mit dem Vater im Heiligen Geist. Der Geist führt uns in die Tiefen Gottes hinein; er verbindet uns auch untereinander und macht uns zur Gemeinde, zum Ort des lebendigen Gottes.*

GABENGEBET

Gott, unser Vater,
wir rufen deinen Namen an über Brot und Wein.
Heilige diese Gaben
und nimm mit ihnen auch uns an,
damit wir dir auf ewig gehören.
Darum bitten wir durch Christus, unseren Herrn.

Präfation, S. 419.

KOMMUNIONVERS Gal 4,6

Weil ihr Söhne seid,
sandte Gott den Geist seines Sohnes in eure Herzen,
den Geist, der ruft: Abba, Vater.

SCHLUSSGEBET

**Herr, unser Gott,
wir haben den Leib
und das Blut deines Sohnes empfangen.
Erhalte uns durch dieses Sakrament
im wahren Glauben und im Bekenntnis
des einen Gottes in drei Personen.
Darum bitten wir durch Christus, unseren Herrn.**

FÜR DEN TAG UND DIE WOCHE

Der Ort

Frage: Wie können wir so leben, daß wir Gott verherrlichen? Wie können wir leben als die, die wir sind; wie können wir unser tiefstes Wesen verwirklichen? Antwort: Nehmen Sie dies als Ihr Lebenswort mit: „Ich bin die Herrlichkeit Gottes." Machen Sie diesen Gedanken zum Mittelpunkt Ihres Meditierens, so daß er nach und nach nicht nur ein Gedanke, sondern lebendige Wirklichkeit wird. Sie sind der Ort, den Gott sich zur Wohnung erwählt hat, und das geistliche Leben besteht darin, den Raum zu schaffen, in dem Gott wohnen und seine Herrlichkeit sich offenbaren kann. –

Jedesmal, wenn ich die Herrlichkeit Gottes in mir erkenne und ihr Raum gebe, um sich in mir zu offenbaren, kann ich alles Menschliche zu ihr bringen, und alles wird verwandelt. Gott selbst, der Heilige Geist, betet in mir und rührt hier und jetzt die ganze Welt mit seiner Liebe an. (Henri J. M. Nouwen)

Donnerstag der 2. Woche nach Pfingsten

HOCHFEST DES LEIBES UND BLUTES CHRISTI FRONLEICHNAM

Die Menschwerdung des Sohnes ist das *große Ereignis in der Geschichte Gottes mit den Menschen. Mit dem irdischen Leben Jesu ist die Menschwerdung aber noch nicht an ihr Ziel und Ende gekommen.*

Sie setzt sich fort in den Sakramenten. In der Eucharistie ist Christus für uns zum Brot des Lebens geworden. Er ruft uns zum heiligen Mahl, zum Fest der offenbar gewordenen Liebe.

ERÖFFNUNGSVERS Vgl. Ps 81 (80), 17

Er hat uns mit bestem Weizen genährt
und mit Honig aus dem Felsen gesättigt.

Ehre sei Gott, S. 348 ff.

TAGESGEBET

Herr Jesus Christus,
im wunderbaren Sakrament des Altares
hast du uns das Gedächtnis deines Leidens
und deiner Auferstehung hinterlassen.
Gib uns die Gnade, die heiligen Geheimnisse
deines Leibes und Blutes so zu verehren,
daß uns die Frucht der Erlösung zuteil wird.
Der du in der Einheit des Heiligen Geistes
mit Gott dem Vater lebst und herrschest in alle Ewigkeit.

ZUR 1. LESUNG *Gott hat Israel aus Ägypten herausgeführt, es zu einem freien Volk gemacht und ihm seinen Bund angeboten. Der Bundesschluß am Sinai vollzog sich in Rede und Antwort zwischen Gott und dem Volk. Nach der Verlesung der Bundesurkunde (Ex 24, 7) wird der Bund mit dem Blut der Opfertiere besiegelt. Der Bund bedeutet bleibende Gemeinschaft mit Gott und vertiefte Gemeinschaft all derer, mit denen Gott den Bund geschlossen hat. Den Neuen Bund hat Jesus mit seinem eigenen Blut besiegelt (vgl. Evangelium).*

ERSTE LESUNG Ex 24, 3–8

Das ist das Blut des Bundes, den der Herr mit euch geschlossen hat

Lesung
aus dem Buch Éxodus.

In jenen Tagen
kam Mose und übermittelte dem Volk
alle Worte und Rechtsvorschriften des Herrn.

Das ganze Volk antwortete einstimmig
und sagte: Alles, was der Herr gesagt hat,
wollen wir tun.

4 Mose schrieb alle Worte des Herrn auf.
Am nächsten Morgen stand er zeitig auf
und errichtete am Fuß des Berges einen Altar
und zwölf Steinmale für die zwölf Stämme Israels.

5 Er schickte die jungen Männer Israels aus.
Sie brachten Brandopfer dar
und schlachteten junge Stiere als Heilsopfer für den Herrn.
6 Mose nahm die Hälfte des Blutes
und goß es in eine Schüssel,
mit der anderen Hälfte besprengte er den Altar.
7 Darauf nahm er die Urkunde des Bundes
und verlas sie vor dem Volk.
Sie antworteten:
Alles, was der Herr gesagt hat, wollen wir tun;
wir wollen gehorchen.

8 Da nahm Mose das Blut,
besprengte damit das Volk
und sagte: Das ist das Blut des Bundes,
den der Herr aufgrund all dieser Worte
mit euch geschlossen hat.

ANTWORTPSALM Ps 116 (115), 12–13.15–16.17–18
(R: vgl. 1 Kor 10, 16)

R Der Kelch des Segens gibt uns Anteil an Christi Blut. – R
(GL 176, 5)

(*Oder:* Halleluja.)

12 Wie kann ich dem Herrn all das vergelten, * II. Ton
was er mir Gutes getan hat?

13 Ich will den Kelch des Heils erheben *
und anrufen den Namen des Herrn. – (R)

15 Kostbar ist in den Augen des Herrn *
das Sterben seiner Frommen.

16 Ach Herr, ich bin doch dein Knecht, †
dein Knecht bin ich, der Sohn deiner Magd. *
Du hast meine Fesseln gelöst. – (R)

7 **Ich will dir ein Opfer des Dankes bringen ***
und anrufen den Namen des Herrn.

8 **Ich will dem Herrn meine Gelübde erfüllen ***
offen vor seinem ganzen Volk. – R

ZUR 2. LESUNG *Jesus Christus hat sich dem Vater als vollkommenes Opfer dargebracht. Durch seine Hingabe sind wir mit Gott versöhnt und zum Gottesdienst des Neuen Bundes fähig geworden. Die Zeit des alttestamentlichen Priestertums und Opferkultes ist vorbei. Es gibt nur noch den einen Hohenpriester, der zugleich die Opfergabe ist.*

ZWEITE LESUNG Hebr 9, 11–15

Das Blut Christi wird unser Gewissen von toten Werken reinigen

Lesung
aus dem Hebräerbrief.

1 **Christus ist gekommen**
als Hoherpriester der künftigen Güter;
und durch das erhabenere und vollkommenere Zelt,
das nicht von Menschenhand gemacht,
das heißt nicht von dieser Welt ist,
2 **ist er ein für allemal in das Heiligtum hineingegangen,**
nicht mit dem Blut von Böcken und jungen Stieren,
sondern mit seinem eigenen Blut,
und so hat er eine ewige Erlösung bewirkt.

3 **Denn wenn schon das Blut von Böcken und Stieren**
und die Asche einer Kuh
die Unreinen, die damit besprengt werden,
so heiligt, daß sie leiblich rein werden,
4 **wieviel mehr wird das Blut Christi,**
der sich selbst kraft ewigen Geistes
Gott als makelloses Opfer dargebracht hat,
unser Gewissen von toten Werken reinigen,
damit wir dem lebendigen Gott dienen.

5 **Und darum ist er der Mittler eines neuen Bundes;**
sein Tod hat die Erlösung
von den im ersten Bund begangenen Übertretungen bewirkt,
damit die Berufenen das verheißene ewige Erbe erhalten.

SEQUENZ[1]

Deinem Heiland, deinem Lehrer, / deinem Hirten und Ernährer, / Sion, stimm ein Loblied an!

Preis nach Kräften seine Würde, / da kein Lobspruch, keine Zierde / seinem Ruhm genügen kann.

Dieses Brot sollst du erheben, / welches lebt und gibt das Leben, / das man heut' den Christen weist.

Dieses Brot, mit dem im Saale / Christus bei dem Abendmahle / die zwölf Jünger hat gespeist.

Laut soll unser Lob erschallen / und das Herz in Freude wallen, / denn der Tag hat sich genaht,

Da der Herr zum Tisch der Gnaden / uns zum erstenmal geladen / und dies Mahl gestiftet hat.

Neuer König, neue Zeiten, / neue Ostern, neue Freuden, / neues Opfer allzumal!

Vor der Wahrheit muß das Zeichen, / vor dem Licht der Schatten weichen, / hell erglänzt des Tages Strahl.

Was von Christus dort geschehen, / sollen wir fortan begehen, / seiner eingedenk zu sein.

Treu dem heiligen Befehle / wandeln wir zum Heil der Seele / in sein Opfer Brot und Wein.

Doch wie uns der Glaube kündet, / der Gestalten Wesen schwindet, / Fleisch und Blut wird Brot und Wein.

Was das Auge nicht kann sehen, / der Verstand nicht kann verstehen, / sieht der feste Glaube ein.

Unter beiderlei Gestalten / hohe Dinge sind enthalten, / in den Zeichen tief verhüllt.

Blut ist Trank, und Fleisch ist Speise, / doch der Herr bleibt gleicherweise / ungeteilt in beider Bild.

Wer ihm nahet voll Verlangen, / darf ihn unversehrt empfangen, / ungemindert, wunderbar.

---

[1] Vor dem Ruf vor dem Evangelium kann die Sequenz eingefügt werden. Sie wird entweder ganz genommen oder in ihrer Kurzform, beginnend mit * Seht das Brot.

Einer kommt, und tausend kommen, / doch so viele ihn genommen, / er bleibt immer, der er war.

Gute kommen, Böse kommen, / alle haben ihn genommen, / die zum Leben, die zum Tod.

Bösen wird er Tod und Hölle, / Guten ihres Lebens Quelle, / wie verschieden wirkt dies Brot!

Wird die Hostie auch gespalten, / zweifle nicht an Gottes Walten, / daß die Teile das enthalten, / was das ganze Brot enthält.

Niemals kann das Wesen weichen, / teilen läßt sich nur das Zeichen, / Sach' und Wesen sind die gleichen, / beide bleiben unentstellt.

*Seht das Brot, die Engelspeise! / Auf des Lebens Pilgerreise / nehmt es nach der Kinder Weise, / nicht den Hunden werft es hin!

Lang im Bild war's vorbereitet: / Isaak, der zum Opfer schreitet; / Osterlamm, zum Mahl bereitet; / Manna nach der Väter Sinn.

Guter Hirt, du wahre Speise, / Jesus, gnädig dich erweise! / Nähre uns auf deinen Auen, / laß uns deine Wonnen schauen / in des Lebens ewigem Reich!

Du, der alles weiß und leitet, / uns im Tal des Todes weidet, / laß an deinem Tisch uns weilen, / deine Herrlichkeit uns teilen. / Deinen Seligen mach uns gleich!

Oder:

Lobe, Zion, deinen Hirten; / dem Erlöser der Verirrten / stimme Dank und Jubel an. / Laß dein Lob zum Himmel dringen; / ihn zu rühmen, ihm zu singen, / hat kein Mensch genug getan.

Er ist uns im Brot gegeben, / Brot, das lebt und spendet Leben, / Brot, das Ewigkeit verheißt, / Brot, mit dem der Herr im Saale / dort beim österlichen Mahle / die zwölf Jünger hat gespeist.

Lobt und preist, singt Freudenlieder; / festlich kehrt der Tag uns wieder, / jener Tag von Brot und Wein, / da der Herr zu Tisch geladen / und dies heilge Mahl der Gnaden / setzte zum Gedächtnis ein.

Was bei jenem Mahl geschehen, / sollen heute wir begehen / und verkünden seinen Tod. / Wie der Herr uns aufgetragen, / weihen wir, Gott Dank zu sagen, / nun zum Opfer Wein und Brot.

* Seht das Brot, der Engel Speise, / Brot auf unsrer Pilgerreise, / das den Hunger wahrhaft stillt. / Abrams Opfer hat's gedeutet, / war im Manna vorbereitet, / fand im Osterlamm sein Bild.

Guter Hirt, du Brot des Lebens, / wer dir traut, hofft nicht vergebens, / geht getrost durch diese Zeit. / Die du hier zu Tisch geladen, / ruf auch dort zum Mahl der Gnaden / in des Vaters Herrlichkeit.

RUF VOR DEM EVANGELIUM Vers: vgl. Joh 6,51

Halleluja. Halleluja.
(So spricht der Herr:)
Ich bin das lebendige Brot, das vom Himmel gekommen ist.
Wer dieses Brot ißt, wird in Ewigkeit leben.
Halleluja.

ZUM EVANGELIUM *Über das Letzte Abendmahl Jesu mit seinen Jüngern haben wir mehrere Berichte (Mt 26,26–29; Mk 14,12–16; Lk 22,15–20; 1 Kor 11,23–26). Diese Berichte wurden geschrieben, nachdem Jesus von den Toten auferstanden war. In den christlichen Gemeinden wurde bereits als heiliges Vermächtnis des Herrn das eucharistische Mahl gefeiert. Brot und Wein sind die mächtigen Zeichen für den geopferten Leib Christi und für sein Blut, mit dem er den Neuen Bund besiegelt hat.*

EVANGELIUM Mk 14,12–16.22–26

Das ist mein Leib. Das ist mein Blut, das Blut des Bundes

✠ Aus dem heiligen Evangelium nach Markus.

12 **Am ersten Tag des Festes der Ungesäuerten Brote,**
an dem man das Paschalamm* schlachtete,
sagten die Jünger zu Jesus:
Wo sollen wir das Paschamahl für dich vorbereiten?**
13 **Da schickte er zwei seiner Jünger voraus**
und sagte zu ihnen: Geht in die Stadt;
dort wird euch ein Mann begegnen, der einen Wasserkrug trägt.
Folgt ihm,
14 **bis er in ein Haus hineingeht;**
dann sagt zu dem Herrn des Hauses:

* Sprich: Pas-chalamm.
** Sprich: Pas-chamahl.

Der Meister läßt dich fragen:
Wo ist der Raum,
in dem ich mit meinen Jüngern das Paschalamm essen kann?
5 Und der Hausherr
wird euch einen großen Raum im Obergeschoß zeigen,
der schon für das Festmahl hergerichtet
und mit Polstern ausgestattet ist.
Dort bereitet alles für uns vor!

5 Die Jünger machten sich auf den Weg
und kamen in die Stadt.
Sie fanden alles so, wie er es ihnen gesagt hatte,
und bereiteten das Paschamahl vor.

2 Während des Mahls nahm Jesus das Brot
und sprach den Lobpreis;
dann brach er das Brot,
reichte es ihnen
und sagte:
Nehmt, das ist mein Leib.

3 Dann nahm er den Kelch,
sprach das Dankgebet,
reichte ihn den Jüngern,
und sie tranken alle daraus.
4 Und er sagte zu ihnen:
Das ist mein Blut,
das Blut des Bundes, das für viele vergossen wird.
Amen, ich sage euch:
Ich werde nicht mehr von der Frucht des Weinstocks trinken
bis zu dem Tag,
an dem ich von neuem davon trinke im Reich Gottes.

Nach dem Lobgesang gingen sie zum Ölberg hinaus.

Glaubensbekenntnis, S. 352 ff.

ZUR EUCHARISTIEFEIER *„Ist der Kelch des Segens, über den wir den Segen sprechen, nicht Teilhabe am Blut Christi? Ist das Brot, das wir brechen, nicht Teilhabe am Leib Christ? Ein Brot ist es. Darum sind wir viele ein Leib; denn wir alle haben teil an dem einen Brot (1 Kor 10, 16–17).*

GABENGEBET

**Herr, unser Gott,
wir bringen das Brot dar,
das aus vielen Körnern bereitet,
und den Wein,
der aus vielen Trauben gewonnen ist.
Schenke deiner Kirche,
was diese Gaben geheimnisvoll bezeichnen:
die Einheit und den Frieden.
Darum bitten wir durch Christus, unseren Herrn.**

Präfation von der heiligen Eucharistie, S. 424 f.

KOMMUNIONVERS Joh 6, 56

**So spricht der Herr:
Wer mein Fleisch ißt und mein Blut trinkt,
der bleibt in mir, und ich bleibe in ihm.**

SCHLUSSGEBET

**Herr Jesus Christus,
der Empfang deines Leibes und Blutes
ist für uns ein Vorgeschmack der kommenden Herrlichkeit.
Sättige uns im ewigen Leben
durch den vollen Genuß deiner Gottheit.
Der du lebst und herrschest in alle Ewigkeit.**

WACHSTUM UND REIFE

Christus will das Reifen des Menschen in seinem Menschsein begleiten. Er begleitet, nährt und stärkt uns im Leben seiner Kirche mit seinem Wort und in seinen Sakramenten, mit dem Leib und dem Blut seines Pascha-Festes. Er nährt uns als der ewige Sohn Gottes, läßt den Menschen teilhaben an seiner göttlichen Sohnschaft, vergöttlicht ihn innerlich, damit er im Vollsinn Mensch werde: damit der Mensch, geschaffen nach dem Bild und Gleichnis Gottes, seine Reife in Gott erlange. (Johannes Paul II.)

Freitag der 3. Woche nach Pfingsten

HEILIGSTES HERZ JESU

Hochfest

Alles Fragen und Forschen nach Gott gelangt nur bis an den äußeren Rand seines Wesens. Sein inneres Geheimnis aber, sein „Mysterium", ist die Liebe. Das wissen wir, weil er selbst es uns offenbart hat: durch seine Propheten, und schließlich durch den Sohn. Im Herzen des Sohnes wohnt die ganze Fülle der Liebe. Die Liebe ist gekreuzigt worden. Und die Liebe wartet auf Antwort: die Antwort des Glaubens, der Treue und der reinen Hingabe an die Glut des Geistes.

ERÖFFNUNGSVERS Vgl. Ps 33 (32), 11.19

Der Ratschluß des Herrn bleibt ewig bestehen,
die Pläne seines Herzens überdauern die Zeiten:
Er will uns dem Tod entreißen
und in der Hungersnot unser Leben erhalten.

Ehre sei Gott, S. 348 ff.

TAGESGEBET

Allmächtiger Gott,
wir verehren das Herz deines geliebten Sohnes
und preisen die großen Taten seiner Liebe.
Gib, daß wir aus dieser Quelle göttlichen Erbarmens
die Fülle der Gnade und des Lebens empfangen.
Darum bitten wir durch Jesus Christus.

Oder:

Barmherziger Gott,
du öffnest uns den unendlichen Reichtum der Liebe
im Herzen deines Sohnes,
das unsere Sünden verwundet haben.
Gib, daß wir durch aufrichtige Umkehr
Christus Genugtuung leisten
und ihm mit ganzer Hingabe dienen,
der in der Einheit des Heiligen Geistes
mit dir lebt und herrscht in alle Ewigkeit.

ZUR 1. LESUNG *Der Bund Gottes mit Israel ist viel mehr als nur ein Vertrag, der rechtliche Beziehungen regelt. Der Prophet Hosea deutet ihn als ein persönliches Verhältnis, wie es zwischen Vater und Sohn oder auch zwischen Mutter und Kind besteht. Die erste Erfahrung im Leben Israels war die sorgende Liebe Gottes für sein Volk. Aber die Antwort Israels war schon bald nicht mehr Treue, sondern Unzufriedenheit und offener Abfall. Das Unbegreifliche ist nun, daß Gott trotz allem Israel nicht endgültig preisgibt. Von neuem wendet er ihm sein Herz zu, seine grundlose, unbegreifliche Liebe.*

ERSTE LESUNG Hos 11, 1.3–4.8a.c–9

Mein Herz wendet sich gegen mich, mein Mitleid lodert auf

Lesung
aus dem Buch Hoséa.

So spricht der Herr:
1 **Als Israel jung war, gewann ich ihn lieb,**
ich rief meinen Sohn aus Ägypten.
3 **Ich war es, der Éfraim gehen lehrte,**
ich nahm ihn auf meine Arme.
Sie aber haben nicht erkannt,
daß ich sie heilen wollte.
4 **Mit menschlichen Fesseln zog ich sie an mich,**
mit den Ketten der Liebe.
Ich war da für sie wie die Eltern,
die den Säugling an ihre Wangen heben.
Ich neigte mich ihm zu und gab ihm zu essen.

8ac **Wie könnte ich dich preisgeben, Éfraim,**
wie dich aufgeben, Israel?
Mein Herz wendet sich gegen mich,
mein Mitleid lodert auf.
9 **Ich will meinen glühenden Zorn nicht vollstrecken**
und Éfraim nicht noch einmal vernichten.
Denn ich bin Gott, nicht ein Mensch,
der Heilige in deiner Mitte.
Darum komme ich nicht in der Hitze des Zorns.

ANTWORTPSALM Jes 12,2.3 u. 4bcd.5–6 (R: 3)

℟ **Ihr werdet Wasser schöpfen voll Freude** (GL 209,2)
aus den Quellen des Heils. – ℟

2 **Gott ist meine Rettung; *** VII. Ton
ihm will ich vertrauen und niemals verzagen.

Denn meine Stärke und mein Lied ist der Herr. *
Er ist für mich zum Retter geworden. – (℟)

3 **Ihr werdet Wasser schöpfen voll Freude ***
aus den Quellen des Heils.

4bcd **Dankt dem Herrn! Ruft seinen Namen an! †**
Macht seine Taten unter den Völkern bekannt, *
verkündet: Sein Name ist groß und erhaben! – (℟)

5 **Preist den Herrn; denn herrliche Taten hat er vollbracht; ***
auf der ganzen Erde soll man es wissen.

6 **Jauchzt und jubelt, ihr Bewohner von Zion; ***
denn groß ist in eurer Mitte der Heilige Israels. – ℟

ZUR 2. LESUNG *Von Ewigkeit her ist es die Absicht Gottes, in Christus alle Menschen, die Heiden ebenso wie die Juden, in seine Gemeinschaft zu rufen. Der Schöpfer des Alls ist auch der Erlöser, und erst in der erlösten Schöpfung wird der Glanz des Schöpfers, seine „Herrlichkeit“, eigentlich offenbar. Im zweiten Teil der Lesung werden die Aussagen des Apostels zum Gebet; er bittet für die Gemeinden um eine Erkenntnis, die bis in die Tiefen der Gottheit reicht. Eine solche Erkenntnis ist Glaube und Liebe; durch sie wird die Gemeinde fähig, der Welt die Botschaft von der Liebe Gottes weiterzugeben, die durch Jesus Christus offenbar geworden ist.*

ZWEITE LESUNG Eph 3,8–12.14–19

Die Liebe Christi verstehen, die alle Erkenntnis übersteigt

Lesung
aus dem Brief des Apostels Paulus an die Épheser.

Brüder!
Mir, dem Geringsten unter allen Heiligen,
wurde diese Gnade geschenkt:

Ich soll den Heiden
als Evangelium
den unergründlichen Reichtum Christi verkündigen
9 und enthüllen, wie jenes Geheimnis Wirklichkeit geworden ist,
das von Ewigkeit her
in Gott, dem Schöpfer des Alls, verborgen war.

10 So sollen jetzt
die Fürsten und Gewalten des himmlischen Bereichs
durch die Kirche Kenntnis erhalten
von der vielfältigen Weisheit Gottes,
11 nach seinem ewigen Plan,
den er durch Christus Jesus, unseren Herrn, ausgeführt hat.
12 In ihm haben wir den freien Zugang
durch das Vertrauen, das der Glaube an ihn schenkt.
14 Daher beuge ich meine Knie vor dem Vater,
15 nach dessen Namen
jedes Geschlecht im Himmel und auf der Erde benannt wird,
16 und bitte,
er möge euch aufgrund des Reichtums seiner Herrlichkeit schenken,
daß ihr in eurem Innern
durch seinen Geist an Kraft und Stärke zunehmt.
17 Durch den Glauben wohne Christus in eurem Herzen.
In der Liebe verwurzelt und auf sie gegründet,
18 sollt ihr zusammen mit allen Heiligen dazu fähig sein,
die Länge und Breite, die Höhe und Tiefe zu ermessen
19 und die Liebe Christi zu verstehen,
die alle Erkenntnis übersteigt.
So werdet ihr mehr und mehr
von der ganzen Fülle Gottes erfüllt.

RUF VOR DEM EVANGELIUM

Vers: Mt 11, 29ab

Halleluja. Halleluja.

(So spricht der Herr:)
Nehmt mein Joch auf euch und lernt von mir;
denn ich bin gütig und von Herzen demütig.

Halleluja.

Oder: Vers: vgl. 1 Joh 4, 10b

Halleluja. Halleluja.

Gott hat uns geliebt
und seinen Sohn gesandt als Sühne für unsere Sünden.

Halleluja.

ZUM EVANGELIUM *Das Johannesevangelium berichtet von einem geheimnisvollen Vorgang beim Tod Jesu: „Einer der Soldaten stieß mit der Lanze in die Seite Jesu, und sogleich floß Blut und Wasser heraus." In der Durchbohrung der Seite Jesu sieht der Evangelist die Erfüllung von zwei Schriftworten: Jesus ist das Pascha-Lamm, dem man keinen Knochen zerbricht (Ex 12, 46), und er ist der Hirt, von dem der Prophet Sacharja (Sach 12, 10) ähnlich spricht wie Jesaja vom leidenden Gottesknecht. Blut und Wasser aus der Seite Jesu bedeuten die am Kreuz sich verströmende Liebe Christi; sie rettet alle, die glaubend und vertrauend zu ihm, dem Erhöhten, aufschauen.*

EVANGELIUM Joh 19, 31–37

Einer der Soldaten stieß mit der Lanze in seine Seite, und sogleich floß Blut und Wasser heraus

✠ Aus dem heiligen Evangelium nach Johannes.

Weil Rüsttag war
und die Körper während des Sabbats
nicht am Kreuz bleiben sollten,
baten die Juden Pilatus,
man möge den Gekreuzigten die Beine zerschlagen
und ihre Leichen dann abnehmen;
denn dieser Sabbat war ein großer Feiertag.

Also kamen die Soldaten
und zerschlugen dem ersten die Beine,
dann dem andern, der mit ihm gekreuzigt worden war.
Als sie aber zu Jesus kamen
und sahen, daß er schon tot war,
zerschlugen sie ihm die Beine nicht,
sondern einer der Soldaten stieß mit der Lanze in seine Seite,
und sogleich floß Blut und Wasser heraus.

35 **Und der, der es gesehen hat, hat es bezeugt,**
und sein Zeugnis ist wahr.
Und er weiß, daß er Wahres berichtet,
damit auch ihr glaubt.
36 **Denn das ist geschehen,**
damit sich das Schriftwort erfüllte:
Man soll an ihm kein Gebein zerbrechen.
37 **Und ein anderes Schriftwort sagt:**
Sie werden auf den blicken, den sie durchbohrt haben.

Glaubensbekenntnis, S. 352 ff.

ZUR EUCHARISTIEFEIER *Das Herz-Jesu-Fest ist, ebenso wie Fronleichnam, nicht ein gesondertes Fest; wir feiern es Tag um Tag, sooft wir im Glauben und im Sakrament dem Herrn begegnen und aus seiner Fülle das Leben schöpfen.*

GABENGEBET

Allmächtiger Gott,
sieh auf das durchbohrte Herz deines Sohnes,
der uns geliebt und sich für uns hingegeben hat.
Laß unser Opfer dir wohlgefallen
und zur Sühne für unsere Sünden werden.
Darum bitten wir durch Christus, unseren Herrn.

Präfation, S. 419.

KOMMUNIONVERS Joh 7, 37–38

Wer Durst hat, komme zu mir,
und es trinke, wer an mich glaubt!
Die Schrift sagt:
Aus seinem Inneren werden Ströme von lebendigem Wasser fließen.

Oder: Joh 19, 34

Ein Soldat stieß mit der Lanze in seine Seite,
und sogleich floß Blut und Wasser heraus.

SCHLUSSGEBET

**Herr, unser Gott,
du hast uns gestärkt
mit dem Sakrament jener Liebe,
durch die dein Sohn alles an sich zieht.
Entzünde auch in uns das Feuer seiner Liebe,
damit wir in unseren Brüdern
ihn erkennen und ihm dienen.
Darum bitten wir durch ihn, Christus, unseren Herrn.**

ZUM NACHDENKEN UND MITBETEN

Brennende Glut *Mit der Intelligenz kann der Mensch Gott nicht fassen, aber mit der Liebe kann er ihn so tief und voll besitzen, daß er mit Theresia von Ávila in Wahrheit sagen kann: Nur Gott genügt. – „O Feuer, das immer loht und nie erlischt; o immer brennende Glut, die nie erkaltet: entzünde auch mich, damit ich in deiner Liebe nur dich allein liebe." (Augustinus)*

DIE FEIER DER GEMEINDEMESSE

ERÖFFNUNG

Eröffnungsvers (oder ein entsprechendes Lied) 343
Begrüßung (und kurze Einführung) 343
Allgemeines Schuldbekenntnis und Bitte um Vergebung 345
Kyrie (entfällt, wenn Kyrie-Litanei vorausgegangen) . . 346
Ehre sei Gott (Gloria) 348
Tagesgebet (an Wochentagen nach freier Wahl) . . . 350

WORTGOTTESDIENST

1. Lesung und Antwortpsalm 350
2. Lesung 351
Ruf vor dem Evangelium 351
Evangelium 351
Das Große od. Apostolische Glaubensbekenntnis (Credo) 352
Fürbitten (Allgemeines Gebet), nach freier Wahl 358

EUCHARISTIEFEIER

Gabenbereitung 358
Abschließendes Gabengebet 360

Das Eucharistische Hochgebet 360
Präfationen 402
Erstes Hochgebet (Dich, gütiger Vater) 362
Zweites Hochgebet (Ja, du bist heilig, großer Gott, du bist der Quell aller Heiligkeit) 371
Drittes Hochgebet (Ja, du bist heilig, großer Gott, und alle deine Werke verkünden dein Lob) 380
Viertes Hochgebet (Wir preisen dich, heiliger Vater) . . 387

Kommunion 393
Gebet des Herrn (Vater unser) 393
Friedensgebet 395
Brechung des Brotes – Agnus Dei 397
Gebete vor der Kommunion – Kommunionempfang . . 398
Schlußgebet 400

ENTLASSUNG 401

ERÖFFNUNG

EINZUG — GESANG ZUR ERÖFFNUNG

Während der Priester einzieht, kann der Gesang zur Eröffnung gesungen werden*.

VEREHRUNG DES ALTARES

BEGRÜSSUNG DER GEMEINDE

Nachdem der Priester den Altar begrüßt hat und an seinen Platz gegangen ist, spricht er (während alle stehen):

Pr.: + Im Namen des Vaters und des Sohnes und des Heiligen Geistes. Amen.

Der Herr sei mit euch.
A.: Und mit deinem Geiste.

Oder:
Die Gnade unseres Herrn Jesus Christus,
die Liebe Gottes des Vaters
und die Gemeinschaft des Heiligen Geistes
sei mit euch.

Oder:
Gnade und Friede von Gott, unserem Vater,
und dem Herrn Jesus Christus
sei mit euch.

* Die hier und im folgenden abgedruckten Rubriken sind ein Auszug aus der authentischen Ausgabe des Meßbuchs für den liturgischen Gebrauch, in der weitere Gestaltungsmöglichkeiten der Meßfeier näherhin beschrieben werden.

Oder:

Gnade und Friede von dem,
der ist und der war und der kommen wird,
sei mit euch.

Oder:

Gnade und Friede
in der heiligen Versammlung der Kirche Gottes
sei mit euch.

Oder:

Der Herr der Herrlichkeit
und Spender jeder Gnade
sei mit euch.

Oder:

Die Gnade des Herrn Jesus,
der für uns Mensch geworden ist
(gelitten hat, gestorben ist . . .),
sei mit euch.

Oder:

Die Gnade unseres Herrn Jesus Christus
sei mit euch.

A.: Und mit deinem Geiste.

Darauf kann der Priester, der Diakon oder ein anderer dazu Beauftragter eine knappe Einführung in die Feier geben.
Wenn zur Eröffnung nicht gesungen wurde, empfiehlt es sich, in die Einführung den Eröffnungsvers einzubeziehen, da dieser häufig einen Leitgedanken der Meßfeier angibt.

ALLGEMEINES SCHULDBEKENNTNIS

An Sonntagen kann an die Stelle des Allgemeinen Schuldbekenntnisses das sonntägliche Taufgedächtnis (Besprengung mit Weihwasser) treten.

Einladung (Form A und B)

Brüder und Schwestern,
damit wir die heiligen Geheimnisse in rechter Weise feiern können, wollen wir bekennen, daß wir gesündigt haben.

Oder:
Bevor wir das Gedächtnis des Herrn begehen, wollen wir uns besinnen und bekennen, daß wir sündige Menschen sind.

Oder:
Brüder und Schwestern,
bevor wir das Wort Gottes hören und das Opfer Christi feiern, wollen wir uns bereiten und Gott um Vergebung unserer Sünden bitten.

Oder:
Damit wir das Gedächtnis des Herrn recht begehen, prüfen wir uns selbst und bekennen unsere Schuld vor Gott und der Kirche.

Einladung (Form B und C)
Zu Beginn dieser Meßfeier wollen wir uns besinnen und das Erbarmen des Herrn auf uns herabrufen.

Oder ein ähnlicher passender Text.

Es folgt eine kurze Stille für die Besinnung; danach das

Bekenntnis:

Form A

Pr.: Wir sprechen das Schuldbekenntnis:

A.: Ich bekenne Gott, dem Allmächtigen,
und allen Brüdern und Schwestern,
daß ich Gutes unterlassen und Böses getan habe
— ich habe gesündigt
in Gedanken, Worten und Werken —
durch meine Schuld, durch meine Schuld,
durch meine große Schuld.
Darum bitte ich die selige Jungfrau Maria,
alle Engel und Heiligen
und euch, Brüder und Schwestern,
für mich zu beten bei Gott, unserem Herrn.

Oder: Form B

Pr.: Erbarme dich, Herr, unser Gott,
erbarme dich.

A.: Denn wir haben vor dir gesündigt.

Pr.: Erweise, Herr, uns deine Huld.

A.: Und schenke uns dein Heil.

Die Formen A und B können durch ein Bußlied ersetzt werden.

Oder: Form C

mit den hier folgenden oder anderen Anrufungen.

Kyrie-Litanei

V.: Herr Jesus Christus,
du bist vom Vater gesandt,
zu heilen, was verwundet ist:

Kýrie, eléison *oder:* Herr, erbarme dich (unser).
A.: Kýrie, eléison *oder:* Herr, erbarme dich (unser).

V.: Du bist gekommen, die Sünder zu berufen:
Christe, eléison *oder:* Christus, erbarme dich (unser).
A.: Christe, eléison
oder: Christus, erbarme dich (unser).

V.: Du bist zum Vater heimgekehrt,
um für uns einzutreten:
Kýrie, eléison *oder:* Herr, erbarme dich (unser).
A.: Kýrie, eléison *oder:* Herr, erbarme dich (unser).

Jede dieser drei Formen wird abgeschlossen durch die
Vergebungsbitte:
Pr.: Der allmächtige Gott erbarme sich unser.
Er lasse uns die Sünden nach
und führe uns zum ewigen Leben.
A.: Amen.

Oder:
Pr.: Nachlaß, Vergebung und Verzeihung unserer Sünden gewähre uns der allmächtige und barmherzige Herr.
A.: Amen.

Oder (besonders bei Form C):
Pr.: Der Herr erbarme sich unser, er nehme von uns Sünde und Schuld, damit wir mit reinem Herzen diese Feier begehen.
A.: Amen.

KYRIE

Es folgen die Kyrie-Rufe (falls sie nicht schon vorausgegangen sind).

V.: Herr, erbarme dich (unser).
A.: Herr, erbarme dich (unser).
V.: Christus, erbarme dich (unser).
A.: Christus, erbarme dich (unser).
V.: Herr, erbarme dich (unser).
A.: Herr, erbarme dich (unser).

Oder:

V.: Kýrie, eléison.
A.: Kýrie, eléison.
V.: Christe, eléison.
A.: Christe, eléison.
V.: Kýrie, eléison.
A.: Kýrie, eléison.

GLORIA

An den Sonntagen außerhalb der Advents- und Fastenzeit, an Hochfesten, Festen und bei anderen festlichen Gottesdiensten folgt das Gloria:

Ehre sei Gott in der Höhe
und Friede auf Erden den Menschen seiner Gnade.
Wir loben dich,
wir preisen dich,
wir beten dich an,
wir rühmen dich und danken dir,
denn groß ist deine Herrlichkeit:
Herr und Gott, König des Himmels,

Gott und Vater, Herrscher über das All,
Herr, eingeborener Sohn, Jesus Christus.
Herr und Gott, Lamm Gottes, Sohn des Vaters,
du nimmst hinweg die Sünde der Welt:
erbarme dich unser;
du nimmst hinweg die Sünde der Welt:
nimm an unser Gebet;
du sitzest zur Rechten des Vaters:
erbarme dich unser.
Denn du allein bist der Heilige,
du allein der Herr,
du allein der Höchste:
Jesus Christus,
mit dem Heiligen Geist,
zur Ehre Gottes des Vaters. Amen.

Oder:
Glória in excélsis Deo
et in terra pax homínibus bonæ voluntátis.
Laudámus te,
benedícimus te,
adorámus te,
glorificámus te, grátias ágimus tibi
propter magnam glóriam tuam,
Dómine Deus, Rex cæléstis,
Deus Pater omnípotens.
Dómine Fili unigénite, Iesu Christe,
Dómine Deus, Agnus Dei, Fílius Patris,
qui tollis peccáta mundi,
miserére nobis;

qui tollis peccáta mundi,
súscipe deprecatiónem nostram.
Qui sedes ad déxteram Patris,
miserére nobis.
Quóniam tu solus Sanctus,
tu solus Dóminus,
tu solus Altíssimus,
Iesu Christe,
cum Sancto Spíritu:
in glória Dei Patris. Amen.

Das Gloria darf durch ein Gloria-Lied ersetzt werden.

TAGESGEBET

Der Priester lädt zum Gebet ein. Er singt oder spricht:

Lasset uns beten.

Nach einer kurzen Stille spricht der Priester das Tagesgebet.
Die Gemeinde beschließt das Gebet mit dem Ruf:

Amen.

WORTGOTTESDIENST

1. LESUNG UND ANTWORTPSALM

Der Lektor geht zum Ambo und trägt die erste Lesung vor. Alle hören sitzend zu. Wo nach der Lesung ein Zuruf der Gemeinde üblich ist, fügt der Lektor an:

Wort des lebendigen Gottes.
A.: Dank sei Gott.

Danach kann eine kurze Stille folgen.
Dann trägt der Kantor (Psalmist) den Antwortpsalm vor. Die Gemeinde übernimmt den Kehrvers.

2. LESUNG UND RUF VOR DEM EVANGELIUM

Auf die zweite Lesung folgt das Halleluja bzw. der an dessen Stelle vorgesehene Ruf vor dem Evangelium.

EVANGELIUM

D. (Pr.): Der Herr sei mit euch.
A.: Und mit deinem Geiste.

D. (Pr.): + Aus dem heiligen Evangelium nach N.
Oder: Aus dem Evangelium Jesu Christi nach N.
Oder: Aus dem Evangelium nach N.

Dabei bezeichnet er das Buch und sich selbst (auf Stirn, Mund und Brust) mit dem Kreuzzeichen.
A.: Ehre sei dir, o Herr.

Wo nach dem Evangelium ein Zuruf der Gemeinde üblich ist, fügt der Diakon (Priester) an:
Evangelium unseres Herrn Jesus Christus.

Die Gemeinde antwortet:
Lob sei dir, Christus.

Danach küßt der Diakon (Priester) das Buch und spricht leise:
Herr, durch dein Evangelium
nimm hinweg unsere Sünden.

HOMILIE

Die Homilie ist ein Teil der Liturgie. Sie ist an allen Sonntagen und gebotenen Feiertagen vorgeschrieben, sonst empfohlen.

CREDO

An Sonntagen, an Hochfesten und bei anderen festlichen Gottesdiensten folgt das Credo:

Das Große Glaubensbekenntnis

(Pr.: Wir sprechen das Große Glaubensbekenntnis.)

A.: Wir glauben an den einen Gott,
den Vater, den Allmächtigen,
der alles geschaffen hat, Himmel und Erde,
die sichtbare und die unsichtbare Welt.

Und an den einen Herrn Jesus Christus,
Gottes eingeborenen Sohn,
aus dem Vater geboren vor aller Zeit:
Gott von Gott, Licht vom Licht,
wahrer Gott vom wahren Gott,
gezeugt, nicht geschaffen,
eines Wesens mit dem Vater;
durch ihn ist alles geschaffen.

Für uns Menschen und zu unserem Heil
ist er vom Himmel gekommen,

Zu den folgenden Worten (bis zu Mensch geworden) verbeugen sich alle (an Weihnachten und am Hochfest der Verkündigung des Herrn kniet man nieder).

hat Fleisch angenommen
durch den Heiligen Geist
von der Jungfrau Maria
und ist Mensch geworden.

Oder:

Credo in unum Deum,
Patrem omnipoténtem,
factórem cæli et terræ,
visibílium ómnium et invisibílium.

Et in unum Dóminum Iesum Christum,
Fílium Dei unigénitum,
et ex Patre natum ante ómnia sǽcula.
Deum de Deo, lumen de lúmine,
Deum verum de Deo vero,
génitum, non factum,
consubstantiálem Patri:
per quem ómnia facta sunt.

Qui propter nos hómines et propter nostram salútem
descéndit de cælis.

Ad verba quæ sequuntur, usque ad factus est omnes se inclinant.

Et incarnátus est
de Spíritu Sancto
ex María Vírgine,
et homo factus est.

Er wurde für uns gekreuzigt
unter Pontius Pilatus,
hat gelitten und ist begraben worden,
ist am dritten Tage auferstanden
nach der Schrift
und aufgefahren in den Himmel.

Er sitzt zur Rechten des Vaters
und wird wiederkommen in Herrlichkeit,
zu richten die Lebenden und die Toten;
seiner Herrschaft wird kein Ende sein.

Wir glauben an den Heiligen Geist,
der Herr ist und lebendig macht,
der aus dem Vater und dem Sohn hervorgeht,
der mit dem Vater und dem Sohn
angebetet und verherrlicht wird,
der gesprochen hat durch die Propheten;
und die eine, heilige, katholische
und apostolische Kirche.

Wir bekennen die eine Taufe
zur Vergebung der Sünden.
Wir erwarten die Auferstehung der Toten
und das Leben der kommenden Welt.
Amen.

Crucifíxus étiam pro nobis
sub Póntio Piláto;
passus et sepúltus est,
et resurréxit tértia die,
secúndum Scriptúras,
et ascéndit in cælum,
sedet ad déxteram Patris.

Et íterum ventúrus est cum glória,
iudicáre vivos et mórtuos,
cuius regni non erit finis.

Et in Spíritum Sanctum,
Dóminum et vivificántem:
qui ex Patre Filióque procédit.
Qui cum Patre et Fílio
simul adorátur et conglorificátur:
qui locútus est per prophétas.
Et unam, sanctam, cathólicam
et apostólicam Ecclésiam.

Confíteor unum baptísma
in remissiónem peccatórum.
Et exspécto resurrectiónem mortuórum,
et vitam ventúri sǽculi.
Amen.

An Stelle des Großen Glaubensbekenntnisses kann das Apostolische Glaubensbekenntnis gebetet werden.

(Pr.: Wir sprechen das Apostolische Glaubensbekenntnis.)

A.: Ich glaube an Gott,
den Vater, den Allmächtigen,
den Schöpfer des Himmels und der Erde,
und an Jesus Christus,
seinen eingeborenen Sohn, unsern Herrn,

Zu den folgenden Worten (bis zu Jungfrau Maria) verbeugen sich alle (an Weihnachten und am Hochfest der Verkündigung des Herrn kniet man nieder).

empfangen durch den Heiligen Geist,
geboren von der Jungfrau Maria,
gelitten unter Pontius Pilatus,
gekreuzigt, gestorben und begraben,
hinabgestiegen in das Reich des Todes,
am dritten Tage auferstanden von den Toten,
aufgefahren in den Himmel;
er sitzt zur Rechten Gottes, des allmächtigen Vaters:
von dort wird er kommen,
zu richten die Lebenden und die Toten.
Ich glaube an den Heiligen Geist,
die heilige katholische Kirche,
Gemeinschaft der Heiligen,
Vergebung der Sünden,
Auferstehung der Toten
und das ewige Leben. Amen.

Oder:

Credo in Deum,
Patrem omnipoténtem,
Creatórem cæli et terræ.
Et in Iesum Christum,
Fílium eius únicum, Dóminum nostrum:
qui concéptus est de Spíritu Sancto,
natus ex María Vírgine,
passus sub Póntio Piláto,
crucifíxus, mórtuus, et sepúltus:
descéndit ad ínferos:
tértia die resurréxit a mórtuis;
ascéndit ad cælos;
sedet ad déxteram Dei
Patris omnipoténtis:
inde ventúrus est
iudicáre vivos et mórtuos.
Credo in Spíritum Sanctum,
sanctam Ecclésiam cathólicam,
Sanctórum communiónem,
remissiónem peccatórum,
carnis resurrectiónem,
vitam ætérnam. Amen.

FÜRBITTEN (ALLGEMEINES GEBET)

Die Fürbitten werden vom Priester eingeleitet und abgeschlossen. Die einzelnen Anliegen können vom Diakon, Lektor, Kantor oder anderen vorgetragen werden. Beispiele S. 771 ff.

EUCHARISTIEFEIER

Gabenbereitung

GESANG ZUR GABENBEREITUNG

Das Herbeibringen und die Bereitung der Gaben können von einem geeigneten Gesang oder von Orgelspiel begleitet werden oder auch in der Stille geschehen.

Es empfiehlt sich, daß die Gläubigen ihre Teilnahme durch eine Gabe bekunden. Sie können durch Vertreter Brot und Wein für die Eucharistie oder selber andere Gaben herbeibringen, die für die Bedürfnisse der Kirche und der Armen bestimmt sind. Auch die Geldkollekte ist eine solche Gabe.

BEGLEITGEBETE ZUR GABENBEREITUNG

Über das Brot:

Gepriesen bist du, Herr, unser Gott, Schöpfer der Welt.
Du schenkst uns das Brot,
die Frucht der Erde und der menschlichen Arbeit.
Wir bringen dieses Brot vor dein Angesicht,
damit es uns das Brot des Lebens werde.

(Gepriesen bist du in Ewigkeit, Herr, unser Gott.)

Der Priester gießt Wein und ein wenig Wasser in den Kelch und spricht leise:

Wie das Wasser sich mit dem Wein verbindet zum heiligen Zeichen, so lasse uns dieser Kelch teilhaben an der Gottheit Christi, der unsere Menschennatur angenommen hat.

Über den Kelch:

Gepriesen bist du, Herr, unser Gott, Schöpfer der Welt.
Du schenkst uns den Wein,
die Frucht des Weinstocks und der menschlichen Arbeit.
Wir bringen diesen Kelch vor dein Angesicht,
damit er uns der Kelch des Heiles werde.

(Gepriesen bist du in Ewigkeit, Herr, unser Gott.)

Der Priester verneigt sich und spricht leise:

Herr, wir kommen zu dir mit reumütigem Herzen und mit demütigem Sinn. Nimm uns an und gib, daß unser Opfer dir gefalle.

Der Priester kann die Gaben und den Altar inzensieren; anschließend können der Priester und die Gemeinde inzensiert werden.

ZUR HÄNDEWASCHUNG

Herr, wasche ab meine Schuld,
von meinen Sünden mach mich rein.

EINLADUNG ZUM GABENGEBET

Form A

Pr.: Lasset uns beten zu Gott, dem allmächtigen Vater,
daß er die Gaben der Kirche annehme
zu seinem Lob und zum Heil der ganzen Welt.

Oder Form B

Pr.: Lasset uns beten.

Oder eine andere geeignete Gebetseinladung.
Alle verharren eine kurze Zeit in stillem Gebet.

Oder: Form C

Pr.: Betet, Brüder und Schwestern,
daß mein und euer Opfer
Gott, dem allmächtigen Vater, gefalle.

A.: Der Herr nehme das Opfer an aus deinen Händen
zum Lob und Ruhm seines Namens,
zum Segen für uns und seine ganze heilige Kirche.

GABENGEBET

Durch das Gabengebet wird die Bereitung der Opfergaben abgeschlossen. Die Gemeinde beschließt das Gebet mit dem Ruf:

Amen.

Das Eucharistische Hochgebet

Das Eucharistische Hochgebet beginnt mit der Präfation und wird von der Gemeinde mit dem Zuruf Amen (vor dem Vaterunser) abgeschlossen.

Pr.: Der Herr sei mit euch.
A.: Und mit deinem Geiste.
Pr.: Erhebet die Herzen.
A.: Wir haben sie beim Herrn.
Pr.: Lasset uns danken dem Herrn, unserm Gott.
A.: Das ist würdig und recht.

Oder:

Pr.: Dóminus vobíscum.
A.: Et cum spíritu tuo.
Pr.: Sursum corda.
A.: Habémus ad Dóminum.
Pr.: Grátias agámus Dómino Deo nostro.
A.: Dignum et iustum est.

Präfationen, S. 402–438.
Zum Schluß der Präfation singt oder spricht der Priester zusammen mit der Gemeinde:

Heilig, heilig, heilig
Gott, Herr aller Mächte und Gewalten.
Erfüllt sind Himmel und Erde
von deiner Herrlichkeit.
Hosanna in der Höhe.
Hochgelobt sei,
der da kommt im Namen des Herrn.
Hosanna in der Höhe.

Oder:
Sanctus, Sanctus, Sanctus
Dóminus Deus Sábaoth.
Pleni sunt cæli et terra
glória tua.
Hosánna in excélsis.
Benedíctus
qui venit in nómine Dómini.
Hosánna in excélsis.

Das Sanctus darf nur durch ein Lied ersetzt werden, das mit dem dreimaligen Heilig-Ruf beginnt und dem Inhalt des Sanctus entspricht.

ERSTES HOCHGEBET
DER RÖMISCHE MESS-KANON

Dich, gütiger Vater, bitten wir durch deinen Sohn, unseren Herrn Jesus Christus: Nimm diese heiligen, makellosen Opfergaben an und segne + sie.

Für die Kirche und ihre Hirten

Wir bringen sie dar vor allem für deine heilige katholische Kirche in Gemeinschaft mit deinem Diener, unserem Papst N., mit unserem Bischof N. und mit allen, die Sorge tragen für den rechten, katholischen und apostolischen Glauben. Schenke deiner Kirche Frieden und Einheit, behüte und leite sie auf der ganzen Erde.

Für anwesende und abwesende Gläubige

Gedenke deiner Diener und Dienerinnen N. N. (für die wir heute besonders beten) und aller, die hier versammelt sind.

Stilles Gedenken

Herr, du kennst ihren Glauben und ihre Hingabe; für sie bringen wir dieses Opfer des Lobes dar, und sie selber weihen es dir für sich und für alle, die ihnen verbunden sind, für ihre Erlösung und für ihre Hoffnung auf das unverlierbare Heil. Vor dich, den ewigen, lebendigen und wahren Gott, bringen sie ihre Gebete und Gaben.

Gedächtnis der Heiligen

In Gemeinschaft mit der ganzen Kirche gedenken wir deiner Heiligen. Wir ehren vor allem Maria, die glorreiche, allzeit jungfräuliche Mutter unseres Herrn und Gottes Jesus Christus.

* Wir ehren ihren Bräutigam, den heiligen Josef, deine heiligen Apostel und Märtyrer: Petrus und Paulus, Andreas (Jakobus, Johannes, Thomas, Jakobus, Philippus, Bartholomäus, Matthäus, Simon und Thaddäus, Linus, Kletus, Klemens, Xystus, Kornelius, Cyprianus, Laurentius, Chrysogonus, Johannes und Paulus, Kosmas und Damianus) und alle deine Heiligen; blicke auf ihr heiliges Leben und Sterben und gewähre uns auf ihre Fürsprache in allem deine Hilfe und deinen Schutz.

Das Gedächtnis der Heiligen kann auch beginnen:

An Sonntagen:

In Gemeinschaft mit der ganzen Kirche feiern wir den ersten Tag der Woche als den Tag, an dem Christus von den Toten erstanden ist, und gedenken deiner Heiligen: Wir ehren vor allem Maria, die glorreiche, allzeit jungfräuliche Mutter unseres Herrn und Gottes Jesus Christus. *

Von Weihnachten bis Neujahr:

In Gemeinschaft mit der ganzen Kirche feiern wir (die hochheilige Nacht) den hochheiligen Tag, (in der) an dem Maria in unversehrter Jungfräulichkeit der Welt den Erlöser geboren hat. Wir ehren vor allen Heiligen sie, die glorreiche, allzeit jungfräuliche Mutter unseres Herrn und Gottes Jesus Christus. *

An Erscheinung des Herrn:
In Gemeinschaft mit der ganzen Kirche feiern wir den hochheiligen Tag, an dem dein eingeborener Sohn, dir gleich in ewiger Herrlichkeit, als wahrer Mensch leibhaft und sichtbar erschienen ist. Wir gedenken deiner Heiligen und ehren vor allem Maria, die glorreiche, allzeit jungfräuliche Mutter unseres Herrn und Gottes Jesus Christus.*

Am Gründonnerstag, S. 166.

Von der Osternacht bis zum Weißen Sonntag:
In Gemeinschaft mit der ganzen Kirche feiern wir (die hochheilige Nacht) das Hochfest der Auferstehung unseres Herrn Jesus Christus. Wir gedenken deiner Heiligen und ehren vor allem Maria, die glorreiche, allzeit jungfräuliche Mutter unseres Herrn und Gottes Jesus Christus.*

An Christi Himmelfahrt:
In Gemeinschaft mit der ganzen Kirche feiern wir den Tag, an dem unser Herr Jesus Christus, dein eingeborener Sohn, unsere schwache, mit seiner Gottheit vereinte Menschennatur zu deiner Rechten erhoben hat. Wir gedenken deiner Heiligen und ehren vor allem Maria, die glorreiche, allzeit jungfräuliche Mutter unseres Herrn und Gottes Jesus Christus.*

Am Pfingsttag:
In Gemeinschaft mit der ganzen Kirche feiern wir das hohe Pfingstfest, an dem der Heilige Geist in Feuerzungen auf die Jünger herabkam. Wir gedenken deiner Heiligen und ehren vor allem Maria, die glorreiche, allzeit jungfräuliche Mutter unseres Herrn und Gottes Jesus Christus.*

Am eigenen Kirchweihfest:

In Gemeinschaft mit der ganzen Kirche feiern wir den Weihetag dieses Hauses, an dem du es zu eigen genommen und mit deiner Gegenwart erfüllt hast. Wir gedenken deiner Heiligen und ehren vor allem Maria, die glorreiche, allzeit jungfräuliche Mutter unseres Herrn und Gottes Jesus Christus. *

An Lichtmeß (2. Februar):

In Gemeinschaft mit der ganzen Kirche feiern wir den Tag, an dem dein eingeborener Sohn im Tempel dargestellt wurde. Wir gedenken deiner Heiligen und ehren vor allem Maria, die glorreiche, allzeit jungfräuliche Mutter unseres Herrn und Gottes Jesus Christus.*

An Verkündigung des Herrn (25. März):

In Gemeinschaft mit der ganzen Kirche feiern wir den Tag, an dem Maria deinen ewigen Sohn durch den Heiligen Geist empfangen hat. Wir ehren vor allen Heiligen sie, die glorreiche, allzeit jungfräuliche Mutter unseres Herrn und Gottes Jesus Christus. *

An Johannes' Geburt (24. Juni):

In Gemeinschaft mit der ganzen Kirche feiern wir den Tag, an dem Johannes geboren wurde, der Christus voranging, um ihm den Weg zu bereiten, dem Erlöser der Welt. Wir gedenken deiner Heiligen und ehren vor allem Maria, die glorreiche, allzeit jungfräuliche Mutter unseres Herrn und Gottes Jesus Christus.*

An Mariä Himmelfahrt (15. August):
In Gemeinschaft mit der ganzen Kirche feiern wir den Tag, an dem die jungfräuliche Gottesmutter in den Himmel aufgenommen wurde. Wir ehren vor allen Heiligen sie, die glorreiche, allzeit jungfräuliche Mutter unseres Herrn und Gottes Jesus Christus.*

An Mariä Geburt (8. September):
In Gemeinschaft mit der ganzen Kirche feiern wir den Tag, an dem Maria geboren wurde, die von Ewigkeit her auserwählte Mutter des Erlösers. Wir ehren vor allen Heiligen sie, die glorreiche, allzeit jungfräuliche Mutter unseres Herrn und Gottes Jesus Christus.*

An Allerheiligen (1. November):
In Gemeinschaft mit der ganzen Kirche feiern wir den Tag, der dem Gedächtnis aller Heiligen geweiht ist, die im Leben Christus nachfolgten und im Sterben von ihm die Krone der Herrlichkeit empfingen. Wir ehren vor allen Heiligen Maria, die glorreiche, allzeit jungfräuliche Mutter unseres Herrn und Gottes Jesus Christus.*

An Mariä Empfängnis (8. Dezember):
In Gemeinschaft mit der ganzen Kirche feiern wir den Tag, an dem Maria ohne Erbschuld empfangen wurde, da sie auserwählt war, die Mutter des Erlösers zu werden. Wir ehren vor allen Heiligen sie, die glorreiche, allzeit jungfräuliche Mutter unseres Herrn und Gottes Jesus Christus.*

Für die Ortsgemeinde

Nimm gnädig an, o Gott, diese Gaben deiner Diener und deiner ganzen Gemeinde; ordne unsere Tage in deinem Frieden, rette uns vor dem ewigen Verderben und nimm uns auf in die Schar deiner Erwählten.

In der Abendmahlsmesse des Gründonnerstages, S. 166.

Von der Osternacht bis zum Weißen Sonntag:

Nimm gnädig an, o Gott, diese Gaben deiner Diener und deiner ganzen Gemeinde. Wir bringen sie dar auch für jene, die an diesem Osterfest aus dem Wasser und dem Heiligen Geist zum neuen Leben geboren wurden, denen du alle Sünden vergeben hast. Ordne unsere Tage in deinem Frieden, rette uns vor dem ewigen Verderben und nimm uns auf in die Schar deiner Erwählten.

Bei einer Brautmesse:

Nimm gnädig an, o Gott, dieses Opfer deiner Diener, die Gaben der Neuvermählten N. und N. und die Opfergaben deiner ganzen Gemeinde. Sie bittet dich für diese Brautleute, die du zum Traualtar geführt hast: Erhalte sie bis ins hohe Alter in Glück und Frieden (und segne ihren Bund mit Kindern, die sie von deiner Güte erhoffen).

Bitte um Heiligung der Gaben

Schenke, o Gott, diesen Gaben Segen in Fülle und nimm sie zu eigen an. Mache sie uns zum wahren Opfer im Geiste, das dir wohlgefällt: zum Leib und Blut deines geliebten Sohnes, unseres Herrn Jesus Christus.

Am Abend vor seinem Leiden nahm er das Brot in seine heiligen und ehrwürdigen Hände, erhob die Augen zum Himmel, zu dir, seinem Vater, dem allmächtigen Gott, sagte dir Lob und Dank, brach das Brot, reichte es seinen Jüngern und sprach:
Nehmet und esset alle davon:
Das ist mein Leib,
der für euch hingegeben wird.

Ebenso nahm er nach dem Mahl diesen erhabenen Kelch in seine heiligen und ehrwürdigen Hände, sagte dir Lob und Dank, reichte den Kelch seinen Jüngern und sprach:
Nehmet und trinket alle daraus:
Das ist der Kelch
des neuen und ewigen Bundes,
mein Blut, das für euch
und für alle vergossen wird
zur Vergebung der Sünden.
Tut dies zu meinem Gedächtnis.

Priester:

Geheimnis des Glaubens.

Zuruf der Gemeinde

Deinen Tod, o Herr, verkünden wir,
und deine Auferstehung preisen wir,
bis du kommst in Herrlichkeit.

Oder:

Mystérium fídei.

Mortem tuam annuntiámus, Dómine,
et tuam resurrectiónem confitémur,
donec vénias.

Darum, gütiger Vater, feiern wir, deine Diener und dein heiliges Volk, das Gedächtnis deines Sohnes, unseres Herrn Jesus Christus. Wir verkünden sein heilbringendes Leiden, seine Auferstehung von den Toten und seine glorreiche Himmelfahrt. So bringen wir aus den Gaben, die du uns geschenkt hast, dir, dem erhabenen Gott, die reine, heilige und makellose Opfergabe dar: das Brot des Lebens und den Kelch des ewigen Heiles.

Blicke versöhnt und gütig darauf nieder und nimm sie an wie einst die Gaben deines gerechten Dieners Abel, wie das Opfer unseres Vaters Abraham, wie die heilige Gabe, das reine Opfer deines Hohenpriesters Melchísedek.

Wir bitten dich, allmächtiger Gott: Dein heiliger Engel trage diese Opfergabe auf deinen himmlischen Altar vor deine göttliche Herrlichkeit; und wenn wir durch unsere Teilnahme am Altar den heiligen Leib und das Blut deines Sohnes empfangen, erfülle uns mit aller Gnade und allem Segen des Himmels.

Für die Verstorbenen

Gedenke auch deiner Diener und Dienerinnen (N. und N.), die uns vorangegangen sind, bezeichnet mit dem Siegel des Glaubens, und die nun ruhen in Frieden.

(Stilles Gedenken)

Wir bitten dich: Führe sie und alle, die in Christus entschlafen sind, in das Land der Verheißung, des Lichtes und des Friedens.

Weitere Bitten

Auch uns, deinen sündigen Dienern, die auf deine reiche Barmherzigkeit hoffen, gib Anteil und Gemeinschaft mit deinen heiligen Aposteln und Märtyrern: Johannes, Stephanus, Matthias, Barnabas (Ignatius, Alexander, Marzellinus, Petrus, Felizitas, Perpetua, Agatha, Luzia, Agnes, Cäcilia, Anastasia) und mit allen deinen Heiligen; wäge nicht unser Verdienst, sondern schenke gnädig Verzeihung und gib uns mit ihnen das Erbe des Himmels. Darum bitten wir dich durch unseren Herrn Jesus Christus.

Denn durch ihn erschaffst du immerfort all diese guten Gaben, gibst ihnen Leben und Weihe und spendest sie uns.

Abschließender Lobpreis

Durch ihn und mit ihm und in ihm
ist dir, Gott, allmächtiger Vater,
in der Einheit des Heiligen Geistes
alle Herrlichkeit und Ehre
jetzt und in Ewigkeit.

Alle: Amen.

Fortsetzung S. 393.

ZWEITES HOCHGEBET

Pr.: Der Herr sei mit euch.
A.: Und mit deinem Geiste.
Pr.: Erhebet die Herzen.
A.: Wir haben sie beim Herrn.
Pr.: Lasset uns danken dem Herrn, unserm Gott.
A.: Das ist würdig und recht.

Oder:

Pr.: Dóminus vobíscum.
A.: Et cum spíritu tuo.
Pr.: Sursum corda.
A.: Habémus ad Dóminum.
Pr.: Grátias agámus Dómino Deo nostro.
A.: Dignum et iustum est.

In Wahrheit ist es würdig und recht, dir, Herr, heiliger Vater, immer und überall zu danken durch deinen geliebten Sohn Jesus Christus. Er ist dein Wort, durch ihn hast du alles erschaffen. Ihn hast du gesandt als unseren Erlöser und Heiland: Er ist Mensch geworden durch den Heiligen Geist, geboren von der Jungfrau Maria. Um deinen Ratschluß zu erfüllen und dir ein heiliges Volk zu erwerben, hat er sterbend die Arme ausgebreitet am Holze des Kreuzes. Er hat die Macht des Todes gebrochen und die Auferstehung kundgetan. Darum preisen wir dich mit allen Engeln und Heiligen und singen vereint mit ihnen das Lob deiner Herrlichkeit:

Heilig, heilig, heilig
Gott, Herr aller Mächte und Gewalten.
Erfüllt sind Himmel und Erde
von deiner Herrlichkeit.
Hosanna in der Höhe.
Hochgelobt sei,
der da kommt im Namen des Herrn.
Hosanna in der Höhe.

Oder:
Sanctus, Sanctus, Sanctus
Dóminus Deus Sábaoth.
Pleni sunt cæli et terra
glória tua.
Hosánna in excélsis.
Benedíctus
qui venit in nómine Dómini.
Hosánna in excélsis.

Bitte um Heiligung der Gaben

Ja, du bist heilig, großer Gott, du bist der Quell aller Heiligkeit. Darum bitten wir dich: *

(Fortsetzung S. 376.)

Hier kann an bestimmten Tagen das Festgeheimnis erwähnt werden (S. 373–375).

An Sonntagen:

Darum kommen wir vor dein Angesicht und feiern in Gemeinschaft mit der ganzen Kirche den ersten Tag der Woche als den Tag, an dem Christus von den Toten erstanden ist. Durch ihn, den du zu deiner Rechten erhöht hast, bitten wir dich: *

Von Weihnachten bis Neujahr:

Darum kommen wir vor dein Angesicht und feiern in Gemeinschaft mit der ganzen Kirche (die hochheilige Nacht) den hochheiligen Tag, (in der) an dem Maria in unversehrter Jungfräulichkeit der Welt den Erlöser geboren hat. Durch ihn, unseren Retter und Herrn, bitten wir dich: *

An Erscheinung des Herrn:

Darum kommen wir vor dein Angesicht und feiern in Gemeinschaft mit der ganzen Kirche den hochheiligen Tag, an dem dein eingeborener Sohn, dir gleich in ewiger Herrlichkeit, als wahrer Mensch leibhaft und sichtbar erschienen ist. Durch ihn, unseren Erlöser und Heiland, bitten wir dich: *

In der Abendmahlmesse des Gründonnerstages: S. 167.

Von der Osternacht bis zum Weißen Sonntag:

Darum kommen wir vor dein Angesicht und feiern in Gemeinschaft mit der ganzen Kirche (die hochheilige Nacht) das Hochfest der Auferstehung unseres Herrn Jesus Christus. Durch ihn, der zu deiner Rechten erhöht ist, bitten wir dich: *

An Christi Himmelfahrt:
Darum kommen wir vor dein Angesicht und feiern in Gemeinschaft mit der ganzen Kirche den Tag, an dem unser Herr Jesus Christus, dein eingeborener Sohn, unsere schwache, mit seiner Gottheit vereinte Menschennatur zu deiner Rechten erhoben hat. Durch ihn bitten wir dich:*

Am Pfingsttag:
Darum kommen wir vor dein Angesicht und feiern in Gemeinschaft mit der ganzen Kirche das hohe Pfingstfest, an dem der Heilige Geist in Feuerzungen auf die Jünger herabkam. Und wir bitten dich:*

Am eigenen Kirchweihfest:
Darum kommen wir vor dein Angesicht und feiern in Gemeinschaft mit der ganzen Kirche den Weihetag dieses Hauses, an dem du es zu eigen genommen und mit deiner Gegenwart erfüllt hast. Durch Christus, den Herrn und das Haupt der Kirche, bitten wir dich:*

An Lichtmeß (2. Februar):
Darum kommen wir vor dein Angesicht und feiern in Gemeinschaft mit der ganzen Kirche den Tag, an dem dein eingeborener Sohn im Tempel dargestellt wurde. Durch ihn, das Licht von deinem Licht, bitten wir dich:*

An Verkündigung des Herrn (25. März):
Darum kommen wir vor dein Angesicht und feiern in Gemeinschaft mit der ganzen Kirche den Tag, an dem Maria deinen ewigen Sohn durch den Heiligen Geist empfangen hat. Durch ihn, der zu unserem Heil Mensch geworden ist, bitten wir dich:*

An Johannes' Geburt (24. Juni):
Darum kommen wir vor dein Angesicht und feiern in Gemeinschaft mit der ganzen Kirche den Tag, an dem Johannes geboren wurde, der Christus voranging, um ihm den Weg zu bereiten, dem Erlöser der Welt. Durch ihn, der nach Johannes kam und doch vor ihm war, bitten wir dich: *

An Mariä Himmelfahrt (15. August):
Darum kommen wir vor dein Angesicht und feiern in Gemeinschaft mit der ganzen Kirche den Tag, an dem die jungfräuliche Gottesmutter in den Himmel aufgenommen wurde von unserem Herrn Jesus Christus. Durch ihn, den Urheber und Vollender unseres Glaubens, bitten wir dich: *

An Mariä Geburt (8. September):
Darum kommen wir vor dein Angesicht und feiern in Gemeinschaft mit der ganzen Kirche den Tag, an dem Maria geboren wurde, die von Ewigkeit her auserwählte Mutter des Erlösers. Durch ihn, unseren Heiland, bitten wir dich: *

An Allerheiligen (1. November):
Darum kommen wir vor dein Angesicht und feiern in Gemeinschaft mit der ganzen Kirche den Tag, der dem Gedächtnis aller Heiligen geweiht ist, die im Leben Christus nachfolgten und im Sterben von ihm die Krone der Herrlichkeit empfingen. Durch ihn, den Urheber und Vollender unseres Glaubens, bitten wir dich: *

An Mariä Empfängnis (8. Dezember):
Darum kommen wir vor dein Angesicht und feiern in Gemeinschaft mit der ganzen Kirche den Tag, an dem Maria ohne Erbschuld empfangen wurde, da sie auserwählt war, die Mutter des Erlösers zu werden. Durch ihn, der unsere Sünden hinwegnimmt, bitten wir dich: *

★Sende deinen Geist auf diese Gaben herab und heilige sie, damit sie uns werden Leib ✠ und Blut deines Sohnes, unseres Herrn Jesus Christus.

Denn am Abend, an dem er ausgeliefert wurde und sich aus freiem Willen dem Leiden unterwarf, nahm er das Brot und sagte Dank, brach es, reichte es seinen Jüngern und sprach:
Nehmet und esset alle davon:
Das ist mein Leib,
der für euch hingegeben wird.

Ebenso nahm er nach dem Mahl den Kelch, dankte wiederum, reichte ihn seinen Jüngern und sprach:
Nehmet und trinket alle daraus:
Das ist der Kelch
des neuen und ewigen Bundes,
mein Blut, das für euch
und für alle vergossen wird
zur Vergebung der Sünden.
Tut dies zu meinem Gedächtnis.

Priester:

Geheimnis des Glaubens.

Zuruf der Gemeinde

Deinen Tod, o Herr, verkünden wir,
und deine Auferstehung preisen wir,
bis du kommst in Herrlichkeit.

Oder:

Mystérium fídei.

Mortem tuam annuntiámus, Dómine,
et tuam resurrectiónem confitémur,
donec vénias.

Gedächtnis – Darbringung – Dank und Bitte

Darum, gütiger Vater, feiern wir das Gedächtnis des Todes und der Auferstehung deines Sohnes und bringen dir so das Brot des Lebens und den Kelch des Heiles dar. Wir danken dir, daß du uns berufen hast, vor dir zu stehen und dir zu dienen.

Wir bitten dich: Schenke uns Anteil an Christi Leib und Blut und laß uns eins werden durch den Heiligen Geist.

Fürbitten für die Kirche und ihre Hirten

Gedenke deiner Kirche auf der ganzen Erde und vollende dein Volk in der Liebe, vereint mit unserem Papst N., unserem Bischof N. und allen Bischöfen, unseren Priestern und Diakonen und mit allen, die zum Dienst in der Kirche bestellt sind.

An bestimmten Tagen und bei verschiedenen Anlässen kann hier eine besondere Bitte angefügt werden.

Von der Osternacht bis zum Weißen Sonntag:

Gedenke auch jener, die an diesem Osterfest aus dem Wasser und dem Heiligen Geist zum neuen Leben geboren wurden, denen du alle Sünden vergeben hast.

Bei einer Brautmesse:

Gedenke auch der Neuvermählten N. und N. Du hast sie zusammengeführt und ihren Bund gesegnet. Darum erhalte sie bis ins hohe Alter in Glück und Frieden (und schenke ihnen die Kinder, die sie von deiner Güte erhoffen).

Für die Verstorbenen

In Messen für Verstorbene:

Erbarme dich unseres Bruders N. (unserer Schwester N.), den (die) du aus dieser Welt zu dir gerufen hast. Durch die Taufe gehört er (sie) Christus an, ihm ist er (sie) gleichgeworden im Tod: laß ihn (sie) mit Christus zum Leben auferstehen.

Gedenke (aller) unserer Brüder und Schwestern, die entschlafen sind in der Hoffnung, daß sie auferstehen. Nimm sie und alle, die in deiner Gnade aus dieser Welt geschieden sind, in dein Reich auf, wo sie dich schauen von Angesicht zu Angesicht.

Für alle

Vater, erbarme dich über uns alle, damit uns das ewige Leben zuteil wird in der Gemeinschaft mit der seligen Jungfrau und Gottesmutter Maria, mit deinen Aposteln und mit allen, die bei dir Gnade gefunden haben von Anbeginn der Welt, daß wir dich loben und preisen durch deinen Sohn Jesus Christus.

Abschließender Lobpreis

Durch ihn und mit ihm und in ihm
ist dir, Gott, allmächtiger Vater,
in der Einheit des Heiligen Geistes
alle Herrlichkeit und Ehre
jetzt und in Ewigkeit.

Alle: Amen.

Fortsetzung S. 393.

DRITTES HOCHGEBET

Lobpreis

Ja, du bist heilig, großer Gott, und alle deine Werke verkünden dein Lob. Denn durch deinen Sohn, unseren Herrn Jesus Christus, und in der Kraft des Heiligen Geistes erfüllst du die ganze Schöpfung mit Leben und Gnade. Bis ans Ende der Zeiten versammelst du dir ein Volk, damit deinem Namen das reine Opfer dargebracht werde vom Aufgang der Sonne bis zum Untergang.

Bitte um Heiligung der Gaben

Darum bitten wir dich, allmächtiger Gott:*

(Fortsetzung S. 383).

Hier kann an bestimmten Tagen das Festgeheimnis erwähnt werden (S. 380–383).

An Sonntagen:

Darum kommen wir vor dein Angesicht und feiern in Gemeinschaft mit der ganzen Kirche den ersten Tag der Woche als den Tag, an dem Christus von den Toten erstanden ist. Durch ihn, den du zu deiner Rechten erhöht hast, bitten wir dich, allmächtiger Gott:*

Von Weihnachten bis Neujahr:

Darum kommen wir vor dein Angesicht und feiern in Gemeinschaft mit der ganzen Kirche (die hochheilige Nacht) den hochheiligen Tag, (in der) an dem Maria in unversehrter Jungfräulichkeit der Welt den Erlöser geboren hat. Durch ihn, unseren Retter und Herrn, bitten wir dich, allmächtiger Gott: *

An Erscheinung des Herrn:
Darum kommen wir vor dein Angesicht und feiern in Gemeinschaft mit der ganzen Kirche den hochheiligen Tag, an dem dein eingeborener Sohn, dir gleich in ewiger Herrlichkeit, als wahrer Mensch leibhaft und sichtbar erschienen ist. Durch ihn, unseren Erlöser und Heiland, bitten wir dich, allmächtiger Gott:*

In der Abendmahlmesse des Gründonnerstages: S. 167 f.

Von der Osternacht bis zum Weißen Sonntag:
Darum kommen wir vor dein Angesicht und feiern in Gemeinschaft mit der ganzen Kirche (die hochheilige Nacht) das Hochfest der Auferstehung unseres Herrn Jesus Christus. Durch ihn, der zu deiner Rechten erhöht ist, bitten wir dich, allmächtiger Gott:*

An Christi Himmelfahrt:
Darum kommen wir vor dein Angesicht und feiern in Gemeinschaft mit der ganzen Kirche den Tag, an dem unser Herr Jesus Christus, dein eingeborener Sohn, unsere schwache, mit seiner Gottheit vereinte Menschennatur zu deiner Rechten erhoben hat. Durch ihn bitten wir dich, allmächtiger Gott:*

Am Pfingsttag:
Darum kommen wir vor dein Angesicht und feiern in Gemeinschaft mit der ganzen Kirche das hohe Pfingstfest, an dem der Heilige Geist in Feuerzungen auf die Jünger herabkam. Und wir bitten dich, allmächtiger Gott:*

Am eigenen Kirchweihfest:
Darum kommen wir vor dein Angesicht und feiern in Gemeinschaft mit der ganzen Kirche den Weihetag dieses Hauses, an dem du es zu eigen genommen und mit deiner Gegenwart erfüllt hast. Durch Christus, den Herrn und das Haupt der Kirche, bitten wir dich, allmächtiger Gott:*

An Lichtmeß (2. Februar):
Darum kommen wir vor dein Angesicht und feiern in Gemeinschaft mit der ganzen Kirche den Tag, an dem dein eingeborener Sohn im Tempel dargestellt wurde. Durch ihn, das Licht von deinem Licht, bitten wir dich, allmächtiger Gott: *

An Verkündigung des Herrn (25. März):
Darum kommen wir vor dein Angesicht und feiern in Gemeinschaft mit der ganzen Kirche den Tag, an dem Maria deinen ewigen Sohn durch den Heiligen Geist empfangen hat. Durch ihn, der zu unserem Heil Mensch geworden ist, bitten wir dich, allmächtiger Gott: *

An Johannes' Geburt (24. Juni):
Darum kommen wir vor dein Angesicht und feiern in Gemeinschaft mit der ganzen Kirche den Tag, an dem Johannes geboren wurde, der Christus voranging, um ihm den Weg zu bereiten, dem Erlöser der Welt. Durch ihn, der nach Johannes kam und doch vor ihm war, bitten wir dich, allmächtiger Gott: *

An Mariä Himmelfahrt (15. August):
Darum kommen wir vor dein Angesicht und feiern in Gemeinschaft mit der ganzen Kirche den Tag, an dem die jungfräuliche Gottesmutter in den Himmel aufgenommen wurde von unserem Herrn Jesus Christus. Durch ihn, den Urheber und Vollender unseres Glaubens, bitten wir dich, allmächtiger Gott: *

An Mariä Geburt (8. September):
Darum kommen wir vor dein Angesicht und feiern in Gemeinschaft mit der ganzen Kirche den Tag, an dem Maria geboren wurde, die von Ewigkeit her auserwählte Mutter des Erlösers. Durch ihn, unseren Heiland, bitten wir dich, allmächtiger Gott: *

An Allerheiligen (1. November):
Darum kommen wir vor dein Angesicht und feiern in Gemeinschaft mit der ganzen Kirche den Tag, der dem Gedächtnis aller Heiligen geweiht ist, die im Leben Christus nachfolgten und im Sterben von ihm die Krone der Herrlichkeit empfingen. Durch ihn, den Urheber und Vollender unseres Glaubens, bitten wir dich, allmächtiger Gott: *

An Mariä Empfängnis (8. Dezember):
Darum kommen wir vor dein Angesicht und feiern in Gemeinschaft mit der ganzen Kirche den Tag, an dem Maria ohne Erbschuld empfangen wurde, da sie auserwählt war, die Mutter des Erlösers zu werden. Durch ihn, der unsere Sünden hinwegnimmt, bitten wir dich, allmächtiger Gott: *

★ Heilige unsere Gaben durch deinen Geist, damit sie uns werden Leib ✠ und Blut deines Sohnes, unseres Herrn Jesus Christus, der uns aufgetragen hat, dieses Geheimnis zu feiern.

Denn in der Nacht, da er verraten wurde, nahm er das Brot und sagte Dank, brach es, reichte es seinen Jüngern und sprach:
Nehmet und esset alle davon:
Das ist mein Leib,
der für euch hingegeben wird.

Ebenso nahm er nach dem Mahl den Kelch, dankte wiederum, reichte ihn seinen Jüngern und sprach:
Nehmet und trinket alle daraus:
Das ist der Kelch
des neuen und ewigen Bundes,
mein Blut, das für euch
und für alle vergossen wird
zur Vergebung der Sünden.
Tut dies zu meinem Gedächtnis.

Priester:
Geheimnis des Glaubens.

Zuruf der Gemeinde
Deinen Tod, o Herr, verkünden wir,
und deine Auferstehung preisen wir,
bis du kommst in Herrlichkeit.

Oder:
Mystérium fídei.

Mortem tuam annuntiámus, Dómine,
et tuam resurrectiónem confitémur,
donec vénias.

Gedächtnis – Darbringung – Bitte

Darum, gütiger Vater, feiern wir das Gedächtnis deines Sohnes. Wir verkünden sein heilbringendes Leiden, seine glorreiche Auferstehung und Himmelfahrt und erwarten seine Wiederkunft. So bringen wir dir mit Lob und Dank dieses heilige und lebendige Opfer dar.

Schau gütig auf die Gabe deiner Kirche. Denn sie stellt dir das Lamm vor Augen, das geopfert wurde und uns nach deinem Willen mit dir versöhnt hat. Stärke uns durch den Leib und das Blut deines Sohnes und erfülle uns mit seinem Heiligen Geist, damit wir ein Leib und ein Geist werden in Christus.

Er mache uns auf immer zu einer Gabe, die dir wohlgefällt, damit wir das verheißene Erbe erlangen mit deinen Auserwählten, mit der seligen Jungfrau und Gottesmutter Maria, mit deinen Aposteln und Märtyrern (mit dem – der – heiligen N.: *Tagesheiliger oder Patron*) und mit allen Heiligen, auf deren Fürsprache wir vertrauen.

Fürbitten für die Welt, die Kirche und ihre Hirten

Barmherziger Gott, wir bitten dich: Dieses Opfer unserer Versöhnung bringe der ganzen Welt Frieden und Heil. Beschütze deine Kirche auf ihrem Weg durch die Zeit und stärke sie im Glauben und in der Liebe: deinen Diener, unseren Papst N., unseren Bischof N. und die Gemeinschaft der Bischöfe, unsere Priester und Diakone, alle, die zum Dienst in der Kirche bestellt sind, und das ganze Volk deiner Erlösten.

Von der Osternacht bis zum Weißen Sonntag, S. 378.
Bei einer Brautmesse, S. 378.

Für die anwesende Gemeinde und für alle

Erhöre, gütiger Vater, die Gebete der hier versammelten Gemeinde und führe zu dir auch alle deine Söhne und Töchter, die noch fern sind von dir.

Für die Verstorbenen

In einer Messe für bestimmte Verstorbene:

Erbarme dich unseres Bruders N. (unserer Schwester N.), den (die) du aus dieser Welt zu dir gerufen hast. Durch die Taufe gehört er (sie) Christus an, ihm ist er (sie) gleichgeworden im Tod: gib ihm (ihr) auch Anteil an der Auferstehung, wenn Christus die Toten auferweckt und unseren irdischen Leib seinem verklärten Leib ähnlich macht.

Erbarme dich (aller) unserer verstorbenen Brüder und Schwestern und aller, die in deiner Gnade aus dieser Welt geschieden sind. Nimm sie auf in deine Herrlichkeit. Und mit ihnen laß auch uns, wie du verheißen hast, zu Tische sitzen in deinem Reich.

In einer Messe für bestimmte Verstorbene:

Dann wirst du alle Tränen trocknen. Wir werden dich, unseren Gott, schauen, wie du bist, dir ähnlich sein auf ewig und dein Lob singen ohne Ende.

Darum bitten wir dich durch unseren Herrn Jesus Christus. Denn durch ihn schenkst du der Welt alle guten Gaben.

Abschließender Lobpreis

Durch ihn und mit ihm und in ihm
ist dir, Gott, allmächtiger Vater,
in der Einheit des Heiligen Geistes
alle Herrlichkeit und Ehre
jetzt und in Ewigkeit.

Alle: Amen.

Fortsetzung S. 393.

VIERTES HOCHGEBET

Pr.: Der Herr sei mit euch.
A.: Und mit deinem Geiste.
Pr.: Erhebet die Herzen.
A.: Wir haben sie beim Herrn.
Pr.: Lasset uns danken dem Herrn, unserm Gott.
A.: Das ist würdig und recht.

Oder:

Pr.: Dóminus vobíscum.
A.: Et cum spíritu tuo.
Pr.: Sursum corda.
A.: Habémus ad Dóminum.
Pr.: Grátias agámus Dómino Deo nostro.
A.: Dignum et iustum est.

In Wahrheit ist es würdig, dir zu danken, heiliger Vater. Es ist recht, dich zu preisen. Denn du allein bist der lebendige und wahre Gott. Du bist vor den Zeiten und lebst in Ewigkeit. Du wohnst in unzugänglichem Lichte. Alles hast du erschaffen, denn du bist die Liebe und der Ursprung des Lebens. Du erfüllst deine Geschöpfe mit Segen und erfreust sie alle mit dem Glanz deines Lichtes. Vor dir stehen die Scharen der Engel und schauen dein Angesicht. Sie dienen dir Tag und Nacht, nie endet ihr Lobgesang. Mit ihnen preisen auch wir deinen Namen, durch unseren Mund rühmen dich alle Geschöpfe und künden voll Freude das Lob deiner Herrlichkeit:

Heilig, heilig, heilig
Gott, Herr aller Mächte und Gewalten.
Erfüllt sind Himmel und Erde
von deiner Herrlichkeit.
Hosanna in der Höhe.
Hochgelobt sei,
der da kommt im Namen des Herrn.
Hosanna in der Höhe.

Oder:
Sanctus, Sanctus, Sanctus
Dóminus Deus Sábaoth.
Pleni sunt cæli et terra
glória tua.
Hosánna in excélsis.
Benedíctus
qui venit in nómine Dómini.
Hosánna in excélsis.

Dank für das Werk der Schöpfung und der Erlösung

Wir preisen dich, heiliger Vater, denn groß bist du, und alle deine Werke künden deine Weisheit und Liebe.

Den Menschen hast du nach deinem Bild geschaffen und ihm die Sorge für die ganze Welt anvertraut. Über alle Geschöpfe sollte er herrschen und allein dir, seinem Schöpfer, dienen.

Als er im Ungehorsam deine Freundschaft verlor und der Macht des Todes verfiel, hast du ihn dennoch nicht verlassen, sondern voll Erbarmen allen geholfen, dich zu suchen und zu finden.

Immer wieder hast du den Menschen deinen Bund angeboten und sie durch die Propheten gelehrt, das Heil zu erwarten.

So sehr hast du die Welt geliebt, heiliger Vater, daß du deinen eingeborenen Sohn als Retter gesandt hast, nachdem die Fülle der Zeiten gekommen war. Er ist Mensch geworden durch den Heiligen Geist, geboren von der Jungfrau Maria. Er hat wie wir als Mensch gelebt, in allem uns gleich außer der Sünde.

Den Armen verkündete er die Botschaft vom Heil, den Gefangenen Freiheit, den Trauernden Freude.

Um deinen Ratschluß zu erfüllen, hat er sich dem Tod überliefert, durch seine Auferstehung den Tod bezwungen und das Leben neu geschaffen.

Damit wir nicht mehr uns selber leben, sondern ihm, der für uns gestorben und auferstanden ist, hat er von dir, Vater, als erste Gabe für alle, die glauben, den Heiligen Geist gesandt, der das Werk deines Sohnes auf Erden weiterführt und alle Heiligung vollendet.

Bitte um Heiligung der Gaben

So bitten wir dich, Vater: der Geist heilige diese Gaben, damit sie uns werden Leib ✠ und Blut unseres Herrn Jesus Christus, der uns die Feier dieses Geheimnisses aufgetragen hat als Zeichen des ewigen Bundes.

Da er die Seinen liebte, die in der Welt waren, liebte er sie bis zur Vollendung. Und als die Stunde kam, da er von dir verherrlicht werden sollte, nahm er beim Mahl das Brot und sagte Dank, brach das Brot, reichte es seinen Jüngern und sprach:

Nehmet und esset alle davon:
Das ist mein Leib,
der für euch hingegeben wird.

Ebenso nahm er den Kelch mit Wein, dankte wiederum, reichte den Kelch seinen Jüngern und sprach:

Nehmet und trinket alle daraus:
Das ist der Kelch
des neuen und ewigen Bundes,
mein Blut, das für euch
und für alle vergossen wird
zur Vergebung der Sünden.
Tut dies zu meinem Gedächtnis.

Priester:

Geheimnis des Glaubens.

Zuruf der Gemeinde

Deinen Tod, o Herr, verkünden wir,
und deine Auferstehung preisen wir,
bis du kommst in Herrlichkeit.

Oder:

Mystérium fídei.

Mortem tuam annuntiámus, Dómine,
et tuam resurrectiónem confitémur,
donec vénias.

Gedächtnis – Darbringung – Bitte

Darum, gütiger Vater, feiern wir das Gedächtnis unserer Erlösung. Wir verkünden den Tod deines Sohnes und sein Hinabsteigen zu den Vätern, bekennen seine Auferstehung und Himmelfahrt und erwarten sein Kommen in Herrlichkeit. So bringen wir dir seinen Leib und sein Blut dar, das Opfer, das dir wohlgefällt und der ganzen Welt Heil bringt.

Sieh her auf die Opfergabe, die du selber deiner Kirche bereitet hast, und gib, daß alle, die Anteil erhalten an dem einen Brot und dem einen Kelch, ein Leib werden im Heiligen Geist, eine lebendige Opfergabe in Christus zum Lob deiner Herrlichkeit.

Fürbitten für die Kirche und ihre Hirten,
für die anwesende Gemeinde und für alle

Herr, gedenke aller, für deren Heil wir das Opfer darbringen. Wir bitten dich für unseren Papst N., unseren Bischof N. und die Gemeinschaft der Bischöfe, für unsere Priester und Diakone und für alle, die zum Dienst in der Kirche bestellt sind, für alle, die ihre Gaben spenden, für die hier versammelte Gemeinde, für dein ganzes Volk und für alle Menschen, die mit lauterem Herzen dich suchen.

Für die Verstorbenen

Wir empfehlen dir auch jene, die im Frieden Christi heimgegangen sind, und alle Verstorbenen, um deren Glauben niemand weiß als du. Gütiger Vater, gedenke, daß wir deine Kinder sind, und schenke uns allen das Erbe des Himmels in Gemeinschaft mit der seligen Jungfrau und Gottesmutter Maria, mit deinen Aposteln und mit allen Heiligen. Und wenn die ganze Schöpfung von der Verderbnis der Sünde und des Todes befreit ist, laß uns zusammen mit ihr dich verherrlichen in deinem Reich durch unseren Herrn Jesus Christus. Denn durch ihn schenkst du der Welt alle guten Gaben.

Abschließender Lobpreis

Durch ihn und mit ihm und in ihm
ist dir, Gott, allmächtiger Vater,
in der Einheit des Heiligen Geistes
alle Herrlichkeit und Ehre
jetzt und in Ewigkeit.
Alle: Amen.

KOMMUNION

GEBET DES HERRN

Dem Wort unseres Herrn und Erlösers gehorsam und getreu seiner göttlichen Weisung wagen wir zu sprechen:

Oder:
Lasset uns beten, wie der Herr uns zu beten gelehrt hat:

Oder:
Wir heißen Kinder Gottes und sind es. Darum beten wir voll Vertrauen:

Oder:
Wir haben den Geist empfangen, der uns zu Kindern Gottes macht. Darum wagen wir zu sprechen:

Oder eine andere geeignete Einladung. Diese kann auch der Zeit des Kirchenjahres angepaßt werden.

A.: Vater unser im Himmel,
Geheiligt werde dein Name.
Dein Reich komme.
Dein Wille geschehe, wie im Himmel so auf Erden.
Unser tägliches Brot gib uns heute.
Und vergib uns unsere Schuld,
wie auch wir vergeben unsern Schuldigern.
Und führe uns nicht in Versuchung,
sondern erlöse uns von dem Bösen.

Oder:
Pater noster, qui es in cælis:
sanctificétur nomen tuum;
advéniat regnum tuum;
fiat volúntas tua, sicut in cælo, et in terra.
Panem nostrum cotidiánum da nobis hódie;
et dimítte nobis débita nostra,
sicut et nos dimíttimus debitóribus nostris;
et ne nos indúcas in tentatiónem;
sed líbera nos a malo.

Pr.: Erlöse uns, Herr, allmächtiger Vater, von allem Bösen und gib Frieden in unseren Tagen. Komm uns zu Hilfe mit deinem Erbarmen und bewahre uns vor Verwirrung und Sünde, damit wir voll Zuversicht das Kommen unseres Erlösers Jesus Christus erwarten.

A.: Denn dein ist das Reich und die Kraft
und die Herrlichkeit in Ewigkeit. Amen.

Oder:
Quia tuum est regnum, et potéstas,
et glória in sǽcula.

FRIEDENSGEBET

Der Priester lädt nun mit folgenden oder ähnlichen Worten zum Friedensgebet ein:

Der Herr hat zu seinen Aposteln gesagt:
Frieden hinterlasse ich euch,
meinen Frieden gebe ich euch.
Deshalb bitten wir:
Herr Jesus Christus, schau nicht auf unsere Sünden,
sondern auf den Glauben deiner Kirche
und schenke ihr nach deinem Willen
Einheit und Frieden.

Gebetseinladung und Christusanrede können der Zeit des Kirchenjahres oder dem Anlaß angepaßt werden. Etwa:

In der Weihnachtszeit:

Als Christus geboren wurde,
verkündeten Engel den Frieden auf Erden.
Deshalb bitten wir:
Herr Jesus Christus, starker Gott, Friedensfürst,*

In der Fastenzeit:

Christus ist unser Friede und unsere Versöhnung.
Deshalb bitten wir:
Herr Jesus Christus,*

* schau nicht auf unsere Sünden,
sondern auf den Glauben deiner Kirche
und schenke ihr nach deinem Willen
Einheit und Frieden.

In der Osterzeit:

Am Ostertag trat Jesus in die Mitte seiner Jünger
und sprach den Friedensgruß.
Deshalb bitten wir:
Herr Jesus Christus, du Sieger über Sünde und Tod,*

An Pfingsten:

Unser Herr Jesus Christus hat den Heiligen Geist gesandt,
damit er die Kirche aus allen Völkern
in Einheit und Liebe zusammenfüge.
Deshalb bitten wir:
Herr Jesus Christus, *

* schau nicht auf unsere Sünden,
sondern auf den Glauben deiner Kirche
und schenke ihr nach deinem Willen
Einheit und Frieden.

Der Gemeinde zugewandt, breitet der Priester die Hände aus und singt oder spricht:

Der Friede des Herrn sei allezeit mit euch.

Die Gemeinde antwortet:

Und mit deinem Geiste.

(Priester oder Diakon:

Gebt einander ein Zeichen des Friedens und der Versöhnung.)

BRECHUNG DES BROTES

Der Priester bricht die Hostie in mehrere Teile zum Zeichen, daß alle an dem einen Leib Christi teilhaben. Ein kleines Fragment der Hostie senkt er in den Kelch. Dabei spricht er leise:

Das Sakrament des Leibes und Blutes Christi
schenke uns ewiges Leben.

Inzwischen wird der Gesang zur Brotbrechung (Agnus Dei) gesungen bzw. gesprochen:

Lamm Gottes,
du nimmst hinweg die Sünde der Welt:
erbarme dich unser.

Lamm Gottes,
du nimmst hinweg die Sünde der Welt:
erbarme dich unser.

Lamm Gottes,
du nimmst hinweg die Sünde der Welt:
gib uns deinen Frieden.

Oder:

Agnus Dei,
qui tollis peccáta mundi:
miserére nobis.

Agnus Dei,
qui tollis peccáta mundi:
miserére nobis.

Agnus Dei,
qui tollis peccáta mundi:
dona nobis pacem.

Es kann auch ein Agnus-Dei-Lied gesungen werden.

STILLES GEBET VOR DER KOMMUNION

Der Priester spricht leise:

Herr Jesus Christus, Sohn des lebendigen Gottes,
dem Willen des Vaters gehorsam,
hast du im Heiligen Geist durch deinen Tod
der Welt das Leben geschenkt.
Erlöse mich durch deinen Leib und dein Blut
von allen Sünden und allem Bösen.
Hilf mir, daß ich deine Gebote treu erfülle,
und laß nicht zu,
daß ich jemals von dir getrennt werde.

Oder:

Herr Jesus Christus,
der Empfang deines Leibes und Blutes
bringe mir nicht Gericht und Verdammnis,
sondern Segen und Heil.

EINLADUNG ZUR KOMMUNION

Der Priester hält ein Stück der Hostie über der Schale und spricht, zur Gemeinde gewandt, laut:

Seht das Lamm Gottes, das hinwegnimmt die Sünde der Welt.

Gemeinsam mit der Gemeinde spricht er einmal:

Herr, ich bin nicht würdig, daß du eingehst unter mein Dach, aber sprich nur ein Wort, so wird meine Seele gesund.

Der Priester kann hinzufügen:

Selig, die zum Hochzeitsmahl des Lammes geladen sind.

Oder:

Kostet und seht, wie gut der Herr ist.

Oder:

Wer von diesem Brot ißt, wird in Ewigkeit leben.

Oder einen Kommunionvers aus dem Meßbuch.

KOMMUNIONSPENDUNG

Kommunion des Priesters:

Der Leib Christi schenke mir das ewige Leben.
Das Blut Christi schenke mir das ewige Leben.

Kommunion der Gläubigen
Der Priester zeigt dem, der die Kommunion empfängt, die Hostie, indem er sagt:

Der Leib Christi.

Der Kommunikant antwortet:

Amen.

Wird die Kommunion unter beiden Gestalten gereicht, so sagt der Kommunionspender beim Reichen des Kelches:

Das Blut Christi.

Der Kommunikant antwortet:

Amen.

KOMMUNIONVERS

Während oder nach der Kommunion: Kommunionvers oder ein entsprechendes Lied.

Nach der Kommunionausteilung betet der Priester still:

Was wir mit dem Munde empfangen haben, Herr, das laß uns mit reinem Herzen aufnehmen, und diese zeitliche Speise werde uns zur Arznei der Unsterblichkeit.

BESINNUNG UND DANK

Nach der Kommunionausteilung kann der Priester an seinen Sitz zurückkehren. Auch kann man einige Zeit in stillem Gebet verweilen. Es empfiehlt sich, einen Dankpsalm oder ein Loblied zu singen.

SCHLUSSGEBET

Der Priester singt oder spricht das Schlußgebet.
Die Gemeinde beschließt das Gebet mit dem Ruf:

Amen.

ENTLASSUNG

Wenn noch kurze Verlautbarungen für die Gemeinde zu machen sind, werden sie hier eingefügt. Darauf folgt die Entlassung:

Pr.: Der Herr sei mit euch.
A.: Und mit deinem Geiste.
Pr.: Es segne euch der allmächtige Gott,
der Vater und der Sohn + und der Heilige Geist.
A.: Amen.

Oder:

Pr.: Dóminus vobíscum.
A.: Et cum spíritu tuo.
Pr.: Benedícat vos omnípotens Deus,
Pater, et Fílius, + et Spíritus Sanctus.
A.: Amen.

Statt des einfachen Segens kann der Priester eine feierliche Segensformel oder das Gebet über die Gläubigen sprechen.

Dann singt oder spricht der Diakon (oder der Priester selbst):

Gehet hin in Frieden.

Die Gemeinde:

Dank sei Gott, dem Herrn.

In der Osterwoche bis zum Weißen Sonntag:

Gehet hin in Frieden. Halleluja, halleluja.
Dank sei Gott, dem Herrn. Halleluja, halleluja.

Das doppelte Halleluja kann in der ganzen Osterzeit hinzugefügt werden.

Folgt unmittelbar auf die Meßfeier eine andere liturgische Feier, so endet die Meßfeier mit dem Schlußgebet, ohne den Schlußsegen und die Entlassung.

PRÄFATIONEN

Präfation vom Advent I

Das zweimalige Kommen Christi

In Wahrheit ist es würdig und recht, dir, allmächtiger Vater, zu danken durch unseren Herrn Jesus Christus. Denn in seinem ersten Kommen hat er sich entäußert und ist Mensch geworden. So hat er die alte Verheißung erfüllt und den Weg des Heiles erschlossen. Wenn er wiederkommt im Glanz seiner Herrlichkeit, werden wir sichtbar empfangen, was wir jetzt mit wachem Herzen gläubig erwarten. Darum preisen wir dich mit allen Engeln und Heiligen und singen vereint mit ihnen das Lob deiner Herrlichkeit: Heilig . . .

Präfation vom Advent II

Das Warten auf den Herrn einst und heute

In Wahrheit ist es würdig und recht, dir, Herr, heiliger Vater, allmächtiger, ewiger Gott, immer und überall zu danken durch unseren Herrn Jesus Christus. Von ihm redet die Botschaft aller Propheten, die jungfräuliche Mutter trug ihn voll Liebe in ihrem Schoß, seine Ankunft verkündete Johannes der Täufer und zeigte auf ihn, der unerkannt mitten unter den Menschen war. Er schenkt uns in diesen Tagen die Freude, uns für das Fest seiner Geburt zu bereiten, damit wir ihn wachend und betend erwarten und bei seinem Kommen mit Liedern des Lobes empfangen. Darum singen wir mit den Engeln und Erzengeln, den Thronen und Mächten und mit all den Scharen des himmlischen Heeres den Hochgesang von deiner göttlichen Herrlichkeit: Heilig . . .

Weitere Präfationen für die Adventszeit
(für den deutschen Sprachraum)

Präfation vom Advent III

Die Geschenke des kommenden Herrn

Wir danken dir, Vater im Himmel, und rühmen dich durch unseren Herrn Jesus Christus. Ihn hast du der verlorenen Menschheit als Erlöser verheißen. Seine Wahrheit leuchtet den Suchenden, seine Kraft stärkt die Schwachen, seine Heiligkeit bringt den Sündern Vergebung. Denn er ist der Heiland der Welt, den du gesandt hast, weil du getreu bist. Darum preisen wir dich mit den Kerubim und Serafim und singen mit allen Chören der Engel das Lob deiner Herrlichkeit: Heilig . . .

Präfation vom Advent IV

Adams Sünde und Christi Gnade

In Wahrheit ist es würdig und recht, dir, Herr, heiliger Vater, allmächtiger, ewiger Gott, immer und überall zu danken und dein Erbarmen zu preisen. Denn was durch Adams Sünde verlorenging, bringt uns Christus zurück, unser Retter und Heiland. Was du durch sein erstes Kommen begonnen hast, wirst du bei seiner Wiederkunft an uns vollenden. Darum dienen dir alle Geschöpfe, ehren dich die Erlösten, rühmt dich die Schar deiner Heiligen. Auch wir preisen dich mit den Chören der Engel und singen vereint mit ihnen das Lob deiner Herrlichkeit: Heilig . . .

Präfation vom Advent V

Der Herr ist nahe

In Wahrheit ist es würdig und recht, dir, Vater im Himmel, zu danken und dein Erbarmen zu preisen. Denn schon leuchtet auf der Tag der Erlösung, und nahe ist die Zeit unsres Heiles, da der Retter kommt, unser Herr Jesus Christus. Durch ihn rühmen wir das Werk deiner Liebe und vereinen uns mit den Chören der Engel zum Hochgesang von deiner göttlichen Herrlichkeit: Heilig . . .

Präfation von Weihnachten I

Christus, das Licht

In Wahrheit ist es würdig und recht, dir, Herr, heiliger Vater, allmächtiger, ewiger Gott, immer und überall zu danken. Denn Fleisch geworden ist das Wort, und in diesem Geheimnis erstrahlt dem Auge unseres Geistes das neue Licht deiner Herrlichkeit. In der sichtbaren Gestalt des Erlösers läßt du uns den unsichtbaren Gott erkennen, um in uns die Liebe zu entflammen zu dem, was kein Auge geschaut hat. Darum singen wir mit den Engeln und Erzengeln, den Thronen und Mächten und mit all den Scharen des himmlischen Heeres den Hochgesang von deiner göttlichen Herrlichkeit: Heilig ...

Präfation von Weihnachten II

Die Erneuerung der Welt durch den menschgewordenen Sohn Gottes

In Wahrheit ist es würdig und recht, dir, Vater im Himmel, zu danken durch unseren Herrn Jesus Christus. Denn groß ist das Geheimnis seiner Geburt, heute ist er, der unsichtbare Gott, sichtbar als Mensch erschienen. Vor aller Zeit aus dir geboren, hat er sich den Gesetzen der Zeit unterworfen. In ihm ist alles neu geschaffen. Er heilt die Wunden der ganzen Schöpfung, richtet auf, was darniederliegt, und ruft den verlorenen Menschen ins Reich deines Friedens. Darum rühmen dich Himmel und Erde, Engel und Menschen und singen das Lob deiner Herrlichkeit: Heilig ...

Präfation von Weihnachten III

Der wunderbare Tausch

In Wahrheit ist es würdig und recht, dir, allmächtiger Vater, zu danken und dein Erbarmen zu rühmen durch unseren Herrn Jesus Christus. Durch ihn schaffst du den Menschen neu und schenkst ihm ewige Ehre. Denn einen wunderbaren Tausch hast du vollzogen: dein göttliches Wort wurde ein sterblicher Mensch, und wir sterbliche Menschen empfangen in Christus dein göttliches Leben. Darum preisen wir dich mit allen Chören der Engel und singen vereint mit ihnen das Lob deiner Herrlichkeit: Heilig . . .

Präfation von Erscheinung des Herrn

Christus als Licht der Völker

In Wahrheit ist es würdig und recht, dir, Herr, heiliger Vater, allmächtiger, ewiger Gott, immer und überall zu danken. Denn heute enthüllst du das Geheimnis unseres Heiles, heute offenbarst du das Licht der Völker, deinen Sohn Jesus Christus. Er ist als sterblicher Mensch auf Erden erschienen und hat uns neu geschaffen im Glanz seines göttlichen Lebens. Darum singen wir mit den Engeln und Erzengeln, den Thronen und Mächten und mit all den Scharen des himmlischen Heeres den Hochgesang von deiner göttlichen Herrlichkeit: Heilig . . .

Präfation am Fest der Taufe Jesu

Die Offenbarung des Geheimnisses Jesu am Jordan

In Wahrheit ist es würdig und recht, dir, allmächtiger Vater, zu danken und deine Größe zu preisen. Denn bei der Taufe im Jordan offenbarst du das Geheimnis deines Sohnes durch wunderbare Zeichen: Die Stimme vom Himmel verkündet ihn als deinen geliebten Sohn, der auf Erden erschienen ist, als dein ewiges Wort, das unter uns Menschen wohnt. Der Geist schwebt über ihm in Gestalt einer Taube und bezeugt ihn als deinen Knecht, den du gesalbt hast, den Armen die Botschaft der Freude zu bringen. Darum singen wir mit den Engeln und Erzengeln, den Thronen und Mächten und mit all den Scharen des himmlischen Heeres den Hochgesang von deiner göttlichen Herrlichkeit: Heilig . . .

Präfation vom 1. Fastensonntag

Jesu Fasten und unsere Buße

In Wahrheit ist es würdig und recht, dir, Herr, heiliger Vater, allmächtiger, ewiger Gott, immer und überall zu danken durch unseren Herrn Jesus Christus. Denn er hat in der Wüste vierzig Tage gefastet und durch sein Beispiel diese Zeit der Buße geheiligt. Er macht die teuflische List des Versuchers zunichte und läßt uns die Bosheit des Feindes durchschauen. Er gibt uns die Kraft, den alten Sauerteig zu entfernen, damit wir Ostern halten mit lauterem Herzen und zum ewigen Ostern gelangen. Darum preisen wir dich mit den Kerubim und Serafim und singen mit allen Chören der Engel das Lob deiner Herrlichkeit: Heilig ...

Präfation vom 2. Fastensonntag

Die Botschaft vom Berg der Verklärung

In Wahrheit ist es würdig und recht, dir, Vater im Himmel, zu danken durch unseren Herrn Jesus Christus. Denn er hat den Jüngern seinen Tod vorausgesagt und ihnen auf dem heiligen Berg seine Herrlichkeit kundgetan. In seiner Verklärung erkennen wir, was Gesetz und Propheten bezeugen: daß wir durch das Leiden mit Christus zur Auferstehung gelangen. Durch ihn rühmen wir deine Größe und singen mit den Chören der Engel das Lob deiner Herrlichkeit: Heilig . . .

Präfation vom 3. Fastensonntag

Jesus hat Verlangen nach unserem Glauben

In Wahrheit ist es würdig und recht, dir, Herr, heiliger Vater, allmächtiger, ewiger Gott, immer und überall zu danken durch unseren Herrn Jesus Christus. Er hatte der Samariterin schon die Gnade des Glaubens geschenkt, als er sie bat, ihm einen Trunk Wasser zu reichen. Nach ihrem Glauben dürstete ihn mehr als nach dem Wasser, denn er wollte im gläubigen Herzen das Feuer der göttlichen Liebe entzünden. Darum preisen dich deine Erlösten und vereinen sich mit den Chören der Engel zum Hochgesang von deiner göttlichen Herrlichkeit: Heilig . . .

Präfation vom 4. Fastensonntag

Die Erleuchtung des Menschen durch Christus

In Wahrheit ist es würdig und recht, dir, Herr, heiliger Vater, allmächtiger, ewiger Gott, immer und überall zu danken durch unseren Herrn Jesus Christus. Denn durch seine Menschwerdung hat er das Menschengeschlecht aus der Finsternis zum Licht des Glaubens geführt. Wir sind als Knechte der Sünde geboren, er aber macht uns zu deinen Kindern durch die neue Geburt aus dem Wasser der Taufe. Darum preisen wir jetzt und in Ewigkeit dein Erbarmen und singen mit den Chören der Engel das Lob deiner Herrlichkeit: Heilig . . .

Präfation vom 5. Fastensonntag

Jesu Erbarmen mit Lazarus und mit uns

In Wahrheit ist es würdig und recht, dir, Herr, heiliger Vater, allmächtiger, ewiger Gott, immer und überall zu danken durch unseren Herrn Jesus Christus. Da er Mensch ist wie wir, weinte er über den Tod seines Freundes, da er Gott ist von Ewigkeit, rief er Lazarus aus dem Grabe. Er hat Erbarmen mit uns Menschen und führt uns zum neuen Leben durch die österlichen Sakramente. Durch ihn preisen wir das Werk deiner Liebe und vereinen uns mit den Chören der Engel zum Hochgesang von deiner göttlichen Herrlichkeit: Heilig . . .

Präfation für die Fastenzeit I

Der geistliche Sinn der Fastenzeit

In Wahrheit ist es würdig und recht, dir, Vater im Himmel, zu danken und dein Erbarmen zu preisen. Denn jedes Jahr schenkst du deinen Gläubigen die Gnade, das Osterfest in der Freude des Heiligen Geistes zu erwarten. Du mahnst uns in dieser Zeit der Buße zum Gebet und zu Werken der Liebe, du rufst uns zur Feier der Geheimnisse, die in uns die Gnade der Kindschaft erneuern. So führst du uns mit geläutertem Herzen zur österlichen Freude und zur Fülle des Lebens durch unseren Herrn Jesus Christus. Durch ihn rühmen wir deine Größe und vereinen uns mit den Chören der Engel zum Hochgesang von deiner göttlichen Herrlichkeit: Heilig ...

Präfation für die Fastenzeit II

Innere Erneuerung durch Buße

Wir danken dir, Vater im Himmel, und rühmen deinen heiligen Namen. Denn jetzt ist die Zeit der Gnade, jetzt sind die Tage des Heiles. Du hilfst uns, das Böse zu überwinden, du schenkst uns von neuem die Reinheit des Herzens. Du gibst deinen Kindern die Kraft, in dieser vergänglichen Welt das unvergängliche Heil zu wirken durch unseren Herrn Jesus Christus. Durch ihn preisen wir dich in deiner Kirche und vereinen uns mit den Engeln und Heiligen zum Hochgesang von deiner göttlichen Herrlichkeit: Heilig ...

Präfation für die Fastenzeit III

Die Früchte der Entsagung

In Wahrheit ist es würdig und recht, dir, allmächtiger Vater, zu danken und dich in dieser Zeit der Buße durch Entsagung zu ehren. Die Entsagung mindert in uns die Selbstsucht und öffnet unser Herz für die Armen. Denn deine Barmherzigkeit drängt uns, das Brot mit ihnen zu teilen in der Liebe deines Sohnes, unseres Herrn Jesus Christus. Durch ihn preisen wir deine Größe und singen mit den Chören der Engel das Lob deiner Herrlichkeit: Heilig . . .

Präfation für die Fastenzeit IV

Das Fasten als Sieg

In Wahrheit ist es würdig und recht, dir, Herr, heiliger Vater, allmächtiger, ewiger Gott, immer und überall zu danken. Durch das Fasten des Leibes hältst du die Sünde nieder, erhebst du den Geist, gibst du uns die Kraft und den Sieg durch unseren Herrn Jesus Christus. Durch ihn preisen wir dein Erbarmen und singen mit den Chören der Engel das Lob deiner Herrlichkeit: Heilig . . .

Präfation vom Palmsonntag

Der Unschuldige leidet für die Sünder

In Wahrheit ist es würdig und recht, dir, allmächtiger Vater, zu danken und das Werk deiner Liebe zu rühmen durch unseren Herrn Jesus Christus. Er war ohne Sünde und hat für die Sünder gelitten. Er war ohne Schuld und hat sich ungerechtem Urteil unterworfen. Sein Tod hat unsere Vergehen getilgt, seine Auferstehung uns Gnade und Leben erworben. Darum preisen wir jetzt und in Ewigkeit dein Erbarmen und singen mit den Chören der Engel das Lob deiner Herrlichkeit: Heilig . . .

Präfation vom Gründonnerstag

(Chrisam-Messe)
Das Priestertum des Neuen Bundes

In Wahrheit ist es würdig und recht, dir, Herr, heiliger Vater, allmächtiger, ewiger Gott, immer und überall zu danken. Du hast deinen eingeborenen Sohn gesalbt mit dem Heiligen Geist und ihn bestellt zum Hohenpriester des Neuen und Ewigen Bundes; du hast bestimmt, daß dieses eine Priestertum fortlebe in deiner Kirche. Denn Christus hat dein ganzes Volk ausgezeichnet mit der Würde seines königlichen Priestertums, aus ihm hat er in brüderlicher Liebe Menschen erwählt, die durch Auflegung der Hände teilhaben an seinem priesterlichen Dienste. In seinem Namen feiern sie immer neu das Opfer, durch das er die Menschen erlöst hat, und bereiten deinen Kindern das Ostermahl. Sie dienen deinem Volke in Werken der Liebe, sie nähren es durch das Wort und stärken es durch die Sakramente. Ihr Leben sollen sie einsetzen für dich und das Heil der Menschen, dem Vorbild Christi folgen und dir ihre Liebe und ihren Glauben in Treue bezeugen. Darum preisen wir dich mit allen Chören der Engel und singen vereint mit ihnen das Lob deiner Herrlichkeit: Heilig . . .

Präfation vom Leiden Christi I

Die Macht des gekreuzigten Herrn

In Wahrheit ist es würdig und recht, dir, allmächtiger Vater, zu danken und das Werk deiner Gnade zu rühmen. Denn das Leiden deines Sohnes wurde zum Heil für die Welt. Seine Erlösungstat bewegt uns, deine Größe zu preisen. Im Kreuz enthüllt sich dein Gericht, im Kreuz erstrahlt die Macht des Retters, der sich für uns dahingab, unseres Herrn Jesus Christus. Durch ihn loben dich deine Erlösten und vereinen sich mit den Chören der Engel zum Hochgesang von deiner göttlichen Herrlichkeit: Heilig ...

Präfation vom Leiden Christi II

Der Sieg Christi in seinem Leiden

In Wahrheit ist es würdig und recht, dir, allmächtiger Vater, zu danken und das Werk deines Erbarmens zu rühmen durch unseren Herrn Jesus Christus. Denn wiederum kommen die Tage, die seinem heilbringenden Leiden und seiner glorreichen Auferstehung geweiht sind. Es kommt der Tag des Triumphes über den alten Feind, es naht das Fest der Erlösung. Darum preisen wir dich mit allen Chören der Engel und singen vereint mit ihnen das Lob deiner Herrlichkeit: Heilig ...

Präfation für die Osterzeit I

Das wahre Osterlamm

In Wahrheit ist es würdig und recht, dir, Vater, immer und überall zu danken, diese Nacht (diesen Tag, diese Tage) aber aufs höchste zu feiern, da unser Osterlamm geopfert ist, Jesus Christus. Denn er ist das wahre Lamm, das die Sünde der Welt hinwegnimmt. Durch seinen Tod hat er unseren Tod vernichtet und durch seine Auferstehung das Leben neu geschaffen. Darum jubelt in dieser Nacht (heute) der ganze Erdkreis in österlicher Freude, darum preisen dich die himmlischen Mächte und die Chöre der Engel und singen das Lob deiner Herrlichkeit: Heilig ...

Präfation für die Osterzeit II

Das neue Leben in Christus

Wir danken dir, Vater im Himmel, und rühmen dich durch unseren Herrn Jesus Christus. Durch ihn erstehen die Kinder des Lichtes zum ewigen Leben, durch ihn wird den Gläubigen das Tor des himmlischen Reiches geöffnet. Denn unser Tod ist durch seinen Tod überwunden, in seiner Auferstehung ist das Leben für alle erstanden. Durch ihn preisen wir dich in österlicher Freude und singen mit den Chören der Engel das Lob deiner Herrlichkeit: Heilig ...

Präfation für die Osterzeit III

Christus lebt und tritt beim Vater für uns ein

In Wahrheit ist es würdig und recht, dir, Vater, in diesen Tagen freudig zu danken, da unser Osterlamm geopfert ist, Jesus Christus. Er bringt sich dir allzeit für uns dar und steht vor dir als unser Anwalt. Denn einmal geopfert, stirbt er nicht wieder, sondern lebt auf ewig als das Lamm, das geschlachtet ist. Durch ihn preisen wir dich in österlicher Freude und singen mit den Chören der Engel das Lob deiner Herrlichkeit: Heilig ...

Präfation für die Osterzeit IV

Die Erneuerung der ganzen Schöpfung durch das Ostergeheimnis

In Wahrheit ist es würdig und recht, dir, Vater, in diesen Tagen freudig zu danken, da unser Osterlamm geopfert ist, Jesus Christus. Das Alte ist vergangen, die gefallene Welt erlöst, das Leben in Christus erneuert. Darum preisen wir dich in österlicher Freude und singen mit den Chören der Engel das Lob deiner Herrlichkeit: Heilig ...

Präfation für die Osterzeit V

Christus als Priester und Opferlamm

In Wahrheit ist es würdig und recht, dir, Vater, in diesen Tagen freudig zu danken, da unser Osterlamm geopfert ist, Jesus Christus. Als er seinen Leib am Kreuz dahingab, hat er die Opfer der Vorzeit vollendet. Er hat sich dir dargebracht zu unserem Heil, er selbst ist der Priester, der Altar und das Opferlamm. Durch ihn preisen wir dich in österlicher Freude und singen mit den Chören der Engel das Lob deiner Herrlichkeit: Heilig . . .

Präfation von Christi Himmelfahrt I

Das Geheimnis der Himmelfahrt

In Wahrheit ist es würdig und recht, dir, allmächtiger Vater, zu danken durch unseren Herrn Jesus Christus, den König der Herrlichkeit. Denn er ist (heute) als Sieger über Sünde und Tod aufgefahren in den Himmel. Die Engel schauen den Mittler zwischen Gott und den Menschen, den Richter der Welt, den Herrn der ganzen Schöpfung. Er kehrt zu dir heim, nicht um uns Menschen zu verlassen, er gibt den Gliedern seines Leibes die Hoffnung, ihm dorthin zu folgen, wohin er als erster vorausging.

Am Fest:
Darum jubelt heute der ganze Erdkreis in österlicher Freude, darum preisen dich die himmlischen Mächte und die Chöre der Engel und singen das Lob deiner Herrlichkeit: Heilig . . .

An den Tagen bis Pfingsten:
Darum preisen wir dich in österlicher Freude und singen mit den Chören der Engel das Lob deiner Herrlichkeit: Heilig . . .

Präfation von Christi Himmelfahrt II

Erscheinung und Himmelfahrt des Auferstandenen

In Wahrheit ist es würdig und recht, dir, Herr, heiliger Vater, allmächtiger, ewiger Gott, immer und überall zu danken durch unseren Herrn Jesus Christus. Denn nach seiner Auferstehung ist er den Jüngern leibhaft erschienen; vor ihren Augen wurde er zum Himmel erhoben, damit er uns Anteil gebe an seinem göttlichen Leben.

Am Fest:
Darum jubelt heute der ganze Erdkreis in österlicher Freude, darum preisen dich die himmlischen Mächte und die Chöre der Engel und singen das Lob deiner Herrlichkeit: Heilig ...

An den Tagen bis Pfingsten:
Darum preisen wir dich in österlicher Freude und singen mit den Chören der Engel das Lob deiner Herrlichkeit: Heilig ...

Präfation von Pfingsten

Die Vollendung des Ostergeschehens am Pfingsttag

In Wahrheit ist es würdig und recht, dir, Herr, heiliger Vater, immer und überall zu danken und diesen Tag in festlicher Freude zu feiern. Denn heute hast du das österliche Heilswerk vollendet, heute hast du den Heiligen Geist gesandt über alle, die du mit Christus auferweckt und zu deinen Kindern berufen hast. Am Pfingsttag erfüllst du deine Kirche mit Leben: Dein Geist schenkt allen Völkern die Erkenntnis des lebendigen Gottes und vereint die vielen Sprachen im Bekenntnis des einen Glaubens. Darum preisen dich alle Völker auf dem Erdenrund in österlicher Freude. Darum rühmen dich die himmlischen Kräfte und die Mächte der Engel und singen das Lob deiner Herrlichkeit: Heilig ...

Präfation vom Heiligen Geist I

Der Heilige Geist als Geschenk des erhöhten Christus

In Wahrheit ist es würdig und recht, dir, Herr, heiliger Vater, allmächtiger, ewiger Gott, immer und überall zu danken durch unseren Herrn Jesus Christus. Denn er hat das Werk der Erlösung vollbracht, er ist aufgefahren über alle Himmel und thront zu deiner Rechten. Er hat den Heiligen Geist, wie er den Jüngern versprochen, ausgegossen über alle, die du zu deinen Kindern erwählt hast. Darum preisen wir jetzt und in Ewigkeit dein Erbarmen und singen mit den Chören der Engel das Lob deiner Herrlichkeit: Heilig ...

Präfation vom Heiligen Geist II

Durch den Heiligen Geist führt Gott die Kirche

In Wahrheit ist es würdig und recht, dir, Vater im Himmel, zu danken und dich mit der ganzen Schöpfung zu loben. Denn deine Vorsehung waltet über jeder Zeit; in deiner Weisheit und Allmacht führst du das Steuer der Kirche und stärkst sie durch die Kraft des Heiligen Geistes. In ihm kann sie allezeit auf deine Hilfe vertrauen, in Not und Bedrängnis zu dir rufen und in Tagen der Freude dir danken durch unseren Herrn Jesus Christus. Durch ihn preisen wir dein Erbarmen und singen mit den Chören der Engel das Lob deiner Herrlichkeit: Heilig ...

Präfation von der Heiligsten Dreifaltigkeit

Das Geheimnis des einen Gottes in drei Personen

In Wahrheit ist es würdig und recht, dir, Herr, heiliger Vater, allmächtiger, ewiger Gott, immer und überall zu danken. Mit deinem eingeborenen Sohn und dem Heiligen Geist bist du der eine Gott und der eine Herr, nicht in der Einzigkeit einer Person, sondern in den drei Personen des einen göttlichen Wesens. Was wir auf deine Offenbarung hin von deiner Herrlichkeit glauben, das bekennen wir ohne Unterschied von deinem Sohn, das bekennen wir vom Heiligen Geiste. So beten wir an im Lobpreis des wahren und ewigen Gottes die Sonderheit in den Personen, die Einheit im Wesen und die gleiche Fülle in der Herrlichkeit. Dich loben die Engel und Erzengel, die Kerubim und Serafim. Wie aus einem Mund preisen sie dich Tag um Tag und singen auf ewig das Lob deiner Herrlichkeit: Heilig ...

Präfation vom heiligsten Herzen Jesu

Das Herz des Erlösers und die Gläubigen

In Wahrheit ist es würdig und recht, dir, allmächtiger Vater, zu danken und dich mit der ganzen Schöpfung zu loben durch unseren Herrn Jesus Christus. Am Kreuz erhöht, hat er sich für uns dahingegeben aus unendlicher Liebe und alle an sich gezogen. Aus seiner geöffneten Seite strömen Blut und Wasser, aus seinem durchbohrten Herzen entspringen die Sakramente der Kirche. Das Herz des Erlösers steht offen für alle, damit sie freudig schöpfen aus den Quellen des Heiles. Durch ihn rühmen dich deine Erlösten und singen mit den Chören der Engel das Lob deiner Herrlichkeit: Heilig ...

Präfation vom Königtum Christi

Christus als Priester und König

In Wahrheit ist es würdig und recht, dir, Herr, heiliger Vater, immer und überall zu danken. Du hast deinen eingeborenen Sohn, unseren Herrn Jesus Christus, mit dem Öl der Freude gesalbt zum ewigen Priester und zum König der ganzen Schöpfung. Als makelloses Lamm und friedenstiftendes Opfer hat er sich dargebracht auf dem Altar des Kreuzes, um das Werk der Erlösung zu vollziehen. Wenn einst die ganze Schöpfung seiner Herrschaft unterworfen ist, wird er dir, seinem Vater, das ewige, alles umfassende Reich übergeben: das Reich der Wahrheit und des Lebens, das Reich der Heiligkeit und der Gnade, das Reich der Gerechtigkeit, der Liebe und des Friedens. Durch ihn rühmen dich Himmel und Erde, Engel und Menschen und singen das Lob deiner Herrlichkeit: Heilig . . .

Präfation für die Sonntage im Jahreskreis I

Ostergeheimnis und Gottesvolk

In Wahrheit ist es würdig und recht, dir, Herr, heiliger Vater, allmächtiger, ewiger Gott, immer und überall zu danken durch unseren Herrn Jesus Christus. Denn er hat Großes an uns getan: durch seinen Tod und seine Auferstehung hat er uns von der Sünde und von der Knechtschaft des Todes befreit und zur Herrlichkeit des neuen Lebens berufen. In ihm sind wir ein auserwähltes Geschlecht, dein heiliges Volk, dein königliches Priestertum. So verkünden wir die Werke deiner Macht, denn du hast uns aus der Finsternis in dein wunderbares Licht gerufen. Darum singen wir mit den Engeln und Erzengeln, den Thronen und Mächten und mit all den Scharen des himmlischen Heeres den Hochgesang von deiner göttlichen Herrlichkeit: Heilig . . .

Präfation für die Sonntage im Jahreskreis II

Das Heilsgeschehen in Christus

In Wahrheit ist es würdig und recht, dir, allmächtiger Vater, zu danken und das Werk deiner Gnade zu rühmen durch unseren Herrn Jesus Christus. Denn aus Erbarmen mit uns sündigen Menschen ist er Mensch geworden aus Maria, der Jungfrau. Durch sein Leiden am Kreuz hat er uns vom ewigen Tod befreit und durch seine Auferstehung uns das unvergängliche Leben erworben. Darum preisen dich deine Erlösten und singen mit den Chören der Engel das Lob deiner Herrlichkeit: Heilig . . .

Präfation für die Sonntage im Jahreskreis III

Die Rettung des Menschen durch den Menschen Jesus Christus

In Wahrheit ist es würdig und recht, dir, Herr, heiliger Vater, allmächtiger, ewiger Gott, immer und überall zu danken. Denn wir erkennen deine Herrlichkeit in dem, was du an uns getan hast: Du bist uns mit der Macht deiner Gottheit zu Hilfe gekommen und hast uns durch deinen menschgewordenen Sohn Rettung und Heil gebracht aus unserer menschlichen Sterblichkeit. So kam uns aus unserer Vergänglichkeit das unvergängliche Leben durch unseren Herrn Jesus Christus. Durch ihn preisen wir jetzt und in Ewigkeit dein Erbarmen und singen mit den Chören der Engel das Lob deiner Herrlichkeit: Heilig . . .

Präfation für die Sonntage im Jahreskreis IV

Das Heilsgeschehen in Christus

Wir danken dir, Vater im Himmel, und rühmen dich durch unseren Herrn Jesus Christus. Denn durch seine Geburt hat er den Menschen erneuert, durch sein Leiden unsere Sünden getilgt, in seiner Auferstehung den Weg zum Leben erschlossen und in seiner Auffahrt zu dir das Tor des Himmels geöffnet. Durch ihn rühmen dich deine Erlösten und singen mit den Chören der Engel das Lob deiner Herrlichkeit: Heilig . . .

Präfation für die Sonntage im Jahreskreis V

Das Ziel der Schöpfung

In Wahrheit ist es würdig und recht, dir, allmächtiger Vater, zu danken und dich mit der ganzen Schöpfung zu loben. Denn du hast die Welt mit all ihren Kräften ins Dasein gerufen und sie dem Wechsel der Zeit unterworfen. Den Menschen aber hast du auf dein Bild hin geschaffen und ihm das Werk deiner Allmacht übergeben. Du hast ihn bestimmt, über die Erde zu herrschen, dir, seinem Herrn und Schöpfer, zu dienen und das Lob deiner großen Taten zu verkünden durch unseren Herrn Jesus Christus. Darum singen wir mit den Engeln und Erzengeln, den Thronen und Mächten und mit all den Scharen des himmlischen Heeres den Hochgesang von deiner göttlichen Herrlichkeit: Heilig . . .

Präfation für die Sonntage im Jahreskreis VI

Der Heilige Geist, Anfang der ewigen Osterfreude

In Wahrheit ist es würdig und recht, dir, Vater im Himmel, zu danken und dich mit der ganzen Schöpfung zu loben. Denn in dir leben wir, in dir bewegen wir uns und sind wir. Jeden Tag erfahren wir aufs neue das Wirken deiner Güte. Schon in diesem Leben besitzen wir den Heiligen Geist, das Unterpfand ewiger Herrlichkeit. Durch ihn hast du Jesus auferweckt von den Toten und uns die sichere Hoffnung gegeben, daß sich an uns das österliche Geheimnis vollendet. Darum preisen wir dich mit allen Chören der Engel und singen vereint mit ihnen das Lob deiner Herrlichkeit: Heilig . . .

Präfation für die Sonntage im Jahreskreis VII

Der Gehorsam Christi und unsere Versöhnung mit Gott

In Wahrheit ist es würdig und recht, dir, Vater im Himmel, zu danken und deine Gnade zu rühmen. So sehr hast du die Welt geliebt, daß du deinen Sohn als Erlöser gesandt hast. Er ist uns Menschen gleichgeworden in allem, außer der Sünde, damit du in uns lieben kannst, was du in deinem eigenen Sohne geliebt hast. Durch den Ungehorsam der Sünde haben wir deinen Bund gebrochen, durch den Gehorsam deines Sohnes hast du ihn erneuert. Darum preisen wir das Werk deiner Liebe und vereinen uns mit den Chören der Engel zum Hochgesang von deiner göttlichen Herrlichkeit: Heilig . . .

Präfation für die Sonntage im Jahreskreis VIII

Einheit der Dreifaltigkeit und Einheit der Kirche

In Wahrheit ist es würdig und recht, dir, allmächtiger Vater, zu danken und dein Erbarmen zu rühmen. Die Sünde hatte die Menschen von dir getrennt, du aber hast sie zu dir zurückgeführt durch das Blut deines Sohnes und die Kraft deines Geistes. Wie du eins bist mit dem Sohn und dem Heiligen Geist, so ist deine Kirche geeint nach dem Bild des dreieinigen Gottes. Sie ist dein heiliges Volk, der Leib Christi und der Tempel des Heiligen Geistes zum Lob deiner Weisheit und Liebe. Darum preisen wir dich in deiner Kirche und vereinen uns mit den Engeln und Heiligen zum Hochgesang von deiner göttlichen Herrlichkeit: Heilig ...

FESTGEHEIMNISSE CHRISTI UND HEILIGENFESTE IM JAHRESKREIS

Präfation von der heiligen Eucharistie I

Die Eucharistie als Opfer Christi und Opfer der Kirche

In Wahrheit ist es würdig und recht, dir, Herr, heiliger Vater, allmächtiger, ewiger Gott, immer und überall zu danken durch unseren Herrn Jesus Christus. Als der wahre und ewige Hohepriester hat er die Feier eines immerwährenden Opfers gestiftet. Er hat sich selbst als Opfergabe dargebracht für das Heil der Welt und uns geboten, daß auch wir diese Gabe darbringen zu seinem Gedächtnis. Er stärkt uns, wenn wir seinen Leib empfangen, den er für uns geopfert hat. Er heiligt uns, wenn wir sein Blut trinken, das er für uns vergossen hat. Darum singen wir mit den Engeln und Erzengeln, den Thronen und Mächten und mit all den Scharen des himmlischen Heeres den Hochgesang von deiner göttlichen Herrlichkeit: Heilig ...

Präfation von der heiligen Eucharistie II

Abendmahl Christi und Eucharistiefeier der Gläubigen

In Wahrheit ist es würdig und recht, dir, Herr, heiliger Vater, allmächtiger, ewiger Gott, immer und überall zu danken durch unseren Herrn Jesus Christus. Denn er hat beim Letzten Abendmahl das Gedächtnis des Kreuzesopfers gestiftet zum Heil der Menschen bis ans Ende der Zeiten. Er hat sich dargebracht als Lamm ohne Makel, als Gabe, die dir gefällt, als Opfer des Lobes. Dieses erhabene Geheimnis heiligt und stärkt deine Gläubigen, damit der eine Glaube die Menschen der einen Erde erleuchte, die eine Liebe sie alle verbinde. So kommen wir zu deinem heiligen Tisch, empfangen von dir Gnade um Gnade und werden neu gestaltet nach dem Bild deines Sohnes. Durch ihn rühmen dich Himmel und Erde, Engel und Menschen und singen wie aus einem Munde das Lob deiner Herrlichkeit: Heilig ...

Präfation von der seligen Jungfrau Maria I

Maria, die Mutter des Erlösers

In Wahrheit ist es würdig und recht, dir, Herr, heiliger Vater, immer und überall zu danken und dich am Fest (Gedenktag) der seligen Jungfrau Maria zu preisen.

(*In Votivmessen:*
In Wahrheit ist es würdig und recht, dir, Herr, heiliger Vater, immer und überall zu danken, weil du Großes getan hast an der seligen Jungfrau Maria.)

Vom Heiligen Geist überschattet, hat sie deinen eingeborenen Sohn empfangen und im Glanz unversehrter Jungfräulichkeit der Welt das ewige Licht geboren, unseren Herrn Jesus Christus. Durch ihn loben die Engel deine Herrlichkeit, beten dich an die Mächte, erbeben die Gewalten. Die Himmel und die himmlischen Kräfte und die seligen Serafim feiern dich jubelnd im Chore. Mit ihrem Lobgesang laß auch unsere Stimmen sich vereinen und voll Ehrfurcht rufen: Heilig ...

Präfation von der seligen Jungfrau Maria II

Das Magnificat der Kirche

In Wahrheit ist es würdig und recht, dir, Vater, für die Erwählung der seligen Jungfrau Maria zu danken und mit ihr das Werk deiner Gnade zu rühmen. Du hast an der ganzen Schöpfung Großes getan und allen Menschen Barmherzigkeit erwiesen. Denn du hast geschaut auf die Niedrigkeit deiner Magd und durch sie der Welt den Heiland geschenkt, deinen Sohn, unseren Herrn Jesus Christus. Durch ihn preisen wir jetzt und in Ewigkeit dein Erbarmen und singen mit den Chören der Engel das Lob deiner Herrlichkeit: Heilig . . .

Präfation von den Engeln

Lob Gottes durch die Verehrung der Engel

In Wahrheit ist es würdig und recht, dir, allmächtiger Vater, zu danken und in der Herrlichkeit der Engel deine Macht und Größe zu preisen. Denn dir gereicht es zur Verherrlichung und zum Lob, wenn wir sie ehren, die du erschaffen hast. An ihrem Glanz und ihrer Würde erkennen wir, wie groß und über alle Geschöpfe erhaben du selber bist. Dich, den ewigen Gott, rühmen sie ohne Ende durch unseren Herrn Jesus Christus. Mit ihrem Lobgesang laß auch unsere Stimmen sich vereinen und voll Ehrfurcht rufen: Heilig . . .

Präfation vom heiligen Josef

Josef in der Heilsgeschichte

In Wahrheit ist es würdig und recht, dir, allmächtiger Vater, zu danken und am Fest (bei der Verehrung) des heiligen Josef die Wege deiner Weisheit zu rühmen. Denn ihm, dem Gerechten, hast du die jungfräuliche Gottesmutter anvertraut, ihn, deinen treuen und klugen Knecht, bestellt zum Haupt der Heiligen Familie. An Vaters Statt sollte er deinen eingeborenen Sohn beschützen, der durch die Überschattung des Heiligen Geistes empfangen war, unseren Herrn Jesus Christus. Durch ihn loben die Engel deine Herrlichkeit, beten dich an die Mächte, erbeben die Gewalten. Die Himmel und die himmlischen Kräfte und die seligen Serafim feiern dich jubelnd im Chore. Mit ihrem Lobgesang laß auch unsere Stimmen sich vereinen und voll Ehrfurcht rufen: Heilig . . .

Präfation von den Heiligen I

Die Glorie der Heiligen und die Gläubigen

In Wahrheit ist es würdig und recht, dir, Herr, heiliger Vater, allmächtiger, ewiger Gott, immer und überall zu danken. Die Schar der Heiligen verkündet deine Größe, denn in der Krönung ihrer Verdienste krönst du das Werk deiner Gnade. Du schenkst uns in ihrem Leben ein Vorbild, auf ihre Fürsprache gewährst du uns Hilfe und gibst uns in ihrer Gemeinschaft das verheißene Erbe. Ihr Zeugnis verleiht uns die Kraft, im Kampf gegen das Böse zu siegen und mit ihnen die Krone der Herrlichkeit zu empfangen durch unseren Herrn Jesus Christus. Darum preisen wir dich mit allen Engeln und Heiligen und singen vereint mit ihnen das Lob deiner Herrlichkeit: Heilig . . .

Präfation von den Heiligen II

Die Heiligen und wir

In Wahrheit ist es würdig und recht, dir, Vater im Himmel, zu danken und das Werk deiner Gnade zu preisen. Denn in den Heiligen schenkst du der Kirche leuchtende Zeichen deiner Liebe. Durch das Zeugnis ihres Glaubens verleihst du uns immer neu die Kraft, nach der Fülle des Heiles zu streben. Durch ihre Fürsprache und ihr heiliges Leben gibst du uns Hoffnung und Zuversicht. Darum rühmen dich Himmel und Erde, Engel und Menschen und singen wie aus einem Munde das Lob deiner Herrlichkeit: Heilig . . .

Präfation am Fest der Darstellung des Herrn

Christus kommt in seinen Tempel

In Wahrheit ist es würdig und recht, dir, Herr, heiliger Vater, allmächtiger, ewiger Gott, immer und überall zu danken. Denn heute hat die jungfräuliche Mutter deinen ewigen Sohn zum Tempel getragen; Simeon, vom Geist erleuchtet, preist ihn als Ruhm deines Volkes Israel, als Licht zur Erleuchtung der Heiden. Darum gehen auch wir dem Erlöser freudig entgegen und singen mit den Engeln und Heiligen das Lob deiner Herrlichkeit: Heilig . . .

Präfation am Fest der Verkündigung des Herrn

Maria empfängt das ewige Wort

In Wahrheit ist es würdig und recht, dir, Vater im Himmel, zu danken und das Werk deiner Liebe zu rühmen. Denn heute brachte der Engel Maria die Botschaft, und deine Magd nahm sie auf mit gläubigem Herzen. Durch die Kraft des Heiligen Geistes empfing die Jungfrau dein ewiges Wort, und das Wort wurde Mensch in ihrem Schoß, um unter uns Menschen zu wohnen. So hast du an Israel deine Verheißung erfüllt und den gesandt, den die Völker erwarten, deinen Sohn, unseren Herrn Jesus Christus. Durch ihn preisen wir dein Erbarmen und singen mit den Chören der Engel das Lob deiner Herrlichkeit: Heilig . . .

Präfation von Johannes dem Täufer

Johannes als Vorläufer Christi

In Wahrheit ist es würdig und recht, dir, allmächtiger Vater, zu danken und am Fest des heiligen Johannes das Werk deiner Gnade zu rühmen. Du hast ihn geehrt vor allen, die je eine Frau geboren hat, schon im Mutterschoß erfuhr er das kommende Heil, seine Geburt erfüllte viele mit Freude. Als einziger der Propheten schaute er den Erlöser und zeigte hin auf das Lamm, das die Sünde der Welt hinwegnimmt. Im Jordan taufte er Christus, der seiner Kirche die Taufe geschenkt hat, so wurde das Wasser zum heiligen Quell des ewigen Lebens. Bis an sein Ende gab Johannes Zeugnis für das Licht und besiegelte mit dem Blut seine Treue. Darum preisen wir dich mit allen Engeln und Heiligen und singen vereint mit ihnen das Lob deiner Herrlichkeit: Heilig . . .

Präfation von den Aposteln Petrus und Paulus

Die verschiedene Sendung der Apostel Petrus und Paulus

In Wahrheit ist es würdig und recht, dich, allmächtiger Vater, in deinen Heiligen zu preisen und am Fest der Apostel Petrus und Paulus das Werk deiner Gnade zu rühmen. Petrus hat als erster den Glauben an Christus bekannt und aus Israels heiligem Rest die erste Kirche gesammelt. Paulus empfing die Gnade tiefer Einsicht und die Berufung zum Lehrer der Heiden. Auf verschiedene Weise dienten beide Apostel der einen Kirche, gemeinsam empfingen sie die Krone des Lebens. Darum ehren wir beide in gemeinsamer Feier und vereinen uns mit allen Engeln und Heiligen zum Hochgesang von deiner göttlichen Herrlichkeit: Heilig . . .

Präfation am Fest der Verklärung Christi

Die Verklärung Christi als Verheißung

In Wahrheit ist es würdig und recht, dir, Herr, heiliger Vater, allmächtiger, ewiger Gott, immer und überall zu danken durch unseren Herrn Jesus Christus. Denn er enthüllte auf dem Berg der Verklärung seine verborgene Herrlichkeit, er ließ vor auserwählten Zeugen seinen sterblichen Leib im Lichtglanz erstrahlen und gab den Jüngern die Kraft, das Ärgernis des Kreuzes zu tragen. So schenkte er der ganzen Kirche die Hoffnung, vereint mit ihrem Haupt die ewige Verklärung zu empfangen. Darum preisen wir deine Größe und vereinen uns mit den Chören der Engel zum Hochgesang von deiner göttlichen Herrlichkeit: Heilig . . .

Präfation am Fest der Aufnahme Mariens in den Himmel

Die Herrlichkeit Marias und die Kirche

In Wahrheit ist es würdig und recht, dir, allmächtiger Vater, zu danken und das Werk deiner Gnade zu rühmen. Denn heute hast du die jungfräuliche Gottesmutter in den Himmel erhoben, als erste empfing sie von Christus die Herrlichkeit, die uns allen verheißen ist, und wurde zum Urbild der Kirche in ihrer ewigen Vollendung. Dem pilgernden Volk ist sie ein untrügliches Zeichen der Hoffnung und eine Quelle des Trostes. Denn ihr Leib, der den Urheber des Lebens geboren hat, sollte die Verwesung nicht schauen. Darum preisen wir jetzt und in Ewigkeit dein Erbarmen und singen mit den Chören der Engel das Lob deiner Herrlichkeit: Heilig ...

Präfation am Fest Kreuzerhöhung

Das Kreuz als Zeichen des Sieges

In Wahrheit ist es würdig und recht, dir, Herr, heiliger Vater, allmächtiger, ewiger Gott, immer und überall zu danken. Denn du hast das Heil der Welt auf das Holz des Kreuzes gegründet. Vom Baum des Paradieses kam der Tod, vom Baum des Kreuzes erstand das Leben. Der Feind, der am Holz gesiegt hat, wurde auch am Holze besiegt durch unseren Herrn Jesus Christus. Durch ihn loben die Engel deine Herrlichkeit, beten dich an die Mächte, erbeben die Gewalten. Die Himmel und die himmlischen Kräfte und die seligen Serafim feiern dich jubelnd im Chore. Mit ihrem Lobgesang laß auch unsere Stimmen sich vereinen und voll Ehrfurcht rufen: Heilig ...

Präfation am Hochfest Allerheiligen

Das himmlische Jerusalem, unsere Heimat

In Wahrheit ist es würdig und recht, dir, allmächtiger Vater, zu danken und dich mit der ganzen Schöpfung zu rühmen. Denn heute schauen wir deine heilige Stadt, unsere Heimat, das himmlische Jerusalem. Dort loben dich auf ewig die verherrlichten Glieder der Kirche, unsere Brüder und Schwestern, die schon zur Vollendung gelangt sind. Dorthin pilgern auch wir im Glauben, ermutigt durch ihre Fürsprache und ihr Beispiel, und gehen freudig dem Ziel der Verheißung entgegen. Darum preisen wir dich in der Gemeinschaft deiner Heiligen und singen mit den Chören der Engel das Lob deiner Herrlichkeit: Heilig ...

Präfation am Hochfest der ohne Erbsünde empfangenen Jungfrau Maria

Maria, das Urbild der Kirche

In Wahrheit ist es würdig und recht, dir, Vater im Himmel, zu danken und das Werk deiner Liebe zu rühmen. Denn du hast Maria vor der Erbschuld bewahrt, du hast sie mit der Fülle der Gnade beschenkt, da sie erwählt war, die Mutter deines Sohnes zu werden. In unversehrter Jungfräulichkeit hat sie Christus geboren, der als schuldloses Lamm die Sünde der Welt hinwegnimmt. Sie ist Urbild und Anfang der Kirche, der makellosen Braut deines Sohnes. Vor allen Heiligen ist sie ein Vorbild der Heiligkeit, ihre Fürsprache erfleht uns deine Gnade durch unseren Herrn Jesus Christus. Durch ihn preisen dich Himmel und Erde, Engel und Menschen und singen wie aus einem Munde das Lob deiner Herrlichkeit: Heilig . . .

Am Jahrestag der Kirchweihe

A: Jahrestag der eigenen Kirche

Die Kirche als Tempel Gottes

In Wahrheit ist es würdig und recht, dir, Herr, heiliger Vater, allmächtiger, ewiger Gott, immer und überall zu danken. Zu deiner Ehre wurde dieses Haus errichtet, in dem du deine pilgernde Kirche versammelst, um ihr darin ein Bild deiner Gegenwart zu zeigen und ihr die Gnade deiner Gemeinschaft zu schenken. Denn du selbst erbaust dir einen Tempel aus lebendigen Steinen. Von allen Orten rufst du deine Kinder zusammen und fügst sie ein in den geheimnisvollen Leib deines Sohnes. Hier lenkst du unseren Blick auf das himmlische Jerusalem und gibst uns die Hoffnung, dort deinen Frieden zu schauen. Darum preisen wir dich in deiner Kirche und vereinen uns mit allen Engeln und Heiligen zum Hochgesang von deiner göttlichen Herrlichkeit: Heilig . . .

B: Jahrestag einer andern Kirche

Die Kirche als Braut Christi und Tempel des Heiligen Geistes

In Wahrheit ist es würdig und recht, dir, Vater im Himmel, zu danken und deine Größe zu rühmen. In jedem Haus des Gebetes wohnst du als Spender der Gnade, als Geber alles Guten: Denn du erbaust uns zum Tempel des Heiligen Geistes, dessen Glanz im Leben der Gläubigen aufstrahlt. Im sichtbaren Bau erkennen wir das Bild deiner Kirche, die du zur Braut deines Sohnes erwählt hast. Du heiligst sie Tag für Tag, bis du sie, unsere Mutter, in die Herrlichkeit aufnimmst mit der unzählbaren Schar ihrer Kinder. Darum preisen wir dich in deiner Kirche und vereinen uns mit allen Engeln und Heiligen zum Hochgesang von deiner göttlichen Herrlichkeit: Heilig . . .

Präfation in der Brautmesse

Die eheliche Liebe als Zeichen der Liebe Gottes

In Wahrheit ist es würdig und recht, dir, allmächtiger Vater, zu danken und das Werk deiner Gnade zu rühmen. Denn du hast den Menschen als Mann und Frau erschaffen und ihren Bund zum Abbild deiner schöpferischen Liebe erhoben. Die du aus Liebe geschaffen und unter das Gesetz der Liebe gestellt hast, die verbindest du in der Ehe zu heiliger Gemeinschaft und gibst ihnen Anteil an deinem ewigen Leben. So heiligt das Sakrament der Ehe den Bund der Gatten und macht ihn zu einem Zeichen deiner göttlichen Liebe durch unseren Herrn Jesus Christus. Durch ihn preisen dich deine Erlösten und singen mit den Chören der Engel das Lob deiner Herrlichkeit: Heilig . . .

In Messen für die Einheit der Christen

Die Einheit als Werk Gottes durch Christus und den Heiligen Geist

In Wahrheit ist es würdig und recht, dir, Herr, heiliger Vater, allmächtiger, ewiger Gott, immer und überall zu danken durch unseren Herrn Jesus Christus. In ihm hast du uns zur Erkenntnis der Wahrheit geführt und uns zu Gliedern seines Leibes gemacht durch den einen Glauben und die eine Taufe. Durch ihn hast du deinen Heiligen Geist ausgegossen über alle Völker, damit er Großes wirke mit seinen Gaben. Er wohnt in den Herzen der Glaubenden, er durchdringt und leitet die ganze Kirche und schafft ihre Einheit in Christus. Darum preisen wir jetzt und in Ewigkeit dein Erbarmen und singen mit den Chören der Engel das Lob deiner Herrlichkeit: Heilig . . .

Präfation von den Verstorbenen I

Die Hoffnung der Gläubigen

In Wahrheit ist es würdig und recht, dir, Herr, heiliger Vater, allmächtiger, ewiger Gott, immer und überall zu danken durch unseren Herrn Jesus Christus. In ihm erstrahlt uns die Hoffnung, daß wir zur Seligkeit auferstehn. Bedrückt uns auch das Los des sicheren Todes, so tröstet uns doch die Verheißung der künftigen Unsterblichkeit. Denn deinen Gläubigen, o Herr, wird das Leben gewandelt, nicht genommen. Und wenn die Herberge der irdischen Pilgerschaft zerfällt, ist uns im Himmel eine ewige Wohnung bereitet. Darum singen wir mit den Engeln und Erzengeln, den Thronen und Mächten und mit all den Scharen des himmlischen Heeres den Hochgesang von deiner göttlichen Herrlichkeit: Heilig ...

Präfation von den Verstorbenen II

Der Eine, der für alle starb

Wir danken dir, Vater im Himmel, und rühmen dich durch unseren Herrn Jesus Christus. Denn er ist der Eine, der den Tod auf sich nahm für uns alle, damit wir im Tode nicht untergehn. Er ist der Eine, der für uns alle gestorben ist, damit wir bei dir in Ewigkeit leben. Durch ihn preisen dich deine Erlösten und singen mit den Chören der Engel das Lob deiner Herrlichkeit: Heilig ...

Präfation von den Verstorbenen III

Christus, die Auferstehung und das Leben

In Wahrheit ist es würdig und recht, dir, allmächtiger Vater, zu danken durch unseren Herrn Jesus Christus. Denn er ist das Heil der Welt, das Leben der Menschen, die Auferstehung der Toten. Durch ihn rühmen dich Himmel und Erde, Engel und Menschen und singen wie aus einem Munde das Lob deiner Herrlichkeit: Heilig . . .

Präfation von den Verstorbenen IV

Der Mensch in Gottes Hand

In Wahrheit ist es würdig und recht, dir, Herr, heiliger Vater, allmächtiger, ewiger Gott, immer und überall zu danken. Denn in deinen Händen ruht unser Leben: nach deinem Willen werden wir geboren und durch deine Führung geleitet. Nach deiner Verfügung empfangen wir den Sold der Sünde und kehren zurück zur Erde, von der wir genommen sind. Doch du hast uns erlöst durch das Kreuz deines Sohnes, darum erweckt uns einst dein Befehl zur Herrlichkeit der Auferstehung mit Christus. Durch ihn preisen wir jetzt und in Ewigkeit dein Erbarmen und singen mit den Chören der Engel das Lob deiner Herrlichkeit: Heilig . . .

Präfation von den Verstorbenen V

Der Tod als Sold der Sünde und das neue Leben als Geschenk Gottes

In Wahrheit ist es würdig und recht, dir, Herr, heiliger Vater, allmächtiger, ewiger Gott, immer und überall zu danken. Durch die Sünde kam der Tod in die Welt, und niemand kann ihm entrinnen. Doch deine Liebe hat die Macht des Todes gebrochen und uns gerettet durch den Sieg unseres Herrn Jesus Christus, der uns aus der Vergänglichkeit hinüberführt in das ewige Leben. Durch ihn rühmen dich Himmel und Erde, Engel und Menschen und singen wie aus einem Munde das Lob deiner Herrlichkeit: Heilig . . .

Präfation für Wochentage I

Die Erneuerung der Welt durch Christus

Wir danken dir, Vater im Himmel, und rühmen dich durch unseren Herrn Jesus Christus. Denn ihn hast du zum Haupt der neuen Schöpfung gemacht, aus seiner Fülle haben wir alle empfangen. Obwohl er dir gleich war an Herrlichkeit, hat er sich selbst erniedrigt und der Welt den Frieden gebracht durch sein Blut, das er am Stamm des Kreuzes vergossen hat. Deshalb hast du ihn über alle Geschöpfe erhöht, so wurde er für jene, die auf ihn hören, zum Urheber des ewigen Heiles. Durch ihn preisen wir jetzt und in Ewigkeit dein Erbarmen und singen mit den Chören der Engel das Lob deiner Herrlichkeit: Heilig . . .

Präfation für Wochentage II

Schöpfung, Sünde und Erlösung

In Wahrheit ist es würdig und recht, dir, Herr, heiliger Vater, immer und überall zu danken für deine Liebe, die du uns niemals entzogen hast. Du hast den Menschen in deiner Güte erschaffen und ihn, als er der gerechten Strafe verfallen war, in deiner großen Barmherzigkeit erlöst durch unseren Herrn Jesus Christus. Durch ihn preisen wir das Werk deiner Gnade und singen mit den Chören der Engel das Lob deiner Herrlichkeit: Heilig . . .

Präfation für Wochentage III

Gott als unser Schöpfer und Erlöser

In Wahrheit ist es würdig und recht, dir, Herr, heiliger Vater, allmächtiger, ewiger Gott, immer und überall zu danken. Denn du bist der Schöpfer der Welt, du bist der Erlöser aller Menschen durch deinen geliebten Sohn, unseren Herrn Jesus Christus. Durch ihn loben die Engel deine Herrlichkeit, beten dich an die Mächte, erbeben die Gewalten. Die Himmel und die himmlischen Kräfte und die seligen Serafim feiern dich jubelnd im Chore. Mit ihrem Lobgesang laß auch unsere Stimmen sich vereinen und voll Ehrfurcht rufen: Heilig . . .

DIE ZEIT IM JAHRESKREIS

1. Sonntag im Jahreskreis

FEST DER TAUFE CHRISTI

S. 78 ff.

2. SONNTAG IM JAHRESKREIS

Leben heißt für den Menschen: wachsen und reifen, und immer wieder: lernen. Man ist so lange ein lebendiger Mensch, als man bereit ist, es zu werden. Und der ist ein Christ, der weiß, daß er es erst werden muß, jeder mit der besonderen Gabe und Berufung, die er empfangen hat. Das Große wäre, jeden Tag und jede Stunde zu wissen: Hier ist mein Weg, hier meine Aufgabe, hier begegnet mir Christus.

ERÖFFNUNGSVERS Ps 66 (65), 4

Alle Welt bete dich an, o Gott, und singe dein Lob,
sie lobsinge deinem Namen, du Allerhöchster.

Ehre sei Gott, S. 348 ff.

TAGESGEBET

Allmächtiger Gott,
du gebietest über Himmel und Erde,
du hast Macht über die Herzen der Menschen.
Darum kommen wir voll Vertrauen zu dir;
stärke alle, die sich um die Gerechtigkeit mühen,
und schenke unserer Zeit deinen Frieden.
Darum bitten wir durch Jesus Christus.

ZUR 1. LESUNG *Samuel ist ein von Gott Erwählter und Berufener. Seine Mutter hat ihn schon früh dem Dienst am Heiligtum in Schilo geweiht. Noch ehe der junge Samuel es recht begreifen konnte, hat Gott ihn mit einem harten Prophetenauftrag zum Hohenpriester Eli geschickt. Samuel hört das Wort, das Gott ihm sagt, mit der ganzen Sammlung und Kraft seines jungen Herzens. Sein Leben lang wird er nichts anderes tun als auf das Wort hören und es treu weitersagen, sei es gelegen oder ungelegen.*

ERSTE LESUNG 1 Sam 3,3b–10.19

Rede, Herr! Dein Diener hört

Lesung
aus dem ersten Buch Sámuel.

In jenen Tagen
3b **schlief der junge Sámuel im Tempel des Herrn,**
wo die Lade Gottes stand.
4 **Da rief der Herr den Sámuel,**
und Sámuel antwortete: Hier bin ich.
5 **Dann lief er zu Eli**
und sagte: Hier bin ich,
du hast mich gerufen.
Eli erwiderte: Ich habe dich nicht gerufen.
Geh wieder schlafen!
Da ging er und legte sich wieder schlafen.

6 **Der Herr rief noch einmal: Sámuel!**
Sámuel stand auf und ging zu Eli
und sagte: Hier bin ich,
du hast mich gerufen.
Eli erwiderte: Ich habe dich nicht gerufen, mein Sohn.
Geh wieder schlafen!
7 **Sámuel kannte den Herrn noch nicht,**
und das Wort des Herrn war ihm noch nicht offenbart worden.
8 **Da rief der Herr den Sámuel wieder,**
zum drittenmal.
Er stand auf
und ging zu Eli
und sagte: Hier bin ich,
du hast mich gerufen.
Da merkte Eli, daß der Herr den Knaben gerufen hatte.
9 **Eli sagte zu Sámuel: Geh, leg dich schlafen!**
Wenn er dich wieder ruft, dann antworte:

Rede, Herr; denn dein Diener hört.
Sámuel ging und legte sich an seinem Platz nieder.

0 Da kam der Herr,
trat zu ihm heran und rief wie die vorigen Male: Sámuel, Sámuel!
Und Sámuel antwortete: Rede, denn dein Diener hört.

9 Sámuel wuchs heran,
und der Herr war mit ihm
und ließ keines von all seinen Worten unerfüllt.

ANTWORTPSALM Ps 40 (39),2 u. 4ab.7–8.9–10 (R: vgl. 8a.9a)

℟ Mein Gott, ich komme; (GL 170, 1)
deinen Willen zu tun macht mir Freude. – ℟

Ich hoffte, ja ich hoffte auf den Herrn. * III. Ton
Da neigte er sich mir zu und hörte mein Schreien.

ab Er legte mir ein neues Lied in den Mund, *
einen Lobgesang auf ihn, unsern Gott. – (℟)

An Schlacht- und Speiseopfern hast du kein Gefallen, *
Brand- und Sündopfer forderst du nicht.

Doch das Gehör hast du mir eingepflanzt; †
darum sage ich: Ja, ich komme. *
In dieser Schriftrolle steht, was an mir geschehen ist. – (℟)

Deinen Willen zu tun, mein Gott, macht mir Freude, *
deine Weisung trag' ich im Herzen.

0 Gerechtigkeit verkünde ich in großer Gemeinde, *
meine Lippen verschließe ich nicht; Herr, du weißt es. – ℟

ZUR 2. LESUNG *Paulus war ein leidenschaftlicher Prediger der christlichen Freiheit. Aber er weiß auch, wie gefährdet diese Freiheit ist: durch Mißbrauch und Willkür auch auf dem Gebiet des Geschlechtlichen. Der Christ soll seinen Leib weder verachten noch vergötzen. Der Leib, das ist der ganze Mensch, für den Christus gestorben und vom Tod auferstanden ist. Sich der Begierde versklaven heißt Christus entehren. Leib und Seele und Geist des Getauften sind Christus geweiht.*

ZWEITE LESUNG 1 Kor 6, 13c–15a.17–20

Eure Leiber sind Glieder Christi

Lesung
aus dem ersten Brief des Apostels Paulus an die Korínther.

Brüder!
13c **Der Leib ist nicht für die Unzucht da,**
sondern für den Herrn,
und der Herr für den Leib.
14 **Gott hat den Herrn auferweckt;**
er wird durch seine Macht auch uns auferwecken.

15a **Wißt ihr nicht, daß eure Leiber Glieder Christi sind?**
17 **Wer sich an den Herrn bindet,**
ist ein Geist mit ihm.

18 **Hütet euch vor der Unzucht!**
Jede andere Sünde, die der Mensch tut,
bleibt außerhalb des Leibes.
Wer aber Unzucht treibt,
versündigt sich gegen den eigenen Leib.

19 **Oder wißt ihr nicht,**
daß euer Leib ein Tempel des Heiligen Geistes ist,
der in euch wohnt und den ihr von Gott habt?
Ihr gehört nicht euch selbst;
20 **denn um einen teuren Preis seid ihr erkauft worden.**
Verherrlicht also Gott in eurem Leib!

RUF VOR DEM EVANGELIUM Vers: vgl. Joh 1, 41.17b

Halleluja. Halleluja.

Wir haben den Messias gefunden, den Gesalbten des Herrn.
Die Gnade und die Wahrheit sind durch ihn gekommen.

Halleluja.

ZUM EVANGELIUM *Es genügt nicht, über Jesus und seinen Weg etwas gehört oder gelesen zu haben. Die Jünger des Johannes haben das Wort vom Lamm Gottes gehört und sind Jesus nachgegangen. So konnte er sich ihnen zuwenden und sie einladen: Kommt und seht! Sie gingen mit ihm und blieben bei ihm bis zum Abend. Nun wußten sie, wer Jesus war. Und die Geschichte der Berufungen ging weiter: Brüder und Freunde, einer sagte es dem anderen. So können Berufungen auch heute geschehen.*

EVANGELIUM Joh 1, 35–42

Sie folgten Jesus und sahen, wo er wohnte, und blieben bei ihm

✛ **Aus dem heiligen Evangelium nach Johannes.**

In jener Zeit
35 **stand Johannes am Jordan, wo er taufte,**
und zwei seiner Jünger standen bei ihm.
36 **Als Jesus vorüberging,**
richtete Johannes seinen Blick auf ihn
und sagte: Seht, das Lamm Gottes!
37 **Die beiden Jünger hörten, was er sagte,**
und folgten Jesus.

38 **Jesus aber wandte sich um,**
und als er sah, daß sie ihm folgten,
fragte er sie: Was wollt ihr?
Sie sagten zu ihm: Rabbi – das heißt übersetzt: Meister –,
wo wohnst du?
39 **Er antwortete: Kommt und seht!**
Da gingen sie mit und sahen, wo er wohnte,
und blieben jenen Tag bei ihm;
es war um die zehnte Stunde.

40 **Andreas, der Bruder des Simon Petrus,**
war einer der beiden, die das Wort des Johannes gehört hatten
und Jesus gefolgt waren.
41 **Dieser traf zuerst seinen Bruder Simon**
und sagte zu ihm: Wir haben den Messias gefunden.
Messias heißt übersetzt: der Gesalbte – Christus.
42 **Er führte ihn zu Jesus.**
Jesus blickte ihn an
und sagte: Du bist Simon, der Sohn des Johannes,
du sollst Kephas heißen.
Kephas bedeutet: Fels – Petrus.

Glaubensbekenntnis, S. 352 ff.
Fürbitten vgl. S. 781 ff.

ZUR EUCHARISTIEFEIER *Jesus ist das Lamm, das die Sünde der Welt hinwegnimmt. Er wendet sich uns zu, er lädt uns ein, bei ihm zu bleiben. Er ist unser Gastgeber, und er selbst ist die Gabe.*

GABENGEBET

Herr,
gib, daß wir das Geheimnis des Altares
ehrfürchtig feiern;
denn sooft wir
die Gedächtnisfeier dieses Opfers begehen,
vollzieht sich an uns das Werk der Erlösung.
Darum bitten wir durch Christus, unseren Herrn.

Präfation, S. 420 ff.

KOMMUNIONVERS

Ps 23 (22), 5

Herr, du deckst mir den Tisch vor den Augen meiner Feinde.
Du füllst mir reichlich den Becher.

Oder: 1 Joh 4, 16

Wir haben die Liebe erkannt und an die Liebe geglaubt,
die Gott zu uns hat.

SCHLUSSGEBET

Barmherziger Gott,
du hast uns alle
mit dem einen Brot des Himmels gestärkt.
Erfülle uns mit dem Geist deiner Liebe,
damit wir ein Herz und eine Seele werden.
Darum bitten wir durch Christus, unseren Herrn.

FÜR DEN TAG UND DIE WOCHE

„Herr, himmlischer Vater: *durch deine ewige Liebe, die dich neigt zu der menschlichen Natur: neige dich in mich!*
Herr Jesus Christus: durch die Treue, in der du dein Werk vollbracht hast deinem Vater zu Lob und Ehren: wirke in mir deines Vaters Lob vollkommen!
Herr Jesus Christus: durch deiner Mutter Ehre und deines Todes Kraft: töte in mir alles Ungöttliche, und pflanze in mir dein göttliches Bild zu deinem Lob!“

3. SONNTAG IM JAHRESKREIS

Es sind nicht nur die schlechten Christen, die mit ihrer Kirche unzufrieden sind. Wenn Gott in die Geschichte der Menschen eintritt, haben wir das Recht, Großes zu erwarten. Jesus hat das Evangelium verkündet, die Botschaft von Gottes Herrschaft und seinem Reich ausgerufen. Er hat seine Jünger ausgesandt, er sendet sie bis heute, bis ans Ende der Welt. Aber wo ist der Erfolg, wo die Kraft Gottes? Schon die Jünger Jesu hatten Mühe, an einen armen, demütigen Messias zu glauben. Dann begriffen sie, daß es für Jesus ums Ganze ging: um den Menschen. Haben wir seinen Ruf zur Umkehr gehört?

ERÖFFNUNGSVERS Ps 96 (95), 1.6

Singet dem Herrn ein neues Lied, singt dem Herrn, alle Lande!
Hoheit und Pracht sind vor seinem Angesicht,
Macht und Glanz in seinem Heiligtum!

Ehre sei Gott, S. 348 ff.

TAGESGEBET

Allmächtiger, ewiger Gott,
lenke unser Tun nach deinem Willen
und gib,
daß wir im Namen deines geliebten Sohnes
reich werden an guten Werken.
Darum bitten wir durch ihn, Jesus Christus.

ZUR 1. LESUNG *Das Jonabüchlein ist eine lehrhafte Erzählung, nicht ein Geschichtsbuch. Die Frage ist, wie Gott zum Menschen steht und insbesondere zum Sünder. Den Frommen in Israel und den Rechtschaffenen aller Zeiten wird gesagt, daß Gott sich um alle kümmert, um Menschen und Völker. Die Stadt Ninive steht hier für die Heidenvölker überhaupt. Auf die Predigt des Jona hin tut die ganze Stadt Buße. Die Bekehrung ist Angebot und Gabe des barmherzigen Gottes. Wer diese Gabe annimmt und zu Gott zurückkehrt, erfährt, daß Gottes Liebe immer schon auf ihn gewartet hat.*

ERSTE LESUNG Jona 3, 1–5.10

Die Leute von Ninive wandten sich von ihren bösen Taten ab

**Lesung
aus dem Buch Jona.**

1 Das Wort des Herrn erging an Jona:
**2 Mach dich auf den Weg,
und geh nach Nínive, in die große Stadt,
und droh ihr all das an,
was ich dir sagen werde.**
**3 Jona machte sich auf den Weg und ging nach Nínive,
wie der Herr es ihm befohlen hatte.**

**Nínive war eine große Stadt vor Gott;
man brauchte drei Tage, um sie zu durchqueren.**
**4 Jona begann, in die Stadt hineinzugehen;
er ging einen Tag lang
und rief: Noch vierzig Tage,
und Nínive ist zerstört!**

**5 Und die Leute von Nínive glaubten Gott.
Sie riefen ein Fasten aus,
und alle, groß und klein,
zogen Bußgewänder an.**

**10 Und Gott sah ihr Verhalten;
er sah, daß sie umkehrten
und sich von ihren bösen Taten abwandten.
Da reute Gott das Unheil, das er ihnen angedroht hatte,
und er führte die Drohung nicht aus.**

ANTWORTPSALM Ps 25 (24), 4–5.6–7.8–9 (R: 4)

(GL 170, 1 oder 528, 1)

**℟ Zeige mir, Herr, deine Wege,
lehre mich deine Pfade! – ℟**

III. bzw. I. Ton

**4 Zeige mir, Herr, deine Wege, *
lehre mich deine Pfade!**

**5 Führe mich in deiner Treue und lehre mich; †
denn du bist der Gott meines Heiles. *
Auf dich hoffe ich allezeit. – (℟)**

**6 Denk an dein Erbarmen, Herr, †
und an die Taten deiner Huld; *
denn sie bestehen seit Ewigkeit.**

7 **Denk nicht an meine Jugendsünden und meine Frevel! ***
In deiner Huld denk an mich, Herr, denn du bist gütig. – (R)

8 **Gut und gerecht ist der Herr, ***
darum weist er die Irrenden auf den rechten Weg.

9 **Die Demütigen leitet er nach seinem Recht, ***
die Gebeugten lehrt er seinen Weg. – R

ZUR 2. LESUNG *Im ersten Brief an die Korinther antwortet Paulus auf konkrete Anfragen. Die Stellung zur Ehe ist eine dieser Fragen. Der Apostel weist jede Mißachtung des Leibes und der Geschlechtlichkeit zurück. Wenn sein Ja zur Ehe dennoch kein absolutes ist, hat dies seinen Grund nicht in der Ehe selbst, sondern in der Situation des Christen in dieser Zeit zwischen der ersten Ankunft Christi und seiner Wiederkunft. Die Zeit ist kurz, sie drängt dem Ende zu. Die christliche Ehelosigkeit (sofern sie christlich ist), ist nicht ein Rückzug in die eigene Sicherheit, sondern ein beunruhigendes Zeichen der angebrochenen Endzeit; ihr Sinn ist die freie Verfügbarkeit für „die Sache des Herrn" (1 Kor 7,32).*

ZWEITE LESUNG 1 Kor 7,29–31

Die Gestalt dieser Welt vergeht

Lesung
aus dem ersten Brief des Apostels Paulus an die Korínther.

29 **Ich sage euch, Brüder:**
Die Zeit ist kurz.
Daher soll, wer eine Frau hat,
sich in Zukunft so verhalten, als habe er keine,
30 **wer weint, als weine er nicht,**
wer sich freut, als freue er sich nicht,
wer kauft, als würde er nicht Eigentümer,
31 **wer sich die Welt zunutze macht, als nutze er sie nicht;**
denn die Gestalt dieser Welt vergeht.

RUF VOR DEM EVANGELIUM Vers: Mk 1,15

Halleluja. Halleluja.

Das Reich Gottes ist nahe.
Kehrt um, und glaubt an das Evangelium!

Halleluja.

ZUM EVANGELIUM *An fast allen Sonntagen des Lesejahres B wird das Evangelium nach Markus gelesen, das älteste Zeugnis der urchristlichen Überlieferung über Jesus. Markus faßt die Verkündigung Jesu in dem Wort „Evangelium" zusammen. Aber Jesus selbst, der Gekreuzigte und Auferstandene, ist auch der Inhalt dieses Evangeliums; er selbst ist das „Evangelium Gottes", die gute Botschaft, die uns von Gott her zugesprochen wird. – Mit dem Auftreten Jesu in Galiläa ist das Reich Gottes, die Herrschaft Gottes nahe gekommen. Jesus selbst führt sie herbei. Er ruft die Menschen zur Umkehr und zum Glauben. Sich bekehren heißt an das Evangelium glauben. Tat und Gnade Gottes ist es, wenn ein Mensch den Ruf hört und ihm ohne Vorbehalt folgt.*

EVANGELIUM Mk 1,14–20

Kehrt um, und glaubt an das Evangelium!

✠ Aus dem heiligen Evangelium nach Markus.

14 **Nachdem man Johannes den Täufer ins Gefängnis geworfen hatte,**
ging Jesus wieder nach Galiläa;
er verkündete das Evangelium Gottes
15 **und sprach: Die Zeit ist erfüllt,**
das Reich Gottes ist nahe.
Kehrt um,
und glaubt an das Evangelium!
16 **Als Jesus am See von Galiläa entlangging,**
sah er Simon und Andreas, den Bruder des Simon,
die auf dem See ihr Netz auswarfen;
sie waren nämlich Fischer.
17 **Da sagte er zu ihnen: Kommt her,**
folgt mir nach!
Ich werde euch zu Menschenfischern machen.

8 **Sogleich ließen sie ihre Netze liegen und folgten ihm.**

9 **Als er ein Stück weiterging,**
sah er Jakobus, den Sohn des Zebedäus,
und seinen Bruder Johannes;
sie waren im Boot und richteten ihre Netze her.
0 **Sofort rief er sie,**
und sie ließen ihren Vater Zebedäus
mit seinen Tagelöhnern im Boot zurück
und folgten Jesus nach.

Glaubensbekenntnis, S. 352 ff.
Fürbitten vgl. S. 781 ff.

ZUR EUCHARISTIEFEIER *Die Umkehr beginnt im Herzen. Das Ohr hört das Wort, das Herz erkennt die Stimme. „Wer meine Stimme hört und die Tür öffnet, bei dem werde ich einkehren, und wir werden Mahl halten, ich mit ihm und er mit mir" (Offb 3,20).*

GABENGEBET

Herr,
nimm unsere Gaben an und heilige sie,
damit sie zum Sakrament der Erlösung werden,
das uns Heil und Segen bringt.
Darum bitten wir durch Christus, unseren Herrn.

Präfation, S. 420 ff.

KOMMUNIONVERS

Ps 34 (33), 6

Blickt auf zum Herrn, so wird euer Gesicht leuchten,
und ihr braucht nicht zu erröten.

Oder: Joh 8,12

Ich bin das Licht der Welt – so spricht der Herr.
Wer mir nachfolgt, wird nicht in der Finsternis gehen.
Er wird das Licht des Lebens haben.

SCHLUSSGEBET

Allmächtiger Gott,
in deinem Mahl
schenkst du uns göttliches Leben.

Gib, daß wir dieses Sakrament
immer neu als dein großes Geschenk empfangen
und aus seiner Kraft leben.
Darum bitten wir durch Christus, unseren Herrn.

FÜR DEN TAG UND DIE WOCHE

Endlich anfangen *Der heilige Franz von Assisi sagte am Ende seines Lebens: „Meine Brüder, laßt uns endlich anfangen, Gott zu dienen. Bisher haben wir es noch nicht getan." Alle haben wir die Bekehrung nötig, die fortwährende Bekehrung: von den vielen Formen unserer Selbstgerechtigkeit, Lieblosigkeit, Herzenskälte, Kleinlichkeit. Solange wir leben, sind wir unterwegs zu Gott. Christliches Leben ist ein Weg beständiger Befreiung, Ablösung von allem Gottwidrigen und aller Lieblosigkeit, ein Weg beständiger Hinkehr zu Gott und den Menschen, ein Weg beständiger Vertiefung und Liebe.*

4. SONNTAG IM JAHRESKREIS

Wenn Jesus spricht, ist nicht nur der Inhalt seiner Rede von Bedeutung; er selbst ist das Wort Gottes für uns, daher die geheimnisvolle Macht seiner Rede. Die Dämonen zittern vor ihm; sie wissen – mit der Witterung des Hasses und des schlechten Gewissens –, wer er ist: „der Heilige Gottes". Deshalb ist seine Lehre für uns nicht nur bewundernswert; sein Wort gilt, und es hat die Macht, uns zu retten.

ERÖFFNUNGSVERS Ps 106 (105), 47

Hilf uns, Herr, unser Gott, führe uns aus den Völkern zusammen!
Wir wollen deinen heiligen Namen preisen,
uns rühmen, weil wir dich loben dürfen.

Ehre sei Gott, S. 348 ff.

TAGESGEBET

Herr, unser Gott,
du hast uns erschaffen, damit wir dich preisen.
Gib, daß wir dich mit ungeteiltem Herzen anbeten
und die Menschen lieben, wie du sie liebst.
Darum bitten wir durch Jesus Christus.

ZUR 1. LESUNG *Der Prophet ist ein Mensch, der hört, was andere nicht hören können. Und was er gehört hat, muß er weitersagen; er ist ein gerufener Rufer, Mittler zwischen Gott und den Menschen. Am Sinai war es Mose, der dem Volk die Worte Gottes mitteilte. Später hat Gott andere Propheten berufen; durch sie sagt er jeder Generation neu, wer er ist, was er tut und was er von seinem Volk erwartet. – Das Wort des Mose: „Einen Propheten wie mich wird der Herr … erstehen lassen" deutete man im späten Judentum auf einen ganz bestimmten Propheten, den Messias, den Retter.*

ERSTE LESUNG — Dtn 18, 15–20

Einen Propheten will ich ihnen erstehen lassen und meine Worte in seinen Mund legen

**Lesung
aus dem Buch Deuteronómium.**

Mose sprach zum Volk:
15 **Einen Propheten wie mich wird dir der Herr, dein Gott,
aus deiner Mitte, unter deinen Brüdern, erstehen lassen.
Auf ihn sollt ihr hören.**
16 **Der Herr wird ihn als Erfüllung von allem erstehen lassen,
worum du am Horeb, am Tag der Versammlung,
den Herrn, deinen Gott, gebeten hast,
als du sagtest:
Ich kann die donnernde Stimme des Herrn, meines Gottes,
nicht noch einmal hören
und dieses große Feuer nicht noch einmal sehen,
ohne daß ich sterbe.**
17 **Damals sagte der Herr zu mir:
Was sie von dir verlangen, ist recht.**
18 **Einen Propheten wie dich
will ich ihnen mitten unter ihren Brüdern erstehen lassen.
Ich will ihm meine Worte in den Mund legen,
und er wird ihnen alles sagen, was ich ihm auftrage.**
19 **Einen Mann aber, der nicht auf meine Worte hört,
die der Prophet in meinem Namen verkünden wird,
ziehe ich selbst zur Rechenschaft.**

20 **Doch ein Prophet,**
der sich anmaßt, in meinem Namen ein Wort zu verkünden,
dessen Verkündigung ich ihm nicht aufgetragen habe,
oder der im Namen anderer Götter spricht,
ein solcher Prophet soll sterben.

ANTWORTPSALM Ps 95 (94), 1–2.6–7c.7d–9 (R: vgl. 7d.8a)

R **Hört auf die Stimme des Herrn;** (GL 529, 5)
verhärtet nicht euer Herz! – R

1 **Kommt, laßt uns jubeln vor dem Herrn *** IV. Ton
und zujauchzen dem Fels unsres Heiles!

2 **Laßt uns mit Lob seinem Angesicht nahen, ***
vor ihm jauchzen mit Liedern! – (R)

6 **Kommt, laßt uns niederfallen, uns vor ihm verneigen, ***
laßt uns niederknien vor dem Herrn, unserm Schöpfer!

7abc **Denn er ist unser Gott, †**
wir sind das Volk seiner Weide, *
die Herde, von seiner Hand geführt. – (R)

7d **Ach, würdet ihr doch heute auf seine Stimme hören! †**
8 **„Verhärtet euer Herz nicht wie in Meríba, ***
wie in der Wüste am Tag von Massa!

9 **Dort haben eure Väter mich versucht, ***
sie haben mich auf die Probe gestellt
und hatten doch mein Tun gesehen." – R

ZUR 2. LESUNG *Die Lesung aus dem ersten Korintherbrief ist die Fortsetzung der Lesung vom vergangenen Sonntag. Im Zusammenhang mit Ehe und Jungfräulichkeit antwortet Paulus auf die Fragen seiner Zeitgenossen. In unserer Zeit hätten wir dazu einige weitere Fragen. Paulus würde wohl öfter sagen: Darüber habe ich keinen Auftrag vom Herrn, aber ich will euch meine Meinung sagen. Und er würde von den christlichen Grundwahrheiten ausgehen: daß wir durch Christus die Barmherzigkeit Gottes erfahren haben; daß sein Geist in uns wohnt; daß Christus uns frei gemacht hat und daß es nicht angeht, diese Freiheit als Deckmantel der Willkür und Rücksichtslosigkeit zu benützen.*

ZWEITE LESUNG 1 Kor 7, 32–35

Die Jungfrau sorgt sich um die Sache des Herrn, um heilig zu sein

Lesung
aus dem ersten Brief des Apostels Paulus an die Korínther.

Brüder!
32 **Ich wünschte, ihr wäret ohne Sorgen.**
Der Unverheiratete sorgt sich um die Sache des Herrn;
er will dem Herrn gefallen.
33 **Der Verheiratete sorgt sich um die Dinge der Welt;**
er will seiner Frau gefallen.
34 **So ist er geteilt.**

Die unverheiratete Frau aber und die Jungfrau
sorgen sich um die Sache des Herrn,
um heilig zu sein an Leib und Geist.
Die Verheiratete sorgt sich um die Dinge der Welt;
sie will ihrem Mann gefallen.

35 **Das sage ich zu eurem Nutzen:**
nicht um euch eine Fessel anzulegen,
vielmehr, damit ihr in rechter Weise und ungestört
immer dem Herrn dienen könnt.

RUF VOR DEM EVANGELIUM Vers: Mt 4,16

Halleluja. Halleluja.

Das Volk, das im Dunkel lebte, hat ein helles Licht gesehen;
denen, die im Schattenreich des Todes wohnten,
ist ein Licht erschienen.

Halleluja.

ZUM EVANGELIUM *Der Evangelist sagt uns nichts über den Inhalt der Predigt Jesu an jenem Sabbat in Kafarnaum. Er beschreibt ihre Wirkung: Staunen und Bestürzung. Die Zuhörer spüren die Macht seiner Rede, aber zum Glauben kommen sie nicht. Die Dämonen erkennen ihn als den „Heiligen Gottes"; sie gehorchen seinem Befehl, weil er mächtiger ist als sie, aber ihr Gehorsam ist Flucht in die Finsternis. Der Gehorsam des Glaubens ist Rückkehr zum Licht, Teilhabe an der Wahrheit und Heiligkeit Gottes.*

EVANGELIUM Mk 1,21–28

Er lehrte sie wie einer, der göttliche Vollmacht hat

✠ Aus dem heiligen Evangelium nach Markus.

21 In Kafárnaum ging Jesus am Sabbat in die Synagoge
und lehrte.
22 Und die Menschen waren sehr betroffen von seiner Lehre;
denn er lehrte sie wie einer, der göttliche Vollmacht hat,
nicht wie die Schriftgelehrten.

23 In ihrer Synagoge saß ein Mann,
der von einem unreinen Geist besessen war.
Der begann zu schreien:
24 Was haben wir mit dir zu tun, Jesus von Nazaret?
Bist du gekommen, um uns ins Verderben zu stürzen?
Ich weiß, wer du bist:
der Heilige Gottes.

25 Da befahl ihm Jesus: Schweig und verlaß ihn!
26 Der unreine Geist zerrte den Mann hin und her
und verließ ihn mit lautem Geschrei.

27 Da erschraken alle,
und einer fragte den andern: Was hat das zu bedeuten?
Hier wird mit Vollmacht eine ganz neue Lehre verkündet.
Sogar die unreinen Geister gehorchen seinem Befehl.

28 Und sein Ruf
verbreitete sich rasch im ganzen Gebiet von Galiläa.

Glaubensbekenntnis, S. 352 ff.
Fürbitten vgl. S. 781 ff.

ZUR EUCHARISTIEFEIER *Es gibt in der geschaffenen Welt nichts Größeres, nichts Heiligeres als die Eucharistie. Hier begegnen wir Christus, dem ganz Heiligen; er spricht zu uns, er gibt sich uns. Keine größere Ehre konnte Gott uns erweisen.*

GABENGEBET

Herr, unser Gott,
wir legen die Gaben
als Zeichen unserer Hingabe auf deinen Altar.

Nimm sie entgegen
und mach sie zum Sakrament unserer Erlösung.
Darum bitten wir durch Christus, unseren Herrn.

Präfation, S. 420 ff.

KOMMUNIONVERS

Ps 31 (30), 17–18

Laß dein Angesicht leuchten über deinem Knecht,
hilf mir in deiner Güte.
Herr, laß mich nicht scheitern, denn ich rufe zu dir.

Oder: Mt 5, 3.5

Selig, die vor Gott arm sind; denn ihnen gehört das Himmelreich.
Selig, die keine Gewalt anwenden; denn sie werden das Land erben.

SCHLUSSGEBET

Barmherziger Gott,
das Sakrament der Erlösung,
das wir empfangen haben,
nähre uns auf dem Weg zu dir
und schenke dem wahren Glauben
beständiges Wachstum.
Darum bitten wir durch Christus, unseren Herrn.

FÜR DEN TAG UND DIE WOCHE

Heilige Handlung *Die Eucharistie ist eine heilige und sakrale Handlung. In ihr ist Christus bleibend gegenwärtig, „der Heilige Gottes", „gesalbt mit heiligem Geist"; ihn hat der Vater geheiligt, um in Freiheit sein Leben hinzugeben. Die Heiligkeit der Messe stellt nicht etwas dar, was der Mensch dem Tun Christi im Abendmahlssaal hinzugefügt hätte; das Abendmahl am Gründonnerstag selbst ist ein heiliger Ritus. Die Worte und Handlungen des Priesters sowie die Mitfeier der Gemeinde bilden das Echo des Geschehens vom Gründonnerstag. – Das Heilige darf nicht anderen Zielen untergeordnet werden. Es erlaubt auch keine „profane" Nachahmung (vgl. Johannes Paul II., Schreiben über die Eucharistie).*

5. SONNTAG IM JAHRESKREIS

Das Leben fordert uns. Wir haben keine Zeit, sagen wir. Wahr ist: Wir haben keine Zeit zu verlieren, die Zeit unseres Lebens ist kostbar. Und es ist kurz. Essen, schlafen, Geschäfte machen, das ist zuwenig. Jesus hat uns gezeigt, was ein Menschenleben sein kann: Dienst für die Menschen bis zum Äußersten; und immer wieder der Weg zur Quelle. Der irdische Jesus vollzieht das mit, was für den ewigen Gottessohn das Leben ist: die vollkommene Hinwendung zum Vater.

ERÖFFNUNGSVERS Ps 95 (94), 6–7

Kommt, laßt uns niederfallen,
uns verneigen vor dem Herrn, unserem Schöpfer!
Denn er ist unser Gott.

Ehre sei Gott, S. 348 ff.

TAGESGEBET

Gott, unser Vater,
wir sind dein Eigentum
und setzen unsere Hoffnung
allein auf deine Gnade.
Bleibe uns nahe in jeder Not und Gefahr
und schütze uns.
Darum bitten wir durch Jesus Christus.

ZUR 1. LESUNG *Ijob, ein Mensch des Alten Testaments, ist von Gott schwer heimgesucht worden. Er versteht nicht, warum Gott ihn so geschlagen hat. Mit Bitterkeit spricht er vom Elend des Menschenlebens und von seinem persönlichen Schicksal. Schließlich versucht er ein Gebet: Gott möge mit ihm nicht zu hart verfahren und ihm noch ein wenig Frieden schenken. – Auf die Frage nach dem Sinn des Leidens hat das Alte Testament noch keine genügende Antwort. Dem Menschen bleibt nur – wenn er sie zustande bringt – die Antwort des Glaubens an Gottes Gerechtigkeit und sein Erbarmen.*

ERSTE LESUNG Ijob 7, 1–4.6–7

Nächte voller Mühsal teilte man mir zu

**Lesung
aus dem Buch Íjob.**

**Íjob ergriff das Wort
und sprach:**
1 **Ist nicht Kriegsdienst des Menschen Leben auf der Erde?
Sind nicht seine Tage die eines Tagelöhners?**
2 **Wie ein Knecht ist er, der nach Schatten lechzt,
wie ein Tagelöhner, der auf den Lohn wartet.**

3 **So wurden Monde voll Enttäuschung mein Erbe,
und Nächte voller Mühsal teilte man mir zu.**
4 **Lege ich mich nieder, sage ich: Wann darf ich aufstehn?
Wird es Abend, bin ich gesättigt mit Unrast, bis es dämmert.**
6 **Schneller als das Weberschiffchen eilen meine Tage,
der Faden geht aus, sie schwinden dahin.**
7 **Denk daran, daß mein Leben nur ein Hauch ist.
Nie mehr schaut mein Auge Glück.**

ANTWORTPSALM Ps 147 (146), 1–2.3–4.5–6 (R: vgl. 3a)

℟ Lobet den Herrn; (GL 528, 2)
er heilt die gebrochenen Herzen. – ℟

(*Oder:* **Halleluja.**)

1 **Gut ist es, unserem Gott zu singen; *** IV. Ton
schön ist es, ihn zu loben.

2 **Der Herr baut Jerusalem wieder auf, *
er sammelt die Versprengten Israels. – (℟)**

3 **Er heilt die gebrochenen Herzen *
und verbindet ihre schmerzenden Wunden.**

4 **Er bestimmt die Zahl der Sterne *
und ruft sie alle mit Namen. – (℟)**

5 **Groß ist unser Herr und gewaltig an Kraft, *
unermeßlich ist seine Weisheit.**

6 **Der Herr hilft den Gebeugten auf *
und erniedrigt die Frevler. – ℟**

ZUR 2. LESUNG *Christen, die rücksichtslos ihr Recht behaupten, gab es nicht nur in der Gemeinde von Korinth. Paulus will ihnen klarmachen, daß sie besser täten, auf ihr Recht zu verzichten, wenn sonst dem schwächeren Bruder Schaden zugefügt würde. Er kann auf sein eigenes Beispiel hinweisen: Er ist Apostel, setzt seine Zeit und Kraft für das Evangelium ein; er hätte also das Recht, von dieser Arbeit auch zu leben. Er nimmt dieses Recht nicht in Anspruch; die Botschaft muß glaubwürdig bleiben und ihren Weg in die Herzen finden, darauf allein kommt es an.*

ZWEITE LESUNG 1 Kor 9, 16–19.22–23

Weh mir, wenn ich das Evangelium nicht verkünde!

Lesung
aus dem ersten Brief des Apostels Paulus an die Korinther.

Brüder!
16 **Wenn ich das Evangelium verkünde,**
kann ich mich deswegen nicht rühmen;
denn ein Zwang liegt auf mir.
Weh mir, wenn ich das Evangelium nicht verkünde!

17 **Wäre es mein freier Entschluß, so erhielte ich Lohn.**
Wenn es mir aber nicht freisteht,
so ist es ein Auftrag, der mir anvertraut wurde.
18 **Was ist nun mein Lohn?**
Daß ich das Evangelium unentgeltlich verkünde
und so auf mein Recht verzichte.

19 **Da ich also von niemand abhängig war,**
habe ich mich für alle zum Sklaven gemacht,
um möglichst viele zu gewinnen.
22 **Den Schwachen wurde ich ein Schwacher,**
um die Schwachen zu gewinnen.
Allen bin ich alles geworden,
um auf jeden Fall einige zu retten.
23 **Alles aber tue ich um des Evangeliums willen,**
um an seiner Verheißung teilzuhaben.

RUF VOR DEM EVANGELIUM Vers: vgl. Mt 8,17

Halleluja. Halleluja.

**Christus hat unsere Leiden auf sich genommen,
unsere Krankheiten hat er getragen.**

Halleluja.

ZUM EVANGELIUM *Auch die Taten Jesu sind Worte; sie sagen, wer Jesus ist und was er will. Er heilt Kranke und treibt Dämonen aus. Und immer wieder geht er in die Stille; der Mensch Jesus braucht die Stunden des einsamen Gebets, der tiefen Gemeinschaft mit dem Vater. Dann kann er wieder zu den Menschen gehen. Die Jünger sollen das sehen und lernen.*

EVANGELIUM Mk 1,29–39

Er heilte viele, die an allen möglichen Krankheiten litten

✠ Aus dem heiligen Evangelium nach Markus.

**In jener Zeit
9 ging Jesus zusammen mit Jakobus und Johannes
in das Haus des Simon und Andreas.
0 Die Schwiegermutter des Simon lag mit Fieber im Bett.
Sie sprachen mit Jesus über sie,
1 und er ging zu ihr,
faßte sie an der Hand und richtete sie auf.
Da wich das Fieber von ihr, und sie sorgte für sie.**

**2 Am Abend, als die Sonne untergegangen war,
brachte man alle Kranken und Besessenen zu Jesus.
3 Die ganze Stadt war vor der Haustür versammelt,
4 und er heilte viele, die an allen möglichen Krankheiten litten,
und trieb viele Dämonen aus.
Und er verbot den Dämonen zu reden;
denn sie wußten, wer er war.**

**5 In aller Frühe, als es noch dunkel war, stand er auf
und ging an einen einsamen Ort, um zu beten.
6 Simon und seine Begleiter eilten ihm nach,
7 und als sie ihn fanden,
sagten sie zu ihm: Alle suchen dich.**

38 **Er antwortete: Laßt uns anderswohin gehen,**
in die benachbarten Dörfer,
damit ich auch dort predige;
denn dazu bin ich gekommen.
39 **Und er zog durch ganz Galiläa,**
predigte in den Synagogen
und trieb die Dämonen aus.

Glaubensbekenntnis, S. 352 ff.
Fürbitten vgl. S. 781 ff.

ZUR EUCHARISTIEFEIER *Unablässig ist Gott dabei, die verwundete Schöpfung zu heilen. Wo Jesus hinkommt, weichen die dunklen Mächte. – Heile mich, Herr, dann bin ich heil; hilf mir, dann ist mir geholfen. Du bist meine Hoffnung (vgl. Jer 17,13–14).*

GABENGEBET

Herr, unser Gott,
du hast Brot und Wein geschaffen,
um uns Menschen in diesem vergänglichen Leben
Nahrung und Freude zu schenken.
Mache diese Gaben zum Sakrament,
das uns ewiges Leben bringt.
Darum bitten wir durch Christus, unseren Herrn.

Präfation, S. 420 ff.

KOMMUNIONVERS Ps 107 (106), 8–9

Wir wollen dem Herrn danken für seine Huld,
für sein wunderbares Tun an den Menschen,
weil er die hungernde Seele mit seinen Gaben erfüllt hat.

Oder: Mt 5,4.6

Selig, die trauern; denn sie werden getröstet werden.
Selig, die hungern und dürsten nach der Gerechtigkeit;
denn sie werden satt werden.

SCHLUSSGEBET

Barmherziger Gott,
du hast uns teilhaben lassen
an dem einen Brot und dem einen Kelch.
Laß uns eins werden in Christus
und Diener der Freude sein für die Welt.
Darum bitten wir durch Christus, unseren Herrn.

FÜR DEN TAG UND DIE WOCHE

Das Evangelium in seiner ursprünglichen Frische *Es ist Warten auf Gott. Es ist Leben aus der Dynamik des Heute. Es ist die ständige Rückkehr zu den Quellen. Es ist Versöhnung. – Würden wir, um zu dieser ursprünglichen Frische des Evangeliums zurückzufinden, eine zweite Bekehrung auf uns nehmen? Ein solcher Neuanfang ist freilich um so schwerer zu vollziehen, als die Gewohnheiten, die wir im Lauf der Jahre angenommen haben, und unser Lebensstolz sich dem Geist der Armut und dem Warten auf Gott widersetzen. Der Lebensstolz bildet einen Spalt, durch den alle Frische des Evangeliums versickert. Nehmen wir jedoch diese Bekehrung an, mit allem, was sie einschließt, so wird Christus in uns einziehen und unser Herz und unseren Verstand erfüllen. (Frère Roger)*

6. SONNTAG IM JAHRESKREIS

Reinheit – darüber muß man heute leise reden. Man gerät in den Verdacht, engherzig und schmalspurig zu sein. Reinheit im großen Sinn aber ist mehr als Freisein von Sünde, mehr als Keuschheit; diese ist nur ein bemerkenswerter Einzelfall von Reinheit. Unrein ist ein Wesen, wenn es im Genuß verweilt oder sich in Egoismus einrollt. Da fehlt der Schwung, die Geradheit, die Ganzheit. Die Reinheit eines Menschen bemißt sich nach dem Grad der Anziehung, die ihn zur göttlichen Mitte hinführt.

ERÖFFNUNGSVERS Ps 31 (30), 3–4

Sei mir ein schützender Fels, eine feste Burg, die mich rettet.
Denn du bist mein Fels und meine Burg;
um deines Namens willen wirst du mich führen und leiten.

Ehre sei Gott, S. 348 ff.

TAGESGEBET

Gott, du liebst deine Geschöpfe,
und es ist deine Freude,
bei den Menschen zu wohnen.
Gib uns ein neues und reines Herz,
das bereit ist, dich aufzunehmen.
Darum bitten wir durch Jesus Christus.

ZUR 1. LESUNG *Unter Reinheit verstand man im Alten Bund die Voraussetzungen, die ein Mensch erfüllen muß, um am Gottesdienst teilnehmen zu können. Es ging scheinbar um äußere Vorschriften, die in Wirklichkeit aber auch den inneren Menschen angehen. Krankheiten wie der Aussatz machten den Menschen „unrein". Das hatte natürlich auch seine medizinische Bedeutung. Es war damals schwierig, den eigentlichen Aussatz, die Lepra, von Krankheiten zu unterscheiden, die zunächst ähnliche Anzeichen aufwiesen. Der Krankheit gegenüber war man ziemlich hilflos; so suchte man wenigstens der Ansteckung vorzubeugen.*

ERSTE LESUNG Lev 13, 1–2.43ac.44ab.45–46

Der Aussätzige soll abgesondert wohnen, außerhalb des Lagers

Lesung
aus dem Buch Levítikus.

1 **Der Herr sprach zu Mose und Aaron:**
2 **Wenn sich auf der Haut eines Menschen**
eine Schwellung, ein Ausschlag oder ein heller Fleck bildet,
liegt Verdacht auf Hautaussatz vor.
Man soll ihn zum Priester Aaron
oder zu einem seiner Söhne, den Priestern, führen.

3ac Der Priester soll ihn untersuchen.
Stellt er eine Schwellung fest, die wie Aussatz aussieht,
4ab so ist der Mensch aussätzig;
er ist unrein.
Der Priester muß ihn für unrein erklären.

5 Der Aussätzige, der von diesem Übel betroffen ist,
soll eingerissene Kleider tragen
und das Kopfhaar ungepflegt lassen;
er soll den Schnurrbart verhüllen
und ausrufen: Unrein! Unrein!

6 Solange das Übel besteht,
bleibt er unrein;
er ist unrein.
Er soll abgesondert wohnen,
außerhalb des Lagers soll er sich aufhalten.

ANTWORTPSALM Ps 32 (31), 1–2.5.10–11 (℟: vgl. 7)

℟ Du bist mein Schutz, o Herr, (GL 527, 5)
du rettest mich und hüllst mich in Jubel. – ℟

Wohl dem, dessen Frevel vergeben * IV. Ton
und dessen Sünde bedeckt ist.

Wohl dem Menschen, dem der Herr die Schuld nicht zur Last legt *
und dessen Herz keine Falschheit kennt. – (℟)

Ich bekannte dir meine Sünde *
und verbarg nicht länger meine Schuld vor dir.

Ich sagte: Ich will dem Herrn meine Frevel bekennen. *
Und du hast mir die Schuld vergeben. – (℟)

Der Frevler leidet viele Schmerzen, *
doch wer dem Herrn vertraut, den wird er mit seiner Huld umgeben.

Freut euch am Herrn und jauchzt, ihr Gerechten, *
jubelt alle, ihr Menschen mit redlichem Herzen! – ℟

ZUR 2. LESUNG *Unter den Anfragen aus Korinth war auch diese: Ob es einem Christen erlaubt sei, Fleisch zu essen, das vorher den heidnischen Göttern als Opfer dargebracht worden war. Antwort: Es ist erlaubt, denn diese Götter sind nichts. Der Christ soll ein freies und klares Gewissen haben; aber auch seiner eigenen Freiheit gegenüber soll er so frei sein, daß er auf sie verzichten kann, wenn die Rücksicht auf das Gewissen eines anderen dies erfordert.*

ZWEITE LESUNG 1 Kor 10,31 – 11,1

Nehmt mich zum Vorbild, wie ich Christus zum Vorbild nehme

Lesung
aus dem ersten Brief des Apostels Paulus an die Korínther.

Brüder!
31 **Ob ihr eßt oder trinkt oder etwas anderes tut:**
tut alles zur Verherrlichung Gottes!
32 **Gebt weder Juden noch Griechen,**
noch der Kirche Gottes
Anlaß zu einem Vorwurf!
33 **Auch ich suche allen in allem entgegenzukommen;**
ich suche nicht meinen Nutzen,
sondern den Nutzen aller, damit sie gerettet werden.
1 **Nehmt mich zum Vorbild,**
wie ich Christus zum Vorbild nehme.

RUF VOR DEM EVANGELIUM Vers: vgl. Lk 7,16

Halleluja. Halleluja.

Ein großer Prophet trat unter uns auf:
Gott nahm sich seines Volkes an.

Halleluja.

ZUM EVANGELIUM *Die Wunder Jesu sind Zeichen seiner Macht und der anbrechenden Gottesherrschaft. Jesus ist aber auch wirklicher Mensch, er leidet die Not anderer mit. Aussätzige erfahren seine menschliche Güte und seine göttliche Kraft der Heilung. Jesus hat den Willen zu helfen, und er hat die Macht. Der Geheilte aber kann nicht schweigen, er muß die Macht Gottes bezeugen.*

EVANGELIUM

Mk 1,40–45

Der Aussatz verschwand, und der Mann war rein

✠ **Aus dem heiligen Evangelium nach Markus.**

In jener Zeit
0 **kam ein Aussätziger zu Jesus**
und bat ihn um Hilfe;
er fiel vor ihm auf die Knie
und sagte: Wenn du willst,
kannst du machen, daß ich rein werde.
1 **Jesus hatte Mitleid mit ihm;**
er streckte die Hand aus,
berührte ihn
und sagte: Ich will es – werde rein!
2 **Im gleichen Augenblick verschwand der Aussatz,**
und der Mann war rein.

3 **Jesus schickte ihn weg**
und schärfte ihm ein:
4 **Nimm dich in acht!**
Erzähl niemand etwas davon,
sondern geh, zeig dich dem Priester
und bring das Reinigungsopfer dar, das Mose angeordnet hat.
Das soll für sie ein Beweis meiner Gesetzestreue sein.

5 **Der Mann aber ging weg**
und erzählte bei jeder Gelegenheit, was geschehen war;
er verbreitete die ganze Geschichte,
so daß sich Jesus in keiner Stadt mehr zeigen konnte;
er hielt sich nur noch außerhalb der Städte
an einsamen Orten auf.
Dennoch kamen die Leute von überallher zu ihm.

Glaubensbekenntnis, S. 352 ff.
Fürbitten vgl. S. 781 ff.

ZUR EUCHARISTIEFEIER *Wen Jesus anrührt, der Heilige Gottes, der ist gerettet. Mich berührt sein Wort; er sagt zu mir: Ich will es, sei rein. Und mich heiligt das Sakrament seines Leibes und Blutes.*

GABENGEBET

**Barmherziger Gott,
das heilige Opfer reinige uns von Sünden
und mache uns zu neuen Menschen.
Es helfe uns, nach deinem Willen zu leben,
damit wir den verheißenen Lohn erlangen.
Darum bitten wir durch Christus, unseren Herrn.**

Präfation, S. 420 ff.

KOMMUNIONVERS Vgl. Ps 78 (77), 29–30

**Alle aßen und wurden satt; er gab ihnen, was sie begehrten.
Ihr Verlangen wurde erfüllt.**

Oder: Joh 3, 16

**Gott hat die Welt so geliebt, daß er seinen einzigen Sohn hingab,
damit jeder, der an ihn glaubt, nicht zugrunde geht,
sondern das ewige Leben hat.**

SCHLUSSGEBET

**Gott, du Spender alles Guten,
du hast uns das Brot des Himmels geschenkt.
Erhalte in uns das Verlangen nach dieser Speise,
die unser wahres Leben ist.
Darum bitten wir durch Christus, unseren Herrn.**

FÜR DEN TAG UND DIE WOCHE

Leben meines Lebens,
*immer will ich mich bemühen,
meinen Körper rein zu halten, wissend,
daß auf allen meinen Gliedern die Berührung
deiner Hände liegt.*

*Immer will ich mich bemühen, meinem Denken fernzuhalten
jede Art von Lüge, wissend, daß das Licht
vernünftigen Denkens, das du in mir entzündet,
deinen Namen trägt.*

*Und es sei mein ganzes Streben, dich
in meinem Tun zu offenbaren, wissend,
daß es deine Macht ist,
die mir Kraft zum Handeln gibt. (Rabindranath Tagore, 1910)*

7. SONNTAG IM JAHRESKREIS

Wer vor dem Gesetz schuldig geworden ist, wird bestraft. Damit soll die Schuld gesühnt, der Schuldige gebessert werden. So verlangt es das Recht. Aber die Gerechtigkeit Gottes ist größer. Gott will die Menschen dadurch besser machen, daß er ihnen die Schuld vergibt. Uns allen wurde viel vergeben. Das sollen wir nicht vergessen, es soll uns aber nicht quälen, im Gegenteil: es soll uns dankbar machen und gütig gegenüber dem, der unsere Vergebung braucht.

ERÖFFNUNGSVERS Ps 13 (12), 6

Herr, ich baue auf deine Huld,
mein Herz soll über deine Hilfe frohlocken.
Singen will ich dem Herrn, weil er mir Gutes getan hat.

Ehre sei Gott, S. 348 ff.

TAGESGEBET

Barmherziger Gott,
du hast durch deinen Sohn zu uns gesprochen.
Laß uns immer wieder über dein Wort nachsinnen,
damit wir reden und tun, was dir gefällt.
Darum bitten wir durch Jesus Christus.

ZUR 1. LESUNG *Dem Volk, das seit Jahren im babylonischen Exil lebt, kündet der Prophet die Befreiung an. Gott selbst wird eingreifen, wie er es in der alten Zeit getan hat, als er Israel aus Ägypten herausführte. Gott vergibt die Schuld, das ist die eigentliche Rettung. Sie macht die innere Umkehr des Volkes und dann auch die äußere Rückkehr in die Heimat erst möglich.*

ERSTE LESUNG Jes 43, 18–19.21–22.24b–25

Um meinetwillen lösche ich deine Vergehen aus

Lesung
aus dem Buch Jesája.

So spricht der Herr:
8 **Denkt nicht mehr an das, was früher war;**
auf das, was vergangen ist, sollt ihr nicht achten.

19 **Seht her, nun mache ich etwas Neues.**
Schon kommt es zum Vorschein, merkt ihr es nicht?
Ja, ich lege einen Weg an durch die Steppe
und Straßen durch die Wüste.
21 **Das Volk, das ich mir erschaffen habe,**
wird meinen Ruhm verkünden.

22 **Jakob, du hast mich nicht gerufen,**
Israel, du hast dir mit mir keine Mühe gemacht.
24b **Du hast mir mit deinen Sünden Arbeit gemacht,**
mit deinen üblen Taten hast du mich geplagt.
25 **Ich, ich bin es, der um meinetwillen deine Vergehen auslöscht,**
ich denke nicht mehr an deine Sünden.

ANTWORTPSALM Ps 41 (40), 2–3a.4–5.13–14 (R: 5b)

R **Heile mich, Herr;** (GL 527, 5)
denn ich habe gegen dich gesündigt. – R

2 **Wohl dem, der sich des Schwachen annimmt; *** IV. Ton
zur Zeit des Unheils wird der Herr ihn retten.

3a **Ihn wird der Herr behüten ***
und am Leben erhalten. – (R)

4 **Auf dem Krankenbett wird der Herr ihn stärken; ***
seine Krankheit verwandelst du in Kraft.

5 **Ich sagte: Herr, sei mir gnädig, ***
heile mich; denn ich habe gegen dich gesündigt. – (R)

13 **Weil ich aufrichtig bin, hältst du mich fest ***
und stellst mich vor dein Antlitz für immer.

14 **Gepriesen sei der Herr, der Gott Israels, ***
von Ewigkeit zu Ewigkeit. Amen, ja amen. – R

ZUR 2. LESUNG *Paulus hatte der Gemeinde von Korinth seinen Besuch angekündigt, war dann aber nicht gekommen. Die Situation in der Gemeinde war so, daß ein Besuch in diesem Moment eher schädlich als nützlich gewesen wäre. Auf keinen Fall soll ein Zweifel an der Zuverlässigkeit des Apostels aufkommen. Als Bote Gottes muß er ja Gottes eigene Treue und Zuverlässigkeit verkörpern. Gott ist treu; dafür bürgt der menschgewordene Sohn; er ist das Ja Gottes zu all seinen Verheißungen. Das bezeugt uns der Heilige Geist, den wir in der*

Taufe empfangen haben. Auch das Leben jedes Christen muß so klar und lauter sein wie das Amen, das wir in der liturgischen Feier in der Kraft des Heiligen Geistes sprechen.

ZWEITE LESUNG 2 Kor 1, 18–22

Jesus Christus ist nicht als Ja und Nein zugleich gekommen; in ihm ist das Ja verwirklicht

Lesung
aus dem zweiten Brief des Apostels Paulus an die Korínther.

Brüder!
18 **Gott ist treu,**
er bürgt dafür,
daß unser Wort euch gegenüber nicht Ja und Nein zugleich ist.
19 **Denn Gottes Sohn Jesus Christus,**
der euch durch uns verkündigt wurde
– durch mich, Silvánus und Timótheus –,
ist nicht als Ja und Nein zugleich gekommen;
in ihm ist das Ja verwirklicht.
20 **Er ist das Ja zu allem, was Gott verheißen hat.**
Darum rufen wir durch ihn zu Gottes Lobpreis auch das Amen.
21 **Gott aber, der uns und euch in der Treue zu Christus festigt**
und der uns alle gesalbt hat,
22 **er ist es auch, der uns sein Siegel aufgedrückt**
und als ersten Anteil am verheißenen Heil
den Geist in unser Herz gegeben hat.

RUF VOR DEM EVANGELIUM Vers: vgl. Lk 4, 18

Halleluja. Halleluja.

Der Herr hat mich gesandt,
den Armen die Frohe Botschaft zu bringen
und den Gefangenen die Freiheit zu verkünden.

Halleluja.

ZUM EVANGELIUM *Jesus hat die Macht, zu lehren, Dämonen auszutreiben, Krankheiten zu heilen. Er tritt aber auch mit dem Anspruch auf, Sünden vergeben zu können. Das ist nicht nur ungewöhnlich; es ist in den Augen der Schriftgelehrten eine Gotteslästerung.*

Und sie haben recht: Niemand kann Sünden vergeben als Gott allein. Jesus bestreitet das nicht; er beweist durch die Krankenheilung seine Vollmacht.

EVANGELIUM

Mk 2, 1–12

Der Menschensohn hat die Vollmacht, hier auf der Erde Sünden zu vergeben

✠ **Aus dem heiligen Evangelium nach Markus.**

1 Als Jesus nach Kafárnaum zurückkam,
wurde bekannt, daß er wieder zu Hause war.
2 Und es versammelten sich so viele Menschen,
daß nicht einmal mehr vor der Tür Platz war;
und er verkündete ihnen das Wort.

3 Da brachte man einen Gelähmten zu ihm;
er wurde von vier Männern getragen.
4 Weil sie ihn aber wegen der vielen Leute
nicht bis zu Jesus bringen konnten,
deckten sie dort, wo Jesus war, das Dach ab,
schlugen die Decke durch
und ließen den Gelähmten
auf seiner Tragbahre durch die Öffnung hinab.
5 Als Jesus ihren Glauben sah,
sagte er zu dem Gelähmten: Mein Sohn,
deine Sünden sind dir vergeben!
6 Einige Schriftgelehrte aber, die dort saßen, dachten im stillen:
7 Wie kann dieser Mensch so reden?
Er lästert Gott.
Wer kann Sünden vergeben außer dem einen Gott?

8 Jesus erkannte sofort, was sie dachten,
und sagte zu ihnen: Was für Gedanken habt ihr im Herzen?
9 Ist es leichter,
zu dem Gelähmten zu sagen: Deine Sünden sind dir vergeben!,
oder zu sagen:
Steh auf, nimm deine Tragbahre, und geh umher?

10 Ihr sollt aber erkennen,
daß der Menschensohn die Vollmacht hat,
hier auf der Erde Sünden zu vergeben.
Und er sagte zu dem Gelähmten:
11 Ich sage dir:

Steh auf, nimm deine Tragbahre, und geh nach Hause!

12 **Der Mann stand sofort auf,**
nahm seine Tragbahre
und ging vor aller Augen weg.
Da gerieten alle außer sich;
sie priesen Gott
und sagten: So etwas haben wir noch nie gesehen.

Glaubensbekenntnis, S. 352 ff.
Fürbitten vgl. S. 781 ff.

ZUR EUCHARISTIEFEIER *Durch Jesus haben wir die Vergebung der Sünden: durch sein Opfer am Kreuz und durch das Wort der Vergebung. Auch das verbindet uns zur Gemeinschaft: zu wissen, daß uns allen vergeben wurde.*

GABENGEBET

Allmächtiger Gott,
in der Feier der göttlichen Geheimnisse
erfüllen wir den Dienst, der uns aufgetragen ist.
Gib, daß wir deine Größe würdig loben und preisen
und aus diesem Opfer Heil empfangen.
Darum bitten wir durch Christus, unseren Herrn.

Präfation, S. 420 ff.

KOMMUNIONVERS Ps 9, 2–3

Herr, verkünden will ich all deine Wunder.
Ich will jauchzen und an dir mich freuen,
für dich, du Höchster, will ich singen und spielen.

Oder: Joh 11, 27

Ja, Herr, ich glaube, daß du der Messias bist,
der Sohn Gottes, der in die Welt kommen soll.

SCHLUSSGEBET

Getreuer Gott,
du hast uns das heilige Sakrament
als Unterpfand der kommenden Herrlichkeit gegeben.
Schenke uns einst das Heil in seiner ganzen Fülle.
Darum bitten wir durch Christus, unseren Herrn.

FÜR DEN TAG UND DIE WOCHE

Er ist da *Ob wir von Christus wissen oder nicht, er ist da, ganz nahe bei jedem. Wie ein unbemerkter Begleiter, wie Licht in unserer Finsternis, wie ein brennendes Feuer im Herzen des Menschen. Er hat sich so sehr an die Menschen gebunden, daß er bei ihnen bleibt, auch wenn sie es nicht wissen.*

Aber Christus ist, wie Gott, auch ein anderer als wir. Er ist das Gegenüber des Menschen, der ihn unablässig sucht, von Angesicht zu Angesicht. (Frère Roger)

8. SONNTAG IM JAHRESKREIS

Warum hat Gott sich ein Volk ausgesucht und mit ihm einen Bund geschlossen? Warum hat er zu diesem Bund sein endgültiges Ja gesagt in der Menschwerdung des Sohnes? Warum ruft er uns zum Fest seiner Liebe? Dafür gibt es keinen anderen Grund als eben diese grundlose Liebe, die aus dem Reichtum seines Herzens kommt. Die Liebe wartet auf die Antwort des Glaubens und der Treue. Die Antwort der Freude und auch des Schmerzes.

ERÖFFNUNGSVERS Ps 18 (17), 19.20

Der Herr wurde mein Halt.
Er führte mich hinaus ins Weite,
er befreite mich, denn er hat an mir Gefallen.

Ehre sei Gott, S. 348 ff.

TAGESGEBET

Allmächtiger Gott,
deine Vorsehung bestimmt den Lauf der Dinge
und das Schicksal der Menschen.
Lenke die Welt in den Bahnen deiner Ordnung,
damit die Kirche
in Frieden deinen Auftrag erfüllen kann.
Darum bitten wir durch Jesus Christus.

ZUR 1. LESUNG *Gott hat Israel aus Ägypten herausgeführt und es zu seinem Volk gemacht. Die Jugendzeit des Volkes, die Zeit der Wüste, war die Zeit der ersten Liebe; Israel kannte keinen anderen Gott. Später, im Kulturland, hat der Wohlstand das Volk von Gott weggeführt; es gab andere, zeitgemäßere Götter. Aber Gott liebt sein Volk immer noch; er wird es von der Knechtschaft der neuen Götter befreien. Er wird es noch einmal in die Wüste führen; dort wird es wieder Liebe und Treue lernen und zu seinem Gott zurückfinden.*

ERSTE LESUNG Hos 2, 16b.17b.21–22

Ich traue dich mir an auf ewig

Lesung
aus dem Buch Hoséa.

So spricht der Herr:
16b **Ich will Israel, meine treulose Braut, in die Wüste hinausführen**
und sie umwerben.
17b **Sie wird mir dorthin bereitwillig folgen**
wie in den Tagen ihrer Jugend,
wie damals, als sie aus Ägypten heraufzog.

21 **Ich traue dich mir an auf ewig;**
ich traue dich mir an
um den Brautpreis von Gerechtigkeit und Recht,
von Liebe und Erbarmen,
22 **ich traue dich mir an um den Brautpreis meiner Treue:**
Dann wirst du den Herrn erkennen.

ANTWORTPSALM Ps 103 (102), 1–2.3–4.8 u. 10.12–13 (R: vgl. 8)

℟ Gnädig und barmherzig ist der Herr, (GL 742, 2)
voll Langmut und reich an Güte. – ℟

Lobe den Herrn, meine Seele, * IV. Ton
und alles in mir seinen heiligen Namen!

Lobe den Herrn, meine Seele, *
und vergiß nicht, was er dir Gutes getan hat: – (℟)

der dir all deine Schuld vergibt *
und all deine Gebrechen heilt,

der dein Leben vor dem Untergang rettet *
und dich mit Huld und Erbarmen krönt. – (℟)

8 **Der Herr ist barmherzig und gnädig, ***
langmütig und reich an Güte.

10 **Er handelt an uns nicht nach unsern Sünden ***
und vergilt uns nicht nach unsrer Schuld. – (R)

12 **So weit der Aufgang entfernt ist vom Untergang, ***
so weit entfernt er die Schuld von uns.

13 **Wie ein Vater sich seiner Kinder erbarmt, ***
so erbarmt sich der Herr über alle, die ihn fürchten.

℟ **Gnädig und barmherzig ist der Herr,**
voll Langmut und reich an Güte.

ZUR 2. LESUNG *Trotz mancher Spannungen weiß der Apostel sich der Gemeinde von Korinth eng verbunden. Er braucht im Grunde keine andere Empfehlung, um sein Apostelamt zu verteidigen, als eben diese Gemeinde. Durch ihren Glauben ist sie der Beweis dafür, daß durch den Apostel der Geist Gottes am Werk ist. Niemand ist zu einem solchen Aposteldienst fähig, wenn nicht der Geist Gottes in ihm wirkt.*

ZWEITE LESUNG 2 Kor 3, 1b–6

Ihr seid ein Brief Christi, ausgefertigt durch unseren Dienst

Lesung
aus dem zweiten Brief des Apostels Paulus an die Korínther.

Brüder!
1b **Brauchen wir – wie gewisse Leute –**
Empfehlungsschreiben an euch oder von euch?
2 **Unser Empfehlungsschreiben seid ihr;**
es ist eingeschrieben in unser Herz,
und alle Menschen können es lesen und verstehen.

3 **Unverkennbar seid ihr ein Brief Christi,**
ausgefertigt durch unseren Dienst,
geschrieben nicht mit Tinte,
sondern mit dem Geist des lebendigen Gottes,
nicht auf Tafeln aus Stein,
sondern – wie auf Tafeln – in Herzen von Fleisch.

4 **Wir haben durch Christus so großes Vertrauen zu Gott.**

5 Doch sind wir dazu nicht von uns aus fähig,
als ob wir uns selbst etwas zuschreiben könnten;
unsere Befähigung stammt vielmehr von Gott.
6 Er hat uns fähig gemacht,
Diener des Neuen Bundes zu sein,
nicht des Buchstabens,
sondern des Geistes.
Denn der Buchstabe tötet,
der Geist aber macht lebendig.

RUF VOR DEM EVANGELIUM — Vers: vgl. Jak 1, 18

Halleluja. Halleluja.

Durch das Wort der Wahrheit hat uns der Vater das Leben geschenkt und uns zu Erstlingen seiner Schöpfung gemacht.

Halleluja.

ZUM EVANGELIUM *Den Gottesbund vom Sinai hat Israel hundertmal gebrochen. Aber Gott kann dieses Volk nicht aufgeben; er ist treu, und er liebt dieses Volk. Er wird einen neuen Bund schaffen: Er will alle Schuld vergeben und einen neuen Anfang machen. Jesus beansprucht, der neue Anfang zu sein. Wenn er erklärt, jetzt seien die Tage der Hochzeit, nimmt er für sich in Anspruch, der Herr und Gemahl des neuen Gottesvolkes zu sein, so wie im Alten Bund Jahwe sich als „Gemahl" seines Volkes bezeichnet hatte (vgl. 1. Lesung).*

EVANGELIUM — Mk 2, 18–22

Der Bräutigam ist bei ihnen

✠ Aus dem heiligen Evangelium nach Markus.

18 Da die Jünger des Johannes und die Pharisäer zu fasten pflegten,
kamen Leute zu Jesus
und sagten: Warum fasten deine Jünger nicht,
während die Jünger des Johannes
und die Jünger der Pharisäer fasten?

19 Jesus antwortete ihnen:
Können denn die Hochzeitsgäste fasten,
solange der Bräutigam bei ihnen ist?

Solange der Bräutigam bei ihnen ist,
können sie nicht fasten.

20 **Es werden aber Tage kommen,**
da wird ihnen der Bräutigam genommen sein;
an jenem Tag werden sie fasten.

21 **Niemand näht ein Stück neuen Stoff auf ein altes Kleid;**
denn der neue Stoff reißt doch vom alten Kleid ab,
und es entsteht ein noch größerer Riß.
22 **Auch füllt niemand neuen Wein in alte Schläuche.**
Sonst zerreißt der Wein die Schläuche;
der Wein ist verloren,
und die Schläuche sind unbrauchbar.
Neuer Wein gehört in neue Schläuche.

Glaubensbekenntnis, S. 352 ff.
Fürbitten vgl. S. 781 ff.

ZUR EUCHARISTIEFEIER *Im Wort höre ich die Stimme Christi. Im sakramentalen Zeichen von Brot und Wein erfahre ich seine Gegenwart. Komm, Herr, mach mich bereit für dich! Hilf mir, dich dort zu erkennen, wo du bist: im Sakrament, im Bruder, in der Schwester.*

GABENGEBET

Gütiger Gott,
du selber hast uns die Gaben geschenkt,
die wir auf den Altar legen.
Nimm sie an als Zeichen unserer Hingabe
und gib uns die Kraft
zu einem Leben nach deinem Willen,
damit wir einst den ewigen Lohn empfangen.
Darum bitten wir durch Christus, unseren Herrn.

Präfation, S. 420 ff.

KOMMUNIONVERS Ps 13 (12), 6

Singen will ich dem Herrn, weil er mir Gutes getan hat,
den Namen des Höchsten will ich preisen.

Oder: Mt 28, 20

Ich bin bei euch alle Tage bis zum Ende der Welt – so spricht der Herr.

SCHLUSSGEBET

**Barmherziger Gott,
du hast uns in diesem Mahl
die Gabe des Heiles geschenkt.
Dein Sakrament gebe uns Kraft in dieser Zeit
und in der kommenden Welt das ewige Leben.
Darum bitten wir durch Christus, unseren Herrn.**

FÜR DEN TAG UND DIE WOCHE

*Wer bin ich, daß ich einen Platz in deinem Herzen, in deinem Haus, in deinem Reich verdiente? Wer bin ich, Herr, daß ich auf deine Vergebung, deine Freundschaft, deine Umarmung hoffen darf? Dennoch erwarte ich es, sehne mich danach, zähle sogar darauf. Nicht wegen meiner eigenen Verdienste, sondern allein wegen deiner unendlichen Barmherzigkeit. O Herr, du bist der Gerechte, der Gesegnete, der Geliebte, der Rechtschaffene, der Gnadenreiche.
Hilf mir, dir zu folgen, mein Leben mit deinem Leben zu vereinen und ein Spiegel deiner Liebe zu werden. (Henri J. M. Nouwen)*

9. SONNTAG IM JAHRESKREIS

Der Sabbat war (und ist) für Israel das Zeichen seiner Freiheit und seines Stehens im Gottesbund. Für uns Christen ist Christus selbst das Zeichen dafür, daß Gott uns frei gemacht hat. Wir feiern nicht mehr den jüdischen Sabbat, sondern den Sonntag, den Tag der Auferstehung des Herrn. Und wir heiligen den Sonntag nicht schon dadurch, daß wir nichts tun; der Sinn der Feier ist die Begegnung mit Christus, dem Auferstandenen: im Wort, im Sakrament, in den Brüdern.

ERÖFFNUNGSVERS Ps 25 (24), 16.18

**Herr, wende dich mir zu und sei mir gnädig,
denn ich bin einsam und gebeugt.
Sieh meine Not und meine Plage an
und vergib mir all meine Sünden.**

Ehre sei Gott, S. 348 ff.

TAGESGEBET

**Gott, unser Vater,
deine Vorsehung geht niemals fehl.
Halte von uns fern, was uns schadet,
und gewähre uns alles, was zum Heile dient.
Darum bitten wir durch Jesus Christus.**

ZUR 1. LESUNG *Wie es Orte, Dinge und Menschen gibt, die geheiligt, d. h. in besonderer Weise Gott geweiht sind, so hat Gott auch aus dem Ablauf der Zeit bestimmte Tage sozusagen herausgenommen; sie sollen ihm geweiht und vorbehalten sein. Das Sabbatgebot wird in der Lesung mit der Befreiung aus Ägypten begründet; nur ein freies Volk und freie Menschen können ruhen und Feste feiern. Und alle Schichten der Gesellschaft sollen daran teilhaben können.*

ERSTE LESUNG Dtn 5, 12–15

Denk daran: Als du in Ägypten Sklave warst, hat dich der Herr dort herausgeführt

**Lesung
aus dem Buch Deuteronómium.**

**So spricht der Herr:
12 Achte auf den Sabbat:
Halte ihn heilig,
wie es dir der Herr, dein Gott, zur Pflicht gemacht hat.
13 Sechs Tage darfst du schaffen und jede Arbeit tun.
14 Der siebte Tag ist ein Ruhetag,
dem Herrn, deinem Gott, geweiht.
An ihm darfst du keine Arbeit tun:
du, dein Sohn und deine Tochter,
dein Sklave und deine Sklavin,
dein Rind, dein Esel und dein ganzes Vieh
und der Fremde, der in deinen Stadtbereichen Wohnrecht hat.
Dein Sklave und deine Sklavin sollen sich ausruhen wie du.**

**15 Denk daran:
Als du in Ägypten Sklave warst,
hat dich der Herr, dein Gott,
mit starker Hand und hoch erhobenem Arm dort herausgeführt.**

**Darum hat es dir der Herr, dein Gott, zur Pflicht gemacht,
den Sabbat zu halten.**

ANTWORTPSALM Ps 81 (80), 3–4.5–6b.6c–8a.10–11 (R: vgl. 2a)

℟ Lobet Gott, den Herrn; (GL 678, 1)
denn er ist unsere Zuflucht. – ℟

Stimmt an den Gesang, schlagt die Pauke, * VII. Ton
die liebliche Laute, dazu die Harfe!

Stoßt in die Posaune am Neumond *
und zum Vollmond, am Tag unsres Festes! – (℟)

Denn das ist Satzung für Israel, *
Entscheid des Gottes Jakobs.

ab **Das hat er als Gesetz für Josef erlassen, ***
als Gott gegen Ägypten auszog. – (℟)

c **Eine Stimme höre ich, die ich noch nie vernahm: †**
Seine Schulter hab' ich von der Bürde befreit, *
seine Hände kamen los vom Lastkorb.

a **Du riefst in der Not, ***
und ich riß dich heraus. – (℟)

0 **Für dich gibt es keinen andern Gott. ***
Du sollst keinen fremden Gott anbeten.

1 **Ich bin der Herr, dein Gott, †**
der dich heraufgeführt hat aus Ägypten. *
Tu deinen Mund auf! Ich will ihn füllen. – ℟

ZUR 2. LESUNG *Inhalt und Ziel der apostolischen Verkündigung ist Christus. Er ist das Licht, das im Wort und im Leben des Apostels leuchtet. Er erfüllt mit seiner Klarheit und Helligkeit auch das Leben der christlichen Gemeinde. Freilich, für diesen Schatz ist jedes irdische Gefäß zu eng. Aber selbst durch die Risse und Sprünge des schwachen Gefäßes hindurch scheint der göttliche Glanz des Evangeliums.*

ZWEITE LESUNG 2 Kor 4,6–11

Das Leben Jesu wird an unserem Leib sichtbar

Lesung
aus dem zweiten Brief des Apostels Paulus an die Korínther.

Brüder!
6 **Gott, der sprach: Aus Finsternis soll Licht aufleuchten!,**
er ist in unseren Herzen aufgeleuchtet,
damit wir erleuchtet werden
zur Erkenntnis des göttlichen Glanzes auf dem Antlitz Christi.
7 **Diesen Schatz tragen wir Apostel in zerbrechlichen Gefäßen;**
so wird deutlich,
daß das Übermaß der Kraft von Gott und nicht von uns kommt.
8 **Von allen Seiten werden wir in die Enge getrieben**
und finden doch noch Raum;
wir wissen weder aus noch ein
und verzweifeln dennoch nicht;
9 **wir werden gehetzt**
und sind doch nicht verlassen;
wir werden niedergestreckt
und doch nicht vernichtet.
10 **Wohin wir auch kommen,**
immer tragen wir das Todesleiden Jesu an unserem Leib,
damit auch das Leben Jesu an unserem Leib sichtbar wird.
11 **Denn immer werden wir, obgleich wir leben,**
um Jesu willen dem Tod ausgeliefert,
damit auch das Leben Jesu
an unserem sterblichen Fleisch offenbar wird.

RUF VOR DEM EVANGELIUM Vers: vgl. Joh 17,17

Halleluja. Halleluja.

Dein Wort, o Herr, ist Wahrheit;
heilige uns in der Wahrheit!

Halleluja.

ZUM EVANGELIUM *Das Evangelium berichtet von einem Streitgespräch über den Sabbat und im zweiten Teil von einer Krankenheilung am Sabbat. Hinter der Frage nach dem Sinn des Sabbats steht beunruhigend die Frage nach der Person Jesu und seiner Vollmacht. Nach dem Sinn zu fragen kann sehr unbequem sein; denn der Sinn muß über die richtige Praxis entscheiden. Es ist leichter, sich an den Buchstaben zu halten, als in eigener Verantwortung zu entscheiden.*

EVANGELIUM Mk 2,23 – 3,6

Der Menschensohn ist Herr auch über den Sabbat

✠ Aus dem heiligen Evangelium nach Markus.

23 An einem Sabbat ging Jesus durch die Kornfelder,
und unterwegs rissen seine Jünger Ähren ab.
24 Da sagten die Pharisäer zu ihm: Sieh dir an, was sie tun!
Das ist doch am Sabbat verboten.

25 Er antwortete: Habt ihr nie gelesen, was David getan hat,
als er und seine Begleiter hungrig waren
und nichts zu essen hatten
26 – wie er zur Zeit des Hohenpriesters Ábjatar
in das Haus Gottes ging und die heiligen Brote aß,
die außer den Priestern niemand essen darf,
und auch seinen Begleitern davon gab?

27 Und Jesus fügte hinzu:
Der Sabbat ist für den Menschen da,
nicht der Mensch für den Sabbat.
28 Deshalb ist der Menschensohn Herr auch über den Sabbat.

Als er ein andermal in eine Synagoge ging,
saß dort ein Mann, dessen Hand verdorrt war.
Und sie gaben acht, ob Jesus ihn am Sabbat heilen werde;
sie suchten nämlich einen Grund zur Anklage gegen ihn.

Da sagte er zu dem Mann mit der verdorrten Hand:
Steh auf und stell dich in die Mitte!
Und zu den anderen sagte er:
Was ist am Sabbat erlaubt:
Gutes zu tun oder Böses,
ein Leben zu retten oder es zu vernichten?
Sie aber schwiegen.
Und er sah sie der Reihe nach an,
voll Zorn und Trauer über ihr verstocktes Herz,
und sagte zu dem Mann:
Streck deine Hand aus!

Er streckte sie aus,
und seine Hand war wieder gesund.

6 **Da gingen die Pharisäer hinaus**
und faßten zusammen mit den Anhängern des Herodes
den Beschluß, Jesus umzubringen.

Oder:

KURZFASSUNG Mk 2,23–28

Der Menschensohn ist Herr auch über den Sabbat

✠ **Aus dem heiligen Evangelium nach Markus.**

23 **An einem Sabbat ging Jesus durch die Kornfelder,**
und unterwegs rissen seine Jünger Ähren ab.
24 **Da sagten die Pharisäer zu ihm: Sieh dir an, was sie tun!**
Das ist doch am Sabbat verboten.
25 **Er antwortete: Habt ihr nie gelesen, was David getan hat,**
als er und seine Begleiter hungrig waren
und nichts zu essen hatten
26 **– wie er zur Zeit des Hohenpriesters Ábjatar**
in das Haus Gottes ging und die heiligen Brote aß,
die außer den Priestern niemand essen darf,
und auch seinen Begleitern davon gab?
27 **Und Jesus fügte hinzu:**
Der Sabbat ist für den Menschen da,
nicht der Mensch für den Sabbat.
28 **Deshalb ist der Menschensohn Herr auch über den Sabbat.**

Glaubensbekenntnis, S. 352 ff.
Fürbitten vgl. S. 781 ff.

ZUR EUCHARISTIEFEIER *Man kann zu Christus ja oder nein sagen; das zeigt die Geschichte. Und beides hat Folgen. Ich habe ja gesagt zu Christus; ihm will ich begegnen, dem ganzen Christus, dem Gottessohn und Menschensohn. Bei ihm will ich bleiben.*

GABENGEBET

Herr, unser Gott,
im Vertrauen auf deine Güte
kommen wir mit Gaben zu deinem Altar.

Tilge unsere Schuld
durch das Geheimnis des Glaubens,
das wir im Auftrag deines Sohnes feiern,
und schenke uns deine Gnade.
Darum bitten wir durch Christus, unseren Herrn.

Präfation, S. 420 ff.

KOMMUNIONVERS Ps 17 (16), 6

Ich rufe dich an, denn du, Gott, erhörst mich.
Wende dein Ohr mir zu, vernimm meine Rede.

Oder: Mk 11, 23.24

So spricht der Herr: Amen, ich sage euch:
Betet und bittet, um was ihr wollt;
glaubt nur, daß ihr es schon erhalten habt, dann wird es euch zuteil.

SCHLUSSGEBET

Herr, wir haben den Leib
und das Blut deines Sohnes empfangen.
Führe uns durch deinen Geist,
damit wir uns nicht nur mit Worten zu dir bekennen,
sondern dich auch durch unser Tun bezeugen
und den ewigen Lohn erhalten in deinem Reich.
Darum bitten wir durch Christus, unseren Herrn.

FÜR DEN TAG UND DIE WOCHE

Vergegenwärtigung *Der Sonntag ist zunächst Feiertag. Feier ist mehr als Sichbesinnen, wie sie mehr ist als bloßes Ausruhen. Man feiert immer etwas Bestimmtes: ein Ereignis, ein Gelingen, eine Gründung, ein Gedächtnis. – Das Urereignis unserer Gemeinschaft ist die Liebe. Sie wird gefeiert in der Wiederholung der Festtage, und zwar an zwei Stellen: am Altar der Kirche, wo Gottes Liebe die ewige Quelle des Lebens und die unzerbrochene Trinkschale ist, und am heimischen Herd, dem Sinnbild des Hausaltars, auf dem die Nächstenliebe brennt, wärmt und vereinigt. (Fr. J. J. Buytendijk)*

10. SONNTAG IM JAHRESKREIS

Es gibt das Böse, und es gibt den Bösen. Die Geschichte der Menschheit ist der Beweis dafür. Jesus hat mit dem Bösen gerechnet, er ist ihm in vielfacher Gestalt begegnet: dem Dämon der Stummheit, der Unreinheit, der Lüge, des Hasses. Auch wir tun gut daran, mit ihm zu rechnen, auch wenn er in unserem Jahrhundert andere Gestalten annimmt. Wir wissen aber, daß Jesus der Stärkere ist.

ERÖFFNUNGSVERS

Ps 27 (26), 1–2

Der Herr ist mein Licht und mein Heil;
vor wem sollte ich mich fürchten?
Der Herr ist die Kraft meines Lebens;
vor wem sollte mir bangen?
Meine Bedränger und Feinde,
sie müssen straucheln und fallen.

Ehre sei Gott, S. 348 ff.

TAGESGEBET

Gott, unser Vater,
alles Gute kommt allein von dir.
Schenke uns deinen Geist,
damit wir erkennen, was recht ist,
und es mit deiner Hilfe auch tun.
Darum bitten wir durch Jesus Christus.

ZUR 1. LESUNG *Die biblische Erzählung vom Sündenfall sagt uns, was geschehen ist und was immer wieder geschieht. In wenigen Sätzen beschreibt sie den scheinbar kurzen und doch ungeheuren Weg von der Unschuld zur Schuld und von der Schuld zur Angst. – Die Lehre von der Erbsünde ergibt sich nicht direkt aus der Erzählung vom Sündenfall im Buch Genesis, sondern erst aus dem größeren Zusammenhang der Offenbarung (vgl. Röm 5, 12). Die messianische Deutung von Genesis 3, 15 versteht unter dem Nachkommen der Frau Christus, den Überwinder des Bösen.*

ERSTE LESUNG Gen 3,9–15

Feindschaft setze ich zwischen dich und die Frau, zwischen deinen Nachwuchs und den Nachwuchs der Frau

Lesung
aus dem Buch Génesis.

Nachdem Adam von der Frucht des Baumes gegessen hatte,
rief Gott, der Herr, ihm zu
und sprach: Wo bist du?
10 **Er antwortete: Ich habe dich im Garten kommen hören;**
da geriet ich in Furcht, weil ich nackt bin,
und versteckte mich.

11 **Darauf fragte er: Wer hat dir gesagt, daß du nackt bist?**
Hast du von dem Baum gegessen,
von dem zu essen ich dir verboten habe?
12 **Adam antwortete:**
Die Frau, die du mir beigesellt hast,
sie hat mir von dem Baum gegeben,
und so habe ich gegessen.

13 **Gott, der Herr, sprach zu der Frau:**
Was hast du da getan?
Die Frau antwortete:
Die Schlange hat mich verführt,
und so habe ich gegessen.

14 **Da sprach Gott, der Herr, zur Schlange:**
Weil du das getan hast, bist du verflucht
unter allem Vieh und allen Tieren des Feldes.
Auf dem Bauch sollst du kriechen
und Staub fressen alle Tage deines Lebens.
15 **Feindschaft setze ich zwischen dich und die Frau,**
zwischen deinen Nachwuchs und ihren Nachwuchs.
Er trifft dich am Kopf,
und du triffst ihn an der Ferse.

ANTWORTPSALM Ps 130 (129), 1–2.3–4.5–6b.6c–7a u. 8 (R: 7bc) (GL 191, 1)

R Beim Herrn ist die Huld,
bei ihm ist Erlösung in Fülle. – R

VII. Ton

1 Aus der Tiefe rufe ich, Herr, zu dir: *
2 Herr, höre meine Stimme!

Wende dein Ohr mir zu, *
achte auf mein lautes Flehen! – (R)

3 Würdest du, Herr, unsere Sünden beachten, *
Herr, wer könnte bestehen?

4 Doch bei dir ist Vergebung, *
damit man in Ehrfurcht dir dient. – (R)

5 Ich hoffe auf den Herrn, es hofft meine Seele, *
ich warte voll Vertrauen auf sein Wort.

6ab Meine Seele wartet auf den Herrn *
mehr als die Wächter auf den Morgen. – (R)

6c Mehr als die Wächter auf den Morgen *
7a soll Israel harren auf den Herrn.

8 Ja, er wird Israel erlösen *
von all seinen Sünden. – R

ZUR 2. LESUNG *Die Seele des apostolischen Dienstes ist der Glaube. Weil er an Jesus, den Auferstandenen, glaubt, verbraucht der Apostel sein Leben im Dienst der Verkündigung. Sein Glaube ist Liebe zu Christus und Liebe zu den Menschen, denen er das Licht Christi bringen will. Und sein Glaube ist Hoffnung: Warten auf die Begegnung mit Christus und die Offenbarung seiner Herrlichkeit.*

ZWEITE LESUNG 2 Kor 4, 13 – 5, 1

Wir glauben, darum reden wir

Lesung
aus dem zweiten Brief des Apostels Paulus an die Korínther.

Brüder!
13 Wir haben den gleichen Geist des Glaubens,
von dem es in der Schrift heißt:

Ich habe geglaubt, darum habe ich geredet.
Auch wir glauben, und darum reden wir.
4 Denn wir wissen,
daß der, welcher Jesus, den Herrn, auferweckt hat,
auch uns mit Jesus auferwecken
und uns zusammen mit euch vor sein Angesicht stellen wird.

5 Alles tun wir euretwegen,
damit immer mehr Menschen
aufgrund der überreich gewordenen Gnade
den Dank vervielfachen,
Gott zur Ehre.

6 Darum werden wir nicht müde;
wenn auch unser äußerer Mensch aufgerieben wird,
der innere wird Tag für Tag erneuert.
7 Denn die kleine Last unserer gegenwärtigen Not
schafft uns in maßlosem Übermaß
ein ewiges Gewicht an Herrlichkeit,
8 uns, die wir nicht auf das Sichtbare starren,
sondern nach dem Unsichtbaren ausblicken;
denn das Sichtbare ist vergänglich,
das Unsichtbare ist ewig.

Wir wissen: Wenn unser irdisches Zelt abgebrochen wird,
dann haben wir eine Wohnung von Gott,
ein nicht von Menschenhand errichtetes ewiges Haus im Himmel.

RUF VOR DEM EVANGELIUM Vers: vgl. Joh 12,31b.32

Halleluja. Halleluja.

(So spricht der Herr:)
Jetzt wird der Herrscher dieser Welt hinausgeworfen.
Und wenn ich über die Erde erhöht bin, werde ich alle an mich ziehen.

Halleluja.

ZUM EVANGELIUM *Im Evangelium ist von den Angehörigen Jesu die Rede; im Schlußteil des Abschnitts werden seine Mutter und seine „Brüder" (seine Verwandten) genannt. Das Auftreten Jesu macht ihnen Kummer, sie verstehen ihn nicht mehr. Die Schriftgelehrten aus Jerusalem aber sagen, er sei vom Teufel besessen. Ihnen sagt Jesus in verhüllter Rede, daß er mächtiger ist als der Widersacher. Seinen An-*

gehörigen aber versucht er zu erklären, wer seine wahren Verwandten sind: nicht die „draußen", sondern die Freunde und Jünger an seinem Tisch. Sie hören sein Wort und halten ihm die Treue; Jesus ist ihnen Freund und Bruder geworden.

EVANGELIUM Mk 3,20–35

Das Reich des Satans hat keinen Bestand

✠ **Aus dem heiligen Evangelium nach Markus.**

In jener Zeit
20 ging Jesus in ein Haus,
und wieder kamen so viele Menschen zusammen,
daß er und die Jünger nicht einmal mehr essen konnten.
21 Als seine Angehörigen davon hörten,
machten sie sich auf den Weg,
um ihn mit Gewalt zurückzuholen;
denn sie sagten: Er ist von Sinnen.
22 Die Schriftgelehrten, die von Jerusalem herabgekommen waren,
sagten: Er ist von Beélzebul besessen;
mit Hilfe des Anführers der Dämonen treibt er die Dämonen aus.
23 Da rief er sie zu sich
und belehrte sie in Form von Gleichnissen:
Wie kann der Satan den Satan austreiben?
24 Wenn ein Reich in sich gespalten ist,
kann es keinen Bestand haben.
25 Wenn eine Familie in sich gespalten ist,
kann sie keinen Bestand haben.
26 Und wenn sich der Satan gegen sich selbst erhebt
und mit sich selbst im Streit liegt,
kann er keinen Bestand haben,
sondern es ist um ihn geschehen.
27 Es kann aber auch keiner
in das Haus eines starken Mannes einbrechen
und ihm den Hausrat rauben,
wenn er den Mann nicht vorher fesselt;
erst dann kann er sein Haus plündern.
28 Amen, das sage ich euch:
Alle Vergehen und Lästerungen

werden den Menschen vergeben werden,
so viel sie auch lästern mögen;
29 wer aber den Heiligen Geist lästert,
der findet in Ewigkeit keine Vergebung,
sondern seine Sünde wird ewig an ihm haften.
30 Sie hatten nämlich gesagt:
Er ist von einem unreinen Geist besessen.

31 Da kamen seine Mutter und seine Brüder;
sie blieben vor dem Haus stehen
und ließen ihn herausrufen.
32 Es saßen viele Leute um ihn herum,
und man sagte zu ihm:
Deine Mutter und deine Brüder stehen draußen
und fragen nach dir.
33 Er erwiderte:
Wer ist meine Mutter,
und wer sind meine Brüder?
34 Und er blickte auf die Menschen,
die im Kreis um ihn herumsaßen,
und sagte: Das hier sind meine Mutter und meine Brüder.

35 Wer den Willen Gottes erfüllt,
der ist für mich Bruder und Schwester und Mutter.

Glaubensbekenntnis, S. 352 ff.
Fürbitten vgl. S. 781 ff.

ZUR EUCHARISTIEFEIER *Christus in unserer Mitte: er sieht uns als seine Brüder und Schwestern. Uns: „wer den Willen Gottes tut", so wie er selbst nichts anderes gesucht hat als den Willen des Vaters.*

GABENGEBET

Herr, sieh gütig auf dein Volk,
das sich zu deinem Lob versammelt hat.
Nimm an, was wir darbringen,
und mehre durch diese Feier unsere Liebe.
Darum bitten wir durch Christus, unseren Herrn.

Präfation, S. 420 ff.

KOMMUNIONVERS

Ps 18 (17), 3

Herr, du bist mein Fels, meine Burg, mein Retter, mein Gott, meine Zuflucht.

Oder: 1 Joh 4, 16

Gott ist Liebe, und wer in der Liebe bleibt, bleibt in Gott, und Gott bleibt in ihm.

SCHLUSSGEBET

Barmherziger Gott,
die heilende Kraft dieses Sakramentes
befreie uns von allem verkehrten Streben
und führe uns auf den rechten Weg.
Darum bitten wir durch Christus, unseren Herrn.

FÜR DEN TAG UND DIE WOCHE

Die Spannung *Das Wachstum im Glauben steigert die Empfindsamkeit des Menschen, und zwar nach der positiven wie nach der negativen Seite hin. Den Heiligen werden unendliche Räume der Freude erschlossen, aber sie leiden auch am schlimmsten an sich und an der Unerlöstheit der Welt. Mit der Fähigkeit zur Vision der kommenden, anbrechenden Herrlichkeit steigert sich auch die Einsicht in die Tiefe des Abgrunds der Bosheit und Gottwidrigkeit. Die Waagschalen des Empfindens werden auf beiden Seiten stärker beladen ... Das bringt in das Leben des Glaubenden eine große, oft ungeheure und zuweilen kaum mehr zu ertragende Spannung. (Bernardin Schellenberger)*

11. SONNTAG IM JAHRESKREIS

Jesus spricht vom Reich Gottes in Gleichnissen, und wir sollen nicht vorschnell denken, wir hätten alles verstanden. Jesus sagt nicht das, was wir schon wissen, das Selbstverständliche. Er sagt das Neue, das Unerwartete. Wir sollen begreifen, daß Gott anders ist und anders handelt als die Menschen. Zugleich aber ist er so menschlich, daß, wer überhaupt etwas begriffen hat, sich sagen muß: Ja, so ist es, so muß es sein; das ist mir gesagt, ich muß es lernen.

ERÖFFNUNGSVERS Ps 27 (26), 7.9

Vernimm, o Herr, mein lautes Rufen, sei mir gnädig und erhöre mich.
Du bist meine Hilfe: Verstoß mich nicht,
verlaß mich nicht, du Gott meines Heils!

Ehre sei Gott, S. 348 ff.

TAGESGEBET

Gott, du unsere Hoffnung und unsere Kraft,
ohne dich vermögen wir nichts.
Steh uns mit deiner Gnade bei,
damit wir denken, reden und tun, was dir gefällt.
Darum bitten wir durch Jesus Christus.

ZUR 1. LESUNG *Im Jahr 587 v. Chr. wurde Jerusalem samt dem Tempel zerstört. Das war ein Gottesgericht. Ein großer Teil der Bevölkerung wurde nach Babel verschleppt. Aber Gott wird sich nach dem vollzogenen Gericht auch darin als Gott erweisen, daß er Rettung bringt. Er wird Israel wieder in seinem heimatlichen Boden einpflanzen, wie man den Ableger eines Baumes in den Boden einsetzt. Der Baum wird wachsen und blühen; die Völker sollen Gottes Macht und Größe erkennen.*

ERSTE LESUNG Ez 17, 22–24

Ich mache den niedrigen Baum hoch

Lesung
aus dem Buch Ezéchiel.

2 **So spricht Gott, der Herr:**
Ich selbst nehme ein Stück vom hohen Wipfel der Zeder
und pflanze es ein.
Einen zarten Zweig aus den obersten Ästen breche ich ab,
ich pflanze ihn auf einen hoch aufragenden Berg.
3 **Auf die Höhe von Israels Bergland pflanze ich ihn.**
Dort treibt er dann Zweige,
er trägt Früchte und wird zur prächtigen Zeder.
Allerlei Vögel wohnen darin;
alles, was Flügel hat, wohnt im Schatten ihrer Zweige.

24 **Dann werden alle Bäume auf den Feldern erkennen,**
daß ich der Herr bin.
Ich mache den hohen Baum niedrig,
den niedrigen mache ich hoch.
Ich lasse den grünenden Baum verdorren,
den verdorrten erblühen.
Ich, der Herr, habe gesprochen,
und ich führe es aus.

ANTWORTPSALM Ps 92 (91), 2–3.13–14.15–16 (R: 2a)

R Wie schön ist es, dem Herrn zu danken! – R (GL 737, 1)

2 Wie schön ist es, dem Herrn zu danken, * I. Ton
deinem Namen, du Höchster, zu singen,

3 am Morgen deine Huld zu verkünden *
und in den Nächten deine Treue. – (R)

13 Der Gerechte gedeiht wie die Palme, *
er wächst wie die Zedern des Libanon.

14 Gepflanzt im Hause des Herrn, *
gedeihen sie in den Vorhöfen unseres Gottes. – (R)

15 Sie tragen Frucht noch im Alter *
und bleiben voll Saft und Frische;

16 sie verkünden: Gerecht ist der Herr; *
mein Fels ist er, an ihm ist kein Unrecht. – R

ZUR 2. LESUNG *Jeder Mensch, auch der Apostel, steht vor dem Ereignis des eigenen Todes mit Spannung und nicht ohne Furcht. Im Licht des Glaubens verstehen wir dieses Ereignis als eine Rückkehr aus der Fremde in die Heimat, aus der Ferne in die Nähe. Aber auch so bleibt es für uns ein dunkles und schmerzliches Geschehen. Paulus hat den Tod nicht aus seinem Bewußtsein verdrängt; er hat ihn nüchtern in sein Leben eingebaut. Gerade das gab seinem Leben die klare Richtung und die große Spannkraft.*

ZWEITE LESUNG 2 Kor 5,6–10

Wir suchen unsere Ehre darin, dem Herrn zu gefallen

Lesung
aus dem zweiten Brief des Apostels Paulus an die Korínther.

Brüder!
Wir sind immer zuversichtlich,
auch wenn wir wissen,
daß wir fern vom Herrn in der Fremde leben,
solange wir in diesem Leib zu Hause sind;
denn als Glaubende gehen wir unseren Weg,
nicht als Schauende.
Weil wir aber zuversichtlich sind,
ziehen wir es vor, aus dem Leib auszuwandern
und daheim beim Herrn zu sein.

Deswegen suchen wir unsere Ehre darin, ihm zu gefallen,
ob wir daheim oder in der Fremde sind.
10 **Denn wir alle**
müssen vor dem Richterstuhl Christi offenbar werden,
damit jeder seinen Lohn empfängt
für das Gute oder Böse, das er im irdischen Leben getan hat.

RUF VOR DEM EVANGELIUM

Halleluja. Halleluja.

Der Samen ist das Wort Gottes, der Sämann ist Christus.
Wer Christus findet, der bleibt in Ewigkeit.

Halleluja.

ZUM EVANGELIUM *Jesus hat vom Reich Gottes in Gleichnissen gesprochen. Sie zu verstehen ist nicht Sache einer besonderen Begabung, sondern des größeren Glaubens. Mit dem Gleichnis von der wachsenden Saat will Jesus uns sagen, daß wir keinen Grund haben zu verzagen, wenn wir vom verborgenen und geheimnisvollen Wachstum des Gottesreiches nicht viel sehen können. Am Tag der Ernte wird es offenbar werden. Das Gleichnis vom Senfkorn spricht vom machtvollen Handeln Gottes durch das scheinbar so schwache Wort des Evangeliums.*

EVANGELIUM Mk 4,26–34

Das kleinste von allen Samenkörnern geht auf und wird größer als alle anderen Gewächse

✠ **Aus dem heiligen Evangelium nach Markus.**

In jener Zeit
sprach Jesus zu der Menge:
26 **Mit dem Reich Gottes ist es so,**
wie wenn ein Mann Samen auf seinen Acker sät;
27 **dann schläft er und steht wieder auf,**
es wird Nacht und wird Tag,
der Samen keimt und wächst,
und der Mann weiß nicht, wie.
28 **Die Erde bringt von selbst ihre Frucht,**
zuerst den Halm,
dann die Ähre,
dann das volle Korn in der Ähre.
29 **Sobald aber die Frucht reif ist,**
legt er die Sichel an;
denn die Zeit der Ernte ist da.

30 **Er sagte:**
Womit sollen wir das Reich Gottes vergleichen,
mit welchem Gleichnis sollen wir es beschreiben?
31 **Es gleicht einem Senfkorn.**
Dieses ist das kleinste von allen Samenkörnern,
die man in die Erde sät.
32 **Ist es aber gesät,**
dann geht es auf
und wird größer als alle anderen Gewächse
und treibt große Zweige,
so daß in seinem Schatten die Vögel des Himmels nisten können.

33 **Durch viele solche Gleichnisse verkündete er ihnen das Wort,**
so wie sie es aufnehmen konnten.
34 **Er redete nur in Gleichnissen zu ihnen;**
seinen Jüngern aber erklärte er alles,
wenn er mit ihnen allein war.

Glaubensbekenntnis, S. 352 ff.
Fürbitten vgl. S. 781 ff.

ZUR EUCHARISTIEFEIER *Das Geheimnis Christi und seines Evangeliums verstehen wir in dem Maß, als wir darin zu leben anfangen. Mit dem wenigen anfangen, das wir begriffen haben; der Macht des Wortes und des Sakramentes vertrauen, und allmählich werden wir die lebendige Wirklichkeit des anwesenden Gottes erfahren.*

GABENGEBET

Herr,
durch diese Gaben
nährst du den ganzen Menschen:
du gibst dem irdischen Leben Nahrung
und dem Leben der Gnade Wachstum.
Laß uns daraus immer neue Kraft schöpfen
für Seele und Leib.
Darum bitten wir durch Christus, unseren Herrn.

Präfation, S. 420 ff.

KOMMUNIONVERS Ps 27 (26), 4

Nur eines erbitte ich mir vom Herrn, danach verlangt mich:
im Haus des Herrn zu wohnen alle Tage meines Lebens.

Oder: Joh 17, 11

Heiliger Vater, bewahre sie in deinem Namen, die du mir gegeben hast,
damit sie eins sind wie wir.

SCHLUSSGEBET

Herr, unser Gott,
das heilige Mahl ist ein sichtbares Zeichen,
daß deine Gläubigen in dir eins sind.
Laß diese Feier wirksam werden
für die Einheit der Kirche.
Darum bitten wir durch Christus, unseren Herrn.

FÜR DEN TAG UND DIE WOCHE

Geliebte Gegenwart *Wir sehen Gott nicht, der uns doch gegenwärtig ist. Wohl sind wir seiner Gegenwart durch den Glauben gewiß, aber wir vergessen es oft, weil wir mit unseren Augen Gott nicht sehen, und wir betragen uns, als wäre Gott weit von uns entfernt. – Wer in der Stille des Herzens das Gefühl von der geliebten Gegenwart Gottes bewahrt, der ist glücklich. Seine Vereinigung mit der göttlichen Güte wird immerfort, wenn auch unmerklich, wachsen und sein ganzes Wesen mit unendlicher Milde durchtränken. (Franz von Sales)*

12. SONNTAG IM JAHRESKREIS

Jesus hat in Gleichnissen gesprochen, und er hat Wunder getan. Auch seine Wunder sind Gleichnisse, Zeichen. Das Wunder ist erst dann zu Ende getan, wenn das gemeinte Zeichen gesehen wird. Die Frage, ob die Wunder Jesu wirklich so geschehen sind, wie uns berichtet wird, ist nur eine Teilfrage. Die Wahrheit dieser Wunder reicht viel tiefer als nur in die historische Vergangenheit; sie reicht bis in die Tiefen Gottes und in die Tiefe unseres eigenen Lebens hinein.

ERÖFFNUNGSVERS Ps 28 (27), 8–9

**Der Herr ist die Stärke seines Volkes,
er ist Schutz und Heil für seinen Gesalbten.
Herr, hilf deinem Volk und segne dein Erbe,
führe und trage es in Ewigkeit.**

Ehre sei Gott, S. 348 ff.

TAGESGEBET

**Heiliger Gott,
gib, daß wir deinen Namen
allezeit fürchten und lieben.
Denn du entziehst keinem deine väterliche Hand,
der fest in deiner Liebe verwurzelt ist.
Darum bitten wir durch Jesus Christus.**

ZUR 1. LESUNG *Die Freunde des geprüften Ijob sind gekommen, um ihn zu trösten, aber sie wissen keinen Trost. Die Antwort auf die Klagen Ijobs steht in den Gottesreden in Kapitel 38–41. Gott weist auf seine Weisheit und Größe hin, wie sie in der Schöpfung sichtbar werden. Wer Gottes Größe schauen und die Gemeinschaft mit ihm erfahren durfte, der sieht seine Probleme in einem neuen Licht und kann sich mit seinem Leid versöhnen, so wie das aufbrausende Meer sich beruhigt, wenn Gott sein mächtiges Wort spricht. – Auf die Frage nach dem Sinn des Leidens hat Christus durch sein eigenes Leiden und Sterben eine ganz neue Antwort gegeben.*

ERSTE LESUNG Ijob 38, 1.8–11

Hier muß sich legen deiner Wogen Stolz

Lesung
aus dem Buch Íjob.

Der Herr antwortete dem Íjob aus dem Wettersturm
und sprach:

Wer verschloß das Meer mit Toren,
als schäumend es dem Mutterschoß entquoll,
als Wolken ich zum Kleid ihm machte,
ihm zur Windel dunklen Dunst,
als ich ihm ausbrach meine Grenze,
ihm Tor und Riegel setzte
1 **und sprach: Bis hierher darfst du und nicht weiter,**
hier muß sich legen deiner Wogen Stolz?

ANTWORTPSALM Ps 107 (106), 23–24.26–27.28–29.30–31

(R: vgl. 15a)

R Danken sollen alle dem Herrn; (GL 233, 1)
denn seine Huld währt ewig. – R

(*Oder:* **Halleluja.**)

3 **Sie, die mit Schiffen das Meer befuhren *** VI. Ton
und Handel trieben auf den großen Wassern,

4 **die dort die Werke des Herrn bestaunten, ***
seine Wunder in der Tiefe des Meeres. – (R)

Sie, die zum Himmel emporstiegen
und hinabfuhren in die tiefste Tiefe, *
so daß ihre Seele in der Not verzagte,

27 **die wie Trunkene wankten und schwankten, ***
am Ende waren mit all ihrer Weisheit. – (R)

28 **Sie, die dann in ihrer Bedrängnis schrien zum Herrn, ***
die er ihren Ängsten entriß

29 **– er machte aus dem Sturm ein Säuseln, ***
so daß die Wogen des Meeres schwiegen. – (R)

30 **Sie, die sich freuten, daß die Wogen sich legten ***
und er sie zum ersehnten Hafen führte:

31 **sie alle sollen dem Herrn danken für seine Huld, ***
für sein wunderbares Tun an den Menschen.

R Danken sollen alle dem Herrn;
denn seine Huld währt ewig.

(*Oder:* **Halleluja.**)

ZUR 2. LESUNG *Die Welt ist eine andere geworden, seitdem Christus für uns alle gestorben ist. Durch den Glauben und die Taufe haben wir Gemeinschaft mit Christus, wir sind eine „neue Schöpfung" geworden. Die Tat der Liebe wartet auf die Antwort der Liebe. Hier ist die treibende Kraft für das apostolische Wirken des Paulus und jedes wahren Apostels.*

ZWEITE LESUNG 2 Kor 5, 14–17

Wenn jemand in Christus ist, dann ist er eine neue Schöpfung

Lesung
aus dem zweiten Brief des Apostels Paulus an die Korínther.

Brüder!
14 **Die Liebe Christi drängt uns,**
da wir erkannt haben: Einer ist für alle gestorben,
also sind alle gestorben.
15 **Er ist aber für alle gestorben,**
damit die Lebenden nicht mehr für sich leben,
sondern für den, der für sie starb und auferweckt wurde.
16 **Also schätzen wir von jetzt an**
niemand mehr nur nach menschlichen Maßstäben ein;
auch wenn wir früher
Christus nach menschlichen Maßstäben eingeschätzt haben,
jetzt schätzen wir ihn nicht mehr so ein.

17 **Wenn also jemand in Christus ist,**
dann ist er eine neue Schöpfung:
Das Alte ist vergangen,
Neues ist geworden.

RUF VOR DEM EVANGELIUM Vers: vgl. Lk 7,16

Halleluja. Halleluja.

Ein großer Prophet trat unter uns auf:
Gott nahm sich seines Volkes an.

Halleluja.

ZUM EVANGELIUM *Nach den Gleichnisreden Jesu (Mk 4,35 bis 6,6) berichtet das Evangelium von seinen Wundern. Diese sind an sich noch keine zwingenden Beweise für die Gottheit Jesu, weder für den wissenschaftlich denkenden Menschen von heute noch für die Zeitgenossen Jesu. Das Wesentliche am Wunder ist nicht, daß etwas Seltsames oder Unmögliches geschieht, sondern daß im geschehenen Zeichen Gott zum Menschen spricht. Es gibt aber kein wirkliches Sprechen, wo niemand da ist, der hört. Und das Wunder hat keinen Sinn, wenn niemand da ist, der fähig wäre, zu sehen und zu verstehen. Die Jünger Jesu sahen das Wunder; der Schrecken erfaßte sie und führte sie zur Frage des Glaubens: Was ist das für ein Mensch?*

EVANGELIUM Mk 4,35–41

Was ist das für ein Mensch, daß ihm sogar der Wind und der See gehorchen?

✠ **Aus dem heiligen Evangelium nach Markus.**

35 **An jenem Tag,**
als es Abend geworden war,
sagte Jesus zu seinen Jüngern:
Wir wollen ans andere Ufer hinüberfahren.

36 **Sie schickten die Leute fort**
und fuhren mit ihm in dem Boot, in dem er saß, weg;
einige andere Boote begleiteten ihn.

37 **Plötzlich erhob sich ein heftiger Wirbelsturm,**
und die Wellen schlugen in das Boot,
so daß es sich mit Wasser zu füllen begann.

38 Er aber lag hinten im Boot auf einem Kissen und schlief.
Sie weckten ihn
und riefen:
Meister, kümmert es dich nicht, daß wir zugrunde gehen?

39 Da stand er auf,
drohte dem Wind
und sagte zu dem See: Schweig,
sei still!
Und der Wind legte sich,
und es trat völlige Stille ein.
40 Er sagte zu ihnen: Warum habt ihr solche Angst?
Habt ihr noch keinen Glauben?

41 Da ergriff sie große Furcht,
und sie sagten zueinander: Was ist das für ein Mensch,
daß ihm sogar der Wind und der See gehorchen?

Glaubensbekenntnis, S. 352 ff.
Fürbitten vgl. S. 781 ff.

ZUR EUCHARISTIEFEIER *Christus ist für uns alle gestorben; sein ganzes Leben war Hingabe an die Menschen, Einübung für das große Opfer. Im Sterben jedes Menschen offenbart und vollendet sich, was er in der Zeit seines Lebens eingeübt hat.*

GABENGEBET

Barmherziger Gott,
nimm das Opfer des Lobes
und der Versöhnung an.
Löse uns durch diese Feier aus aller Verstrickung,
damit wir in freier Hingabe ganz dir angehören.
Darum bitten wir durch Christus, unseren Herrn.

Präfation, S. 420 ff.

KOMMUNIONVERS Ps 145 (144), 15

Aller Augen warten auf dich, o Herr,
und du gibst ihnen Speise zur rechten Zeit.

Oder: Joh 10, 11.15

Ich bin der gute Hirt. Ich gebe mein Leben für meine Schafe – so spricht der Herr.

SCHLUSSGEBET

**Gütiger Gott,
du hast uns
durch den Leib und das Blut Christi gestärkt.
Gib, daß wir niemals verlieren,
was wir in jeder Feier der Eucharistie empfangen.
Darum bitten wir durch Christus, unseren Herrn.**

FÜR DEN TAG UND DIE WOCHE

Furcht und Angst *weichen nie ganz von uns. Aber langsam verlieren sie die Macht über uns; eine tiefere und zentralere Erfahrung beginnt sich abzuzeichnen: die Erfahrung der Dankbarkeit. Dankbarkeit ist die Erkenntnis, daß das Leben in all seinen Erscheinungsformen ein Geschenk ist, für das wir danken möchten. Je näher wir Gott im Gebet kommen, um so mehr erkennen wir den unendlichen Reichtum seiner Gaben. Vielleicht lernen wir dann sogar, in unseren Leiden und Schmerzen sein Geschenk zu sehen. (Henri J. M. Nouwen)*

13. SONNTAG IM JAHRESKREIS

Wunder geschehen auch heute noch; nur müssen wir sie nicht dort suchen, wo Lärm gemacht wird. Nicht dort, wo es zwar etwas zu bestaunen, aber nichts zu glauben gibt. Gott tut nichts umsonst; wozu ein Wunder, wenn es nichts zu sagen hat? Wunder heute: zum Beispiel Menschen, die Christus mit glühendem Herzen lieben, trotz der Gleichgültigkeit ringsum; Menschen, die sich für andere opfern, ohne davon zu reden; Menschen, die Leid und Schmerz als Gabe Gottes annehmen.

ERÖFFNUNGSVERS Ps 47 (46), 2

**Ihr Völker alle, klatscht in die Hände,
jauchzt Gott zu mit lautem Jubel.**

Ehre sei Gott, S. 348ff.

TAGESGEBET

**Gott, unser Vater,
du hast uns in der Taufe
zu Kindern des Lichtes gemacht.
Laß nicht zu,
daß die Finsternis des Irrtums
über uns Macht gewinnt,
sondern hilf uns,
im Licht deiner Wahrheit zu bleiben.
Darum bitten wir durch Jesus Christus.**

ZUR 1. LESUNG *Die Gerechtigkeit, von der in der Lesung die Rede ist, besteht darin, daß der Mensch mit aufrichtigem Herzen Gott sucht; daß er an die Gerechtigkeit Gottes und an seine Güte glaubt, auch in Leiden, Krankheit und Tod. Gott hat den Menschen zum Glück und zur Unsterblichkeit geschaffen. Der Tod kam „durch den Neid des Teufels" in die Welt. Damit gibt der Verfasser uns zu verstehen, wie er die Gestalt der Schlange in der Erzählung vom Sündenfall deutet (Gen 3). Beim Menschen selbst liegt es, für welchen Weg er sich entscheiden will.*

ERSTE LESUNG Weish 1,13–15; 2,23–24

Durch den Neid des Teufels kam der Tod in die Welt

**Lesung
aus dem Buch der Weisheit.**

13 **Gott hat den Tod nicht gemacht
und hat keine Freude am Untergang der Lebenden.**
14 **Zum Dasein hat er alles geschaffen,
und heilbringend sind die Geschöpfe der Welt.
Kein Gift des Verderbens ist in ihnen,
das Reich des Todes hat keine Macht auf der Erde;**
15 **denn die Gerechtigkeit ist unsterblich.**

23 **Gott hat den Menschen zur Unvergänglichkeit erschaffen
und ihn zum Bild seines eigenen Wesens gemacht.**
24 **Doch durch den Neid des Teufels kam der Tod in die Welt,
und ihn erfahren alle, die ihm angehören.**

ANTWORTPSALM Ps 30 (29), 2 u. 4.5–6b.6cd u. 12a u. 13b
(R: vgl. 2ab)

R Herr, du zogst mich empor aus der Tiefe; (GL 527, 6)
ich will dich rühmen in Ewigkeit. – R

2 **Ich will dich rühmen, Herr, †** II. Ton
denn du hast mich aus der Tiefe gezogen *
und läßt meine Feinde nicht über mich triumphieren.

4 **Herr, du hast mich herausgeholt aus dem Reich des Todes, ***
aus der Schar der Todgeweihten mich zum Leben gerufen. – (R)

5 **Singt und spielt dem Herrn, ihr seine Frommen, ***
preist seinen heiligen Namen!

6ab **Denn sein Zorn dauert nur einen Augenblick, ***
doch seine Güte ein Leben lang. – (R)

6cd **Wenn man am Abend auch weint, ***
am Morgen herrscht wieder Jubel.

12a **Du hast mein Klagen in Tanzen verwandelt, ***
13b **Herr, mein Gott, ich will dir danken in Ewigkeit. – R**

ZUR 2. LESUNG *Im zweiten Teil des zweiten Korintherbriefs nimmt die Sammlung zugunsten der armen Gemeinde von Jerusalem einen breiten Raum ein. Es geht hier um Geld; aber Paulus spricht nicht von Geld, sondern vom „Liebeswerk", das zwischen Armen und Reichen einen Ausgleich schaffen soll. Die Christengemeinde soll Sammlungen dieser Art nicht als eine lästige Störung empfinden, sondern als die Gelegenheit, in den wunderbaren Kreislauf von Geben und Nehmen einzutreten, der in Gott selbst seinen Ursprung hat. Wer gibt, schafft brüderliche Gemeinschaft, und er wird Gott selber ähnlich, dessen Wesen schenkende Liebe ist.*

ZWEITE LESUNG 2 Kor 8,7.9.13–15

Euer Überfluß soll ihrem Mangel abhelfen

Lesung
aus dem zweiten Brief des Apostels Paulus an die Korínther.

Brüder!
7 **Wie ihr an allem reich seid,**
an Glauben, Rede und Erkenntnis,

an jedem Eifer
und an der Liebe, die wir in euch begründet haben,
so sollt ihr euch auch an diesem Liebeswerk
mit reichlichen Spenden beteiligen.

9 Denn ihr wißt,
was Jesus Christus, unser Herr, in seiner Liebe getan hat:
Er, der reich war,
wurde euretwegen arm,
um euch durch seine Armut reich zu machen.

13 Es geht nicht darum,
daß ihr in Not geratet, indem ihr anderen helft;
es geht um einen Ausgleich.
14 Im Augenblick soll euer Überfluß ihrem Mangel abhelfen,
damit auch ihr Überfluß einmal eurem Mangel abhilft.
So soll ein Ausgleich entstehen,
15 wie es in der Schrift heißt:
Wer viel gesammelt hatte, hatte nicht zu viel,
und wer wenig, hatte nicht zu wenig.

RUF VOR DEM EVANGELIUM Vers: vgl. 2 Tim 1, 10

Halleluja. Halleluja.

Unser Retter Jesus Christus hat dem Tod die Macht genommen
und uns das Licht des Lebens gebracht durch das Evangelium.

Halleluja.

ZUM EVANGELIUM *Im Evangelium (Mk 5, 21–43) sind zwei Wundererzählungen ineinandergeschoben: eine Krankenheilung und die Auferweckung eines toten Mädchens. Jesus hat Macht über die Krankheit und über den Tod. Ein Mensch, der Macht hat über den Tod, das ist fast noch erschreckender als der Tod selbst. Der Evangelist berichtet, die Leute seien entsetzt gewesen. Ob sie zum Glauben kamen, darüber wird nichts gesagt. Den Vater des toten Mädchens hat Jesus zum Glauben an das Unmögliche ermutigt.*

EVANGELIUM Mk 5,21–43

Mädchen, ich sage dir, steh auf!

✠ **Aus dem heiligen Evangelium nach Markus.**

In jener Zeit
21 fuhr Jesus im Boot
an das andere Ufer des Sees von Galiläa hinüber,
und eine große Menschenmenge versammelte sich um ihn.
Während er noch am See war,
22 kam ein Synagogenvorsteher namens Jaïrus zu ihm.
Als er Jesus sah,
fiel er ihm zu Füßen
23 und flehte ihn um Hilfe an;
er sagte: Meine Tochter liegt im Sterben.
Komm und leg ihr die Hände auf,
damit sie wieder gesund wird und am Leben bleibt.
24 Da ging Jesus mit ihm.

Viele Menschen folgten ihm und drängten sich um ihn.
25 Darunter war eine Frau,
die schon zwölf Jahre an Blutungen litt.
26 Sie war von vielen Ärzten behandelt worden
und hatte dabei sehr zu leiden;
ihr ganzes Vermögen hatte sie ausgegeben,
aber es hatte ihr nichts genutzt,
sondern ihr Zustand war immer schlimmer geworden.
27 Sie hatte von Jesus gehört.

Nun drängte sie sich in der Menge von hinten an ihn heran
und berührte sein Gewand.
28 Denn sie sagte sich:
Wenn ich auch nur sein Gewand berühre, werde ich geheilt.
29 Sofort hörte die Blutung auf,
und sie spürte deutlich, daß sie von ihrem Leiden geheilt war.
30 Im selben Augenblick fühlte Jesus,
daß eine Kraft von ihm ausströmte,
und er wandte sich in dem Gedränge um
und fragte: Wer hat mein Gewand berührt?
31 Seine Jünger sagten zu ihm:
Du siehst doch, wie sich die Leute um dich drängen,
und da fragst du: Wer hat mich berührt?

32 Er blickte umher, um zu sehen, wer es getan hatte.

33 Da kam die Frau,
zitternd vor Furcht,
weil sie wußte, was mit ihr geschehen war;
sie fiel vor ihm nieder
und sagte ihm die ganze Wahrheit.
34 Er aber sagte zu ihr: Meine Tochter,
dein Glaube hat dir geholfen.
Geh in Frieden!
Du sollst von deinem Leiden geheilt sein.

35 Während Jesus noch redete,
kamen Leute, die zum Haus des Synagogenvorstehers gehörten,
und sagten zu Jaïrus: Deine Tochter ist gestorben.
Warum bemühst du den Meister noch länger?
36 Jesus, der diese Worte gehört hatte,
sagte zu dem Synagogenvorsteher: Sei ohne Furcht;
glaube nur!
37 Und er ließ keinen mitkommen
außer Petrus, Jakobus und Johannes, den Bruder des Jakobus.
38 Sie gingen zum Haus des Synagogenvorstehers.

Als Jesus den Lärm bemerkte
und hörte, wie die Leute laut weinten und jammerten,
39 trat er ein
und sagte zu ihnen: Warum schreit und weint ihr?
Das Kind ist nicht gestorben,
es schläft nur.
40 Da lachten sie ihn aus.

Er aber schickte alle hinaus
und nahm außer seinen Begleitern
nur die Eltern mit in den Raum, in dem das Kind lag.
41 Er faßte das Kind an der Hand
und sagte zu ihm: Talíta kum!,
das heißt übersetzt: Mädchen, ich sage dir, steh auf!
42 Sofort stand das Mädchen auf
und ging umher.
Es war zwölf Jahre alt.
Die Leute gerieten außer sich vor Entsetzen.
43 Doch er schärfte ihnen ein,
niemand dürfe etwas davon erfahren;
dann sagte er,
man solle dem Mädchen etwas zu essen geben.

Oder:

KURZFASSUNG Mk 5,21–24.35b–43

Mädchen, ich sage dir, steh auf!

✢ **Aus dem heiligen Evangelium nach Markus.**

In jener Zeit
1 **fuhr Jesus im Boot**
an das andere Ufer des Sees von Galiläa hinüber,
und eine große Menschenmenge versammelte sich um ihn.
Während er noch am See war,
2 **kam ein Synagogenvorsteher namens Jaïrus zu ihm.**
Als er Jesus sah,
fiel er ihm zu Füßen
3 **und flehte ihn um Hilfe an;**
er sagte: Meine Tochter liegt im Sterben.
Komm und leg ihr die Hände auf,
damit sie wieder gesund wird und am Leben bleibt.
4 **Da ging Jesus mit ihm.**

Viele Menschen folgten ihm und drängten sich um ihn.
5b **Unterwegs**
kamen Leute, die zum Haus des Synagogenvorstehers gehörten,
und sagten zu Jaïrus: Deine Tochter ist gestorben.
Warum bemühst du den Meister noch länger?
Jesus, der diese Worte gehört hatte,
sagte zu dem Synagogenvorsteher: Sei ohne Furcht;
glaube nur!
Und er ließ keinen mitkommen
außer Petrus, Jakobus und Johannes, den Bruder des Jakobus.
Sie gingen zum Haus des Synagogenvorstehers.

Als Jesus den Lärm bemerkte
und hörte, wie die Leute laut weinten und jammerten,
trat er ein
und sagte zu ihnen: Warum schreit und weint ihr?
Das Kind ist nicht gestorben,
es schläft nur.
Da lachten sie ihn aus.

Er aber schickte alle hinaus
und nahm außer seinen Begleitern
nur die Eltern mit in den Raum, in dem das Kind lag.

41 **Er faßte das Kind an der Hand**
und sagte zu ihm: Talíta kum!,
das heißt übersetzt: Mädchen, ich sage dir, steh auf!
42 **Sofort stand das Mädchen auf**
und ging umher.
Es war zwölf Jahre alt.
Die Leute gerieten außer sich vor Entsetzen.
43 **Doch er schärfte ihnen ein,**
niemand dürfe etwas davon erfahren;
dann sagte er,
man solle dem Mädchen etwas zu essen geben.

Glaubensbekenntnis, S. 352 ff.
Fürbitten vgl. S. 781 ff.

ZUR EUCHARISTIEFEIER *Bei der Eucharistiefeier gibt es nicht Arme und Reiche. Alle sind wir arm vor Gott; das Beste, was wir mitbringen können, ist unser armes Herz. Und alle sind wir reich: beschenkt aus dem Reichtum Christi, der sich für uns arm gemacht hat.*

GABENGEBET

Herr, unser Gott,
in den Geheimnissen, die wir feiern,
wirkst du unser Heil.
Gib, daß wir den Dienst an diesem Altar
würdig vollziehen,
von dem wir deine Gaben empfangen.
Darum bitten wir durch Christus, unseren Herrn.

Präfation, S. 420 ff.

KOMMUNIONVERS Ps 103 (102), 1

Lobe den Herrn, meine Seele!
Alles in mir lobe seinen heiligen Namen.

Oder: Joh 17, 20–21

Vater, ich bitte für sie, daß sie in uns eins seien,
damit die Welt glaubt, daß du mich gesandt hast – so spricht der Herr.

SCHLUSSGEBET

**Gütiger Gott,
die heilige Opfergabe,
die wir dargebracht und empfangen haben,
schenke uns neues Leben.
Laß uns Frucht bringen in Beharrlichkeit
und dir auf immer verbunden bleiben.
Darum bitten wir durch Christus, unseren Herrn.**

FÜR DEN TAG UND DIE WOCHE

Der Glaube *ist nicht meine eigene Tat, sondern Gottes Geschenk, Gnade. Ich kann mich dafür nur offenhalten, bereit machen. Aber auch dieses Bereitmachen geht nicht von mir allein aus. Weil es eine Bewegung meiner Seele zur Wirklichkeit aller Wirklichkeiten besagt, muß ich von diesem Wirklichen schon irgendwie, bevor ich mich bewußt nach ihm ausstrecke, ergriffen worden sein. Weil Gott wesenhaft die schöpferische Ursache alles Seins ist, kann unsere Bewegung zu ihm nur von ihm ausgehen. Bereits meine ersten Glaubensregungen sind eine Antwort auf den göttlichen Liebesruf. (Karl Adam)*

14. SONNTAG IM JAHRESKREIS

An den fernen Gott glauben ist leichter als dem nahen Gott begegnen. In der Nähe ist alles so konkret, Menschen und Dinge; sie haben Namen und brauchen Raum. Glauben, daß es Christus ist, der uns begegnet im Wort und im Sakrament; aber auch amen sagen zu dem Menschen neben mir in der Kirchenbank, auf der Straße, im eigenen Haus – das müßte die Welt verändern.

ERÖFFNUNGSVERS Ps 48 (47), 10–11

**Deiner Huld, o Gott, gedenken wir in deinem heiligen Tempel.
Wie dein Name, Gott, so reicht dein Ruhm bis an die Enden der Erde;
deine rechte Hand ist voll von Gerechtigkeit.**

Ehre sei Gott. S. 348 ff.

TAGESGEBET

Barmherziger Gott,
durch die Erniedrigung deines Sohnes
hast du die gefallene Menschheit
wieder aufgerichtet
und aus der Knechtschaft der Sünde befreit.
Erfülle uns mit Freude über die Erlösung
und führe uns zur ewigen Seligkeit.
Darum bitten wir durch Jesus Christus.

ZUR 1. LESUNG *Der Prophet ist Bote und Sprecher Gottes für die Menschen. Dazu empfängt er die Kraft des Geistes. Vielleicht wird man auf seine Botschaft hören; aber das ist fast die Ausnahme. Es kann geschehen, daß die Menschen zum Hören geradezu unfähig werden: Menschen „mit trotzigem Gesicht und hartem Herzen". Der Prophet Ezechiel hat das erfahren müssen wie andere Propheten vor ihm und nach ihm. Auch Jesus ging es nicht anders.*

ERSTE LESUNG Ez 1,28b – 2,5

Sie sind ein widerspenstiges Volk, sie werden erkennen müssen, daß mitten unter ihnen ein Prophet war

Lesung
aus dem Buch Ezéchiel.

In jenen Tagen,
28b **als ich die Erscheinung der Herrlichkeit des Herrn sah,**
fiel ich nieder auf mein Gesicht.
Und ich hörte, wie jemand redete.
1 **Er sagte zu mir: Stell dich auf deine Füße, Menschensohn;**
ich will mit dir reden.
2 **Als er das zu mir sagte,**
kam der Geist in mich und stellte mich auf die Füße.
Und ich hörte den, der mit mir redete.

3 **Er sagte zu mir: Menschensohn,**
ich sende dich zu den abtrünnigen Söhnen Israels,
die sich gegen mich aufgelehnt haben.
Sie und ihre Väter sind immer wieder von mir abgefallen,
bis zum heutigen Tag.
4 **Es sind Söhne mit trotzigem Gesicht und hartem Herzen.**

Zu ihnen sende ich dich.
Du sollst zu ihnen sagen: So spricht Gott, der Herr.

Ob sie dann hören oder nicht
– denn sie sind ein widerspenstiges Volk –,
sie werden erkennen müssen,
daß mitten unter ihnen ein Prophet war.

ANTWORTPSALM Ps 123 (122), 1–2.3–4 (R: vgl. 2c)

℟ Unsre Augen schauen auf den Herrn, unsern Gott, (GL 528, 4)
bis er uns gnädig ist. – ℟

Ich erhebe meine Augen zu dir, * II. Ton
der du hoch im Himmel thronst.

Wie die Augen der Knechte auf die Hand ihres Herrn, †
wie die Augen der Magd auf die Hand ihrer Herrin, *
so schauen unsre Augen auf den Herrn, unsern Gott,
bis er uns gnädig ist. – (℟)

Sei uns gnädig, Herr, sei uns gnädig! *
Denn übersatt sind wir vom Hohn der Spötter,

übersatt ist unsre Seele von ihrem Spott, *
von der Verachtung der Stolzen. – ℟

ZUR 2. LESUNG *Der Apostel Paulus kann auf Leistungen und Erfolge hinweisen. Er weiß aber, daß es die Gnade Gottes ist, der er alles zu danken hat. Gott kann auch schwache und behinderte Menschen in seinen Dienst rufen. Paulus spricht von einem Boten Satans, der ihm zusetzte; vielleicht war es eine Krankheit oder eine seelische Not, wir wissen es nicht. Paulus ertrug alles für Christus, in seinem Dienst und in seiner Kraft.*

ZWEITE LESUNG 2 Kor 12,7–10

Ich will mich meiner Schwachheit rühmen, damit die Kraft Christi auf mich herabkommt

Lesung
aus dem zweiten Brief des Apostels Paulus an die Korínther.

Brüder!
Damit ich mich wegen der einzigartigen Offenbarungen
nicht überhebe,

wurde mir ein Stachel ins Fleisch gestoßen:
ein Bote Satans,
der mich mit Fäusten schlagen soll,
damit ich mich nicht überhebe.

8 **Dreimal habe ich den Herrn angefleht,**
daß dieser Bote Satans von mir ablasse.
9 **Er aber antwortete mir: Meine Gnade genügt dir;**
denn sie erweist ihre Kraft in der Schwachheit.

Viel lieber also will ich mich meiner Schwachheit rühmen,
damit die Kraft Christi auf mich herabkommt.
10 **Deswegen bejahe ich meine Ohnmacht,**
alle Mißhandlungen und Nöte,
Verfolgungen und Ängste, die ich für Christus ertrage;
denn wenn ich schwach bin,
dann bin ich stark.

RUF VOR DEM EVANGELIUM

Vers: vgl. Lk 4, 18ab

Halleluja. Halleluja.

Der Geist des Herrn ruht auf mir:
Der Herr hat mich gesandt,
den Armen die Frohe Botschaft zu bringen.
Halleluja.

ZUM EVANGELIUM *Für seine Landsleute in Nazaret war Jesus nichts weiter als der Zimmermann; man kannte ihn, man hatte ihm wohl auch Aufträge gegeben. Diese menschliche Nähe machte es ihnen schwer, die göttliche Größe zu sehen. Wenn Jesus wirklich von Gott käme, müßte er göttlicher auftreten, meinen sie. Hier kann Jesus kein Wunder tun; es ist ja niemand da, der das Wunder sehen und die Kraft Gottes bezeugen könnte. – Wenn das Evangelium von Brüdern und Schwestern Jesu spricht, so kann dies nach biblischem Sprachgebrauch Verwandte jeden Grades bedeuten.*

EVANGELIUM Mk 6, 1b–6

Nirgends hat ein Prophet so wenig Ansehen wie in seiner Heimat

✠ Aus dem heiligen Evangelium nach Markus.

In jener Zeit
kam Jesus in seine Heimatstadt;
seine Jünger begleiteten ihn.
Am Sabbat lehrte er in der Synagoge.
Und die vielen Menschen, die ihm zuhörten, staunten
und sagten: Woher hat er das alles?
Was ist das für eine Weisheit, die ihm gegeben ist!
Und was sind das für Wunder, die durch ihn geschehen!
Ist das nicht der Zimmermann,
der Sohn der Maria
und der Bruder von Jakobus, Joses, Judas und Simon?
Leben nicht seine Schwestern hier unter uns?
Und sie nahmen Anstoß an ihm
und lehnten ihn ab.

Da sagte Jesus zu ihnen:
Nirgends hat ein Prophet so wenig Ansehen
wie in seiner Heimat,
bei seinen Verwandten und in seiner Familie.
Und er konnte dort kein Wunder tun;
nur einigen Kranken legte er die Hände auf und heilte sie.
Und er wunderte sich über ihren Unglauben.
Und Jesus zog durch die benachbarten Dörfer
und lehrte dort.

Glaubensbekenntnis, S. 352 ff.
Fürbitten vgl. S. 781 ff.

ZUR EUCHARISTIEFEIER *Seiner Macht und Herrlichkeit ist die ganze Erde voll, Dinge und Menschen geben Zeugnis von ihm. Im Zeichen von Brot und Wein aber geschieht mehr: Gott selbst offenbart sein Geheimnis, er öffnet das Heiligtum seiner Liebe. Die Opferhingabe des Sohnes ist das offenbar gewordene Geheimnis Gottes.*

GABENGEBET

**Herr, zu deiner Ehre feiern wir dieses Opfer.
Es befreie uns vom Bösen
und helfe uns,
Tag für Tag das neue Leben sichtbar zu machen,
das wir von dir empfangen.
Darum bitten wir durch Christus, unseren Herrn.**

Präfation, S. 420 ff.

KOMMUNIONVERS Ps 34 (33), 9

**Kostet und seht, wie gütig der Herr ist.
Selig der Mensch, der bei ihm seine Zuflucht nimmt.**

Oder: Mt 11, 28

**Kommt alle zu mir,
die ihr euch plagt und unter Lasten stöhnt!
Ich will euch Ruhe verschaffen – so spricht der Herr.**

SCHLUSSGEBET

**Herr, du hast uns mit reichen Gaben beschenkt.
Laß uns in der Danksagung verharren
und einst die Fülle des Heils erlangen.
Darum bitten wir durch Christus, unseren Herrn.**

FÜR DEN TAG UND DIE WOCHE

Gott,
*nicht in Macht und Majestät zeigst du dich.
Unseren Überlegungen und Träumen zum Trotz
bist du machtlos und töricht geworden
in deinem Sohn.
Wir bitten dich, daß wir in diesem Menschen auf der Erde
dein erstes und dein letztes Wort verstehen mögen,
deine Kraft und Weisheit, den Sinn unseres Lebens.*

15. SONNTAG IM JAHRESKREIS

Wer sich in der Welt durchsetzen will, braucht Macht; er muß stärker sein als andere. Die Macht hat vielerlei Namen und Gestalten: Energie, Geld, Intelligenz, Beziehungen, Organisation, Waffen. Der Jünger Jesu hat nicht den Auftrag, sich durchzusetzen. Er soll das Wort Gottes weitersagen, er soll Zeuge Gottes sein in dieser Welt. Und er soll der Kraft Gottes Raum geben in seinem eigenen Leben. Die Menschen werden seinem Wort nur glauben, wenn sie es als gelebte Wahrheit sehen.

ERÖFFNUNGSVERS Ps 17 (16), 15

Ich will in Gerechtigkeit dein Angesicht schauen,
mich satt sehen an deiner Gestalt, wenn ich einst erwache.

Ehre sei Gott, S. 348 ff.

TAGESGEBET

Gott, du bist unser Ziel,
du zeigst den Irrenden das Licht der Wahrheit
und führst sie auf den rechten Weg zurück.
Gib allen, die sich Christen nennen, die Kraft,
zu meiden, was diesem Namen widerspricht,
und zu tun, was unserem Glauben entspricht.
Darum bitten wir durch Jesus Christus.

ZUR 1. LESUNG *Amos ist der älteste Schriftprophet des Alten Testaments (8. Jh. v. Chr.). Er stammte aus der Gegend von Jerusalem, er hatte seinen Beruf und seine Arbeit. Aber Gott schickte ihn in das Nordreich Israel; in Samaria und Bet-El mußte er Gottes warnendes und richtendes Wort sagen. Er verstand sich als einen von Gott gerufenen Rufer, rügte die soziale Ungerechtigkeit, die unwahre Gottesverehrung und kündigte das Gericht an. Kein Wunder, daß er auf Widerstand stieß.*

ERSTE LESUNG Am 7,12–15

Geh und rede als Prophet zu meinem Volk Israel!

Lesung
aus dem Buch Amos.

In jenen Tagen
12 sagte Amázja, der Priester von Bet-El, zu Amos:
Geh, Seher, flüchte ins Land Juda!
Iß dort dein Brot,
und tritt dort als Prophet auf!
13 In Bet-El darfst du nicht mehr als Prophet reden;
denn das hier ist ein Heiligtum des Königs und ein Reichstempel.

14 Amos antwortete Amázja:
Ich bin kein Prophet und kein Prophetenschüler,
sondern ich bin ein Viehzüchter,
und ich ziehe Maulbeerfeigen.
15 Aber der Herr hat mich von meiner Herde weggeholt
und zu mir gesagt: Geh
und rede als Prophet zu meinem Volk Israel!

ANTWORTPSALM Ps 85 (84),9–10.11–12.13–14 (R: 8)

R Erweise uns, Herr, deine Huld, (GL 528,6)
und gewähre uns dein Heil! – R

9 Ich will hören, was Gott redet: † II. Ton
Frieden verkündet der Herr seinem Volk *
und seinen Frommen, den Menschen mit redlichem Herzen.
10 Sein Heil ist denen nahe, die ihn fürchten. *
Seine Herrlichkeit wohne in unserm Land. – (R)

11 Es begegnen einander Huld und Treue; *
Gerechtigkeit und Friede küssen sich.
12 Treue sproßt aus der Erde hervor; *
Gerechtigkeit blickt vom Himmel hernieder. – (R)

13 Auch spendet der Herr dann Segen, *
und unser Land gibt seinen Ertrag.
14 Gerechtigkeit geht vor ihm her, *
und Heil folgt der Spur seiner Schritte. – R

ZUR 2. LESUNG *Der Brief an die Epheser (geschrieben um 63 n. Chr.) beginnt mit einem feierlichen Lobpreis, der alles Handeln Gottes in dem einen Wort „Segen" zusammenfaßt. Gott offenbart den Menschen seine ewige Liebe, um so die ganze Schöpfung ihrem Ziel entgegenzuführen: dem Lobpreis seiner Gnade. Mittler des Segens und Inbegriff aller Gaben Gottes ist Jesus Christus, der ewige Sohn. Er ist auch die Stimme des Lobpreises der erlösten Schöpfung.*

ZWEITE LESUNG Eph 1, 3–14

In Christus hat Gott uns erwählt vor der Erschaffung der Welt

**Lesung
aus dem Brief des Apostels Paulus an die Épheser.**

**Gepriesen sei Gott,
der Gott und Vater unseres Herrn Jesus Christus:
Er hat uns mit allem Segen seines Geistes gesegnet
durch unsere Gemeinschaft mit Christus im Himmel.**

**Denn in ihm hat er uns erwählt vor der Erschaffung der Welt,
damit wir heilig und untadelig leben vor Gott;
er hat uns aus Liebe im voraus dazu bestimmt,
seine Söhne zu werden durch Jesus Christus
und zu ihm zu gelangen nach seinem gnädigen Willen,
zum Lob seiner herrlichen Gnade.
Er hat sie uns geschenkt in seinem geliebten Sohn;
durch sein Blut haben wir die Erlösung,
die Vergebung der Sünden nach dem Reichtum seiner Gnade.**

**Durch sie hat er uns reich beschenkt
mit aller Weisheit und Einsicht
und hat uns das Geheimnis seines Willens kundgetan,
wie er es gnädig im voraus bestimmt hat:
die Fülle der Zeiten heraufzuführen in Christus
und alles, was im Himmel und auf Erden ist, in ihm zu vereinen.
Durch ihn sind wir auch als Erben vorherbestimmt und eingesetzt
nach dem Plan dessen, der alles so verwirklicht,
wie er es in seinem Willen beschließt;
wir sind zum Lob seiner Herrlichkeit bestimmt,
die wir schon früher auf Christus gehofft haben.**

**Durch ihn habt auch ihr das Wort der Wahrheit gehört,
das Evangelium von eurer Rettung;**

durch ihn habt ihr das Siegel
des verheißenen Heiligen Geistes empfangen,
als ihr den Glauben annahmt.
14 Der Geist ist der erste Anteil des Erbes,
das wir erhalten sollen,
der Erlösung, durch die wir Gottes Eigentum werden,
zum Lob seiner Herrlichkeit.

Oder:

KURZFASSUNG Eph 1, 3–10

In Christus hat Gott uns erwählt vor der Erschaffung der Welt

Lesung
aus dem Brief des Apostels Paulus an die Épheser.

3 Gepriesen sei Gott,
der Gott und Vater unseres Herrn Jesus Christus:
Er hat uns mit allem Segen seines Geistes gesegnet
durch unsere Gemeinschaft mit Christus im Himmel.
4 Denn in ihm hat er uns erwählt vor der Erschaffung der Welt,
damit wir heilig und untadelig leben vor Gott;
5 er hat uns aus Liebe im voraus dazu bestimmt,
seine Söhne zu werden durch Jesus Christus
und zu ihm zu gelangen nach seinem gnädigen Willen,
6 zum Lob seiner herrlichen Gnade.
Er hat sie uns geschenkt in seinem geliebten Sohn;
7 durch sein Blut haben wir die Erlösung,
die Vergebung der Sünden nach dem Reichtum seiner Gnade.
8 Durch sie hat er uns reich beschenkt
mit aller Weisheit und Einsicht
9 und hat uns das Geheimnis seines Willens kundgetan,
wie er es gnädig im voraus bestimmt hat:
10 die Fülle der Zeiten heraufzuführen in Christus
und alles, was im Himmel und auf Erden ist, in ihm zu vereinen.

RUF VOR DEM EVANGELIUM Vers: vgl. Eph 1, 17–18

Halleluja. Halleluja.

Der Vater unseres Herrn Jesus Christus
erleuchte die Augen unseres Herzens,
damit wir verstehen, zu welcher Hoffnung wir berufen sind.

Halleluja.

ZUM EVANGELIUM *Aus dem Kreis seiner Jünger hat Jesus die Zwölf ausgewählt, um sie zu Boten des Evangeliums zu machen. Die Aussendungsrede Jesu steht ausführlicher im Matthäusevangelium (10,5–14); es ist die Missionsregel der Urkirche. Durch die Jahrhunderte hindurch versteht die Kirche ihre Missionsarbeit als die Fortsetzung dessen, was Jesus seinen Jüngern aufgetragen hat. Und die Richtlinien, die er ihnen gab, gelten grundsätzlich für die ganze Zeit der Kirche.*

EVANGELIUM Mk 6,7–13

Er begann, die Zwölf auszusenden

✠ Aus dem heiligen Evangelium nach Markus.

In jener Zeit
rief Jesus die Zwölf zu sich
und sandte sie aus,
jeweils zwei zusammen.

Er gab ihnen die Vollmacht, die unreinen Geister auszutreiben,
und er gebot ihnen,
außer einem Wanderstab nichts auf den Weg mitzunehmen,
kein Brot, keine Vorratstasche, kein Geld im Gürtel,
kein zweites Hemd und an den Füßen nur Sandalen.

0 **Und er sagte zu ihnen: Bleibt in dem Haus, in dem ihr einkehrt,**
bis ihr den Ort wieder verlaßt.
1 **Wenn man euch aber in einem Ort nicht aufnimmt**
und euch nicht hören will,
dann geht weiter,
und schüttelt den Staub von euren Füßen, zum Zeugnis gegen sie.
2 **Die Zwölf machten sich auf den Weg**
und riefen die Menschen zur Umkehr auf.
3 **Sie trieben viele Dämonen aus**
und salbten viele Kranke mit Öl
und heilten sie.

Glaubensbekenntnis, S. 352ff.
Fürbitten vgl. S. 781ff.

ZUR EUCHARISTIEFEIER *Durch Jesus Christus empfangen wir alle Gaben Gottes; durch ihn danken wir dem Vater. Der Lobpreis seiner Größe und Herrlichkeit soll der Gottesdienst unseres Lebens sein.*

GABENGEBET

**Gott,
sieh auf dein Volk, das im Gebet versammelt ist,
und nimm unsere Gaben an.
Heilige sie, damit alle, die sie empfangen,
in deiner Liebe wachsen und dir immer treuer dienen.
Darum bitten wir durch Christus, unseren Herrn.**

Präfation, S. 420 ff.

KOMMUNIONVERS

Ps 84 (83), 4–5

**Der Sperling findet ein Haus
und die Schwalbe ein Nest für ihre Jungen –
deine Altäre, Herr der Heere, mein Gott und mein König!
Selig, die wohnen in deinem Haus, die dich allezeit loben!**

Oder: Joh 6, 56

**So spricht der Herr:
Wer mein Fleisch ißt und mein Blut trinkt,
der bleibt in mir, und ich bleibe in ihm.**

SCHLUSSGEBET

**Herr, unser Gott,
wir danken dir für die heilige Gabe.
Laß deine Heilsgnade in uns wachsen,
sooft wir diese Speise empfangen.
Darum bitten wir durch Christus, unseren Herrn.**

FÜR DEN TAG UND DIE WOCHE

Dienst am Ganzen *Gottes Liebe zu seinen Geschöpfen ist nicht allgemein und unpersönlich. Er kann erwählen, aussondern, bevorzugen – und er kann verwerfen, zurückstellen. Zweierlei gilt es hier zu erkennen: Es geht dabei um die vollkommene Überlegenheit des leben-*

digen Gottes, um seine Majestät und Ehre. Und das andere: es geht nicht in erster Linie um eine Erwählung zum ewigen Heil, sondern es geht immer um eine Aussonderung zu einem besonderen Auftrag und Dienst, um einen – vielleicht sehr schweren – Dienst am Ganzen, an der ganzen Schöpfung. (Theo Brüggemann)

16. SONNTAG IM JAHRESKREIS

Wer andern das Wort Gottes zu sagen hat, muß selbst ein Hörender und Lernender sein. Jedes wirklich gelernte Wort verändert den Menschen, und jede Erfahrung bereichert sein Leben. Erfahrungen mit Gott, mit den Menschen und den Dingen machen den Menschen weise und gut. Er wird still und demütig; er lernt dienen und helfen.

ERÖFFNUNGSVERS Ps 54 (53), 6.8

Gott ist mein Helfer, der Herr beschützt mein Leben.
Freudig bringe ich dir mein Opfer dar
und lobe deinen Namen, Herr,
denn du bist gütig.

Ehre sei Gott, S. 348 ff.

TAGESGEBET

Herr, unser Gott, sieh gnädig auf alle,
die du in deinen Dienst gerufen hast.
Mach uns stark im Glauben,
in der Hoffnung und in der Liebe,
damit wir immer wachsam sind
und auf dem Weg deiner Gebote bleiben.
Darum bitten wir durch Jesus Christus.

ZUR 1. LESUNG *An die Hirten Israels, d. h. die Könige auf dem Thron Davids, richtet sich das warnende Wort des Propheten Jeremia. Die Zerstörung Jerusalems steht bevor, die Zeit der Könige endet im Gericht Gottes. Nach dem Gericht aber wird Gott selbst als guter Hirt für sein Volk sorgen. Ein Nachkomme Davids wird Recht und Rettung bringen. In seinem Thronnamen „Der Herr ist unsere Gerechtigkeit" sind die Verheißung Gottes und die Hoffnung des Volkes ausgesprochen.*

ERSTE LESUNG

Jer 23, 1–6

Ich sammle den Rest meiner Schafe und bestelle Hirten für sie

Lesung
aus dem Buch Jeremía.

1 Weh den Hirten,
die die Schafe meiner Weide zugrunde richten und zerstreuen
– Spruch des Herrn.

2 Darum – so spricht der Herr, der Gott Israels,
über die Hirten, die mein Volk weiden:
Ihr habt meine Schafe zerstreut und versprengt
und habt euch nicht um sie gekümmert.
Jetzt ziehe ich euch zur Rechenschaft wegen eurer bösen Taten
– Spruch des Herrn.

3 Ich selbst aber sammle den Rest meiner Schafe
aus allen Ländern, wohin ich sie versprengt habe.
Ich bringe sie zurück auf ihre Weide;
sie sollen fruchtbar sein und sich vermehren.
4 Ich werde für sie Hirten bestellen, die sie weiden,
und sie werden sich nicht mehr fürchten und ängstigen
und nicht mehr verlorengehen
– Spruch des Herrn.

5 Seht, es kommen Tage
– Spruch des Herrn –,
da werde ich für David einen gerechten Sproß erwecken.
Er wird als König herrschen und weise handeln,
für Recht und Gerechtigkeit wird er sorgen im Land.
6 In seinen Tagen wird Juda gerettet werden,
Israel kann in Sicherheit wohnen.
Man wird ihm den Namen geben:
Der Herr ist unsere Gerechtigkeit.

ANTWORTPSALM Ps 23 (22), 1–3.4.5.6 (R: 1)

℟ **Der Herr ist mein Hirte,** (GL 535, 6)
nichts wird mir fehlen. – ℟

Der Herr ist mein Hirte, nichts wird mir fehlen. † VI. Ton
Er läßt mich lagern auf grünen Auen *
und führt mich zum Ruheplatz am Wasser.

Er stillt mein Verlangen; *
er leitet mich auf rechten Pfaden, treu seinem Namen. – (℟)

Muß ich auch wandern in finsterer Schlucht, *
ich fürchte kein Unheil;
denn du bist bei mir, *
dein Stock und dein Stab geben mir Zuversicht. – (℟)

Du deckst mir den Tisch *
vor den Augen meiner Feinde.
Du salbst mein Haupt mit Öl, *
du füllst mir reichlich den Becher. – (℟)

Lauter Güte und Huld *
werden mir folgen mein Leben lang,
und im Haus des Herrn *
darf ich wohnen für lange Zeit. – ℟

ZUR 2. LESUNG *Je nach dem Grad der Gotteserkenntnis kann das Verhältnis des Menschen zu Gott als „Nähe" oder als „Ferne" gekennzeichnet werden. Vom Judentum aus gesehen, waren die Heiden (die Nichtjuden) in der Ferne, aber seit Christus hat diese Unterscheidung keine Berechtigung mehr: Die trennende Wand ist gefallen; für alle hat Christus sein Blut vergossen und hat sie zu dem einen neuen Menschen gemacht.*

ZWEITE LESUNG Eph 2, 13–18

Er ist unser Friede: Er vereinigte Juden und Heiden

Lesung
aus dem Brief des Apostels Paulus an die Épheser.

Brüder!
Jetzt seid ihr, die ihr einst in der Ferne wart,
durch Christus Jesus,

nämlich durch sein Blut,
in die Nähe gekommen.

14 Denn er ist unser Friede.
Er vereinigte die beiden Teile – Juden und Heiden –
und riß durch sein Sterben
die trennende Wand der Feindschaft nieder.
15 Er hob das Gesetz samt seinen Geboten und Forderungen auf,
um die zwei
in seiner Person zu dem einen neuen Menschen zu machen.
Er stiftete Frieden
16 und versöhnte die beiden
durch das Kreuz mit Gott in einem einzigen Leib.
Er hat in seiner Person die Feindschaft getötet.
17 Er kam und verkündete den Frieden:
euch, den Fernen,
und uns, den Nahen.
18 Durch ihn
haben wir beide in dem einen Geist Zugang zum Vater.

RUF VOR DEM EVANGELIUM Vers: Joh 10,27

Halleluja. Halleluja.

(So spricht der Herr:)
Meine Schafe hören auf meine Stimme;
ich kenne sie, und sie folgen mir.
Halleluja.

ZUM EVANGELIUM *Die Zwölf, die Jesus ausgesandt hat (Evangelium am vergangenen Sonntag), werden im heutigen Evangelium Apostel genannt: Als bevollmächtigte Boten haben sie die Botschaft vom Reich Gottes verkündet. Nach der aufregenden Missionsarbeit brauchen sie Stille und Ruhe. Sie sind jetzt wieder Jünger, Lernende; sie hören das Wort Jesu und erfahren aufs neue die Kraft seiner Gegenwart. Der zweite Teil des Evangeliums leitet zur Brotvermehrung über. Jesus sorgt als guter Hirt für die Seinen; er gibt ihnen das notwendige Brot für Seele und Leib.*

EVANGELIUM Mk 6, 30–34

Sie waren wie Schafe, die keinen Hirten haben

✠ **Aus dem heiligen Evangelium nach Markus.**

In jener Zeit
30 **versammelten sich die Apostel, die Jesus ausgesandt hatte,**
wieder bei ihm
und berichteten ihm alles, was sie getan und gelehrt hatten.
31 **Da sagte er zu ihnen:**
Kommt mit an einen einsamen Ort, wo wir allein sind,
und ruht ein wenig aus.
Denn sie fanden nicht einmal Zeit zum Essen,
so zahlreich waren die Leute, die kamen und gingen.

32 **Sie fuhren also mit dem Boot in eine einsame Gegend,**
um allein zu sein.
33 **Aber man sah sie abfahren,**
und viele erfuhren davon;
sie liefen zu Fuß aus allen Städten dorthin
und kamen noch vor ihnen an.

34 **Als er ausstieg und die vielen Menschen sah,**
hatte er Mitleid mit ihnen;
denn sie waren wie Schafe,
die keinen Hirten haben.
Und er lehrte sie lange.

Glaubensbekenntnis, S. 352 ff.
Fürbitten vgl. S. 781 ff.

ZUR EUCHARISTIEFEIER *Auch heute lädt Jesus uns ein: Kommt mit an einen einsamen Ort … Wir brauchen die Stille, wir brauchen die Gemeinschaft, den gemeinsamen Tisch des Wortes und des lebenspendenden Brotes. Wir brauchen die Erneuerung unseres Glaubens, unserer Treue. Wir brauchen die Freude seiner Nähe.*

GABENGEBET

Herr, du hast die vielen Opfer,
die dir je von Menschen dargebracht werden,
in dem einen Opfer des Neuen Bundes vollendet.

Nimm die Gaben deiner Gläubigen an
und heilige sie,
wie du einst das Opfer Abels angenommen hast;
und was jeder einzelne zu deiner Ehre darbringt,
das werde allen zum Heil.
Darum bitten wir durch Christus, unseren Herrn.

Präfation, S. 420 ff.

KOMMUNIONVERS Ps 111 (110), 4–5

Ein Gedächtnis seiner Wunder hat der Herr gestiftet,
gnädig und barmherzig ist der Herr.
Er gibt denen Speise, die ihn fürchten.

Oder: Offb 3, 20

So spricht der Herr:
Ich stehe an der Tür und klopfe.
Wenn einer meine Stimme hört und die Tür öffnet,
werde ich bei ihm eintreten und mit ihm Mahl halten,
und er mit mir.

SCHLUSSGEBET

Barmherziger Gott, höre unser Gebet.
Du hast uns im Sakrament
das Brot des Himmels gegeben,
damit wir an Seele und Leib gesunden.
Gib, daß wir
die Gewohnheiten des alten Menschen ablegen
und als neue Menschen leben.
Darum bitten wir durch Christus, unseren Herrn.

FÜR DEN TAG UND DIE WOCHE

Gottes Wort *ist wirklich mächtig. Wenn ich die Worte, die mich im Gottesdienst ansprechen, mit in den Tag hineinnehme und sie langsam beim Lesen oder Arbeiten wiederhole, indem ich sie sozusagen ständig wiederkäue, schaffen sie neues Leben in mir. Manchmal, wenn ich nachts aufwache, sage ich sie immer noch vor mich hin, und sie werden wie Flügel, die mich über die Stimmungen und Stürme der Tage und Wochen hinwegtragen. (Henri J. M. Nouwen)*

17. SONNTAG IM JAHRESKREIS

Als Glaubende wissen wir, daß Christus als Retter und Erlöser gekommen ist. Wissen wir es wirklich? Kann man davon etwas sehen? In der Welt gibt es immer noch die Not: Hunger, Ungerechtigkeit, Haß. Und den Tod. Auch in unseren Gemeinden stehen wir vor ungelösten Fragen und Problemen. Und das wird so bleiben. Erlöst? Schon leuchtet das Licht Christi, aber es leuchtet in der Finsternis. Und dennoch: es gibt leuchtende Menschen, mitten unter uns; wir müssen sie nur sehen. Hoffende, liebende Menschen, Boten und Zeugen des liebenden Gottes. Und Christus mitten unter uns, mitten in unserer Not. Damit aber ist alles anders geworden.

ERÖFFNUNGSVERS

Vgl. Ps 68 (67), 6–7.36

Gott ist hier, an heiliger Stätte.
Gott versammelt sein Volk in seinem Haus,
er schenkt ihm Stärke und Kraft.

Ehre sei Gott, S. 348 ff.

TAGESGEBET

Gott, du Beschützer aller, die auf dich hoffen,
ohne dich ist nichts gesund und nichts heilig.
Führe uns in deinem Erbarmen den rechten Weg
und hilf uns,
die vergänglichen Güter so zu gebrauchen,
daß wir die ewigen nicht verlieren.
Darum bitten wir durch Jesus Christus.

ZUR 1. LESUNG *Der Prophet Elischa (Elisäus) ist im Alten Testament neben Elija der große Wundertäter. Es scheint, als hätten sich die Wunder des Auszugs aus Ägypten wiederholt. Die Erzählung von der Brotvermehrung durch Elischa erinnert an das Manna in der Wüste (Exodus 16) und auch an die Brotvermehrung durch Jesus. Der Überfluß des Augenblicks ist Zeichen und Ankündigung dessen, was Gott mit dieser Welt vorhat: nicht Überfluß, in dem die Menschen ersticken, sondern Überfluß des Friedens und der Freude.*

ERSTE LESUNG 2 Kön 4,42–44

Man wird essen und noch übriglassen

Lesung
aus dem zweiten Buch der Könige.

In jenen Tagen
42 **kam ein Mann von Báal-Schalíscha**
und brachte dem Gottesmann Elíscha
Brot von Erstlingsfrüchten, zwanzig Gerstenbrote,
und frische Körner in einem Beutel.
Elíscha befahl seinem Diener:
Gib es den Leuten zu essen!
43 **Doch dieser sagte: Wie soll ich das hundert Männern vorsetzen?**

Elíscha aber sagte: Gib es den Leuten zu essen!
Denn so spricht der Herr:
Man wird essen und noch übriglassen.
44 **Nun setzte er es ihnen vor;**
und sie aßen und ließen noch übrig,
wie der Herr gesagt hatte.

ANTWORTPSALM Ps 145 (144),8–9.15–16.17–18 (R: 16)

R Herr, du öffnest deine Hand (GL 758, 1)
und sättigst alles, was lebt, nach deinem Gefallen. – R

8 **Der Herr ist gnädig und barmherzig, *** I. Ton
langmütig und reich an Gnade.

9 **Der Herr ist gütig zu allen, ***
sein Erbarmen waltet über all seinen Werken. – (R)

15 **Aller Augen warten auf dich, ***
und du gibst ihnen Speise zur rechten Zeit.

16 **Du öffnest deine Hand ***
und sättigst alles, was lebt, nach deinem Gefallen. – (R)

17 **Gerecht ist der Herr in allem, was er tut, ***
voll Huld in all seinen Werken.

18 **Der Herr ist allen, die ihn anrufen, nahe, ***
allen, die zu ihm aufrichtig rufen. – R

ZUR 2. LESUNG *Die Berufung zum Glauben ist Ruf in die Gemeinschaft der Glaubenden. In dieser Gemeinschaft, in der Kirche Christi, gibt es vielfache Gnaden, Gaben des einen Geistes, und viele Ausprägungen des einen Glaubens. Das Wesensgesetz der Kirche aber ist die Einheit, und diese ist nur möglich, wenn alle bereit sind, einander in Liebe anzunehmen und in Geduld zu ertragen.*

ZWEITE LESUNG Eph 4, 1–6

Ein Leib, ein Herr, ein Glaube, eine Taufe

Lesung
aus dem Brief des Apostels Paulus an die Épheser.

Brüder!
Ich, der ich um des Herrn willen im Gefängnis bin,
ermahne euch, ein Leben zu führen,
das des Rufes würdig ist, der an euch erging.
Seid demütig, friedfertig und geduldig,
ertragt einander in Liebe,
und bemüht euch, die Einheit des Geistes zu wahren
durch den Frieden, der euch zusammenhält.

Ein Leib und ein Geist,
wie euch durch eure Berufung
auch eine gemeinsame Hoffnung gegeben ist;
ein Herr, ein Glaube, eine Taufe,
ein Gott und Vater aller,
der über allem und durch alles und in allem ist.

RUF VOR DEM EVANGELIUM Vers: vgl. Lk 7, 16

Halleluja. Halleluja.

Ein großer Prophet trat unter uns auf:
Gott nahm sich seines Volkes an.

Halleluja.

ZUM EVANGELIUM *An diesem und den vier folgenden Sonntagen wird das 6. Kapitel aus Johannes gelesen: die Brotvermehrung, das Gehen Jesu über den See, die große Rede in Kafarnaum und schließlich die Krise bei den Jüngern Jesu. – Die wunderbare Speisung ist, wie die früheren Zeichen, ein Hinweis auf das Geheimnis Jesu. Daß sie auch ein Hinweis auf das Geheimnis der Eucharistie ist, wird erst in der Rede Jesu in Kafarnaum deutlich ausgesprochen. Die Leute wollen Jesus zum König machen; aber das Paschafest ist nahe, und Jesus weiß, daß in Jerusalem eine andere Krone auf ihn wartet.*

EVANGELIUM Joh 6, 1–15

Jesus teilte an die Leute aus, soviel sie wollten

✠ **Aus dem heiligen Evangelium nach Johannes.**

In jener Zeit
1 **ging Jesus an das andere Ufer des Sees von Galiläa,**
der auch See von Tibérias heißt.
2 **Eine große Menschenmenge folgte ihm,**
weil sie die Zeichen sahen, die er an den Kranken tat.
3 **Jesus stieg auf den Berg**
und setzte sich dort mit seinen Jüngern nieder.
4 **Das Pascha*, das Fest der Juden, war nahe.**
5 **Als Jesus aufblickte**
und sah, daß so viele Menschen zu ihm kamen,
fragte er Philíppus: Wo sollen wir Brot kaufen,
damit diese Leute zu essen haben?
6 **Das sagte er aber nur, um ihn auf die Probe zu stellen;**
denn er selbst wußte, was er tun wollte.
7 **Philíppus antwortete ihm:**
Brot für zweihundert Denáre reicht nicht aus,
wenn jeder von ihnen
auch nur ein kleines Stück bekommen soll.
8 **Einer seiner Jünger,**
Andreas, der Bruder des Simon Petrus,
sagte zu ihm:
9 **Hier ist ein kleiner Junge,**
der hat fünf Gerstenbrote und zwei Fische;
doch was ist das für so viele!
10 **Jesus sagte: Laßt die Leute sich setzen!**
Es gab dort nämlich viel Gras.

---
* Sprich: Pas-cha.

Da setzten sie sich;
es waren etwa fünftausend Männer.
11 **Dann nahm Jesus die Brote,**
sprach das Dankgebet
und teilte an die Leute aus, soviel sie wollten;
ebenso machte er es mit den Fischen.

12 **Als die Menge satt war,**
sagte er zu seinen Jüngern:
Sammelt die übriggebliebenen Brotstücke,
damit nichts verdirbt.
13 **Sie sammelten**
und füllten zwölf Körbe mit den Stücken,
die von den fünf Gerstenbroten nach dem Essen übrig waren.

14 **Als die Menschen das Zeichen sahen, das er getan hatte,**
sagten sie: Das ist wirklich der Prophet,
der in die Welt kommen soll.
15 **Da erkannte Jesus,**
daß sie kommen würden, um ihn in ihre Gewalt zu bringen
und zum König zu machen.
Daher zog er sich wieder auf den Berg zurück,
er allein.

Glaubensbekenntnis, S. 352 ff.
Fürbitten vgl. S. 781 ff.

ZUR EUCHARISTIEFEIER *Die Hungrigen beschenkt Gott mit seinen Gaben; den Reichen und Satten kann er nichts geben. Ein Wunder ist es, wenn er ihnen den Hunger gibt. – Herr, gib mir Hunger und Durst nach dir, dem lebendigen Gott.*

GABENGEBET

Gütiger Gott,
nimm die Gaben an,
die wir von deiner Güte empfangen haben.
Laß deine Kraft in ihnen wirken,
damit sie uns in diesem Leben heiligen
und zu den ewigen Freuden führen.
Darum bitten wir durch Christus, unseren Herrn.

Präfation, S. 420 ff.

KOMMUNIONVERS

Ps 103 (102), 2

**Lobe den Herrn, meine Seele,
und vergiß nicht, was er dir Gutes getan hat!**

Oder: Mt 5, 7–8

**Selig, die barmherzig sind; denn sie werden Erbarmen finden.
Selig, die ein reines Herz haben; denn sie werden Gott schauen.**

SCHLUSSGEBET

**Herr, unser Gott,
wir haben
das Gedächtnis des Leidens Christi gefeiert
und das heilige Sakrament empfangen.
Was uns dein Sohn
in unergründlicher Liebe geschenkt hat,
das werde uns nicht zum Gericht,
sondern bringe uns das ewige Heil.
Darum bitten wir durch Christus, unseren Herrn.**

FÜR DEN TAG UND DIE WOCHE

Einheit und Würde *Es ist notwendig, daß wir alle, die wir Jünger Christi sind, uns zusammenfinden und uns mit ihm vereinigen. Diese Einheit in den verschiedenen Bereichen des Lebens kann nicht verwirklicht werden ohne das aufrichtige Bemühen, sich gegenseitig kennenzulernen und die Hindernisse auf dem Weg zur vollkommenen Einheit zu beseitigen. Dennoch können und müssen wir schon von jetzt an unsere Einheit leben und sie der Welt bekunden: in der Verkündigung des Geheimnisses Christi, im Aufzeigen der göttlichen und zugleich menschlichen Wirklichkeit der Erlösung, im unermüdlichen Kampf für jene Würde, die jeder Mensch in Christus erreicht hat und beständig erreichen kann: die Würde der gnadenhaften Gotteskindschaft und zugleich die Würde der inneren Wahrheit des Menschseins. (Papst Johannes Paul II.)*

18. SONNTAG IM JAHRESKREIS

Die Werbung sagt uns jeden Tag, was alles wir kaufen müssen, um modern zu sein. Sie sagt uns aber nicht, was wir brauchen, um Menschen zu sein. Der moderne Mensch ist noch lange nicht der neue und ganze Mensch, wie Gott ihn haben will. Der neue Mensch läßt sich weder auf das Diesseits einschränken noch auf das Jenseits vertrösten. Er will die Ewigkeit. Er ist nicht damit zufrieden, daß er „noch" lebt; er weiß, daß er „schon" lebt: das ewige Leben hat schon begonnen. „Ich bin das Brot des Lebens", sagt Jesus.

ERÖFFNUNGSVERS Ps 70 (69), 2.6

Gott, komm mir zu Hilfe; Herr, eile, mir zu helfen.
Meine Hilfe und mein Retter bist du, Herr, säume nicht.

Ehre sei Gott, S. 348 ff.

TAGESGEBET

Gott, unser Vater,
steh deinen Dienern bei
und erweise allen, die zu dir rufen,
Tag für Tag deine Liebe.
Du bist unser Schöpfer
und der Lenker unseres Lebens.
Erneuere deine Gnade in uns, damit wir dir gefallen,
und erhalte, was du erneuert hast.
Darum bitten wir durch Jesus Christus.

ZUR 1. LESUNG *Der Weg Israels durch die Wüste (und der Weg des Gottesvolkes durch die Jahrhunderte) ist gekennzeichnet 1. durch die mächtige Führung und Fürsorge Gottes, 2. durch das Murren des Volkes. Im Murren ist Unzufriedenheit, Vorwurf und auch Bitte enthalten. Gott läßt auch diese unhöfliche Form der Bitte immer wieder gelten. „Brot vom Himmel gab er ihnen" (Psalm 78). Das Manna fiel freilich nicht vom Himmel herab; Gott wirkt seine Wunder, indem er irdische Wirklichkeiten in seinen Dienst nimmt; auch bei den Sakramenten des Neuen Bundes ist es nicht anders. Dadurch erweist er sich als der Herr über die Schöpfung.*

ERSTE LESUNG Ex 16,2–4.12–15

Ich will euch Brot vom Himmel regnen lassen

Lesung
aus dem Buch Éxodus.

In jenen Tagen
2 murrte die ganze Gemeinde der Israeliten
in der Wüste gegen Mose und Aaron.
3 Die Israeliten sagten zu ihnen:
Wären wir doch in Ägypten
durch die Hand des Herrn gestorben,
als wir an den Fleischtöpfen saßen
und Brot genug zu essen hatten.
Ihr habt uns nur deshalb in diese Wüste geführt,
um alle, die hier versammelt sind, an Hunger sterben zu lassen.
4 Da sprach der Herr zu Mose:
Ich will euch Brot vom Himmel regnen lassen.
Das Volk soll hinausgehen, um seinen täglichen Bedarf zu sammeln.
Ich will es prüfen,
ob es nach meiner Weisung lebt oder nicht.
12 Ich habe das Murren der Israeliten gehört.
Sag ihnen: Am Abend werdet ihr Fleisch zu essen haben,
am Morgen werdet ihr satt sein von Brot,
und ihr werdet erkennen, daß ich der Herr, euer Gott, bin.
13 Am Abend kamen die Wachteln und bedeckten das Lager.
Am Morgen lag eine Schicht von Tau rings um das Lager.
14 Als sich die Tauschicht gehoben hatte,
lag auf dem Wüstenboden etwas Feines, Knuspriges,
fein wie Reif, auf der Erde.
15 Als das die Israeliten sahen,
sagten sie zueinander: Was ist das?
Denn sie wußten nicht, was es war.
Da sagte Mose zu ihnen:
Das ist das Brot, das der Herr euch zu essen gibt.

ANTWORTPSALM Ps 78 (77), 3–4b.23–24.25 u. 54 (R: vgl. 24b)

R Der Herr gab ihnen Brot vom Himmel. – R (GL 535, 5)

3 Was wir hörten und erfuhren, * II. Ton
was uns die Väter erzählten,

ab das wollen wir unseren Kindern nicht verbergen, *
sondern dem kommenden Geschlecht erzählen. – (R)

3 Er gebot den Wolken droben *
und öffnete die Tore des Himmels.

4 Er ließ Manna auf sie regnen als Speise, *
er gab ihnen Brot vom Himmel. – (R)

5 Da aßen die Menschen Wunderbrot; *
Gott gab ihnen Nahrung in Fülle.

4 Er brachte sie in sein heiliges Land, *
in die Berge, die er erwarb mit mächtiger Hand. – R

ZUR 2. LESUNG *Von Christus lernen wir, wie der neue Mensch beschaffen ist, der Mensch nach der Idee Gottes und seinem eigenen Bild. „Verblendung und Begierde" hatten den Menschen zugrunde gerichtet, in Christus aber beginnt eine neue Menschheit. Ihre Kennzeichen sind: Wahrheit, Zucht, Gerechtigkeit und Heiligkeit.*

ZWEITE LESUNG Eph 4,17.20–24

Zieht den neuen Menschen an, der nach dem Bild Gottes geschaffen ist

Lesung
aus dem Brief des Apostels Paulus an die Épheser.

Brüder!
7 Ich sage es euch und beschwöre euch im Herrn:
Lebt nicht mehr wie die Heiden in ihrem nichtigen Denken!

0 Das entspricht nicht dem, was ihr von Christus gelernt habt.
1 Ihr habt doch von ihm gehört
und seid unterrichtet worden in der Wahrheit, die Jesus ist.
2 Legt den alten Menschen ab,
der in Verblendung und Begierde zugrunde geht,
ändert euer früheres Leben,
3 und erneuert euren Geist und Sinn!

4 Zieht den neuen Menschen an,
der nach dem Bild Gottes geschaffen ist
in wahrer Gerechtigkeit und Heiligkeit.

RUF VOR DEM EVANGELIUM Vers: vgl. Mt 4,4b

Halleluja. Halleluja.

Nicht nur von Brot lebt der Mensch,
sondern von jedem Wort aus Gottes Mund.

Halleluja.

ZUM EVANGELIUM *Die wunderbare Speisung war ein Zeichen. Die Menschen aber, die Jesus nachliefen, hatten vom wirklichen Sinn des Wunders nicht viel begriffen. Sie wollten satt werden; weiter dachten sie nicht. Jesus weist sie und uns auf die größere Gabe hin: Er selbst ist die Gabe Gottes für das Leben der Welt. Dieses Brot kann man auf keine Weise verdienen, man kann es nur als Gabe Gottes empfangen. Ein einziges Werk ist hier notwendig: glaubend sich der Wirklichkeit Gottes öffnen; Jesus, den Sohn, als die unfaßbare Offenbarung Gottes annehmen.*

EVANGELIUM Joh 6,24–35

Wer zu mir kommt, wird nie mehr hungern, und wer an mich glaubt, wird nie mehr Durst haben

✠ **Aus dem heiligen Evangelium nach Johannes.**

In jener Zeit,
24 **als die Leute sahen,**
daß weder Jesus noch seine Jünger am Ufer des Sees waren,
stiegen sie in die Boote,
fuhren nach Kafárnaum
und suchten Jesus.
25 **Als sie ihn am anderen Ufer des Sees fanden,**
fragten sie ihn: Rabbi, wann bist du hierher gekommen?
26 **Jesus antwortete ihnen: Amen, amen, ich sage euch:**
Ihr sucht mich nicht, weil ihr Zeichen gesehen habt,
sondern weil ihr von den Broten gegessen habt
und satt geworden seid.
27 **Müht euch nicht ab für die Speise, die verdirbt,**
sondern für die Speise, die für das ewige Leben bleibt
und die der Menschensohn euch geben wird.
Denn ihn hat Gott, der Vater, mit seinem Siegel beglaubigt.

28 Da fragten sie ihn:
Was müssen wir tun, um die Werke Gottes zu vollbringen?
29 Jesus antwortete ihnen:
Das ist das Werk Gottes,
daß ihr an den glaubt, den er gesandt hat.

30 Sie entgegneten ihm:
Welches Zeichen tust du, damit wir es sehen und dir glauben?
Was tust du?
31 Unsere Väter haben das Manna in der Wüste gegessen,
wie es in der Schrift heißt:
Brot vom Himmel gab er ihnen zu essen.

32 Jesus sagte zu ihnen: Amen, amen, ich sage euch:
Nicht Mose hat euch das Brot vom Himmel gegeben,
sondern mein Vater gibt euch das wahre Brot vom Himmel.
33 Denn das Brot, das Gott gibt,
kommt vom Himmel herab und gibt der Welt das Leben.
34 Da baten sie ihn:
Herr, gib uns immer dieses Brot!
35 Jesus antwortete ihnen:
Ich bin das Brot des Lebens;
wer zu mir kommt,
wird nie mehr hungern,
und wer an mich glaubt,
wird nie mehr Durst haben.

Glaubensbekenntnis, S. 352 ff.
Fürbitten vgl. S. 781 ff.

ZUR EUCHARISTIEFEIER *Gott kommt uns entgegen; dem Dürstenden gibt er sich als das lebendige Wasser, dem Hungernden als das wahrhaftige Brot. – Herr, gib uns immer dieses Brot.*

GABENGEBET

Barmherziger Gott, heilige diese Gaben.
Nimm das Opfer an,
das dir im Heiligen Geist dargebracht wird,
und mache uns selbst zu einer Gabe,
die für immer dir gehört.
Darum bitten wir durch Christus, unseren Herrn.

Präfation, S. 420 ff.

KOMMUNIONVERS

Weish 16, 20

**Herr, du hast uns Brot vom Himmel gegeben,
das allen Wohlgeschmack in sich enthält.**

Oder:

Joh 6, 35

**So spricht der Herr:
Ich bin das Brot des Lebens,
wer zu mir kommt, wird nicht mehr hungern,
und wer an mich glaubt, wird nicht mehr Durst haben.**

SCHLUSSGEBET

**Barmherziger Gott,
in den heiligen Gaben empfangen wir neue Kraft.
Bleibe bei uns in aller Gefahr
und versage uns nie deine Hilfe,
damit wir der ewigen Erlösung würdig werden.
Darum bitten wir durch Christus, unseren Herrn.**

FÜR DEN TAG UND DIE WOCHE

Der Anspruch *Jesus ist der von den Menschen bewußt oder unbewußt Gesuchte. Warum ist Jesus die Erfüllung aller Sehnsucht? Die Antwort überrascht: „Denn ich bin vom Himmel herabgekommen, nicht um meinen Willen zu tun, sondern den Willen dessen, der mich gesandt hat" (Joh 6, 38). Offenbarung, Gehorsam und Leben stehen also in einem ursächlichen Zusammenhang. Jesus ist das Leben, weil er im Dienst und Auftrag des Vaters seine Sendung erfüllt. – Solcher Anspruch hat, weil Dienst und Menschsein in der Sünde als Gegensatz empfunden werden, mit dem Widerspruch der Welt zu rechnen. (Ulrich Horst)*

19. SONNTAG IM JAHRESKREIS

„Wer dieses Brot ißt, wird nicht sterben; er wird in Ewigkeit leben." Damit hat Jesus den leiblichen Tod nicht abgeschafft, im Gegenteil, er nimmt ihn ernst. Biologisch hat der Mensch, als dieser Mensch, keine Zukunft. Aber der Mensch, den Gott angeschaut und angesprochen hat, der Mensch, dessen Leben eins geworden ist mit dem Leben des menschgewordenen Gottessohnes, der ist in das Leben eingetreten, das für immer bleibt.

ERÖFFNUNGSVERS Vgl. Ps 74 (73), 20.19.22.23

Blick hin, o Herr, auf deinen Bund
und vergiß das Leben deiner Armen nicht für immer.
Erhebe dich, Gott, und führe deine Sache.
Vergiß nicht das Rufen derer, die dich suchen.

Ehre sei Gott, S. 348 ff.

TAGESGEBET

Allmächtiger Gott,
wir dürfen dich Vater nennen,
denn du hast uns an Kindes Statt angenommen
und uns den Geist deines Sohnes gesandt.
Gib, daß wir in diesem Geist wachsen
und einst das verheißene Erbe empfangen.
Darum bitten wir durch Jesus Christus.

ZUR 1. LESUNG *Die Wanderung des Propheten Elija zum Gottesberg Horeb hatte als Flucht vor dem Zorn der Königin Isebel begonnen. Dann wurde sie, durch die Begegnung mit dem Gottesboten, zu einer Pilgerreise, einer Rückkehr an die Quellen des reinen Glaubens. Am Propheten wiederholen sich die Erfahrungen Israels in der Wüste: Müdigkeit und Verzweiflung. Jeder Prophet muß durch diese Nacht hindurchgehen. Aber Gott verläßt ihn nicht. Elija ißt das Brot, das ihm der Engel hinstellt, und trinkt das frische Wasser. Dann geht er seinen Weg weiter bis zum Berg der Gottesbegegnung.*

ERSTE LESUNG 1 Kön 19,4–8

Durch diese Speise gestärkt, wanderte er bis zum Gottesberg

Lesung
aus dem ersten Buch der Könige.

In jenen Tagen
4 ging Elíja eine Tagereise weit in die Wüste hinein.
Dort setzte er sich unter einen Ginsterstrauch
und wünschte sich den Tod.
Er sagte: Nun ist es genug, Herr.
Nimm mein Leben;
denn ich bin nicht besser als meine Väter.
5 Dann legte er sich unter den Ginsterstrauch und schlief ein.

Doch ein Engel rührte ihn an
und sprach: Steh auf und iß!
6 Als er um sich blickte,
sah er neben seinem Kopf Brot,
das in glühender Asche gebacken war,
und einen Krug mit Wasser.
Er aß und trank und legte sich wieder hin.

7 Doch der Engel des Herrn kam zum zweitenmal,
rührte ihn an und sprach: Steh auf und iß!
Sonst ist der Weg zu weit für dich.
8 Da stand er auf,
aß und trank
und wanderte, durch diese Speise gestärkt,
vierzig Tage und vierzig Nächte bis zum Gottesberg Horeb.

ANTWORTPSALM Ps 34 (33), 2–3.4–5.6–7.8–9 (R: 9a)

℟ Kostet und seht, wie gütig der Herr ist! – ℟ (GL 471)

2 Ich will den Herrn allezeit preisen; * VI. Ton
immer sei sein Lob in meinem Mund.

3 Meine Seele rühme sich des Herrn; *
die Armen sollen es hören und sich freuen. – (℟)

4 Verherrlicht mit mir den Herrn, *
laßt uns gemeinsam seinen Namen rühmen.

5 Ich suchte den Herrn, und er hat mich erhört, *
er hat mich all meinen Ängsten entrissen. – (℟)

6 **Blickt auf zu ihm, so wird euer Gesicht leuchten, ***
und ihr braucht nicht zu erröten.

7 **Da ist ein Armer; er rief, und der Herr erhörte ihn. ***
Er half ihm aus all seinen Nöten. – (R)

8 **Der Engel des Herrn umschirmt alle, die ihn fürchten und ehren, ***
und er befreit sie.

9 **Kostet und seht, wie gütig der Herr ist; ***
wohl dem, der zu ihm sich flüchtet! – R

ZUR 2. LESUNG *Der Heilige Geist, Siegel und Garantie unserer Erlösung, ist der Geist der Liebe, die Glut der Gottheit. Man kann diesen Geist „betrüben", „beleidigen", durch die kleinen Unmenschlichkeiten, von denen in der Lesung die Rede ist. Diese widersprechen dem Wesen Gottes ebenso wie der Berufung der Christen. Gott allein ist die Norm für das Verhalten der Menschen, die von ihm geliebt, als seine Kinder angenommen und von seinem Geist geprägt sind.*

ZWEITE LESUNG Eph 4, 30 – 5, 2

Liebt einander, weil auch Christus uns geliebt hat

Lesung
aus dem Brief des Apostels Paulus an die Épheser.

Brüder!
30 **Beleidigt nicht den Heiligen Geist Gottes,**
dessen Siegel ihr tragt für den Tag der Erlösung.
31 **Jede Art von Bitterkeit,**
Wut, Zorn, Geschrei und Lästerung
und alles Böse verbannt aus eurer Mitte!
32 **Seid gütig zueinander,**
seid barmherzig,
vergebt einander,
weil auch Gott euch durch Christus vergeben hat.
Ahmt Gott nach als seine geliebten Kinder,
und liebt einander,
weil auch Christus uns geliebt
und sich für uns hingegeben hat
als Gabe und als Opfer, das Gott gefällt.

RUF VOR DEM EVANGELIUM Vers: vgl. Joh 6,51

Halleluja. Halleluja.

(So spricht der Herr:)
Ich bin das lebendige Brot, das vom Himmel gekommen ist.
Wer dieses Brot ißt, wird in Ewigkeit leben.

Halleluja.

ZUM EVANGELIUM *Für die Zeitgenossen Jesu war es schwer, seinen unerhörten Anspruch hinzunehmen. Wie soll dieser Mensch, einer wie wir, vom Himmel herabgekommen sein? Wie kann er Brot sein für das Leben der Welt? In der Tat, das kann niemand glauben, wenn nicht der Vater ihn dazu befreit. Es gibt keinen Glauben ohne die große Umkehr des Herzens. Wir müssen es geschehen lassen, daß Gott uns führt und belehrt.*

EVANGELIUM Joh 6,41–51

Ich bin das lebendige Brot, das vom Himmel herabgekommen ist

✠ Aus dem heiligen Evangelium nach Johannes.

In jener Zeit
41 **murrten die Juden gegen Jesus,**
weil er gesagt hatte:
Ich bin das Brot, das vom Himmel herabgekommen ist.
42 **Und sie sagten: Ist das nicht Jesus, der Sohn Josefs,**
dessen Vater und Mutter wir kennen?
Wie kann er jetzt sagen: Ich bin vom Himmel herabgekommen?

43 **Jesus sagte zu ihnen: Murrt nicht!**
44 **Niemand kann zu mir kommen,**
wenn nicht der Vater, der mich gesandt hat, ihn zu mir führt;
und ich werde ihn auferwecken am Letzten Tag.

45 **Bei den Propheten heißt es:**
Und alle werden Schüler Gottes sein.
Jeder, der auf den Vater hört und seine Lehre annimmt,
wird zu mir kommen.

46 **Niemand hat den Vater gesehen**
außer dem, der von Gott ist;
nur er hat den Vater gesehen.

7 **Amen, amen, ich sage euch:**
Wer glaubt, hat das ewige Leben.

8 **Ich bin das Brot des Lebens.**
9 **Eure Väter haben in der Wüste das Manna gegessen**
und sind gestorben.
0 **So aber ist es mit dem Brot, das vom Himmel herabkommt:**
Wenn jemand davon ißt,
wird er nicht sterben.

1 **Ich bin das lebendige Brot,**
das vom Himmel herabgekommen ist.
Wer von diesem Brot ißt,
wird in Ewigkeit leben.
Das Brot, das ich geben werde,
ist mein Fleisch,
ich gebe es hin für das Leben der Welt.

Glaubensbekenntnis, S. 352 ff.
Fürbitten vgl. S. 781 ff.

ZUR EUCHARISTIEFEIER *Jesus ist für alle Menschen* der *Mensch. Er ist die Not der Armen, die Hoffnung der Hungernden, die Freude der Liebenden. Er ist das Amen. Wer ihm vertraut, der ist gerettet.*

GABENGEBET

Herr, unser Gott,
wir bringen die Gaben zum Altar,
die du selber uns geschenkt hast.
Nimm sie von deiner Kirche entgegen
und mache sie für uns zum Sakrament des Heiles.
Darum bitten wir durch Christus, unseren Herrn.

Präfation, S. 420 ff.

KOMMUNIONVERS Ps 147, 12.14

Jerusalem, preise den Herrn, er sättigt dich mit bestem Weizen.

Oder: Joh 6, 51

So spricht der Herr:
Das Brot, das ich geben werde, ist mein Fleisch;
ich gebe es hin für das Leben der Welt.

SCHLUSSGEBET

**Barmherziger Gott,
wir haben
den Leib und das Blut deines Sohnes empfangen.
Das heilige Sakrament bringe uns Heil,
es erhalte uns in der Wahrheit
und sei unser Licht in der Finsternis.
Darum bitten wir durch Christus, unseren Herrn.**

FÜR DEN TAG UND DIE WOCHE

Der Leib Christi *Willst du den Leib Christi verstehen, dann höre, was der Apostel zu den Gläubigen sagt: Ihr seid der Leib Christi, und jeder einzelne ist Glied an ihm (1 Kor 12,27). Wenn ihr also der Leib Christi und seine Glieder seid, dann ist es euer eigenes Mysterium, das auf den Tisch des Herrn gelegt wird; was ihr empfangt, ist euer Mysterium. Zu dem, was ihr seid, antwortet ihr: Amen, und antwortend unterschreibt ihr es. Du hörst, was man dir sagt: Der Leib Christi, und du antwortest: Amen. Sei also wirklich der Leib Christi, damit dein Amen wahr ist. (Augustinus)*

20. SONNTAG IM JAHRESKREIS

In der Art zu sprechen offenbart sich der Mensch. Die Sprache Jesu ist einfach und klar, da ist kein fremdes Wort, kein komplizierter Satz. Und was er sagt, ist die Wahrheit. Nicht irgendeine Wahrheit, die man zur Kenntnis nimmt wie eine Zeitungsnotiz. Die Wahrheit Jesu ist er selbst. Er allein kann sagen: „Ich bin die Wahrheit.“ Er allein ist das Licht der Welt, und er ist das Brot des Lebens. Nur wer ihn selbst annimmt, versteht seine Wahrheit.

ERÖFFNUNGSVERS Ps 84 (83),10–11

**Gott, du unser Beschützer, schau auf das Angesicht deines Gesalbten.
Denn ein einziger Tag in den Vorhöfen deines Heiligtums
ist besser als tausend andere.**

Ehre sei Gott, S. 348 ff.

TAGESGEBET

Barmherziger Gott,
was kein Auge geschaut und kein Ohr gehört hat,
das hast du denen bereitet, die dich lieben.
Gib uns ein Herz,
das dich in allem und über alles liebt,
damit wir
den Reichtum deiner Verheißungen erlangen,
der alles übersteigt, was wir ersehnen.
Darum bitten wir durch Jesus Christus.

ZUR 1. LESUNG *Die Weisheit, von der die Bibel spricht, ist Gabe Gottes und eine große Tugend. Durch sie lernt der Mensch, die Wege Gottes und der Menschen zu verstehen und seinem eigenen Leben Form und Richtung zu geben. In der Lesung wird die Weisheit mit einer Frau verglichen, die ein großes Haus führt. Das Mahl, zu dem sie einlädt, ist die Weisheit selbst; ihre Verheißung ist das Leben. Zu einem größeren Mahl hat uns Christus eingeladen; in ihm ist Gottes ewige Weisheit Fleisch geworden und hat unter uns Wohnung genommen; er selbst ist das Mahl, zu dem er uns einlädt: Brot für das Leben der Welt.*

ERSTE LESUNG Spr 9, 1–6

Kommt, eßt von meinem Mahl, und trinkt vom Wein, den ich mischte

Lesung
aus dem Buch der Sprichwörter.

Die Weisheit hat ihr Haus gebaut,
ihre sieben Säulen behauen.
Sie hat ihr Vieh geschlachtet,
ihren Wein gemischt
und schon ihren Tisch gedeckt.
Sie hat ihre Mägde ausgesandt
und lädt ein auf der Höhe der Stadtburg:
Wer unerfahren ist,
kehre hier ein.

Zum Unwissenden sagt sie:

5 Kommt,
eßt von meinem Mahl,
und trinkt vom Wein, den ich mischte.
6 Laßt ab von der Torheit,
dann bleibt ihr am Leben
und geht auf dem Weg der Einsicht.

ANTWORTPSALM Ps 34 (33), 2–3.10–11.12–13.14–15 (R: 9a)

R Kostet und seht, wie gütig der Herr ist! – R (GL 471)

2 Ich will den Herrn allezeit preisen; * VI. Ton
immer sei sein Lob in meinem Mund.

3 Meine Seele rühme sich des Herrn; *
die Armen sollen es hören und sich freuen. – (R)

10 Fürchtet den Herrn, ihr seine Heiligen; *
denn wer ihn fürchtet, leidet keinen Mangel.

11 Reiche müssen darben und hungern; *
wer aber den Herrn sucht, braucht kein Gut zu entbehren. – (R)

12 Kommt, ihr Kinder, hört mir zu! *
Ich will euch in der Furcht des Herrn unterweisen.

13 Wer ist der Mensch, der das Leben liebt *
und gute Tage zu sehen wünscht? – (R)

14 Bewahre deine Zunge vor Bösem *
und deine Lippen vor falscher Rede!

15 Meide das Böse, und tu das Gute; *
suche Frieden, und jage ihm nach! – R

ZUR 2. LESUNG *Wer die Wahrheit Gottes begriffen hat und seine eigene Wahrheit, der kann nicht weiterleben, als wüßte er nichts. Die Wahrheit befreit uns und zeigt uns den Weg. In der Taufe haben wir den Geist Gottes empfangen; er macht uns fähig, aus der eigenen Enge herauszutreten, Gott zu danken und in nüchterner Trunkenheit vor Gott zu singen. Der Gesang kann nicht fehlen im Leben des erlösten Menschen und im Gottesdienst der Gemeinde.*

ZWEITE LESUNG Eph 5,15–20

Begreift, was der Wille des Herrn ist

Lesung
aus dem Brief des Apostels Paulus an die Épheser.

Brüder!
5 **Achtet sorgfältig darauf, wie ihr euer Leben führt,**
nicht töricht, sondern klug.
6 **Nutzt die Zeit;**
denn diese Tage sind böse.
7 **Darum seid nicht unverständig,**
sondern begreift, was der Wille des Herrn ist.

8 **Berauscht euch nicht mit Wein**
– das macht zügellos –,
sondern laßt euch vom Geist erfüllen!
9 **Laßt in eurer Mitte Psalmen, Hymnen und Lieder erklingen,**
wie der Geist sie eingibt.
Singt und jubelt aus vollem Herzen zum Lob des Herrn!

0 **Sagt Gott, dem Vater, jederzeit Dank für alles**
im Namen Jesu Christi, unseres Herrn!

RUF VOR DEM EVANGELIUM Vers: Joh 6,56

Halleluja. Halleluja.

(So spricht der Herr:)
Wer mein Fleisch ißt und mein Blut trinkt,
der bleibt in mir, und ich bleibe in ihm.

Halleluja.

ZUM EVANGELIUM *Das Brot, das Jesus geben will, ist sein „Fleisch": sein eigenes Leben, hingegeben für das Leben der Welt. Sein Fleisch essen und sein Blut trinken bedeutet mehr, als nur an Jesus zu glauben, es geht um ein wirkliches Essen; beim Letzten Abendmahl werden die Jünger es begreifen. Und nach dem Weggang Jesu werden sie zusammenkommen, um das heilige Mahl zu feiern, das Mysterium des Todes und der Auferstehung des Herrn, das Zeichen des ewigen Bundes und der bleibenden Gemeinschaft. Teilnahme an diesem Mahl bedeutet Teilhabe an der ewigen Gemeinschaft des Vaters und des Sohnes im Heiligen Geist.*

EVANGELIUM Joh 6,51–58

Mein Fleisch ist wirklich eine Speise, und mein Blut ist wirklich ein Trank

✠ Aus dem heiligen Evangelium nach Johannes.

In jener Zeit sprach Jesus zu der Menge:
51 Ich bin das lebendige Brot,
das vom Himmel herabgekommen ist.
Wer von diesem Brot ißt,
wird in Ewigkeit leben.
Das Brot, das ich geben werde, ist mein Fleisch,
ich gebe es hin für das Leben der Welt.

52 Da stritten sich die Juden
und sagten: Wie kann er uns sein Fleisch zu essen geben?

53 Jesus sagte zu ihnen: Amen, amen, das sage ich euch:
Wenn ihr das Fleisch des Menschensohnes nicht eßt
und sein Blut nicht trinkt,
habt ihr das Leben nicht in euch.

54 Wer mein Fleisch ißt und mein Blut trinkt,
hat das ewige Leben,
und ich werde ihn auferwecken am Letzten Tag.
55 Denn mein Fleisch ist wirklich eine Speise,
und mein Blut ist wirklich ein Trank.

56 Wer mein Fleisch ißt und mein Blut trinkt,
der bleibt in mir,
und ich bleibe in ihm.
57 Wie mich der lebendige Vater gesandt hat
und wie ich durch den Vater lebe,
so wird jeder, der mich ißt, durch mich leben.

58 Dies ist das Brot, das vom Himmel herabgekommen ist.
Mit ihm
ist es nicht wie mit dem Brot, das die Väter gegessen haben;
sie sind gestorben.
Wer aber dieses Brot ißt,
wird leben in Ewigkeit.

Glaubensbekenntnis, S. 352 ff.
Fürbitten vgl. S. 781 ff.

ZUR EUCHARISTIEFEIER *Jesus lebt vom Vater her und zum Vater hin; er ist der Sohn, das ist seine ganze Existenz. An dieser*

Seinsweise des Sohnes teilzuhaben ist ewiges Leben. Das und nichts weniger ist es, was er uns geben will.

GABENGEBET

**Herr, wir bringen unsere Gaben dar
für die Feier,
in der sich ein heiliger Tausch vollzieht.
Nimm sie in Gnaden an
und schenke uns dich selbst
in deinem Sohn Jesus Christus,
der mit dir lebt und herrscht in alle Ewigkeit.**

Präfation, S. 420 ff.

KOMMUNIONVERS Ps 130 (129), 7

Beim Herrn ist die Huld, bei ihm ist Erlösung in Fülle.

Oder: Joh 6, 51

**So spricht der Herr:
Ich bin das lebendige Brot, das vom Himmel herabgekommen ist.
Wer von diesem Brote ißt, wird leben in Ewigkeit.**

SCHLUSSGEBET

**Barmherziger Gott,
im heiligen Mahl
schenkst du uns Anteil am Leben deines Sohnes.
Dieses Sakrament
mache uns auf Erden Christus ähnlich,
damit wir im Himmel
zur vollen Gemeinschaft mit ihm gelangen,
der mit dir lebt und herrscht in alle Ewigkeit.**

FÜR DEN TAG UND DIE WOCHE

Aufleuchten *soll uns die Kenntnis von dir – heiligster Vater, unser Schöpfer, Erlöser, Tröster und Heiland –, damit wir innewerden der Breite deiner Wohltaten, der Länge deiner Verheißungen, der Höhe deiner Erhabenheit, der Tiefe deiner Gerichte.*

Unser tägliches Brot *gib uns: deinen geliebten Sohn, unseren Herrn Jesus Christus;*

Gib uns heute: *zum Gedächtnis, zum Verstehen und zur Verehrung der Liebe, die er zu uns hegte, und all dessen, was er für uns gesprochen, getan und erduldet hat. (Franziskus von Assisi)*

21. SONNTAG IM JAHRESKREIS

Das Wort Jesu ist lebendiges und heilendes Wort für den, der an die Person Jesu glaubt und ihm vertraut. Der Unglaube fängt beim Misstrauen an und endet im Verrat. Das Wort Jesu ist Geist und Leben: göttliches Leben für den, der es aufnimmt, in seinem Herzen bewahrt und liebend erfüllt. Und die Eucharistie ist lebendiges Brot für den, der Hunger und Durst hat nach dem lebendigen Gott.

ERÖFFNUNGSVERS Ps 86 (85), 1–3

Wende dein Ohr mir zu, erhöre mich, Herr,
hilf deinem Knecht, der dir vertraut, sei mir gnädig, o Herr.
Den ganzen Tag rufe ich zu dir.

Ehre sei Gott, S. 348 ff.

TAGESGEBET

Gott, unser Herr,
du verbindest alle, die an dich glauben,
zum gemeinsamen Streben.
Gib, daß wir lieben, was du befiehlst,
und ersehnen, was du uns verheißen hast,
damit in der Unbeständigkeit dieses Lebens
unsere Herzen dort verankert seien,
wo die wahren Freuden sind.
Darum bitten wir durch Jesus Christus.

ZUR 1. LESUNG *Josua, der Nachfolger des Mose, hat die Stämme Israels in das verheißene Land hineingeführt. Hier aber begegnet Israel den Göttern Kanaans, Göttern, die ihren Verehrern Glück und Wohlstand verheißen. In seiner Abschiedsrede stellt Josua das Volk vor die Entscheidung: der treue Gott, der sein Volk befreit und gesegnet hat, oder die alten und neuen Götter der Heiden ringsum. In Zukunft wird jede Generation aufs neue vor dieser Entscheidung stehen.*

ERSTE LESUNG

Jos 24, 1–2a.15–17.18b

Wir wollen dem Herrn dienen; denn er ist unser Gott

Lesung
aus dem Buch Jósua.

In jenen Tagen
versammelte Jósua alle Stämme Israels in Sichem;
er rief die Ältesten Israels,
seine Oberhäupter, Richter und Listenführer zusammen,
und sie traten vor Gott hin.

a Jósua sagte zum ganzen Volk:
5 Wenn es euch nicht gefällt, dem Herrn zu dienen,
dann entscheidet euch heute, wem ihr dienen wollt:
den Göttern, denen eure Väter jenseits des Stroms dienten,
oder den Göttern der Amoríter, in deren Land ihr wohnt.
Ich aber und mein Haus,
wir wollen dem Herrn dienen.

6 Das Volk antwortete:
Das sei uns fern,
daß wir den Herrn verlassen
und anderen Göttern dienen.
7 Denn der Herr, unser Gott, war es,
der uns und unsere Väter
aus dem Sklavenhaus Ägypten herausgeführt hat
und der vor unseren Augen
alle die großen Wunder getan hat.
Er hat uns beschützt
auf dem ganzen Weg, den wir gegangen sind,
und unter allen Völkern, durch deren Gebiet wir gezogen sind.
3b Auch wir wollen dem Herrn dienen;
denn er ist unser Gott.

ANTWORTPSALM Ps 34 (33), 2–3.16–17.18–19.20–21.22–23 (R: 9a)

R Kostet und seht, wie gütig der Herr ist! – R (GL 471)

VI. Ton

2 Ich will den Herrn allezeit preisen; *
immer sei sein Lob in meinem Mund.

3 Meine Seele rühme sich des Herrn; *
die Armen sollen es hören und sich freuen. – (R)

16 Die Augen des Herrn blicken auf die Gerechten, *
seine Ohren hören ihr Schreien.

17 Das Antlitz des Herrn richtet sich gegen die Bösen, *
um ihr Andenken von der Erde zu tilgen. – (R)

18 Schreien die Gerechten, so hört sie der Herr; *
er entreißt sie all ihren Ängsten.

19 Nahe ist der Herr den zerbrochenen Herzen, *
er hilft denen auf, die zerknirscht sind. – (R)

20 Der Gerechte muß viel leiden, *
doch allem wird der Herr ihn entreißen.

21 Er behütet all seine Glieder, *
nicht eines von ihnen wird zerbrochen. – (R)

22 Den Frevler wird seine Bosheit töten; *
wer den Gerechten haßt, muß es büßen.

23 Der Herr erlöst seine Knechte; *
straflos bleibt, wer zu ihm sich flüchtet. – R

ZUR 2. LESUNG *Wo Christen tatsächlich als Christen leben, wird etwas vom Geheimnis Gottes sichtbar in dieser Welt. Das gilt im besonderen von der christlichen Familie. Sie war in der Zeit des Apostels nicht das Selbstverständliche, so wenig wie heute. Paulus diskutiert nicht die rechtlichen und sozialen Voraussetzungen; aber er stellt, was die Ehe betrifft, alles in das Licht des tiefen Geheimnisses. Durch ihre Ehrfurcht vor Christus und die Liebe zu Christus erweisen christliche Eheleute ihre Gemeinschaft als Sakrament, als lebendiges Abbild der innigen Verbindung, die zwischen Christus und seiner Kirche besteht.*

ZWEITE LESUNG Eph 5, 21–32

Dies ist ein tiefes Geheimnis; ich beziehe es auf Christus und die Kirche

Lesung
aus dem Brief des Apostels Paulus an die Épheser.

Brüder!
21 **Einer ordne sich dem andern unter**
in der gemeinsamen Ehrfurcht vor Christus.
22 **Ihr Frauen,**
ordnet euch euren Männern unter wie Christus, dem Herrn;
23 **denn der Mann ist das Haupt der Frau,**
wie auch Christus das Haupt der Kirche ist;
er hat sie gerettet,
denn sie ist sein Leib.
24 **Wie aber die Kirche sich Christus unterordnet,**
sollen sich die Frauen in allem den Männern unterordnen.

25 **Ihr Männer,**
liebt eure Frauen,
wie Christus die Kirche geliebt
und sich für sie hingegeben hat,
26 **um sie im Wasser und durch das Wort**
rein und heilig zu machen.
27 **So will er die Kirche herrlich vor sich erscheinen lassen,**
ohne Flecken, Falten oder andere Fehler;
heilig soll sie sein und makellos.

28 **Darum sind die Männer verpflichtet,**
ihre Frauen so zu lieben wie ihren eigenen Leib.
Wer seine Frau liebt,
liebt sich selbst.
29 **Keiner hat je seinen eigenen Leib gehaßt,**
sondern er nährt und pflegt ihn,
wie auch Christus die Kirche.
30 **Denn wir sind Glieder seines Leibes.**

31 **Darum wird der Mann Vater und Mutter verlassen**
und sich an seine Frau binden,
und die zwei werden ein Fleisch sein.
32 **Dies ist ein tiefes Geheimnis;**
ich beziehe es auf Christus und die Kirche.

RUF VOR DEM EVANGELIUM

Vers: vgl. Joh 6,63b.68c

Halleluja. Halleluja.

Deine Worte, Herr, sind Geist und Leben.
Du hast Worte des ewigen Lebens.

Halleluja.

ZUM EVANGELIUM *Die Rede Jesu über das lebendige Brot, das er der Welt geben will, ist für die Jünger eine Offenbarung und zugleich eine Glaubensprobe. Sie müssen sich entscheiden. Jesus nimmt nichts zurück. Er gibt aber den Jüngern und uns zu verstehen, daß Menschwerdung, Kreuzesopfer und Himmelfahrt (Verherrlichung) die drei Stationen des einen Christusgeheimnisses sind und daß im „Brot des Lebens" der ganze Christus gegenwärtig ist – für uns: seine Menschheit, sein Opfer, seine göttliche Herrlichkeit. Unsere Glaubensentscheidung gilt der ganzen Wahrheit und Wirklichkeit Christi.*

EVANGELIUM

Joh 6,60–69

Herr, zu wem sollen wir gehen? Du hast Worte des ewigen Lebens

✠ Aus dem heiligen Evangelium nach Johannes.

In jener Zeit
60 **sagten viele der Jünger Jesu, die ihm zuhörten:**
Was er sagt, ist unerträglich.
Wer kann das anhören?
61 **Jesus erkannte, daß seine Jünger darüber murrten,**
und fragte sie: Daran nehmt ihr Anstoß?
62 **Was werdet ihr sagen,**
wenn ihr den Menschensohn hinaufsteigen seht,
dorthin, wo er vorher war?
63 **Der Geist ist es, der lebendig macht;**
das Fleisch nützt nichts.
Die Worte, die ich zu euch gesprochen habe,
sind Geist und sind Leben.
64 **Aber es gibt unter euch einige, die nicht glauben.**
Jesus wußte nämlich von Anfang an,
welche es waren, die nicht glaubten,
und wer ihn verraten würde.

5 **Und er sagte: Deshalb habe ich zu euch gesagt:**
Niemand kann zu mir kommen,
wenn es ihm nicht vom Vater gegeben ist.
6 **Daraufhin zogen sich viele Jünger zurück**
und wanderten nicht mehr mit ihm umher.
7 **Da fragte Jesus die Zwölf: Wollt auch ihr weggehen?**
8 **Simon Petrus antwortete ihm: Herr, zu wem sollen wir gehen?**
Du hast Worte des ewigen Lebens.
9 **Wir sind zum Glauben gekommen**
und haben erkannt: Du bist der Heilige Gottes.

Glaubensbekenntnis, S. 352 ff.
Fürbitten vgl. S. 781 ff.

ZUR EUCHARISTIEFEIER *„Ich bin das Brot des Lebens", sagt Christus. „Du bist der Heilige Gottes", antwortet ihm Petrus als Sprecher der glaubenden Jüngergemeinschaft. Christus, der Sohn, ist der ganz Heilige. Wer bei ihm bleibt, der bleibt im Licht Gottes und hat ewiges Leben, jetzt schon.*

GABENGEBET

Herr und Gott,
du hast dir
das eine Volk des Neuen Bundes erworben
durch das Opfer deines Sohnes,
das er ein für allemal dargebracht hat.
Sieh gnädig auf uns
und schenke uns in deiner Kirche
Einheit und Frieden.
Darum bitten wir durch Christus, unseren Herrn.

Präfation, S. 420 ff.

KOMMUNIONVERS Vgl. Ps 104 (103), 13–15

Herr, von den Früchten deiner Schöpfung werden alle satt.
Du schenkst dem Menschen Brot von der Erde
und Wein, der sein Herz erfreut.

Oder: Joh 6, 54

So spricht der Herr:
Wer mein Fleisch ißt und mein Blut trinkt, hat das ewige Leben,
und ich werde ihn auferwecken am Letzten Tag.

SCHLUSSGEBET

**Herr, unser Gott,
schenke uns durch dieses Sakrament
die Fülle deines Erbarmens und mache uns heil.
Gewähre uns deine Hilfe,
damit wir so vor dir leben können,
wie es dir gefällt.
Darum bitten wir durch Christus, unseren Herrn.**

FÜR DEN TAG UND DIE WOCHE

Aus Liebe *Daß wir dich doch als das sehen möchten, was du bist und warst und bis zu deiner Wiederkunft sein wirst: als das Zeichen des Ärgernisses und den Gegenstand des Glaubens, als den geringen Menschen und doch den Retter und Erlöser des Menschengeschlechts, der aus Liebe zur Erde kam, um die Verlorenen zu suchen, um zu leiden und zu sterben, und der du doch bekümmert wiederholen mußtest: Selig, wer an mir nicht Ärgernis nimmt. Daß wir dich so sehen möchten und daß wir uns dann nicht an dir ärgern möchten. (Søren Kierkegaard)*

22. SONNTAG IM JAHRESKREIS

Korrekt und sauber sein ist gut, aber es ist nicht alles. Hier spielen Brauch und Sitte eine große Rolle, und was nicht Brauch ist, gilt leicht als „verboten". Jesus hat mit großer Freiheit nach dem Ursprung der Gesetzesvorschriften gefragt: Gotteswille oder Menschensatzung. Die Gesetze Gottes sind – das ist die Überraschung – viel menschlicher als die Satzungen der Menschen. Es gibt aber Menschen, die sich lieber hinter Gesetze und Vorschriften verkriechen, als in Freiheit nach dem Willen Gottes zu fragen. Wer in die Schule Jesu geht, lernt die Freiheit.

ERÖFFNUNGSVERS Ps 86 (85), 3.5

**Sei mir gnädig, o Herr. Den ganzen Tag rufe ich zu dir.
Herr, du bist gütig und bereit, zu verzeihen;
für alle, die zu dir rufen, reich an Gnade.**

Ehre sei Gott, S. 348 ff.

TAGESGEBET

**Allmächtiger Gott,
von dir kommt alles Gute.
Pflanze in unser Herz
die Liebe zu deinem Namen ein.
Binde uns immer mehr an dich,
damit in uns wächst, was gut und heilig ist.
Wache über uns und erhalte, was du gewirkt hast.
Darum bitten wir durch Jesus Christus.**

ZUR 1. LESUNG *Israel hat das Gesetz Gottes nicht als harte Last, sondern als kostbare Gabe empfangen, als Wegweisung für das Volk und für jeden einzelnen. Heute noch wird im Judentum das „Fest der Gesetzesfreude" gefeiert. Das Gesetz Gottes muß immer wieder neu ausgelegt und in die jeweilige Zeit hineingestellt werden. Aber immer noch gilt die Norm: nichts hinzufügen und nichts wegnehmen. Das bedeutet nicht sklavische Bindung, sondern Klarheit und Freiheit.*

ERSTE LESUNG Dtn 4, 1–2.6–8

Achtet auf die Gebote des Herrn! Fügt nichts hinzu!

**Lesung
aus dem Buch Deuteronómium.**

**Mose sprach zum Volk:
Israel, höre die Gesetze und Rechtsvorschriften,
die ich euch zu halten lehre.
Hört, und ihr werdet leben,
ihr werdet in das Land,
das der Herr, der Gott eurer Väter, euch gibt, hineinziehen
und es in Besitz nehmen.
Ihr sollt dem Wortlaut dessen, worauf ich euch verpflichte,
nichts hinzufügen und nichts davon wegnehmen;**

ihr sollt auf die Gebote des Herrn, eures Gottes, achten,
auf die ich euch verpflichte.

6 Ihr sollt auf sie achten und sollt sie halten.
Denn darin besteht eure Weisheit und eure Bildung
in den Augen der Völker.
Wenn sie dieses Gesetzeswerk kennenlernen,
müssen sie sagen: In der Tat,
diese große Nation ist ein weises und gebildetes Volk.

7 Denn welche große Nation hätte Götter,
die ihr so nah sind, wie Jahwe, unser Gott, uns nah ist,
wo immer wir ihn anrufen?

8 Oder welche große Nation besäße Gesetze und Rechtsvorschriften,
die so gerecht sind wie alles in dieser Weisung,
die ich euch heute vorlege?

ANTWORTPSALM Ps 15 (14), 2–3.4.5 (R: 1)

℟ Herr, wer darf Gast sein in deinem Zelt, (GL 626, 3)
wer darf weilen auf deinem heiligen Berg? – ℟

2 Der makellos lebt und das Rechte tut; † IV. Ton
der von Herzen die Wahrheit sagt *
3 und mit seiner Zunge nicht verleumdet;

der seinem Freund nichts Böses antut *
und seinen Nächsten nicht schmäht; – (℟)

4 der den Verworfenen verachtet, *
doch alle, die den Herrn fürchten, in Ehren hält;

der sein Versprechen nicht ändert, *
das er seinem Nächsten geschworen hat; – (℟)

5 der sein Geld nicht auf Wucher ausleiht *
und nicht zum Nachteil des Schuldlosen Bestechung annimmt.

Wer sich danach richtet, *
der wird niemals wanken. – ℟

ZUR 2. LESUNG *Gott, der Schöpfer des Alls („Vater der Gestirne"), ist absolut lauter in seinem Wesen und eindeutig in dem, was er tut. Daß von Gott nur gute Gaben kommen, ist eine Glaubensaussage. Sie scheint oft genug der erfahrenen Wirklichkeit zu widerspre-*

chen, ist aber deren gültige Deutung. Die eigentliche Gabe Gottes jedoch, die in allen anderen mitgemeint ist, ist das „Wort der Wahrheit“: das Evangelium Jesu Christi. Es ist Offenbarung, Gabe und Wegweisung. Wer durch den Glauben und die Taufe als neuer Mensch wiedergeboren wurde, muß durch die Tat das verwirklichen, was er geworden ist. Er muß ständig neu das Wort hören und danach handeln.

ZWEITE LESUNG Jak 1, 17–18.21b–22.27

Hört das Wort nicht nur an, sondern handelt danach!

Lesung
aus dem Jakobusbrief.

Meine geliebten Brüder!
Jede gute Gabe und jedes vollkommene Geschenk
kommt von oben,
vom Vater der Gestirne,
bei dem es keine Veränderung und keine Verfinsterung gibt.
Aus freiem Willen
hat er uns durch das Wort der Wahrheit geboren,
damit wir gleichsam die Erstlingsfrucht seiner Schöpfung seien.

b Nehmt euch das Wort zu Herzen,
das in euch eingepflanzt worden ist
und das die Macht hat, euch zu retten.
Hört das Wort nicht nur an,
sondern handelt danach;
sonst betrügt ihr euch selbst.

Ein reiner und makelloser Dienst vor Gott, dem Vater,
besteht darin:
für Waisen und Witwen zu sorgen, wenn sie in Not sind,
und sich vor jeder Befleckung durch die Welt zu bewahren.

RUF VOR DEM EVANGELIUM Vers: vgl. Jak 1, 18

Halleluja. Halleluja.

Durch das Wort der Wahrheit hat uns der Vater das Leben geschenkt
und uns zu Erstlingen seiner Schöpfung gemacht.

Halleluja.

ZUM EVANGELIUM *Für das Judentum in der Zeit Jesu spielte die Frage nach Rein und Unrein eine große Rolle. Nach Meinung der Pharisäer sollten alle die Reinheitsvorschriften einhalten, die ursprünglich nur für die Priester galten. Damit ergibt sich aber auch die Frage nach dem Verhältnis zwischen dem Gebot Gottes und den Vorschriften der Menschen („Überlieferung der Alten"). Jesus stellt sich in die Reihe der Propheten, die nach dem eigentlichen Gotteswillen fragen. Gott aber fragt nach dem Herzen des Menschen, nicht nach seinem äußeren Tun.*

EVANGELIUM Mk 7, 1–8.14–15.21–23

Ihr gebt Gottes Gebot preis und haltet euch an die Überlieferung der Menschen

✠ Aus dem heiligen Evangelium nach Markus.

In jener Zeit
1 hielten sich die Pharisäer
und einige Schriftgelehrte, die aus Jerusalem gekommen waren,
bei Jesus auf.
2 Sie sahen, daß einige seiner Jünger ihr Brot
mit unreinen, das heißt mit ungewaschenen Händen aßen.
3 Die Pharisäer essen nämlich wie alle Juden nur,
wenn sie vorher mit einer Handvoll Wasser
die Hände gewaschen haben,
wie es die Überlieferung der Alten vorschreibt.
4 Auch wenn sie vom Markt kommen,
essen sie nicht, ohne sich vorher zu waschen.
Noch viele andere überlieferte Vorschriften halten sie ein,
wie das Abspülen von Bechern, Krügen und Kesseln.

5 Die Pharisäer und die Schriftgelehrten fragten ihn also:
Warum halten sich deine Jünger
nicht an die Überlieferung der Alten,
sondern essen ihr Brot mit unreinen Händen?
6 Er antwortete ihnen: Der Prophet Jesája hatte recht
mit dem, was er über euch Heuchler sagte:
Dieses Volk ehrt mich mit den Lippen,
sein Herz aber ist weit weg von mir.
7 Es ist sinnlos, wie sie mich verehren;
was sie lehren, sind Satzungen von Menschen.

8 Ihr gebt Gottes Gebot preis
und haltet euch an die Überlieferung der Menschen.

4 **Dann rief Jesus die Leute wieder zu sich**
und sagte: Hört mir alle zu
und begreift, was ich sage:
5 **Nichts, was von außen in den Menschen hineinkommt,**
kann ihn unrein machen,
sondern was aus dem Menschen herauskommt,
das macht ihn unrein.

1 **Denn von innen, aus dem Herzen der Menschen,**
kommen die bösen Gedanken,
Unzucht, Diebstahl, Mord,
2 **Ehebruch, Habgier, Bosheit,**
Hinterlist, Ausschweifung,
Neid, Verleumdung, Hochmut und Unvernunft.
3 **All dieses Böse kommt von innen**
und macht den Menschen unrein.

Glaubensbekenntnis, S. 352 ff.
Fürbitten vgl. S. 781 ff.

ZUR EUCHARISTIEFEIER *Vor Gott, dem ganz Heiligen, kann nur bestehen, was bis ins Innerste echt und gut ist. Der reine Mensch ist der ganze, ungeteilte Mensch. Sein Leben wird zu einer reinen, makellosen Opfergabe für Gott.*

GABENGEBET

Herr, unser Gott,
diese Opferfeier bringe uns Heil und Segen.
Was du jetzt unter heiligen Zeichen wirkst,
das vollende in deinem Reich.
Darum bitten wir durch Christus, unseren Herrn.

Präfation, S. 420 ff.

KOMMUNIONVERS Ps 31 (30), 20

Wie groß ist deine Güte, o Herr,
die du bereithältst für alle, die dich fürchten und ehren.

Oder: Mt 5, 9–10

Selig, die Frieden stiften;
denn sie werden Söhne Gottes genannt werden.
Selig, die um der Gerechtigkeit willen verfolgt werden;
denn ihnen gehört das Himmelreich.

SCHLUSSGEBET

**Allmächtiger Gott,
du hast uns gestärkt durch das lebendige Brot,
das vom Himmel kommt.
Deine Liebe,
die wir im Sakrament empfangen haben,
mache uns bereit,
dir in unseren Brüdern zu dienen.
Darum bitten wir durch Christus, unseren Herrn.**

FÜR DEN TAG UND DIE WOCHE

Wagnis der Freude *Laß uns doch spüren, daß es dir bis ins einzelne und kleinste hinein um die Liebe geht zu Gott und den Menschen, und nicht um unsere Ordnungen, die wir ängstlich verteidigen. Jesus, Bruder der Sünder, reiße uns die Herzen auf, wenn du uns heute zeigst, wo sich hinter heilig-bewährten Ordnungen Unrecht und Unmenschlichkeit verbirgt. Nicht Angst willst du uns machen, sondern Freude, es mit dem Gott zu wagen, der es so gnädig mit uns riskiert. (Theo Brüggemann)*

23. SONNTAG IM JAHRESKREIS

Dialog heißt Gespräch: Ereignis des Wortes von einem Menschen zum anderen. Das Wort wird gesagt, „gesendet". Vielleicht kommt es an. Dann schafft es Beziehung, Gemeinschaft, Einheit. Der Mensch verwirklicht sich im Gespräch; ohne Gespräch verkümmert er. Wenn Menschen aneinander vorbeischweigen, steht es schlecht. Gott selbst ist wesentlich Gespräch: er spricht das ewige Wort, und er sendet es in die Zeit hinein, in unsere Zeit, in mein Leben hinein. Das Wort aber wartet auf Antwort.

ERÖFFNUNGSVERS Ps 119 (118), 137.124

**Herr, du bist gerecht, und deine Entscheide sind richtig.
Handle an deinem Knecht nach deiner Huld.**

Ehre sei Gott, S. 348 ff.

TAGESGEBET

**Gütiger Gott,
du hast uns durch deinen Sohn erlöst
und als deine geliebten Kinder angenommen.
Sieh voll Güte auf alle, die an Christus glauben,
und schenke ihnen die wahre Freiheit
und das ewige Erbe.
Darum bitten wir durch Jesus Christus.**

ZUR 1. LESUNG *Die Lesung aus dem Buch Jesaja ist der Form nach eher ein Lied als eine Lesung. Dem Inhalt nach ist es ein prophetisches Heilswort, eine Weissagung über die Endzeit. Mit orientalischer Phantasie wird ausgemalt, was geschehen wird, wenn Gott sein Werk vollendet. In der Gegenwart sind die Menschen blind, taub, stumm. Aber das kann nicht so bleiben. Gott gibt nicht auf; er selbst wird eingreifen; er wird kommen, um zu helfen und zu heilen.*

ERSTE LESUNG Jes 35,4–7a

Die Ohren der Tauben öffnen sich; die Zunge des Stummen jauchzt auf

**Lesung
aus dem Buch Jesája.**

**Sagt den Verzagten: Habt Mut,
fürchtet euch nicht!
Seht, hier ist euer Gott!
Die Rache Gottes wird kommen und seine Vergeltung;
er selbst wird kommen und euch erretten.
Dann werden die Augen der Blinden geöffnet,
auch die Ohren der Tauben sind wieder offen.
Dann springt der Lahme wie ein Hirsch,
die Zunge des Stummen jauchzt auf.
In der Wüste brechen Quellen hervor,
und Bäche fließen in der Steppe.
Der glühende Sand wird zum Teich
und das durstige Land zu sprudelnden Quellen.**

ANTWORTPSALM Ps 146 (145), 6–7.8–9b.9c–10 (R: 1)

R Lobe den Herrn, meine Seele! – R (GL 527, 3)

(*Oder:* Halleluja.)

6 **Der Herr hat Himmel und Erde gemacht, †** I. Ton
das Meer und alle Geschöpfe; *
er hält ewig die Treue.

7 **Recht verschafft er den Unterdrückten, †**
den Hungernden gibt er Brot; *
der Herr befreit die Gefangenen. – (R)

8 **Der Herr öffnet den Blinden die Augen, ***
er richtet die Gebeugten auf.

9ab **Der Herr beschützt die Fremden ***
und verhilft den Waisen und Witwen zu ihrem Recht. – (R)

9cd **Der Herr liebt die Gerechten, ***
doch die Schritte der Frevler leitet er in die Irre.

10 **Der Herr ist König auf ewig, ***
dein Gott, Zion, herrscht von Geschlecht zu Geschlecht. – R

ZUR 2. LESUNG *Es gibt Grundhaltungen und auch Umgangsformen, die mit dem Glauben an Christus nicht vereinbar sind. Dahin gehört, was in der Lesung „Ansehen der Person" genannt wird: daß man den Menschen danach ansieht und beurteilt, was er hat und darstellt, nicht aber nach dem, was er wirklich ist. Im Licht Christi, des Herrn der Herrlichkeit, verblassen unsere kleinlichen Unterscheidungen zwischen Klein und Groß, Arm und Reich. Wenn es überhaupt eine Bevorzugung gibt, die vor Gott gilt, dann müssen die Armen an erster Stelle stehen. Der Glaube der Kirche und jeder Gemeinde zeigt sich daran, ob die Armen geehrt und geliebt werden.*

ZWEITE LESUNG Jak 2, 1–5

Hat Gott nicht die Armen auserwählt, um sie zu Erben des Königreichs zu machen?

Lesung
aus dem Jakobusbrief.

1 **Meine Brüder,**
haltet den Glauben an unseren Herrn Jesus Christus,

den Herrn der Herrlichkeit,
frei von jedem Ansehen der Person.

2 Wenn in eure Versammlung
ein Mann mit goldenen Ringen
und prächtiger Kleidung kommt,
und zugleich kommt ein Armer in schmutziger Kleidung,
3 und ihr blickt auf den Mann in der prächtigen Kleidung
und sagt: Setz dich hier auf den guten Platz!,
und zu dem Armen sagt ihr: Du kannst dort stehen!,
oder: Setz dich zu meinen Füßen!
4 – macht ihr dann nicht untereinander Unterschiede
und fällt Urteile aufgrund verwerflicher Überlegungen?

5 Hört, meine geliebten Brüder:
Hat Gott nicht die Armen in der Welt auserwählt,
um sie durch den Glauben reich
und zu Erben des Königreichs zu machen,
das er denen verheißen hat, die ihn lieben?

RUF VOR DEM EVANGELIUM Vers: Mt 4,23b

Halleluja. Halleluja.

Jesus verkündete das Evangelium vom Reich
und heilte im Volk alle Krankheiten und Leiden.

Halleluja.

ZUM EVANGELIUM *Die Schöpfung, wie sie aus der Hand Gottes hervorging, war gut, „sehr gut", wie es im Schöpfungsbericht heißt. Das Unglück beginnt damit, daß der Mensch das Wort Gottes nicht hören und nicht wahrhaben will. Er entfernt sich von Gott so weit, daß er schließlich zum Hören nicht mehr fähig ist; er wird taub, und weil er nichts mehr hört, meint er, Gott sei stumm. Der Taubstumme des Evangeliums ist das sprechende Symbol dieser Situation des Menschen. Jesus spricht das erlösende Wort:* Effata – öffne dich!

EVANGELIUM Mk 7,31–37

Er macht, daß die Tauben hören und die Stummen sprechen

✠ **Aus dem heiligen Evangelium nach Markus.**

In jener Zeit
31 **verließ Jesus das Gebiet von Tyrus**
und kam über Sidon an den See von Galiläa,
mitten in das Gebiet der Dekápolis.

32 **Da brachte man einen Taubstummen zu Jesus**
und bat ihn, er möge ihn berühren.
33 **Er nahm ihn beiseite,**
von der Menge weg,
legte ihm die Finger in die Ohren
und berührte dann die Zunge des Mannes mit Speichel;
34 **danach blickte er zum Himmel auf,**
seufzte
und sagte zu dem Taubstummen: Éffata!,
das heißt: Öffne dich!
35 **Sogleich öffneten sich seine Ohren,**
seine Zunge wurde von ihrer Fessel befreit,
und er konnte richtig reden.

36 **Jesus verbot ihnen, jemand davon zu erzählen.**
Doch je mehr er es ihnen verbot,
desto mehr machten sie es bekannt.
37 **Außer sich vor Staunen**
sagten sie: Er hat alles gut gemacht;
er macht, daß die Tauben hören und die Stummen sprechen.

Glaubensbekenntnis, S. 352 ff.
Fürbitten vgl. S. 781 ff.

ZUR EUCHARISTIEFEIER *In der Eucharistiefeier rühmen wir Gottes große Taten und danken ihm für seine Gaben. Dazu hat er selbst uns das Wort und die Sprache gegeben. Und indem wir ihm danken, schaffen wir Raum für die noch größere Gabe, die er selbst für uns sein will.*

GABENGEBET

Herr, unser Gott,
du schenkst uns den Frieden
und gibst uns die Kraft, dir aufrichtig zu dienen.
Laß uns dich mit unseren Gaben ehren
und durch die Teilnahme
an dem einen Brot und dem einen Kelch
eines Sinnes werden.
Darum bitten wir durch Christus, unseren Herrn.

Präfation, S. 420 ff.

KOMMUNIONVERS

Ps 42 (41), 2–3

**Wie der Hirsch lechzt nach frischem Wasser,
so lechzt meine Seele, Gott, nach dir.
Meine Seele dürstet nach Gott, nach dem lebendigen Gott.**

Oder: Joh 8, 12

**So spricht der Herr:
Ich bin das Licht der Welt.
Wer mir nachfolgt, wird nicht in der Finsternis gehen,
sondern wird das Licht des Lebens haben.**

SCHLUSSGEBET

Herr, unser Gott,
in deinem Wort und Sakrament
gibst du uns Nahrung und Leben.
Laß uns durch diese großen Gaben
in der Liebe wachsen
und zur ewigen Gemeinschaft
mit deinem Sohn gelangen,
der mit dir lebt und herrscht in alle Ewigkeit.

FÜR DEN TAG UND DIE WOCHE

Die Stille und das Wort *Herr Jesus Christus, warum muß es geschehen, daß wir taub sind für dich und dein Wort in unserem Herzen verlorengeht? Du hast Tauben die Ohren geöffnet und Menschen befreit aus der Macht, die sie gefangenhielt. Dein schaffendes Wort kann auch uns frei machen und heilen. Nimm uns mit dir in die fruchtbare Stille. Sprich weiter zu uns, bis wir dich hören und verstehen und in allen Menschen und Dingen wieder deine Botschaft erkennen. (F. Cromphout)*

24. SONNTAG IM JAHRESKREIS

Wer nach Jesus fragt, wird selbst zum Gefragten. Er wird vor die Entscheidung gestellt: Und du, wer bist du, was glaubst du, was tust du? Der Glaube ist nur als Tat des ganzen Menschen möglich. Der Ort des Glaubens ist die tiefe Mitte des Menschen, das „Herz". Und aus dem Herzen kommt das gute Wort und die gute Tat.

ERÖFFNUNGSVERS Vgl. Sir 36, 18.21–22

Herr, gib Frieden denen, die auf dich hoffen,
und erweise deine Propheten als zuverlässig.
Erhöre das Gebet deiner Diener und deines Volkes.

Ehre sei Gott, S. 348 ff.

TAGESGEBET

Gott, du Schöpfer und Lenker aller Dinge,
sieh gnädig auf uns.
Gib, daß wir dir mit ganzem Herzen dienen
und die Macht deiner Liebe an uns erfahren.
Darum bitten wir durch Jesus Christus.

ZUR 1. LESUNG *Im zweiten Teil des Buches Jesaja ist an vier Stellen vom „Gottesknecht" die Rede. Wer damit gemeint ist, wird nirgendwo ausdrücklich gesagt. In der heutigen Lesung tritt er uns als eine prophetische Gestalt entgegen. Er hat sein Ohr und sein ganzes Wesen dem Wort Gottes geöffnet, und er ist zum Sprecher Gottes geworden. Das hat ihm Feindschaft und Verfolgung eingetragen und wird ihm schließlich den Tod bringen. Das weiß er, und er nimmt es an. – Jesus hat diese prophetischen Aussagen auf sich selbst bezogen. Er ist Gottessohn und Gottesknecht. Er weiß auch in Leiden und Tod, daß der Vater ihn nicht allein läßt.*

ERSTE LESUNG Jes 50,5–9a

Ich hielt meinen Rücken denen hin, die mich schlugen

Lesung
aus dem Buch Jesája.

Gott, der Herr, hat mir das Ohr geöffnet.
Ich aber wehrte mich nicht
und wich nicht zurück.
Ich hielt meinen Rücken denen hin, die mich schlugen,
und denen, die mir den Bart ausrissen, meine Wangen.
Mein Gesicht verbarg ich nicht
vor Schmähungen und Speichel.

Doch Gott, der Herr, wird mir helfen;
darum werde ich nicht in Schande enden.
Deshalb mache ich mein Gesicht hart wie einen Kiesel;
ich weiß, daß ich nicht in Schande gerate.
Er, der mich freispricht, ist nahe.
Wer wagt es, mit mir zu streiten?
Laßt uns zusammen vortreten!
Wer ist mein Gegner im Rechtsstreit?
Er trete zu mir heran.

Seht her,
Gott, der Herr, wird mir helfen.

ANTWORTPSALM Ps 116 (114), 1–2.3–4.5–6.8–9 (R: vgl. 9)

℟ Ich gehe meinen Weg vor Gott (GL 528, 3)
im Land der Lebenden. – ℟

(*Oder:* Halleluja.)

Ich liebe den Herrn; * VI. Ton
denn er hat mein lautes Flehen gehört

und sein Ohr mir zugeneigt *
an dem Tag, als ich zu ihm rief. – (℟)

Mich umfingen die Fesseln des Todes, †
mich befielen die Ängste der Unterwelt, *
mich trafen Bedrängnis und Kummer.

Da rief ich den Namen des Herrn an: *
„Ach Herr, rette mein Leben!" – (℟)

5 **Der Herr ist gnädig und gerecht, ***
unser Gott ist barmherzig.

6 **Der Herr behütet die schlichten Herzen; ***
ich war in Not, und er brachte mir Hilfe. – (R)

8 **Ja, du hast mein Leben dem Tod entrissen, †**
meine Tränen getrocknet, *
meinen Fuß bewahrt vor dem Gleiten.

9 **So gehe ich meinen Weg vor dem Herrn ***
im Land der Lebenden.

R **Ich gehe meinen Weg vor Gott**
im Land der Lebenden.

(*Oder:* **Halleluja.**)

ZUR 2. LESUNG *Glaube ist mehr als nur die Zustimmung zu bestimmten Wahrheiten; er ist etwas anderes: Er ist das Ja des Menschen zum Wort Gottes und zur ganzen Wirklichkeit Christi. Es entspricht dem Wesen des Glaubens, daß er auch nach außen wirkt: im Wort des Bekenntnisses und in der Tat der brüderlichen Liebe.*

ZWEITE LESUNG Jak 2,14–18

Der Glaube für sich allein ist tot, wenn er nicht Werke vorzuweisen hat

Lesung
aus dem Jakobusbrief.

14 **Meine Brüder,**
was nützt es, wenn einer sagt, er habe Glauben,
aber es fehlen die Werke?
Kann etwa der Glaube ihn retten?

15 **Wenn ein Bruder oder eine Schwester ohne Kleidung ist**
und ohne das tägliche Brot
16 **und einer von euch zu ihnen sagt: Geht in Frieden,**
wärmt und sättigt euch!,
ihr gebt ihnen aber nicht, was sie zum Leben brauchen
– was nützt das?
17 **So ist auch der Glaube für sich allein tot,**
wenn er nicht Werke vorzuweisen hat.

18 **Nun könnte einer sagen: Du hast Glauben,**
und ich kann Werke vorweisen;

**zeig mir deinen Glauben ohne die Werke,
und ich zeige dir meinen Glauben aufgrund der Werke.**

RUF VOR DEM EVANGELIUM Vers: Gal 6,14

Halleluja. Halleluja.

Ich will mich allein des Kreuzes unseres Herrn Jesus Christus rühmen, durch das mir die Welt gekreuzigt ist und ich der Welt.

Halleluja.

ZUM EVANGELIUM *Die wichtigste Frage im ganzen Evangelium lautet: Wer ist dieser Jesus eigentlich? Ein Handwerker aus Nazaret – ein Wanderprediger – ein Träumer – ein Prophet? Simon Petrus antwortet: Du bist der Messias. Jesus selbst aber nennt sich den „Menschensohn". Er ist der Messias, der erwartete Retter, aber nicht der glanzvolle Messias hochgespannter Erwartungen, sondern der Menschensohn, der durch Leiden und Tod gehen wird. Und wer an ihn glaubt, folgt ihm auf seinem Weg.*

EVANGELIUM Mk 8,27–35

Du bist der Messias. – Der Menschensohn muß vieles erleiden

✠ Aus dem heiligen Evangelium nach Markus.

In jener Zeit
27 ging Jesus mit seinen Jüngern
in die Dörfer bei Cäsaréa Philíppi.
Unterwegs fragte er die Jünger:
Für wen halten mich die Menschen?
28 Sie sagten zu ihm: Einige für Johannes den Täufer,
andere für Elíja,
wieder andere für sonst einen von den Propheten.

29 Da fragte er sie: Ihr aber,
für wen haltet ihr mich?
Simon Petrus antwortete ihm: Du bist der Messias!
30 Doch er verbot ihnen, mit jemand über ihn zu sprechen.

31 Dann begann er, sie darüber zu belehren,
der Menschensohn müsse vieles erleiden

und von den Ältesten,
den Hohenpriestern und den Schriftgelehrten
verworfen werden;
er werde getötet,
aber nach drei Tagen werde er auferstehen.
32 Und er redete ganz offen darüber.
Da nahm ihn Petrus beiseite
und machte ihm Vorwürfe.
33 Jesus wandte sich um,
sah seine Jünger an
und wies Petrus mit den Worten zurecht: Weg mit dir, Satan,
geh mir aus den Augen!
Denn du hast nicht das im Sinn, was Gott will,
sondern was die Menschen wollen.
34 Er rief die Volksmenge und seine Jünger zu sich
und sagte:
Wer mein Jünger sein will,
der verleugne sich selbst,
nehme sein Kreuz auf sich
und folge mir nach.
35 Denn wer sein Leben retten will,
wird es verlieren;
wer aber sein Leben um meinetwillen
und um des Evangeliums willen verliert,
wird es retten.

Glaubensbekenntnis, S. 352 ff.; Fürbitten vgl. S. 781 ff.

ZUR EUCHARISTIEFEIER *Nur wer Jesus nachfolgt, mit ihm auch den Weg des Kreuzes geht, weiß, wer er ist. Und er hat, je länger, je mehr, nur noch die eine große Sorge, die eine Bitte: Bleib immer bei mir! Laß mich immer da sein, wo du bist.*

GABENGEBET

Herr,
nimm die Gebete und Gaben deiner Kirche an;
und was jeder einzelne
zur Ehre deines Namens darbringt,
das werde allen zum Heil.
Darum bitten wir durch Christus, unseren Herrn.

Präfation, S. 420 ff.

KOMMUNIONVERS Ps 36 (35), 8

Gott, wie köstlich ist deine Huld.
Die Menschen bergen sich im Schatten deiner Flügel.

Oder: Vgl. 1 Kor 10, 16

Der Kelch des Segens, über den wir den Segen sprechen,
ist Teilhabe am Blut Christi.
Das Brot, das wir brechen, ist Teilhabe am Leib Christi.

SCHLUSSGEBET

Herr, unser Gott,
wir danken dir,
daß du uns Anteil
am Leib und Blut Christi gegeben hast.
Laß nicht unser eigenes Streben
Macht über uns gewinnen,
sondern gib, daß die Wirkung dieses Sakramentes
unser Leben bestimmt.
Darum bitten wir durch Christus, unseren Herrn.

FÜR DEN TAG UND DIE WOCHE

Du bist es *Christus, du forderst mich unablässig heraus und fragst mich: Wer bin ich für dich?*
Du bist der, der mich liebt bis in das Leben, das niemals endet.
Du öffnest mir den Weg zum Wagnis. Du gehst mir auf dem Weg zur Heiligkeit voran. Glücklich ist dort, wer grenzenlos liebt, bis in den Tod; auf diesem Weg, der bis zum Zeugnis des Martyriums führen kann.
Du bist es, der Tag und Nacht in mir betet, ohne daß ich wüßte wie. Mein Stammeln ist ein Gebet: Dich bei dem einen Namen Jesus nennen, darin erfüllt sich unsere Gemeinschaft.
Du hast es mir wiederholt gesagt: Lebe das, was du vom Evangelium begriffen hast, und sei es noch so wenig. Verkünde mein Leben unter den Menschen. Du, folge mir nach. (Frère Roger)

25. SONNTAG IM JAHRESKREIS

Solange wir im Gottesdienst nur Zuschauer und Zuhörer sind (wie beim Fernsehen), geschieht mit uns nichts, und wir verstehen den Weg Jesu nicht. Er wartet darauf, daß wir mitgehen, mittragen, mitleiden. Dann öffnet er uns sein Geheimnis.

ERÖFFNUNGSVERS

Das Heil des Volkes bin ich – so spricht der Herr.
In jeder Not, aus der sie zu mir rufen, will ich sie erhören.
Ich will ihr Herr sein für alle Zeit.

Ehre sei Gott, S. 348 ff.

TAGESGEBET

Heiliger Gott,
du hast uns das Gebot der Liebe
zu dir und zu unserem Nächsten aufgetragen
als die Erfüllung des ganzen Gesetzes.
Gib uns die Kraft,
dieses Gebot treu zu befolgen,
damit wir das ewige Leben erlangen.
Darum bitten wir durch Jesus Christus.

ZUR 1. LESUNG *In der Lesung ist von zwei Gruppen von Menschen die Rede: von „Gerechten" und von „Frevlern". Mit den Gerechten sind gesetzestreue Juden gemeint, die in der heidnischen Stadt Alexandrien (in Ägypten) lebten; sie wurden von den Heiden und auch von abgefallenen Juden beschimpft und angefeindet. Schon die bloße Existenz der „Gerechten" und erst recht ihr Anspruch, die besonderen Lieblinge Gottes zu sein, waren für die „Frevler" eine unerträgliche Herausforderung. Später in Jerusalem schien es den Juden ein todeswürdiges Verbrechen, als Jesus mit dem Anspruch auftrat, der Sohn Gottes zu sein.*

ERSTE LESUNG Weish 2, 1a.12.17–20

Zu einem ehrlosen Tod wollen wir ihn verurteilen

Lesung
aus dem Buch der Weisheit.

a **Die Frevler tauschen ihre verkehrten Gedanken aus**
und sagen:
2 **Laßt uns dem Gerechten auflauern!**
Er ist uns unbequem und steht unserem Tun im Weg.
Er wirft uns Vergehen gegen das Gesetz vor
und beschuldigt uns des Verrats an unserer Erziehung.

7 **Wir wollen sehen, ob seine Worte wahr sind,**
und prüfen, wie es mit ihm ausgeht.
8 **Ist der Gerechte wirklich Sohn Gottes,**
dann nimmt sich Gott seiner an
und entreißt ihn der Hand seiner Gegner.

9 **Roh und grausam wollen wir mit ihm verfahren,**
um seine Sanftmut kennenzulernen,
seine Geduld zu erproben.
0 **Zu einem ehrlosen Tod wollen wir ihn verurteilen;**
er behauptet ja, es werde ihm Hilfe gewährt.

ANTWORTPSALM Ps 54 (53), 3–4.5–6.8–9 (R: 6)

℟ Gott ist mein Helfer, (GL 716, 1)
der Herr beschützt mein Leben. – ℟

Hilf mir, Gott, durch deinen Namen, * III. Ton
verschaff mir Recht mit deiner Kraft!

Gott, höre mein Flehen, *
vernimm die Worte meines Mundes! – (℟)

Denn es erheben sich gegen mich stolze Menschen, †
freche Leute trachten mir nach dem Leben; *
sie haben Gott nicht vor Augen.

Doch Gott ist mein Helfer, *
der Herr beschützt mein Leben. – (℟)

Freudig bringe ich dir dann mein Opfer dar *
und lobe deinen Namen, Herr; denn du bist gütig.

Der Herr hat mich herausgerissen aus all meiner Not, *
und mein Auge kann auf meine Feinde herabsehn. – ℟

ZUR 2. LESUNG *Weisheit ist das Wissen um die Wege Gottes und der Menschen und das entsprechende Verhalten; an ihren Früchten erkennt man, ob es echte, gottgeschenkte Weisheit ist. Wenn sich in einer Gemeinde Ehrgeiz und Streitsucht breitmachen, ist kein christliches Leben und natürlich auch kein gemeinsames Beten mehr möglich.*

ZWEITE LESUNG Jak 3,16 – 4,3

Wo Frieden herrscht, wird von Gott für die Menschen, die Frieden stiften, die Saat der Gerechtigkeit ausgestreut

Lesung
aus dem Jakobusbrief.

Brüder!
16 **Wo Eifersucht und Ehrgeiz herrschen,**
da gibt es Unordnung und böse Taten jeder Art.
17 **Doch die Weisheit von oben**
ist erstens heilig,
sodann friedlich, freundlich, gehorsam,
voll Erbarmen und reich an guten Früchten,
sie ist unparteiisch, sie heuchelt nicht.
18 **Wo Frieden herrscht,**
wird von Gott für die Menschen, die Frieden stiften,
die Saat der Gerechtigkeit ausgestreut.

1 **Woher kommen die Kriege bei euch,**
woher die Streitigkeiten?
Doch nur vom Kampf der Leidenschaften in eurem Innern.
2 **Ihr begehrt**
und erhaltet doch nichts.
Ihr mordet und seid eifersüchtig
und könnt dennoch nichts erreichen.
Ihr streitet und führt Krieg.

Ihr erhaltet nichts, weil ihr nicht bittet.
3 **Ihr bittet und empfangt doch nichts,**
weil ihr in böser Absicht bittet,
um es in eurer Leidenschaft zu verschwenden.

RUF VOR DEM EVANGELIUM Vers: vgl. 2 Thess 2,14

Halleluja. Halleluja.

Durch das Evangelium hat Gott uns berufen
zur Herrlichkeit Jesu Christi, unseres Herrn.

Halleluja.

ZUM EVANGELIUM *Jesus, der Menschensohn und Gottesknecht, wird den Menschen ausgeliefert werden, und sie werden ihn töten. Gott selbst, der Vater, wird ihn ausliefern, und er wird ihn von den Toten auferwecken. Den Jüngern bleibt dieses Wort fremd und unverständlich. Sie träumen von Macht und Größe, sie denken an gute Posten. Jesus aber läßt uns nicht im Zweifel darüber, worin die wahre Größe besteht. Er steht auf der Seite der Kleinen, der Unterdrückten; er hat sich zum Diener aller gemacht.*

EVANGELIUM Mk 9,30–37

Der Menschensohn wird den Menschen ausgeliefert.
Wer der Erste sein will, soll der Diener aller sein

✠ Aus dem heiligen Evangelium nach Markus.

In jener Zeit
30 **zogen Jesus und seine Jünger durch Galiläa.**
Jesus wollte aber nicht, daß jemand davon erfuhr;
31 **denn er wollte seine Jünger über etwas belehren.**
Er sagte zu ihnen:
Der Menschensohn wird den Menschen ausgeliefert,
und sie werden ihn töten;
doch drei Tage nach seinem Tod wird er auferstehen.
32 **Aber sie verstanden den Sinn seiner Worte nicht,**
scheuten sich jedoch, ihn zu fragen.

33 **Sie kamen nach Kafárnaum.**
Als er dann im Haus war,
fragte er sie: Worüber habt ihr unterwegs gesprochen?
34 **Sie schwiegen,**
denn sie hatten unterwegs miteinander darüber gesprochen,
wer von ihnen der Größte sei.

35 **Da setzte er sich,**
rief die Zwölf
und sagte zu ihnen: Wer der Erste sein will,
soll der Letzte von allen und der Diener aller sein.
36 **Und er stellte ein Kind in ihre Mitte,**
nahm es in seine Arme
und sagte zu ihnen:
37 **Wer ein solches Kind um meinetwillen aufnimmt,**
der nimmt mich auf;
wer aber mich aufnimmt,
der nimmt nicht nur mich auf,
sondern den, der mich gesandt hat.

Glaubensbekenntnis, S. 352 ff.
Fürbitten vgl. S. 781 ff.

ZUR EUCHARISTIEFEIER *Die Worte Jesu über sein bevorstehendes Todesleiden waren nicht nur Worte. Sein ganzes Leben war ein großer Opfergang, eine Einübung für die große Stunde. Jesus hat ja gesagt zu diesem Weg. Er selber war das Ja.*

GABENGEBET

Herr, unser Gott,
nimm die Gaben deines Volkes an
und gib, daß wir im Geheimnis
der heiligen Eucharistie empfangen,
was wir im Glauben bekennen.
Darum bitten wir durch Christus, unseren Herrn.

Präfation, S. 420 ff.

KOMMUNIONVERS Ps 119 (118), 4–5

Herr, du hast deine Befehle gegeben, damit man sie genau beachtet.
Wären doch meine Schritte fest darauf gerichtet,
deinen Gesetzen zu folgen.

Oder: Joh 10, 14

So spricht der Herr:
Ich bin der Gute Hirt, ich kenne die Meinen,
und die Meinen kennen mich.

SCHLUSSGEBET

Allmächtiger Gott,
du erneuerst uns durch deine Sakramente.
Gewähre uns deine Hilfe
und mache das Werk der Erlösung,
das wir gefeiert haben,
auch in unserem Leben wirksam.
Darum bitten wir durch Christus, unseren Herrn.

FÜR DEN TAG UND DIE WOCHE

Jesus *ist einer von uns, einer neben uns, er steht in der Reihe der Vielen. Aber er vermag wahrhaftig für uns und für die Welt zu stehen. Er ist gekommen, wirklich gekommen, aufgebrochen aus dem Herzen Gottes selbst, her zu uns. Er hat sein Menschsein angenommen, und indem er es annahm, Mensch zu sein, nahm er uns an, so wie wir sind, und nahm zugleich an unserer Stelle und für uns Gott an, die ganze, alles fordernde Wucht seines heiligen Willens. (Klaus Hemmerle)*

26. SONNTAG IM JAHRESKREIS

Gott ist größer als das Herz der Menschen. Wir sollen ihm keine Vorschriften machen. Auch bei Menschen, die anders fromm und anders gläubig sind als wir, ist der Geist Gottes am Werk; ohne ihn gibt es nichts Gutes. Und auch bei denen, die das Christentum bekämpfen, ist nicht alles nur böser Wille. Vielleicht bekämpfen sie nur das, was wir zu Unrecht als Christentum ausgegeben haben. Innerhalb der christlichen Gemeinschaft aber lautet die Grundfrage: Wie stehst du zu Christus? Und noch wichtiger: Wie steht Christus zu dir? Alles andere ist weniger wichtig.

ERÖFFNUNGSVERS Vgl. Dan 3,31.29.30.43.42

**Alles, was du uns getan hast, o Herr,
das hast du nach deiner gerechten Entscheidung getan,
denn wir haben gesündigt, wir haben dein Gesetz übertreten.
Verherrliche deinen Namen und rette uns
nach der Fülle deines Erbarmens.**

Ehre sei Gott, S. 348 ff.

TAGESGEBET

**Großer Gott, du offenbarst deine Macht vor allem
im Erbarmen und im Verschonen.
Darum nimm uns in Gnaden auf,
wenn uns auch Schuld belastet.
Gib, daß wir unseren Lauf vollenden
und zur Herrlichkeit des Himmels gelangen.
Darum bitten wir durch Jesus Christus.**

ZUR 1. LESUNG *Der Prophet ist Zeuge Gottes durch sein Wort, und noch vorher durch den Geist Gottes, der ihn erfüllt und sein Leben bestimmt. Weil der Geist Gottes in ihm war, konnte Mose seine Aufgabe erfüllen; er hat Israel aus Ägypten herausgeführt und war der Mittler zwischen Gott und dem Volk. Der Geist aber weht, wo er will; er teilt sich auch anderen mit. Im Neuen Bund teilt Christus die Gaben des Geistes all denen aus, die bereit sind, sie zu empfangen.*

ERSTE LESUNG Num 11,25–29

Willst du dich für mich ereifern? Wenn nur das ganze Volk zu Propheten würde!

**Lesung
aus dem Buch Númeri.**

**In jenen Tagen
25 kam der Herr in der Wolke herab und redete mit Mose.
Er nahm etwas von dem Geist, der auf ihm ruhte,
und legte ihn auf die siebzig Ältesten.
Sobald der Geist auf ihnen ruhte,
gerieten sie in prophetische Verzückung, die kein Ende nahm.**

26 Zwei Männer aber waren im Lager geblieben;
der eine hieß Eldad,
der andere Medad.
Auch über sie war der Geist gekommen.
Sie standen in der Liste,
waren aber nicht zum Offenbarungszelt hinausgegangen.
Sie gerieten im Lager in prophetische Verzückung.

27 Ein junger Mann lief zu Mose
und berichtete ihm:
Eldad und Medad
sind im Lager in prophetische Verzückung geraten.

28 Da ergriff Jósua, der Sohn Nuns,
der von Jugend an der Diener des Mose gewesen war, das Wort
und sagte: Mose, mein Herr, hindere sie daran!

29 Doch Mose sagte zu ihm: Willst du dich für mich ereifern?
Wenn nur das ganze Volk des Herrn zu Propheten würde,
wenn nur der Herr seinen Geist auf sie alle legte!

ANTWORTPSALM Ps 19 (18),8.10.12–13.14 (R: 9ab)

℟ Die Befehle des Herrn sind richtig; (GL 465)
sie erfreuen das Herz. – ℟

8 Die Weisung des Herrn ist vollkommen, * II. Ton
sie erquickt den Menschen.
Das Gesetz des Herrn ist verläßlich, *
den Unwissenden macht es weise. – (℟)

10 Die Furcht des Herrn ist rein, *
sie besteht für immer.
Die Urteile des Herrn sind wahr, *
gerecht sind sie alle. – (℟)

12 Auch dein Knecht läßt sich von ihnen warnen; *
wer sie beachtet, hat reichen Lohn.

13 Wer bemerkt seine eigenen Fehler? *
Sprich mich frei von Schuld, die mir nicht bewußt ist! – (℟)

14 Behüte deinen Knecht auch vor vermessenen Menschen; *
sie sollen nicht über mich herrschen.
Dann bin ich ohne Makel *
und rein von schwerer Schuld. – ℟

ZUR 2. LESUNG *Die Lesung aus dem Jakobusbrief ist eine Warnung an die Reichen, die ihren Überfluß nicht mit denen teilen wollen, die Not leiden, und das noch in diesen „letzten Tagen" vor dem Gericht Gottes. Das wird zu uns heute gesagt, den mehr oder weniger frommen Christen. Ob es viel oder wenig Geld ist, an das wir uns klammern, macht wenig Unterschied. Im Gericht wird der Menschensohn uns danach fragen, wie wir die Armen, die Geringsten seiner Brüder, behandelt haben.*

ZWEITE LESUNG Jak 5, 1–6

Euer Reichtum verfault

**Lesung
aus dem Jakobusbrief.**

**1 Ihr Reichen,
weint nur und klagt über das Elend, das euch treffen wird.**

**2 Euer Reichtum verfault,
und eure Kleider werden von Motten zerfressen.
3 Euer Gold und Silber verrostet;
ihr Rost wird als Zeuge gegen euch auftreten
und euer Fleisch verzehren wie Feuer.**

**Noch in den letzten Tagen sammelt ihr Schätze.
4 Aber der Lohn der Arbeiter, die eure Felder abgemäht haben,
der Lohn, den ihr ihnen vorenthalten habt,
schreit zum Himmel;
die Klagerufe derer, die eure Ernte eingebracht haben,
dringen zu den Ohren des Herrn der himmlischen Heere.**

**5 Ihr habt auf Erden
ein üppiges und ausschweifendes Leben geführt,
und noch am Schlachttag habt ihr euer Herz gemästet.
6 Ihr habt den Gerechten verurteilt und umgebracht,
er aber leistete euch keinen Widerstand.**

RUF VOR DEM EVANGELIUM Vers: vgl. Joh 17, 17

Halleluja. Halleluja.

**Dein Wort, o Herr, ist Wahrheit;
heilige uns in der Wahrheit!**

Halleluja.

ZUM EVANGELIUM *Jesus steht im Kampf gegen das Böse und gegen den Widersacher, aber er kennt keinen Fanatismus, wo es um Menschen geht. „Wer nicht gegen uns ist, der ist für uns." Diese Großzügigkeit sollen wir von Jesus lernen; wir sollen es gelten lassen, wenn jemand etwas Gutes tut, auch wenn es außerhalb der Kirche geschieht. – Der zweite Teil dieses Evangeliums steht unter dem Leitwort „Ärgernis" (skándalon). Ärgernis geben heißt hier: einen Menschen um seinen Glauben bringen oder überhaupt ihn zum Bösen verleiten.*

EVANGELIUM Mk 9, 38–43.45.47–48

Wer nicht gegen uns ist, der ist für uns.
Wenn dich deine Hand zum Bösen verführt, dann hau sie ab!

✠ **Aus dem heiligen Evangelium nach Markus.**

In jener Zeit
38 sagte Johannes, einer der Zwölf, zu Jesus:
Meister, wir haben gesehen,
wie jemand in deinem Namen Dämonen austrieb;
und wir versuchten, ihn daran zu hindern,
weil er uns nicht nachfolgt.

39 Jesus erwiderte: Hindert ihn nicht!
Keiner, der in meinem Namen Wunder tut,
kann so leicht schlecht von mir reden.
40 Denn wer nicht gegen uns ist,
der ist für uns.
41 Wer euch auch nur einen Becher Wasser zu trinken gibt,
weil ihr zu Christus gehört
– amen, ich sage euch: er wird nicht um seinen Lohn kommen.
42 Wer einen von diesen Kleinen, die an mich glauben,
zum Bösen verführt,
für den wäre es besser,
wenn er mit einem Mühlstein um den Hals
ins Meer geworfen würde.

43 Wenn dich deine Hand zum Bösen verführt,
dann hau sie ab;
es ist besser für dich, verstümmelt in das Leben zu gelangen,
als mit zwei Händen in die Hölle zu kommen,
in das nie erlöschende Feuer.

(44)/45 Und wenn dich dein Fuß zum Bösen verführt,
dann hau ihn ab;
es ist besser für dich, verstümmelt in das Leben zu gelangen,
als mit zwei Füßen in die Hölle geworfen zu werden.

(46)/47 Und wenn dich dein Auge zum Bösen verführt,
dann reiß es aus;
es ist besser für dich, einäugig in das Reich Gottes zu kommen,
als mit zwei Augen in die Hölle geworfen zu werden,
48 wo ihr Wurm nicht stirbt und das Feuer nicht erlischt.

Glaubensbekenntnis, S. 352 ff.
Fürbitten vgl. S. 781 ff.

ZUR EUCHARISTIEFEIER *Gott ist freigebig; er ist ein liebender, schenkender Gott. Sein Weg zu uns ist die Hingabe seines Sohnes in den Tod, für uns. Seine Liebe aber ist Herausforderung, Forderung.*

GABENGEBET

Barmherziger Gott,
nimm unsere Gaben an
und öffne uns in dieser Feier
die Quelle, aus der aller Segen strömt.
Darum bitten wir durch Christus, unseren Herrn.

Präfation, S. 420 ff.

KOMMUNIONVERS Ps 119 (118), 49–50

Herr, denk an das Wort für deinen Knecht,
durch das du mir Hoffnung gabst!
Sie ist mein Trost im Elend.

Oder: Vgl. 1 Joh 3, 16

Die Liebe Gottes haben wir daran erkannt,
daß Christus sein Leben für uns gegeben hat.
So müssen auch wir das Leben hingeben für die Brüder.

SCHLUSSGEBET

Allmächtiger Gott,
in der Feier der Eucharistie
haben wir den Tod des Herrn verkündet.

Dieses Sakrament stärke uns an Leib und Seele
und mache uns bereit, mit Christus zu leiden,
damit wir auch mit ihm zur Herrlichkeit gelangen,
der mit dir lebt und herrscht in alle Ewigkeit.

FÜR DEN TAG UND DIE WOCHE

Leben und Gnade *„Denn durch deinen Sohn, unseren Herrn Jesus Christus, und in der Kraft des Heiligen Geistes erfüllst du die ganze Schöpfung mit Leben und Gnade." (Meßbuch, Drittes Hochgebet)*

Wofür sollen wir leben, sag uns: wofür?
So viele Gedanken, welcher ist wichtig?
So viele Programme, welches ist richtig?
So viele Fragen – Die Liebe zählt! (Gotteslob)

27. SONNTAG IM JAHRESKREIS

Die Schöpfung im reinen Naturzustand hat nie existiert: Immer war sie die Schöpfung Gottes. Und der Mensch, seit wir von ihm wissen, war nie allein; immer waren es Mann und Frau, einander zur Hilfe und zur Freude gegeben – von ihrem Schöpfer. Nicht von der Erde her und nicht vom Tier her kann der Mensch sich selber wirklich verstehen. Er ist Gottes liebendes Wort in die geschaffene Welt hinein. Nur – was ist daraus geworden?

ERÖFFNUNGSVERS Est 13,9.10–11 (Vulgata)

Deiner Macht ist das All unterworfen, Herr,
und niemand kann sich dir widersetzen;
denn du hast Himmel und Erde gemacht
und alles, was wir unter dem Himmel bestaunen.
Du bist der Herr über alles.

Ehre sei Gott, S. 348 ff.

TAGESGEBET

**Allmächtiger Gott,
du gibst uns in deiner Güte mehr,
als wir verdienen,
und Größeres, als wir erbitten.
Nimm weg, was unser Gewissen belastet,
und schenke uns jenen Frieden,
den nur deine Barmherzigkeit geben kann.
Darum bitten wir durch Jesus Christus.**

ZUR 1. LESUNG *Von allen Geschöpfen der Erde ist nur die Frau für den Mann eine „Hilfe, die ihm entspricht". Beide sind füreinander geschaffen und brauchen einander. Die Liebe zwischen Mann und Frau ist stärker als jede andere menschliche Bindung und ist ihrer Natur nach für jeden Menschen einmalig. Die Einheit und Unauflöslichkeit der Ehe ergeben sich daraus als Folgerungen.*

ERSTE LESUNG Gen 2, 18–24

Und sie werden ein Fleisch

**Lesung
aus dem Buch Génesis.**

**18 Gott, der Herr, sprach:
Es ist nicht gut, daß der Mensch allein bleibt.
Ich will ihm eine Hilfe machen, die ihm entspricht.**

**19 Gott, der Herr, formte aus dem Ackerboden
alle Tiere des Feldes und alle Vögel des Himmels
und führte sie dem Menschen zu,
um zu sehen, wie er sie benennen würde.
Und wie der Mensch jedes lebendige Wesen benannte,
so sollte es heißen.**

**20 Der Mensch gab Namen allem Vieh,
den Vögeln des Himmels und allen Tieren des Feldes.
Aber eine Hilfe, die dem Menschen entsprach,
fand er nicht.**

**21 Da ließ Gott, der Herr,
einen tiefen Schlaf auf den Menschen fallen,
so daß er einschlief,
nahm eine seiner Rippen
und verschloß ihre Stelle mit Fleisch.**

2 **Gott, der Herr,**
baute aus der Rippe, die er vom Menschen genommen hatte,
eine Frau und führte sie dem Menschen zu.
3 **Und der Mensch sprach:**
Das endlich ist Bein von meinem Bein
und Fleisch von meinem Fleisch.
Frau soll sie heißen;
vom Mann ist sie genommen.
4 **Darum verläßt der Mann Vater und Mutter**
und bindet sich an seine Frau,
und sie werden e i n Fleisch.

ANTWORTPSALM Ps 128 (127), 1–2.3.4–6 (R: vgl. 5)

℟ Der Herr segne uns alle Tage unseres Lebens. – ℟ (GL 477)

Wohl dem Mann, der den Herrn fürchtet und ehrt * V. Ton
und der auf seinen Wegen geht!

Was deine Hände erwarben, kannst du genießen; *
wohl dir, es wird dir gut ergehn. – (℟)

Wie ein fruchtbarer Weinstock ist deine Frau *
drinnen in deinem Haus.

Wie junge Ölbäume sind deine Kinder *
rings um deinen Tisch. – (℟)

So wird der Mann gesegnet, der den Herrn fürchtet und ehrt. *
Es segne dich der Herr vom Zion her.

Du sollst dein Leben lang das Glück Jerusalems schauen †
und die Kinder deiner Kinder sehen. *
Frieden über Israel! – ℟

ZUR 2. LESUNG *Der Brief an die Hebräer richtet sich an Gemeinden, deren Glaube in Gefahr ist, müde zu werden oder ganz zu erlöschen. Da ist es notwendig, an den Ursprung dieses Glaubens zu erinnern. Von Anfang an war der christliche Glaube wesentlich Hoffnung. Wir schauen auf Christus, den Sohn Gottes. Er ist einer von uns geworden, unser Bruder. So konnte er unser Hoherpriester werden; er nahm unsere Schwachheit auf sich und starb für unsere Sünden. Er hat uns geheiligt.*

ZWEITE LESUNG Hebr 2, 9–11

Er, der heiligt, und sie, die geheiligt werden, stammen alle von Einem ab

**Lesung
aus dem Hebräerbrief.**

Brüder!
9 **Den, der nur für kurze Zeit unter die Engel erniedrigt war,
Jesus,
ihn sehen wir um seines Todesleidens willen
mit Herrlichkeit und Ehre gekrönt;
es war nämlich Gottes gnädiger Wille,
daß er für alle den Tod erlitt.**

10 **Denn es war angemessen,
daß Gott, für den und durch den das All ist
und der viele Söhne zur Herrlichkeit führen wollte,
den Urheber ihres Heils durch Leiden vollendete.**
11 **Denn er, der heiligt, und sie, die geheiligt werden,
stammen alle von Einem ab;
darum scheut er sich nicht, sie Brüder zu nennen.**

RUF VOR DEM EVANGELIUM Vers: 1 Joh 4, 12b

Halleluja. Halleluja.

**Wenn wir einander lieben, bleibt Gott in uns,
und seine Liebe ist in uns vollendet.**

Halleluja.

ZUM EVANGELIUM *Das Gesetz des Mose bestimmte, daß der Mann, wenn er sich von seiner Frau trennen will, ihr eine Scheidungsurkunde aushändigen muß. Jesus betrachtet die Möglichkeit der Ehescheidung als ein Zugeständnis; er begnügt sich nicht mit der Auskunft über das gesetzlich Erlaubte, sondern fragt nach dem sittlich Gebotenen. Dieses aber ergibt sich aus der Schöpfungsordnung selbst. Gott hat Mann und Frau als Partner einer personalen (nicht nur geschlechtlichen) Gemeinschaft geschaffen, die ihrer Natur nach unantastbar ist. – Der Schlußteil dieses Evangeliums ist ein weiteres Stück Jüngerbelehrung. Wie in der Bergpredigt den Armen, so spricht Jesus hier das Reich Gottes den Kindern zu: denen, die keine Leistung aufweisen und nur ihre leeren Hände hinhalten können.*

EVANGELIUM Mk 10,2–16

Was Gott verbunden hat, das darf der Mensch nicht trennen

✠ Aus dem heiligen Evangelium nach Markus.

In jener Zeit
kamen Pharisäer zu Jesus
und fragten: Darf ein Mann seine Frau aus der Ehe entlassen?
Damit wollten sie ihm eine Falle stellen.

Er antwortete ihnen: Was hat euch Mose vorgeschrieben?
Sie sagten:
Mose hat erlaubt, eine Scheidungsurkunde auszustellen
und die Frau aus der Ehe zu entlassen.

Jesus entgegnete ihnen:
Nur weil ihr so hartherzig seid, hat er euch dieses Gebot gegeben.
Am Anfang der Schöpfung aber
hat Gott sie als Mann und Frau geschaffen.
Darum wird der Mann Vater und Mutter verlassen,
und die zwei werden e i n Fleisch sein.
Sie sind also nicht mehr zwei, sondern eins.
Was aber Gott verbunden hat,
das darf der Mensch nicht trennen.

Zu Hause befragten ihn die Jünger noch einmal darüber.
Er antwortete ihnen: Wer seine Frau aus der Ehe entläßt
und eine andere heiratet,
begeht ihr gegenüber Ehebruch.
Auch eine Frau begeht Ehebruch,
wenn sie ihren Mann aus der Ehe entläßt
und einen anderen heiratet.

Da brachte man Kinder zu ihm,
damit er ihnen die Hände auflegte.
Die Jünger aber wiesen die Leute schroff ab.

Als Jesus das sah, wurde er unwillig
und sagte zu ihnen: Laßt die Kinder zu mir kommen;
hindert sie nicht daran!
Denn Menschen wie ihnen gehört das Reich Gottes.
Amen, das sage ich euch:
Wer das Reich Gottes nicht so annimmt, wie ein Kind,
der wird nicht hineinkommen.

16 **Und er nahm die Kinder in seine Arme;**
dann legte er ihnen die Hände auf und segnete sie.

Oder:

KURZFASSUNG Mk 10,2–12

Was Gott verbunden hat, das darf der Mensch nicht trennen

✠ **Aus dem heiligen Evangelium nach Markus.**

In jener Zeit
2 **kamen Pharisäer zu Jesus**
und fragten: Darf ein Mann seine Frau aus der Ehe entlassen?
Damit wollten sie ihm eine Falle stellen.

3 **Er antwortete ihnen: Was hat euch Mose vorgeschrieben?**
4 **Sie sagten:**
Mose hat erlaubt, eine Scheidungsurkunde auszustellen
und die Frau aus der Ehe zu entlassen.

5 **Jesus entgegnete ihnen:**
Nur weil ihr so hartherzig seid, hat er euch dieses Gebot gegeben.
6 **Am Anfang der Schöpfung aber**
hat Gott sie als Mann und Frau geschaffen.
7 **Darum wird der Mann Vater und Mutter verlassen,**
8 **und die zwei werden ein Fleisch sein.**
Sie sind also nicht mehr zwei, sondern eins.
9 **Was aber Gott verbunden hat,**
das darf der Mensch nicht trennen.

10 **Zu Hause befragten ihn die Jünger noch einmal darüber.**
11 **Er antwortete ihnen: Wer seine Frau aus der Ehe entläßt**
und eine andere heiratet,
begeht ihr gegenüber Ehebruch.
12 **Auch eine Frau begeht Ehebruch,**
wenn sie ihren Mann aus der Ehe entläßt
und einen anderen heiratet.

Glaubensbekenntnis, S. 352 ff.
Fürbitten vgl. S. 781 ff.

ZUR EUCHARISTIEFEIER *Erst in der Begegnung mit dem Du erwacht der Mensch zu sich selbst; er lernt zu empfangen und zu schenken. Jedes menschliche Du aber verweist auf das größere Du: auf Gott, der uns sein Gesicht und sein Herz zuwendet durch Jesus Christus.*

GABENGEBET

**Allmächtiger Gott,
nimm die Gaben an,
die wir nach deinem Willen darbringen.
Vollende in uns
das Werk der Erlösung und der Heiligung
durch die Geheimnisse,
die wir zu deiner Verherrlichung feiern.
Darum bitten wir durch Christus, unseren Herrn.**

Präfation, S. 420 ff.

KOMMUNIONVERS

Klgl 3, 25

Gut ist der Herr zu dem, der auf ihn hofft, zur Seele, die ihn sucht.

Oder: Vgl. 1 Kor 10, 17

**Ein Brot ist es, darum sind wir viele ein Leib.
Denn wir alle haben teil an dem einen Brot und dem einen Kelch.**

SCHLUSSGEBET

**Gott und Vater,
du reichst uns das Brot des Lebens
und den Kelch der Freude.
Gestalte uns nach dem Bild deines Sohnes,
der im Sakrament unsere Speise geworden ist.
Darum bitten wir durch ihn, Christus, unseren Herrn.**

FÜR DEN TAG UND DIE WOCHE

Begegnung *Der Mensch ist nicht nur in Nahrung und Kleidung auf die Umwelt angewiesen. Er ist vielmehr bis in die Spitze seines Geistes so angelegt, daß er erst in der Begegnung ganz zu sich selbst kommt. Erst in der Auseinandersetzung mit dem anderen erfährt er den Umriß seiner eigenen geistleiblichen Gestalt, die Struktur seiner Leidenschaften, die Möglichkeiten seines Willens und das Ausmaß seines Geistes. (Rochus Spiecker)*

28. SONNTAG IM JAHRESKREIS

Wenn ein guter und wissender Mensch uns anschaut, dann fühlen wir uns geprüft, durchleuchtet. Wenn wir in Ordnung sind, ertragen wir seinen Blick, er macht uns reiner und reifer, und wir sind froh. Viele Menschen haben Jesus gesehen, und er hat sie gesehen; aber einige hat er angeblickt, das waren Augen-blicke großer Entscheidung.

ERÖFFNUNGSVERS

Ps 130 (129), 3–4

Würdest du, Herr, unsere Sünden beachten,
Herr, wer könnte bestehen?
Doch bei dir ist Vergebung, Gott Israels.

Ehre sei Gott, S. 348 ff.

TAGESGEBET

Herr, unser Gott,
deine Gnade komme uns zuvor und begleite uns,
damit wir dein Wort im Herzen bewahren
und immer bereit sind, das Gute zu tun.
Darum bitten wir durch Jesus Christus.

ZUR 1. LESUNG *Das Lob der Weisheit in dieser Lesung wird dem König Salomo in den Mund gelegt. Der Verfasser weiß Macht und Reichtum, Gesundheit und Schönheit zu schätzen; aber das alles hat keinen Wert ohne die Weisheit. Sie allein hat Bestand. Die Sonne scheint nur am Tag, die Weisheit aber leuchtet auch über den Tod hinaus; sie bleibt dem Menschen als ewiges Licht der Gotteserkenntnis und Gottesgemeinschaft.*

ERSTE LESUNG

Weish 7, 7–11

Reichtum achtete ich für nichts im Vergleich mit der Weisheit

Lesung
aus dem Buch der Weisheit.

7 **Ich betete, und es wurde mir Klugheit gegeben;**
ich flehte, und der Geist der Weisheit kam mir zu mir.

Ich zog sie Zeptern und Thronen vor,
Reichtum achtete ich für nichts im Vergleich mit ihr.

Keinen Edelstein stellte ich ihr gleich;
denn alles Gold erscheint neben ihr wie ein wenig Sand,
und Silber gilt ihr gegenüber soviel wie Lehm.

Ich liebte sie mehr als Gesundheit und Schönheit
und zog ihren Besitz dem Lichte vor;
denn niemals erlischt der Glanz, der von ihr ausstrahlt.

Zugleich mit ihr kam alles Gute zu mir,
unzählbare Reichtümer waren in ihren Händen.

ANTWORTPSALM Ps 90 (89), 12–13.14–15.16–17 (R: vgl. 14)

℟ Sättige uns, Herr, mit deiner Huld! (GL 712, 1)
Dann werden wir jubeln und uns freuen. – ℟

Unsere Tage zu zählen, lehre uns! * VI. Ton
Dann gewinnen wir ein weises Herz.

Herr, wende dich uns doch endlich zu! *
Hab Mitleid mit deinen Knechten! – (℟)

Sättige uns am Morgen mit deiner Huld! *
Dann wollen wir jubeln und uns freuen all unsre Tage.

Erfreue uns so viele Tage, wie du uns gebeugt hast, *
so viele Jahre, wie wir Unglück erlitten. – (℟)

Zeig deinen Knechten deine Taten *
und ihren Kindern deine erhabene Macht!

Es komme über uns die Güte des Herrn, unsres Gottes. †
Laß das Werk unsrer Hände gedeihen, *
ja, laß gedeihen das Werk unsrer Hände! – ℟

ZUR 2. LESUNG *Von Anfang an ist die Geschichte der Menschheit vom Wort Gottes bestimmt und getragen. Sein Wort ist lebendig und mächtig; es ist seine Art, in die Geschichte einzugreifen. Sein Wort ist Schöpfung und Offenbarung, es ist Verheißung und Gericht. Das Wort, mit dem er uns das Heil anbietet, bedeutet auch Entscheidung.*

ZWEITE LESUNG Hebr 4,12–13

Das Wort Gottes richtet über die Regungen und Gedanken des Herzens

Lesung
aus dem Hebräerbrief.

12 **Lebendig ist das Wort Gottes,**
kraftvoll und schärfer als jedes zweischneidige Schwert;
es dringt durch bis zur Scheidung von Seele und Geist,
von Gelenk und Mark;
es richtet über die Regungen und Gedanken des Herzens;
13 **vor ihm bleibt kein Geschöpf verborgen,**
sondern alles liegt nackt und bloß
vor den Augen dessen, dem wir Rechenschaft schulden.

RUF VOR DEM EVANGELIUM Vers: Mt 5,3

Halleluja. Halleluja.

Selig, die arm sind vor Gott;
denn ihnen gehört das Himmelreich.

Halleluja.

ZUM EVANGELIUM *Der Ruf zur Nachfolge ergeht an alle, die an Jesus glauben; aber nicht alle werden zur gleichen Form der Nachfolge gerufen. Nicht jeder muß alles hergeben, was er besitzt, wie auch nicht jeder zum Martyrium berufen ist. Der reiche junge Mann im Evangelium hat Jesus nach dem sicheren Weg zum ewigen Leben gefragt; für ihn hätte die Nachfolge im Verzicht auf seinen ganzen Reichtum bestanden. Dazu ist nur der Mensch fähig, der begriffen hat und in seinem Herzen weiß: Gott allein ist groß, alles andere ist klein und vergeht. Je größer und klarer diese Erkenntnis ist, desto dringender die Notwendigkeit, alles daranzugeben und nur Gott zu suchen.*

EVANGELIUM Mk 10,17–30

Verkaufe, was du hast, und folge mir nach!

✠ Aus dem heiligen Evangelium nach Markus.

In jener Zeit
17 **lief ein Mann auf Jesus zu,**
fiel vor ihm auf die Knie

und fragte ihn: Guter Meister,
was muß ich tun, um das ewige Leben zu gewinnen?

8 Jesus antwortete: Warum nennst du mich gut?
Niemand ist gut außer Gott, dem Einen.
9 Du kennst doch die Gebote:
Du sollst nicht töten,
du sollst nicht die Ehe brechen,
du sollst nicht stehlen,
du sollst nicht falsch aussagen,
du sollst keinen Raub begehen;
ehre deinen Vater und deine Mutter!

0 Er erwiderte ihm: Meister,
alle diese Gebote habe ich von Jugend an befolgt.

1 Da sah ihn Jesus an,
und weil er ihn liebte,
sagte er: Eines fehlt dir noch:
Geh, verkaufe, was du hast,
gib das Geld den Armen,
und du wirst einen bleibenden Schatz im Himmel haben;
dann komm und folge mir nach!
2 Der Mann aber war betrübt, als er das hörte,
und ging traurig weg;
denn er hatte ein großes Vermögen.

3 Da sah Jesus seine Jünger an
und sagte zu ihnen:
Wie schwer ist es für Menschen, die viel besitzen,
in das Reich Gottes zu kommen!
4 Die Jünger waren über seine Worte bestürzt.
Jesus aber sagte noch einmal zu ihnen:
Meine Kinder, wie schwer ist es, in das Reich Gottes zu kommen!
5 Eher geht ein Kamel durch ein Nadelöhr,
als daß ein Reicher in das Reich Gottes gelangt.

6 Sie aber erschraken noch mehr
und sagten zueinander: Wer kann dann noch gerettet werden?
7 Jesus sah sie an
und sagte: Für Menschen ist das unmöglich,
aber nicht für Gott;
denn für Gott ist alles möglich.

8 Da sagte Petrus zu ihm:

Du weißt, wir haben alles verlassen und sind dir nachgefolgt.

29 Jesus antwortete: Amen, ich sage euch:
Jeder, der um meinetwillen und um des Evangeliums willen
Haus oder Brüder, Schwestern, Mutter, Vater,
Kinder oder Äcker verlassen hat,
30 wird das Hundertfache dafür empfangen:
Jetzt in dieser Zeit
wird er Häuser, Brüder, Schwestern, Mütter,
Kinder und Äcker erhalten,
wenn auch unter Verfolgungen,
und in der kommenden Welt das ewige Leben.

Oder:

KURZFASSUNG Mk 10,17–27

Verkaufe, was du hast, und folge mir nach!

✠ Aus dem heiligen Evangelium nach Markus.

In jener Zeit
17 lief ein Mann auf Jesus zu,
fiel vor ihm auf die Knie
und fragte ihn: Guter Meister,
was muß ich tun, um das ewige Leben zu gewinnen?

18 Jesus antwortete: Warum nennst du mich gut?
Niemand ist gut außer Gott, dem Einen.
19 Du kennst doch die Gebote:
Du sollst nicht töten,
du sollst nicht die Ehe brechen,
du sollst nicht stehlen,
du sollst nicht falsch aussagen,
du sollst keinen Raub begehen;
ehre deinen Vater und deine Mutter!

20 Er erwiderte ihm: Meister,
alle diese Gebote habe ich von Jugend an befolgt.

21 Da sah ihn Jesus an,
und weil er ihn liebte,
sagte er: Eines fehlt dir noch:
Geh, verkaufe, was du hast,
gib das Geld den Armen,

und du wirst einen bleibenden Schatz im Himmel haben;
dann komm und folge mir nach!
22 Der Mann aber war betrübt, als er das hörte,
und ging traurig weg;
denn er hatte ein großes Vermögen.

23 Da sah Jesus seine Jünger an
und sagte zu ihnen:
Wie schwer ist es für Menschen, die viel besitzen,
in das Reich Gottes zu kommen!
24 Die Jünger waren über seine Worte bestürzt.
Jesus aber sagte noch einmal zu ihnen:
Meine Kinder, wie schwer ist es, in das Reich Gottes zu kommen!
25 Eher geht ein Kamel durch ein Nadelöhr,
als daß ein Reicher in das Reich Gottes gelangt.

26 Sie aber erschraken noch mehr
und sagten zueinander: Wer kann dann noch gerettet werden?
27 Jesus sah sie an
und sagte: Für Menschen ist das unmöglich,
aber nicht für Gott;
denn für Gott ist alles möglich.

Glaubensbekenntnis, S. 352 ff.
Fürbitten vgl. S. 781 ff.

ZUR EUCHARISTIEFEIER *Das unruhige Menschenherz will Leben und Glück, das heißt aber: Es will Ewigkeit. Gott selbst hat uns so geschaffen. Er ist die Sehnsucht, und er ist die Erfüllung. Er spricht zu uns, und er will Mahl halten mit uns.*

GABENGEBET

Herr und Gott,
nimm die Gebete und Opfergaben
deiner Gläubigen an.
Laß uns diese heilige Feier
mit ganzer Hingabe begehen,
damit wir einst das Leben
in der Herrlichkeit des Himmels erlangen.
Darum bitten wir durch Christus, unseren Herrn.

Präfation, S. 420 ff.

KOMMUNIONVERS Ps 34 (33), 11

Reiche müssen darben und hungern.
Wer aber den Herrn sucht, braucht kein Gut zu entbehren.

Oder: Vgl. 1 Joh 3, 2

Wenn der Herr offenbar wird, werden wir ihm ähnlich sein;
denn wir werden ihn sehen, wie er ist.

SCHLUSSGEBET

Allmächtiger Gott,
in der heiligen Opferfeier
nährst du deine Gläubigen
mit dem Leib und dem Blut deines Sohnes.
Gib uns durch dieses Sakrament auch Anteil
am göttlichen Leben.
Darum bitten wir durch Christus, unseren Herrn.

FÜR DEN TAG UND DIE WOCHE

Die Begegnung *Kein Mensch hat so wie Jesus Gott erfahren. Seine Zeitgenossen müssen dies gespürt haben. Sie sind von seiner Erscheinung, von seinen Worten und seinen Wundern zutiefst betroffen, fasziniert, erschrocken und zugleich angezogen. – Wenn wir Jesus konkret begegnen, wenn er ganz unvermutet an uns vorübergeht, dann erschrecken wir. Über seine Einladung zur Selbstweggabe sind wir bestürzt. Du wirst außer dir sein, wenn du es mit Jesus zu tun bekommst: Du bekommst es mit Gott selbst zu tun, wenn du Jesus begegnest. Laß ihn nicht an dir vorübergehen. (Heribert Mühlen)*

29. SONNTAG IM JAHRESKREIS

Jesus war ein guter Lehrer, aber er hatte schlechte Schüler, und er hat sie bis heute. Schüler, die auf Stühlen sitzen wollen, anstatt sich in Bewegung zu setzen, ihren Weg zu suchen: den Weg, auf dem Jesus vorausgeht: den Weg der großen Befreiung, in Armut und Schwachheit. Die Kirche Christi ist kein Ort, kein Machtapparat; sie ist Bewegung und Wachstum, Zeugnis für den lebendigen, anwesenden Gott.

ERÖFFNUNGSVERS Ps 17 (16), 6.8

**Ich rufe dich an, denn du, Gott, erhörst mich.
Wende dein Ohr mir zu, vernimm meine Rede!
Behüte mich wie den Augapfel, den Stern des Auges,
birg mich im Schatten deiner Flügel.**

Ehre sei Gott, S. 348 ff.

TAGESGEBET

**Allmächtiger Gott,
du bist unser Herr und Gebieter.
Mach unseren Willen bereit,
deinen Weisungen zu folgen,
und gib uns ein Herz, das dir aufrichtig dient.
Darum bitten wir durch Jesus Christus.**

ZUR 1. LESUNG *Vom „Knecht Gottes", dem horchenden Schüler und treuen Zeugen, war in der Lesung vom 24. Sonntag die Rede. Die heutige Lesung ist eine Auswahl aus dem vierten Lied vom Gottesknecht beim Propheten Jesaja. Der volle Text wird am Karfreitag gelesen (1. Lesung). In Jesus hat diese Weissagung ihre große Erfüllung gefunden. Er ist gekommen, um die Schuld der vielen auf sich zu nehmen und für alle den Tod zu erleiden.*

ERSTE LESUNG Jes 53, 10–11

Er gab sein Leben als Sühnopfer hin; er wird Nachkommen sehen und lange leben

**Lesung
aus dem Buch Jesája.**

**10 Der Herr fand Gefallen an seinem zerschlagenen Knecht,
er rettete den, der sein Leben als Sühnopfer hingab.
Er wird Nachkommen sehen und lange leben.
Der Plan des Herrn wird durch ihn gelingen.**

**11 Nachdem er so vieles ertrug,
erblickt er das Licht.
Er sättigt sich an Erkenntnis.
Mein Knecht, der gerechte,
macht die vielen gerecht;
er lädt ihre Schuld auf sich.**

ANTWORTPSALM Ps 33 (32),4–5.18–19.20 u. 22 (R: 22)

**R Laß deine Güte über uns walten, o Herr, (GL 745, 1)
denn wir schauen aus nach dir. – R**

4 **Das Wort des Herrn ist wahrhaftig, * I. Ton
all sein Tun ist verläßlich.**

5 **Er liebt Gerechtigkeit und Recht, *
die Erde ist erfüllt von der Huld des Herrn. – (R)**

18 **Das Auge des Herrn ruht auf allen, die ihn fürchten und ehren, *
die nach seiner Güte ausschaun;**

19 **denn er will sie dem Tod entreißen *
und in der Hungersnot ihr Leben erhalten. – (R)**

20 **Unsre Seele hofft auf den Herrn; *
er ist für uns Schild und Hilfe.**

22 **Laß deine Güte über uns walten, o Herr, *
denn wir schauen aus nach dir. – R**

ZUR 2. LESUNG *Was Jesus für uns war, was er für uns getan hat, kann auf verschiedene Weise gesagt werden; wir können es nicht in einer einzigen Aussage zusammenfassen. Er ist der Hirt, der Weg, der Lehrer, der Arzt. In der heutigen Lesung wird er als der Hohepriester gesehen, der sich selbst als Opfer dargebracht hat und nun bei Gott für uns eintritt. Als wahrer Mensch und wahrer Gott kann er Mittler sein zwischen Gott und den Menschen.*

ZWEITE LESUNG Hebr 4,14–16

Laßt uns voll Zuversicht hingehen zum Thron der Gnade

**Lesung
aus dem Hebräerbrief.**

Brüder!
14 **Da wir nun einen erhabenen Hohenpriester haben,
der die Himmel durchschritten hat,
Jesus, den Sohn Gottes,
laßt uns an dem Bekenntnis festhalten.**
15 **Wir haben ja nicht einen Hohenpriester,
der nicht mitfühlen könnte mit unserer Schwäche,**

sondern einen,
der in allem wie wir in Versuchung geführt worden ist,
aber nicht gesündigt hat.

16 **Laßt uns also voll Zuversicht hingehen zum Thron der Gnade,**
damit wir Erbarmen und Gnade finden
und so Hilfe erlangen zur rechten Zeit.

RUF VOR DEM EVANGELIUM Vers: vgl. Mk 10,45

Halleluja. Halleluja.

Der Menschensohn ist gekommen, um zu dienen
und sein Leben hinzugeben als Lösegeld für viele.

Halleluja.

ZUM EVANGELIUM *Zum drittenmal spricht Jesus von seinem bevorstehenden Leiden. Fast scheint es, als hätten die Jünger immer weniger verstanden von dem, was Jesus ihnen eigentlich sagen wollte. Er ist gekommen, um zu dienen und sein Leben hinzugeben für die vielen; sie aber stellen sich das Reich Gottes wie einen Staat vor, der von den Mächtigen beherrscht wird. Im Reich Gottes können Verantwortung nur die übernehmen, die bereit sind, mit Jesus den Leidensweg zu gehen.*

EVANGELIUM Mk 10,35–45

Der Menschensohn ist gekommen, um sein Leben hinzugeben als Lösegeld für viele

✠ Aus dem heiligen Evangelium nach Markus.

In jener Zeit
35 **traten Jakobus und Johannes, die Söhne des Zebedäus, zu Jesus**
und sagten:
Meister, wir möchten, daß du uns eine Bitte erfüllst.
36 **Er antwortete: Was soll ich für euch tun?**
37 **Sie sagten zu ihm:**
Laß in deinem Reich einen von uns rechts
und den andern links neben dir sitzen.
38 **Jesus erwiderte: Ihr wißt nicht, um was ihr bittet.**
Könnt ihr den Kelch trinken, den ich trinke,
oder die Taufe auf euch nehmen, mit der ich getauft werde?

39 Sie antworteten: Wir können es.
Da sagte Jesus zu ihnen:
Ihr werdet den Kelch trinken, den ich trinke,
und die Taufe empfangen, mit der ich getauft werde.
40 Doch den Platz zu meiner Rechten und zu meiner Linken
habe nicht ich zu vergeben;
dort werden die sitzen, für die diese Plätze bestimmt sind.

41 Als die zehn anderen Jünger das hörten,
wurden sie sehr ärgerlich über Jakobus und Johannes.
42 Da rief Jesus sie zu sich
und sagte: Ihr wißt, daß die, die als Herrscher gelten,
ihre Völker unterdrücken
und die Mächtigen ihre Macht über die Menschen mißbrauchen.
43 Bei euch aber soll es nicht so sein,
sondern wer bei euch groß sein will,
der soll euer Diener sein,
44 und wer bei euch der Erste sein will,
soll der Sklave aller sein.
45 Denn auch der Menschensohn ist nicht gekommen,
um sich dienen zu lassen,
sondern um zu dienen
und sein Leben hinzugeben als Lösegeld für viele.

Oder:

KURZFASSUNG Mk 10,42–45

Der Menschensohn ist gekommen, um sein Leben hinzugeben als Lösegeld für viele

✠ Aus dem heiligen Evangelium nach Markus.

In jener Zeit
42 rief Jesus die Jünger zu sich
und sagte: Ihr wißt, daß die, die als Herrscher gelten,
ihre Völker unterdrücken
und die Mächtigen ihre Macht über die Menschen mißbrauchen.
43 Bei euch aber soll es nicht so sein,
sondern wer bei euch groß sein will,
der soll euer Diener sein,
44 und wer bei euch der Erste sein will,
soll der Sklave aller sein.

45 **Denn auch der Menschensohn ist nicht gekommen,**
um sich dienen zu lassen,
sondern um zu dienen
und sein Leben hinzugeben als Lösegeld für viele.

Glaubensbekenntnis, S. 352 ff.
Fürbitten vgl. S. 781 ff.

ZUR EUCHARISTIEFEIER *Jesus will der Diener aller sein. Für alle gibt er sein Leben hin, als die vollkommene Opfergabe an den Vater, als Brot des Lebens und Kelch des ewigen Heiles für uns.*

GABENGEBET

Hilf uns, Herr,
daß wir den Dienst am Altar
mit freiem Herzen vollziehen.
Befreie uns durch diese Feier von aller Schuld,
damit wir rein werden und dir gefallen.
Darum bitten wir durch Christus, unseren Herrn.

Präfation, S. 420 ff.

KOMMUNIONVERS Ps 33 (32), 18–19

Das Auge des Herrn ruht auf allen, die ihn fürchten und ehren,
die nach seiner Güte ausschauen.
Denn er will sie dem Tod entreißen
und in der Hungersnot ihr Leben erhalten.

Oder: Mk 10,45

Der Menschensohn ist gekommen,
um sein Leben als Lösegeld hinzugeben für viele.

SCHLUSSGEBET

Allmächtiger Gott,
gib, daß die heiligen Geheimnisse,
die wir gefeiert haben, in uns Frucht bringen.
Schenke uns Tag für Tag,
was wir zum Leben brauchen,
und führe uns zur ewigen Vollendung.
Darum bitten wir durch Christus, unseren Herrn.

FÜR DEN TAG UND DIE WOCHE

Und das Kreuz *ist immer noch da. Es läßt sich nicht in den Geschichtsbüchern wegleugnen, noch weniger aus unserem Leben. Das Kreuz verdeutlicht, daß die Liebe stärker ist als der Tod. Was hat Jesus anderes getan, als bis an die Grenzen seiner Liebe zu gehen? Das Geschehen am Kreuz bleibt auch für den modernen Menschen, sogar für den Atheisten, eine Provokation: eine Herausforderung und eine Frage. Jesus scheint ihnen die Frage zu stellen: Was machst du aus dem Tod? Was machst du mit deiner Liebe? (Kardinal Marty)*

30. SONNTAG IM JAHRESKREIS

Der Mensch kann sehen und hören, und er weiß, daß er es kann. Dieses Wissen unterscheidet ihn vom Tier. Wenn ein Sinnesorgan gestört ist, fühlt er sich in seinem Menschsein beeinträchtigt; alles wird schwerer für ihn. Außer dem äußeren Sinnesorgan hat der Mensch aber auch eine innere Fähigkeit, das Gesehene oder Gehörte aufzunehmen; diese Fähigkeit kann sich entfalten oder auch verkümmern. Es gibt Wirklichkeiten, die wir sehen, während wir für andere blind und taub sind. Wenn wir für die Wirklichkeit Gottes offen sind, fähig zu sehen und zu hören, dann ist das ein großes Glück. Und Glück verpflichtet.

ERÖFFNUNGSVERS Vgl. Ps 105 (104), 3–4

Freuen sollen sich alle, die den Herrn suchen.
Sucht den Herrn und seine Macht, sucht sein Antlitz allezeit.

Ehre sei Gott, S. 348 ff.

TAGESGEBET

Allmächtiger, ewiger Gott,
mehre in uns den Glauben,
die Hoffnung und die Liebe.
Gib uns die Gnade,
zu lieben, was du gebietest,
damit wir erlangen, was du verheißen hast.
Darum bitten wir durch Jesus Christus.

ZUR 1. LESUNG *Jeremia, der Prophet des Untergangs, durfte nach dem eingetroffenen Gottesgericht (Untergang der beiden Reiche Israel und Juda) auch die Trostbotschaft ausrichten, daß Gott sich um sein Volk kümmern wird. Wie ein Hirt und Vater wird er den Rest Israels wieder sammeln; er will das Verwundete heilen, das Verlorene retten. Messianische Erwartungen klingen an, wenn der Prophet auch den Blinden und den Lahmen Hoffnung zuspricht.*

ERSTE LESUNG

Jer 31,7–9

Blinde und Lahme, tröstend geleite ich sie heim

Lesung
aus dem Buch Jeremía.

So spricht der Herr:
Jubelt Jakob voll Freude zu,
und jauchzt über das Haupt der Völker!
Verkündet, lobsingt
und sagt: Der Herr hat sein Volk gerettet,
den Rest Israels.

Seht, ich bringe sie heim aus dem Nordland
und sammle sie von den Enden der Erde,
darunter Blinde und Lahme,
Schwangere und Wöchnerinnen;
als große Gemeinde kehren sie hierher zurück.
Weinend kommen sie,
und tröstend geleite ich sie.
Ich führe sie an wasserführende Bäche,
auf einen ebenen Weg, wo sie nicht straucheln.
Denn ich bin Israels Vater,
und Éfraim ist mein erstgeborener Sohn.

ANTWORTPSALM

Ps 126 (125),1–2b.2c–3.4–5.6 (R: 3)

R **Großes hat der Herr an uns getan.** (GL 753, 1)
Da waren wir fröhlich. – R

Als der Herr das Los der Gefangenschaft Zions wendete, * II. Ton
da waren wir alle wie Träumende.

ab **Da war unser Mund voll Lachen ***
und unsere Zunge voll Jubel. – (R)

2cd **Da sagte man unter den andern Völkern: ***
„Der Herr hat an ihnen Großes getan."

3 **Ja, Großes hat der Herr an uns getan. ***
Da waren wir fröhlich. – (℟)

4 **Wende doch, Herr, unser Geschick, ***
wie du versiegte Bäche wieder füllst im Südland.

5 **Die mit Tränen säen, ***
werden mit Jubel ernten. – (℟)

6 **Sie gehen hin unter Tränen ***
und tragen den Samen zur Aussaat.

Sie kommen wieder mit Jubel *
und bringen ihre Garben ein.

℟ Großes hat der Herr an uns getan.
Da waren wir fröhlich.

ZUR 2. LESUNG *Wir haben Grund, dem Wort Gottes zu glauben und der Treue Gottes zu trauen. Wir haben einen Hohenpriester: Jesus, den ewigen Sohn. Er ist einer von uns, kann also mitfühlen mit unserer Schwachheit, und er ist von Gott eingesetzt zum Dienst für die Menschen. Darin gleicht er dem Hohenpriester des Alten Bundes; aber sein Priestertum ist ungleich erhabener; er ist der Sohn, und sein Priestertum ist ein ewiges Priestertum. Er ist mächtig, um alle zu retten, die ihm gehorchen.*

ZWEITE LESUNG Hebr 5, 1–6

Du bist Priester auf ewig nach der Ordnung Melchisedeks

Lesung
aus dem Hebräerbrief.

1 **Jeder Hohepriester wird aus den Menschen ausgewählt**
und für die Menschen eingesetzt zum Dienst vor Gott,
um Gaben und Opfer für die Sünden darzubringen.

2 **Er ist fähig,**
für die Unwissenden und Irrenden Verständnis aufzubringen,
da auch er der Schwachheit unterworfen ist;

deshalb muß er für sich selbst
ebenso wie für das Volk Sündopfer darbringen.
Und keiner nimmt sich eigenmächtig diese Würde,
sondern er wird von Gott berufen, so wie Aaron.

So hat auch Christus
sich nicht selbst die Würde eines Hohenpriesters verliehen,
sondern der, der zu ihm gesprochen hat:

Mein Sohn bist du.
Heute habe ich dich gezeugt,

wie er auch an anderer Stelle sagt:

Du bist Priester auf ewig
nach der Ordnung Melchísedeks.

RUF VOR DEM EVANGELIUM Vers: vgl. 2 Tim 1,10

Halleluja. Halleluja.

Unser Retter Jesus Christus hat dem Tod die Macht genommen
und uns das Licht des Lebens gebracht durch das Evangelium.

Halleluja.

ZUM EVANGELIUM *Die Heilung des Blinden von Jericho ist die letzte Wundererzählung im Markusevangelium. Der Blinde wußte, daß er blind war, und schrie um Hilfe. Er wurde sehend und begab sich in die Nachfolge Jesu. Die Jünger dagegen scheinen immer noch blind zu sein. Sie ziehen zwar mit Jesus nach Jerusalem hinauf, aber sie verstehen seinen Weg nicht; bei der Kreuzigung Jesu wird der heidnische Hauptmann der einzige sein, der sieht und begreift: „Wahrhaftig, dieser Mensch war Gottes Sohn."*

EVANGELIUM Mk 10,46–52

Rabbuni, ich möchte wieder sehen können

✠ **Aus dem heiligen Evangelium nach Markus.**

In jener Zeit,
6 **als Jesus mit seinen Jüngern**
und einer großen Menschenmenge Jéricho verließ,
saß an der Straße ein blinder Bettler,
Bartimäus, der Sohn des Timäus.

47 **Sobald er hörte, daß es Jesus von Nazaret war,**
rief er laut: Sohn Davids, Jesus, hab Erbarmen mit mir!
48 **Viele wurden ärgerlich**
und befahlen ihm zu schweigen.
Er aber schrie noch viel lauter: Sohn Davids,
hab Erbarmen mit mir!
49 **Jesus blieb stehen**
und sagte: Ruft ihn her!
Sie riefen den Blinden
und sagten zu ihm: Hab nur Mut,
steh auf, er ruft dich.
50 **Da warf er seinen Mantel weg,**
sprang auf
und lief auf Jesus zu.
51 **Und Jesus fragte ihn: Was soll ich dir tun?**
Der Blinde antwortete: Rabbuni, ich möchte wieder sehen können.
52 **Da sagte Jesus zu ihm: Geh!**
Dein Glaube hat dir geholfen.
Im gleichen Augenblick
konnte er wieder sehen,
und er folgte Jesus auf seinem Weg.

Glaubensbekenntnis, S. 352 ff.
Fürbitten vgl. S. 781 ff.

ZUR EUCHARISTIEFEIER *Durch die Taufe sind wir sehend geworden, aber der Glaube ist noch ein dunkles Licht. Unser ganzes Leben ist (wenn es richtig geht) ein Erwachen zum Licht Christi. – Herr, öffne mir die Augen, damit ich sehe; zeig mir deine Wege.*

GABENGEBET

Allmächtiger Gott,
sieh gnädig auf die Gaben, die wir darbringen,
und laß uns dieses Opfer so feiern,
daß es dir zur Ehre gereicht.
Darum bitten wir durch Christus, unseren Herrn.

Präfation, S. 420 ff.

KOMMUNIONVERS Vgl. Ps 20 (19), 6

Wir jubeln über die Hilfe des Herrn.
Wir frohlocken im Namen unseres Gottes.

Oder: Eph 5, 2

Christus hat uns geliebt und sich für uns hingegeben
als Gabe und Opfer, das Gott wohlgefällt.

SCHLUSSGEBET

Herr, unser Gott,
gib, daß deine Sakramente
in uns das Heil wirken, das sie enthalten,
damit wir einst
als unverhüllte Wirklichkeit empfangen,
was wir jetzt in heiligen Zeichen begehen.
Darum bitten wir durch Christus, unseren Herrn.

FÜR DEN TAG UND DIE WOCHE

Blinde und Sehende *Es gibt Menschen, die blind sind gegenüber allem Guten, das mehr ist als das Nutzbringende. Es gibt Menschen, die blind sind gegenüber aller Wahrheit, die mehr ist als das Wahrnehmbare und Sichtbare. Und es gibt Menschen, die blind sind gegenüber dem Urgrund aller Dinge, den wir Gott nennen. Es braucht deshalb Menschen, die der Glaube sehend gemacht hat und die fähig sind, andere, die sich noch im Dunkel befinden, zu führen. (B. Lesniewicz)*

31. SONNTAG IM JAHRESKREIS

Um ein Christ zu sein, genügt es nicht, anständig zu sein und rechtschaffen seine Pflicht zu tun. Das tun auch die Heiden. Die große Wahrheit im Leben eines Christen ist Christus selbst: Licht vom Licht, wahrer Gott vom wahren Gott (Credo). Und das große Gebot ist die Liebe. Sie kann durch nichts anderes ersetzt werden.

ERÖFFNUNGSVERS Ps 38 (37), 22–23

Herr, verlaß mich nicht, bleib mir nicht fern, mein Gott!
Eile mir zu Hilfe, Herr, du mein Heil.

Ehre sei Gott, S. 348 ff.

TAGESGEBET

Allmächtiger, barmherziger Gott,
es ist deine Gabe und dein Werk,
wenn das gläubige Volk
dir würdig und aufrichtig dient.
Nimm alles von uns,
was uns auf dem Weg zu dir aufhält,
damit wir ungehindert der Freude entgegeneilen,
die du uns verheißen hast.
Darum bitten wir durch Jesus Christus.

ZUR 1. LESUNG *Das Buch Deuteronomium ist eine große Sammlung von Gesetzen, die alle unter die Autorität des Mose gestellt werden. Die Absicht dieses Buches ist, in der späten Zeit des israelitischen Königtums das Volk daran zu erinnern, daß es Gottes heiliges Volk ist. Tatsächlich läuft dieses Volk ständig anderen Göttern nach: Die vielgestaltigen Naturgottheiten des Landes Kanaan sind anziehender als der große, herbe Gott, der Israel aus Ägypten herausgeführt hat. Der Kernsatz des israelitischen Glaubens aber lautet bis heute: „Höre, Israel: Jahwe, unser Gott, Jahwe ist einzig."*

ERSTE LESUNG Dtn 6, 2–6

Höre, Israel! Du sollst den Herrn, deinen Gott, lieben mit ganzem Herzen

Lesung
aus dem Buch Deuteronómium.

Mose sprach zum Volk:
2 **Wenn du den Herrn, deinen Gott, fürchtest,**
indem du auf alle seine Gesetze und Gebote,
auf die ich dich verpflichte,
dein ganzes Leben lang achtest,
du, dein Sohn und dein Enkel,
wirst du lange leben.

3 Deshalb, Israel, sollst du hören und darauf achten,
alles, was der Herr, unser Gott, mir gesagt hat, zu halten,
damit es dir gut geht
und ihr so unermeßlich zahlreich werdet,
wie es der Herr, der Gott deiner Väter,
dir zugesagt hat, in dem Land, wo Milch und Honig fließen.

Höre, Israel!
Jahwe, unser Gott, Jahwe ist einzig.
Darum sollst du den Herrn, deinen Gott, lieben
mit ganzem Herzen,
mit ganzer Seele
und mit ganzer Kraft.

Diese Worte, auf die ich dich heute verpflichte,
sollen auf deinem Herzen geschrieben stehen.

ANTWORTPSALM Ps 18 (17), 2–3.4 u. 47.51 u. 50 (R: 2a)

℟ Ich will dich lieben, Herr, meine Stärke. – ℟ (GL 528, 4)

Ich will dich lieben, Herr, meine Stärke, * II. Ton
Herr, du mein Fels, meine Burg, mein Retter,

mein Gott, meine Feste, in der ich mich berge, *
mein Schild und sicheres Heil, meine Zuflucht. – (℟)

Ich rufe: Der Herr sei gepriesen!, *
und ich werde vor meinen Feinden gerettet.

7 Es lebt der Herr! Mein Fels sei gepriesen. *
Der Gott meines Heils sei hoch erhoben. – (℟)

1 Seinem König verlieh er große Hilfe, †
Huld erwies er seinem Gesalbten, *
David und seinem Stamm auf ewig.

0 Darum will ich dir danken, Herr, vor den Völkern, *
ich will deinem Namen singen und spielen. – ℟

ZUR 2. LESUNG *Durch Jesus Christus hat Gott eine neue, endgültige Heilsordnung geschaffen. Die Priester des Alten Bundes waren sterbliche Menschen, der Schwachheit und Sünde unterworfen. Christus aber ist der Sohn, der ganz Heilige; er war von Anfang an bei Gott. Er allein konnte sich selbst als makelloses Opfer für unsere Sünden darbringen; durch sein Opfer sind wir geheiligt und haben Zugang zu Gott.*

ZWEITE LESUNG Hebr 7,23–28

Weil Jesus auf ewig bleibt, hat er ein unvergängliches Priestertum

Lesung
aus dem Hebräerbrief.

Brüder!
23 **Im Alten Bund folgten viele Priester aufeinander,**
weil der Tod sie hinderte zu bleiben;
24 **Jesus aber hat, weil er auf ewig bleibt,**
ein unvergängliches Priestertum.

25 **Darum kann er auch die, die durch ihn vor Gott hintreten,**
für immer retten;
denn er lebt allezeit, um für sie einzutreten.

26 **Ein solcher Hoherpriester war für uns in der Tat notwendig:**
einer, der heilig ist,
unschuldig, makellos,
abgesondert von den Sündern und erhöht über die Himmel;
27 **einer, der es nicht Tag für Tag nötig hat,**
wie die Hohenpriester
zuerst für die eigenen Sünden Opfer darzubringen
und dann für die des Volkes;
denn das hat er ein für allemal getan,
als er sich selbst dargebracht hat.

28 **Das Gesetz nämlich macht Menschen zu Hohenpriestern,**
die der Schwachheit unterworfen sind;
das Wort des Eides aber, der später als das Gesetz kam,
setzt den Sohn ein, der auf ewig vollendet ist.

RUF VOR DEM EVANGELIUM Vers: vgl. Joh 14,23

Halleluja. Halleluja.

(So spricht der Herr:)
Wer mich liebt, hält fest an meinem Wort.
Mein Vater wird ihn lieben, und wir werden bei ihm wohnen.

Halleluja.

ZUM EVANGELIUM *Die Frage des Schriftgelehrten nach dem ersten und größten Gebot scheint aufrichtig gewesen zu sein. Die Antwort Jesu ist uns so bekannt, daß wir Mühe haben, sie wirklich zu hören und ihr Gewicht zu spüren. Jesus erinnert den Fragenden an das Glaubensbekenntnis, das er als frommer Jude jeden Tag spricht. Gott an erster Stelle. Ihn lieben heißt: ihn als den Einzigen anerkennen, sich von seiner Glut so ergreifen lassen, daß man auch dem Nächsten, dem Mitmenschen, etwas von der Liebe und Freude Gottes mitteilen kann. Dabei geht es nicht um Gefühle, sondern darum, daß Gottes Macht und Herrschaft den Menschen erfahrbar wird.*

EVANGELIUM Mk 12,28b–34

Du sollst den Herrn, deinen Gott, lieben; du sollst deinen Nächsten lieben wie dich selbst

✢ **Aus dem heiligen Evangelium nach Markus.**

In jener Zeit
28b **ging ein Schriftgelehrter zu Jesus hin**
und fragte ihn: Welches Gebot ist das erste von allen?
29 **Jesus antwortete:**
Das erste ist: Höre, Israel,
der Herr, unser Gott, ist der einzige Herr.
30 **Darum sollst du den Herrn, deinen Gott, lieben**
mit ganzem Herzen und ganzer Seele,
mit all deinen Gedanken und all deiner Kraft.
31 **Als zweites kommt hinzu:**
Du sollst deinen Nächsten lieben wie dich selbst.
Kein anderes Gebot ist größer als diese beiden.

32 **Da sagte der Schriftgelehrte zu ihm: Sehr gut, Meister!**
Ganz richtig hast du gesagt:
Er allein ist der Herr,
und es gibt keinen anderen außer ihm,
33 **und ihn mit ganzem Herzen,**
ganzem Verstand und ganzer Kraft zu lieben
und den Nächsten zu lieben wie sich selbst,
ist weit mehr als alle Brandopfer und anderen Opfer.

34 **Jesus sah, daß er mit Verständnis geantwortet hatte,**
und sagte zu ihm: Du bist nicht fern vom Reich Gottes.
Und keiner wagte mehr, Jesus eine Frage zu stellen.

Glaubensbekenntnis, S. 352 ff.
Fürbitten vgl. S. 781 ff.

ZUR EUCHARISTIEFEIER *Gott selbst betrachtet alle Menschen als seine Nächsten; er selbst ist unser Nächster. Seine Liebe sucht uns da, wo wir sind. Und sie holt uns heim – in Jesus, der als einziger gewußt hat, was Liebe ist.*

GABENGEBET

Heiliger Gott,
diese Gabe werde zum reinen Opfer,
das deinen Namen groß macht unter den Völkern.
Für uns aber werde sie zum Sakrament,
das uns die Fülle deines Erbarmens schenkt.
Darum bitten wir durch Christus, unseren Herrn.

Präfation, S. 420 ff.

KOMMUNIONVERS Ps 16 (15), 11

Herr, du zeigst mir den Pfad zum Leben;
vor deinem Angesicht herrscht Freude in Fülle.

Oder: Joh 6, 57

So spricht der Herr:
Wie mich der lebendige Vater gesandt hat
und wie ich durch den Vater lebe,
so wird jeder, der mich ißt, durch mich leben.

SCHLUSSGEBET

Gütiger Gott,
du hast uns mit dem Brot des Himmels gestärkt.
Laß deine Kraft in uns wirken,
damit wir fähig werden,
die ewigen Güter zu empfangen,
die uns in diesen Gaben verheißen sind.
Darum bitten wir durch Christus, unseren Herrn.

FÜR DEN TAG UND DIE WOCHE

Die Liebe *ist das Urgeschenk. Alles, was uns sonst noch unverdient gegeben werden mag, wird erst durch sie zum Geschenk. (Thomas von Aquin)*

Zur Liebe kann man niemand zwingen. Nur Liebe selbst weckt Gegenliebe. Auf solche Weise wollte Gott den Menschen erobern. Daran denken, wie Gott uns liebte, ist der beste Weg, um Gott zu lieben. (Maximilian Kolbe)

32. SONNTAG IM JAHRESKREIS

Etwas von seinem Überfluß hergeben ist nichts Besonderes. Die Hochherzigkeit fängt dort an, wo ich etwas schenke, das mir selbst nützlich oder gar notwendig wäre. Und sie endet damit, daß ich nicht nur meine Habe gebe, sondern alles: auch meine Kraft, meine Zeit, mein Leben. Jesus konnte sagen: Ich habe euch das Beispiel gegeben.

ERÖFFNUNGSVERS Ps 88 (87), 3

Herr, laß mein Gebet zu dir dringen,
wende dein Ohr meinem Flehen zu.

Ehre sei Gott, S. 348 ff.

TAGESGEBET

Allmächtiger und barmherziger Gott,
wir sind dein Eigentum,
du hast uns in deine Hand geschrieben.
Halte von uns fern, was uns gefährdet,
und nimm weg, was uns an Seele und Leib bedrückt,
damit wir freien Herzens deinen Willen tun.
Darum bitten wir durch Jesus Christus.

ZUR 1. LESUNG *Witwen und Waisen gehören in der Bibel zu den Menschen, die Schutz und Hilfe brauchen, zu den Armen. Aber die Witwe, die ihre schwierige Lage annimmt und bewältigt, kann eine innere Größe und Freiheit gewinnen, die den Reichen kaum erreichbar ist. Sie lernt zu unterscheiden zwischen dem, was vergeht, und dem, was bleibt. Und sie weiß, daß Gott sich um sie kümmert. Die Witwe von Sarepta in der Elija-Erzählung ist davon ein Beispiel.*

ERSTE LESUNG 1 Kön 17, 10–16

Die Witwe machte aus der Handvoll Mehl ein kleines Gebäck und brachte es zu Elija heraus

Lesung
aus dem ersten Buch der Könige.

In jenen Tagen
0 **machte sich der Prophet Elíja auf**
und ging nach Sarépta.

Als er an das Stadttor kam,
traf er dort eine Witwe, die Holz auflas.
Er bat sie:
Bring mir in einem Gefäß ein wenig Wasser zum Trinken!
11 Als sie wegging, um es zu holen,
rief er ihr nach: Bring mir auch einen Bissen Brot mit!

12 Doch sie sagte: So wahr der Herr, dein Gott, lebt:
Ich habe nichts mehr vorrätig als eine Handvoll Mehl im Topf
und ein wenig Öl im Krug.
Ich lese hier ein paar Stücke Holz auf und gehe dann heim,
um für mich und meinen Sohn etwas zuzubereiten.
Das wollen wir noch essen und dann sterben.

13 Elíja entgegnete ihr: Fürchte dich nicht!
Geh heim, und tu, was du gesagt hast.
Nur mache zuerst für mich ein kleines Gebäck,
und bring es zu mir heraus!
Danach kannst du für dich und deinen Sohn etwas zubereiten;
14 denn so spricht der Herr, der Gott Israels:
Der Mehltopf wird nicht leer werden
und der Ölkrug nicht versiegen
bis zu dem Tag,
an dem der Herr wieder Regen auf den Erdboden sendet.

15 Sie ging
und tat, was Elíja gesagt hatte.
So hatte sie mit ihm und ihrem Sohn viele Tage zu essen.
16 Der Mehltopf wurde nicht leer,
und der Ölkrug versiegte nicht,
wie der Herr durch Elíja versprochen hatte.

ANTWORTPSALM Ps 146 (145), 6–7.8–9b.9c–10 (R: 1a)

℟ Lobe den Herrn, meine Seele! – ℟ (GL 527, 3)

(*Oder:* Halleluja.)

6 Der Herr hat Himmel und Erde gemacht, † I. Ton
das Meer und alle Geschöpfe; *
er hält ewig die Treue.

7 Recht verschafft er den Unterdrückten, †
den Hungernden gibt er Brot; *
der Herr befreit die Gefangenen. – (℟)

8 Der Herr öffnet den Blinden die Augen, *
er richtet die Gebeugten auf.

9ab Der Herr beschützt die Fremden *
und verhilft den Waisen und Witwen zu ihrem Recht. – (R)

9cd Der Herr liebt die Gerechten, *
doch die Schritte der Frevler leitet er in die Irre.

10 Der Herr ist König auf ewig, *
dein Gott, Zion, herrscht von Geschlecht zu Geschlecht. – R

ZUR 2. LESUNG *Mit dem Kommen Christi und seinem Opfertod hat das neue Zeitalter begonnen. Der Tempel und das Priestertum des Alten Bundes sind hinfällig geworden; sie waren Zeichen, Hinweise auf den wahren Tempel und das wahre Opfer Christi. Christus hat die Schuld der Welt auf sich genommen und gesühnt, er allein. Und er wird kommen, um sein Werk zu vollenden.*

ZWEITE LESUNG Hebr 9,24–28

Christus wurde ein einziges Mal geopfert, um die Sünden vieler hinwegzunehmen

Lesung
aus dem Hebräerbrief.

24 Christus ist nicht
in ein von Menschenhand errichtetes Heiligtum hineingegangen,
in ein Abbild des wirklichen,
sondern in den Himmel selbst,
um jetzt für uns vor Gottes Angesicht zu erscheinen;
25 auch nicht, um sich selbst viele Male zu opfern,
denn er ist nicht wie der Hohepriester,
der jedes Jahr mit fremdem Blut in das Heiligtum hineingeht;
26 sonst hätte er viele Male
seit der Erschaffung der Welt leiden müssen.
Jetzt aber ist er am Ende der Zeiten
ein einziges Mal erschienen,
um durch sein Opfer die Sünde zu tilgen.

27 Und wie es dem Menschen bestimmt ist,
ein einziges Mal zu sterben,
worauf dann das Gericht folgt,

28 so wurde auch Christus ein einziges Mal geopfert,
um die Sünden vieler hinwegzunehmen;
beim zweitenmal wird er nicht wegen der Sünde erscheinen,
sondern um die zu retten, die ihn erwarten.

RUF VOR DEM EVANGELIUM Vers: Mt 5, 3

Halleluja. Halleluja.

Selig, die arm sind vor Gott;
denn ihnen gehört das Himmelreich.

Halleluja.

ZUM EVANGELIUM *Den Schriftgelehrten seiner Zeit, den Theologen, hat Jesus Heuchelei, Ehrgeiz und Habgier vorgeworfen. Demgegenüber stellt er seinen Jüngern eine arme Witwe als Beispiel hin. Mit ihrem Opferpfennig hat sie mehr gegeben als die Reichen mit ihren lauten Spenden. Sie weiß nichts von ihrer Größe. Sie ist glücklich, daß ihre Gabe angenommen wurde. Und Jesus hat sie gesehen.*

EVANGELIUM Mk 12, 38–44

Diese arme Witwe hat mehr in den Opferkasten hineingeworfen als alle andern

✠ Aus dem heiligen Evangelium nach Markus.

In jener Zeit
38 lehrte Jesus eine große Menschenmenge
und sagte: Nehmt euch in acht vor den Schriftgelehrten!
Sie gehen gern in langen Gewändern umher,
lieben es, wenn man sie auf den Straßen und Plätzen grüßt,
39 und sie wollen in der Synagoge die vordersten Sitze
und bei jedem Festmahl die Ehrenplätze haben.
40 Sie bringen die Witwen um ihre Häuser
und verrichten in ihrer Scheinheiligkeit lange Gebete.
Aber um so härter wird das Urteil sein, das sie erwartet.

41 Als Jesus einmal im Tempel dem Opferkasten gegenübersaß,
sah er zu, wie die Leute Geld in den Kasten warfen.
Viele Reiche kamen und gaben viel.
42 Da kam auch eine arme Witwe
und warf zwei kleine Münzen hinein.

3 **Er rief seine Jünger zu sich**
und sagte: Amen, ich sage euch:
Diese arme Witwe
hat mehr in den Opferkasten hineingeworfen als alle andern.
4 **Denn sie alle haben nur etwas von ihrem Überfluß hergegeben;**
diese Frau aber, die kaum das Nötigste zum Leben hat,
sie hat alles gegeben, was sie besaß,
ihren ganzen Lebensunterhalt.

Oder:

KURZFASSUNG Mk 12,41–44

Diese arme Witwe hat mehr in den Opferkasten hineingeworfen als alle andern

✛ **Aus dem heiligen Evangelium nach Markus.**

In jener Zeit,
als Jesus im Tempel dem Opferkasten gegenübersaß,
sah er zu, wie die Leute Geld in den Kasten warfen.
Viele Reiche kamen und gaben viel.
Da kam auch eine arme Witwe
und warf zwei kleine Münzen hinein.
3 **Er rief seine Jünger zu sich**
und sagte: Amen, ich sage euch:
Diese arme Witwe
hat mehr in den Opferkasten hineingeworfen als alle andern.
Denn sie alle haben nur etwas von ihrem Überfluß hergegeben;
diese Frau aber, die kaum das Nötigste zum Leben hat,
sie hat alles gegeben, was sie besaß,
ihren ganzen Lebensunterhalt.

Glaubensbekenntnis, S. 352 ff.
Fürbitten vgl. S. 781 ff.

ZUR EUCHARISTIEFEIER *Gottesdienst ist mehr als eine liturgische Feier. Gott suchen, ihn anbeten ist die Tat des ganzen lebendigen Menschen, des freien Menschen, der sich ohne Vorbehalt Gott ausliefert.*

GABENGEBET

**Gott, unser Vater,
nimm unsere Opfergaben gnädig an
und gib, daß wir mit gläubigem Herzen
das Leidensgeheimnis deines Sohnes feiern,
der mit dir lebt und herrscht in alle Ewigkeit.**

Präfation, S. 420 ff.

KOMMUNIONVERS

Ps 23 (22), 1–2

**Der Herr ist mein Hirte, nichts wird mir fehlen.
Er läßt mich lagern auf grünen Auen
und führt mich zum Ruheplatz am Wasser.**

Oder: Vgl. Lk 24, 35

**Die Jünger erkannten den Herrn Jesus,
als er das Brot brach.**

SCHLUSSGEBET

**Wir danken dir, gütiger Gott,
für die heilige Gabe,
in der wir die Kraft von oben empfangen.
Erhalte in uns deinen Geist
und laß uns dir stets aufrichtig dienen.
Darum bitten wir durch Christus, unseren Herrn.**

FÜR DEN TAG UND DIE WOCHE

Mit dem Herzen *Vielleicht kenne ich Gott überhaupt noch nicht; vielleicht habe ich ihm nie Einlaß in mein Inneres gewährt, damit er mir mein wahres Ich und mein Selbstverständnis geben konnte. Aber wenn ich Gott nach Gottes Maßstäben entdecke, dann werde ich imstande sein, mich von meinen eigenen Ängsten und Sorgen zu lösen und mich ihm auszuliefern, ohne mich vor den Schmerzen und Leiden zu fürchten, die das zur Folge haben könnte.*
Ich verstehe das jetzt – aber wann wird Gott endlich alle meine Abwehrstellungen durchbrechen, damit ich das nicht nur mit meinem Verstand, sondern auch mit meinem Herzen erkenne und vollziehe?
(Henri J. M. Nouwen)

33. SONNTAG IM JAHRESKREIS

Die Katastrophen der Natur und der Geschichte sind noch nicht das Endgericht. Sie laufen ihm voraus. Das Ereignis, das wir erwarten und für das wir uns bereit machen sollen, ist das Kommen des Menschensohnes. Wie das sein wird, können wir uns nicht ausmalen; sicher nicht so, wie es auf alten und neuen Gemälden dargestellt wird. Es wird größer sein, göttlicher und menschlicher. Wo die Klarheit Gottes aufleuchtet, sind alle Fragen beantwortet, alle Taten gerichtet.

ERÖFFNUNGSVERS Vgl. Jer 29,11.12.14

So spricht der Herr:
Ich sinne Gedanken des Friedens und nicht des Unheils.
Wenn ihr mich anruft, so werde ich euch erhören
und euch aus der Gefangenschaft von allen Orten zusammenführen.

Ehre sei Gott, S. 348 ff.

TAGESGEBET

Gott, du Urheber alles Guten,
du bist unser Herr.
Laß uns begreifen, daß wir frei werden,
wenn wir uns deinem Willen unterwerfen,
und daß wir die vollkommene Freude finden,
wenn wir in deinem Dienst treu bleiben.
Darum bitten wir durch Jesus Christus.

ZUR 1. LESUNG *Über die Auferstehung der Toten hat das Alte Testament selten und erst in den späteren Schriften gesprochen, zum erstenmal ausdrücklich im Buch Daniel (12, 2–3). Die Gerechten – jeder, der im Buch des Lebens verzeichnet ist – werden auferstehen „zum ewigen Leben", die anderen „zur Schmach, zu ewigem Abscheu". Im Zusammenhang ist die Rede von schrecklichen Ereignissen, die in der Zeit des Endes über das Volk Gottes kommen werden. Nicht alles in diesen Sätzen ist für uns verständlich; erst das Christusereignis hat auf die dunkle Frage nach dem Leben über den Tod hinaus ein helleres Licht geworfen.*

ERSTE LESUNG Dan 12,1–3

Dein Volk wird in jener Zeit gerettet

Lesung
aus dem Buch Dániel.

1 **In jener Zeit tritt Michael auf,**
der große Engelfürst, der für die Söhne deines Volkes eintritt.
Dann kommt eine Zeit der Not,
wie noch keine da war, seit es Völker gibt, bis zu jener Zeit.
Doch dein Volk wird in jener Zeit gerettet,
jeder, der im Buch verzeichnet ist.

2 **Von denen, die im Land des Staubes schlafen,**
werden viele erwachen,
die einen zum ewigen Leben,
die anderen zur Schmach, zu ewigem Abscheu.

3 **Die Verständigen werden strahlen, wie der Himmel strahlt;**
und die Männer, die viele zum rechten Tun geführt haben,
werden immer und ewig wie die Sterne leuchten.

ANTWORTPSALM Ps 16 (15),5 u. 8.9–10.2 u. 11 (R: vgl. 1)

R Behüte mich, Gott, (GL 527,7)
denn ich vertraue auf dich. – R

5 Du, Herr, gibst mir das Erbe und reichst mir den Becher; * IV. Ton
du hältst mein Los in deinen Händen.

8 Ich habe den Herrn beständig vor Augen. *
Er steht mir zur Rechten, ich wanke nicht. – (R)

9 Darum freut sich mein Herz und frohlockt meine Seele; *
auch mein Leib wird wohnen in Sicherheit.

10 Denn du gibst mich nicht der Unterwelt preis; *
du läßt deinen Frommen das Grab nicht schauen. – (R)

2 Ich sage zum Herrn: „Du bist mein Herr; *
mein ganzes Glück bist du allein."

11 Du zeigst mir den Pfad zum Leben. †
Vor deinem Angesicht herrscht Freude in Fülle, *
zu deiner Rechten Wonne für alle Zeit. – R

ZUR 2. LESUNG *Das Opfer Jesu Christi unterscheidet sich von den Opfern des Alten Bundes dadurch, daß es einmalig und ein für allemal wirksam ist. Es braucht nicht wiederholt zu werden; es kann überhaupt nicht wiederholt werden. Und es gibt keine Vollendung über das hinaus, was Jesus durch seine Opferhingabe erreicht hat. Es gibt keine noch größere Wirklichkeit, die an die Stelle des Neuen Bundes treten könnte. Jetzt kann es sich für uns nur darum handeln, daß wir Christus nachfolgen bis an das Ziel, zu dem er uns vorausgegangen ist.*

ZWEITE LESUNG Hebr 10, 11–14.18

Durch ein einziges Opfer hat er die, die geheiligt werden, für immer zur Vollendung geführt

Lesung
aus dem Hebräerbrief.

11 **Jeder Priester des Alten Bundes steht Tag für Tag da,**
versieht seinen Dienst
und bringt viele Male die gleichen Opfer dar,
die doch niemals Sünden wegnehmen können.

12 **Jesus Christus aber**
hat nur ein einziges Opfer für die Sünden dargebracht
und sich dann für immer zur Rechten Gottes gesetzt;
13 **seitdem wartet er,**
bis seine Feinde ihm als Schemel unter die Füße gelegt werden.
14 **Denn durch ein einziges Opfer**
hat er die, die geheiligt werden,
für immer zur Vollendung geführt.

18 **Wo aber die Sünden vergeben sind,**
da gibt es kein Sündopfer mehr.

RUF VOR DEM EVANGELIUM Vers: vgl. Lk 21, 36

Halleluja. Halleluja.

Wacht und betet allezeit,
damit ihr hintreten könnt vor den Menschensohn.

Halleluja.

ZUM EVANGELIUM *Der Untergang Jerusalems und das Ende des Tempels sind Ereignisse, die jenseits der berechenbaren Weltgeschichte stehen. Die Jünger haben Jesus nach dem Zeitpunkt gefragt und nach den Vorzeichen. Der Zeitpunkt bleibt im Dunkeln. Die gegenwärtige Zeit aber ist Zeit des Wachsens und Reifens bis zur Offenbarung des Menschensohnes „mit großer Macht und Herrlichkeit". – Am Ende des Kirchenjahres werden wir daran erinnert, daß die Zeit eine Richtung, ein Ziel und ein Ende hat, die Zeit der Menschheit und die kostbare Zeit unseres eigenen Lebens.*

EVANGELIUM Mk 13, 24–32

Er wird die von ihm Auserwählten aus allen vier Windrichtungen zusammenführen

✛ Aus dem heiligen Evangelium nach Markus.

In jener Zeit sprach Jesus zu seinen Jüngern:
24 In jenen Tagen, nach der großen Not,
wird sich die Sonne verfinstern,
und der Mond wird nicht mehr scheinen;
25 die Sterne werden vom Himmel fallen,
und die Kräfte des Himmels werden erschüttert werden.

26 Dann wird man den Menschensohn
mit großer Macht und Herrlichkeit
auf den Wolken kommen sehen.

27 Und er wird die Engel aussenden
und die von ihm Auserwählten
aus allen vier Windrichtungen zusammenführen,
vom Ende der Erde bis zum Ende des Himmels.

28 Lernt etwas aus dem Vergleich mit dem Feigenbaum!
Sobald seine Zweige saftig werden und Blätter treiben,
wißt ihr, daß der Sommer nahe ist.
29 Genauso sollt ihr erkennen,
wenn ihr all das geschehen seht,
daß das Ende vor der Tür steht.

30 Amen, ich sage euch:
Diese Generation wird nicht vergehen,
bis das alles eintrifft.
31 Himmel und Erde werden vergehen,
aber meine Worte werden nicht vergehen.

2 **Doch jenen Tag und jene Stunde kennt niemand,**
auch nicht die Engel im Himmel,
nicht einmal der Sohn,
sondern nur der Vater.

Glaubensbekenntnis, S. 352 ff.
Fürbitten vgl. S. 781 ff.

ZUR EUCHARISTIEFEIER *Über Raum und Zeit hinweg wird das Opfer Jesu Christi denen gegenwärtig, die sich im Namen Jesu versammeln, im Glauben an seine Menschwerdung, seinen Tod und seine Auferstehung. In jeder Eucharistiefeier grüßen wir Christus auch als den, dessen Kommen in Herrlichkeit wir erwarten.*

GABENGEBET

Herr, unser Gott,
die Gabe, die wir darbringen,
schenke uns die Kraft, dir treu zu dienen,
und führe uns zur ewigen Gemeinschaft mit dir.
Darum bitten wir durch Christus, unseren Herrn.

Präfation, S. 420 ff.

KOMMUNIONVERS Ps 73 (72), 28

Gott nahe zu sein ist mein Glück.
Ich setze mein Vertrauen auf Gott, den Herrn.

Oder: Mk 11, 23–24

So spricht der Herr:
Amen, ich sage euch: Betet und bittet, um was ihr wollt,
glaubt nur, daß ihr es schon erhalten habt,
dann wird es euch zuteil.

SCHLUSSGEBET

Barmherziger Gott,
wir haben den Auftrag deines Sohnes erfüllt
und sein Gedächtnis begangen.
Die heilige Gabe,
die wir in dieser Feier empfangen haben,
helfe uns,
daß wir in der Liebe zu dir und unseren Brüdern
Christus nachfolgen,
der mit dir lebt und herrscht in alle Ewigkeit.

FÜR DEN TAG UND DIE WOCHE

Entwicklung ohne Bekehrung? *Wir leben in einer Welt, die auf Entwicklung setzt und diese mit allen Mächten der Intelligenz und des Geldes vorantreibt. Die Bibel sagt: Es geht für den Menschen, der sich von seinem Ursprung, von dem lebendigen Gott, abwandte, zuallererst um Bekehrung, nicht um Entwicklung; Entwicklung ohne Bekehrung führt in den Untergang. Das Verlassen des Ursprungs führt zum Ende allen Lebens. Die Bibel kennt im Grunde genommen nur dieses eine Thema: dieses Entweder-Oder, von dem Heil und Unheil abhängt: der Verlust Gottes und damit des Lebens – oder die Heimkehr. (Heinrich Spaemann)*

Letzter Sonntag im Jahreskreis

CHRISTKÖNIGSSONNTAG

Hochfest

Wie eine Rangordnung der Werte, so gibt es eine Rangordnung der Wahrheiten: von der unfruchtbaren Wahrheit des Geschwätzes bis zur bewegenden, umstürzenden Wahrheit der großen Rede. Und jenseits aller Rangordnungen gibt es die *Wahrheit, die mehr ist als die Summe aller Wahrheiten. Sie ist größer als wir, wir können nur an ihr teilhaben, indem wir in sie eintreten; sie ist der Raum der größeren Wirklichkeit, sie macht uns frei. Es ist die Wahrheit Gottes, die Helle seiner Heiligkeit, die Macht seiner Treue. Die Wahrheit ist sichtbar erschienen: das Wort ist Fleisch geworden und hat unter uns gewohnt.*

ERÖFFNUNGSVERS Offb 5, 12; 1, 6

Würdig ist das Lamm, das geschlachtet ist, Macht zu empfangen,
Reichtum und Weisheit, Kraft und Ehre.
Ihm sei die Herrlichkeit und die Herrschermacht in Ewigkeit.

Ehre sei Gott, S. 348 ff.

TAGESGEBET

**Allmächtiger, ewiger Gott,
du hast deinem geliebten Sohn
alle Gewalt gegeben im Himmel und auf Erden
und ihn zum Haupt der neuen Schöpfung gemacht.
Befreie alle Geschöpfe von der Macht des Bösen,
damit sie allein dir dienen
und dich in Ewigkeit rühmen.
Darum bitten wir durch Jesus Christus.**

ZUR 1. LESUNG *In der Lesung aus dem Buch Daniel begegnet uns der Ausdruck „Menschensohn"; das bedeutet zunächst soviel wie „Mensch". Aber der Träger dieses Titels vereinigt in seiner Person menschliche Gestalt und göttliche Hoheit. Er kommt nicht von „unten", wie die unheimlichen Tiere, die bei Daniel die mächtigen Reiche dieser Welt verkörpern; der „Menschensohn" kommt „mit den Wolken des Himmels", das heißt, er steht auf der Seite Gottes. Im Buch Daniel verkörpert er das Volk Gottes, das nach vielen Leiden von Gott gerettet und geehrt wird. Jesus hat den Titel „Menschensohn" für sich beansprucht, vor allem dann, wenn er von seinem Leiden und seinem Kommen in Macht und Herrlichkeit sprach.*

ERSTE LESUNG Dan 7,2a.13b–14

Seine Herrschaft ist eine ewige Herrschaft

Lesung
aus dem Buch Dániel.

a Ich, Dániel, hatte während der Nacht eine Vision:
3b Da kam mit den Wolken des Himmels
einer wie ein Menschensohn.
Er gelangte bis zu dem Hochbetagten
und wurde vor ihn geführt.

4 Ihm wurden Herrschaft, Würde und Königtum gegeben.
Alle Völker, Nationen und Sprachen müssen ihm dienen.
Seine Herrschaft ist eine ewige, unvergängliche Herrschaft.
Sein Reich geht niemals unter.

ANTWORTPSALM Ps 93 (92), 1.2–3.4–5 (R: 1a)

R Der Herr ist König, bekleidet mit Hoheit. – R (GL 529, 8)

1 **Der Herr ist König, bekleidet mit Hoheit; *** VIII. Ton
der Herr hat sich bekleidet und mit Macht umgürtet.

Der Erdkreis ist fest gegründet, *
nie wird er wanken. – (R)

2 **Dein Thron steht fest von Anbeginn, ***
du bist seit Ewigkeit.

3 **Fluten erheben sich, Herr, †**
Fluten erheben ihr Brausen, *
Fluten erheben ihr Tosen. – (R)

4 **Gewaltiger als das Tosen vieler Wasser, †**
gewaltiger als die Brandung des Meeres *
ist der Herr in der Höhe.

5 **Deine Gesetze sind fest und verläßlich; †**
Herr, deinem Haus gebührt Heiligkeit *
für alle Zeiten. – R

ZUR 2. LESUNG *Über dem Weltgeschehen steht nicht ein blindes Schicksal. Auch die Großen der Erde sind im Grunde nur Figuren eines viel größeren Spiels: Mitte und Ziel der Geschichte und ihr eigentlicher Herr, so lehrt uns die Offenbarung, ist Christus. Er ist der „treue Zeuge"; er ist für die Wahrheit seines Zeugnisses in den Tod gegangen. Seine Königsherrschaft ruht auf der Macht der Wahrheit und der Liebe. Und er hat auch uns zu Königen und zu Priestern gemacht; das heißt: als Christen sind wir mitverantwortlich für den Gang der Weltgeschichte.*

ZWEITE LESUNG Offb 1, 5b–8

Der Herrscher über die Könige der Erde hat uns zu Königen gemacht und zu Priestern vor Gott

Lesung
aus der Offenbarung des Johannes.

5b **Jesus Christus ist der treue Zeuge,**
der Erstgeborene der Toten,
der Herrscher über die Könige der Erde.

Er liebt uns
und hat uns von unseren Sünden erlöst durch sein Blut;
er hat uns zu Königen gemacht
und zu Priestern vor Gott, seinem Vater.
Ihm sei die Herrlichkeit und die Macht in alle Ewigkeit. Amen.

Siehe, er kommt mit den Wolken,
und jedes Auge wird ihn sehen,
auch alle, die ihn durchbohrt haben;
und alle Völker der Erde
werden seinetwegen jammern und klagen.
Ja, amen.

Ich bin das Alpha und das Ómega, spricht Gott, der Herr,
der ist
und der war
und der kommt,
der Herrscher über die ganze Schöpfung.

RUF VOR DEM EVANGELIUM — Vers: Mk 11,9.10

Halleluja. Halleluja.

Gesegnet sei, der kommt im Namen des Herrn!
Gesegnet sei das Reich unseres Vaters David,
das nun kommt.

Halleluja.

ZUM EVANGELIUM *Jesus ist gekommen, um in der Welt die Wahrheit Gottes zu bezeugen. Gott ist Wahrheit, Licht, Leben: alle unsere großen Worte können nur von weitem andeuten, wer Gott wirklich ist. In Jesus aber ist die Wahrheit Gottes sichtbar geworden. Die Welt hat sich dem Licht versperrt, die Wahrheit ist gekreuzigt worden. Vom Kreuz aus hat Christus die Königsherrschaft angetreten.*

EVANGELIUM — Joh 18,33b–37

Du sagst es, ich bin ein König

✠ **Aus dem heiligen Evangelium nach Johannes.**

In jener Zeit
b **fragte Pilatus Jesus:**
Bist du der König der Juden?

34 Jesus antwortete:
Sagst du das von dir aus,
oder haben es dir andere über mich gesagt?
35 Pilatus entgegnete:
Bin ich denn ein Jude?
Dein eigenes Volk und die Hohenpriester
haben dich an mich ausgeliefert.
Was hast du getan?

36 Jesus antwortete:
Mein Königtum ist nicht von dieser Welt.
Wenn es von dieser Welt wäre,
würden meine Leute kämpfen,
damit ich den Juden nicht ausgeliefert würde.
Aber mein Königtum ist nicht von hier.

37 Pilatus sagte zu ihm:
Also bist du doch ein König?
Jesus antwortete:
Du sagst es,
ich bin ein König.
Ich bin dazu geboren und dazu in die Welt gekommen,
daß ich für die Wahrheit Zeugnis ablege.
Jeder, der aus der Wahrheit ist,
hört auf meine Stimme.

Glaubensbekenntnis, S. 352 ff.

ZUR EUCHARISTIEFEIER *Glauben und Hoffen, Beten, Arbeiten, Leiden: unser Leben wird zur Gabe an Gott durch Jesus Christus, den Priester und König; es wird zur Verkündigung seines Todes und seiner Auferstehung in der Zeit dieser Welt, „bis er kommt in Herrlichkeit".*

GABENGEBET

Herr, unser Gott,
wir bringen das Opfer deines Sohnes dar,
das die Menschheit mit dir versöhnt.
Er, der für uns gestorben ist,
schenke allen Völkern Einheit und Frieden,
der mit dir lebt und herrscht in alle Ewigkeit.

Präfation, S. 420.

KOMMUNIONVERS Ps 29 (28), 10–11

Der Herr thront als König in Ewigkeit.
Der Herr segne sein Volk mit Frieden.

SCHLUSSGEBET

Allmächtiger Gott,
du hast uns berufen,
Christus, dem König der ganzen Schöpfung, zu dienen.
Stärke uns durch diese Speise,
die uns Unsterblichkeit verheißt,
damit wir Anteil erhalten
an seiner Herrschaft und am ewigen Leben.
Darum bitten wir durch ihn, Christus, unseren Herrn.

FÜR DEN TAG UND DIE WOCHE

Unbewaffnet *geht die Botschaft in die Welt.*
Ein Wort, nicht mehr.
Doch wer sie hört, vernimmt hinfort
noch etwas mehr als nur dies Wort.
Friede hört er und zugleich
Ja und Nein, und Nein und Ja,
Reich und Arm und Arm und Reich,
Kreuzige ihn – Halleluja. (Kurt Ihlenfeld)

FESTE DES HERRN UND DER HEILIGEN

2. Februar

DARSTELLUNG DES HERRN

Fest

Das Fest am 40. Tag nach der Geburt des Herrn wurde in Jerusalem mindestens seit Anfang des 5. Jahrhunderts gefeiert; es wurde „mit gleicher Freude wie Ostern begangen“ (Bericht der Pilgerin Aetheria). In Rom wurde es vermutlich im 5. Jahrhundert eingeführt. Kerzenweihe und Lichterprozession kamen erst später hinzu. In der Ostkirche wurde es „Fest der Begegnung“ genannt: Der Messias kommt in seinen Tempel und begegnet dem Gottesvolk des Alten Bundes, vertreten durch Simeon und Hanna. Im Westen wurde es eher als Marienfest verstanden. Seit der Liturgiereform von 1960 wird „Mariä Lichtmeß“ als „Fest der Darstellung des Herrn“ begangen. Es ist, wie das Fest der Verkündigung des Herrn, ein weihnachtliches Fest außerhalb der Weihnachtszeit.

KERZENWEIHE

Seht, Christus, der Herr, kommt in Macht und Herrlichkeit,
er wird die Augen seiner Diener erleuchten. Halleluja.

Oder ein anderer passender Gesang.
Der Priester segnet die Kerzen und spricht:

Lasset uns beten.

Gott, du Quell und Ursprung allen Lichtes,
du hast am heutigen Tag
dem greisen Simeon Christus geoffenbart
als das Licht zur Erleuchtung der Heiden.
Segne ✠ die Kerzen,
die wir in unseren Händen tragen
und zu deinem Lob entzünden.

Führe uns auf dem Weg des Glaubens und der Liebe
zu jenem Licht, das nie erlöschen wird.
Darum bitten wir durch Christus, unseren Herrn.

Oder:

Lasset uns beten.

Gott, du bist das wahre Licht,
das die Welt mit seinem Glanz hell macht.
Erleuchte auch unsere Herzen,
damit alle, die heute mit brennenden Kerzen
in deinem heiligen Haus vor dich hintreten,
einst das ewige Licht deiner Herrlichkeit schauen.
Darum bitten wir durch Christus, unseren Herrn.

Nun lädt der Priester die Gemeinde zur Prozession ein:

Laßt uns ziehen in Frieden,
Christus, dem Herrn, entgegen!

Während der Prozession wird gesungen; man verwendet dazu den Lobgesang des Simeon oder einen anderen passenden Gesang.

Der Lobgesang des Simeon — Lk 2, 29–32

Kehrvers:

Ein Licht, das die Heiden erleuchtet,
und Herrlichkeit für dein Volk Israel. – R

Nun läßt du, Herr, deinen Knecht,
wie du gesagt hast, in Frieden scheiden. – R

Meine Augen haben das Heil gesehen,
das du vor allen Völkern bereitet hast. – R

MESSFEIER

ERÖFFNUNGSVERS — Vgl. Ps 48 (47), 10–11

Wir haben dein Heil empfangen, o Gott, inmitten deines Tempels.
Wie dein Name, Gott, so reicht dein Ruhm bis an die Enden der Erde;
deine rechte Hand ist voll von Gerechtigkeit.

Ehre sei Gott, S. 348 ff.

TAGESGEBET

Allmächtiger, ewiger Gott,
dein eingeborener Sohn
hat unsere menschliche Natur angenommen
und wurde am heutigen Tag im Tempel dargestellt.

Läutere unser Leben und Denken,
damit wir mit reinem Herzen vor dein Antlitz treten.
Darum bitten wir durch Jesus Christus.

Fällt das Fest auf einen Wochentag, so wird vor dem Evangelium nur eine der angegebenen Lesungen genommen.

ZUR 1. LESUNG *In der Zeit des Propheten Maleachi (5. Jh. v. Chr.) stand es in Jerusalem mit dem Tempelkult ebenso schlecht wie mit den sittlichen und sozialen Verhältnissen. Der Prophet ruft die Priester und das Volk zur Umkehr auf. Er richtet den Blick auf das bevorstehende Kommen Gottes zum Gericht. Vorher aber muß der Tempel gereinigt und die Priesterschaft geläutert werden. Ein „Bote" wird dem Herrn vorausgehen und ihm den Weg bereiten. Das Neue Testament hat Johannes den Täufer als den angekündigten Boten verstanden (Mt 17, 10–13). Der Größere, der nach ihm kommt, ist Jesus; er ist „der Herr".*

ERSTE LESUNG Mal 3, 1–4

Dann kommt zu seinem Tempel der Herr, den ihr sucht

Lesung
aus dem Buch Maleáchi.

So spricht Gott, der Herr:
Seht, ich sende meinen Boten;
er soll den Weg für mich bahnen.
Dann kommt plötzlich zu seinem Tempel
der Herr, den ihr sucht,
und der Bote des Bundes, den ihr herbeiwünscht.
Seht, er kommt!,
spricht der Herr der Heere.

Doch wer erträgt den Tag, an dem er kommt?
Wer kann bestehen, wenn er erscheint?
Denn er ist wie das Feuer im Schmelzofen
und wie die Lauge im Waschtrog.
Er setzt sich, um das Silber zu schmelzen und zu reinigen:
Er reinigt die Söhne Levis,
er läutert sie wie Gold und Silber.
Dann werden sie dem Herrn die richtigen Opfer darbringen.

4 **Und dem Herrn**
wird das Opfer Judas und Jerusalems angenehm sein
wie in den Tagen der Vorzeit,
wie in längst vergangenen Jahren.

ANTWORTPSALM Ps 24 (23),7–8.9–10 (R: vgl. 10b)

(GL 122, 1)

℟ Der Herr der Heere,
er ist der König der Herrlichkeit. – ℟

VIII. Ton

7 Ihr Tore, hebt euch nach oben, †
hebt euch, ihr uralten Pforten; *
denn es kommt der König der Herrlichkeit.

8 Wer ist der König der Herrlichkeit? †
Der Herr, stark und gewaltig. *
der Herr, mächtig im Kampf. – (℟)

9 Ihr Tore, hebt euch nach oben, †
hebt euch, ihr uralten Pforten; *
denn es kommt der König der Herrlichkeit.

10 Wer ist der König der Herrlichkeit? †
der Herr der Heerscharen, *
er ist der König der Herrlichkeit. – ℟

ZUR 2. LESUNG *Der Weg, auf dem Christus die Welt mit Gott versöhnt hat, war sein Leiden und Sterben für die Sünden der Welt. Er, der Sohn, der ganz Heilige, ist unser Bruder geworden, er hat die Versuchung und den Tod erlitten. So ist er für uns „ein barmherziger und treuer Hoherpriester vor Gott" geworden. Wir aber wurden durch ihn geheiligt und auf neue Weise als Söhne Gottes angenommen.*

ZWEITE LESUNG Hebr 2,11–12.13c–18

Er mußte in allem seinen Brüdern gleich sein

Lesung
aus dem Hebräerbrief.

11 **Er, der heiligt,**
und sie, die geheiligt werden,
stammen alle von Einem ab;
darum scheut er sich nicht, sie Brüder zu nennen

12 **und zu sagen:**
Ich will deinen Namen meinen Brüdern verkünden,
inmitten der Gemeinde dich preisen;
13c **und ferner:**
Seht, ich und die Kinder, die Gott mir geschenkt hat.
14 **Da nun die Kinder Menschen von Fleisch und Blut sind,**
hat auch Jesus in gleicher Weise Fleisch und Blut angenommen,
um durch seinen Tod den zu entmachten,
der die Gewalt über den Tod hat, nämlich den Teufel,
15 **und um die zu befreien,**
die durch die Furcht vor dem Tod
ihr Leben lang der Knechtschaft verfallen waren.
16 **Denn er nimmt sich keineswegs der Engel an,**
sondern der Nachkommen Abrahams nimmt er sich an.
17 **Darum mußte er in allem seinen Brüdern gleich sein,**
um ein barmherziger und treuer Hoherpriester vor Gott zu sein
und die Sünden des Volkes zu sühnen.
18 **Denn da er selbst in Versuchung geführt wurde und gelitten hat,**
kann er denen helfen, die in Versuchung geführt werden.

RUF VOR DEM EVANGELIUM Vers: vgl. Lk 2, 32

Halleluja. Halleluja.
Ein Licht, das die Heiden erleuchtet,
und Herrlichkeit für das Volk Israel!
Halleluja.

ZUM EVANGELIUM *Jesus kommt in den Tempel nicht nur, um die Vorschrift des Gesetzes zu erfüllen; er ist der Herr des Tempels. Der greise Simeon erkennt in dem Kind den Heilbringer für Israel und die Heidenvölker: den Messias. Mit dem Kommen Jesu setzt aber auch die Krise und das Gericht ein. An ihm entscheidet sich die Geschichte Israels und der Völker. Maria aber erfährt, daß sie als Mutter des Erlösers seinen Leidensweg mitgehen wird.*

EVANGELIUM Lk 2,22–40

Meine Augen haben das Heil gesehen

✠ Aus dem heiligen Evangelium nach Lukas.

22 Es kam für die Eltern Jesu
der Tag der vom Gesetz des Mose vorgeschriebenen Reinigung.
Sie brachten das Kind nach Jerusalem hinauf,
um es dem Herrn zu weihen,
23 gemäß dem Gesetz des Herrn,
in dem es heißt:
Jede männliche Erstgeburt soll dem Herrn geweiht sein.
24 Auch wollten sie ihr Opfer darbringen,
wie es das Gesetz des Herrn vorschreibt:
ein Paar Turteltauben oder zwei junge Tauben.

25 In Jerusalem lebte damals ein Mann namens Símeon.
Er war gerecht und fromm
und wartete auf die Rettung Israels,
und der Heilige Geist ruhte auf ihm.
26 Vom Heiligen Geist war ihm offenbart worden,
er werde den Tod nicht schauen,
ehe er den Messias des Herrn gesehen habe.

27 Jetzt wurde er vom Geist in den Tempel geführt;
und als die Eltern Jesus hereinbrachten,
um zu erfüllen, was nach dem Gesetz üblich war,
28 nahm Símeon das Kind in seine Arme
und pries Gott mit den Worten:

29 Nun läßt du, Herr,
deinen Knecht, wie du gesagt hast, in Frieden scheiden.
30 Denn meine Augen haben das Heil gesehen,
31 das du vor allen Völkern bereitet hast,
32 ein Licht, das die Heiden erleuchtet,
und Herrlichkeit für dein Volk Israel.

33 Sein Vater und seine Mutter
staunten über die Worte, die über Jesus gesagt wurden.
34 Und Símeon segnete sie
und sagte zu Maria, der Mutter Jesu:
Dieser ist dazu bestimmt,
daß in Israel viele durch ihn zu Fall kommen
und viele aufgerichtet werden,

und er wird ein Zeichen sein, dem widersprochen wird.
35 Dadurch sollen die Gedanken vieler Menschen offenbar werden.
Dir selbst aber
wird ein Schwert durch die Seele dringen.

36 Damals lebte auch eine Prophetin namens Hanna,
eine Tochter Pénuëls, aus dem Stamm Ascher.
Sie war schon hochbetagt.
Als junges Mädchen hatte sie geheiratet
und sieben Jahre mit ihrem Mann gelebt;
37 nun war sie eine Witwe von vierundachtzig Jahren.
Sie hielt sich ständig im Tempel auf
und diente Gott Tag und Nacht mit Fasten und Beten.

38 In diesem Augenblick nun trat sie hinzu,
pries Gott
und sprach über das Kind
zu allen, die auf die Erlösung Jerusalems warteten.

39 Als seine Eltern alles getan hatten,
was das Gesetz des Herrn vorschreibt,
kehrten sie nach Galiläa in ihre Stadt Nazaret zurück.
40 Das Kind wuchs heran und wurde kräftig;
Gott erfüllte es mit Weisheit,
und seine Gnade ruhte auf ihm.

Oder:

KURZFASSUNG Lk 2,22–32

Meine Augen haben das Heil gesehen

✠ Aus dem heiligen Evangelium nach Lukas.

22 Es kam für die Eltern Jesu
der Tag der vom Gesetz des Mose vorgeschriebenen Reinigung.
Sie brachten das Kind nach Jerusalem hinauf,
um es dem Herrn zu weihen,
23 gemäß dem Gesetz des Herrn,
in dem es heißt:
Jede männliche Erstgeburt soll dem Herrn geweiht sein.
24 Auch wollten sie ihr Opfer darbringen,
wie es das Gesetz des Herrn vorschreibt:
ein Paar Turteltauben oder zwei junge Tauben.

25 In Jerusalem lebte damals ein Mann namens Símeon.
Er war gerecht und fromm
und wartete auf die Rettung Israels,
und der Heilige Geist ruhte auf ihm.
26 Vom Heiligen Geist war ihm offenbart worden,
er werde den Tod nicht schauen,
ehe er den Messias des Herrn gesehen habe.
27 Jetzt wurde er vom Geist in den Tempel geführt;
und als die Eltern Jesus hereinbrachten,
um zu erfüllen, was nach dem Gesetz üblich war,
28 nahm Símeon das Kind in seine Arme
und pries Gott mit den Worten:
29 Nun läßt du, Herr,
deinen Knecht, wie du gesagt hast, in Frieden scheiden.
30 Denn meine Augen haben das Heil gesehen,
31 das du vor allen Völkern bereitet hast,
32 ein Licht, das die Heiden erleuchtet,
und Herrlichkeit für dein Volk Israel.

ZUR EUCHARISTIEFEIER *In der Eucharistie setzt sich das Geheimnis der Menschwerdung fort: die rettende Begegnung Gottes mit den Menschen durch Jesus Christus: „durch sein Blut haben wir die Erlösung, die Vergebung der Sünden" (Eph 1,7).*

GABENGEBET

Allmächtiger Gott,
nach deinem Ratschluß hat dein eigener Sohn
sich als makelloses Lamm
für das Leben der Welt geopfert.
Nimm die Gabe an,
die deine Kirche in festlicher Freude darbringt.
Darum bitten wir durch Christus, unseren Herrn.

Präfation, S. 428.

KOMMUNIONVERS Lk 2, 30–31

Meine Augen haben das Heil gesehen,
das du vor allen Völkern bereitet hast.

SCHLUSSGEBET

**Barmherziger Gott,
stärke unsere Hoffnung
durch das Sakrament, das wir empfangen haben,
und vollende in uns das Werk deiner Gnade.
Du hast die Erwartung Simeons erfüllt
und ihn Christus schauen lassen.
Erfülle auch unser Verlangen:
Laß uns Christus entgegengehen
und in ihm das ewige Leben finden,
der mit dir lebt und herrscht in alle Ewigkeit.**

19. März

HL. JOSEF, BRÄUTIGAM DER GOTTESMUTTER MARIA

Hochfest

Der hl. Josef wird von den Evangelisten Matthäus und Lukas erwähnt. Nach beiden Evangelien war Josef davidischer Abstammung: das Bindeglied zwischen dem davidischen Königshaus und dem Messias. Die Stationen seines Lebens sind bekannt. Er war ein Mann des Glaubens und des Vertrauens, Mitwisser göttlicher Geheimnisse, ein großer Schweiger. Als liebevoller Gatte der Jungfrau Maria hat er an Jesus die Stelle des Vaters vertreten. Wie lange Josef gelebt hat, wissen wir nicht; das letztemal wird er bei der Osterwallfahrt mit dem zwölfjährigen Jesus erwähnt. Die öffentliche Verehrung des hl. Josef beginnt im Abendland erst im 14./15. Jahrhundert. Im römischen Kalender steht sein Fest seit 1621. Pius IX. erklärte ihn zum Schutzpatron der Kirche.

ERÖFFNUNGSVERS Vgl. Lk 12,42

**Seht, das ist der treue und kluge Hausvater,
dem der Herr seine Familie anvertraut,
damit er für sie sorge.**

Ehre sei Gott, S. 348 ff.

TAGESGEBET

**Allmächtiger Gott,
du hast Jesus, unseren Heiland,
und seine Mutter Maria
der treuen Sorge des heiligen Josef anvertraut.
Höre auf seine Fürsprache
und hilf deiner Kirche,
die Geheimnisse der Erlösung treu zu verwalten,
bis das Werk des Heiles vollendet ist.
Darum bitten wir durch Jesus Christus.**

ZUR 1. LESUNG *König David will für die Lade Gottes ein Haus bauen, einen Tempel. Gott verwehrt es ihm durch den Propheten Natan; er braucht kein Haus aus Stein. Statt dessen erhält David die Verheißung, daß Gott ihm ein Haus bauen, das heißt, seinem Königtum ewigen Bestand geben will. Die Verheißung geht zunächst auf Salomo, den Sohn und Nachfolger Davids, wurde aber schon früh messianisch gedeutet: Wenn die Zeit erfüllt ist, wird der wahre Erbe geboren werden. Sein Thron wird für immer bestehen, „er wird groß sein und Sohn des Höchsten genannt werden“ (Lk 1,32).*

ERSTE LESUNG 2 Sam 7,4–5a.12–14a.16

Der Herr wird ihm den Thron seines Vaters David geben (Lk 1,32)

**Lesung
aus dem zweiten Buch Sámuel.**

**4 Das Wort des Herrn erging an Natan:
5a Geh zu meinem Knecht David,
und sag zu ihm: So spricht der Herr:
12 Wenn deine Tage erfüllt sind
und du dich zu deinen Vätern legst,
werde ich deinen leiblichen Sohn
als deinen Nachfolger einsetzen
und seinem Königtum Bestand verleihen.
13 Er wird für meinen Namen ein Haus bauen,
und ich werde seinem Königsthron ewigen Bestand verleihen.**

14a Ich will für ihn Vater sein,
und er wird für mich Sohn sein.

16 Dein Haus und dein Königtum
sollen durch mich auf ewig bestehen bleiben;
dein Thron soll auf ewig Bestand haben.

ANTWORTPSALM Ps 89 (88), 2–3.4–5.27 u. 29 (R: Lk 1, 32b)

℟ Gott, der Herr, wird ihm den Thron seines Vaters David geben. – ℟

(GL 233, 7)
VI. Ton

Von den Taten deiner Huld, Herr, will ich ewig singen, *
bis zum fernsten Geschlecht laut deine Treue verkünden.

Denn ich bekenne: Deine Huld besteht für immer und ewig; *
deine Treue steht fest im Himmel. – (℟)

„Ich habe einen Bund geschlossen mit meinem Erwählten *
und David, meinem Knecht, geschworen:

Deinem Haus gebe ich auf ewig Bestand, *
und von Geschlecht zu Geschlecht richte ich deinen Thron auf. – (℟)

7 Er wird zu mir rufen: Mein Vater bist du, *
mein Gott, der Fels meines Heiles.

9 Auf ewig werde ich ihm meine Huld bewahren, *
mein Bund mit ihm bleibt allzeit bestehen.“ – ℟

ZUR 2. LESUNG *Paulus unterscheidet im Alten Testament das Gesetz und die Verheißung. Die Verheißung ist älter als das Gesetz, Abraham ist früher als Mose. Nicht die Erfüllung des Gesetzes kann den Menschen vor Gott „gerecht“ machen; das kann nur Gott selbst, indem er die Verheißung erfüllt. Abraham hat der Verheißung geglaubt, er hat sich völlig auf Gottes Macht und Treue verlassen. Gott glauben als dem, „der die Toten lebendig macht und das, was nicht ist, ins Dasein ruft“: mit einem solchen Glauben wird Gott als Gott geehrt.*

ZWEITE LESUNG

Röm 4, 13.16–18.22

Gegen alle Hoffnung hat er voll Hoffnung geglaubt

Lesung
aus dem Brief des Apostels Paulus an die Römer.

Brüder!

13 Abraham und seine Nachkommen
erhielten nicht aufgrund des Gesetzes
die Verheißung, Erben der Welt zu sein,
sondern aufgrund der Glaubensgerechtigkeit.

16 Deshalb gilt: „aus Glauben",
damit auch gilt: „aus Gnade".
Nur so bleibt die Verheißung für alle Nachkommen gültig,
nicht nur für die, welche das Gesetz haben,
sondern auch für die, welche wie Abraham den Glauben haben.

17 Nach dem Schriftwort:
Ich habe dich zum Vater vieler Völker bestimmt,
ist er unser aller Vater vor Gott, dem er geglaubt hat,
dem Gott, der die Toten lebendig macht
und das, was nicht ist, ins Dasein ruft.

18 Gegen alle Hoffnung hat er voll Hoffnung geglaubt,
daß er der Vater vieler Völker werde,
nach dem Wort:
So zahlreich werden deine Nachkommen sein.

22 Darum wurde der Glaube ihm als Gerechtigkeit angerechnet.

RUF VOR DEM EVANGELIUM

In der Fastenzeit: Vers: vgl. Ps 84 (83), 5

Dein ist die Ehre, dein ist die Macht, Christus, Herr und Erlöser. – R
Selig, die in deinem Hause wohnen, Herr,
die dich loben allezeit.
Dein ist die Ehre, dein ist die Macht, Christus, Herr und Erlöser.

In der Osterzeit: Vers: vgl. Ps 84 (83), 5

Halleluja. Halleluja.
Selig, die in deinem Hause wohnen, Herr,
die dich loben allezeit.
Halleluja.

ZUM EVANGELIUM *Der Stammbaum Jesu am Anfang des Matthäusevangeliums ist als theologische Aussage über Jesus und über den Sinn der Geschichte Israels zu verstehen. Jesus ist der Christus, der Messias, der Verheißene seit David und seit Abraham. Er ist, vom Neuen Testament her gesehen, der eigentliche Sinn der Geschichte Israels. – Josef war „gerecht", das heißt in der Sprache der Bibel auch: Er war gütig. Deshalb wollte er Maria, deren Geheimnis er nicht verstand, im Frieden entlassen. Aber dann wurde er selbst zum Mitwisser und Gehilfen des göttlichen Werkes.*

EVANGELIUM

Mt 1, 16.18–21.24a

Josef tat, was der Engel des Herrn ihm befohlen hatte

✠ **Aus dem heiligen Evangelium nach Matthäus.**

6 **Jakob war der Vater von Josef, dem Mann Marias;**
von ihr wurde Jesus geboren,
der der Christus – der Messias – genannt wird.

8 **Mit der Geburt Jesu Christi war es so:**
Maria, seine Mutter, war mit Josef verlobt;
noch bevor sie zusammengekommen waren,
zeigte sich, daß sie ein Kind erwartete –
durch das Wirken des Heiligen Geistes.
9 **Josef, ihr Mann,**
der gerecht war und sie nicht bloßstellen wollte,
beschloß, sich in aller Stille von ihr zu trennen.

0 **Während er noch darüber nachdachte,**
erschien ihm ein Engel des Herrn im Traum
und sagte: Josef, Sohn Davids,
fürchte dich nicht, Maria als deine Frau zu dir zu nehmen;
denn das Kind, das sie erwartet,
ist vom Heiligen Geist.

1 **Sie wird einen Sohn gebären;**
ihm sollst du den Namen Jesus geben;
denn er wird sein Volk von seinen Sünden erlösen.

4a **Als Josef erwachte,**
tat er, was der Engel des Herrn ihm befohlen hatte.

Oder:

EVANGELIUM Lk 2,41–51a

Einführung *Jesus hat sich mit seinen Eltern auf den Weg nach Jerusalem gemacht; dort aber hat er in eigener Verantwortung den Weg des Selbstverständlichen verlassen. Er ist im Haus seines Vaters geblieben, mitten unter den Lehrern im Tempel, hörend und fragend. Der Zwölfjährige beginnt, über seine Eltern, seine Lehrer und auch über seine angestammte Religion hinauszuwachsen. Aber noch ist seine Zeit nicht gekommen. Er kehrt nach Nazaret zurück und übt dort im Gehorsam gegen seinen irdischen Vater den größeren Gehorsam ein, der ihn bis zur Hingabe seines Lebens führen wird.*

Dein Vater und ich haben dich voll Angst gesucht

✢ Aus dem heiligen Evangelium nach Lukas.

41 **Die Eltern Jesu**
gingen jedes Jahr zum Paschafest nach Jerusalem.
42 **Als er zwölf Jahre alt geworden war,**
zogen sie wieder hinauf, wie es dem Festbrauch entsprach.
43 **Nachdem die Festtage zu Ende waren,**
machten sie sich auf den Heimweg.
Der junge Jesus aber blieb in Jerusalem,
ohne daß seine Eltern es merkten.
44 **Sie meinten, er sei irgendwo in der Pilgergruppe,**
und reisten eine Tagesstrecke weit;
dann suchten sie ihn bei den Verwandten und Bekannten.
45 **Als sie ihn nicht fanden,**
kehrten sie nach Jerusalem zurück und suchten ihn dort.

46 **Nach drei Tagen fanden sie ihn im Tempel;**
er saß mitten unter den Lehrern,
hörte ihnen zu
und stellte Fragen.
47 **Alle, die ihn hörten, waren erstaunt**
über sein Verständnis und über seine Antworten.

48 **Als seine Eltern ihn sahen, waren sie sehr betroffen,**
und seine Mutter sagte zu ihm:
Kind, wie konntest du uns das antun?
Dein Vater und ich haben dich voll Angst gesucht.

49 Da sagte er zu ihnen:
Warum habt ihr mich gesucht?
Wußtet ihr nicht,
daß ich in dem sein muß, was meinem Vater gehört?
50 Doch sie verstanden nicht, was er damit sagen wollte.
51a Dann kehrte er mit ihnen nach Nazaret zurück
und war ihnen gehorsam.

Glaubensbekenntnis, S. 352 ff.

ZUR EUCHARISTIEFEIER *Jesus hat in Jerusalem das Schreien der Opfertiere gehört und ihr Blut gesehen, und er hat begriffen: Gott will ein ganz anderes Opfer; „darum sage ich: Ja, ich komme; deinen Willen zu tun, mein Gott, macht mir Freude" (Ps 40, 8–9).*

GABENGEBET

Herr, unser Gott,
der heilige Josef hat deinem ewigen Sohn,
den die Jungfrau Maria geboren hat,
in Treue gedient.
Laß auch uns Christus dienen
und dieses Opfer mit reinem Herzen feiern.
Darum bitten wir durch Christus, unseren Herrn.

Präfation vom hl. Josef, S. 427.

KOMMUNIONVERS Mt 25, 21

Komm, du guter und getreuer Knecht;
nimm teil am Festmahl deines Herrn.

SCHLUSSGEBET

Herr, unser Gott,
du hast uns am Fest des heiligen Josef
um deinen Altar versammelt
und mit dem Brot des Lebens gestärkt.
Schütze deine Familie und erhalte in ihr deine Gaben.
Darum bitten wir durch Christus, unseren Herrn.

25. März
VERKÜNDIGUNG DES HERRN
Hochfest

Neun Monate vor dem Fest der Geburt des Herrn wird das Fest der Verkündigung gefeiert: Der Engel Gottes verkündet Maria, daß sie zur Mutter des Messias, des Gottessohnes, erwählt ist. Maria hat, auch als Vertreterin ihres Volkes und der Menschheit, ihr großes Ja gesagt. Die Gottesmutterschaft ist das zentrale Geheimnis im Leben Marias; alles andere hat dort seinen Ursprung und seine Erklärung. – Ein Fest der „Verkündigung der Geburt des Herrn" wurde in der Ostkirche bereits um 550 am 25. März gefeiert; in Rom wurde es im 7. Jahrhundert eingeführt.

ERÖFFNUNGSVERS Vgl. Hebr 10,5.7

Als Christus in diese Welt eintrat, sprach er zu seinem Vater:
Siehe, ich komme, um deinen Willen zu erfüllen.

Ehre sei Gott, S. 348 ff.

TAGESGEBET

Gott, du bist groß und unbegreiflich.
Nach deinem Willen ist dein ewiges Wort
im Schoß der Jungfrau Maria Mensch geworden.
Gläubig bekennen wir,
daß unser Erlöser wahrer Gott und wahrer Mensch ist.
Mache uns würdig,
Anteil zu erhalten an seinem göttlichen Leben.
Darum bitten wir durch ihn, Jesus Christus.

ZUR 1. LESUNG *Jerusalem und das davidische Königshaus waren in größter Gefahr, als im Jahr 735 der Prophet Jesaja zum König Ahas geschickt wurde. Im Auftrag Gottes bot er dem König ein Zeichen der Rettung an. Der König aber will seine eigene Politik machen. Daraufhin kündigt Gott ihm und dem Haus David ein Zeichen der Rettung an, das allerdings auch ein Zeichen des Gerichts sein wird: Es wird einen Sohn Davids geben, den Sohn der Jungfrau, in dem der symbolische Name Immanu-El (Mit uns ist Gott) volle Wahrheit sein wird.*

ERSTE LESUNG Jes 7,10–14

Seht, die Jungfrau wird ein Kind empfangen;
sie wird ihm den Namen Immanuel – Gott mit uns – geben

Lesung
aus dem Buch Jesája.

In jenen Tagen
10 **sprach der Herr zu Ahas – dem König von Juda;**
er sagte:
11 **Erbitte dir vom Herrn, deinem Gott, ein Zeichen,**
sei es von unten, aus der Unterwelt,
oder von oben, aus der Höhe.
12 **Ahas antwortete:**
Ich will um nichts bitten
und den Herrn nicht auf die Probe stellen.
13 **Da sagte Jesája:**
Hört her, ihr vom Haus David!
Genügt es euch nicht, Menschen zu belästigen?
Müßt ihr auch noch meinen Gott belästigen?
14 **Darum wird euch der Herr von sich aus ein Zeichen geben:**
Seht, die Jungfrau wird ein Kind empfangen,
sie wird einen Sohn gebären,
und sie wird ihm den Namen Immánuel
– Gott mit uns – geben.

ANTWORTPSALM Ps 40 (39),7–8.9–10.11 (R: vgl. 8a.9a)

℟ Mein Gott, ich komme; (GL 601, 1)
deinen Willen zu tun macht mir Freude. – ℟

7 **An Schlacht- und Speiseopfern hast du kein Gefallen, *** III. Ton
Brand- und Sündopfer forderst du nicht.

Doch das Gehör hast du mir eingepflanzt; †
8 **darum sage ich: Ja, ich komme. ***
In dieser Schriftrolle steht, was an mir geschehen ist. – (℟)

9 **Deinen Willen zu tun, mein Gott, macht mir Freude, ***
deine Weisung trag' ich im Herzen.

10 **Gerechtigkeit verkünde ich in großer Gemeinde, ***
meine Lippen verschließe ich nicht; Herr, du weißt es. – (℟)

11 **Deine Gerechtigkeit verberge ich nicht im Herzen, ***
ich spreche von deiner Treue und Hilfe,

ich schweige nicht über deine Huld und Wahrheit *
vor der großen Gemeinde.

℟ Mein Gott, ich komme;
deinen Willen zu tun macht mir Freude.

ZUR 2. LESUNG *Durch das Christusereignis ist die Ordnung des Alten Bundes überholt. Rettung und Heil gibt es für die Menschen nicht durch einen Opferkult, der nur als äußere Leistung verstanden wird; das wußten auch die Frommen des Alten Bundes. Der Sohn Gottes ist gekommen, um uns durch Hingabe des eigenen Lebens mit Gott zu versöhnen.*

ZWEITE LESUNG Hebr 10,4–10

Ja, ich komme – so steht es über mich in der Schriftrolle –, um deinen Willen, Gott, zu tun

Lesung
aus dem Hebräerbrief.

Brüder!
4 **Das Blut von Stieren und Böcken**
kann unmöglich Sünden wegnehmen.
5 **Darum spricht Christus bei seinem Eintritt in die Welt:**

Schlacht- und Speiseopfer hast du nicht gefordert,
doch einen Leib hast du mir geschaffen;
6 **an Brand- und Sündopfern hast du kein Gefallen.**
7 **Da sagte ich: Ja, ich komme**
– so steht es über mich in der Schriftrolle –,
um deinen Willen, Gott, zu tun.

8 **Zunächst sagt er:**
Schlacht- und Speiseopfer,
Brand- und Sündopfer forderst du nicht,
du hast daran kein Gefallen,
obgleich sie doch nach dem Gesetz dargebracht werden;
9 **dann aber hat er gesagt:**
Ja, ich komme, um deinen Willen zu tun.
So hebt Christus das erste auf,
um das zweite in Kraft zu setzen.

Aufgrund dieses Willens
sind wir durch die Opfergabe des Leibes Jesu Christi
ein für allemal geheiligt.

RUF VOR DEM EVANGELIUM

In der Fastenzeit: Vers: vgl. Joh 1, 14ab

Christus, du ewiges Wort des Vaters, Ehre sei dir! – R

Das Wort ist Fleisch geworden und hat unter uns gewohnt,
und wir haben seine Herrlichkeit geschaut.

Christus, du ewiges Wort des Vaters, Ehre sei dir!

In der Osterzeit: Vers: vgl. Joh 1, 14ab

Halleluja. Halleluja.

Das Wort ist Fleisch geworden und hat unter uns gewohnt,
und wir haben seine Herrlichkeit geschaut.

Halleluja.

ZUM EVANGELIUM *Mehr als alle anderen Frauen ist Maria von Gott geliebt und gesegnet. Sie steht in der Reihe der großen Auserwählten (Abraham, David) und überragt sie alle. Was zu Maria über Jesus gesagt wird, übertrifft bei weitem das über Johannes Gesagte (Lk 1, 15–17). Titel und Name kennzeichnen Jesus als den verheißenen Messias der Endzeit. Er ist wahrer Mensch und gehört doch zur Welt Gottes. Anders als Zacharias antwortet Maria auf die Botschaft des Engels mit dem einfachen: Mir geschehe, wie du es gesagt hast.*

EVANGELIUM

Lk 1, 26–38

Du hast bei Gott Gnade gefunden, Maria; du wirst ein Kind empfangen, einen Sohn wirst du gebären

✠ Aus dem heiligen Evangelium nach Lukas.

In jener Zeit wurde der Engel Gábriel
von Gott in eine Stadt in Galiläa namens Nazaret
zu einer Jungfrau gesandt.
Sie war mit einem Mann namens Josef verlobt,
der aus dem Haus David stammte.
Der Name der Jungfrau war Maria.

28 Der Engel trat bei ihr ein
und sagte: Sei gegrüßt, du Begnadete,
der Herr ist mit dir.
29 Sie erschrak über die Anrede
und überlegte, was dieser Gruß zu bedeuten habe.

30 Da sagte der Engel zu ihr: Fürchte dich nicht, Maria;
denn du hast bei Gott Gnade gefunden.
31 Du wirst ein Kind empfangen,
einen Sohn wirst du gebären:
dem sollst du den Namen Jesus geben.
32 Er wird groß sein
und Sohn des Höchsten genannt werden.
Gott, der Herr, wird ihm den Thron seines Vaters David geben.
33 Er wird über das Haus Jakob in Ewigkeit herrschen,
und seine Herrschaft wird kein Ende haben.

34 Maria sagte zu dem Engel:
Wie soll das geschehen, da ich keinen Mann erkenne?

35 Der Engel antwortete ihr:
Der Heilige Geist wird über dich kommen,
und die Kraft des Höchsten wird dich überschatten.
Deshalb wird auch das Kind heilig
und Sohn Gottes genannt werden.
36 Auch Elisabet, deine Verwandte,
hat noch in ihrem Alter einen Sohn empfangen;
obwohl sie als unfruchtbar galt,
ist sie jetzt schon im sechsten Monat.
37 Denn für Gott ist nichts unmöglich.

38 Da sagte Maria:
Ich bin die Magd des Herrn;
mir geschehe, wie du es gesagt hast.

Danach verließ sie der Engel.

Glaubensbekenntnis, S. 352 ff.

Zu den Worten hat Fleisch angenommen bzw. empfangen durch den Heiligen Geist knien alle nieder.

ZUR EUCHARISTIEFEIER *„Siehe, ich komme, um deinen Willen zu tun“: Maria hat das Gebetswort des Psalmes in ihre eigene Sprache übersetzt: Ich bin die Magd des Herrn. Gehorsam aus Liebe ist die Seele ihres Lebens, ihre Weise, an der Opferhingabe des Sohnes teilzunehmen.*

GABENGEBET

Allmächtiger Gott,
nimm die Gaben deiner Kirche gütig an.
Sie erkennt in der Menschwerdung deines Sohnes
ihren eigenen Ursprung;
laß uns heute
in der Feier dieses Geheimnisses seine Liebe erfahren.
Darum bitten wir durch Christus, unseren Herrn.

Präfation, S. 429.

KOMMUNIONVERS Jes 7, 14

Seht, die Jungfrau wird empfangen und einen Sohn gebären.
Sein Name ist: Immanuel – Gott mit uns.

SCHLUSSGEBET

Ewiger Gott,
bewahre, was du uns
im Sakrament des Glaubens geschenkt hast.
Laß uns festhalten am Bekenntnis,
daß dein Sohn, den die Jungfrau empfangen hat,
wahrer Gott und wahrer Mensch ist,
und führe uns in der Kraft seiner Auferstehung
zur ewigen Freude.
Darum bitten wir durch ihn, Christus, unseren Herrn.

24. Juni

GEBURT DES HL. JOHANNES DES TÄUFERS

Hochfest

Johannes der Täufer ist außer Maria der einzige Heilige, dessen leibliche Geburt in der Liturgie gefeiert wird, und zwar sechs Monate vor der Geburt Jesu (vgl Lk 1,36). Aus dem Lukasevangelium wird entnommen, daß Johannes geheiligt wurde, als Maria zu Elisabet kam. Die ungewöhnlichen Umstände seiner Geburt weisen auf die Bedeutung des Johannes in der Heilsgeschichte hin. Er steht an der Schwelle vom Alten zum Neuen Bund. Die ersten Jünger Jesu kamen aus dem Kreis der Johannesjünger.

Am Vorabend

Aus pastoralen Gründen ist es erlaubt, die Texte der Messe „Am Tag", S. 660 ff., zu nehmen.

ERÖFFNUNGSVERS Lk 1,15.14

Johannes wird groß sein vor Gott,
und schon im Mutterleib wird er vom Heiligen Geist erfüllt sein;
viele werden sich über seine Geburt freuen.

Ehre sei Gott, S. 348 ff.

TAGESGEBET

Allmächtiger Gott,
führe deine Kirche auf dem Weg des Heiles
und gib uns die Gnade,
den Weisungen Johannes' des Täufers zu folgen,
damit wir zu dem gelangen,
den er vorausverkündet hat,
zu unserem Herrn Jesus Christus, deinem Sohn,
der in der Einheit des Heiligen Geistes
mit dir lebt und herrscht in alle Ewigkeit.

ZUR 1. LESUNG *Als Jeremia um das Jahr 626 v. Chr. zum Propheten berufen wurde, war er noch jung und schüchtern, und im Verlauf der nächsten vierzig Jahre ist ihm das Prophetenamt immer schwerer geworden. Aber seine Berufung und Sendung war beschlossen, noch ehe er geboren war; man kann darin einen Hinweis auf das sehen, was über Johannes den Täufer im Evangelium berichtet wird. Gott hat dem Jeremia Auftrag und Sendung gegeben: Ich sende dich – du wirst gehen – du wirst verkünden. Zum Auftrag kommt die Zusage: Ich bin bei dir, ich werde dich retten.*

ERSTE LESUNG

Jer 1,4–10

Noch ehe ich dich im Mutterleib formte, habe ich dich ausersehen

Lesung
aus dem Buch Jeremía.

In den Tagen Joschíjas, des Königs von Juda,
erging das Wort des Herrn an mich:
Noch ehe ich dich im Mutterleib formte,
habe ich dich ausersehen,
noch ehe du aus dem Mutterschoß hervorkamst,
habe ich dich geheiligt,
zum Propheten für die Völker habe ich dich bestimmt.

Da sagte ich: Ach, mein Gott und Herr,
ich kann doch nicht reden,
ich bin ja noch so jung.

Aber der Herr erwiderte mir:
Sag nicht: Ich bin noch so jung.
Wohin ich dich auch sende, dahin sollst du gehen,
und was ich dir auftrage, das sollst du verkünden.
Fürchte dich nicht vor ihnen;
denn ich bin mit dir, um dich zu retten
– Spruch des Herrn.

Dann streckte der Herr seine Hand aus,
berührte meinen Mund
und sagte zu mir:
Hiermit lege ich meine Worte in deinen Mund.
Sieh her!
Am heutigen Tag setze ich dich über Völker und Reiche;
du sollst ausreißen und niederreißen,
vernichten und einreißen,
aufbauen und einpflanzen.

ANTWORTPSALM Ps 71 (70),5–6.7–8.15 u. 17 (R: vgl. 6ab)

R Vom Mutterleib an bist du mein Beschützer, o Gott; (GL 629, 1)
dir gilt mein Lobpreis allezeit. – R

5 Herr, mein Gott, du bist meine Zuversicht, * VII. Ton
meine Hoffnung von Jugend auf.

6 Vom Mutterleib an stütze ich mich auf dich, †
vom Mutterschoß an bist du mein Beschützer; *
dir gilt mein Lobpreis allezeit. – (R)

7 Für viele bin ich wie ein Gezeichneter, *
du aber bist meine starke Zuflucht.

8 Mein Mund ist erfüllt von deinem Lob, *
von deinem Ruhm den ganzen Tag. – (R)

15 Mein Mund soll von deiner Gerechtigkeit künden †
und von deinen Wohltaten sprechen den ganzen Tag; *
denn ich kann sie nicht zählen.

17 Gott, du hast mich gelehrt von Jugend auf, *
und noch heute verkünde ich dein wunderbares Walten. – R

ZUR 2. LESUNG *Die Propheten des Alten Bundes haben über die Zeit des Messias nachgedacht und geweissagt; Johannes der Täufer konnte auf den Gekommenen hinweisen: Dieser ist es. Die ganze Größe Christi und die Tragweite seines Kommens konnte freilich auch Johannes nur undeutlich erkennen.*

ZWEITE LESUNG 1 Petr 1,8–12

Nach diesem Heil haben die Propheten gesucht und geforscht

Lesung
aus dem ersten Brief des Apostels Petrus.

Brüder!
8 Ihr habt Jesus Christus nicht gesehen,
und dennoch liebt ihr ihn;
ihr seht ihn auch jetzt nicht;
aber ihr glaubt an ihn und jubelt
in unsagbarer, von himmlischer Herrlichkeit verklärter Freude,
9 da ihr das Ziel des Glaubens erreichen werdet: euer Heil.

Nach diesem Heil haben die Propheten gesucht und geforscht,
und sie haben über die Gnade geweissagt,
die für euch bestimmt ist.
Sie haben nachgeforscht,
auf welche Zeit und welche Umstände
der in ihnen wirkende Geist Christi hindeute,
der die Leiden Christi und die darauf folgende Herrlichkeit
im voraus bezeugte.

Den Propheten wurde offenbart,
daß sie damit nicht sich selbst,
sondern euch dienten;
und jetzt ist euch dies alles von denen verkündet worden,
die euch in der Kraft des vom Himmel gesandten Heiligen Geistes
das Evangelium gebracht haben.

Das alles zu sehen
ist sogar das Verlangen der Engel.

RUF VOR DEM EVANGELIUM Vers: vgl. Joh 1,7; Lk 1,17

Halleluja. Halleluja.

Er kam als Zeuge,
um Zeugnis abzulegen für das Licht
und das Volk für den Herrn zu bereiten.

Halleluja.

ZUM EVANGELIUM *Als einziger Evangelist erzählt Lukas die Kindheitsgeschichte des Johannes, und zwar als einen Teil der Kindheitsgeschichte Jesu. Zwischen dem Vorläufer Johannes und dem Größeren, der nach ihm kommt, besteht – das will Lukas verdeutlichen – keine Rivalität, sondern eine enge Verbundenheit. Im Licht von Mal 3,23–24 erscheint Johannes als der Bote und Prophet, der dem kommenden Herrn die Wege bereitet.*

EVANGELIUM Lk 1, 5–17

Sie wird dir einen Sohn gebären; dem sollst du den Namen Johannes geben

✛ Aus dem heiligen Evangelium nach Lukas.

5 Zur Zeit des Herodes, des Königs von Judäa,
lebte ein Priester namens Zacharías,
der zur Priesterklasse Abíja gehörte.
Seine Frau stammte aus dem Geschlecht Aarons;
sie hieß Elisabet.
6 Beide lebten so, wie es in den Augen Gottes recht ist,
und hielten sich in allem
streng an die Gebote und Vorschriften des Herrn.
7 Sie hatten keine Kinder,
denn Elisabet war unfruchtbar,
und beide waren schon in vorgerücktem Alter.

8 Eines Tages, als seine Priesterklasse wieder an der Reihe war
und er beim Gottesdienst mitzuwirken hatte,
9 wurde, wie nach der Priesterordnung üblich, das Los geworfen,
und Zacharías fiel die Aufgabe zu,
im Tempel des Herrn das Rauchopfer darzubringen.
10 Während er nun zur festgelegten Zeit das Opfer darbrachte,
stand das ganze Volk draußen und betete.

11 Da erschien dem Zacharías ein Engel des Herrn;
er stand auf der rechten Seite des Rauchopferaltars.
12 Als Zacharías ihn sah, erschrak er,
und es befiel ihn Furcht.

13 Der Engel aber sagte zu ihm: Fürchte dich nicht, Zacharias!
Dein Gebet ist erhört worden.
Deine Frau Elisabet wird dir einen Sohn gebären;
dem sollst du den Namen Johannes geben.
14 Große Freude wird dich erfüllen,
und auch viele andere werden sich über seine Geburt freuen.

15 Denn er wird groß sein vor dem Herrn.
Wein und andere berauschende Getränke wird er nicht trinken,
und schon im Mutterleib wird er vom Heiligen Geist erfüllt sein.
16 Viele Israeliten wird er zum Herrn, ihrem Gott, bekehren.

17 Er wird mit dem Geist und mit der Kraft des Elíja
dem Herrn vorangehen,

um das Herz der Väter wieder den Kindern zuzuwenden
und die Ungehorsamen zur Gerechtigkeit zu führen
und so das Volk für den Herrn bereit zu machen.

Glaubensbekenntnis, S. 352 ff.

ZUR EUCHARISTIEFEIER *Bote und Zeuge der Wahrheit Gottes zu sein, dafür hat Johannes gelebt, und dafür ist er gestorben. Er hat auf Jesus hingewiesen, das Lamm Gottes, das die Schuld der Welt auf sich genommen und gesühnt hat.*

GABENGEBET

**Herr und Gott,
zum Fest des heiligen Johannes
bringen wir unsere Gaben dar.
Hilf uns, im täglichen Leben zu verwirklichen,
was wir am Altar in heiligen Zeichen begehen.
Darum bitten wir durch Christus, unseren Herrn.**

Präfation, S. 429.

KOMMUNIONVERS

Lk 1, 68

**Gepriesen sei der Herr, der Gott Israels!
Denn er hat sein Volk besucht und ihm Erlösung geschaffen.**

SCHLUSSGEBET

**Herr, unser Gott,
du hast uns gestärkt mit dem Brot des Lebens.
Die mächtige Fürsprache des heiligen Johannes
begleite unser ganzes Leben.
Sie erwirke uns einst
das Erbarmen des Weltenrichters,
den er als das Opferlamm für unsere Sünden
vorausverkündet hat,
unseres Herrn Jesus Christus,
der in der Einheit des Heiligen Geistes
mit dir lebt und herrscht in alle Ewigkeit.**

Am Tag

ERÖFFNUNGSVERS Joh 1, 6–7; Lk 1, 17

**Ein Mensch trat auf, der von Gott gesandt war;
sein Name war Johannes.
Er kam als Zeuge, um Zeugnis abzulegen für das Licht
und das Volk für den Herrn bereitzumachen.**

Ehre sei Gott, S. 348 ff.

TAGESGEBET

**Gott,
du hast den heiligen Johannes den Täufer berufen,
das Volk des Alten Bundes
Christus, seinem Erlöser, entgegenzuführen.
Schenke deiner Kirche die Freude im Heiligen Geist
und führe alle, die an dich glauben,
auf dem Weg des Heiles und des Friedens.
Darum bitten wir durch Jesus Christus.**

ZUR 1. LESUNG *Nicht vom Erfolg lebt der Prophet, sondern allein vom Wort Gottes und vom Glauben an seine Berufung. Von seiner Berufung und seinem Mißerfolg spricht der Prophet in Jesaja 49. Aber Gott hat ihn nicht im Stich gelassen, er hat ihm einen noch größeren Auftrag gegeben: Allen Völkern soll er die Botschaft bringen, daß Gott ein rettender und helfender Gott ist.*

ERSTE LESUNG Jes 49, 1–6

Ich mache dich zum Licht für die Völker.

**Lesung
aus dem Buch Jesája.**

**1 Hört auf mich, ihr Inseln,
merkt auf, ihr Völker in der Ferne!
Der Herr hat mich schon im Mutterleib berufen;
als ich noch im Schoß meiner Mutter war,
hat er meinen Namen genannt.
2 Er machte meinen Mund zu einem scharfen Schwert,
er verbarg mich im Schatten seiner Hand.
Er machte mich zum spitzen Pfeil
und steckte mich in seinen Köcher.**

Er sagte zu mir: Du bist mein Knecht, Israel,
an dem ich meine Herrlichkeit zeigen will.

Ich aber sagte: Vergeblich habe ich mich bemüht,
habe meine Kraft umsonst und nutzlos vertan.
Aber mein Recht liegt beim Herrn
und mein Lohn bei meinem Gott.
Jetzt aber hat der Herr gesprochen,
der mich schon im Mutterleib
zu seinem Knecht gemacht hat,
damit ich Jakob zu ihm heimführe
und Israel bei ihm versammle.
So wurde ich in den Augen des Herrn geehrt,
und mein Gott war meine Stärke.

Und er sagte:
Es ist zu wenig, daß du mein Knecht bist,
nur um die Stämme Jakobs wieder aufzurichten
und die Verschonten Israels heimzuführen.
Ich mache dich zum Licht für die Völker,
damit mein Heil bis an das Ende der Erde reicht.

ANTWORTPSALM Ps 139 (138), 1–3.13–14.15–16 (R: vgl. 14a)

R Ich danke dir, Herr: (GL 755, 1)
du hast mich wunderbar gestaltet. – R

Herr, du hast mich erforscht, und du kennst mich. † IV. Ton
Ob ich sitze oder stehe, du weißt von mir. *
Von fern erkennst du meine Gedanken.

Ob ich gehe oder ruhe, es ist dir bekannt; *
du bist vertraut mit all meinen Wegen. – (R)

Du hast mein Inneres geschaffen, *
mich gewoben im Schoß meiner Mutter.

Ich danke dir, daß du mich so wunderbar gestaltet hast. *
Ich weiß: Staunenswert sind deine Werke. – (R)

Als ich geformt wurde im Dunkeln, †
kunstvoll gewirkt in den Tiefen der Erde, *
waren meine Glieder dir nicht verborgen.

Deine Augen sahen, wie ich entstand, *
in deinem Buch war schon alles verzeichnet. – R

ZUR 2. LESUNG *In allen Städten, wohin Paulus auf seinen Missionsreisen kam, wandte er sich zuerst an die dortigen Juden. Er versuchte, ihnen den Sinn der Schrift zu erschließen und die Geschichte Israels zu deuten, die in Jesus, dem Messias, ihre Erfüllung gefunden habe. Er sprach auch von Johannes dem Täufer, dem letzten Propheten des Alten Bundes, dessen Aufgabe es war, auf Jesus als den verheißenen Messias hinzuweisen.*

ZWEITE LESUNG Apg 13, 16.22–26

Vor dem Auftreten Jesu hat Johannes Umkehr und Taufe verkündigt

Lesung aus der Apostelgeschichte.

16 **In der Synagoge von Antióchia in Pisídien stand Paulus auf,**
gab mit der Hand ein Zeichen
und sagte:

Ihr Israeliten und ihr Gottesfürchtigen, hört!
22 **Gott erhob David zum König,**
von dem er bezeugte:
Ich habe David, den Sohn des Ísai,
als einen Mann nach meinem Herzen gefunden,
der alles, was ich will, vollbringen wird.
23 **Aus seinem Geschlecht**
hat Gott dem Volk Israel, der Verheißung gemäß,
Jesus als Retter geschickt.
24 **Vor dessen Auftreten hat Johannes**
dem ganzen Volk Israel Umkehr und Taufe verkündigt.
25 **Als Johannes aber seinen Lauf vollendet hatte,**
sagte er: Ich bin nicht der, für den ihr mich haltet;
aber seht, nach mir kommt einer,
dem die Sandalen von den Füßen zu lösen ich nicht wert bin.
26 **Brüder,**
ihr Söhne aus Abrahams Geschlecht und ihr Gottesfürchtigen!
Uns wurde das Wort dieses Heils gesandt.

RUF VOR DEM EVANGELIUM Vers: vgl. Lk 1, 76

Halleluja. Halleluja.

Du wirst Prophet des Höchsten heißen;
denn du wirst dem Herrn vorausgehen und ihm den Weg bereiten.

Halleluja.

ZUM EVANGELIUM *Die Erzählung von der Geburt und der Beschneidung des Vorläufers gipfelt in der Namengebung. „Gott ist gnädig" oder „Gott hat Gnade erwiesen" ist die Deutung des Namens Johannes. Noch wissen die Eltern und Verwandten nicht, was Gott mit diesem Kind vorhat; aber sie spüren, daß mit seiner Geburt etwas Großes in Gang gekommen ist.*

EVANGELIUM Lk 1,57–66.80

Sein Name ist Johannes

✠ **Aus dem heiligen Evangelium nach Lukas.**

Für Elisabet kam die Zeit der Niederkunft,
und sie brachte einen Sohn zur Welt.
Ihre Nachbarn und Verwandten hörten,
welch großes Erbarmen der Herr ihr erwiesen hatte,
und freuten sich mit ihr.

Am achten Tag kamen sie zur Beschneidung des Kindes
und wollten ihm den Namen seines Vaters Zacharías geben.

Seine Mutter aber widersprach ihnen
und sagte: Nein, er soll Johannes heißen.
Sie antworteten ihr:
Es gibt doch niemand in deiner Verwandtschaft, der so heißt.

Da fragten sie seinen Vater durch Zeichen,
welchen Namen das Kind haben solle.
Er verlangte ein Schreibtäfelchen
und schrieb zum Erstaunen aller darauf:
Sein Name ist Johannes.

Im gleichen Augenblick
konnte er Mund und Zunge wieder gebrauchen,
und er redete und pries Gott.
Und alle, die in jener Gegend wohnten, erschraken,
und man sprach von all diesen Dingen
im ganzen Bergland von Judäa.

Alle, die davon hörten, machten sich Gedanken darüber
und sagten: Was wird wohl aus diesem Kind werden?
Denn es war deutlich,
daß die Hand des Herrn mit ihm war.

80 **Das Kind wuchs heran,**
und sein Geist wurde stark.
Und Johannes lebte in der Wüste
bis zu dem Tag,
an dem er den Auftrag erhielt, in Israel aufzutreten.

Glaubensbekenntnis, S. 352 ff.

ZUR EUCHARISTIEFEIER *Die „barmherzige Liebe unseres Gottes" leuchtet uns jeden Morgen neu. Kinder dieses Lichts zu sein und Boten der barmherzigen Liebe, das ist die Sendung und die Freude derer, die Gott in seine Nähe gerufen hat.*

GABENGEBET

Herr, unser Gott,
in Freude legen wir unsere Gaben auf deinen Altar
am Geburtsfest des heiligen Vorläufers Johannes.
Er hat angekündigt, daß der Erlöser kommt,
und als er gekommen war, auf ihn gezeigt,
auf Jesus Christus, deinen Sohn,
der mit dir lebt und herrscht in alle Ewigkeit.

Präfation, S. 429

KOMMUNIONVERS Lk 1,78

Durch die barmherzige Liebe unseres Gottes
hat uns besucht das aufstrahlende Licht aus der Höhe.

SCHLUSSGEBET

Herr, unser Gott,
am Geburtstag Johannes' des Täufers
hast du deine Kirche
zum Festmahl des Lammes geladen
und sie mit Freude erfüllt.
Gib, daß wir Christus,
den Johannes vorausverkündigt hat,
als den erkennen,
der uns das ewige Leben erworben hat,
der mit dir lebt und herrscht in alle Ewigkeit.

29. Juni

HL. PETRUS UND HL. PAULUS, APOSTEL

Hochfest

Die Apostel Petrus und Paulus haben beide unter Kaiser Nero das Martyrium erlitten. Petrus hieß ursprünglich Simon und stammte aus Betsaida in Galiläa; Jesus gab ihm den Namen Kephas, „Fels“, lateinisch Petrus. Petrus wird in allen Apostelverzeichnissen als erster genannt. Nach dem Weggang Jesu übernahm er die Leitung der Jüngergemeinde in Jerusalem. Er hat auch den ersten Heiden in die Kirche aufgenommen (Apg 10, 11). Sein Aufenthalt in Rom und sein Martyrium unter Kaiser Nero können als historisch gesichert gelten. Das Todesjahr steht nicht mit Sicherheit fest; es muß zwischen 64 und 67 n. Chr. gewesen sein. Als Todesjahr des Paulus wird 67 genannt. Das Fest seiner Bekehrung wird am 25. Januar begangen.

Am Vorabend

Aus pastoralen Gründen ist es erlaubt, die Texte der Messe „Am Tag“, S. 670 ff., zu nehmen.

ERÖFFNUNGSVERS

Petrus, der Apostel,
und Paulus, der Lehrer der Völker,
sie haben uns dein Gesetz gelehrt, o Herr.

Ehre sei Gott, S. 348 ff.

TAGESGEBET

Herr, unser Gott,
durch die Apostel Petrus und Paulus
hast du in der Kirche den Grund des Glaubens gelegt.
Auf ihre Fürsprache hin
erhalte und vollende diesen Glauben,
der uns zum ewigen Heil führt.
Darum bitten wir durch Jesus Christus.

ZUR 1. LESUNG *Petrus und Johannes erscheinen in Apg 3–4 als die führenden Apostel. Als fromme Juden gehen sie zur Zeit des Abendopfers (15 Uhr) zum Tempel hinauf, um zu beten. Der gelähmte Bettler, der an der Schönen Pforte saß, war dort offenbar eine bekannte Gestalt. Petrus heilt ihn im Namen Jesu und in der Kraft seines Geistes. Durch Wort und Tat bezeugen die Apostel die machtvolle Gegenwart Jesu, des Lebenden, den Gott „zum Herrn und Messias" gemacht hat.*

ERSTE LESUNG Apg 3,1–10

Was ich habe, das gebe ich dir: Im Namen Jesu, geh umher!

Lesung
aus der Apostelgeschichte.

In jenen Tagen
1 **gingen Petrus und Johannes**
um die neunte Stunde zum Gebet in den Tempel hinauf.
2 **Da wurde ein Mann herbeigetragen,**
der von Geburt an gelähmt war.
Man setzte ihn täglich an das Tor des Tempels,
das man die Schöne Pforte nennt;
dort sollte er bei denen, die in den Tempel gingen,
um Almosen betteln.

3 **Als er nun Petrus und Johannes in den Tempel gehen sah,**
bat er sie um ein Almosen.
4 **Petrus und Johannes blickten ihn an,**
und Petrus sagte: Sieh uns an!
5 **Da wandte er sich ihnen zu**
und erwartete, etwas von ihnen zu bekommen.

6 **Petrus aber sagte: Silber und Gold besitze ich nicht.**
Doch was ich habe, das gebe ich dir:
Im Namen Jesu Christi, des Nazoräers, geh umher!

7 **Und er faßte ihn an der rechten Hand**
und richtete ihn auf.
Sogleich kam Kraft in seine Füße und Gelenke;
8 **er sprang auf,**
konnte stehen und ging umher.

Dann ging er mit ihnen in den Tempel,
lief und sprang umher und lobte Gott.
9 Alle Leute sahen ihn umhergehen und Gott loben.
10 Sie erkannten ihn als den,
der gewöhnlich an der Schönen Pforte des Tempels saß
und bettelte.
Und sie waren voll Verwunderung und Staunen
über das, was mit ihm geschehen war.

ANTWORTPSALM

Ps 19 (18), 2–3.4–5b (R: 5a)

℟ Ihre Botschaft geht hinaus in die ganze Welt. – ℟ (GL 529,6)

2 Die Himmel rühmen die Herrlichkeit Gottes, * II. Ton
vom Werk seiner Hände kündet das Firmament.

3 Ein Tag sagt es dem andern, *
eine Nacht tut es der andern kund. – (℟)

4 Ohne Worte und ohne Reden, *
unhörbar bleibt ihre Stimme.

5ab Doch ihre Botschaft geht in die ganze Welt hinaus, *
ihre Kunde bis zu den Enden der Erde. – ℟

ZUR 2. LESUNG *Wiederholt mußte Paulus seine apostolische Sendung und Autorität verteidigen; er gehörte ja nicht zum Kreis der Zwölf. Er ist aber überzeugt, daß seine Sendung und Lehre ihren Ursprung in Jesus Christus hat, letzten Endes in der ewigen Absicht Gottes. Er weist auf seine Vergangenheit hin: Er war ein fanatischer Verfechter der jüdischen Religion und ein Verfolger der Christen gewesen. Ihn konnte nur Gott selbst bekehren, der ihn von Ewigkeit her zum Apostel der Heiden bestimmt hatte.*

ZWEITE LESUNG

Gal 1,11–20

Gott hat mich schon im Mutterleib auserwählt und durch seine Gnade berufen

Lesung
aus dem Brief des Apostels Paulus an die Gálater.

11 Ich erkläre euch, Brüder:
Das Evangelium, das ich verkündigt habe,
stammt nicht von Menschen;

12 ich habe es ja nicht von einem Menschen übernommen
oder gelernt,
sondern durch die Offenbarung Jesu Christi empfangen.
13 Ihr habt doch gehört,
wie ich früher als gesetzestreuer Jude gelebt habe,
und wißt, wie maßlos ich die Kirche Gottes verfolgte
und zu vernichten suchte.
14 In der Treue zum jüdischen Gesetz
übertraf ich die meisten Altersgenossen in meinem Volk,
und mit dem größten Eifer
setzte ich mich für die Überlieferungen meiner Väter ein.
15 Als aber Gott, der mich schon im Mutterleib auserwählt
und durch seine Gnade berufen hat,
16 mir in seiner Güte seinen Sohn offenbarte,
damit ich ihn unter den Heiden verkündige,
da zog ich keinen Menschen zu Rate.
17 Ich ging auch nicht sogleich nach Jerusalem hinauf
zu denen, die vor mir Apostel waren,
sondern zog nach Arábien
und kehrte dann wieder nach Damáskus zurück.
18 Drei Jahre später ging ich nach Jerusalem hinauf,
um Kephas kennenzulernen,
und blieb fünfzehn Tage bei ihm.
19 Von den anderen Aposteln habe ich keinen gesehen,
nur Jakobus, den Bruder des Herrn.
20 Was ich euch hier schreibe –
Gott weiß, daß ich nicht lüge.

RUF VOR DEM EVANGELIUM Vers: vgl. Joh 21, 17

Halleluja. Halleluja.

Herr, du weißt alles;
du weißt, daß ich dich liebe.

Halleluja.

ZUM EVANGELIUM *Die dritte Erscheinung des Auferstandenen vor den Jüngern gilt vor allem dem Petrus, der als Führer der Jüngergruppe auftritt. Jesus bestätigt ihn in seiner Vorrangstellung, weist ihn aber auf die Grundvoraussetzungen hin, die der Träger des Hirtenamtes erfüllen muß: unbedingte Treue, Liebe.*

EVANGELIUM Joh 21, 1.15–19

Weide meine Lämmer! Weide meine Schafe!

✠ Aus dem heiligen Evangelium nach Johannes.

In jener Zeit
1 offenbarte sich Jesus den Jüngern noch einmal.
Es war am See von Tibérias,
und er offenbarte sich in folgender Weise.

15 Als sie gegessen hatten, sagte Jesus zu Simon Petrus:
Simon, Sohn des Johannes, liebst du mich mehr als diese?
Er antwortete ihm: Ja, Herr, du weißt, daß ich dich liebe.
Jesus sagte zu ihm:
Weide meine Lämmer!

16 Zum zweitenmal fragte er ihn:
Simon, Sohn des Johannes, liebst du mich?
Er antwortete ihm: Ja, Herr, du weißt, daß ich dich liebe.
Jesus sagte zu ihm:
Weide meine Schafe!

17 Zum drittenmal fragte er ihn:
Simon, Sohn des Johannes, liebst du mich?
Da wurde Petrus traurig,
weil Jesus ihn zum drittenmal gefragt hatte: Hast du mich lieb?
Er gab ihm zur Antwort: Herr, du weißt alles;
du weißt, daß ich dich liebhabe.
Jesus sagte zu ihm:
Weide meine Schafe!

18 Amen, amen, das sage ich dir:
Als du noch jung warst, hast du dich selbst gegürtet
und konntest gehen, wohin du wolltest.
Wenn du aber alt geworden bist,
wirst du deine Hände ausstrecken,
und ein anderer wird dich gürten
und dich führen, wohin du nicht willst.

19 Das sagte Jesus,
um anzudeuten,
durch welchen Tod er Gott verherrlichen würde.
Nach diesen Worten sagte er zu ihm:
Folge mir nach!

Glaubensbekenntnis, S. 352 ff.
Fürbitten vgl. S. 793 f.

ZUR EUCHARISTIEFEIER *Wen Jesus in seine Nähe ruft, der weiß sich beschenkt, geehrt, angenommen. Die eigene Unwürdigkeit wird ihm bewußt, und er kann nur noch eines tun: aus seinem Leben eine große Danksagung machen.*

GABENGEBET

**Allmächtiger Gott,
das Martyrium der Apostel Petrus und Paulus
ist der Ruhm deiner Kirche.
An diesem festlichen Tag
bringen wir unsere Gaben zu deinem Altar.
Wenn wir auf unsere eigene Leistung schauen
und den Mut verlieren,
dann laß uns auf dein Erbarmen hoffen,
das sich an den Aposteln machtvoll erwiesen hat.
Darum bitten wir durch Christus, unseren Herrn.**

Präfation, S. 430.

KOMMUNIONVERS Joh 21,15.17

**Simon, Sohn des Johannes, liebst du mich mehr, als diese mich lieben?
Herr, du weißt alles: du weißt, daß ich dich liebe.**

SCHLUSSGEBET

**Allmächtiger Gott,
stärke uns durch die heiligen Geheimnisse
und erleuchte deine Kirche allezeit
durch das Wort der Apostel.
Darum bitten wir durch Christus, unseren Herrn.**

Am Tag

ERÖFFNUNGSVERS

**Die Apostel Petrus und Paulus haben die Kirche begründet;
sie haben den Kelch des Herrn getrunken,
nun sind sie Gottes Freunde.**

Ehre sei Gott, S. 348 ff.

TAGESGEBET

**Herr, unser Gott,
am Hochfest der Apostel Petrus und Paulus
haben wir uns in Freude versammelt.
Hilf deiner Kirche,
in allem der Weisung deiner Boten zu folgen,
durch die sie den Glauben
und das Leben in Christus empfangen hat,
der in der Einheit des Heiligen Geistes
mit dir lebt und herrscht in alle Ewigkeit.**

ZUR 1. LESUNG *Herodes Agrippa war von 41 bis 44 n. Chr. König von Judäa und Samarien. Um bei den führenden Juden sein Ansehen aufzubessern, verfolgte er die Jünger Jesu. Die Apostelgeschichte berichtet nur kurz über die Hinrichtung des Jakobus und erzählt dann ausführlich die Gefangennahme und Befreiung des Petrus. Dieser wurde in der Osterwoche verhaftet und sollte nach dem Fest abgeurteilt werden. In der äußersten Not hat die Gemeinde keine andere Waffe als das Gebet. Die Befreiung des Petrus ist allein Gottes Werk; sie wird in die Reihe der großen Rettungstaten Gottes im Alten Bund gestellt.*

ERSTE LESUNG Apg 12, 1–11

Nun weiß ich, daß der Herr mich der Hand des Herodes entrissen hat

**Lesung
aus der Apostelgeschichte.**

**In jenen Tagen
1 ließ der König Herodes
einige aus der Gemeinde verhaften und mißhandeln.
2 Jakobus, den Bruder des Johannes,
ließ er mit dem Schwert hinrichten.
3 Als er sah, daß es den Juden gefiel,
ließ er auch Petrus festnehmen.
Das geschah in den Tagen der Ungesäuerten Brote.
4 Er nahm ihn also fest
und warf ihn ins Gefängnis.**

Die Bewachung übertrug er vier Abteilungen von je vier Soldaten.
Er beabsichtigte,
ihn nach dem Paschafest* dem Volk vorführen zu lassen.
5 Petrus wurde also im Gefängnis bewacht.
Die Gemeinde aber betete inständig für ihn zu Gott.
6 In der Nacht, ehe Herodes ihn vorführen lassen wollte,
schlief Petrus, mit zwei Ketten gefesselt, zwischen zwei Soldaten;
vor der Tür aber bewachten Posten den Kerker.
7 Plötzlich trat ein Engel des Herrn ein,
und ein helles Licht strahlte in den Raum.
Er stieß Petrus in die Seite,
weckte ihn
und sagte: Schnell, steh auf!
Da fielen die Ketten von seinen Händen.
8 Der Engel aber sagte zu ihm:
Gürte dich, und zieh deine Sandalen an!
Er tat es.
Und der Engel sagte zu ihm:
Wirf deinen Mantel um, und folge mir!
9 Dann ging er hinaus,
und Petrus folgte ihm,
ohne zu wissen, daß es Wirklichkeit war,
was durch den Engel geschah;
es kam ihm vor,
als habe er eine Vision.
10 Sie gingen an der ersten und an der zweiten Wache vorbei
und kamen an das eiserne Tor, das in die Stadt führt;
es öffnete sich ihnen von selbst.
Sie traten hinaus
und gingen eine Gasse weit;
und auf einmal verließ ihn der Engel.
11 Da kam Petrus zu sich
und sagte: Nun weiß ich wahrhaftig,
daß der Herr seinen Engel gesandt
und mich der Hand des Herodes entrissen hat
und all dem, was das Volk der Juden erhofft hat.

---

* Sprich: Pas-chafest.

ANTWORTPSALM Ps 34 (33), 2–3.4–5.6–7.8–9 (R: vgl. 5b)

℟ All meinen Ängsten hat mich der Herr entrissen. – ℟ (GL 148, 2)

Ich will den Herrn allezeit preisen; * IV. Ton
immer sei sein Lob in meinem Mund.

Meine Seele rühme sich des Herrn; *
die Armen sollen es hören und sich freuen. – (℟)

Verherrlicht mit mir den Herrn, *
laßt uns gemeinsam seinen Namen rühmen.

Ich suchte den Herrn, und er hat mich erhört, *
er hat mich all meinen Ängsten entrissen. – (℟)

Blickt auf zu ihm, so wird euer Gesicht leuchten, *
und ihr braucht nicht zu erröten.

Da ist ein Armer; er rief, und der Herr erhörte ihn. *
Er half ihm aus all seinen Nöten. – (℟)

Der Engel des Herrn umschirmt alle, die ihn fürchten und ehren, *
und er befreit sie.

Kostet und seht, wie gütig der Herr ist; *
wohl dem, der zu ihm sich flüchtet! – ℟

ZUR 2. LESUNG *Der Apostel Paulus hat gepredigt, Briefe geschrieben, mit seinen Händen gearbeitet. Am Ende seines Lebens sind ihm die Hände gebunden. Ein einsamer alter Mann, von allen im Stich gelassen. Er kennt keine Bitterkeit, im Gegenteil, er ist voll Dank und voll Hoffnung. Er wartet auf das Kommen des Herrn, auf die große Begegnung. Das Geheimnis dieses Apostellebens war die Liebe, das Opfer des eigenen Lebens wird sein letzter Gottesdienst sein.*

ZWEITE LESUNG 2 Tim 4, 6–8.17–18

Schon jetzt liegt für mich der Kranz der Gerechtigkeit bereit

Lesung
aus dem zweiten Brief des Apostels Paulus an Timótheus.

Mein Sohn!
Ich werde nunmehr geopfert,
und die Zeit meines Aufbruchs ist nahe.
Ich habe den guten Kampf gekämpft,
den Lauf vollendet,
die Treue gehalten.

8 **Schon jetzt liegt für mich der Kranz der Gerechtigkeit bereit,**
den mir der Herr, der gerechte Richter,
an jenem Tag geben wird,
aber nicht nur mir,
sondern allen, die sehnsüchtig auf sein Erscheinen warten.

17 **Der Herr stand mir zur Seite und gab mir Kraft,**
damit durch mich die Verkündigung vollendet wird
und alle Heiden sie hören;
und so wurde ich dem Rachen des Löwen entrissen.

18 **Der Herr wird mich allem Bösen entreißen,**
er wird mich retten
und in sein himmlisches Reich führen.
Ihm sei die Ehre in alle Ewigkeit.
Amen.

RUF VOR DEM EVANGELIUM Vers: Mt 16, 18

Halleluja. Halleluja.

(So spricht der Herr:)
Du bist Petrus – der Fels –,
und auf diesen Felsen werde ich meine Kirche bauen,
und die Mächte der Unterwelt werden sie nicht überwältigen.

Halleluja.

ZUM EVANGELIUM *Für wen halten die Leute den Menschensohn? Das ist die Frage, an der sich alles entscheidet. Im Markusevangelium lautet die Antwort des Petrus: „Du bist der Messias" (Mk 8, 29); nach Matthäus fügt er hinzu: „der Sohn des lebendigen Gottes". Schon in Mt 14, 33 hatten die Jünger in einer plötzlichen Helligkeit gesagt: „Wahrhaftig, du bist Gottes Sohn." Auf Petrus und seinen Glauben baut Jesus seine Kirche. Es wird keine triumphierende Kirche sein. Petrus wird lernen müssen, nicht das im Sinn zu haben, was die Menschen wollen, sondern das, was Gott will (16, 23).*

EVANGELIUM Mt 16, 13–19

Du bist Petrus, ich werde dir die Schlüssel des Himmelreichs geben

✠ **Aus dem heiligen Evangelium nach Matthäus.**

In jener Zeit,
13 **als Jesus in das Gebiet von Cäsaréa Philíppi kam,**

fragte er seine Jünger:
Für wen halten die Leute den Menschensohn?
14 Sie sagten: Die einen für Johannes den Täufer,
andere für Elíja,
wieder andere für Jeremía oder sonst einen Propheten.
15 Da sagte er zu ihnen: Ihr aber,
für wen haltet ihr mich?
16 Simon Petrus antwortete:
Du bist der Messias,
der Sohn des lebendigen Gottes!
17 Jesus sagte zu ihm:
Selig bist du, Simon Barjóna;
denn nicht Fleisch und Blut haben dir das offenbart,
sondern mein Vater im Himmel.
18 Ich aber sage dir:
Du bist Petrus – der Fels –,
und auf diesen Felsen werde ich meine Kirche bauen,
und die Mächte der Unterwelt werden sie nicht überwältigen.
19 Ich werde dir die Schlüssel des Himmelreichs geben;
was du auf Erden binden wirst,
das wird auch im Himmel gebunden sein,
und was du auf Erden lösen wirst,
das wird auch im Himmel gelöst sein.

Glaubensbekenntnis, S. 352 ff.; Fürbitten vgl. S. 793 f.

ZUR EUCHARISTIEFEIER *Der Fels, auf den Christus seine Kirche gestellt hat, ist Petrus. Das Herz der Gemeinde aber ist die Liebe des Guten Hirten, der sein Leben hingibt, und die Liebe, mit der die Gemeinde ihm antwortet.*

GABENGEBET

Herr und Gott,
in Gemeinschaft mit den Aposteln
Petrus und Paulus bitten wir dich:
Heilige unsere Gaben
und laß uns mit Bereitschaft und Hingabe
das Opfer deines Sohnes feiern,
der mit dir lebt und herrscht in alle Ewigkeit.

Präfation, S. 430.

KOMMUNIONVERS Mt 16,16.18

Petrus sagte zu Jesus:
Du bist der Messias, der Sohn des lebendigen Gottes.
Jesus erwiderte ihm:
Du bist Petrus, und auf diesen Felsen werde ich meine Kirche bauen.

SCHLUSSGEBET

Herr, unser Gott,
du hast uns durch das heilige Sakrament gestärkt.
Gib, daß wir im Brotbrechen
und in der Lehre der Apostel verharren
und in deiner Liebe ein Herz und eine Seele werden.
Darum bitten wir durch Christus, unseren Herrn.

6. August

VERKLÄRUNG DES HERRN

Fest

Die Verklärung Christi wird von Matthäus, Markus und Lukas berichtet und im 2. Petrusbrief erwähnt. Ein Fest der Verklärung wird in der Ostkirche sicher seit dem 6. Jahrhundert gefeiert. In der abendländischen Kirche wurde es 1457 von Papst Kallistus III. allgemein vorgeschrieben, zum Dank für den Sieg über die Türken bei Belgrad.

ERÖFFNUNGSVERS Vgl. Mt 17,5

Aus einer leuchtenden Wolke kam die Stimme des Vaters:
Dies ist mein geliebter Sohn, an dem ich Gefallen gefunden habe:
Auf ihn sollt ihr hören.

Ehre sei Gott, S. 348 ff.

TAGESGEBET

Allmächtiger Gott,
bei der Verklärung deines eingeborenen Sohnes
hast du durch das Zeugnis der Väter
die Geheimnisse unseres Glaubens bekräftigt.

ZWEITE LESUNG 2 Petr 1,16–19

Die Stimme, die vom Himmel kam, haben wir gehört, als wir mit ihm auf dem heiligen Berg waren

Lesung
aus dem zweiten Brief des Apostels Petrus.

Brüder!
6 Wir sind nicht
irgendwelchen klug ausgedachten Geschichten gefolgt,
als wir euch die machtvolle Ankunft
Jesu Christi, unseres Herrn, verkündeten,
sondern wir waren Augenzeugen seiner Macht und Größe.

7 Er hat von Gott, dem Vater, Ehre und Herrlichkeit empfangen;
denn er hörte die Stimme der erhabenen Herrlichkeit,
die zu ihm sprach:
Das ist mein geliebter Sohn,
an dem ich Gefallen gefunden habe.
8 Diese Stimme, die vom Himmel kam, haben wir gehört,
als wir mit ihm auf dem heiligen Berg waren.

9 Dadurch ist das Wort der Propheten
für uns noch sicherer geworden,
und ihr tut gut daran, es zu beachten;
denn es ist ein Licht,
das an einem finsteren Ort scheint,
bis der Tag anbricht
und der Morgenstern aufgeht in eurem Herzen.

RUF VOR DEM EVANGELIUM

Halleluja. Halleluja.

Aus der leuchtenden Wolke rief die Stimme des Vaters:
Das ist mein geliebter Sohn; auf ihn sollt ihr hören.

Halleluja.

ZUM EVANGELIUM *Jesus, der Menschensohn, wird leiden und sterben und aus dem Tod auferstehen. Er ist der Herr, der mit der Herrlichkeit Gottes kommen wird. Über seine Herrlichkeit, das heißt seine göttliche Macht und Würde, belehrt Jesus seine Jünger nicht durch Worte, die ja doch unverständlich bleiben müßten, sondern durch eine Erscheinung, eine Offenbarung. Der Lichtglanz, in dem Jesus gesehen wird, ist in der Heiligen Schrift Hinweis auf die Anwesenheit Gottes, sichtbar und zugleich verhüllt durch die leuchtende Wolke. Mose und Elija sind die Vertreter des Alten Bundes; sie bezeugen Jesus als den, in dem sich das Gesetz und die Propheten erfüllen. Von nun an ist Jesus allein der, auf den die Jünger hören sollen.*

EVANGELIUM Mk 9, 2–10

Aus der Wolke rief eine Stimme: Das ist mein geliebter Sohn

✠ **Aus dem heiligen Evangelium nach Markus.**

In jener Zeit
2 **nahm Jesus Petrus, Jakobus und Johannes beiseite**
und führte sie auf einen hohen Berg,
aber nur sie allein.
Und er wurde vor ihren Augen verwandelt;
3 **seine Kleider wurden strahlend weiß,**
so weiß, wie sie auf Erden kein Bleicher machen kann.
4 **Da erschien vor ihren Augen Elíja und mit ihm Mose,**
und sie redeten mit Jesus.
5 **Petrus sagte zu Jesus: Rabbi, es ist gut, daß wir hier sind.**
Wir wollen drei Hütten bauen,
eine für dich, eine für Mose und eine für Elíja.
6 **Er wußte nämlich nicht, was er sagen sollte;**
denn sie waren vor Furcht ganz benommen.
7 **Da kam eine Wolke und warf ihren Schatten auf sie,**
und aus der Wolke rief eine Stimme:
Das ist mein geliebter Sohn;
auf ihn sollt ihr hören.
6 **Als sie dann um sich blickten,**
sahen sie auf einmal niemand mehr bei sich außer Jesus.
9 **Während sie den Berg hinabstiegen,**
verbot er ihnen,
irgend jemand zu erzählen, was sie gesehen hatten,
bis der Menschensohn von den Toten auferstanden sei.

10 **Dieses Wort beschäftigte sie,**
und sie fragten einander, was das sei:
von den Toten auferstehen.

ZUR EUCHARISTIEFEIER *Jesus ist gekommen, damit wir das Leben haben, die Fülle des Lebens. Er selbst ist das Leben, er ist die Fülle, aus der wir alle alles empfangen haben. Er schenkt uns Gnade und Herrlichkeit.*

GABENGEBET

Gott, unser Vater,
sende über uns und diese Gaben
das Licht deiner Herrlichkeit,
das in deinem Sohn aufgestrahlt ist.
Es vertreibe das Dunkel der Sünde
und mache uns zu Kindern des Lichtes.
Darum bitten wir durch Christus, unseren Herrn.

Präfation, S. 430.

KOMMUNIONVERS 1 Joh 3, 2

Wenn der Herr offenbar wird, werden wir ihm ähnlich sein,
denn wir werden ihn sehen, wie er ist.

SCHLUSSGEBET

Herr, unser Gott,
in der Verklärung deines Sohnes
wurde der Glanz seiner Gottheit offenbar.
Laß uns durch den Empfang der himmlischen Speise
seinem verherrlichten Leib gleichgestaltet werden.
Darum bitten wir durch ihn, Christus, unseren Herrn.

15. August

MARIÄ AUFNAHME IN DEN HIMMEL

Hochfest

Am 1. November 1950 hat Pius XII. die Lehre, daß Maria mit Leib und Seele in die himmlische Herrlichkeit aufgenommen wurde, als Glaubenssatz verkündet und damit die seit alters vorhandene christliche Glaubensüberzeugung endgültig bestätigt. Das Fest „Mariä Himmelfahrt", richtiger das Fest der Aufnahme Mariens in den Himmel, ist in der Ostkirche bald nach dem Konzil von Ephesus (431) aufgekommen. Von Kaiser Mauritius (582–602) wurde der 15. August als staatlicher Feiertag anerkannt. In der römischen Kirche wird das Fest seit dem 7. Jahrhundert gefeiert.

Das Dogma *„Wir verkünden, erklären und definieren es als ein von Gott geoffenbartes Dogma, daß die unbefleckte, allzeit jungfräuliche Gottesmutter Maria nach Ablauf ihres irdischen Lebens mit Leib und Seele in die himmlische Herrlichkeit aufgenommen wurde."*

(Pius XII.)

Am Vorabend

Aus pastoralen Gründen ist es erlaubt, die Texte der Messe „am Tag", S. 687 ff., zu nehmen.

ERÖFFNUNGSVERS

Großes wird von dir gesagt, Maria:
Der Herr hat dich erhoben
über die Chöre der Engel in seine Herrlichkeit.

Ehre sei Gott, S. 348 ff.

TAGESGEBET

Allmächtiger Gott,
du hast die Jungfrau Maria
zur Mutter deines ewigen Sohnes erwählt.
Du hast auf deine niedrige Magd geschaut
und sie mit Herrlichkeit gekrönt.

Höre auf ihre Fürsprache
und nimm auch uns in deine Herrlichkeit auf,
da du uns erlöst hast
durch den Tod und die Auferstehung
deines Sohnes, unseres Herrn Jesus Christus,
der in der Einheit des Heiligen Geistes
mit dir lebt und herrscht in alle Ewigkeit.

ZUR 1. LESUNG *Die Bundeslade war ein Schrein aus Akazienholz; sie war mit Gold überzogen und enthielt die beiden Gesetzestafeln (Ex 25; Dtn 10, 1–5). König David ließ sie nach Jerusalem bringen; Salomo stellte sie im heiligsten Raum des Tempels auf. Sie war Symbol der Gegenwart Gottes bei seinem Volk und zugleich Mahnung, nach dem Wort und Willen Gottes zu leben. Bei der Zerstörung des Tempels (587 v. Chr.) ging die Bundeslade verloren. Die Verehrung, die man ihr entgegengebracht hatte, ging später auf den Tempel und die Stadt Jerusalem über; hier war der Thron Gottes, der Schemel seiner Füße. Im Neuen Bund ist auf besondere Weise Maria die Verkörperung Israels und Zions als Ort der göttlichen Gegenwart.*

ERSTE LESUNG 1 Chr 15, 3–4.15–16; 16, 1–2

Man trug die Lade Gottes in das Zelt, das David für sie aufgestellt hatte, und setzte sie an ihren Platz in der Mitte des Zeltes

Lesung
aus dem ersten Buch der Chronik.

In jenen Tagen
berief David ganz Israel nach Jerusalem,
um die Lade des Herrn an den Ort zu bringen,
den er für sie hergerichtet hatte.
Er ließ die Nachkommen Aarons und die Leviten kommen.

5 **Die Leviten hoben die Lade Gottes**
mit den Tragstangen auf ihre Schultern,
wie es Mose auf Befehl des Herrn angeordnet hatte.

6 **Den Vorstehern der Leviten befahl David,**
sie sollten ihre Stammesbrüder, die Sänger,
mit ihren Instrumenten,
mit Harfen, Zithern und Zimbeln, aufstellen,
damit sie zum Freudenjubel laut ihr Spiel ertönen ließen.

1 **Man trug die Lade Gottes in das Zelt,**
das David für sie aufgestellt hatte,
setzte sie an ihren Platz in der Mitte des Zeltes
und brachte Brand- und Heilsopfer vor Gott dar.
2 **Als David mit dem Darbringen der Brand- und Heilsopfer fertig war,**
segnete er das Volk im Namen des Herrn.

ANTWORTPSALM Ps 132 (131), 6–7.9–10.13–14 (R: 8a).

℟ Erheb dich, Herr, (GL 753, 1)
komm an den Ort deiner Ruhe! – ℟

II. Ton

6 **Wir hörten von der Lade des Herrn in Éfrata, ***
fanden sie im Gefilde von Jáar.
7 **Laßt uns hingehen zu seiner Wohnung ***
und niederfallen vor dem Schemel seiner Füße! – (℟)

9 **Deine Priester sollen sich bekleiden mit Gerechtigkeit, ***
und deine Frommen sollen jubeln.
10 **Weil David dein Knecht ist, ***
weise deinen Gesalbten nicht ab! – (℟)

13 **Denn der Herr hat den Zion erwählt, ***
ihn zu seinem Wohnsitz erkoren:
14 **„Das ist für immer der Ort meiner Ruhe; ***
hier will ich wohnen, ich hab' ihn erkoren." – ℟

ZUR 2. LESUNG *Die Auferstehung der Toten ist ein „Geheimnis" (1 Kor 15,41): ein unbegreifliches, nur als Tat Gottes mögliches Geschehen. Der Anfang ist schon gemacht: Der Stachel des Todes, die Sünde, ist überwunden durch den Tod und die Auferstehung Jesu. Wer in Christus ist, hat den Schritt vom Tod zum Leben bereits getan, allen voran die Mutter Jesu, die mit der Person und dem Werk ihres Sohnes über den Tod hinaus aufs engste verbunden bleibt.*

ZWEITE LESUNG 1 Kor 15,54–57

Gott hat uns den Sieg geschenkt durch Jesus Christus

Lesung
aus dem ersten Brief des Apostels Paulus an die Korinther.

Brüder!
4 **Wenn sich dieses Vergängliche mit Unvergänglichkeit bekleidet**
und dieses Sterbliche mit Unsterblichkeit,
dann erfüllt sich das Wort der Schrift:

Verschlungen ist der Tod vom Sieg.
5 **Tod, wo ist dein Sieg?**
Tod, wo ist dein Stachel?

6 **Der Stachel des Todes aber ist die Sünde,**
die Kraft der Sünde ist das Gesetz.
7 **Gott aber sei Dank,**
der uns den Sieg geschenkt hat
durch Jesus Christus, unseren Herrn.

RUF VOR DEM EVANGELIUM Vers: vgl. Lk 11,28

Halleluja. Halleluja.

Selig, die das Wort Gottes hören
und es befolgen.

Halleluja.

ZUM EVANGELIUM *Wer das Wort Jesu hört und seine Nähe spürt, weiß sich angesprochen und angenommen, und es drängt ihn zur Antwort. Die Frau, die in der Volksmenge stand, konnte nicht mehr schweigen; sie mußte jene andere Frau nennen und rühmen, die mit Jesus aufs engste verbunden war: seine Mutter. Die Erwiderung Jesu ist keine Zurückweisung, wohl aber eine Klarstellung nach zwei Richtungen: 1. Maria ist nicht schon deshalb seligzupreisen, weil sie die leibliche Mutter Jesu ist, sondern weil sie außerdem zu jenen gehört, die das Wort Gottes hören und es befolgen; 2. Maria ist nicht die einzige, die das Wort Gottes hört; alle, die es hören und befolgen, haben Gemeinschaft mit Jesus, sie sind seine wahre Verwandtschaft.*

EVANGELIUM Lk 11, 27–28

Selig der Leib, der dich getragen hat

✠ Aus dem heiligen Evangelium nach Lukas.

In jener Zeit,
27 als Jesus zum Volk redete,
rief eine Frau aus der Menge ihm zu:
Selig die Frau, deren Leib dich getragen
und deren Brust dich genährt hat.
28 Er aber erwiderte:
Selig sind vielmehr die,
die das Wort Gottes hören
und es befolgen.

Glaubensbekenntnis, S. 352 ff.; Fürbitten vgl. S. 792 f.

ZUR EUCHARISTIEFEIER *Viele Menschen hören das Wort und hören es doch nicht. Nur mit dem Herzen hört man gut. Das hörende und liebende Herz, das arme Herz, ist fähig, die Gabe Gottes zu empfangen.*

GABENGEBET

Herr und Gott,
am Fest der Aufnahme Marias in den Himmel
bringen wir das Opfer des Lobes
und der Versöhnung dar.
Es erwirke uns die Vergebung der Sünden
und die Gnade, dir immer zu danken.
Darum bitten wir durch Christus, unseren Herrn.

Präfation, S. 431.

KOMMUNIONVERS Vgl. Lk 11, 27

Selig der Leib der Jungfrau Maria;
denn er hat den Sohn des ewigen Gottes getragen.

SCHLUSSGEBET

Herr, unser Gott,
am Fest der Aufnahme Marias in den Himmel
hast du uns an deinem Tisch versammelt.

Erhöre unser Gebet
und laß auch uns nach aller Mühsal dieser Zeit
zu dir in die ewige Heimat gelangen.
Darum bitten wir durch Christus, unseren Herrn.

Am Tag

ERÖFFNUNGSVERS Offb 12, 1

Ein großes Zeichen erschien am Himmel:
Eine Frau, umgeben von der Sonne, den Mond unter ihren Füßen,
und einen Kranz von zwölf Sternen auf ihrem Haupt.

Oder:

Freut euch alle im Herrn
am Fest der Aufnahme der seligsten Jungfrau Maria in den Himmel.
Mit uns freuen sich die Engel und loben Gottes Sohn.

Ehre sei Gott, S. 348ff.

TAGESGEBET

Allmächtiger, ewiger Gott,
du hast die selige Jungfrau Maria,
die uns Christus geboren hat,
vor aller Sünde bewahrt
und sie mit Leib und Seele
zur Herrlichkeit des Himmels erhoben.
Gib, daß wir auf dieses Zeichen
der Hoffnung und des Trostes schauen
und auf dem Weg bleiben,
der hinführt zu deiner Herrlichkeit.
Darum bitten wir durch Jesus Christus.

ZUR 1. LESUNG *In wenigen Sätzen umreißt die Lesung aus Offb 12 ein gewaltiges Geschehen. Die Frau, die am Himmel als das große Zeichen erscheint, ist die Mutter des Messiaskindes. Sie ist die Verkörperung des Gottesvolkes; die zwölf Sterne über ihrem Haupt erinnern an die zwölf Stämme Israels. Die Geburtswehen sind weniger von der leiblichen Geburt des Messiaskindes zu verstehen als von den Leiden des Gottesvolkes im Verlauf seiner Geschichte, vor allem in der Zeit, die dem Ende vorausgeht.*

ERSTE LESUNG Offb 11,19a; 12,1–6a.10ab

Ein großes Zeichen erschien am Himmel: eine Frau, mit der Sonne bekleidet, der Mond unter ihren Füßen

Lesung
aus der Offenbarung des Johannes.

19a Der Tempel Gottes im Himmel wurde geöffnet,
und in seinem Tempel wurde die Lade seines Bundes sichtbar.
1 Dann erschien ein großes Zeichen am Himmel:
eine Frau, mit der Sonne bekleidet;
der Mond war unter ihren Füßen
und ein Kranz von zwölf Sternen auf ihrem Haupt.
2 Sie war schwanger
und schrie vor Schmerz in ihren Geburtswehen.
3 Ein anderes Zeichen erschien am Himmel:
ein Drache, groß und feuerrot,
mit sieben Köpfen und zehn Hörnern
und mit sieben Diademen auf seinen Köpfen.
4 Sein Schwanz fegte ein Drittel der Sterne vom Himmel
und warf sie auf die Erde herab.

Der Drache stand vor der Frau, die gebären sollte;
er wollte ihr Kind verschlingen,
sobald es geboren war.
5 Und sie gebar ein Kind,
einen Sohn,
der über alle Völker mit eisernem Zepter herrschen wird.
Und ihr Kind wurde zu Gott und zu seinem Thron entrückt.
6a Die Frau aber floh in die Wüste,
wo Gott ihr einen Zufluchtsort geschaffen hatte.

10ab Da hörte ich eine laute Stimme im Himmel rufen:
Jetzt ist er da, der rettende Sieg,
die Macht und die Herrschaft unseres Gottes
und die Vollmacht seines Gesalbten.

ANTWORTPSALM Ps 45 (44), 11–12.16 u.18

R Selig bist du, Jungfrau Maria, (GL 600, 1)
du thronst zur Rechten des Herrn. – R

1 Höre, Tochter, sieh her und neige dein Ohr, * IV. Ton
vergiß dein Volk und dein Vaterhaus!

2 Der König verlangt nach deiner Schönheit; *
er ist ja dein Herr, verneig dich vor ihm! – (R)

6 Man geleitet sie mit Freude und Jubel, *
sie ziehen ein in den Palast des Königs.

8 Ich will deinen Namen rühmen von Geschlecht zu Geschlecht; *
darum werden die Völker dich preisen immer und ewig. – R

ZUR 2. LESUNG *Gott hat seinen Sohn von den Toten auferweckt, damit hat die Auferstehung der Toten begonnen. An Christus (und dann auch an Maria) ist sichtbar geworden, zu welchem Ziel die Menschheit unterwegs ist. Aber erst wenn der „letzte Feind" überwunden ist, wenn es keine Sünde und keinen Tod mehr gibt, wird die Erlösung vollendet sein und die Macht Gottes offenbar werden.*

ZWEITE LESUNG 1 Kor 15,20–27a

In Christus werden alle lebendig gemacht werden: Erster ist Christus; dann folgen alle, die zu ihm gehören

Lesung
aus dem ersten Brief des Apostels Paulus an die Korínther.

Brüder!

0 Christus ist von den Toten auferweckt worden
als der Erste der Entschlafenen.
1 Da nämlich durch einen Menschen der Tod gekommen ist,
kommt durch einen Menschen
auch die Auferstehung der Toten.
2 Denn wie in Adam alle sterben,
so werden in Christus alle lebendig gemacht werden.
3 Es gibt aber eine bestimmte Reihenfolge:
Erster ist Christus;
dann folgen, wenn Christus kommt,
alle, die zu ihm gehören.
4 Danach kommt das Ende,
wenn er jede Macht, Gewalt und Kraft vernichtet hat
und seine Herrschaft Gott, dem Vater, übergibt.
5 Denn er muß herrschen,
bis Gott ihm alle Feinde unter die Füße gelegt hat.

26 **Der letzte Feind, der entmachtet wird,**
ist der Tod.
27a **Sonst hätte er ihm nicht alles zu Füßen gelegt.**

RUF VOR DEM EVANGELIUM

Halleluja. Halleluja.

Aufgenommen in den Himmel ist die Jungfrau Maria.
Die Engel freuen sich und preisen den Herrn.

Halleluja.

ZUM EVANGELIUM *Nachdem Maria ihr großes Ja gesprochen hat, eilt sie zu ihrer Verwandten Elisabet. Beide Frauen sind auf besondere Weise in die Heilsordnung Gottes einbezogen. Der Lobgesang Marias, das Magnifikat, ist ihre Antwort auf das, was ihr von Gott her geschehen ist. Das Lied feiert die Größe Gottes, seine Macht, seine Barmherzigkeit und seine ewige Treue. Der Lobgesang aller Glaubenden der alten Zeit und der kommenden Generationen fügt sich in dieses Danklied ein.*

EVANGELIUM Lk 1, 39–56

Der Mächtige hat Großes an mir getan: er erhöht die Niedrigen

✛ **Aus dem heiligen Evangelium nach Lukas.**

39 **In jenen Tagen machte sich Maria auf den Weg**
und eilte in eine Stadt im Bergland von Judäa.
40 **Sie ging in das Haus des Zacharias**
und begrüßte Elisabet.
41 **Als Elisabet den Gruß Marias hörte,**
hüpfte das Kind in ihrem Leib.
Da wurde Elisabet vom Heiligen Geist erfüllt
42 **und rief mit lauter Stimme:**
Gesegnet bist du mehr als alle anderen Frauen,
und gesegnet ist die Frucht deines Leibes.
43 **Wer bin ich, daß die Mutter meines Herrn zu mir kommt?**
44 **In dem Augenblick, als ich deinen Gruß hörte,**
hüpfte das Kind vor Freude in meinem Leib.
45 **Selig ist die,**
die geglaubt hat, daß sich erfüllt,
was der Herr ihr sagen ließ.

46 **Da sagte Maria:**

Meine Seele preist die Größe des Herrn,
47 **und mein Geist jubelt über Gott, meinen Retter.**
48 **Denn auf die Niedrigkeit seiner Magd hat er geschaut.**
Siehe, von nun an preisen mich selig alle Geschlechter.
49 **Denn der Mächtige hat Großes an mir getan,**
und sein Name ist heilig.
50 **Er erbarmt sich von Geschlecht zu Geschlecht**
über alle, die ihn fürchten.
51 **Er vollbringt mit seinem Arm machtvolle Taten:**
Er zerstreut, die im Herzen voll Hochmut sind;
52 **er stürzt die Mächtigen vom Thron**
und erhöht die Niedrigen.
53 **Die Hungernden beschenkt er mit seinen Gaben**
und läßt die Reichen leer ausgehen.
54 **Er nimmt sich seines Knechtes Israel an**
und denkt an sein Erbarmen,
55 **das er unsern Vätern verheißen hat,**
Abraham und seinen Nachkommen auf ewig.

56 **Und Maria blieb etwa drei Monate bei ihr;**
dann kehrte sie nach Hause zurück.

Glaubensbekenntnis, S. 352ff.; Fürbitten vgl. S. 792f.

ZUR EUCHARISTIEFEIER *Die Heiligkeit ist nicht eine Tugend, die man lernt, sondern ein Geschenk, das man empfängt. Was wir in der Eucharistie darbringen, sind Gottes eigene Gaben: Brot und Wein, Zeit und Leben. So hat Maria ihren Weg verstanden: ein immer tieferes Hineingehen und Aufgenommenwerden in Gottes heilige Ewigkeit.*

GABENGEBET

Allmächtiger Gott,
unser Gebet und unser Opfer steige zu dir empor.
Höre auf die selige Jungfrau Maria,
die du in den Himmel aufgenommen hast,
und entzünde in unseren Herzen das Feuer der Liebe,
damit wir dich allezeit suchen.
Darum bitten wir durch Christus, unseren Herrn.

Präfation, S. 431.

KOMMUNIONVERS Lk 1, 48–49

Von nun an preisen mich selig alle Geschlechter.
Denn der Mächtige hat Großes an mir getan.

SCHLUSSGEBET

Barmherziger Gott,
wir haben das heilbringende Sakrament empfangen.
Laß uns auf die Fürsprache der seligen Jungfrau Maria,
die du in den Himmel aufgenommen hast,
zur Herrlichkeit der Auferstehung gelangen.
Darum bitten wir durch Christus, unseren Herrn.

14. September

KREUZERHÖHUNG

Fest

Das Kreuzfest im September hat seinen Ursprung in Jerusalem; dort wurde am 13. September 335 die Konstantinische Basilika über dem Heiligen Grab feierlich eingeweiht. Der 13. September war auch der Jahrestag der Auffindung des Kreuzes gewesen. Am 14. September, dem Tag nach der Kirchweihe, wurde in der neuen Kirche dem Volk zum erstenmal das Kreuzesholz gezeigt („erhöht") und zur Verehrung dargereicht. Später verband man mit diesem Fest auch die Erinnerung an die Wiedergewinnung des heiligen Kreuzes durch Kaiser Heraklius im Jahr 628; in einem unglücklichen Krieg war das Kreuz an die Perser verlorengegangen, Heraklius brachte es feierlich an seinen Platz in Jerusalem zurück.

ERÖFFNUNGSVERS Vgl. Gal 6, 14

Wir rühmen uns des Kreuzes unseres Herrn Jesus Christus.
In ihm ist uns Heil geworden und Auferstehung und Leben.
Durch ihn sind wir erlöst und befreit.

Ehre sei Gott, S. 348ff.

TAGESGEBET

**Allmächtiger Gott,
deinem Willen gehorsam,
hat dein geliebter Sohn
den Tod am Kreuz auf sich genommen,
um alle Menschen zu erlösen.
Gib, daß wir in der Torheit des Kreuzes
deine Macht und Weisheit erkennen
und in Ewigkeit teilhaben
an der Frucht der Erlösung.
Darum bitten wir durch Jesus Christus.**

ZUR 1. LESUNG *Die Erzählung von der kupfernen Schlange hatte ihren Ursprung in der Erinnerung an eine Schlangenplage während des Wüstenzugs. Die Hilfe kam nicht durch irgendwelchen Zauber, sondern durch den Glauben derer, die zur Schlange hinaufschauten. – Nach Joh 3, 14 hat Jesus in jener Schlange, die am oberen Ende einer Stange befestigt war, eine Vorausdarstellung seines Todes am Kreuz gesehen. Erst der am Kreuz erhöhte Menschensohn ist das wirkliche Zeichen der Rettung.*

ERSTE LESUNG Num 21, 4–9

Wenn jemand von einer Schlange gebissen wurde und zu der Kupferschlange aufblickte, blieb er am Leben

**Lesung
aus dem Buch Númeri.**

**In jenen Tagen
4 brachen die Israeliten vom Berg Hor auf
und schlugen die Richtung zum Schilfmeer ein,
um Edom zu umgehen.**

**Unterwegs aber verlor das Volk den Mut,
5 es lehnte sich gegen Gott und gegen Mose auf
und sagte: Warum habt ihr uns aus Ägypten heraufgeführt?
Etwa damit wir in der Wüste sterben?
Es gibt weder Brot noch Wasser.
Dieser elenden Nahrung sind wir überdrüssig.**

6 Da schickte der Herr Giftschlangen unter das Volk.
Sie bissen die Menschen,
und viele Israeliten starben.
7 Die Leute kamen zu Mose
und sagten: Wir haben gesündigt,
denn wir haben uns gegen den Herrn und gegen dich aufgelehnt.
Bete zum Herrn, daß er uns von den Schlangen befreit.
Da betete Mose für das Volk.
8 Der Herr antwortete Mose:
Mach dir eine Schlange,
und häng sie an einer Fahnenstange auf!
Jeder, der gebissen wird,
wird am Leben bleiben, wenn er sie ansieht.
9 Mose machte also eine Schlange aus Kupfer
und hängte sie an einer Fahnenstange auf.
Wenn nun jemand von einer Schlange gebissen wurde
und zu der Kupferschlange aufblickte,
blieb er am Leben.

ANTWORTPSALM Ps 78 (77), 1–2.34–35.36–37.38ab u. 39 (R: vgl. 7b)

R Vergeßt die Taten Gottes nicht! – R (GL 205, 1)

1 Mein Volk, vernimm meine Weisung! * IV. Ton
Wendet euer Ohr zu den Worten meines Mundes!

2 Ich öffne meinen Mund zu einem Spruch; *
ich will die Geheimnisse der Vorzeit verkünden. – (R)

34 Wenn Gott dreinschlug, fragten sie nach ihm, *
kehrten um und suchten ihn.

35 Sie dachten daran, daß Gott ihr Fels ist, *
Gott, der Höchste, ihr Erlöser. – (R)

36 Doch sie täuschten ihn mit falschen Worten, *
und ihre Zunge belog ihn.

37 Ihr Herz hielt nicht fest zu ihm, *
sie hielten seinem Bund nicht die Treue. – (R)

38ab Er aber vergab ihnen voll Erbarmen die Schuld *
und tilgte sein Volk nicht aus.

39 Denn er dachte daran, daß sie nichts sind als Fleisch, *
nur ein Hauch, der vergeht und nicht wiederkehrt. – R

ZUR 2. LESUNG *Ganze, ungeteilte Hinwendung zum Vater ist in der Ewigkeit Gottes das Wesen und Leben des Sohnes. Das ist in dieser unserer Welt sichtbar geworden durch die Opferhingabe des Sohnes am Kreuz. Was den Menschen als äußerste Erniedrigung erscheinen mußte, war für Jesus Erhöhung, Hinübergang in die Herrlichkeit des Vaters. Der Gekreuzigte ist der Kyrios geworden, der Herr und Retter.*

ZWEITE LESUNG Phil 2,6–11

Christus Jesus erniedrigte sich; darum hat ihn Gott über alle erhöht

Lesung
aus dem Brief des Apostels Paulus an die Philípper.

6 **Christus Jesus war Gott gleich,**
hielt aber nicht daran fest, wie Gott zu sein,
7 **sondern er entäußerte sich**
und wurde wie ein Sklave
und den Menschen gleich.
Sein Leben war das eines Menschen;
8 **er erniedrigte sich**
und war gehorsam bis zum Tod,
bis zum Tod am Kreuz.

9 **Darum hat ihn Gott über alle erhöht**
und ihm den Namen verliehen,
der größer ist als alle Namen,
10 **damit alle im Himmel, auf der Erde und unter der Erde**
ihre Knie beugen vor dem Namen Jesu
11 **und jeder Mund bekennt:**
„Jesus Christus ist der Herr“
– zur Ehre Gottes, des Vaters.

RUF VOR DEM EVANGELIUM

Halleluja. Halleluja.

Wir beten dich an, Herr Jesus Christus, und preisen dich;
denn durch dein heiliges Kreuz hast du die Welt erlöst.

Halleluja.

ZUM EVANGELIUM *Die Offenbarungsrede in Joh 3, 13–21 ist weniger an die Person des Nikodemus gerichtet als an die Leser des Evangeliums, an uns. Am Bild der kupfernen Schlange wird dem „Lehrer in Israel" und uns erklärt, wieviel Gott daran gelegen ist, die Menschen zu retten. Er sendet seinen Sohn in die Welt und gibt ihn in den Tod, damit alle Menschen durch ihn das Leben haben. Gott liebt die Welt, das ist die große Offenbarung.*

EVANGELIUM Joh 3, 13–17

Der Menschensohn muß erhöht werden

✠ **Aus dem heiligen Evangelium nach Johannes.**

In jener Zeit sprach Jesus zu Nikodémus:
13 **Niemand ist in den Himmel hinaufgestiegen**
außer dem, der vom Himmel herabgestiegen ist:
der Menschensohn.
14 **Und wie Mose die Schlange in der Wüste erhöht hat,**
so muß der Menschensohn erhöht werden,
15 **damit jeder, der an ihn glaubt,**
in ihm das ewige Leben hat.
16 **Denn Gott hat die Welt so sehr geliebt,**
daß er seinen einzigen Sohn hingab,
damit jeder, der an ihn glaubt, nicht zugrunde geht,
sondern das ewige Leben hat.
17 **Denn Gott hat seinen Sohn nicht in die Welt gesandt,**
damit er die Welt richtet,
sondern damit die Welt durch ihn gerettet wird.

ZUR EUCHARISTIEFEIER *Unmenschlich wäre das Kreuz, wäre es nicht das Kreuz des Gottmenschen. So aber ist es die Wende der Zeit, der Altar der Welt. Gottes Heiligkeit und seine unfaßbare Freiheit leuchten im Kreuz. Im Kreuz Jesu und im Kreuz, das dem Jünger zu tragen gegeben wird.*

GABENGEBET

**Herr, unser Gott,
dieses heilige Opfer hat auf dem Altar des Kreuzes
die Sünde der ganzen Welt hinweggenommen.
Es mache auch uns rein von aller Schuld.
Darum bitten wir durch Christus, unseren Herrn.**

Präfation, S. 431,
oder Präfation vom Leiden Christi I, S. 413.

KOMMUNIONVERS Joh 12, 32

**So spricht der Herr:
Wenn ich von der Erde erhöht bin, werde ich alle an mich ziehen.**

SCHLUSSGEBET

**Herr Jesus Christus,
du hast am Holz des Kreuzes
der Welt das ewige Leben erworben.
Führe uns durch diese Feier,
in der wir deinen geopferten Leib
empfangen haben,
zur Herrlichkeit der Auferstehung.
Der du lebst und herrschest in alle Ewigkeit.**

1. November
ALLERHEILIGEN
Hochfest

Die Anfänge des Allerheiligenfestes gehen bis ins 4. Jahrhundert zurück. Ephräm der Syrer und Johannes Chrysostomus kennen ein Fest aller heiligen Märtyrer am 13. Mai bzw. am 1. Sonntag nach Pfingsten, der im griechischen Kalender heute noch der Sonntag der Heiligen heißt. Im Abendland gab es ein Fest aller heiligen Märtyrer am 13. Mai seit dem 7. Jahrhundert (Einweihung des römischen Pantheons zu Ehren der seligen Jungfrau Maria und aller heiligen Märtyrer am 13. Mai 609).

Allerheiligen *ist wie ein großes Erntefest; eine „Epiphanie von Pfingsten" hat man es auch genannt. Die Frucht, die aus dem Sterben des Weizenkorns wächst und reift, sehen wir, bewundern wir, sind wir. Noch ist die Ernte nicht beendet; Allerheiligen richtet unsern Blick auf die Vollendung, auf das Endziel, für das Gott uns geschaffen und bestimmt hat. Noch seufzen wir unter der Last der Vergänglichkeit, aber uns trägt die Gemeinschaft der durch Gottes Erwählung Berufenen und Geheiligten; uns treibt die Hoffnung, daß auch wir zur Freiheit und Herrlichkeit der Kinder Gottes gelangen werden. Und schon besitzen wir als Anfangsgabe den Heiligen Geist.*

ERÖFFNUNGSVERS

Freut euch alle im Herrn am Fest aller Heiligen;
mit uns freuen sich die Engel und loben Gottes Sohn.

Ehre sei Gott, S. 348 ff.

TAGESGEBET

Allmächtiger, ewiger Gott,
du schenkst uns die Freude,
am heutigen Fest
die Verdienste aller deiner Heiligen zu feiern.
Erfülle auf die Bitten so vieler Fürsprecher
unsere Hoffnung
und schenke uns dein Erbarmen.
Darum bitten wir durch Jesus Christus.

ZUR 1. LESUNG *Zwischen einer Reihe von Visionen über die Katastrophen der Weltgeschichte, die Gerichte Gottes, steht in der Offenbarung des Johannes die Vision von der glanzvollen Versammlung der Geretteten vor dem Thron Gottes. Die Welt ist also nicht so finster, wie es manchmal scheinen möchte. „Die Rettung kommt von unserem Gott, der auf dem Thron sitzt, und von dem Lamm" (7, 10).*

ERSTE LESUNG Offb 7,2–4.9–14

Ich sah eine große Schar aus allen Nationen und Sprachen; niemand konnte sie zählen

Lesung
aus der Offenbarung des Johannes.

Ich, Johannes,
sah vom Osten her einen anderen Engel emporsteigen;
er hatte das Siegel des lebendigen Gottes
und rief den vier Engeln,
denen die Macht gegeben war,
dem Land und dem Meer Schaden zuzufügen,
mit lauter Stimme zu:
Fügt dem Land, dem Meer und den Bäumen keinen Schaden zu,
bis wir den Knechten unseres Gottes
das Siegel auf die Stirn gedrückt haben.

Und ich erfuhr die Zahl derer,
die mit dem Siegel gekennzeichnet waren.
Es waren hundertvierundvierzigtausend
aus allen Stämmen der Söhne Israels, die das Siegel trugen.

Danach sah ich: eine große Schar
aus allen Nationen und Stämmen, Völkern und Sprachen;
niemand konnte sie zählen.
Sie standen in weißen Gewändern
vor dem Thron und vor dem Lamm
und trugen Palmzweige in den Händen.
10 Sie riefen mit lauter Stimme:
Die Rettung kommt von unserem Gott, der auf dem Thron sitzt,
und von dem Lamm.
11 Und alle Engel standen rings um den Thron,
um die Ältesten und die vier Lebewesen.
Sie warfen sich vor dem Thron nieder,
beteten Gott an
12 und sprachen:
Amen, Lob und Herrlichkeit,
Weisheit und Dank,
Ehre und Macht und Stärke
unserem Gott in alle Ewigkeit. Amen.

13 Da fragte mich einer der Ältesten:

**Wer sind diese, die weiße Gewänder tragen,
und woher sind sie gekommen?**
14 **Ich erwiderte ihm: Mein Herr, das mußt du wissen.
Und er sagte zu mir:
Es sind die, die aus der großen Bedrängnis kommen;
sie haben ihre Gewänder gewaschen
und im Blut des Lammes weiß gemacht.**

ANTWORTPSALM Ps 24 (23), 1–2.3–4.5–6 (R: vgl. 6)

R Aus allen Völkern hast du sie erwählt, (GL 119, 1)
die dein Antlitz suchen, o Herr. – R

1 **Dem Herrn gehört die Erde und was sie erfüllt, *** IV. Ton
der Erdkreis und seine Bewohner.
2 **Denn er hat ihn auf Meere gegründet, ***
ihn über Strömen befestigt. – (R)

3 **Wer darf hinaufziehn zum Berg des Herrn, ***
wer darf stehn an seiner heiligen Stätte?
4 **Der reine Hände hat und ein lauteres Herz, ***
der nicht betrügt und keinen Meineid schwört. – (R)

5 **Er wird Segen empfangen vom Herrn ***
und Heil von Gott, seinem Helfer.
6 **Das sind die Menschen, die nach ihm fragen, ***
die dein Antlitz suchen, Gott Jakobs. – R

ZUR 2. LESUNG *Kind Gottes sein heißt: von Gott geliebt und angenommen sein. Es heißt auch: in seiner Nähe leben, von seiner Liebe geprägt sein. „Die Welt erkennt uns nicht“; aber auch wir selbst begreifen die Wahrheit dessen, was wir glauben, erst allmählich: in dem Maß, als wir das leben, was wir sind. Dann werden wir fähig, auch in anderen Menschen das Leuchten der Gegenwart Gottes zu sehen.*

ZWEITE LESUNG 1 Joh 3, 1–3

Wir werden Gott sehen, wie er ist

Lesung
aus dem ersten Johannesbrief.

Brüder!
Seht, wie groß die Liebe ist, die der Vater uns geschenkt hat:
Wir heißen Kinder Gottes,
und wir sind es.
Die Welt erkennt uns nicht,
weil sie ihn nicht erkannt hat.

Liebe Brüder, jetzt sind wir Kinder Gottes.
Aber was wir sein werden,
ist noch nicht offenbar geworden.
Wir wissen,
daß wir ihm ähnlich sein werden, wenn er offenbar wird;
denn wir werden ihn sehen, wie er ist.

Jeder, der dies von ihm erhofft,
heiligt sich,
so wie Er heilig ist.

RUF VOR DEM EVANGELIUM Vers: Mt 11,28

Halleluja. Halleluja.

(So spricht der Herr:)
Kommt alle zu mir,
die ihr euch plagt und schwere Lasten zu tragen habt.
Ich werde euch Ruhe verschaffen.

Halleluja.

ZUM EVANGELIUM *Die Seligpreisungen der Bergpredigt sind der Form nach Glückwünsche, der Sache nach nennen sie die Bedingungen für den Einlaß in das Reich Gottes. In der erweiterten Fassung bei Matthäus liegen bereits Deutungen der Jesusworte vor (vgl. Lk 6,20–23). Nicht weil er arm ist, wird der Arme seliggepriesen, und der Verfolgte nicht, weil er verfolgt wird. Glücklich ist, wer zu Armut und Verfolgung ja sagen und darüber sich sogar freuen kann, weil er so Christus ähnlicher wird und in der eigenen Schwachheit die Kraft Gottes erfährt.*

EVANGELIUM Mt 5, 1–12a

Freut euch und jubelt: Euer Lohn im Himmel wird groß sein

✠ **Aus dem heiligen Evangelium nach Matthäus.**

In jener Zeit,
1 **als Jesus die vielen Menschen sah, die ihm folgten,**
stieg er auf einen Berg.
Er setzte sich,
und seine Jünger traten zu ihm.
2 **Dann begann er zu reden**
und lehrte sie.
3 **Er sagte:**
Selig, die arm sind vor Gott;
denn ihnen gehört das Himmelreich.
4 **Selig die Trauernden;**
denn sie werden getröstet werden.
5 **Selig, die keine Gewalt anwenden;**
denn sie werden das Land erben.
6 **Selig, die hungern und dürsten nach der Gerechtigkeit;**
denn sie werden satt werden.
7 **Selig die Barmherzigen;**
denn sie werden Erbarmen finden.
8 **Selig, die ein reines Herz haben;**
denn sie werden Gott schauen.
9 **Selig, die Frieden stiften;**
denn sie werden Söhne Gottes genannt werden.
10 **Selig, die um der Gerechtigkeit willen verfolgt werden;**
denn ihnen gehört das Himmelreich.
11 **Selig seid ihr, wenn ihr um meinetwillen beschimpft und verfolgt**
und auf alle mögliche Weise verleumdet werdet.
12a **Freut euch und jubelt:**
Euer Lohn im Himmel wird groß sein.

Glaubensbekenntnis, S. 352 ff.; Fürbitten vgl. S. 793 f.

ZUR EUCHARISTIEFEIER *Heilige und Sünder versammeln sich um den Altar. Hoffnung auf Heil und Herrlichkeit haben wir alle nur deshalb, weil Gott uns retten will, „denn seine Huld währt ewig". Am Tag der Ernte wird es ein großes Staunen geben.*

GABENGEBET

Herr, unser Gott,
nimm die Gaben entgegen,
die wir am heutigen Fest darbringen.
Wir glauben, daß deine Heiligen bei dir leben
und daß Leid und Tod sie nicht mehr berühren.
Erhöre ihr Gebet
und laß uns erfahren, daß sie uns nahe bleiben
und für uns eintreten.
Darum bitten wir durch Christus, unseren Herrn.

Präfation, S. 432.

KOMMUNIONVERS Mt 5,8–10

Selig, die ein reines Herz haben;
denn sie werden Gott sehen.
Selig, die Frieden stiften;
denn sie werden Söhne Gottes genannt werden.
Selig, die um der Gerechtigkeit willen verfolgt werden;
denn ihnen gehört das Himmelreich.

SCHLUSSGEBET

Gott, du allein bist heilig,
dich ehren wir, wenn wir der Heiligen gedenken.
Stärke durch dein Sakrament
in uns das Leben der Gnade
und führe uns auf dem Weg der Pilgerschaft
zum ewigen Gastmahl,
wo du selbst die Vollendung der Heiligen bist.
Darum bitten wir durch Christus, unseren Herrn.

2. November

ALLERSEELEN

Der Allerseelentag am 2. November geht auf den heiligen Abt Odilo von Cluny zurück; er hat diesen Gedenktag in allen von Cluny abhängigen Klöstern eingeführt. Das Dekret Odilos vom Jahr 998 ist noch erhalten. Bald wurde der Allerseelentag auch außerhalb der Klöster gefeiert. Für Rom ist er seit Anfang des 14. Jahrhunderts bezeugt.

Wenn der 2. November auf einen Sonntag fällt, wird das Gedächtnis Allerseelen an diesem Tag begangen.
Statt der Schriftlesungen, die hier für die drei Meßformulare angegeben sind, können auch andere gewählt werden.

I

ERÖFFNUNGSVERS 1 Thess 4, 14; 1 Kor 15, 22

Wie Jesus gestorben und auferstanden ist,
so wird Gott auch die in Jesus Entschlafenen mit ihm vereinen.
Denn wie in Adam alle sterben,
so werden in Christus einst alle lebendig gemacht.

TAGESGEBET

Allmächtiger Gott,
wir glauben und bekennen,
daß du deinen Sohn
als Ersten von den Toten auferweckt hast.
Stärke unsere Hoffnung,
daß du auch unsere Brüder und Schwestern
auferwecken wirst zum ewigen Leben.
Darum bitten wir durch ihn, Jesus Christus.

ZUR 1. LESUNG *Im 2. Makkabäerbuch, nicht lange vor dem Jahr 100 v. Chr. geschrieben, wird mehrfach der Glaube an die leibliche Auferstehung ausgesprochen. Nicht alle Juden haben diesen Glauben geteilt; zur Zeit Jesu wurde er von den Sadduzäern bestritten. An-*

nehmbar ist ein solcher Glaube nur für den, der an die Macht des lebendigen Gottes glaubt. Die Stelle 2 Makk 12,45 ist im Alten Testament der einzige Text, der ausdrücklich von einem Läuterungszustand nach dem Tod und von der Fürbitte für die Verstorbenen spricht.

ERSTE LESUNG 2 Makk 12,43–45

Er handelte schön und edel; denn er dachte an die Auferstehung

Lesung
aus dem zweiten Buch der Makkabäer.

In jenen Tagen
3 **veranstaltete Judas, der Makkabäer, eine Sammlung,**
an der sich alle beteiligten,
und schickte etwa zweitausend Silberdrachmen nach Jerusalem,
damit man dort ein Sündopfer darbringe.
Damit handelte er sehr schön und edel;
denn er dachte an die Auferstehung.

4 **Hätte er nicht erwartet, daß die Gefallenen auferstehen werden,**
wäre es nämlich überflüssig und sinnlos gewesen,
für die Toten zu beten.

5 **Auch hielt er sich den herrlichen Lohn vor Augen,**
der für die hinterlegt ist, die in Frömmigkeit sterben.
Ein heiliger und frommer Gedanke!
Darum ließ er die Toten entsühnen,
damit sie von der Sünde befreit werden.

ANTWORTPSALM Ps 130 (129), 1–2.3–4.5–6b.6c–8 (R: 1)

℟ Aus der Tiefe rufe ich, Herr, zu dir. – ℟ (GL 191, 1)

Aus der Tiefe rufe ich, Herr, zu dir: * VII. Ton
Herr, höre meine Stimme!

Wende dein Ohr mir zu, *
achte auf mein lautes Flehen! – (℟)

Würdest du, Herr, unsere Sünden beachten, *
Herr, wer könnte bestehen?

Doch bei dir ist Vergebung, *
damit man in Ehrfurcht dir dient. – (℟)

5 Ich hoffe auf den Herrn, es hofft meine Seele, *
ich warte voll Vertrauen auf sein Wort.

6ab Meine Seele wartet auf den Herrn *
mehr als die Wächter auf den Morgen. – (R)

6c Mehr als die Wächter auf den Morgen *
7 soll Israel harren auf den Herrn.

Denn beim Herrn ist die Huld, †
bei ihm ist Erlösung in Fülle. *
8 Ja, er wird Israel erlösen von all seinen Sünden.

R Aus der Tiefe rufe ich, Herr, zu dir.

ZUR 2. LESUNG *Zwischen der Auferstehung Jesu und seiner Wiederkunft läuft die Zeit der Kirche, auch die Zeit unseres eigenen Lebens. An jenem Tag werden alle, die durch ihren Glauben und die Taufe zu Christus gehören, ihm entgegengehen, um für immer bei ihm zu sein. Das ist die Hoffnung, die es den Christen unmöglich macht, traurig zu sein wie die anderen, die keine Hoffnung haben.*

ZWEITE LESUNG 1 Thess 4, 13–18

Wir werden immer beim Herrn sein

Lesung
aus dem ersten Brief des Apostels Paulus an die Thessalónicher.

13 Brüder,
wir wollen euch über die Verstorbenen nicht in Unkenntnis lassen,
damit ihr nicht trauert wie die anderen,
die keine Hoffnung haben.

14 Wenn Jesus – und das ist unser Glaube –
gestorben und auferstanden ist,
dann wird Gott durch Jesus auch die Verstorbenen
zusammen mit ihm zur Herrlichkeit führen.
15 Denn dies sagen wir euch nach einem Wort des Herrn:
Wir, die Lebenden,
die noch übrig sind, wenn der Herr kommt,
werden den Verstorbenen nichts voraushaben.
16 Denn der Herr selbst wird vom Himmel herabkommen,
wenn der Befehl ergeht,
der Erzengel ruft und die Posaune Gottes erschallt.

Zuerst werden die in Christus Verstorbenen auferstehen;
17 **dann werden wir, die Lebenden, die noch übrig sind,**
zugleich mit ihnen auf den Wolken in die Luft entrückt,
dem Herrn entgegen.
Dann werden wir immer beim Herrn sein.
18 **Tröstet also einander mit diesen Worten!**

RUF VOR DEM EVANGELIUM
Vers: Joh 11,25a.26b

Christus Sieger, Christus König, Christus Herr in Ewigkeit![1] – R
(So spricht der Herr:)
Ich bin die Auferstehung und das Leben.
Jeder, der an mich glaubt, wird auf ewig nicht sterben.
Christus Sieger, Christus König, Christus Herr in Ewigkeit!

ZUM EVANGELIUM *„Wer an mich glaubt, wird leben, auch wenn er stirbt", sagt Jesus zu Marta. Er wird das Licht des Lebens haben, er wird gerettet werden. „Glaubst du das?" Die Frage ist an uns gerichtet, an uns Christen des 20. Jahrhunderts. Marta hat mit einem Bekenntnis zu Jesus als dem von Gott gesandten Messias und Retter geantwortet. Er selbst ist unser Leben und unsere Auferstehung.*

EVANGELIUM
Joh 11,17–27

Ich bin die Auferstehung und das Leben

✠ **Aus dem heiligen Evangelium nach Johannes.**

In jener Zeit,
17 **als Jesus in Betánien ankam,**
fand er Lazarus schon vier Tage im Grab liegen.
18 **Betánien war nahe bei Jerusalem,**
etwa fünfzehn Stadien entfernt.
19 **Viele Juden waren zu Marta und Maria gekommen,**
um sie wegen ihres Bruders zu trösten.
20 **Als Marta hörte, daß Jesus komme,**
ging sie ihm entgegen,
Maria aber blieb im Haus.

[1] Oder einer der auf S. 770 vorgesehenen Rufe oder das Halleluja.

21 Marta sagte zu Jesus:
Herr, wärst du hier gewesen,
dann wäre mein Bruder nicht gestorben.
22 Aber auch jetzt weiß ich:
Alles, worum du Gott bittest,
wird Gott dir geben.
23 Jesus sagte zu ihr: Dein Bruder wird auferstehen.
24 Marta sagte zu ihm:
Ich weiß, daß er auferstehen wird
bei der Auferstehung am Letzten Tag.
25 Jesus erwiderte ihr:
Ich bin die Auferstehung und das Leben.
Wer an mich glaubt,
wird leben, auch wenn er stirbt,
26 und jeder, der lebt und an mich glaubt,
wird auf ewig nicht sterben.
Glaubst du das?
27 Marta antwortete ihm:
Ja, Herr, ich glaube, daß du der Messias bist,
der Sohn Gottes, der in die Welt kommen soll.

Am Sonntag: Glaubensbekenntnis, S. 452 ff.; Fürbitten vgl. S. 794.

GABENGEBET

Herr, unser Gott,
schau gütig auf unsere Gaben.
Nimm deine Diener und Dienerinnen auf
in die Herrlichkeit deines Sohnes,
mit dem auch wir
durch das große Sakrament der Liebe verbunden sind.
Darum bitten wir durch ihn, Christus, unseren Herrn.

Präfation, S. 435 ff.

KOMMUNIONVERS

Joh 11, 25–26

So spricht der Herr:
Ich bin die Auferstehung und das Leben;
wer an mich glaubt, wird leben, auch wenn er stirbt,
und jeder, der lebt und an mich glaubt,
wird in Ewigkeit nicht sterben.

SCHLUSSGEBET

**Barmherziger Gott,
wir haben das Gedächtnis
des Todes und der Auferstehung Christi gefeiert
für unsere Brüder und Schwestern.
Führe sie vom Tod zum Leben,
aus dem Dunkel zum Licht,
aus der Bedrängnis in deinen Frieden.
Darum bitten wir durch Christus, unseren Herrn.**

II

ERÖFFNUNGSVERS

Vgl. 4 Esra 2, 34–35

Herr, gib ihnen die ewige Ruhe, und das ewige Licht leuchte ihnen.

TAGESGEBET

**Herr, unser Gott,
du bist das Licht der Glaubenden
und das Leben der Heiligen.
Du hast uns durch den Tod
und die Auferstehung deines Sohnes erlöst.
Sei deinen Dienern und Dienerinnen gnädig,
die das Geheimnis unserer Auferstehung
gläubig bekannt haben,
und laß sie auf ewig deine Herrlichkeit schauen.
Darum bitten wir durch Jesus Christus.**

ZUR 1. LESUNG *Die Offenbarung der Unsterblichkeit des Menschen und seiner Auferstehung zu einem neuen Leben hat sich im Alten Testament auf vielfache Weise vorbereitet. Der Glaube an die Gerechtigkeit Gottes, auch die Überzeugung, daß die Freundschaft Gottes mit einem Menschen den Tod überdauern müsse, sowie das Wissen um Gottes Macht und Größe: das alles führte zu der Überzeugung, daß der Tod nicht das Ende des Menschenlebens sein könne. Für Ijob, der alles verloren hat und den Tod vor sich sieht, bleibt am Schluß die Gewißheit, daß Gott lebt; er hat jetzt sein Gesicht vor Ijob verborgen, aber er wird sich ihm wieder zuwenden, nicht als Fremder, sondern als Freund. Das wird die Erfüllung seines Lebens sein.*

ERSTE LESUNG

Ijob 19,1.23–27 (19,1.23–27a)

Ich weiß: mein Erlöser lebt

**Lesung
aus dem Buch Íjob.**

1 **Íjob nahm das Wort**
23 **und sprach: Daß doch meine Worte geschrieben würden,
in einer Inschrift eingegraben**
24 **mit eisernem Griffel und mit Blei,
für immer gehauen in den Fels.**

25 **Doch ich, ich weiß:
mein Erlöser lebt,
als letzter erhebt er sich über dem Staub.**
26 **Ohne meine Haut, die so zerfetzte,
und ohne mein Fleisch werde ich Gott schauen.**
27 **Ihn selber werde ich dann für mich schauen;
meine Augen werden ihn sehen, nicht mehr fremd.
Danach sehnt sich mein Herz in meiner Brust.**

ANTWORTPSALM

Ps 42 (41),2–3a.3b u. 5; Ps 43 (42),3–4 (R: 42 [41],3a)

**℟ Meine Seele dürstet nach Gott,
nach dem lebendigen Gott. – ℟** (GL 209,3)

VII. Ton

2 **Wie der Hirsch lechzt nach frischem Wasser, *
so lechzt meine Seele, Gott, nach dir.**

3a **Meine Seele dürstet nach Gott, *
nach dem lebendigen Gott. – (℟)**

3b **Wann darf ich kommen *
und Gottes Antlitz schauen?**

5 **Das Herz geht mir über, wenn ich daran denke: †
wie ich zum Haus Gottes zog in festlicher Schar, *
mit Jubel und Dank in feiernder Menge. – (℟)**

3 **Sende dein Licht und deine Wahrheit, damit sie mich leiten; *
sie sollen mich führen zu deinem heiligen Berg und zu deiner Wohnung.**

4 **So will ich zum Altar Gottes treten, zum Gott meiner Freude. *
Jauchzend will ich dich auf der Harfe loben, Gott, mein Gott. – ℟**

ZUR 2. LESUNG *Jesus hat Gott seinen Vater genannt. Anders als alle Geschöpfe ist er Gottes Sohn. Der Geist, der vom Vater ausgeht, erfüllt und führt ihn und verherrlicht ihn. Denselben Geist empfängt in der Taufe der Glaubende, er wird in den Lebensstrom zwischen Vater und Sohn einbezogen, er wird im Sohn ebenfalls zum Sohn. Als Söhne sind wir auch „Erben Gottes". Dem Menschen ist Gottes Schöpfung anvertraut; durch den Menschen soll die ganze Schöpfung am ewigen Leben Gottes teilhaben: durch die „Erlösung unseres Leibes" zur „Freiheit und Herrlichkeit der Kinder Gottes". Das gemeinsame Leiden des Menschen und der Kreatur sind die Geburtswehen der neuen Schöpfung.*

ZWEITE LESUNG

Röm 8, 14–23

Wir warten auf die Erlösung unseres Leibes

Lesung
aus dem Brief des Apostels Paulus an die Römer.

Brüder!
14 **Alle, die sich vom Geist Gottes leiten lassen,**
sind Söhne Gottes.
15 **Denn ihr habt nicht einen Geist empfangen,**
der euch zu Sklaven macht,
so daß ihr euch immer noch fürchten müßtet,
sondern ihr habt den Geist empfangen,
der euch zu Söhnen macht,
den Geist, in dem wir rufen: Abba, Vater!
16 **So bezeugt der Geist selber unserem Geist,**
daß wir Kinder Gottes sind.

17 **Sind wir aber Kinder, dann auch Erben;**
wir sind Erben Gottes
und sind Miterben Christi,
wenn wir mit ihm leiden,
um mit ihm auch verherrlicht zu werden.

18 **Ich bin überzeugt,**
daß die Leiden der gegenwärtigen Zeit nichts bedeuten
im Vergleich zu der Herrlichkeit, die an uns offenbar werden soll.
19 **Denn die ganze Schöpfung**
wartet sehnsüchtig auf das Offenbarwerden der Söhne Gottes.

20 Die Schöpfung ist der Vergänglichkeit unterworfen,
nicht aus eigenem Willen,
sondern durch den, der sie unterworfen hat;
aber zugleich gab er ihr Hoffnung:
21 Auch die Schöpfung
soll von der Sklaverei und Verlorenheit befreit werden
zur Freiheit und Herrlichkeit der Kinder Gottes.
22 Denn wir wissen,
daß die gesamte Schöpfung
bis zum heutigen Tag seufzt und in Geburtswehen liegt.
23 Aber auch wir,
obwohl wir als Erstlingsgabe den Geist haben,
seufzen in unserem Herzen
und warten darauf,
daß wir mit der Erlösung unseres Leibes
als Söhne offenbar werden.

RUF VOR DEM EVANGELIUM Vers: vgl. Joh 14, 2a.3b

Lob sei dir, Herr, König der ewigen Herrlichkeit! – R

(So spricht der Herr:)
Im Hause meines Vaters sind viele Wohnungen.
Ich werde wiederkommen und euch zu mir holen,
damit auch ihr dort seid, wo ich bin.

Lob sei dir, Herr, König der ewigen Herrlichkeit!

ZUM EVANGELIUM *Die Jünger haben Mühe, zu verstehen, was Jesus mit seinem Weggehen meint. In der Frage „Wohin gehst du?“ ist die größere Frage verborgen: Wer bist du? Und die andere Frage: Wohin gehen wir? Was sind wir, was werden wir endgültig sein? Jesus antwortet mit seinem göttlichen „Ich bin“. Auf diesem „Ich“ liegt das ganze Gewicht der Aussage: „Ich bin der Weg und die Wahrheit und das Leben.“ Der Weg ist nicht vom Ziel getrennt; wer auf diesem Weg die Wahrheit sucht, der hat sie schon gefunden, und er hat, weil er Jesus hat, auch das Leben gefunden, jetzt schon.*

EVANGELIUM

Joh 14,1–6

Im Haus meines Vaters gibt es viele Wohnungen

✠ **Aus dem heiligen Evangelium nach Johannes.**

In jener Zeit sprach Jesus zu seinen Jüngern:
1 Euer Herz lasse sich nicht verwirren.
Glaubt an Gott,
und glaubt an mich!
2 Im Haus meines Vaters gibt es viele Wohnungen.
Wenn es nicht so wäre,
hätte ich euch dann gesagt:
Ich gehe, um einen Platz für euch vorzubereiten?
3 Wenn ich gegangen bin
und einen Platz für euch vorbereitet habe,
komme ich wieder
und werde euch zu mir holen,
damit auch ihr dort seid, wo ich bin.
4 Und wohin ich gehe
– den Weg dorthin kennt ihr.

5 Thomas sagte zu ihm:
Herr, wir wissen nicht, wohin du gehst.
Wie sollen wir dann den Weg kennen?

6 Jesus sagte zu ihm:
Ich bin der Weg und die Wahrheit und das Leben;
niemand kommt zum Vater
außer durch mich.

Am Sonntag: Glaubensbekenntnis, S. 352 ff.
Fürbitten vgl. S. 794.

GABENGEBET

Allmächtiger und barmherziger Gott,
du hast deine Diener und Dienerinnen
durch das Wasser der Taufe geheiligt.
Reinige sie im Blute Christi von ihren Sünden
und führe sie voll Erbarmen zur letzten Vollendung.
Darum bitten wir durch Christus, unseren Herrn.

Präfation, S. 435 ff.

KOMMUNIONVERS Vgl. 4 Esra 2,35.34

**Das ewige Licht leuchte ihnen, o Herr,
bei deinen Heiligen in Ewigkeit; denn du bist unser Vater.
Herr, gib ihnen die ewige Ruhe,
und das ewige Licht leuchte ihnen; denn du bist unser Vater.**

SCHLUSSGEBET

**Herr, unser Gott,
wir haben das Mahl deines Sohnes gefeiert,
der sich für uns geopfert hat
und in Herrlichkeit auferstanden ist.
Erhöre unser Gebet
für deine Diener und Dienerinnen.
Läutere sie durch das österliche Geheimnis Christi
und laß sie auferstehen zur ewigen Freude.
Darum bitten wir durch Christus, unseren Herrn.**

III

ERÖFFNUNGSVERS Vgl. Röm 8,11

**Gott, der Jesus von den Toten auferweckt hat,
wird auch unseren sterblichen Leib lebendig machen
durch seinen Geist, der in uns wohnt.**

TAGESGEBET

**Allmächtiger Gott,
du hast deinen Sohn
als Sieger über den Tod zu deiner Rechten erhöht.
Gib deinen verstorbenen Dienern und Dienerinnen
Anteil an seinem Sieg über die Vergänglichkeit,
damit sie dich, ihren Schöpfer und Erlöser,
schauen von Angesicht zu Angesicht.
Darum bitten wir durch Jesus Christus.**

ZUR 1. LESUNG *Die Kapitel 24–27 des Jesajabuches werden zu den sogenannten apokalyptischen Texten gerechnet, d.h. zu den Schriften, deren Hauptthema die Verwirklichung der Gottesherrschaft in der Endzeit ist. Von einer Auferweckung der Toten ist zwar im Je-*

saja-Text noch nicht die Rede. Wenn aber gesagt wird, daß Gott alle Völker zu einem Festmahl versammelt, daß es keinen Tod und keine Trauer mehr geben wird, dann darf auch jeder einzelne auf Rettung hoffen: auf die Rettung, die von Gott kommt und die in der bleibenden Gemeinschaft mit Gott besteht.

ERSTE LESUNG

Jes 25, 6a.7–9

Gott, der Herr, beseitigt den Tod für immer

Lesung
aus dem Buch Jesája.

An jenem Tag
a **wird der Herr der Heere**
auf diesem Berg – dem Zion –
für alle Völker ein Festmahl geben.

Er zerreißt auf diesem Berg
die Hülle, die alle Nationen verhüllt,
und die Decke, die alle Völker bedeckt.

Er beseitigt den Tod für immer.
Gott, der Herr, wischt die Tränen ab von jedem Gesicht.
Auf der ganzen Erde
nimmt er von seinem Volk die Schande hinweg.
Ja, der Herr hat gesprochen.

An jenem Tag wird man sagen:
Seht, das ist unser Gott,
auf ihn haben wir unsere Hoffnung gesetzt,
er wird uns retten.
Das ist der Herr,
auf ihn setzen wir unsere Hoffnung.
Wir wollen jubeln
und uns freuen über seine rettende Tat.

ANTWORTPSALM

Ps 23 (22), 1–3.4.5.6 (R: 1)

℞ Der Herr ist mein Hirte, (GL 535, 6)
nichts wird mir fehlen. – ℞

Der Herr ist mein Hirte, nichts wird mir fehlen. † VI. Ton
Er läßt mich lagern auf grünen Auen *
und führt mich zum Ruheplatz am Wasser.

Er stillt mein Verlangen; *
er leitet mich auf rechten Pfaden, treu seinem Namen. – (℞)

4 Muß ich auch wandern in finsterer Schlucht, *
ich fürchte kein Unheil;

denn du bist bei mir, *
dein Stock und dein Stab geben mir Zuversicht. – (R)

5 Du deckst mir den Tisch *
vor den Augen meiner Feinde.

Du salbst mein Haupt mit Öl, *
du füllst mir reichlich den Becher. – (R)

6 Lauter Güte und Huld *
werden mir folgen mein Leben lang,

und im Haus des Herrn *
darf ich wohnen für lange Zeit.

R Der Herr ist mein Hirte,
nichts wird mir fehlen.

ZUR 2. LESUNG *In der Gemeinde von Philippi gab es Leute, die den Leib mißachteten, andere, die ihn überschätzten. Es ist ein armseliger Leib, sagt Paulus; aber Christus, der Auferstandene, hat die Macht, diesen Leib in seine eigene Herrlichkeit aufzunehmen, ihm den Glanz seiner Gottheit mitzuteilen. Bei ihm, „im Himmel", ist jetzt schon unsere Heimat. Er ist unsere Zukunft. Er stellt unser gegenwärtiges Leben und seine Werte in Frage; er zeigt uns das Bleibende.*

ZWEITE LESUNG Phil 3,20–21

Christus wird uns verwandeln in die Gestalt seines verherrlichten Leibes

Lesung aus dem Brief des Apostels Paulus an die Philípper.

Brüder!
20 **Unsere Heimat ist im Himmel.**
Von dorther erwarten wir auch Jesus Christus, den Herrn, als Retter,
21 **der unseren armseligen Leib verwandeln wird in die Gestalt seines verherrlichten Leibes,**
in der Kraft, mit der er sich alles unterwerfen kann.

RUF VOR DEM EVANGELIUM Vers: Mt 25, 34

Lob dir, Christus, König und Erlöser! – R

(So spricht der Herr:)

Kommt her, die ihr von meinem Vater gesegnet seid,
nehmt das Reich in Besitz,
das seit Erschaffung der Welt für euch bestimmt ist.

Lob dir, Christus, König und Erlöser!

ZUM EVANGELIUM *Der junge Mann aus Nain war das einzige Kind seiner Mutter. Jesus hat ihn auferweckt, um die Mutter zu trösten, aber auch, um die Macht der Liebe Gottes zu offenbaren, um zu sagen: Die Zeit ist gekommen, die Verheißungen gehen in Erfüllung, Tote stehen auf, den Armen wird das Evangelium verkündet.*

EVANGELIUM Lk 7, 11–17

Ich befehle dir, junger Mann: Steh auf!

✠ Aus dem heiligen Evangelium nach Lukas.

In jener Zeit
11 ging Jesus in eine Stadt namens Naïn;
seine Jünger und eine große Menschenmenge folgten ihm.

12 Als er in die Nähe des Stadttors kam,
trug man gerade einen Toten heraus.
Es war der einzige Sohn seiner Mutter, einer Witwe.
Und viele Leute aus der Stadt begleiteten sie.

13 Als der Herr die Frau sah,
hatte er Mitleid mit ihr
und sagte zu ihr: Weine nicht!
14 Dann ging er zu der Bahre hin und faßte sie an.
Die Träger blieben stehen,
und er sagte: Ich befehle dir, junger Mann: Steh auf!
15 Da richtete sich der Tote auf
und begann zu sprechen,
und Jesus gab ihn seiner Mutter zurück.

16 Alle wurden von Furcht ergriffen;
sie priesen Gott
und sagten: Ein großer Prophet ist unter uns aufgetreten:
Gott hat sich seines Volkes angenommen.
17 Und die Kunde davon
verbreitete sich überall in Judäa und im ganzen Gebiet ringsum.

Am Sonntag: Glaubensbekenntnis, S. 352 ff.
Fürbitten vgl. S. 794.

GABENGEBET

Herr, unser Gott,
nimm die Gabe an, die wir darbringen
für deine Diener und Dienerinnen
und für alle, die in Christus entschlafen sind.
Befreie durch dieses einzigartige Opfer
unsere Verstorbenen aus den Fesseln des Todes
und schenke ihnen das unvergängliche Leben.
Darum bitten wir durch Christus, unseren Herrn.

Präfation, S. 435 ff.

KOMMUNIONVERS Phil 3,20–21

Wir erwarten den Retter, den Herrn Jesus Christus,
der unseren armseligen Leib verwandeln wird
in die Gestalt seines verherrlichten Leibes.

SCHLUSSGEBET

Barmherziger Gott,
wir haben das Opfer dargebracht,
das du in Gnaden annimmst.
Erbarme dich unserer Verstorbenen.
Du hast sie in der Taufe als deine Kinder angenommen;
schenke ihnen in der Freude des Himmels
das verheißene Erbe.
Darum bitten wir durch Christus, unseren Herrn.

9. November

WEIHETAG DER LATERANBASILIKA

Fest

Die dem allerheiligsten Erlöser und seit dem 12. Jahrhundert auch dem hl. Johannes dem Täufer geweihte Lateranbasilika ist die älteste Papstkirche und führt den Titel „Mutter und Haupt aller Kirchen des Erdkreises". Im anliegenden Lateranpalast residierten die Päpste vom 4. bis zum 14. Jahrhundert. Die Kirche wurde von Kaiser Konstantin errichtet und im Jahr 324 von Papst Silvester I. eingeweiht. Die durch Brand, Erdbeben und Plünderungen heimgesuchte Kirche wurde im Lauf der Jahrhunderte wiederholt restauriert. Papst Benedikt XIII. hat sie am 28. April 1726 nach größeren Restaurationsarbeiten neu eingeweiht und den 9. November als Kirchweihtag der Basilika bestätigt.

Commune-Texte für Kirchweihe, S. 749 f.; außer:

ERSTE LESUNG Ez 47, 1–2.8–9.12

Ich sah, wie vom Tempel Wasser hervorströmte, und alle, zu denen das Wasser kam, wurden gerettet (vgl. Meßbuch: Antiphon zum sonntäglichen Taufgedächtnis)

Lesung
aus dem Buch Ezéchiel.

1 **Der Mann, der mich begleitete,**
führte mich zum Eingang des Tempels,
und ich sah,
wie unter der Tempelschwelle Wasser hervorströmte
und nach Osten floß;
denn die vordere Seite des Tempels schaute nach Osten.
Das Wasser floß unterhalb der rechten Seite des Tempels herab,
südlich vom Altar.

2 **Dann führte er mich durch das Nordtor hinaus**
und ließ mich außen herum zum äußeren Osttor gehen.
Und ich sah das Wasser an der Südseite hervorrieseln.

8 Er sagte zu mir:
Dieses Wasser fließt in den östlichen Bezirk,
es strömt in die Áraba hinab und läuft in das Meer,
in das Meer mit dem salzigen Wasser.
So wird das salzige Wasser gesund.
9 Wohin der Fluß gelangt,
da werden alle Lebewesen,
alles, was sich regt, leben können,
und sehr viele Fische wird es geben.
Weil dieses Wasser dort hinkommt,
werden die Fluten gesund;
wohin der Fluß kommt,
dort bleibt alles am Leben.
12 An beiden Ufern des Flusses wachsen alle Arten von Obstbäumen.
Ihr Laub wird nicht welken,
und sie werden nie ohne Frucht sein.
Jeden Monat tragen sie frische Früchte;
denn das Wasser des Flusses kommt aus dem Heiligtum.
Die Früchte werden als Speise
und die Blätter als Heilmittel dienen.

ANTWORTPSALM Ps 46 (45), 2–3.5–6.8–9 (R: vgl. 5)

R Des Stromes Wasser erquicken die Gottesstadt, (GL 645, 2)
des Höchsten heilige Wohnung. – R

2 Gott ist uns Zuflucht und Stärke, * VIII. Ton
ein bewährter Helfer in allen Nöten.
3 Darum fürchten wir uns nicht, wenn die Erde auch wankt, *
wenn Berge stürzen in die Tiefe des Meeres. – (R)
5 Die Wasser eines Stromes erquicken die Gottesstadt, *
des Höchsten heilige Wohnung.
6 Gott ist in ihrer Mitte, darum wird sie niemals wanken; *
Gott hilft ihr, wenn der Morgen anbricht. – (R)
8 Der Herr der Heerscharen ist mit uns, *
der Gott Jakobs ist unsre Burg.
9 Kommt und schaut die Taten des Herrn, *
der Furchtbares vollbringt auf der Erde. – R

ZWEITE LESUNG 1 Kor 3,9c–11.16–17

Ihr seid Gottes Tempel: der Geist Gottes wohnt in euch

Lesung
aus dem ersten Brief des Apostels Paulus an die Korínther.

Brüder!
c **Ihr seid Gottes Bau.**
0 **Der Gnade Gottes entsprechend, die mir geschenkt wurde,**
habe ich wie ein guter Baumeister den Grund gelegt;
ein anderer baut darauf weiter.
Aber jeder soll darauf achten, wie er weiterbaut.
1 **Denn einen anderen Grund kann niemand legen**
als den, der gelegt ist:
Jesus Christus.
6 **Wißt ihr nicht, daß ihr Gottes Tempel seid**
und der Geist Gottes in euch wohnt?
7 **Wer den Tempel Gottes verdirbt,**
den wird Gott verderben.
Denn Gottes Tempel ist heilig,
und der seid ihr.

RUF VOR DEM EVANGELIUM Vers: vgl. 2 Chr 7,16

Halleluja. Halleluja.

(So spricht Gott, der Herr:)
Ich habe dieses Haus erwählt und geheiligt,
damit mein Name hier sei auf ewig.

Halleluja.

EVANGELIUM Joh 2,13–22

Reißt diesen Tempel nieder, in drei Tagen werde ich ihn wieder auferbauen. Er meinte den Tempel seines Leibes

✠ Aus dem heiligen Evangelium nach Johannes.

3 **Das Paschafest* der Juden war nahe,**
und Jesus zog nach Jerusalem hinauf.
4 **Im Tempel fand er die Verkäufer von Rindern, Schafen und Tauben**
und die Geldwechsler, die dort saßen.

* Sprich: Pas-chafest.

15 **Er machte eine Geißel aus Stricken**
und trieb sie alle aus dem Tempel hinaus,
dazu die Schafe und Rinder;
das Geld der Wechsler schüttete er aus,
und ihre Tische stieß er um.

16 **Zu den Taubenhändlern sagte er:**
Schafft das hier weg,
macht das Haus meines Vaters nicht zu einer Markthalle!
17 **Seine Jünger erinnerten sich an das Wort der Schrift:**
Der Eifer für dein Haus verzehrt mich.

18 **Da stellten ihn die Juden zur Rede:**
Welches Zeichen läßt du uns sehen
als Beweis, daß du dies tun darfst?

19 **Jesus antwortete ihnen: Reißt diesen Tempel nieder,**
in drei Tagen werde ich ihn wieder aufrichten.

20 **Da sagten die Juden:**
Sechsundvierzig Jahre wurde an diesem Tempel gebaut,
und du willst ihn in drei Tagen wieder aufrichten?
21 **Er aber meinte den Tempel seines Leibes.**

22 **Als er von den Toten auferstanden war,**
erinnerten sich seine Jünger, daß er dies gesagt hatte,
und sie glaubten der Schrift
und dem Wort, das Jesus gesprochen hatte.

8. Dezember

HOCHFEST DER OHNE ERBSÜNDE EMPFANGENEN JUNGFRAU UND GOTTESMUTTER MARIA

Die Glaubenslehre, daß Maria vom ersten Augenblick ihres Lebens an von aller Erbschuld frei war, wird ausdrücklich in der Heiligen Schrift nicht ausgesprochen, doch wurden einige Aussagen der Schrift schon früh in dem Sinn verstanden, daß Maria das reinste, in einmaliger Weise von Gott bevorzugte Geschöpf war, die neue Eva, die ohne Sünde blieb und so zur „Mutter aller Lebenden" werden konnte. Dabei bleibt klar,

1. daß Maria auf natürliche Weise als Kind ihrer Eltern geboren wurde und 2. daß auch sie alle Gnade durch Jesus Christus, durch seinen Kreuzestod, empfangen hat.

Das Dogma *„Zu Ehren der Heiligen und Ungeteilten Dreifaltigkeit, zu Schmuck und Zierde der jungfräulichen Gottesmutter, zur Erhöhung des katholischen Glaubens und zur Mehrung der christlichen Religion, in der Autorität unseres Herrn Jesus Christus, der seligen Apostel Petrus und Paulus und der Unseren erklären, verkünden und definieren Wir: Die Lehre, daß die seligste Jungfrau Maria im ersten Augenblick ihrer Empfängnis durch ein einzigartiges Gnadenprivileg des allmächtigen Gottes, im Hinblick auf die Verdienste Jesu Christi, des Erretters des Menschengeschlechtes, von jedem Schaden der Erbsünde unversehrt bewahrt wurde, ist von Gott geoffenbart und darum von allen Gläubigen fest und beständig zu glauben." (Pius IX., Apostolisches Schreiben „Ineffabilis Deus", verkündet am 8. Dezember 1854)*

ERÖFFNUNGSVERS

Jes 61, 10

Von Herzen will ich mich freuen über den Herrn.
Meine Seele soll jubeln über meinen Gott.
Denn er kleidet mich in Gewänder des Heils,
er hüllt mich in den Mantel der Rettung
und schmückt mich köstlich wie eine Braut.

Ehre sei Gott, S. 348 ff.

TAGESGEBET

Großer und heiliger Gott,
im Hinblick auf den Erlösertod Christi
hast du die selige Jungfrau Maria
schon im ersten Augenblick ihres Daseins
vor jeder Sünde bewahrt,
um deinem Sohn eine würdige Wohnung zu bereiten.
Höre auf ihre Fürsprache:
Mache uns frei von Sünden
und erhalte uns in deiner Gnade,
damit wir mit reinem Herzen zu dir gelangen.
Darum bitten wir durch Jesus Christus.

ZUR 1. LESUNG *Die Geschichte vom verlorenen Paradies ist wahr. Gott will dem Menschen seine Nähe und Freundschaft schenken, das ist der Sinn des „Gartens". Aber Gott kann nur dem etwas schenken, der bereit ist, es sich schenken zu lassen. Der Mensch mit der gierig raffenden Hand muß schließlich sehen, daß er arm und nackt ist. Aber Gott kümmert sich auch weiterhin um den Menschen. Die Rückkehr zu Gott, zum Leben, zum Glück ist dem Menschen verheißen und aufgetragen. Einer wird kommen, der dem tödlichen Unsinn ein Ende macht und den Menschen eine neue Zukunft gibt.*

ERSTE LESUNG Gen 3,9–15.20

Feindschaft setze ich zwischen dich und die Frau, zwischen deinen Nachwuchs und den Nachwuchs der Frau

Lesung aus dem Buch Génesis.

Nachdem Adam vom Baum gegessen hatte,
9 **rief Gott, der Herr, ihm zu**
und sprach: Wo bist du?
10 **Er antwortete: Ich habe dich im Garten kommen hören;**
da geriet ich in Furcht, weil ich nackt bin,
und versteckte mich.
11 **Darauf fragte er: Wer hat dir gesagt, daß du nackt bist?**
Hast du von dem Baum gegessen,
von dem zu essen ich dir verboten habe?
12 **Adam antwortete:**
Die Frau, die du mir beigesellt hast,
sie hat mir von dem Baum gegeben,
und so habe ich gegessen.
13 **Gott, der Herr, sprach zu der Frau:**
Was hast du da getan?
Die Frau antwortete:
Die Schlange hat mich verführt,
und so habe ich gegessen.
14 **Da sprach Gott, der Herr, zur Schlange:**
Weil du das getan hast, bist du verflucht
unter allem Vieh und allen Tieren des Feldes.
Auf dem Bauch sollst du kriechen
und Staub fressen alle Tage deines Lebens.

15 **Feindschaft setze ich zwischen dich und die Frau,**
zwischen deinen Nachwuchs und ihren Nachwuchs.
Er trifft dich am Kopf,
und du triffst ihn an der Ferse.

20 **Adam nannte seine Frau Eva – Leben –,**
denn sie wurde die Mutter aller Lebendigen.

ANTWORTPSALM Ps 98 (97), 1.2–3b.3c–4 (R: 1ab)

℟ **Singet dem Herrn ein neues Lied;** (GL 600, 1)
denn er hat wunderbare Taten vollbracht. – ℟

1 **Singet dem Herrn ein neues Lied; *** I. Ton
denn er hat wunderbare Taten vollbracht.

Er hat mit seiner Rechten geholfen *
und mit seinem heiligen Arm. – (℟)

2 **Der Herr hat sein Heil bekannt gemacht ***
und sein gerechtes Wirken enthüllt vor den Augen der Völker.

3ab **Er dachte an seine Huld ***
und an seine Treue zum Hause Israel. – (℟)

3cd **Alle Enden der Erde ***
sahen das Heil unsres Gottes.

4 **Jauchzt vor dem Herrn, alle Länder der Erde, ***
freut euch, jubelt und singt! – ℟

ZUR 2. LESUNG *Am Anfang des Epheserbriefs steht ein hymnischer Lobpreis, der alles Handeln Gottes in dem Wort „Segen" zusammenfaßt. Der Inbegriff alles Segens ist die Gabe des Heiligen Geistes und die Gemeinschaft mit Christus. Von Sünde ist in diesem Abschnitt nur indirekt die Rede: durch das Blut Christi haben wir die Erlösung, die Vergebung der Sünden (1, 7).*

ZWEITE LESUNG Eph 1, 3–6.11–12

In Christus hat Gott uns erwählt vor der Erschaffung der Welt, zum Lob seiner herrlichen Gnade

Lesung
aus dem Brief des Apostels Paulus an die Épheser.

3 **Gepriesen sei Gott,**
der Gott und Vater unseres Herrn Jesus Christus.

Er hat uns mit allem Segen seines Geistes gesegnet
durch unsere Gemeinschaft mit Christus im Himmel.

4 **Denn in ihm hat er uns erwählt vor der Erschaffung der Welt,**
damit wir heilig und untadelig leben vor Gott;
5 **er hat uns aus Liebe im voraus dazu bestimmt,**
seine Söhne zu werden durch Jesus Christus
und zu ihm zu gelangen nach seinem gnädigen Willen,
6 **zum Lob seiner herrlichen Gnade.**
Er hat sie uns geschenkt in seinem geliebten Sohn.

11 **Durch ihn sind wir auch als Erben vorherbestimmt und eingesetzt**
nach dem Plan dessen, der alles so verwirklicht,
wie er es in seinem Willen beschließt;
12 **wir sind zum Lob seiner Herrlichkeit bestimmt,**
die wir schon früher auf Christus gehofft haben.

RUF VOR DEM EVANGELIUM — Vers: vgl. Lk 1,28

Halleluja. Halleluja.

Gegrüßet seist du, Maria, voll der Gnade,
der Herr ist mit dir,
du bist gebenedeit unter den Frauen.

Halleluja.

ZUM EVANGELIUM *Maria wird vom Engel als die Frau begrüßt, die mehr als alle anderen begnadet ist. Sie steht in der Reihe der großen Erwählten (Abraham, David) und überragt sie alle. Sie ist der neue Zion, das wahre Jerusalem, Gegenstand der besonderen Liebe Gottes und Ort seiner heiligen Gegenwart.*

EVANGELIUM — Lk 1,26–38

Sei gegrüßt, du Begnadete, der Herr ist mit dir

✠ **Aus dem heiligen Evangelium nach Lukas.**

26 **In jener Zeit wurde der Engel Gábriel**
von Gott in eine Stadt in Galiláa namens Nazaret
27 **zu einer Jungfrau gesandt.**
Sie war mit einem Mann namens Josef verlobt,
der aus dem Haus David stammte.
Der Name der Jungfrau war Maria.

28 **Der Engel trat bei ihr ein**
und sagte: Sei gegrüßt, du Begnadete,
der Herr ist mit dir.
29 **Sie erschrak über die Anrede**
und überlegte, was dieser Gruß zu bedeuten habe.
30 **Da sagte der Engel zu ihr: Fürchte dich nicht, Maria;**
denn du hast bei Gott Gnade gefunden.
31 **Du wirst ein Kind empfangen,**
einen Sohn wirst du gebären:
dem sollst du den Namen Jesus geben.
32 **Er wird groß sein**
und Sohn des Höchsten genannt werden.
Gott, der Herr, wird ihm den Thron seines Vaters David geben.
33 **Er wird über das Haus Jakob in Ewigkeit herrschen,**
und seine Herrschaft wird kein Ende haben.

34 **Maria sagte zu dem Engel:**
Wie soll das geschehen, da ich keinen Mann erkenne?

35 **Der Engel antwortete ihr:**
Der Heilige Geist wird über dich kommen,
und die Kraft des Höchsten wird dich überschatten.
Deshalb wird auch das Kind heilig
und Sohn Gottes genannt werden.
36 **Auch Elisabet, deine Verwandte,**
hat noch in ihrem Alter einen Sohn empfangen;
obwohl sie als unfruchtbar galt,
ist sie jetzt schon im sechsten Monat.
37 **Denn für Gott ist nichts unmöglich.**

38 **Da sagte Maria:**
Ich bin die Magd des Herrn;
mir geschehe, wie du es gesagt hast.

Danach verließ sie der Engel.

Glaubensbekenntnis, S. 352 ff.
Fürbitten vgl. S. 792 f.

ZUR EUCHARISTIEFEIER *Segen, Gemeinschaft, Liebe: alles will Gott uns geben durch Jesus Christus. Und alles ist Gnade, das heißt Geschenk. Die Antwort hat uns Maria gelehrt: Danksagung, Lobpreis, Anbetung.*

GABENGEBET

Herr, unser Gott,
in deiner Gnade
hast du die selige Jungfrau Maria auserwählt
und vor jeder Sünde bewahrt.
An ihrem Fest feiern wir das Opfer,
das alle Schuld der Menschen tilgt.
Befreie uns auf ihre Fürsprache
aus der Verstrickung in das Böse,
damit auch wir heilig und makellos vor dir stehen.
Darum bitten wir durch Christus, unseren Herrn.

Präfation, S. 432.

KOMMUNIONVERS

Großes hat man von dir gesagt, Maria,
denn aus dir ging hervor die Sonne der Gerechtigkeit,
Christus, unser Gott.

SCHLUSSGEBET

Herr und Gott,
das Sakrament, das wir empfangen haben,
heile in uns die Wunden jener Schuld,
vor der du die allerseligste Jungfrau Maria
vom ersten Augenblick ihres Daseins an
auf einzigartige Weise bewahrt hast.
Darum bitten wir durch Christus, unseren Herrn.

26. Dezember

HL. STEPHANUS, ERSTER MÄRTYRER

Fest

Unter den sieben Diakonen der Gemeinde von Jerusalem (Apg 6,5) ragte Stephanus heraus als ein Mann voll Heiligen Geistes. Seine Auseinandersetzung mit den Führern des hellenistischen Judentums endete damit, daß Stephanus vor den Hohen Rat geschleppt und zum Tod verurteilt wurde. Stephanus ist das Urbild des christlichen Märtyrers; er hat Jesus als den gekreuzigten und in die Herrlichkeit Gottes erhobenen Messias verkündet; er hat „den Menschensohn zur Rechten Gottes stehend" geschaut und für ihn Zeugnis abgelegt durch sein Wort und mit seinem Blut.

ERÖFFNUNGSVERS

Das Tor des Himmels öffnete sich für Stephanus.
Er zog als erster der Blutzeugen ein
und empfing die Krone der Herrlichkeit.

Ehre sei Gott, S. 348 ff.

TAGESGEBET

Allmächtiger Gott,
wir ehren am heutigen Fest
den ersten Märtyrer deiner Kirche.
Gib, daß auch wir unsere Feinde lieben
und so das Beispiel
des heiligen Stephanus nachahmen,
der sterbend für seine Verfolger gebetet hat.
Darum bitten wir durch Jesus Christus.

ZUR 1. LESUNG *Die zum Dienst an den Tischen der Armen eingesetzten Diakone in Jerusalem warben durch Wort und Tat für den „Weg", den sie entdeckt hatten, für den Namen, der für sie alle Hoffnung in sich schloß. Stephanus stieß auf den heftigsten Widerstand bei den Leuten seiner Synagoge; das waren „Hellenisten", griechisch sprechende Juden aus der Diaspora. Die Rede des Stephanus vor dem Hohen Rat hat programmatische Bedeutung. Sein Martyrium war das Signal zur ersten größeren Verfolgung; es markiert eine Wende in der Geschichte des jungen Christentums.*

ERSTE LESUNG Apg 6,8–10; 7,54–60

Ich sehe den Himmel offen

Lesung
aus der Apostelgeschichte.

In jenen Tagen
8 tat Stephanus,
voll Gnade und Kraft,
Wunder und große Zeichen unter dem Volk.
9 Doch einige von der sogenannten Synagoge der Libertíner
und Zyrenäer und Alexandríner
und Leute aus Zilízien und der Provinz Asien
erhoben sich, um mit Stephanus zu streiten;
10 aber sie konnten der Weisheit und dem Geist, mit dem er sprach,
nicht widerstehen.

54 Als sie seine Rede hörten,
waren sie aufs äußerste über ihn empört
und knirschten mit den Zähnen.
55 Er aber, erfüllt vom Heiligen Geist,
blickte zum Himmel empor,
sah die Herrlichkeit Gottes und Jesus zur Rechten Gottes stehen
56 und rief:
Ich sehe den Himmel offen
und den Menschensohn zur Rechten Gottes stehen.

57 Da erhoben sie ein lautes Geschrei,
hielten sich die Ohren zu,
stürmten gemeinsam auf ihn los,
58 trieben ihn zur Stadt hinaus und steinigten ihn.
Die Zeugen legten ihre Kleider
zu Füßen eines jungen Mannes nieder, der Saulus hieß.
59 So steinigten sie Stephanus;
er aber betete
und rief: Herr Jesus, nimm meinen Geist auf!
60 Dann sank er in die Knie
und schrie laut:
Herr, rechne ihnen diese Sünde nicht an!

Nach diesen Worten starb er.

ANTWORTPSALM Ps 31 (30), 3b–4.6 u. 8.16–17 (R: vgl. 6a)

R Herr, in deine Hände lege ich meinen Geist. – R (GL 203,1)

b Sei mir ein schützender Fels, * IV. Ton
eine feste Burg, die mich rettet.

Denn du bist mein Fels und meine Burg; *
um deines Namens willen wirst du mich führen und leiten. – (R)

In deine Hände lege ich voll Vertrauen meinen Geist; *
du hast mich erlöst, Herr, du treuer Gott.

Ich will jubeln und über deine Huld mich freuen; †
denn du hast mein Elend angesehn, *
du bist mit meiner Not vertraut. – (R)

6 In deiner Hand liegt mein Geschick; *
entreiß mich der Hand meiner Feinde und Verfolger!

7 Laß dein Angesicht leuchten über deinem Knecht, *
hilf mir in deiner Güte! – R

RUF VOR DEM EVANGELIUM Vers: Ps 118 (117), 26a.27a

Halleluja. Halleluja.

Gesegnet sei, der kommt im Namen des Herrn.
Gott, der Herr, erleuchte uns.

Halleluja.

ZUM EVANGELIUM *Wiederholt und nachdrücklich hat Jesus seine Jünger darauf hingewiesen, was sie von den „Menschen“ zu erwarten haben. „Menschen“ werden hier die genannt, die von den Wegen Gottes nichts wissen wollen und es außerdem für nötig halten, diesen ganzen christlichen „Aberglauben“ aus der Welt zu schaffen. Dafür setzen sie verschiedene Mittel ein, von der gleichgültigen Duldung bis zur brutalen Verfolgung. Aber die Verfolger sind schlechter daran als die Verfolgten. In der Treue und Liebe schwacher Menschen wird Gottes Kraft offenbar.*

EVANGELIUM Mt 10, 17–22

Nicht ihr werdet dann reden, sondern der Geist eures Vaters wird durch euch reden

✠ **Aus dem heiligen Evangelium nach Matthäus.**

In jener Zeit sprach Jesus zu seinen Jüngern:
17 **Nehmt euch vor den Menschen in acht!**
Denn sie werden euch vor die Gerichte bringen
und in ihren Synagogen auspeitschen.
18 **Ihr werdet um meinetwillen vor Statthalter und Könige geführt,**
damit ihr vor ihnen und den Heiden Zeugnis ablegt.
19 **Wenn man euch vor Gericht stellt,**
macht euch keine Sorgen, wie und was ihr reden sollt;
denn es wird euch in jener Stunde eingegeben,
was ihr sagen sollt.
20 **Nicht ihr werdet dann reden,**
sondern der Geist eures Vaters wird durch euch reden.
21 **Brüder werden einander dem Tod ausliefern**
und Väter ihre Kinder,
und die Kinder werden sich gegen ihre Eltern auflehnen
und sie in den Tod schicken.
22 **Und ihr werdet um meines Namens willen**
von allen gehaßt werden;
wer aber bis zum Ende standhaft bleibt,
der wird gerettet.

ZUR EUCHARISTIEFEIER *Opfergaben, die von Menschen dargebracht werden, sind Zeichen und Ersatz. Gemeint ist im Grunde der Gebende selbst, der sich Gott weihen will. Jesus Christus hat sich selbst hingegeben, und die Märtyrer folgen seinem Beispiel.*

GABENGEBET

Herr, unser Gott,
schau gütig auf dein Volk,
das mit Freude und Hingabe
den Festtag des heiligen Stephanus feiert,
und nimm unsere Gaben an.
Darum bitten wir durch Christus, unseren Herrn.

Präfation von Weihnachten, S. 405 f.

KOMMUNIONVERS Apg 7, 59

Die Menge steinigte den Stephanus.
Er aber betete und rief: Herr Jesus, nimm meinen Geist auf!

SCHLUSSGEBET

Herr, unser Gott,
wir danken dir
für die Gnade dieser festlichen Tage.
In der Geburt deines Sohnes
schenkst du uns das Heil;
im Sterben des heiligen Stephanus
zeigst du uns das Beispiel
eines unerschrockenen Glaubenszeugen.
Wir bitten dich:
Stärke unsere Bereitschaft,
deinen Sohn, unseren Herrn Jesus Christus,
standhaft zu bekennen,
der mit dir lebt und herrscht in alle Ewigkeit.

27. Dezember

HL. JOHANNES, APOSTEL, EVANGELIST

Fest

Der Apostel Johannes, nach der Überlieferung Verfasser des vierten Evangeliums und dreier Briefe, war ein Bruder Jakobus' des Älteren und stammte aus Betsaida, wo sein Vater Zebedäus die Fischerei betrieb. Johannes war kaum jener sanfte Jüngling, den uns die christliche Kunst gemalt hat; er hatte wie sein Bruder ein heftiges Temperament, Jesus nannte die beiden „Donnersöhne". Johannes war zuerst Jünger des Täufers gewesen, dann folgte er Jesus. Das besondere Vertrauen, das Jesus zu ihm hatte, zeigte sich darin, daß er ihm sterbend seine Mutter anvertraute (Joh 19, 26–27). Über das spätere Schicksal des Johannes ist wenig Sicheres bekannt.

ERÖFFNUNGSVERS

**Johannes ruhte beim Abendmahl an der Brust des Herrn.
Ihm wurden die Geheimnisse des Himmels enthüllt.
Die Worte des Lebens hat er dem ganzen Erdkreis verkündet.**

Oder: Vgl. Sir 15,5

**Inmitten der Gemeinde öffnete der Herr ihm den Mund
und erfüllte ihn mit dem Geist der Weisheit und der Einsicht.
Das Kleid der Herrlichkeit zog er ihm an.**

Ehre sei Gott, S. 348ff.

TAGESGEBET

**Allmächtiger Gott,
du hast uns durch den Evangelisten Johannes
einen Zugang eröffnet
zum Geheimnis deines ewigen Wortes.
Laß uns mit erleuchtetem Verstand
und liebendem Herzen erfassen,
was er in gewaltiger Sprache verkündet hat.
Darum bitten wir durch Jesus Christus.**

ZUR 1. LESUNG *Der erste Johannesbrief richtet sich gegen Irrlehren, die um die Wende vom ersten zum zweiten Jahrhundert die christliche Kirche bedrohten. Ihnen stehen die zwei großen Anliegen dieses Briefs gegenüber: 1. der rechte Glaube an Jesus Christus als Sohn Gottes und wahren Menschen, 2. die Verwirklichung dieses Glaubens in einem Leben, das von der Liebe bestimmt wird. Der Verfasser stellt sich selbst als Zeugen vor, der das, was er verkündet, gesehen und gehört, ja mit seinen eigenen Händen berührt hat: „das ewige Leben, das beim Vater war und uns erschienen ist" in der Person Jesu. Johannes wirbt für die Botschaft von Christus; es drängt ihn, das weiterzugeben, was er selbst empfangen hat: den Glauben, die Freude. Diese Freude ist nicht ein fertiger Zustand; sie ist ebenso wie der Glaube ein immer neues Ereignis, Gabe und Aufgabe zugleich.*

ERSTE LESUNG 1 Joh 1, 1–4

Was wir gesehen und gehört haben, das verkünden wir auch euch

Lesung
aus dem ersten Johannesbrief.

Brüder!
1 **Was von Anfang an war,**
was wir gehört haben,
was wir mit unseren Augen gesehen,
was wir geschaut und was unsere Hände angefaßt haben,
das verkünden wir:
das Wort des Lebens.

2 **Denn das Leben wurde offenbart;**
wir haben gesehen und bezeugen
und verkünden euch das ewige Leben,
das beim Vater war und uns offenbart wurde.

3 **Was wir gesehen und gehört haben,**
das verkünden wir auch euch,
damit auch ihr Gemeinschaft mit uns habt.
Wir aber haben Gemeinschaft mit dem Vater
und mit seinem Sohn Jesus Christus.

4 **Wir schreiben dies,**
damit unsere Freude vollkommen ist.

ANTWORTPSALM Ps 97 (96), 1–2.5–6.11–12 (R: 12a)

℟ Ihr Gerechten, freut euch am Herrn! – ℟ (GL 149, 3)

1 **Der Herr ist König. Die Erde frohlocke. *** V. Ton
Freuen sollen sich die vielen Inseln.

2 **Rings um ihn her sind Wolken und Dunkel, ***
Gerechtigkeit und Recht sind die Stützen seines Throns. – (℟)

5 **Berge schmelzen wie Wachs vor dem Herrn, ***
vor dem Antlitz des Herrschers aller Welt.

6 **Seine Gerechtigkeit verkünden die Himmel, ***
seine Herrlichkeit schauen alle Völker. – (℟)

11 **Ein Licht erstrahlt den Gerechten ***
und Freude den Menschen mit redlichem Herzen.

12 **Ihr Gerechten, freut euch am Herrn, ***
und lobt seinen heiligen Namen! – ℟

RUF VOR DEM EVANGELIUM

Halleluja. Halleluja.

Dich, Gott, loben wir, dich, Herr, preisen wir.
Dich preist der glorreiche Chor der Apostel.

Halleluja.

ZUM EVANGELIUM *Der Jünger, „den Jesus liebte" (Joh 20, 2), ist nach Joh 21, 20 der Jünger, der sich beim Abendmahl an die Brust Jesu gelehnt und gefragt hatte: Herr, wer ist es, der verrät? Er wird im Evangelium nie mit Namen genannt, nicht ausdrücklich mit Johannes, dem Sohn des Zebedäus, gleichgesetzt. Aber diese Gleichsetzung wurde in der christlichen Kirche schon früh vollzogen, und der Wettlauf der beiden Jünger zum Grab Jesu wurde als Wettlauf zwischen Amt und Geist, zwischen Recht und Liebe gedeutet: Petrus als Vertreter der Amtskirche, Johannes, der Lieblingsjünger, als Vertreter der vom Geist getragenen Liebeskirche. Oder auch: Petrus als Vertreter des Judenchristentums, dessen Vorrangstellung anerkannt wird, und Johannes als Vertreter des Heidenchristentums, das eine größere Bereitschaft zum Glauben bewiesen hat. Der Abschnitt Joh 20, 1–8 zeigt aber, daß solche Gegenüberstellungen in Wirklichkeit nicht viel bedeuten. Beide Jünger liefen zum Grab, so schnell sie konnten; beide sahen zunächst nur das leere Grab. Von Johannes wird gesagt: „Er sah und glaubte"; aber er konnte ebenso wie Petrus nur durch göttliche Erleuchtung zum Glauben an die Auferstehung Jesu kommen.*

EVANGELIUM Joh 20, 2–8

Auch der andere Jünger, der zuerst an das Grab gekommen war, ging hinein; er sah und glaubte

✠ Aus dem heiligen Evangelium nach Johannes.

2 **Am ersten Tag der Woche**
lief Maria von Mágdala schnell zu Simon Petrus
und dem Jünger, den Jesus liebte,
und sagte zu ihnen:

Man hat den Herrn aus dem Grab weggenommen,
und wir wissen nicht, wohin man ihn gelegt hat.

Da gingen Petrus und der andere Jünger hinaus
und kamen zum Grab;
sie liefen beide zusammen dorthin,
aber weil der andere Jünger schneller war als Petrus,
kam er als erster ans Grab.
Er beugte sich vor
und sah die Leinenbinden liegen,
ging aber nicht hinein.

Da kam auch Simon Petrus, der ihm gefolgt war,
und ging in das Grab hinein.
Er sah die Leinenbinden liegen
und das Schweißtuch, das auf dem Kopf Jesu gelegen hatte;
es lag aber nicht bei den Leinenbinden,
sondern zusammengebunden daneben
an einer besonderen Stelle.
Da ging auch der andere Jünger,
der zuerst an das Grab gekommen war, hinein;
er sah und glaubte.

GABENGEBET

Allmächtiger Gott,
heilige die Gaben, die wir darbringen,
und laß uns im heiligen Mahl
das Geheimnis deines ewigen Wortes erfassen,
das du dem Evangelisten Johannes
in dieser Feier erschlossen hast.
Darum bitten wir durch Christus, unseren Herrn.

Präfation von Weihnachten, S. 405 f.

KOMMUNIONVERS Joh 1, 14.16

Das Wort ist Fleisch geworden und hat unter uns gewohnt. Aus seiner Fülle haben wir alle empfangen.

SCHLUSSGEBET

Allmächtiger Gott,
der heilige Apostel Johannes
hat deinen Sohn verkündet
als das Wort, das Fleisch geworden ist.
Gib, daß Christus durch diese Feier
immer unter uns wohne,
damit wir die Fülle deiner Gnade empfangen.
Darum bitten wir durch Christus, unseren Herrn.

28. Dezember

UNSCHULDIGE KINDER

Fest

Die Erzählung vom Kindermord in Betlehem steht bei Mt 2, 16–18; Matthäus sieht in diesem schrecklichen Vorgang das Wort des Propheten Jeremia (31, 15) erfüllt. Einen liturgischen Gedenktag dieser kindlichen „Blutzeugen" im Anschluß an Weihnachten gibt es seit dem 5. Jahrhundert. Cäsarius von Arles, Augustinus und andere Kirchenväter haben die kindlichen Märtyrer gerühmt, denen es vergönnt war, nicht nur als Zeugen für Jesus, sondern stellvertretend für ihn zu sterben.

ERÖFFNUNGSVERS

Die Unschuldigen Kinder erlitten für Christus den Tod.
Nun folgen sie dem Lamm und singen sein Lob.

Ehre sei Gott, S. 348 ff.

TAGESGEBET

Vater im Himmel,
nicht mit Worten
haben die Unschuldigen Kinder dich gepriesen,
sie haben dich verherrlicht durch ihr Sterben.
Gib uns die Gnade,
daß wir in Worten und Taten
unseren Glauben an dich bekennen.
Darum bitten wir durch Jesus Christus.

ZUR 1. LESUNG *„Gott ist Licht", er ist die Helligkeit, die wir brauchen, um als Menschen und als Christen leben zu können. Das geschaffene Licht ist von ihm ein Gleichnis. Licht und Leben gehören ebenso zusammen wie Finsternis und Tod. Das gilt im physischen Leben und erst recht in der geistigen Wirklichkeit. Seitdem Christus, das wahre Licht, in die Welt gekommen ist, steht der Mensch eindeutiger als bisher vor der Entscheidung; er kann „im Licht leben" (1 Joh 1,7), d. h. sich nach der offenbar gewordenen Wahrheit Gottes richten, oder er kann in der Finsternis bleiben und aus seinem Leben eine Lüge machen. „Im Licht" lebt, wer glaubt und bekennt: „Jesus Christus ist im Fleisch gekommen" (4,2; vgl. 2,22), er ist wahrer Mensch geworden; wer den Bruder liebt (2,9–10); wer weiß und anerkennt, daß er ein Sünder ist (1,9). Für den, der sich als Sünder bekennt, gibt es Rettung; das Licht ist stärker als die Finsternis.*

ERSTE LESUNG 1 Joh 1,5 – 2,2

Das Blut Jesu reinigt uns von aller Sünde

**Lesung
aus dem ersten Johannesbrief.**

Brüder!
5 Das ist die Botschaft,
die wir von Jesus Christus gehört haben und euch verkünden:
Gott ist Licht, und keine Finsternis ist in ihm.
6 Wenn wir sagen, daß wir Gemeinschaft mit ihm haben,
und doch in der Finsternis leben,
lügen wir und tun nicht die Wahrheit.
7 Wenn wir aber im Licht leben, wie er im Licht ist,
haben wir Gemeinschaft miteinander,
und das Blut seines Sohnes Jesus reinigt uns von aller Sünde.
8 Wenn wir sagen, daß wir keine Sünde haben,
führen wir uns selbst in die Irre,
und die Wahrheit ist nicht in uns.
9 Wenn wir unsere Sünden bekennen,
ist er treu und gerecht;
er vergibt uns die Sünden und reinigt uns von allem Unrecht.

10 Wenn wir sagen, daß wir nicht gesündigt haben,
machen wir ihn zum Lügner,
und sein Wort ist nicht in uns.

1 Meine Kinder, ich schreibe euch dies, damit ihr nicht sündigt.
Wenn aber einer sündigt,
haben wir einen Beistand beim Vater:
Jesus Christus, den Gerechten.
2 Er ist die Sühne für unsere Sünden,
aber nicht nur für unsere Sünden,
sondern auch für die der ganzen Welt.

ANTWORTPSALM

Ps 124 (123), 2–3.4–5.7–8 (R: 7a)

R Unsre Seele ist wie ein Vogel dem Netz des Jägers entkommen. – R

(GL 528, 2)

IV. Ton

2 Hätte sich nicht der Herr für uns eingesetzt, *
als sich gegen uns Menschen erhoben,

3 dann hätten sie uns lebendig verschlungen, *
als gegen uns ihr Zorn entbrannt war. – (R)

4 Dann hätten die Wasser uns weggespült, *
hätte sich über uns ein Wildbach ergossen.

5 Dann hätten sich über uns die Wasser ergossen, *
die wilden und wogenden Wasser. – (R)

7 Unsre Seele ist wie ein Vogel dem Netz des Jägers entkommen; *
das Netz ist zerrissen, und wir sind frei.

8 Unsre Hilfe steht im Namen des Herrn, *
der Himmel und Erde gemacht hat. – R

RUF VOR DEM EVANGELIUM

Halleluja. Halleluja.

Dich, Gott, loben wir, dich, Herr, preisen wir.
Dich preist der Märtyrer leuchtendes Heer.

Halleluja.

ZUM EVANGELIUM *Neben Verehrung und Anbetung stehen an der Wiege des Messiaskindes Haß und Verfolgung. Der „neugeborene*

König der Juden" war unerwünscht. Als Herodes von ihm hörte, „erschrak er und ganz Jerusalem mit ihm" (Mt 2,3). So war nach der jüdischen Legende auch der Pharao erschrocken, als ihm die Geburt des Mose berichtet wurde. Aber hier ist mehr als Mose; hier ist der Befreier, der sein Volk von seinen Sünden erlösen soll (Mt 1,21). Das Geschick des Kindes läßt bereits die Zukunft ahnen: Jesus wird von seinem Volk verworfen. Die Geschichte von dem grausamen Kindermord kann nicht als unmöglich gelten; sie entspricht dem Charakter des Herodes, wie er uns auch aus anderen Quellen bekannt ist. Es kann aber auch nicht bezweifelt werden, daß dieser Teil der Kindheitsgeschichte Jesu von anderen Überlieferungen beeinflußt ist, vor allem von der Kindheitsgeschichte des Mose. Vom Alten Bund her deutet der Evangelist die Person Jesu, seine Sendung und sein Schicksal.

EVANGELIUM Mt 2,13–18

Herodes ließ in Betlehem alle Knaben töten

✠ **Aus dem heiligen Evangelium nach Matthäus.**

3 Als die Sterndeuter wieder gegangen waren,
erschien dem Josef im Traum ein Engel des Herrn
und sagte: Steh auf,
nimm das Kind und seine Mutter,
und flieh nach Ägypten;
dort bleibe, bis ich dir etwas anderes auftrage;
denn Herodes wird das Kind suchen,
um es zu töten.

4 Da stand Josef in der Nacht auf
und floh mit dem Kind und dessen Mutter nach Ägypten.
5 Dort blieb er bis zum Tod des Herodes.
Denn es sollte sich erfüllen,
was der Herr durch den Propheten gesagt hat:
Aus Ägypten habe ich meinen Sohn gerufen.

6 Als Herodes merkte, daß ihn die Sterndeuter getäuscht hatten,
wurde er sehr zornig,
und er ließ in Betlehem und der ganzen Umgebung
alle Knaben bis zum Alter von zwei Jahren töten,

genau der Zeit entsprechend,
die er von den Sterndeutern erfahren hatte.

17 Damals erfüllte sich,
was durch den Propheten Jeremía gesagt worden ist:

18 Ein Geschrei war in Rama zu hören,
lautes Weinen und Klagen:
Rahel weinte um ihre Kinder
und wollte sich nicht trösten lassen,
denn sie waren dahin.

GABENGEBET

Herr, unser Gott,
nimm diese Gaben an
und heilige uns durch die Erlösungstat deines Sohnes,
der auch die Unschuldigen Kinder gerechtfertigt
und zu seinen Zeugen erwählt hat,
der mit dir lebt und herrscht in alle Ewigkeit.

Präfation von Weihnachten, S. 405 f.

KOMMUNIONVERS Offb 14,4

Sie sind es, die aus den Menschen losgekauft wurden
als Weihegabe für Gott und das Lamm.
Sie folgen dem Lamm, wohin immer es geht.

SCHLUSSGEBET

Herr, unser Gott,
du hast den Unschuldigen Kindern
die Krone der Märtyrer geschenkt,
obwohl sie noch nicht fähig waren,
deinen Sohn mit dem Munde zu bekennen.
Christus, für den sie gestorben sind,
schenke auch uns im Sakrament die Fülle des Heiles.
Er, der mit dir lebt und herrscht in alle Ewigkeit.

COMMUNE-TEXTE

BEIM JAHRESGEDÄCHTNIS EINER KIRCHWEIHE

1. In der Kirche, deren Weihefest gefeiert wird

ERÖFFNUNGSVERS Ps 68 (67), 36

Gott in seinem Heiligtum ist voll Majestät, Israels Gott;
seinem Volk verleiht er Stärke und Kraft.
Gepriesen sei Gott.

Ehre sei Gott, S. 348ff.

TAGESGEBET

Großer und heiliger Gott,
jedes Jahr
feiern wir den Weihetag dieses heiligen Hauses.
Höre auf die Bitten deines Volkes.
Hilf uns, daß wir an diesem Ort
in rechter Gesinnung den heiligen Dienst vollziehen
und den Reichtum der Erlösungsgnade empfangen.
Darum bitten wir durch Jesus Christus.

ZUR 1. LESUNG *Nach einer kurzen Erklärung für das versammelte Volk (1 Kön 8, 14–21) spricht Salomo das große Tempelweihegebet (8, 22–53). Das eigentliche Weihegebet beginnt bei 8, 27 mit dem ehrfürchtigen Staunen darüber, daß der unfaßbare Gott in einem Haus wohnen soll, das Menschen gebaut haben. Tatsächlich ist der Tempel nicht eigentlich Gottes Wohnung, sondern der Ort, an dem „sein Name wohnt", der Ort, wo man ihn anrufen und ihm begegnen kann. Alle Menschen sollen hier beten können, auch die Fremden, die nicht zum Volk Israel gehören.*

ERSTE LESUNG 1 Kön 8,22–23.27–30

Halte deine Augen offen über diesem Haus bei Nacht und bei Tag

Lesung
aus dem ersten Buch der Könige.

In jenen Tagen
22 **trat Sálomo**
in Gegenwart der ganzen Versammlung Israels
vor den Altar des Herrn,
breitete seine Hände zum Himmel aus
23 **und betete:**
Herr, Gott Israels,
im Himmel oben und auf der Erde unten gibt es keinen Gott,
der so wie du Bund und Huld seinen Knechten bewahrt,
die mit ungeteiltem Herzen vor ihm leben.

27 **Wohnt denn Gott wirklich auf der Erde?**
Siehe,
selbst der Himmel
und die Himmel der Himmel fassen dich nicht,
wieviel weniger dieses Haus, das ich gebaut habe.
28 **Wende dich, Herr, mein Gott,**
dem Beten und Flehen deines Knechtes zu!
Höre auf das Rufen und auf das Gebet,
das dein Knecht heute vor dir verrichtet.
29 **Halte deine Augen offen über diesem Haus bei Nacht und bei Tag,**
über der Stätte, von der du gesagt hast,
daß dein Name hier wohnen soll.
Höre auf das Gebet, das dein Knecht an dieser Stätte verrichtet.
30 **Achte auf das Flehen deines Knechtes und deines Volkes Israel,**
wenn sie an dieser Stätte beten.
Höre sie im Himmel, dem Ort, wo du wohnst.
Höre sie,
und verzeih!

ANTWORTPSALM Ps 84 (83), 2–3.4–5.10–11a (R: vgl. 5)

R Selig, die in deinem Hause wohnen, Herr, (GL 649, 1)
die dich loben alle Zeit. – R

2 **Wie liebenswert ist deine Wohnung, Herr der Heerscharen! †** V. Ton
3 **Meine Seele verzehrt sich in Sehnsucht ***
nach dem Tempel des Herrn.

Mein Herz und mein Leib jauchzen ihm zu, *
ihm, dem lebendigen Gott. – (R)

4 **Auch der Sperling findet ein Haus †**
und die Schwalbe ein Nest für ihre Jungen – *
deine Altäre, Herr der Heerscharen, mein Gott und mein König.

5 **Wohl denen, die wohnen in deinem Haus, ***
die dich allezeit loben. – (R)

10 **Gott, sieh her auf unsern Schild, ***
schau auf das Antlitz deines Gesalbten!

11a **Denn ein einziger Tag in den Vorhöfen deines Heiligtums ***
ist besser als tausend andere. – R

ZUR 2. LESUNG *Christus der Grundstein, die Kirche der Tempel, die Gläubigen als lebendige Bausteine und zugleich als heiliges Volk und königliche Priesterschaft: Gedanken und Bilder häufen sich und deuten sich gegenseitig. Im Grunde ist ständig von Christus die Rede, dem lebendigen Stein, der weggeworfen wurde; er wurde getötet, aber er lebt. Christus hat sich am Kreuz als lebendiges, wirkliches Opfer dargebracht. Durch ihn können auch wir Gott ein Opfer darbringen, das er annimmt: den Dienst unserer Liebe, unseres Gehorsams; den Lobpreis, die Danksagung.*

ZWEITE LESUNG 1 Petr 2,4–9

Laßt euch als lebendige Steine zu einem geistigen Haus aufbauen

Lesung
aus dem ersten Brief des Apostels Petrus.

Brüder!
4 **Kommt zum Herrn, dem lebendigen Stein,**
der von den Menschen verworfen,
aber von Gott auserwählt und geehrt worden ist.

5 **Laßt euch als lebendige Steine zu einem geistigen Haus aufbauen,**
zu einer heiligen Priesterschaft,
um durch Jesus Christus geistige Opfer darzubringen,
die Gott gefallen.
6 **Denn es heißt in der Schrift:**

Seht her, ich lege in Zion einen auserwählten Stein,
einen Eckstein, den ich in Ehren halte;
wer an ihn glaubt, der geht nicht zugrunde.

7 **Euch, die ihr glaubt, gilt diese Ehre.**
Für jene aber, die nicht glauben,
ist dieser Stein, den die Bauleute verworfen haben,
zum Eckstein geworden,
8 **zum Stein, an den man anstößt,**
und zum Felsen, an dem man zu Fall kommt.
Sie stoßen sich an ihm,
weil sie dem Wort nicht gehorchen;
doch dazu sind sie bestimmt.

9 **Ihr aber seid ein auserwähltes Geschlecht,**
eine königliche Priesterschaft,
ein heiliger Stamm,
ein Volk, das sein besonderes Eigentum wurde,
damit ihr die großen Taten dessen verkündet,
der euch aus der Finsternis
in sein wunderbares Licht gerufen hat.

RUF VOR DEM EVANGELIUM Vers: vgl. 2 Chr 7, 16

(Halleluja. Halleluja.)

(So spricht Gott, der Herr:)
Ich habe dieses Haus erwählt und geheiligt,
damit mein Name hier sei auf ewig.

(Halleluja.)

ZUM EVANGELIUM *Der wahre Tempel ist da, wo Gott im Geist und in Wahrheit angebetet wird (Joh 4, 23). Wo das nicht geschieht, bleibt vom Tempel vielleicht noch das Gebäude, aber es ist leer und überflüssig geworden. Der Zorn, der Jesus antreibt, die Verkäufer samt ihrer Ware vom Tempelplatz zu vertreiben, ist Ausdruck seiner leidenschaftlichen Liebe zum Haus seines Vaters. Die Tempelreinigung ist aber auch Anzeichen des nahen Gerichts: Der Tempel wird zerstört werden. Gott will in einem lebendigen Heiligtum wohnen: in Christus, dem menschgewordenen und auferstandenen Herrn, und in der Kirche, d. h. in der Gemeinde derer, die an Christus glauben und mit ihm Gemeinschaft haben.*

EVANGELIUM

Joh 2,13–22

Reißt diesen Tempel nieder, in drei Tagen werde ich ihn wieder aufrichten. Er meinte den Tempel seines Leibes

✢ Aus dem heiligen Evangelium nach Johannes.

13 Das Paschafest* der Juden war nahe,
und Jesus zog nach Jerusalem hinauf.
14 Im Tempel fand er die Verkäufer von Rindern, Schafen und Tauben
und die Geldwechsler, die dort saßen.

15 Er machte eine Geißel aus Stricken
und trieb sie alle aus dem Tempel hinaus,
dazu die Schafe und Rinder;
das Geld der Wechsler schüttete er aus,
und ihre Tische stieß er um.

16 Zu den Taubenhändlern sagte er:
Schafft das hier weg,
macht das Haus meines Vaters nicht zu einer Markthalle!
17 Seine Jünger erinnerten sich an das Wort der Schrift:
Der Eifer für dein Haus verzehrt mich.

18 Da stellten ihn die Juden zur Rede:
Welches Zeichen läßt du uns sehen
als Beweis, daß du dies tun darfst?

19 Jesus antwortete ihnen: Reißt diesen Tempel nieder,
in drei Tagen werde ich ihn wieder aufrichten.

20 Da sagten die Juden:
Sechsundvierzig Jahre wurde an diesem Tempel gebaut,
und du willst ihn in drei Tagen wieder aufrichten?

---

* Sprich: Pas-chafest.

21 Er aber meinte den Tempel seines Leibes.

22 Als er von den Toten auferstanden war,
erinnerten sich seine Jünger, daß er dies gesagt hatte,
und sie glaubten der Schrift
und dem Wort, das Jesus gesprochen hatte.

Glaubensbekenntnis, S. 352 ff.
Fürbitten vgl. S. 792.

GABENGEBET

Heiliger Gott,
wir gedenken des Tages,
an dem du dieses Haus zu eigen genommen
und mit deiner Gegenwart erfüllt hast.
Nimm die Gaben an,
die wir an dieser Stätte darbringen,
und mache auch uns selbst zu einer Gabe,
die dir wohlgefällt.
Darum bitten wir durch Christus, unseren Herrn.

Präfation, S. 433.

KOMMUNIONVERS 1 Kor 3, 16–17

Ihr seid Gottes Tempel, und der Geist Gottes wohnt in euch.
Der Tempel Gottes ist heilig, und der seid ihr.

SCHLUSSGEBET

Herr, unser Gott,
am Weihetag dieser Kirche
haben wir das Opfer des Lobes dargebracht.
Mache diese Feier
für uns zur Quelle der Gnade und der Freude,
damit deine Gemeinde im Heiligen Geist
zum Tempel deiner Herrlichkeit wird.
Darum bitten wir durch Christus. unseren Herrn.

2. Außerhalb der Kirche, deren Weihefest gefeiert wird

ERÖFFNUNGSVERS Offb 21, 2

Ich sah die heilige Stadt, das neue Jerusalem,
von Gott her aus dem Himmel herabkommen.
Sie war bereit wie eine Braut,
die sich für ihren Mann geschmückt hat.

Ehre sei Gott, S. 348 ff.

TAGESGEBET

Erhabener Gott,
du erbaust dir aus lebendigen
und erlesenen Steinen ein ewiges Haus.
Mache die Kirche reich an Früchten des Geistes,
den du ihr geschenkt hast,
und laß alle Gläubigen in der Gnade wachsen,
bis das Volk, das dir gehört,
im himmlischen Jerusalem vollendet wird.
Darum bitten wir durch Jesus Christus.

Oder:

Allmächtiger Gott,
du hast gewollt, daß dein Volk Kirche heiße,
denn wir sind das Haus,
in dem deine Herrlichkeit wohnt.
Gib, daß die Gläubigen,
die sich in deinem Namen versammeln,
dich ehren, dich lieben und dir gehorchen,
damit sie unter deiner Führung
das ewige Erbe erlangen.
Darum bitten wir durch Jesus Christus.

Lesungen, S. 744 ff.; Fürbitten vgl. S. 792.

GABENGEBET

Herr und Gott,
nimm unsere Gaben an,
schenke uns durch deine Sakramente
Kraft und Zuversicht
und erhöre alle, die an heiliger Stätte zu dir beten.
Darum bitten wir durch Christus, unseren Herrn.

Präfation, S. 433.

KOMMUNIONVERS 1 Petr 2,5

Laßt euch als lebendige Steine zu einem geistigen Haus aufbauen, zu einer heiligen Priesterschaft.

SCHLUSSGEBET

Allmächtiger Gott,
du hast uns in der Kirche auf Erden
ein Abbild des himmlischen Jerusalem geschenkt.
Mache uns durch diese heilige Kommunion
zum Tempel deiner Gnade
und laß uns dorthin gelangen,
wo deine Herrlichkeit thront.
Darum bitten wir durch Christus, unseren Herrn.

ANHÄNGE

ANHANG I

COMMUNE-TEXTE

für den Gesang des Antwortpsalmes

In der Regel soll man den angegebenen Psalm nehmen, weil sein Text mit den Lesungen in Zusammenhang steht, denn er ist im Hinblick auf sie ausgewählt.
Damit jedoch die Gemeinde leichter einen Kehrvers zum Psalm singen kann, werden einige Antwortpsalmen für die einzelnen Zeiten des Kirchenjahres angeboten, die man an Stelle des vorgesehenen Psalmes verwenden kann, wenn man den Psalm singen will (Meßbuch, Allgemeine Einführung, Nr. 34).

KEHRVERSE (= ℟)

Im Advent:	**Komm, Herr, uns zu retten!**
In der Weihnachtszeit:	**Heute haben wir deine Herrlichkeit gesehen, Herr.**
In der Fastenzeit:	**Gedenke, Herr, deiner Treue und Barmherzigkeit!**
In der Osterzeit:	**Halleluja** (zwei- oder dreimal)
Im Jahreskreis:	
a) Mit einem Lobpsalm:	**Danket dem Herrn, denn er ist gütig!**
oder:	**Wir preisen dich, Herr, denn wunderbar sind deine Werke.**
oder:	**Singt dem Herrn ein neues Lied!**
b) Mit einem Bittpsalm:	**Der Herr ist nahe allen, die zu ihm rufen.**
oder:	**Erhöre uns, Herr, und rette uns!**
oder:	**Barmherzig und gnädig ist der Herr.**

ANTWORTPSALMEN

IM ADVENT

1 Ps 25 (24),4–5.8–9.10 u. 14 (R: 1)

R Zu dir, o Herr, erhebe ich meine Seele. – R (GL 529,2)

4 Zeige mir, Herr, deine Wege, * I. Ton
lehre mich deine Pfade!

5 Führe mich in deiner Treue und lehre mich; †
denn du bist der Gott meines Heiles. *
Auf dich hoffe ich allezeit. – (R)

8 Gut und gerecht ist der Herr, *
darum weist er die Irrenden auf den rechten Weg.

9 Die Demütigen leitet er nach seinem Recht, *
die Gebeugten lehrt er seinen Weg. – (R)

10 Alle Pfade des Herrn sind Huld und Treue *
denen, die seinen Bund und seine Gebote bewahren.

14 Die sind Vertraute des Herrn, die ihn fürchten; *
er weiht sie ein in seinen Bund. – R

Oder:

2 Ps 85 (84),9–10.11–12.13–14 (R: 8)

R Erweise uns, Herr, deine Huld, (GL 118,4)
und gewähre uns dein Heil! – R

9 Ich will hören, was Gott redet: † VI. Ton
Frieden verkündet der Herr seinem Volk *
und seinen Frommen, den Menschen mit redlichem Herzen.

10 Sein Heil ist denen nahe, die ihn fürchten. *
Seine Herrlichkeit wohne in unserm Land. – (R)

11 Es begegnen einander Huld und Treue; *
Gerechtigkeit und Friede küssen sich.

12 Treue sproßt aus der Erde hervor; *
Gerechtigkeit blickt vom Himmel hernieder. – (R)

13 Auch spendet der Herr dann Segen, *
und unser Land gibt seinen Ertrag.

4 Gerechtigkeit geht vor ihm her, *
und Heil folgt der Spur seiner Schritte. – R

IN DER WEIHNACHTSZEIT

Ps 98 (97), 1.2–3b.3c–4.5–6 (R: vgl. 3cd) 3

R Alle Enden der Erde sehen das Heil unsres Gottes. – R (GL 149, 1)

Singet dem Herrn ein neues Lied; * VIII. Ton
denn er hat wunderbare Taten vollbracht.

Er hat mit seiner Rechten geholfen *
und mit seinem heiligen Arm. – (R)

Der Herr hat sein Heil bekannt gemacht *
und sein gerechtes Wirken enthüllt vor den Augen der Völker.

ab Er dachte an seine Huld *
und an seine Treue zum Hause Israel. – (R)

cd Alle Enden der Erde *
sahen das Heil unsres Gottes.

Jauchzt vor dem Herrn, alle Länder der Erde, *
freut euch, jubelt und singt! – (R)

Spielt dem Herrn auf der Harfe, *
auf der Harfe zu lautem Gesang!

Zum Schall der Trompeten und Hörner *
jauchzt vor dem Herrn, dem König! – R

AN ERSCHEINUNG DES HERRN

Ps 72 (71), 1–2.7–8.10–11.12–13 (R: 11) 4

R Alle Könige müssen ihm huldigen, (GL 153, 1)
alle Völker ihm dienen. – R

Verleih dein Richteramt, o Gott, dem König, * VI. Ton
dem Königssohn gib dein gerechtes Walten!

Er regiere dein Volk in Gerechtigkeit *
und deine Armen durch rechtes Urteil. – (R)

7 Die Gerechtigkeit blühe auf in seinen Tagen *
und großer Friede, bis der Mond nicht mehr da ist.

8 Er herrsche von Meer zu Meer, *
vom Strom bis an die Enden der Erde. – (R)

10 Die Könige von Tarschisch und von den Inseln bringen Geschenke, *
die Könige von Saba und Seba kommen mit Gaben.

11 Alle Könige müssen ihm huldigen, *
alle Völker ihm dienen. – (R)

12 Er rettet den Gebeugten, der um Hilfe schreit, *
den Armen und den, der keinen Helfer hat.

13 Er erbarmt sich des Gebeugten und Schwachen, *
er rettet das Leben der Armen.

℟ Alle Könige müssen ihm huldigen,
alle Völker ihm dienen.

IN DER FASTENZEIT

5 Ps 51 (50), 3–4.5–6b.12–13.14 u. 17 (℟: vgl. 3)

℟ Erbarme dich unser, o Herr, (GL 172, 3)
denn wir haben gesündigt. – ℟

3 Gott, sei mir gnädig nach deiner Huld, * I. Ton
tilge meine Frevel nach deinem reichen Erbarmen!

4 Wasch meine Schuld von mir ab, *
und mach mich rein von meiner Sünde! – (R)

5 Denn ich erkenne meine bösen Taten, *
meine Sünde steht mir immer vor Augen.

6ab Gegen dich allein habe ich gesündigt, *
ich habe getan, was dir mißfällt. – (R)

12 Erschaffe mir, Gott, ein reines Herz, *
und gib mir einen neuen, beständigen Geist!

13 Verwirf mich nicht von deinem Angesicht, *
und nimm deinen heiligen Geist nicht von mir! – (R)

14 Mach mich wieder froh mit deinem Heil; *
mit einem willigen Geist rüste mich aus!

17 Herr, öffne mir die Lippen, *
und mein Mund wird deinen Ruhm verkünden. – ℟

Oder:

Ps 91 (90), 1–2.10–11.12–13.14–15 (℟: vgl. 15b) 6

℟ **Herr, sei bei mir in der Not! – ℟** (GL 172,4)

Wer im Schutz des Höchsten wohnt * II. Ton
und ruht im Schatten des Allmächtigen,

der sagt zum Herrn: „Du bist für mich Zuflucht und Burg, *
mein Gott, dem ich vertraue." – (℟)

10 Dir begegnet kein Unheil, *
kein Unglück naht deinem Zelt.

11 Denn er befiehlt seinen Engeln, *
dich zu behüten auf all deinen Wegen. – (℟)

12 Sie tragen dich auf ihren Händen, *
damit dein Fuß nicht an einen Stein stößt;

13 du schreitest über Löwen und Nattern, *
trittst auf Löwen und Drachen. – (℟)

14 „Weil er an mir hängt, will ich ihn retten; *
ich will ihn schützen, denn er kennt meinen Namen.

15 Wenn er mich anruft, dann will ich ihn erhören. †
Ich bin bei ihm in der Not, *
befreie ihn und bringe ihn zu Ehren." – ℟

Oder:

Ps 130 (129), 1–2.3–4.5–6b.6c u. 7a u. 8 (℟: 7bc) 7

℟ **Beim Herrn ist die Huld,
bei ihm ist Erlösung in Fülle. – ℟** (GL 172,5)

Aus der Tiefe rufe ich, Herr, zu dir: * IV. Ton
Herr, höre meine Stimme!

Wende dein Ohr mir zu, *
achte auf mein lautes Flehen! – (℟)

Würdest du, Herr, unsere Sünden beachten, *
Herr, wer könnte bestehen?

Doch bei dir ist Vergebung, *
damit man in Ehrfurcht dir dient. – (℟)

5 Ich hoffe auf den Herrn, es hofft meine Seele, *
ich warte voll Vertrauen auf sein Wort.

6ab Meine Seele wartet auf den Herrn *
mehr als die Wächter auf den Morgen. – (R)

6c Mehr als die Wächter auf den Morgen *
7a soll Israel harren auf den Herrn.

8 Ja, er wird Israel erlösen *
von all seinen Sünden.

R Beim Herrn ist die Huld,
bei ihm ist Erlösung in Fülle.

IN DER KARWOCHE

8 Ps 22 (21), 8–9.17–18.19–20.23–24 (R: 2a)

R Mein Gott, mein Gott, (GL 176, 2)
warum hast du mich verlassen? – R

8 Alle, die mich sehen, verlachen mich, * III. Ton
verziehen die Lippen, schütteln den Kopf:

9 „Er wälze die Last auf den Herrn, †
der soll ihn befreien! *
Der reiße ihn heraus, wenn er an ihm Gefallen hat.“ – (R)

17 Viele Hunde umlagern mich, †
eine Rotte von Bösen umkreist mich. *
Sie durchbohren mir Hände und Füße.

18 Man kann all meine Knochen zählen; *
sie gaffen und weiden sich an mir. – (R)

19 Sie verteilen unter sich meine Kleider *
und werfen das Los um mein Gewand.

20 Du aber, Herr, halte dich nicht fern! *
Du, meine Stärke, eil mir zu Hilfe! – (R)

23 Ich will deinen Namen meinen Brüdern verkünden, *
inmitten der Gemeinde dich preisen.

24 Die ihr den Herrn fürchtet, preist ihn, †
ihr alle vom Stamm Jakobs, rühmt ihn; *
erschauert alle vor ihm, ihr Nachkommen Israels! – R

IN DER OSTERNACHT

Ps 136 (135), 1–3.4–6.7–9.24–26 (℟: 1b) 9

Danket dem Herrn, denn er ist gütig, * (GL 284,2)
℟ Denn seine Huld währt ewig! IV. Ton

Danket dem Gott aller Götter, *
℟ Denn seine Huld währt ewig!

Danket dem Herrn aller Herren, *
℟ Denn seine Huld währt ewig!

Der allein große Wunder tut, *
℟ Denn seine Huld währt ewig,

der den Himmel geschaffen hat in Weisheit, *
℟ Denn seine Huld währt ewig,

der die Erde über den Wassern gegründet hat, *
℟ Denn seine Huld währt ewig.

Der die großen Leuchten gemacht hat, *
℟ Denn seine Huld währt ewig,

die Sonne zur Herrschaft über den Tag, *
℟ Denn seine Huld währt ewig,

Mond und Sterne zur Herrschaft über die Nacht, *
℟ Denn seine Huld währt ewig.

4 Der uns den Feinden entriß, *
℟ Denn seine Huld währt ewig,

5 der allen Geschöpfen Nahrung gibt, *
℟ Denn seine Huld währt ewig.

6 Danket dem Gott des Himmels, *
℟ Denn seine Huld währt ewig!

Oder:

10 Ps 136 (135), 1 u. 3.16 u. 21–22.23–26 (R: 1b) (GL 284, 3)

1 Danket dem Herrn, denn er ist gütig, * III. Ton
R Denn seine Huld währt ewig!

3 Danket dem Herrn aller Herren *
R Denn seine Huld währt ewig!

16 Der sein Volk durch die Wüste führte, *
R Denn seine Huld währt ewig,

21 der ihm ein Land zum Erbe gab, *
R Denn seine Huld währt ewig,

22 der es Israel gab, seinem Knecht, *
R Denn seine Huld währt ewig.

23 Der an uns dachte in unsrer Erniedrigung, *
R Denn seine Huld währt ewig,

24 der uns den Feinden entriß, *
R Denn seine Huld währt ewig,

25 der allen Geschöpfen Nahrung gibt, *
R Denn seine Huld währt ewig.

26 Danket dem Gott des Himmels, *
R Denn seine Huld währt ewig!

IN DER OSTERZEIT

11 Ps 118 (117), 1–2.16–17.22–23 (R: vgl. 24)

R Das ist der Tag, den der Herr gemacht; (GL 232, 4)
laßt uns jubeln und seiner uns freuen. – R

Oder: R Halleluja. – R (GL 530, 7)

1 Danket dem Herrn, denn er ist gütig, * VI. Ton
denn seine Huld währt ewig!

2 So soll Israel sagen: *
Denn seine Huld währt ewig. – (R)

16 „Die Rechte des Herrn ist erhoben, *
die Rechte des Herrn wirkt mit Macht!“

7 Ich werde nicht sterben, sondern leben, *
um die Taten des Herrn zu verkünden. – (R)

2 Der Stein, den die Bauleute verwarfen, *
er ist zum Eckstein geworden.

3 Das hat der Herr vollbracht, *
vor unseren Augen geschah dieses Wunder. – R

Oder:

Ps 66 (65), 1–3.4–5.6–7.16 u. 20 (R: 1) 12

R Jauchzt vor Gott, alle Länder der Erde! Halleluja. – R (GL 233,2 oder 232,6)

VI. Ton

Jauchzt vor Gott, alle Länder der Erde! †
Spielt zum Ruhm seines Namens! *
Verherrlicht ihn mit Lobpreis!

Sagt zu Gott: „Wie ehrfurchtgebietend sind deine Taten; *
vor deiner gewaltigen Macht müssen die Feinde sich beugen." – (R)

Alle Welt bete dich an und singe dein Lob, *
sie lobsinge deinem Namen!

Kommt und seht die Taten Gottes! *
Staunenswert ist sein Tun an den Menschen: – (R)

Er verwandelte das Meer in trockenes Land, †
sie schritten zu Fuß durch den Strom; *
dort waren wir über ihn voll Freude.

In seiner Kraft ist er Herrscher auf ewig; †
seine Augen prüfen die Völker. *
Die Trotzigen können sich gegen ihn nicht erheben. – (R)

6 Ihr alle, die ihr Gott fürchtet, kommt und hört; *
ich will euch erzählen, was er mir Gutes getan hat.

0 Gepriesen sei Gott; denn er hat mein Gebet nicht verworfen *
und mir seine Huld nicht entzogen. – R

AN CHRISTI HIMMELFAHRT

13 Ps 47 (46), 2–3.6–7.8–9 (℟: vgl. 6)

℟ Gott stieg empor unter Jubel, (GL 232, 5)
der Herr beim Schall der Posaunen. – ℟

2 Ihr Völker alle, klatscht in die Hände; * VI. Ton
jauchzt Gott zu mit lautem Jubel!

3 Denn furchtgebietend ist der Herr, der Höchste, *
ein großer König über die ganze Erde. – (℟)

6 Gott stieg empor unter Jubel, *
der Herr beim Schall der Hörner.

7 Singt unserm Gott, ja singt ihm! *
Spielt unserm König, spielt ihm! – (℟)

8 Denn Gott ist König der ganzen Erde. *
Spielt ihm ein Psalmenlied!

9 Gott wurde König über alle Völker, *
Gott sitzt auf seinem heiligen Thron. – ℟

AN PFINGSTEN

14 Ps 104 (103), 1–2.24–25.27–28.29–30 (℟: vgl. 30)

℟ Sende aus deinen Geist, (GL 253, 1)
und das Antlitz der Erde wird neu. – ℟

1 Lobe den Herrn, meine Seele! † VII. Ton
Herr, mein Gott, wie groß bist du! *
Du bist mit Hoheit und Pracht bekleidet.

2 Du hüllst dich in Licht wie in ein Kleid, *
du spannst den Himmel aus wie ein Zelt. – (℟)

24 Herr, wie zahlreich sind deine Werke! †
Mit Weisheit hast du sie alle gemacht, *
die Erde ist voll von deinen Geschöpfen.

25 Da ist das Meer, so groß und weit, *
darin ein Gewimmel ohne Zahl: kleine und große Tiere. – (℟)

27 Sie alle warten auf dich, *
daß du ihnen Speise gibst zur rechten Zeit.

8 Gibst du ihnen, dann sammeln sie ein; *
öffnest du deine Hand, werden sie satt an Gutem. – (℟)

9 Verbirgst du dein Gesicht, sind sie verstört; †
nimmst du ihnen den Atem, so schwinden sie hin *
und kehren zurück zum Staub der Erde.

0 Sendest du deinen Geist aus, so werden sie alle erschaffen, *
und du erneuerst das Antlitz der Erde. – ℟

IM JAHRESKREIS

Ps 19 (18), 8.9.10.11–12 (℟: Joh 6,68c oder vgl. 6,63b) 15

℟ Herr, du hast Worte des ewigen Lebens. – ℟ (GL 465)

Oder:

℟ Deine Worte, Herr, sind Geist und Leben. – ℟ (GL 687,1 = V/A)

Die Weisung des Herrn ist vollkommen, * II. oder VI. Ton
sie erquickt den Menschen.

Das Gesetz des Herrn ist verläßlich, *
den Unwissenden macht es weise. – (℟)

Die Befehle des Herrn sind richtig, *
sie erfreuen das Herz;

das Gebot des Herrn ist lauter, *
es erleuchtet die Augen. – (℟)

0 Die Furcht des Herrn ist rein, *
sie besteht für immer.

Die Urteile des Herrn sind wahr, *
gerecht sind sie alle. – (℟)

1 Sie sind kostbarer als Gold, als Feingold in Menge. *
Sie sind süßer als Honig, als Honig aus Waben.

2 Auch dein Knecht läßt sich von ihnen warnen; *
wer sie beachtet, hat reichen Lohn. – ℟

Oder:

16 Ps 27 (26), 1.4.13–14 (R: 1a)

R Der Herr ist mein Licht und mein Heil. – R (GL 487)

1 Der Herr ist mein Licht und mein Heil: * IV. Ton
Vor wem sollte ich mich fürchten?

Der Herr ist die Kraft meines Lebens: *
Vor wem sollte mir bangen? – (R)

4 Nur eines erbitte ich vom Herrn, danach verlangt mich: *
Im Haus des Herrn zu wohnen alle Tage meines Lebens,

die Freundlichkeit des Herrn zu schauen *
und nachzusinnen in seinem Tempel. – (R)

13 Ich bin gewiß, zu schauen *
die Güte des Herrn im Land der Lebenden.

14 Hoffe auf den Herrn, und sei stark! *
Hab festen Mut, und hoffe auf den Herrn! – R

Oder:

17 Ps 34 (33), 2–3.4–5.6–7.8–9 (R: vgl. 2a oder 9a)

R Den Herrn will ich preisen alle Zeit. – R (GL 477)

Oder:

R Kostet und seht, wie gütig der Herr ist! – R (GL 471)

2 Ich will den Herrn allezeit preisen; * VI. Ton
immer sei sein Lob in meinem Mund.

3 Meine Seele rühme sich des Herrn; *
die Armen sollen es hören und sich freuen. – (R)

4 Verherrlicht mit mir den Herrn, *
laßt uns gemeinsam seinen Namen rühmen.

5 Ich suchte den Herrn, und er hat mich erhört, *
er hat mich all meinen Ängsten entrissen. – (R)

6 Blickt auf zu ihm, so wird euer Gesicht leuchten, *
und ihr braucht nicht zu erröten.

7 Da ist ein Armer; er rief, und der Herr erhörte ihn. *
Er half ihm aus all seinen Nöten. – (R)

8 Der Engel des Herrn umschirmt alle, die ihn fürchten und ehren, *
und er befreit sie.

9 Kostet und seht, wie gütig der Herr ist; *
wohl dem, der zu ihm sich flüchtet! – R

Oder:

Ps 63 (62), 2.3–4.5–6.8–9 (R: vgl. 2b) 18

R Meine Seele dürstet nach dir, mein Gott. – R (GL 676,1)

2 Gott, du mein Gott, dich suche ich, * II. Ton
meine Seele dürstet nach dir.

Nach dir schmachtet mein Leib *
wie dürres, lechzendes Land ohne Wasser. – (R)

3 Darum halte ich Ausschau nach dir im Heiligtum, *
um deine Macht und Herrlichkeit zu sehen.

4 Denn deine Huld ist besser als das Leben; *
darum preisen dich meine Lippen. – (R)

5 Ich will dich rühmen mein Leben lang, *
in deinem Namen die Hände erheben.

6 Wie an Fett und Mark wird satt meine Seele, *
mit jubelnden Lippen soll mein Mund dich preisen. – (R)

8 Ja, du wurdest meine Hilfe; *
jubeln kann ich im Schatten deiner Flügel.

9 Meine Seele hängt an dir, *
deine rechte Hand hält mich fest. – R

Oder:

Ps 95 (94), 1–2.6–7c.7d–9 (R: vgl. 7d.8a) 19

R Hört auf die Stimme des Herrn;
verhärtet nicht euer Herz! – R (GL 529,5)

1 Kommt, laßt uns jubeln vor dem Herrn * IV. Ton
und zujauchzen dem Fels unsres Heiles!

2 Laßt uns mit Lob seinem Angesicht nahen, *
vor ihm jauchzen mit Liedern! – (R)

6 Kommt, laßt uns niederfallen, uns vor ihm verneigen, *
laßt uns niederknien vor dem Herrn, unserm Schöpfer!

7abc Denn er ist unser Gott, †
wir sind das Volk seiner Weide, *
die Herde, von seiner Hand geführt. – (R)

7d Ach, würdet ihr doch heute auf seine Stimme hören! †
8 „Verhärtet euer Herz nicht wie in Meríba, *
wie in der Wüste am Tag von Massa!

9 Dort haben eure Väter mich versucht, *
sie haben mich auf die Probe gestellt und hatten doch mein Tun gesehen."

R Hört auf die Stimme des Herrn;
verhärtet nicht euer Herz!

Oder:

20 Ps 100 (99), 1–3.4–5 (R: vgl. 3)

R Wir sind das Volk des Herrn, (GL 646, 1)
die Herde seiner Weide! – R

1 Jauchzt vor dem Herrn, alle Länder der Erde! † V. Ton
2 Dient dem Herrn mit Freude! *
Kommt vor sein Antlitz mit Jubel!

3 Erkennt: Der Herr allein ist Gott. †
Er hat uns geschaffen, wir sind sein Eigentum, *
sein Volk und die Herde seiner Weide. – (R)

4 Tretet mit Dank durch seine Tore ein! †
Kommt mit Lobgesang in die Vorhöfe seines Tempels! *
Dankt ihm, preist seinen Namen!

5 Denn der Herr ist gütig, †
ewig währt seine Huld, *
von Geschlecht zu Geschlecht seine Treue. – R

Oder:

21 Ps 103 (102), 1–2.3–4.8 u. 10.12–13 (R: vgl. 8)

R Gnädig und barmherzig ist der Herr, (GL 527, 5)
voll Langmut und reich an Güte. – R

1 Lobe den Herrn, meine Seele, * IV. Ton
und alles in mir seinen heiligen Namen!

2 Lobe den Herrn, meine Seele, *
und vergiß nicht, was er dir Gutes getan hat: – (R)

3 der dir all deine Schuld vergibt *
und all deine Gebrechen heilt,

4 der dein Leben vor dem Untergang rettet *
und dich mit Huld und Erbarmen krönt. – (R)

8 Der Herr ist barmherzig und gnädig, *
langmütig und reich an Güte.

10 Er handelt an uns nicht nach unsern Sünden *
und vergilt uns nicht nach unsrer Schuld. – (R)

12 So weit der Aufgang entfernt ist vom Untergang, *
so weit entfernt er die Schuld von uns.

13 Wie ein Vater sich seiner Kinder erbarmt, *
so erbarmt sich der Herr über alle, die ihn fürchten. – R

Oder:

Ps 145 (144), 1–2.8–9.10–11.13c–14 (R: 1a) 22

R Ich will dich rühmen, mein Gott und König. – R (GL 529,7)

1 Ich will dich rühmen, mein Gott und König, * I. Ton
und deinen Namen preisen immer und ewig;

2 ich will dich preisen Tag für Tag *
und deinen Namen loben immer und ewig. – (R)

8 Der Herr ist gnädig und barmherzig, *
langmütig und reich an Gnade.

9 Der Herr ist gütig zu allen, *
sein Erbarmen waltet über all seinen Werken. – (R)

10 Danken sollen dir, Herr, all deine Werke *
und deine Frommen dich preisen.

11 Sie sollen von der Herrlichkeit deines Königtums reden, *
sollen sprechen von deiner Macht. – (R)

13cd Der Herr ist treu in all seinen Worten, *
voll Huld in all seinen Taten.

14 Der Herr stützt alle, die fallen, *
und richtet alle Gebeugten auf. – R

AN DEN LETZTEN SONNTAGEN IM KIRCHENJAHR

23 Ps 122 (121), 1–3.4–5.6–7.8–9 (R: 1b)

R Zum Haus des Herrn wollen wir pilgern. – R (GL 118, 5)

1 Ich freute mich, als man mir sagte: * I. Ton
„Zum Haus des Herrn wollen wir pilgern."

2 Schon stehen wir in deinen Toren, Jerusalem: †
3 Jerusalem, du starke Stadt, *
dicht gebaut und fest gefügt. – (R)

4 Dorthin ziehen die Stämme hinauf, die Stämme des Herrn, †
wie es Israel geboten ist, *
den Namen des Herrn zu preisen.

5 Denn dort stehen Throne bereit für das Gericht, *
die Throne des Hauses David. – (R)

6 Erbittet für Jerusalem Frieden! *
Wer dich liebt, sei in dir geborgen.

7 Friede wohne in deinen Mauern, *
in deinen Häusern Geborgenheit. – (R)

8 Wegen meiner Brüder und Freunde *
will ich sagen: In dir sei Friede.

9 Wegen des Hauses des Herrn, unseres Gottes, *
will ich dir Glück erflehen. – R

ANHANG II

RUFE VOR DEM EVANGELIUM

Für die Sonntage im Jahreskreis

Vers: 1 Sam 3,9; Joh 6,68c 1

Halleluja. Halleluja.

Rede, Herr, dein Diener hört.
Du hast Worte des ewigen Lebens.

Halleluja.

Vers: vgl. Mt 11,25 2

Halleluja. Halleluja.

Sei gepriesen, Vater, Herr des Himmels und der Erde;
du hast die Geheimnisse des Reiches den Unmündigen offenbart.

Halleluja.

Vers: vgl. Lk 19,38 3

Halleluja. Halleluja.

Gepriesen sei der König, der kommt im Namen des Herrn.
Im Himmel Friede und Herrlichkeit in der Höhe!

Halleluja.

Vers: Joh 1,14a.12a 4

Halleluja. Halleluja.

Das Wort ist Fleisch geworden und hat unter uns gewohnt.
Allen, die ihn aufnahmen,
gab er Macht, Kinder Gottes zu werden.

Halleluja.

Vers: vgl. Joh 6,63b.68c 5

Halleluja. Halleluja.

Deine Worte, Herr, sind Geist und Leben.
Du hast Worte des ewigen Lebens.

Halleluja.

6 Vers: vgl. Joh 8,12

Halleluja. Halleluja.

(So spricht der Herr:)
Ich bin das Licht der Welt.
Wer mir nachfolgt, hat das Licht des Lebens.

Halleluja.

7 Vers: Joh 10,27

Halleluja. Halleluja.

(So spricht der Herr:)
Meine Schafe hören auf meine Stimme;
ich kenne sie, und sie folgen mir.

Halleluja.

8 Vers: Joh 14,6

Halleluja. Halleluja.

(So spricht der Herr:)
Ich bin der Weg und die Wahrheit und das Leben;
niemand kommt zum Vater, außer durch mich.

Halleluja.

9 Vers: vgl. Joh 14,23

Halleluja. Halleluja.

(So spricht der Herr:)
Wer mich liebt, hält fest an meinem Wort.
Mein Vater wird ihn lieben, und wir werden bei ihm wohnen.

Halleluja.

10 Vers: Joh 15,15b

Halleluja. Halleluja.

(So spricht der Herr:)
Ich habe euch Freunde genannt;
denn ich habe euch alles mitgeteilt,
was ich von meinem Vater gehört habe.

Halleluja.

Vers: vgl. Joh 17,17b u. a 11

Halleluja. Halleluja.

Dein Wort, o Herr, ist Wahrheit;
heilige uns in der Wahrheit!

Halleluja.

Vers: vgl. Apg 16,14b 12

Halleluja. Halleluja.

Herr, öffne uns das Herz,
daß wir auf die Worte deines Sohnes hören.
Halleluja.

Vers: vgl. Eph 1,17–18 13

Halleluja. Halleluja.

Der Vater unseres Herrn Jesus Christus
erleuchte die Augen unseres Herzens,
damit wir verstehen, zu welcher Hoffnung wir berufen sind.
Halleluja.

Für die letzten Sonntage im Kirchenjahr

Vers: vgl. Mt 24,42a.44 14

Halleluja. Halleluja.

Seid wachsam und haltet euch bereit!
Denn der Menschensohn kommt
zu einer Stunde, in der ihr es nicht erwartet.

Halleluja.

Vers: vgl. Lk 21,36 15

Halleluja. Halleluja.

Wacht und betet allezeit,
damit ihr hintreten könnt vor den Menschensohn.

Halleluja.

Vers: Offb 2,8b.10c 16

Halleluja. Halleluja.

(So spricht Er, der Erste und der Letzte:)
Sei treu bis in den Tod;
dann werde ich dir den Kranz des Lebens geben.

Halleluja.

RUFE VOR DEM EVANGELIUM
in der Fastenzeit
und in den Messen für Verstorbene

Die Rufe, die das Halleluja ersetzen können, sind hier zusammengestellt. An Ort und Stelle ist jeweils ein Beispiel ausgedruckt.

1. **Ruhm und Ehre sei dir, Christus!**
2. **Ehre sei dir, Christus, Sohn des lebendigen Gottes!**
3. **Wie wunderbar sind deine Werke, Herr!**
4. **Dein ist die Ehre, dein ist die Macht, Christus, Herr und Erlöser!**

5. **Herr Jesus, dir sei Ruhm und Ehre!**
6. **Christus, du Weisheit Gottes des Vaters, Ehre sei dir!**
7. **Christus, du ewiges Wort des Vaters, Ehre sei dir!**
8. **Christus, du König der ewigen Herrlichkeit, Ehre sei dir!**

9. **Lob sei dir, Herr, König der ewigen Herrlichkeit!**
10. **Lob dir, Christus, König und Erlöser!**
11. **Christus Sieger, Christus König, Christus Herr in Ewigkeit!**

ANHANG III

FÜRBITTEN

ADVENT

I.
In Dankbarkeit gedenken wir der Schritte, die Gott für unsere Erlösung getan hat, und richten voll Vertrauen unser Bitten an unseren Fürsprecher beim Vater, den Herrn Jesus Christus:

Daß er die Sehnsucht der Menschen erfülle, durch sein Kommen die Welt von Sünden reinige und ihr den Frieden bringe,
lasset zum Herrn uns beten: Herr, erbarme dich ...

Daß er am kommenden Fest seiner Geburt allen Streit beende und die Getrennten wieder an einem Tisch zusammenführe,
lasset zum Herrn uns beten: Herr, erbarme dich ...

Daß er unsere Herzen aufschließe für die Not der Hungernden in der Welt und für die Einsamkeit in unserer nächsten Umgebung,
lasset zum Herrn uns beten: Herr, erbarme dich ...

Daß er unsere Verstorbenen in das Reich des Lichtes und des Friedens führe,
lasset zum Herrn uns beten: Herr, erbarme dich ...

Biete deine Macht auf, Herr, unser Gott, und komm! Entreiße die Welt allen Gefahren, die ihr wegen unserer Sünden drohen, und mache uns frei. Darum bitten wir durch Christus, unseren Herrn. – A: Amen.

II.
In einer Welt, die voll Sehnsucht auf das Kommen Gottes wartet, beten wir voll Zuversicht:

Für unsern Papst, für die Bischöfe, Priester und Diakone und für alle, die sich für die Einheit der Kirche einsetzen,
lasset zum Herrn uns beten: Herr, erbarme dich ...

Für die Menschen, die sich nach Freiheit und Gerechtigkeit sehnen, und für die Machthaber, die ihre Völker unterdrücken,
lasset zum Herrn uns beten: Herr, erbarme dich ...

Für die Menschen, die unter der Not des Winters leiden: die Kraftfahrer unterwegs und die Alten und Einsamen zu Hause,
lasset zum Herrn uns beten: Herr, erbarme dich ...

Um einen gesegneten Advent in unseren Familien, der uns in freudiger Erwartung des Kommenden zusammenführt,
lasset zum Herrn uns beten: Herr, erbarme dich ...

Für unsere Verstorbenen, daß sie aus dem Dunkel des Todes zum Leben auferstehn,
lasset zum Herrn uns beten: Herr, erbarme dich ...

Denn du wirst kommen und allen leuchten, die in Finsternis sitzen und im Schatten des Todes, und unsere Füße lenken auf den Weg des Friedens. Durch dich preisen wir den Vater in Ewigkeit. – A: Amen.

III.

Wir rufen zu Jesus Christus, dem König des kommenden Friedensreiches:

Herr Jesus Christus,
rüttle auf die Herzen der Menschen, und mache sie für deine Ankunft bereit.

A: Wir bitten dich, erhöre uns.

Schenke der Welt in der Feier deiner Geburt einen Anfang des ewigen Friedens.

Gedenke unserer Glaubensbrüder in (Südamerika), und schenke ihnen unerschütterliche Hoffnung trotz Not und Bedrängnis.

Führe die jungen Menschen auf dem rechten Weg in eine gute Zukunft.

Geleite unsere Verstorbenen in das Land des Lichtes und des Friedens.

Denn du bist der Retter, den der Vater uns gesandt hat. Dich preisen wir in Ewigkeit. – A: Amen.

IV.

In diesen vorweihnachtlichen Tagen laßt uns vertrauensvoll zum Herrn Jesus Christus beten:

Versammle die ganze Kirche in Einigkeit und Frieden um deinen Altar.

A: Wir bitten dich, erhöre uns.

Verbinde unsere Familien im Glauben und in gegenseitiger Liebe und Treue.

Bereite den Einsamen und Heimatlosen eine Stätte der Liebe.

Richte die Kranken auf, die in diesen Tagen unter ihrer Einsamkeit und ihren Schmerzen besonders leiden.

Gedenke derer, die die Feiertage als Patienten oder Helfer in den Krankenhäusern verbringen.

Führe unsere Verstorbenen in die ewige Glückseligkeit.

Denn du wirst wiederkommen und die Welt aus allen Sünden lösen. Dir sei Ehre und Lobpreis in Ewigkeit. – A: Amen.

V. (mit Kindern)

Wir beten zu Gott, dem Vater, der die Menschen liebt und sie glücklich machen will:

Wir haben uns in der Adventszeit vorgenommen, besonders gute Gotteskinder zu sein. Hilf uns, daß wir frohe und offene Christen werden.

A: Wir bitten dich, erhöre uns.

Wir bitten für alle Kinder, die hungern müssen, und besonders für die Kinder, die keine Eltern mehr haben. Laß sie gute Menschen finden (wie einst den heiligen Nikolaus), die ihnen helfen.

Wir denken an die kranken und die alten Menschen. Schenke ihnen deine Liebe, und bringe Licht in die einsamen Herzen.

Wir bitten für die Heimatlosen. Schenke ihnen ein Zuhause, und verschone alle Menschen vor Krieg und Not.

Wir denken an die Menschen, die Angst haben und die mutlos sind. Schenke ihnen deine besondere Kraft und Gnade.

Tröste alle traurigen und unglücklichen Menschen, damit auch sie frohe Weihnachten feiern können.

Denn an deinem Tisch werden alle Menschen glücklich, die sich von dir rufen lassen. Auf dich vertrauen wir jetzt und in Ewigkeit.
A: Amen.

WEIHNACHTEN

I.

In dieser hochheiligen Nacht (in diesen festlichen Tagen) laßt uns aus ganzem Herzen zum menschgewordenen Gottessohn beten:

Für das Gottesvolk an allen Orten auf der weiten Erde:
Daß die Menschen den lebendigen Gott in der Gemeinschaft der Kirche finden,
daß Eltern ihren Kindern, Bischöfe und Priester ihren Gemeinden den Glauben kraftvoll bezeugen,
lasset zum Herrn uns beten: Herr, erbarme dich ...

Für die Kirche in Lateinamerika:
Daß sie den Gefangenen Befreiung, den Armen und Entrechteten die frohe Botschaft bringen kann,
lasset zum Herrn uns beten: Herr, erbarme dich ...

Für alle Verfolgten, Vertriebenen und Heimatlosen:
daß sie in ihrem Kreuz und Leid Gottes helfende Nähe erfahren,
lasset zum Herrn uns beten: Herr, erbarme dich ...

Für die Menschen, denen wir in dieser Stunde in herzlichem Gedenken verbunden sind:
die Alten und Kranken, die nicht kommen können;
die vielen, die für uns Dienst tun (in dieser Nacht),
aber auch die vielen, denen deine Geburt nichts mehr bedeutet,
lasset zum Herrn uns beten: Herr, erbarme dich ...

Für unsere Verstorbenen:
Daß sie teilhaben an der Festesfreude des Himmels,
lasset zum Herrn uns beten: Herr, erbarme dich ...

Denn dich hat der Vater gesandt als den Retter der Welt. Dich preisen wir mit dem Vater und dem Heiligen Geist jetzt und in Ewigkeit.
A: Amen.

II.

Voller Freude darüber, daß Christus in unsere Welt gekommen ist, beten wir zu ihm, dem Erlöser der Welt:

Herr Jesus Christus,
wir danken dir, daß du uns Gottes Nähe spüren läßt; erfülle die Kirche

mit deinem Geist, und mache sie für alle Menschen zu einem Ort, an dem sie der Liebe Gottes begegnen.

A: Wir bitten dich, erhöre uns.

Du bist der Sproß aus Davids Stamm, der der Welt den Frieden bringt; gewähre den Einwohnern unseres Landes Eintracht und Wohlergehen, und schenke allen Völkern der Erde deinen Frieden.

Du hast selbst in einer menschlichen Familie gelebt; erbarme dich der Sorgen so vieler Eltern, und erhalte in den Familien Liebe und Treue.

Du machst uns Menschen frei von Sünde; schenke uns die Kraft, immer wieder neu anzufangen, und laß uns Weihnachten in rechter Weise feiern.

Gedenke unserer Verstorbenen; entreiße sie der Finsternis, und führe sie in das ewige Licht.

Denn du bist das Zeichen der Nähe, das der Vater uns gegeben hat. Ihn preisen wir durch dich in alle Ewigkeit. – A: Amen.

ERSCHEINUNG DES HERRN

Zum Herrn Jesus Christus, dem Erlöser, der als rettendes Licht aufstrahlt über der Welt, laßt uns voll Zuversicht rufen und beten:

Durchdringe die ganze Kirche mit deiner Liebe, heile die Wunden der Trennung, beseitige das Ärgernis der Spaltung, und schenke ihr die verlorene Einheit wieder.

A: Wir bitten dich, erhöre uns.

Lenke Geist und Herz der Regierenden nach Gottes Willen, laß sie Frieden und Freiheit suchen für alle Völker, und halte sie zurück von Krieg und Gewalt.

Erleuchte alle, die dich noch nicht als ihren Retter und Erlöser bekennen, führe sie zur Erkenntnis der Wahrheit, und schenke auch den schon Getauften Wachstum im Glauben.

Nimm unsere Häuser und Familien in deinen Schutz, bewahre unsere Kinder vor Unglück und Irrwegen, und gewähre allen eine friedvolle Zukunft.

Zeige dich als den Helfer in jeder Not, höre auf alle, die in ihrer Bedrängnis zu dir rufen, und laß jeden in seinem Leid deine Barmherzigkeit erfahren.

Wir danken dir, Gott, unser Vater, daß du uns in Christus die Fülle der Wahrheit und des Friedens geschenkt hast. Laß uns diesen Frieden hineintragen in die ganze Welt. Das gewähre uns durch Christus, unseren Herrn. – A: Amen.

FASTENZEIT

I.

In einer Welt voller Dunkel, voll von Fragen und Problemen, wenden wir uns im fürbittenden Gebet an Christus, unseren Retter und Erlöser:

Der Herr hat seine Kirche als Licht für die Welt bestimmt. Wir bitten ihn, daß er sie aus aller Verstrickung in das Böse befreit und für ihren Dienst an den Menschen ermutigt.

V: Christus, höre uns. A: Christus, erhöre uns.

Hunger und Krankheit in den Entwicklungsländern gefährden den Frieden in der ganzen Welt. Wir bitten den Herrn, daß unser Fastenopfer mit beiträgt zu mehr Gerechtigkeit und Frieden.

In diesen Wochen beginnt die Vorbereitung der Kinder, die zum erstenmal mit uns an den Tisch des Herrn treten dürfen. Wir beten, daß sie als Kinder des Lichtes leben und sich im Glauben bewähren.

Vor unseren Augen steht in der Fastenzeit auch das bittere Leiden und Sterben des Herrn. Wir bitten ihn, daß aus dem Kreuz der Kranken und Verzweifelten österliches Heil und Segen für alle erfließt.

Allmächtiger, ewiger Gott, wir danken dir, daß Christus uns vorausgeht und unsern Weg auch in dunklen Stunden erhellt. Laß dieses Licht über unserer Welt niemals untergehn. Denn du liebst die Menschen jetzt und in Ewigkeit. – A: Amen.

II.

Mit Christus, dem Gekreuzigten, rufen wir in der Not unserer Tage zu Gott, dem allmächtigen Vater:

Versammle die Kirche in erneuertem Glauben und in neu gekräftigter Liebe zur Osterfeier um den Altar.

A: Wir bitten dich, erhöre uns.

Schenke den Brüdern und Schwestern in der Verfolgung Trost und Kraft aus der Feier von Christi heilbringendem Tod.

Nimm allen Haß und Neid aus den Herzen der Menschen, und gewähre der Welt deinen Frieden.

Wende dich allen Menschen in ihren Sorgen und Nöten voll Erbarmen zu.

Denn du bist der Freund der Menschen; du willst unser Leben und unser Glück. Dir sei die Ehre in Ewigkeit. – A: Amen.

III.

In diesen vorösterlichen Tagen rufen wir voll Vertrauen und Hoffnung zu Jesus Christus, unserem Herrn und Gott:

Wecke deine Kirche auf aus aller Trägheit, und mache sie bereit für eine würdige Feier von Ostern.

A: Wir bitten dich, erhöre uns.

Segne alle, die sich auf die heilige Firmung oder auf den ersten Empfang des Bußsakramentes und der heiligen Kommunion vorbereiten.

Erbarme dich der Angst und Not in unserer Welt, und schenke allen Menschen Freiheit und Frieden.

Laß uns Ernst machen mit dem Neuanfang, hilf uns, unsere Vorsätze in Taten umzusetzen.

Erlöse unsere Verstorbenen aus Grab und Tod, und laß sie teilhaben an deinem kommenden Ostersieg.

Denn du bist unser Herr und die Zukunft der ganzen Welt. Durch dich preisen wir den Vater in der Einheit des Heiligen Geistes in alle Ewigkeit. – A: Amen.

IV.

Wir sind um Christus, den Gekreuzigten, versammelt, der sich opfert für die Rettung der Welt. Ihn bitten wir voll Vertrauen:

Schenke allen Gläubigen Verzeihung ihrer Sünden.

A: Wir bitten dich, erhöre uns.

Steh unseren Bischöfen, Priestern und Diakonen in ihrem Dienst am Heil der Menschen mit deiner Kraft und Gnade bei.

Wende der Welt, die durch Haß und Sünde im argen liegt, deine heilenden Gaben zu.

Hilf allen, die von schweren Schicksalsschlägen getroffen werden, damit sie nicht irre werden an Gottes Fügungen.

Laß die Verwitweten und auch die Geschiedenen und Ehelosen zu einem sinnerfüllten Lebensweg finden.

Allmächtiger, ewiger Gott, blicke auf Not und Elend der Menschen. Erbarme dich aller Gläubigen, für die unser Herr und Heiland Jesus Christus sich freiwillig in die Hände der Sünder gegeben und sein kostbares Blut vergossen hat, der mit dir lebt und herrscht in Ewigkeit.
A: Amen.

V.
Laßt uns zu Jesus Christus beten, dem Retter und Erlöser aller Menschen:

Herr Jesus Christus,
komm mit deiner göttlichen Macht, und schaffe aus unserer vergänglichen Erde Gottes ewiges Reich.

A: Wir bitten dich, erhöre uns.

Schenke den Völkern der ganzen Erde deinen Frieden, den die Welt nicht geben kann.

Errette die Menschen, für die du dich am Kreuz geopfert hast, aus Angst und Verzweiflung.

Gib ihnen Kraft, den vielfältigen Versuchungen unserer Zeit tapfer zu widerstehen.

Führe alle aus unserer Gemeinde zu einem würdigen Empfang deiner österlichen Sakramente.

Stärke unseren Mut und unsere Zuversicht, an die Überwindung des Leides und den Sieg des Guten zu glauben.

Allmächtiger, ewiger Gott, höre das Gebet, das wir aus der Bedrängnis dieser Erde an dich richten, und zeige uns deine Liebe. So bitten wir durch Christus, unseren Herrn. – A: Amen.

OSTERZEIT

I.

In der Taufe hat Christus uns zum priesterlichen Dienst berufen an der Rettung der Welt. Getreu diesem Auftrag bitten wir ihn, den Auferstandenen, den wahren Retter der Welt:

Um österliche Freude, um Geborgenheit und Frieden für alle Menschen
lasset zum Herrn uns rufen: Herr, erbarme dich ...

Für die vielen, die durch die Ungerechtigkeit und das sinnlose Leid in der Welt den Glauben an Gott verloren haben,
lasset zum Herrn uns rufen: Herr, erbarme dich ...

Für die Mitchristen, die um des Glaubens willen verfolgt und mißhandelt werden,
für die Völker, die nicht in Freiheit über sich selber entscheiden können,
lasset zum Herrn uns rufen: Herr, erbarme dich ...

Für die vielen, die in diesen Tagen unterwegs sind und Erholung suchen,
und für die Alten und Kranken, die das Haus nicht mehr verlassen können,
lasset zum Herrn uns rufen: Herr, erbarme dich ...

(Für die in der letzten Woche Heimgerufenen und) für alle unsere Verstorbenen, die auf die Auferstehung warten,
lasset zum Herrn uns rufen: Herr, erbarme dich ...

Denn du allein, Herr Jesus Christus, hast Kraft und Auftrag, unsere Welt zu vollenden. Dir gebührt unser Lobpreis jetzt und in Ewigkeit.
A: Amen.

II.

In der Freude der österlichen Tage lade ich euch alle ein, mit mir zum Herrn zu beten:

Um Einigkeit und Frieden für die Kirche, die zur Feier des Ostersieges versammelt ist.

V: Christus, höre uns. A: Christus, erhöre uns.

Um rechte Boten der österlichen Freude, um Priester und Diakone und um Eltern, die den Glauben mit Überzeugung vorleben.

Um eine spürbare Nähe Gottes in unserem Alltag, um seinen Segen für unsere Arbeit.

Für unsere Freunde und Bekannten, die unterwegs sind, und für alle, die auf der Suche sind nach einem Sinn und Ziel für ihren Lebensweg.

Für die Menschen, die uns auf unserem Lebensweg in Treue begleitet haben und uns in die Ewigkeit vorausgegangen sind.

Gott, unser Vater, was wir sind und was wir haben, kommt von dir. Wir danken dir für alle Erweise deiner Liebe. Hilf, daß wir dir immer mit aufrichtigem Herzen dienen. So bitten wir durch Christus, den Auferstandenen, der mit dir lebt und herrscht in Ewigkeit. – A: Amen.

III.

Laßt uns in österlicher Zuversicht zu Christus, dem Auferstandenen, beten:

Bestärke und erhalte deine hier versammelte Kirche in der österlichen Freude.

A: Wir bitten dich, erhöre uns.

Reiße die Mauern der Feindschaft zwischen den Völkern nieder, und baue Brücken zum Frieden.

Ermutige deine Boten, das Evangelium gegen alle Widerstände und alle Gleichgültigkeit unerschüttert zu verkünden.

Gib den Trauernden und Bedrückten durch deine österlichen Sakramente Trost und neuen Mut.

Laß aus dem Leid, das Menschen in deiner Kraft geduldig tragen, Segen und Heil für die Welt erfließen.

Schenke unseren Verstorbenen Anteil an deinem österlichen Sieg über Grab und Tod.

Denn dein Geist belebt die ganze Welt und führt sie zum Frieden. Durch dich preisen wir den Vater in alle Ewigkeit. – A: Amen.

PFINGSTEN

Zu Christus, dem Herrn, der uns aus allen Stämmen und Sprachen zu dem einen Gottesvolk berufen hat, beten wir voll Vertrauen:

Um die Einheit der Kirche:
Daß sie der Welt die Nähe Gottes in vielen Sprachen und in einer Liebe bezeugt,
lasset zum Herrn uns rufen: Herr, erbarme dich ...

Um den Frieden für die Völker:
Daß die Bemühungen der Nationen durch das Wirken des Gottesgeistes zur Einheit und Gleichberechtigung aller Menschen führen,
lasset zum Herrn uns rufen: Herr, erbarme dich ...

Für alle Arbeit der Menschen:
Daß die Früchte auf den Feldern wachsen und gedeihen, daß unser Mühen nicht zum Schaden der Natur gereicht und alle Arbeit gesegnet sei,
lasset zum Herrn uns rufen: Herr, erbarme dich ...

Für die Kranken und alle, die Erholung suchen:
Daß Gottes Heiliger Geist die Wunden an Leib und Seele heile und den ganzen Menschen mit allen seinen Kräften erneuert,
lasset zum Herrn uns rufen: Herr, erbarme dich ...

Für uns selber, die in pfingstlicher Freude versammelt sind:
Daß Gottes Heiliger Geist uns im Glauben und in der Hoffnung bestärke und zu tätiger Liebe ermuntere,
lasset zum Herrn uns rufen: Herr, erbarme dich ...

Allmächtiger Gott und Vater, du hast uns durch Christus erlöst und befreit. Laß diese Zuversicht in allen Herzen aufstrahlen, damit wir unseren Weg über diese Erde getröstet gehen und zur ewigen Heimat gelangen. So bitten wir durch Christus, unseren Herrn. – A: Amen.

IM JAHRESKREIS

I.

Zum Herrn Jesus Christus, der zur Rechten des Vaters sitzt und dennoch mitten unter uns ist, beten wir mit Vertrauen:

Um die Einheit der Kirche:
Daß die getrennten Christen in der Kraft des Heiligen Geistes wieder zueinanderfinden,
zu Christus, dem guten Hirten, laßt uns rufen: Herr, erbarme dich ...

Um Priester- und Ordensberufe:
Daß unseren Gemeinden wieder genug Priester geschenkt werden, Verkünder des Wortes und Spender der Sakramente,
zu Christus, dem Hohenpriester, laßt uns rufen: Herr, erbarme dich ...

Für unsere Kranken:
Daß sie neue Hoffnung schöpfen und Zuversicht,
zu Christus, dem Mann der Schmerzen, laßt uns rufen: Herr, erbarme dich ...

Für das Heil der ganzen Welt:
Daß alle frei werden von Sünde und miteinander im Frieden leben,
zu Christus, dem Erlöser am Kreuz, laßt uns rufen: Herr, erbarme dich ...

Für uns selber:
Daß er sich unserer Sorgen annimmt und uns ans Ziel des Lebens gelangen läßt,
aus ganzem Herzen laßt uns rufen: Herr, erbarme dich ...

Vater im Himmel, höre unser Gebet in der Not unserer Tage, und laß alle Menschen in Sicherheit und Frieden leben, durch deinen Sohn, unseren Herrn und Heiland Jesus Christus, der mit dir lebt und herrscht in Ewigkeit. – A: Amen.

II.
Im Glauben an Christi Ostersieg zum sonntäglichen Gottesdienst versammelt, beten wir aus ganzem Herzen in den Nöten der Welt:

Daß die Kirche aus Spaltung und Trennung zu Einheit und Liebe findet und Gottes Botschaft glaubwürdig verkündet,
zu Christus, dem Auferstandenen, laßt uns rufen: Herr, erbarme dich ...

Daß die Mächtigen in Politik und Wirtschaft für alle Menschen Wohlergehen und Freiheit suchen und so den Frieden festigen,
zu Christus, dem Erlöser, laßt uns rufen: Herr, erbarme dich ...

Daß die Armen und die Kranken, die Hungernden und die Weinenden, und alle, die wegen ihres Glaubens verlacht und benachteiligt werden, die Hoffnung und den Mut nicht sinken lassen,
zu Christus, dem Gekreuzigten, laßt uns rufen: Herr, erbarme dich ...

Daß die Verstorbenen (der letzten Woche ... und alle unsere Toten) auferstehn und ins ewige Leben gelangen,
zu Christus, dem Erstling der Entschlafenen, laßt uns rufen: Herr, erbarme dich ...

Allmächtiger Gott, du hast deinen Sohn aus Grab und Tod zum Leben auferweckt. Erfülle die ganze Welt mit seinem österlichen Leben. Darum bitten wir durch ihn, Christus, unseren Herrn. – A: Amen.

III.

Laßt uns, getreu unserem Auftrag, die Sorge um die Zukunft der Welt fürbittend im Gebet zu Christus bringen:

Für die Kirche, die immer wieder in die Welt verstrickt ist:
Daß sie, frei von der Macht des Bösen, allen den rechten Weg zeigen und weisen kann.

V: Christus, höre uns. A: Christus, erhöre uns.

Für die Mächtigen in Politik und Wirtschaft, die in die Interessen ihrer eigenen Gruppe verstrickt sind:
Daß sie Gerechtigkeit und Frieden für alle suchen.

Für unser Volk und Vaterland und für die Männer und Frauen, die es in Gottes Auftrag regieren:
Daß wir in Einigkeit und Frieden leben können.

Für die jungen Menschen, deren Leben durch falsche Entscheidungen verdorben ist:
Daß sie aus dem Teufelskreis von Abhängigkeit und Sucht entrinnen können.
Für uns selber:
Daß wir vor Krieg und Katastrophen bewahrt bleiben und besonnen, gerecht und fromm in dieser Welt leben.

Biete deine Macht auf, Herr, unser Gott, und komm! Entreiße die Welt den Gefahren, die ihr wegen der Sünden drohen. Mache uns frei, und rette uns durch Christus, unseren Herrn. – A: Amen.

IV.

Zum Herrn Jesus Christus, der uns nicht mehr Knechte, sondern seine Freunde nennt, beten wir vertrauensvoll:

Für die Kirche in dieser Zeit, für alle Christen in unserm Land:
Daß sie froh und gläubig leben und sich offen zum Glauben bekennen.

V: Christus, höre uns. A: Christus, erhöre uns.

Für die menschliche Gesellschaft, für die Verantwortlichen in Politik und Wirtschaft, in Erziehung und Forschung:
Daß alle ihren Dienst in rechter Verantwortung vor Gott tun.

Für die Menschen, die in unserer harten Welt zu kurz kommen: die Behinderten und die Kranken, die Alten und die Einsamen, die Verfolgten und die Hungernden:
Daß sie Freunde und Helfer finden.

Für unsere Ehen und Familien:
Daß die Partner sich treu bleiben, Eltern und Kinder sich gegenseitig verstehen und die alten Menschen nicht alleingelassen werden.

Für unsere Verstorbenen:
Daß ihre Sehnsucht gestillt wird und sie das Leben in Fülle erlangen.

Denn du hast selbst gesagt: Bittet, und ihr werdet empfangen. So höre das Gebet deiner Gemeinde, und schenke ihr und der ganzen Welt deinen Frieden. Der du lebst und herrschest in Ewigkeit. – A: Amen.

V.

Wir wissen uns in Gemeinschaft mit allen, die im Vertrauen auf Gott sich nach einem Leben in Sicherheit und Frieden sehnen, und beten für sie:

Für alle, die in den Dienst der Kirche gerufen sind, Bischöfe, Priester und Helfer, und die durch äußere Gewalt an der Ausübung ihres Auftrags gehindert werden.

V: Christus, höre uns. A: Christus, erhöre uns.

Für alle, die unsicher oder verzweifelt sind, die keine Freunde haben, bei denen sie sich Rat holen können, wenn sie mit ihren Problemen nicht fertig werden.

Für die Menschen, die bei Unfällen im Straßenverkehr verletzt wurden, die dabei ihre Freunde, ihre Eltern oder ihre Kinder verloren haben.

Für alle, die durch Verführung ins Unglück gestürzt wurden, die Opfer von Alkohol und Drogensucht, von Vergewaltigung und Entführung.

Für uns selber in unseren persönlichen Anliegen und Problemen, in unseren Sorgen in Schule, Beruf und Familie.

Denn du hast das ganze Menschenleben mit uns geteilt, mit seinen Freuden und mit seinen Leiden. Du gehst den Weg mit uns zum Vater, wo du lebst und herrschest in Ewigkeit. – A: Amen.

VI.
Christus ist unter uns, er ist die Hoffnung auf Herrlichkeit. Zu ihm laßt uns beten:

Daß die Kirche, im Frieden um seinen Tisch versammelt, zu einer Heimat für alle Verzweifelten und Suchenden wird.

V: Christus, höre uns. A: Christus, erhöre uns.

Daß die Alten und Kranken, die Behinderten und die Alleingelassenen neue Hoffnung aus seinem Opfer schöpfen.

Daß junge Menschen den Mut bekommen, ihr Leben im Vertrauen auf Gottes Ruf ganz und gar in den Dienst für andere zu stellen.

Daß die Kinder in den Familien den Glauben lebendig erfahren.

Daß die Sterbenden in ihrer Angst von ihm getröstet und gestärkt werden.

Allmächtiger, ewiger Gott, blicke gütig auf deine Gemeinde, die sich um den Herrn Jesus Christus versammelt hat, das Opfer des Lobes und der Versöhnung mit ihm zu feiern, und erhöre unser Beten durch Christus, unseren Herrn. – A: Amen.

VII.
In brüderlicher Liebe wissen wir uns verbunden mit der Not der Menschen, die mit uns im Dunkeln leben, und rufen:

V/A: Jesus, Sohn Davids, erbarme dich unser.
oder: Herr, erbarme dich.

Wir rufen mit den Brüdern und Schwestern, die in ihrem Glauben bedrängt und angefochten oder um ihres Bekenntnisses willen verfolgt sind:

A: Jesus, Sohn Davids, erbarme dich unser.

Wir rufen mit den Verzweifelten, die mit den Schicksalsschlägen, die sie treffen, nicht fertig werden:

Wir rufen mit allen, die im Herzen blind und gleichgültig geworden sind:

Wir rufen mit unseren Familien, mit den Eltern und den Kindern:

Wir rufen um den Frieden für die ganze Welt:

Wir rufen mit unseren Verstorbenen, die sich nach dem ewigen Lichte sehnen:

Denn du bist das Licht, das allen im Dunkel leuchtet und ihnen den Weg weist. Durch dich preisen wir den Vater in der Einheit des Heiligen Geistes in alle Ewigkeit. – A: Amen.

VIII.

Laßt uns zu Christus beten, der die Menschen zu Einheit und Frieden führen will:

Für die Kirche, die Gemeinschaft der Glaubenden:
Laß sie wachsen auf der ganzen Erde.

A: Wir bitten dich, erhöre uns.

Für die Völker überall auf der Erde:
Laß sie im Frieden miteinander leben.

Für die Armen, die Gefangenen und für die Flüchtlinge:
Erwecke Menschen, die sich ihrer annehmen.

Für uns selber:
Gib, daß wir in guten und bösen Tagen dich finden.

Für unsere Verstorbenen:
Führe sie in das Reich des Vaters.

Das gewähre uns, Herr, himmlischer Vater, durch deinen Sohn Jesus Christus, unseren Herrn und Gott, der mit dir lebt und herrscht in Ewigkeit. – A: Amen.

IX.

Im fürbittenden Gebet legen wir gemeinsam unsere Welt mit ihren Nöten in die Hände Gottes:

Unsere Erde ist ausgedörrt, die Menschen sind voller Neid und Gleichgültigkeit und ohne Liebe. Durchdringe sie mit dem Geist deiner Liebe, und mache sie lebendig und zuversichtlich.

A: Wir bitten dich, erhöre uns.

Viele haben keinen, der sie zur rettenden Quelle führt. Zeige jedem den Weg zum rechten Leben, und gib uns die Kraft, andere zu dir zu führen.

Unsere Kinder mühen sich um eine rechte Vorbereitung auf die Firmung (Erstkommunion, Erstbeichte, Schulentlassung). Hilf ihnen, den andern mit Verständnis zu begegnen, und laß ihre Hilfsbereitschaft wachsen.

Ohne Priester und Helfer kann keine Gemeinschaft der Kirche bestehen. Ermutige auch aus unserm Kreis einige, daß sie dir und uns ungeteilt dienen und uns zu den Quellen des Lebens führen.

Jeder von uns erfährt immer wieder Hilfe von anderen. Gib allen Geduld, damit wir nie müde werden, einander Gutes zu tun, und vergilt es unseren Wohltätern mit deiner Liebe.

Gott, du unsere Zuflucht, die Kraft, die uns rettet, höre das Gebet der Deinen, die dich bitten durch Christus, unseren Herrn. – A: Amen.

X.

Laßt uns in der Not unserer Tage beten für die Menschen, die Hilfe brauchen:

Alle suchen nach deiner Liebe und jagen dabei oft falschen Gütern nach. Öffne ihnen das Herz, daß sie dich in der Gemeinschaft der Kirche erkennen und finden.

A: Wir bitten dich, erhöre uns.

Wir leben im Frieden und schätzen ihn oft nicht hoch genug. Hilf uns, daß wir dieses dein kostbares Geschenk bewahren, und gib den Menschen, die in Zonen des Krieges leben müssen, die Kraft, ihre Sorgen und Probleme zu meistern.

Viele, vor allem junge Leute sind ohne Arbeit, ohne Lebensinhalt, ohne Ziel und vor allem ohne rechte Freunde. Sende ihnen Priester, Helfer und Freunde, die ihnen helfen, trotzdem einen Sinn in ihrem Leben zu finden.

Viele leben hinter Mauern, in Krankenhäusern, in Alters- und Pflegeheimen, in Gefängnissen und Anstalten. Laß auch sie deine helfende Liebe erfahren.

Wir wissen um unsere Fehler, noch mehr aber glauben wir die Fehler der anderen zu kennen. Gib uns die Kraft, unsere Fehler täglich zu bekämpfen, und im anderen das Gute zu suchen und zu erkennen.

Allmächtiger, ewiger Gott, in deine Hände legen wir unsere Ängste und Sorgen, unsere Bitten und unser Vertrauen. Du wirst uns hören durch Christus, unseren Herrn. – A: Amen.

XI.

Getreu der Mahnung des Herrn, daß wir allezeit beten und darin nicht nachlassen sollen, rufen wir gemeinsam um Gottes Hilfe in den vielerlei Nöten der Menschen:

Allmächtiger Gott und Vater,
blicke gütig auf unsere Gemeinde, die sich in all ihren Gliedern hier versammelt hat, den Gesunden und den Kranken, den Jungen und den Alten, und segne sie.

A: Wir bitten dich, erhöre uns.

Gib den Alten, Vereinsamten und Gebrechlichen neue Hoffnung, daß sie auch in ihrem Leben einen Sinn und eine Aufgabe erkennen.

Gib den Jungen und Gesunden Bereitschaft, sich für die anderen einzusetzen und zu helfen.

Hilf den vielen, die mit Nachbarn oder Angehörigen uneins sind, sich zu versöhnen, und führe auch die Völker der Erde zu mehr gegenseitiger Achtung und Hilfe.

Lösche die Flamme des Hasses, die immer wieder zwischen den Nationen, aber auch in unserem engsten Lebenskreis aufflackert, und schenke der Menschheit den Frieden.

Steh den Sterbenden in der Stunde ihres Hinscheidens bei, und gewähre auch uns eine gute Sterbestunde.

Nimm unsere Verstorbenen auf in dein Reich, und schenke ihnen den Lohn für all ihre Mühen.

Allmächtiger, ewiger Gott, du hast uns als dein Volk zusammengerufen. So höre unser Beten, und schenke allen Menschen dein Heil. Durch Christus, unseren Herrn. – A: Amen.

XII.

Laßt uns im fürbittenden Gebet vor Christus treten, der uns hier als seine Kirche versammelt hat:

Herr Jesus Christus,
schenke uns Priester, die unsere Gemeinden zu Zusammenhalt und Frieden führen.

A: Wir bitten dich, erhöre uns.

Bewahre unsere Heimat vor Krieg und Katastrophen, und erhalte ihr den inneren und den äußeren Frieden.

Halte in unseren Kommunionkindern und Firmlingen den rechten Eifer lebendig.

Segne alle Mütter, und gib ihnen Kraft, ihre Familien im Frieden zu bewahren.

Laß uns in der Hektik unserer Tage zu einem sinnerfüllten Leben finden.

Denn zu dir führen alle Wege, du gibst ihnen Richtung und Ziel. Durch dich preisen wir den Vater in der Einheit des Heiligen Geistes in alle Ewigkeit. – A: Amen.

XIII.

Zum Herrn Jesus Christus, der uns aus allen Völkern und Sprachen zu seiner Kirche berufen hat, beten wir voll Vertrauen:

Befähige deine Kirche zu einem treuen und redlichen Dienst an allen Menschen.

A: Wir bitten dich, erhöre uns.

Gib unserem Volk Einigkeit und Frieden mit allen Völkern.

Führe die Männer und Frauen, die uns regieren, auf den rechten Wegen.

Bewahre die Welt vor Hunger, Elend und Krieg.

Löse unsere Herzen von aller Selbstsucht, und mache uns bereit für deinen Dienst.

Schenke unseren Verstorbenen das ewige Leben.

Denn du wirst kommen und die Welt nach Gottes Willen zum Frieden führen. Dir sei Ruhm und Ehre in Ewigkeit. – A: Amen.

XIV.

Mit Vertrauen und Zuversicht bitten wir den Herrn um seinen Geist, der Leben schafft und die Welt in seiner Liebe zur Einheit bindet:

Herr Jesus Christus,
erwecke und entfalte in allen Gliedern unserer Gemeinde dein göttliches Leben.

A: Wir bitten dich, erhöre uns.

Führe Junge und Alte, Weise und Törichte, Starke und Schwache zusammen in der Gemeinschaft deines Volkes.

Gib den Pfarreien unseres Landes wieder genügend Priester und Helfer.

Setze dem Argwohn und dem Wettrüsten unter den Völkern ein Ende, und erhalte den Frieden.

Schenke den Kranken Linderung ihrer Schmerzen und baldige Heilung.

Führe unsere Verstorbenen in die selige Gemeinschaft des Himmels.

Denn du hast dein Leben eingesetzt, damit wir das Leben haben. Dir sei Lob und Dank in Ewigkeit. – A: Amen.

XV. (mit Kindern)

Wir beten zu Jesus, dem Gottessohn, der die Menschen liebt:

Herr Jesus Christus,
schenke uns die Kraft, immer frohe und offene Gotteskinder zu sein.

A: Wir bitten dich, erhöre uns.

Bring den kranken, hilflosen und behinderten Menschen deinen Trost.

Laß den Verletzten und den Obdachlosen das Licht der Nächstenliebe aufleuchten.

Hilf denen, die im Dunkeln leben müssen, den Blinden, den Flüchtlingen, den Arbeitslosen.

Laß auch die Kinder froh werden, die in Not und Armut leben.

Denn du bringst Licht und Wärme in unsere Welt. Durch dich preisen wir den Vater im Himmel jetzt und in Ewigkeit. – A: Amen.

XVI. (mit Jugendlichen)

Unser Gott ist ein Gott der Lebenden und nicht der Toten. So bitten wir ihn voll Vertrauen für das Leben der Menschen:

Für die Christen, die um des Glaubens willen verfolgt werden, die Jugendlichen, die wegen ihres Bekenntnisses in der Ausbildung behindert werden.
Mächtiger Gott, laß sie stark bleiben im Glauben.

A: Wir bitten dich, erhöre uns.

Für die Menschen, die ohne Liebe leben müssen, die allein sind, ausgestoßen, ohne Freunde, die ohne Ziel durchs Leben gehen.
Liebender Gott, gib ihnen gute Menschen an die Seite, und laß sie den Sinn im Leben erkennen.

Für alle Kinder und Jugendlichen, die ihre Eltern verloren haben durch Unfälle, durch Scheidung oder durch Streit.
Gütiger Gott, gib ihnen verständnisvolle Begleiter auf ihrem Weg.

Für alle Jugendlichen, die durch Motorrad- und Autounfälle verletzt und geschädigt sind und die ihr Leben nun an Krücken oder im Rollstuhl verbringen müssen.
Heilender Gott, gib ihnen Gesundheit und Lebensmut.

Für junge Menschen, die in Jugendgefängnissen sitzen, die in Drogenentziehungs- und Suchtanstalten gehalten werden. Wir wissen nicht, warum sie diesen Lebensweg gehen müssen.
Verständnisvoller Gott, gib ihnen Hilfe durch deine grenzenlose Liebe und Freundschaft.

Viele Leute sind blind gegenüber der Schönheit der Schöpfung, sie spüren nicht die Sonne, sehen nicht die blühenden Wiesen.
Schöpfer Gott, zeige in der Pracht der Natur und in der Freude des Lebens den Menschen, wie unendlich du sie liebst.

Jeder sehnt sich nach Frieden, nach einem Leben ohne Kriege, nach einer sauberen Umwelt. Trotzdem streiten wir täglich und verschmutzen die Umwelt allein schon durch unsere Fahrzeuge.
Weiser Gott, schenke den Menschen genügend Einsicht, damit das Leben auf dieser Erde bewahrt bleibt.

Allmächtiger, ewiger Gott, Herr über Himmel und Erde, vergiß nicht die Menschen, die du selber geschaffen hast, und erhalte uns in deiner Liebe. Darum bitten wir durch Christus, unseren Herrn. – A: Amen.

KIRCHWEIH

Zu Gott, dem Vater, der uns am Kirchweihfest in seinem Haus versammelt hat, beten wir voll Vertrauen:

Beschütze und erhalte mit gütiger Hand dieses Haus deiner Kirche.

A: Wir bitten dich, erhöre uns.

Erfülle alle, die von nah und fern in dieses Gotteshaus kommen, mit Freude und Frieden.

Erhöre die Bitten und Gebete, die sie gläubig an dich richten.

Bewahre unsere Heimat vor Katastrophen und Krieg und aller Gewalttat.

Schenke allen Völkern Einigkeit und Frieden.

Führe unsere Gefallenen und alle Verstorbenen in die ewige Heimat.

Wir bitten dich, Herr und Gott, höre auf die Fürsprache des (der) N. (Kirchenpatron), bewahre uns vor aller Trübsal dieser Zeit, und schenk uns dereinst die ewige Freude. Durch Christus, unseren Herrn.
A: Amen.

MARIENFESTE

Gott, der allmächtige Vater, sorgt sich um seine Kinder. Ihn bitten wir im Vertrauen auf die Fürsprache der seligen Jungfrau Maria:

Wir verehren Maria als unsere (Patronin und) Helferin; bewahre unter ihrem Schutz unsere Gemeinde und unser Land vor allem Bösen und allem Unheil.

A: Wir bitten dich, erhöre uns.

Du hast Maria den Gläubigen als Mutter gegeben; gewähre auf ihre Fürsprache den Kranken Heilung, den Trauernden Trost, den Sündern Vergebung und allen Menschen Heil und Frieden.

Du hast Maria die Kraft gegeben, treu deinem Wort zu folgen; mache auch uns fähig, deinem Ruf zu folgen und dir treu zu dienen.

Christus hat in Kana die Bitte seiner Mutter gehört; erhöre das Beten aller, die (in diesem Haus) voll Vertrauen zu dir rufen.

Du hast Maria zur Königin des Himmels gekrönt; schenke allen unseren Verstorbenen die ewige Freude.

Allmächtiger, ewiger Gott, höre auf die Fürbitte der seligen Jungfrau Maria, bewahre uns vor allem Bösen, das uns auf Erden bedroht, und nimm uns dereinst auf in die ewige Herrlichkeit. Darum bitten wir durch Christus, unseren Herrn. – A: Amen.

HEILIGENFESTE – PATRONATSTAGE

Wir bitten den Herrn für alle Glieder seiner Kirche und für ihren Dienst am Heil der ganzen Welt:

Für unseren Papst und unseren Bischof, für alle Bischöfe, Priester und Diakone und für die Ordensleute.

(Stille) V: Christus, höre uns! A: Christus, erhöre uns!

Für alle, die im Sakrament der Ehe verbunden sind, für Eltern und Kinder und um den Zusammenhalt der Generationen.

Für die Religionslehrer, die Helfer der Caritas und die Mitarbeiter im Gottesdienst.

Für die Vereinsamten und die Kranken, die Behinderten, die Gefangenen und Verfolgten und für alle, die in Not sind.

Für die, die nicht an Christus glauben, die die Kirche verfolgen, und für alle, die Böses tun.

Für unsere Gemeinde um die Vielfalt der Geistesgaben und ihr Zusammenwirken in Liebe.

Für unsere Gefallenen und Verstorbenen und für die Toten, deren niemand mehr gedenkt.

Allmächtiger, ewiger Gott, dein Geist heiligt und lenkt die ganze Kirche. Erhöre unser Beten, und laß deine Gemeinde in Treue ihre Aufgaben erfüllen. Darum bitten wir durch Christus, unseren Herrn.
A: Amen.

Oder:
Allmächtiger, ewiger Gott, du hast uns als dein Volk berufen. Höre auf die Fürbitte des heiligen N., und erhalte uns in deinem Frieden. Durch Christus, unseren Herrn. – A: Amen.

ALLERSEELEN – TOTENMESSEN

Wir beten zum Herrn Jesus Christus, dem kommenden Richter der Lebenden und der Toten:

Gekreuzigter und auferstandener Heiland.
Führe die Verstorbenen unserer Pfarrei in das Reich des Vaters.

A: Wir bitten dich, erhöre uns.

Nimm unsere heimgegangenen Eltern, Verwandten und Freunde in die himmlischen Wohnungen auf.

Lohne unseren verstorbenen Seelsorgern und Lehrern alle Mühen durch deine ewige Liebe.

Schenke unseren Pfarreien wieder genügend Priester und Diakone.

Erbarme dich der Leidenden, richte die Kranken auf, und steh den Sterbenden bei.

Schaffe Frieden in unseren Familien, in unseren Gemeinden und zwischen den Völkern.

Erhalte unsere Glaubensbrüder in der Diaspora (in Mitteldeutschland, für die unsere Gaben heute bestimmt sind,) in der Treue zum Glauben und in der lebendigen Gemeinschaft der Kirche.

Allmächtiger, ewiger Gott, blicke gütig auf deine Gemeinde, die sich um unseren gekreuzigten und auferstandenen Herrn versammelt hat. Erbarme dich der Verstorbenen, und führe auch uns ins ewige Leben. Darum bitten wir durch Christus, unseren Herrn. – A: Amen.

VERZEICHNIS DER SCHRIFTLESUNGEN

Altes Testament

Genesis
1,1.26–31a 202
1,1–2,2 199
2,18–24 586
3,9–15 485
3,9–15.20 724
9,8–15 96
11,1–9 295
15,1–6; 21,1–3 54
22,1–2.9a.10–13.15–18 . . 102 207
22,1–18 205

Exodus
12,1–8.11–14 159
14,15–15,1 209
16,2–4.12–15 534
19,3–8a,16–20 296
20,1–3.7–8.12–17 110
20,1–17 108
24,3–8 325

Levitikus
13,1–2.43ac.44ab.45–46 . . 462

Numeri
6,22–27 63
11,25–29 580
21,4–9 693

Deuteronomium
4,1–2.6–8 557
4,32–34.39–40 320
5,12–15 478
6,2–6 610
18,15–20 451

Josua
24,1–2a.15–17.18b 551

1 Samuel
3,3b–10.19 440

2 Samuel
7,1–5.8b–12.14a.16 22
7,4–5a.12–14a.16 642

1 Könige
8,22–23,27–30 744
17,10–16 615
19,4–8 540

2 Könige
4,42–44 528

1 Chronik
15,3–4.15–16; 16,1–2 683

2 Chronik
36,14–16.19–23 116

2 Makkabäer
12,43–45 705

Ijob
7,1–4.6–7 457
19,1.23–27 (19,1.23–27a) . . 710
38,1.8–11 497

Sprichwörter
9,1–6 545

Weisheit
1,13–15; 2,23–24 502
2,1a.12.17–20 575
7,7–11 592

Jesus Sirach
3,2–6.12–14 (3–7.14–17a) . 53
24,1–2.8–12 (1–4.12–16) . . 68

Jesaja
7,10–14 649
9,1–6 36

25,6a.7–9 715
35,4–7a 563
40,1–5.9–11 11
42,5a.1–4.6–7 79
43,18–19.21–22.24b–25 . . 467
49,1–6 660
50,4–7 133
50,5–9a 569
52,7–10 46
52,13 – 53,12 171
53,10–11 599
54,5–14 213
55,1–11 . . . . 81 215
60,1–6 73
61,1–3a.6a.8b–9 154
61,1–2a.10–11 17
62,1–5 29
62,11–12 42
63,16b–17.19b; 64,3–7 . . . 4

Jeremia
1,4–10 655
23,1–6 522
31,7–9 605
31,31–34 122

Baruch
3,9–15.32 – 4,4 218

Ezechiel
1,28b – 2,5 510
17,22–24 491
36,16–17a.18–28 220
37,1–14 297
47,1–2.8–9.12 719

Daniel
7,2a.13b–14 627
7,9–10.13–14 677
12,1–3 622

Hosea
2,16b.17b.21–22 473
11,1.3–4.8a.c–9 334

Joel
2,12–18 88
3,1–5 299

Amos
7,12–15 516

Jona
3,1–5.10 446

Maleachi
3,1–4 635

Neues Testament

Matthäus
1,1–25 31
1,16.18–21.24a 645
1,18–25 33
2,1–12 76
2,13–18 741
5,1–12a 702
6,1–6.16–18 91
10,17–22 732
16,13–19 674
28,8–15 248
28,16–20 322

Markus
1,1–8 14
1,7–11 85
1,12–15 99
1,14–20 448
1,21–28 454
1,29–39 459
1,40–45 465
2,1–12 470
2,18–22 475
2,23–28 482
2,23 – 3,6 481
3,20–35 488
4,26–34 494
4,35–41 499
5,21–24.35b–43 507
5,21–43 505
6,1b–6 513
6,7–13 519

6, 30–34 525
7, 1–8.14–15.21–23 560
7, 31–37 566
8, 27–35 571
9, 2–10 . . . . .105 680
9, 30–37 577
9, 38–43.45.47–48 583
10, 2–12 590
10, 2–16 589
10, 17–27 596
10, 17–30 594
10, 35–45 601
10, 42–45 602
10, 46–52 607
11, 1–10 129
12, 28b–34 613
12, 38–44 618
12, 41–44 619
13, 24–32 624
13, 24–37 7
13, 33–37 6
14, 1 – 15, 47 136
14, 12–16.22–26 330
15, 1–39 147
16, 1–7 225
16, 15–20 285

Lukas

1, 5–17 658
1, 26–38 . . . . 25 651 726
1, 39–56 690
1, 57–66.80 663
2, 1–14 39
2, 15–20 43
2, 16–21 65
2, 22–32 639
2, 22.39–40 60
2, 22–40 . . . . 59 638
2, 41–51a 646
4, 16–21 156
7, 11–17 717
10, 21–24 316
11, 27–28 686
24, 13–35 246
24, 35–48 260

Johannes

1, 1–5.9–14 . . . . 50 70
1, 1–18 49
1, 6–8.19–28 19
1, 35–42 443
2, 13–22 . . . . .721 747
2, 13–25 112
3, 13–17 696
3, 14–21 119
6, 1–15 530
6, 24–35 536
6, 41–51 542
6, 51–58 548
6, 60–69 554
7, 37–39 302
10, 11–18 266
11, 17–27 707
12, 12–16 130
12, 20–33 124
13, 1–15 163
14, 1–6 713
15, 1–8 271
15, 9–17 277
15, 26–27; 16, 12–15 310
17, 6a.11b–19 291
18, 1 – 19, 42 175
18, 33b–37 629
19, 31–37 337
20, 1–9 238
20, 1–18 238
20, 2–8 736
20, 19–23 309
20, 19–31 254
21, 1.15–19 669

Apostelgeschichte

1, 1–11 280
1, 15–17.20a.c–26 288
2, 1–11 304
2, 14.22–23 243
3, 1–10 666
3, 12a.13–15.17–19 258
4, 8–12 263
4, 32–35 251
6, 8–10; 7, 54–60 730
8, 1b.4.14–17 313
9, 26–31 269
10, 25–26.34–35.44–48 . . . 274
10, 34–38 82
10, 34a.37–43 234
12, 1–11 671

13,16–17.22–25 30
13,16.22–26 662

Römer
4,13.16–18.22 644
6,3–11 224
8,14–17 321
8,14–23 711
8,22–27 301
8,31b–34 104
16,25–27 24

1 Korinther
1,3–9 5
1,22–25 111
3,9c–11.16–17 721
5,6b–8 236
6,13c–15a.17–20 442
7,29–31 447
7,32–35 453
9,16–19.22–23 458
10,31 – 11,1 464
11,23–26 161
12,3b–7.12–13 306
15,1–8.11 245
15,20–27a 689
15,54–57 685

2 Korinther
1,18–22 469
3,1b–6 474
4,6–11 480
4,13 – 5,1 486
5,6–10 493
5,14–17 498
5,20 – 6,2 90
8,7.9.13–15 503
12,7–10 511

Galater
1,11–20 667
4,4–7 64
5,16–25 307

Epheser
1,3–10 518
1,3–6.11–12 725
1,3–14 517
1,3–6.15–18 69
1,3a.4a.13–19a 315
1,17–23 282
2,4–10 118
2,13–18 523
3,2–3a.5–6 75
3,8–12.14–19 335
4,1–6 529
4,1–7.11–13 284
4,1–13 283
4,17.20–24 535
4,30 – 5,2 541
5,15–20 547
5,21–32 553

Philipper
2,6–11 . . . . 134 695
3,20–21 716

Kolosser
3,1–4 235
3,12–21 56

1 Thessalonicher
4,13–18 706
5,16–24 18

2 Timotheus
4,6–8.17–18 673

Titus
2,11–14 38
3,4–7 43

Hebräer
1,1–6 47
2,9–11 588
2,11–12.13c–18 636
4,12–13 594
4,14–16 600
4,14–16; 5,7–9 174
5,1–6 606
5,7–9 123
7,23–28 612
9,11–15 327
9,24–28 617
10,4–10 650
10,11–14.18 623
11,8.11–12.17–19 58

Jakobus
1,17–18.21b–22.27 559
2,1–5 564
2,14–18 570
3,16–4,3 576
5,1–6 582

1 Petrus
1,8–12 656
2,4–9 745
3,18–22 98

2 Petrus
1,16–19 679
3,8–14 12

1 Johannes
1,1–4 735
1,5–2,2 739
2,1–5a 259
3,1–2 265
3,1–3 701
3,18–24 270
4,7–10 276
4,11–16 290
5,1–6 253
5,1–9 84

Offenbarung
1,5–8 155
1,5b–8 628
7,2–4.9–14 699
11,19a; 12,1–6a.10ab 688

VERZEICHNIS DER ANTWORTPSALMEN

I. Psalmen

4, 2.4 u. 7.8–9 258
15 (14), 2–3.4.5 558
16 (15), 5 u. 8.9–10.2 u. 11 208 622
18 (17), 2–3.4 u. 47.51 u. 50 . 611
19 (18), 2–3.4–5b 667
19 (18), 8.9.10.11–12 110 219 761
19 (18), 8.10.12–13.14 581
22 (21), 8–9.17–18.19–20. 23–24 . . . . 134 756
22 (21), 23–24.26–27.28 u. 31b–32 314
22 (21), 26–27.28 u. 30ab. 30c–32 269
23 (22), 1–3.4.5.6 . . . . . . 523 715
24 (23), 1–2.3–4.5–6 700
24 (23), 7–8.9–10 636
25 (24), 4–5.6–7.8–9 . . . . 97 446
25 (24), 4–5.8–9.10 u. 14 . . . 752
27 (26), 1.4.13–14 762
29 (28), 1–2.3ac–4.3b u. 9b–10 80
30 (29), 2 u. 4.5–6b.6cd u. 12a u. 13b 214 503
31 (30), 2 u. 6.12–13.15–16. 17 u. 25 173
31 (30), 3b–4.6 u. 8.16–17 . . 731
32 (31), 1–2.5.10–11 463
33 (32), 4–5.6–7.12–13. 20 u. 22 204
33 (32), 4–5.6 u. 9.18–19. 20 u. 22 321
33 (32), 4–5.18–19.20 u. 22 . 600
34 (33), 2–3.4–5.6–7.8–9 . . 540 673 762
34 (33), 2–3.10–11.12–13. 14–15 546
34 (33), 2–3.16–17.18–19. 20–21.22–23 552
40 (39), 2 u. 4ab.7–8.9–10 . . 441
40 (39), 7–8.9–10.11 649
41 (40), 2–3a.4–5.13–14 . . . 468
42 (41), 2–3a.3b u. 5; 43 (42), 3–4 710
42 (41), 3.5 u. 10a; 43 (42), 3–4 221
45 (44), 11–12.16 u. 18 688
46 (45), 2–3.5–6.8–9 720
47 (46), 2–3.6–7.8–9 . . . . 281 760
51 (50), 3–4.5–6b.12–13.14 u. 17 . . . . 89 754
51 (50), 3–4.12–13.14–15 . . 123
51 (50), 12–13.14–15.18–19 . 222
54 (53), 3–4.5–6.8–9 575
63 (62), 2.3–4.5–6.8–9 763
66 (65), 1–3.4–5.6–7.16 u. 20 759
67 (66), 2–3.5.6 u. 8 64
71 (70), 5–6.7–8.15 u. 17 . . . 656
72 (71), 1–2.7–8.10–11. 12–13 . . . . 74 753
78 (77), 1–2.34–35.36–37. 38ab u. 39 694
78 (77), 3–4b.23–24.25 u. 54 534
80 (79), 2ac u. 3bc.15–16. 18–19 5
81 (80), 3–4.5–6b.6c–8a.10–11 479
84 (83), 2–3.4–5.10–11a . . . 745
85 (84), 9–10.11–12.13–14 . 12 516 752
89 (88), 2–3.4–5 244
89 (88), 2–3.4–5.27 u. 29 . . . 643
89 (88), 2–3.20a u. 4–5.27 u. 29 23
89 (88), 20a u. 4–5.16–17.27 u. 29 29
89 (88), 20a u. 21–22.25 u. 27 155
90 (89), 12–13.14–15.16–17 . 593
91 (90), 1–2.10–11.12–13. 14–15 755
92 (91), 2–3.13–14.15–16 . . 492
93 (92), 1.2–3.4–5 628
95 (94), 1–2.6–7c.7d–9 . . . 452 763
96 (95), 1–2.3 u. 11.12–13a . 37
97 (96), 1–2.5–6.8–9 678
97 (96), 1–2.5–6.11–12 . . . 735
97 (96), 1 u. 6.11–12 42
98 (97), 1.2–3b.3c–4 . . . . 275 725
98 (97), 1.2–3b.3c–4.5–6 . . 47 753

100 (99), 1–3.4–5 764
103 (102), 1–2.3–4.8 u. 10. 12–13 . . . . 473 764
103 (102), 1–2.11–12.19–20b 289
104 (103), 1–2.5–6.10 u. 12. 13–14b.24 u. 1ab 203
104 (103), 1–2.24–25.27–28. 29–30 . . . . 300 760
104 (103), 1–2.24–25.29–30. 31 u. 34 305
105 (104), 1–2.3–4.5–6.8–9 . 55
107 (106), 23–24.26–27. 28–29.30–31 497
116 (114), 1–2.3–4.5–6.8–9 . 569
116 (115), 10 u. 15.16–17. 18–19 103
116 (115), 12–13.15–16. 17–18 . . . . 160 326
118 (117), 1–2.16–17.22–23 . 225 235 758
118 (117), 1 u. 4.8–9.21–22. 23 u. 26.28–29 264
118 (117), 2 u. 4.16–17.18 u. 22.23–24 252
122 (121), 1–3.4–5.6–7.8–9 . 766
123 (122), 1–2.3–4 511
124 (123), 2–3.4–5.7–8 740
126 (125), 1–2b.2c–3.4–5.6 . 605
128 (127), 1–2.3.4–5 54
128 (127), 1–2.3.4–6 587
130 (129), 1–2.3–4.5–6b. 6c u. 7a u. 8 . . . . 486 755
130 (129), 1–2.3–4.5–6b. 6c–8 705
132 (131), 6–7.9–10.13–14 . 684
136 (135), 1–3.4–6.7–9. 24–26 757
136 (135), 1 u. 3.16 u. 21–22. 23–26 758
137 (136), 1–2.3–4.5–6 117
139 (138), 1–3.13–14.15–16 . 661
145 (144), 1–2.8–9.10–11. 13c–14 765
145 (144), 8–9.15–16.17–18 . 528
146 (145), 6–7.8–9b.9c–10 . 564 616
147 (146), 1–2.3–4.5–6 457
147, 12–13.14–15.19–20 . . 68

II. Cantica aus dem Alten Testament

Ex 15, 1b–2b.2c–3.4–5.6 u. 13.17–18 211
Jes 12, 2.3 u. 4bcd.5–6 . . . . 82 217 335

III. Canticum aus dem Neuen Testament

Lk 1, 46–48.49–50.53–54 . . 17

ALPHABETISCHES VERZEICHNIS DER FESTE UND HEILIGENGEDENKTAGE IM LITURGISCHEN KALENDARIUM

H = Hochfest
F = Fest G = Gebotener Gedenktag g = nichtgebotener Gedenktag

Achilleus, Märtyrer († um 304); g: 12. 5.
Adalbert, Bischof, Glaubensbote, Märtyrer († 997); g: 23. 4.
Agatha, Jungfrau, Märtyrin (3. Jh.); G: 5. 2.
Agnes, Jungfrau, Märtyrin († 304); g: 21. 1.
Albert d. Gr., Bischof, Kirchenlehrer († 1280); g: 15. 11.
Alfons Maria von Liguori, Ordensgründer, Bischof, Kirchenlehrer († 1787); [G: 1. 8.
Allerheiligen; H: 1. 11.
Allerseelen; 2. 11.
Aloysius Gonzaga, Ordensmann († 1591); G: 21. 6.
Ambrosius, Bischof, Kirchenlehrer († 387); G: 7. 12.
Andreas, Apostel; F: 30. 11.
Angela Merici, Ordensgründerin († 1540); g: 27. 1.
Anna, Mutter der sel. Jungfrau Maria; G: 26. 7.
Anno, Bischof († 1075); g: 5. 12.
Anselm, Bischof, Kirchenlehrer († 1109); g: 21. 4.
Ansgar, Bischof, Glaubensbote († 865); g: 3. 2.
Antonius, Mönchsvater († 356); G: 17. 1.
Antonius Maria Claret, Bischof, Ordensgründer († 1870); g: 24. 10.
Antonius Maria Zaccaria, Priester, Ordensgründer († 1539); g: 5. 7.
Antonius von Padua, Ordenspriester, Kirchenlehrer († 1231); G: 13. 6.
Athanasius, Bischof, Kirchenlehrer († 373); G: 2. 5.
Augustinus, Bischof, Kirchenlehrer († 430); G: 28. 8.
Augustinus von Canterbury, Bischof, Glaubensbote († 605); g: 27. 5.

Barbara, Märtyrin; g: 4. 12.
Barnabas, Apostel; G: 11. 6.
Bartholomäus, Apostel; F: 24. 8.
Basilius d. Gr., Bischof, Kirchenlehrer († 379); G: 2. 1.
Beda d. Ehrwürdige, Ordenspriester, Kirchenlehrer († 735); g: 25. 5.
Benedikt von Nursia, Mönchsvater († um 547); F: 11. 7.
Benno, Bischof († 1106); g: 16. 6.
Bernhard von Clairvaux, Abt, Kirchenlehrer († 1153); G: 20. 8.
Bernhardin von Siena, Ordenspriester († 1444); g: 20. 5.
Birgitta von Schweden, Ordensgründerin († 1373); g: 23. 7.
Blasius, Bischof, Märtyrer († um 316); g: 3. 2.
Bonaventura, Bischof, Kirchenlehrer († 1274); G: 15. 7.
Bonifatius, Bischof, Glaubensbote, Märtyrer († 754); G: 5. 6.
Bruno, Mönch, Einsiedler, Ordensgründer († 1101); g: 6. 10.
Bruno von Querfurt, Bischof, Glaubensbote, Märtyrer († 1009); g: 9. 3.

Cäcilia, Jungfrau, Märtyrin; G: 22. 11.
Christophorus, Märtyrer; g: 24. 7.
Cyprian, Bischof, Märtyrer († 258); G: 16. 9.
Cyrill, Mönch († 869); F: 14. 2.
Cyrill von Alexandrien, Bischof, Kirchenlehrer († 444); g: 27. 6.
Cyrill von Jerusalem, Bischof, Kirchenlehrer († 386); g: 18. 3.

Damasus I., Papst († 384); g: 11. 12.
Damian, Märtyrer († 303); g: 26. 9.
Darstellung des Herrn; F: 2. 2.
Dionysius, Bischof, Märtyrer; g: 9. 10.
Dominikus, Priester, Ordensgründer († 1221); G: 8. 8.

Elisabeth von Portugal (†1336); g: 4. 7.
Elisabeth von Thüringen († 1231); G: 19. 11.
Ephräm der Syrer, Diakon, Kirchenlehrer († 373); g: 9. 6.
Erich von Schweden, Märtyrer († 1160); g: 10. 7.
Eusebius, Bischof († 371); g: 2. 8.

Fabian, Papst, Märtyrer († 250); g: 20. 1.
Felizitas, Märtyrin († 203); G: 7. 3.
Fidelis von Sigmaringen, Ordenspriester, Märtyrer († 1622); g: 24. 4.
Florian, Märtyrer († 304); g: 4. 5.
Franz von Assisi, Ordensgründer († 1226); G: 4. 10.
Franz von Paola, Einsiedler, Ordensgründer († 1507); g: 2. 4.
Franz von Sales, Bischof, Ordensgründer, Kirchenlehrer († 1622); G: 24. 1.
Franziska von Rom, Witwe, Ordensgründerin († 1440); g: 9. 3.
Franz Xaver, Ordenspriester, Glaubensbote († 1552); G: 3. 12.
Fridolin von Säckingen, Mönch, Glaubensbote († um 540); g: 6. 3.

Gabriel, Erzengel; F: 29. 9.
Gallus, Mönch, Einsiedler, Glaubensbote († 640); g: 16. 10.
Gebhard, Bischof († 995); g: 26. 11.
Georg, Märtyrer († 4. Jh.); g: 23. 4.
Gertrud von Helfta, Ordensfrau, Mystikerin († 1302); g: 17. 11.
Gertrud von Nivelles, Äbtissin († 653 od. 659); g: 17. 3.
Godehard, Bischof († 1038); g: 5. 5.
Gregor der Große, Papst, Kirchenlehrer († 604); G: 3. 9.
Gregor VII., Papst († 1085); g: 25. 5.
Gregor von Nazianz, Bischof, Kirchenlehrer († 389 od. 390); G: 2. 1.
Gründer des Servitenordens († 14. Jh.); g: 17. 2.

Hedwig († 1243); g: 16. 10.
Heinrich II., Kaiser († 1024); g: 13. 7.
Heinrich Seuse, Ordenspriester, Mystiker († 1366); g: 23. 1.
Hemma von Gurk († 1045); g: 27. 6.
Hermann Josef, Ordenspriester, Mystiker († 1241); g: 21. 5.

Hieronymus, Priester, Kirchenlehrer († 420); G: 30. 9.
Hieronymus Ämiliani, Ordensgründer († 1537); g: 8. 2.
Hilarius, Bischof, Kirchenlehrer († um 367); g: 13. 1.
Hildegard von Bingen, Äbtissin, Mystikerin († 1179); g: 17. 9.
Hippolyt, Priester, Märtyrer († 235); g: 13. 8.
Hubert, Bischof († 727); g: 3. 11.

Ignatius von Antiochien, Bischof, Märtyrer († um 117); G: 17. 10.
Ignatius von Loyola, Priester, Ordensgründer († 1556); G: 31. 7.
Irenäus, Bischof, Märtyrer († um 202); G: 28. 6.
Isaak Jogues, Märtyrer († 1647); g: 19. 10.
Isidor, Bischof, Kirchenlehrer († 636); g: 4. 4.

Jakobus d. Ä., Apostel († um 42); F: 25. 7.
Jakobus d. J., Apostel († 62 ?); F: 3. 5.
Januarius, Bischof, Märtyrer († 305); g: 19. 9.
Joachim, Vater der sel. Jungfrau Maria; G: 26. 7.
Johanna Franziska von Chantal, Ordensgründerin († 1641); g: 12. 12.
Johannes, Apostel, Evangelist; F: 27. 12.
Johannes I., Papst, Märtyrer († 526); g: 18. 5.
Johannes Baptist de la Salle, Priester, Ordensgründer († 1719); G: 7. 4.
Johannes Bosco, Priester, Ordensgründer († 1888); G: 31. 1.
Johannes de Brébeuf, Märtyrer († 1647); g: 19. 10.
Johannes von Capestrano, Ordenspriester († 1456); g: 23. 10.
Johannes Chrysostomus, Bischof, Kirchenlehrer († 407); G: 13. 9.
Johannes von Damaskus, Priester, Kirchenlehrer († um 749); g: 4. 12.
Johannes Eudes, Priester, Ordensgründer († 1680); g: 19. 8.
Johannes von Gott, Ordensgründer († 1550); g: 8. 3.
Johannes von Krakau, Priester († 1473); g: 23. 12.
Johannes vom Kreuz, Ordenspriester, Kirchenlehrer († 1591); G: 14. 12.
Johannes Leonardi, Priester, Ordensgründer († 1609); g: 9. 10.
Johannes Maria Vianney, Priester († 1859); G: 4. 8.
Johannes Nepomuk, Priester, Märtyrer († 1393); g: 16. 5.
Johannes der Täufer, Geburtsfest; H: 24. 6.
Enthauptung; G: 29. 8.
John Fisher, Bischof, Märtyrer († 1535); g: 22. 6.
Josaphat, Bischof, Märtyrer († 1623); G: 12. 11.
Josef, Bräutigam; H: 19. 3.
der Arbeiter; g: 1. 5.
Josef von Calasanza, Priester, Ordensgründer († 1648); g: 25. 8.
Judas, Apostel; F: 28. 10.
Justin, Märtyrer († um 165); G: 1. 6.

Kajetan, Priester, Ordensgründer († 1547); g: 7. 8.
Kallistus I., Papst, Märtyrer († 222); g: 14. 10.
Kamillus von Lellis, Priester, Ordensgründer († 1614); g: 14. 7.
Karl Borromäus, Bischof († 1584); G: 4. 11.
Karl Lwanga, Märtyrer († 1886); G: 3. 6.

Kasimir, Königssohn († 1484); g: 4. 3.
Katharina von Alexandrien, Jungfrau, Märtyrin († 4. Jh.); g: 25. 11.
Katharina von Siena, Ordensfrau, Kirchenlehrerin († 1380); G: 29. 4.
Kilian, Bischof, Glaubensbote, Märtyrer († 689); g: 8. 7.
Klara, Jungfrau († 1253); G: 11. 8.
Klemens, Papst, Märtyrer († 101); g: 23. 11.
Klemens Maria Hofbauer, Ordenspriester († 1820); g: 15. 3.
Knud von Dänemark, Märtyrer († 1086); g: 10. 7.
Kolumban, Abt, Glaubensbote († 615); g: 23. 11.
Konrad, Bischof († 975); g: 26. 11.
Konrad von Parzham, Ordensbruder († 1894); g: 21. 4.
Kornelius, Papst, Märtyrer († 253); G: 16. 9.
Kosmas, Märtyrer († 303); g: 26. 9.
Kreuzerhöhung; F: 14. 9.
Kunigunde, Kaiserin († 1033); g: 13. 7.

Lambert, Bischof, Glaubensbote, Märtyrer († 705/06); g: 18. 9.
Laurentius, Diakon, Märtyrer († 258 ?); F: 10. 8.
Laurentius von Brindisi, Ordenspriester, Kirchenlehrer († 1619); g: 21. 7.
Leo d. Gr., Papst, Kirchenlehrer († 461); G: 10. 11.
Leo IX., Papst († 1054); g: 19. 4.
Leonhard, Einsiedler († 6. Jh.); g: 6. 11.
Leopold († 1136); g: 15. 11.
Lioba, Äbtissin († um 782); g: 28. 9.
Liudger, Bischof († 809); g: 26. 3.
Ludwig († 1270); g: 25. 8.
Lukas, Evangelist; F: 18. 10.
Luzia, Jungfrau, Märtyrin; g: 13. 12.
Luzius, Bischof, Märtyrer; g: 2. 12.

Marcellinus, Märtyrer († um 304); g: 2. 6.
Margareta, Jungfrau, Märtyrin; g: 20. 7.
Margareta Maria Alacoque, Ordensfrau († 1690); g: 16. 10.
Margareta von Schottland († 1093); g: 16. 11.
Maria, Aufnahme in den Himmel; H: 15. 8.
Geburt: F: 8. 9.
Gottesmutter; H: 1. 1.
Heimsuchung; F: 2. 7.
Königin; G: 22. 8.
Namen; g: 12. 9.
Ohne Erbsünde empfangen; H: 8. 12.
U. L. F. in Jerusalem; G: 21. 11.
U. L. F. auf dem Berge Karmel; g: 16. 7.
U. L. F. in Lourdes; g: 11. 2.
U. L. F. vom Rosenkranz; G: 7. 10.
Unbeflecktes Herz; g: Sa. nach Herz-Jesu-Fest
Schmerzen; G: 15. 9.
Maria Goretti, Jungfrau, Märtyrin († 1902); g: 6. 7.
Maria Magdalena; G: 22. 7.

Maria Magdalena von Pazzi, Ordensfrau († 1607); g: 25. 5.
Markus, Evangelist; F: 25. 4.
Marta; G: 29. 7.
Martin, Bischof († 397); G: 11. 11.
Martin I., Papst, Märtyrer († 656); g: 13. 4.
Martin von Porres, Ordensbruder († 1639); g: 3. 11.
Märtyrer von Lorch († 304); g: 4. 5.
Märtyrer der Stadt Rom; g: 30. 6.
Mathilde († 968); g: 14. 3.
Matthäus, Apostel, Evangelist; F: 21. 9.
Matthias, Apostel: F: 24. 2.
Mauritius, Märtyrer († um 290); g: 22. 9.
Maximilian Kolbe, Märtyrer, Ordensmann († 1941); G: 14. 8.
Meinrad, Mönch, Einsiedler, Märtyrer († 861); g: 21. 1.
Methodius, Bischof, Glaubensbote († 885); F: 14. 2.
Michael, Erzengel; F: 29. 9.
Monika († 387); G: 27. 8.

Nereus, Märtyrer († um 304); g: 12. 6.
Niklaus von Flüe, Einsiedler († 1487); g: 25. 9.
Nikolaus, Bischof († 4. Jh.); g: 6. 12.
Norbert von Xanten, Bischof, Ordensgründer († 1134); g: 6. 6.

Odilia, Äbtissin († 720); g: 13. 12.
Olaf von Norwegen († 1030); g: 10. 7.
Otto, Bischof, Glaubensbote († 1139); g: 30. 6.

Pankratius, Märtyrer († 304); g: 12. 5.
Patrick, Bischof, Glaubensbote († 461); g: 17. 3.
Paul vom Kreuz, Priester, Ordensgründer († 1775); g: 19. 10.
Paul Miki, Märtyrer († 1597); G: 6. 2.
Paulinus von Nola, Bischof († 431); g: 22. 6.
Paulinus von Trier, Bischof, Märtyrer († 358); g: 31. 8.
Paulus, Apostel; H: 29. 6.
  Bekehrung; F: 25. 1.
Perpetua, Märtyrin († 203); G: 7. 3.
Peter Chanel, Priester, Märtyrer († 1841); g: 28. 4.
Petrus, Apostel; H: 29. 6.
  Kathedra; F: 22. 2.
Petrus, Märtyrer († um 304); g: 2. 6.
Petrus Chrysologus, Bischof, Kirchenlehrer († 450); g: 30. 7.
Petrus Damiani, Bischof, Kirchenlehrer († 1072); g: 21. 2.
Petrus Kanisius, Ordenspriester, Kirchenlehrer († 1597); g: 27. 4.
Philipp Neri, Priester († 1595); G: 26. 5.
Philippus, Apostel; F: 3. 5.
Pirmin, Abtbischof, Glaubensbote († 753); g: 3. 11.
Pius V., Papst († 1572); g: 30. 4.
Pius X., Papst († 1914); G: 21. 8.
Polykarp, Bischof, Märtyrer († 155); G: 23. 2.
Pontianus, Papst († 235); g: 13. 8.

Rabanus Maurus, Bischof († 856); g: 4. 2.
Rafael, Erzengel; F: 29. 9.
Raimund von Penyafort, Ordensgründer († 1275); g: 7. 1.
Robert Bellarmin, Bischof, Kirchenlehrer († 1621); g: 17. 9.
Romuald, Abt, Ordensgründer († 1027); g: 19. 6.
Rosa von Lima, Jungfrau († 1617); g: 23. 8.
Rupert, Bischof, Glaubensbote († 718); g: 24. 9.

Scholastika, Jungfrau († um 547); g: 10. 2.
Schutzengel; G: 2. 10.
Sebastian, Märtyrer († 288); g: 20. 1.
Severin, Mönch († 482); g: 8. 1.
Silvester I., Papst († 335); g: 31. 12.
Simon, Apostel; F: 28. 10.
Stanislaus, Bischof, Märtyrer († 1079); G: 11. 4.
Stephan von Ungarn († 1038); g: 16. 8.
Stephanus, erster Märtyrer; F: 26. 12.

Theresia von Ávila, Ordensfrau, Kirchenlehrerin († 1582); G: 15. 10.
Theresia vom Kinde Jesus, Ordensfrau († 1897); G: 1. 10.
Thomas, Apostel; F: 3. 7.
Thomas von Aquin, Ordenspriester, Kirchenlehrer († 1274); G: 28. 1.
Thomas Becket, Bischof, Märtyrer († 1170); g: 29. 12.
Thomas Morus, Märtyrer († 1535); g: 22. 6.
Timotheus, Bischof, Apostelschüler; G: 26. 1.
Titus, Bischof, Apostelschüler; G: 26. 1.
Turibio von Mongrovejo, Bischof († 1606); g: 23. 3.

Ulrich, Bischof († 973); g: 4. 7.
Unschuldige Kinder; F: 28. 12.
Ursula, Märtyrin; g: 21. 10.

Valentin, Bischof († um 475); g: 7. 1.
Verklärung des Herrn; F: 6. 8.
Verkündigung des Herrn; H: 25. 3.
Vinzenz, Diakon, Märtyrer († 304 ?); g: 22. 1.
Vinzenz Ferrer, Ordenspriester († 1419); g: 5. 4.
Vinzenz von Paul, Priester, Ordensgründer († 1660); G: 27. 9.
Virgil, Bischof, Glaubensbote († 784); g: 24. 9.
Vitus, Märtyrer († um 304); g: 15. 6.

Walburga, Äbtissin († 779); g: 25. 2.
Weihetag der Basilika Santa Maria Maggiore in Rom; g: 5. 8.
Weihetag der Basiliken St. Peter und St. Paul in Rom; g: 18. 11.
Weihetag der Basilika am Lateran in Rom; F: 9. 11.
Wendelin, Einsiedler († 6. Jh.); g: 20. 10.
Wenzel, Märtyrer († 929); g: 28. 9.
Willibald, Bischof, Glaubensbote († 787); g: 7. 7.
Willibrord, Bischof, Glaubensbote († 739); g: 7. 11.
Wolfgang, Bischof († 994); g: 31. 10.

Xystus II., Papst, Märtyrer († 258); g: 7. 8.

QUELLENNACHWEIS

S. 27: M. Maliński in: Christ in der Gegenwart 31 (1979); S. 62: S. Grän in: Die Botschaft heute (1979), S. 25; S. 78: R. Pesch in: Am Tisch des Wortes 7 (Verlag Kathol. Bibelwerk, Stuttgart 1965); S. 86: Y. Congar, Der Heilige Geist (Verlag Herder, Freiburg 1982); S. 94: A. Auer, Die gereinigte Liebe zur Schöpfung, in: Christ in der Gegenwart 9 (1971); S. 101: H. J. M. Nouwen, In ihm das Leben finden (Verlag Herder, Freiburg ^{3}1984); S. 107, S. 562: Th. Brüggemann, Gebete zur Bergpredigt (Verlag E. Kaufmann, Lahr 1972); S. 121: H. Urs von Balthasar, Wer ist ein Christ? (Johannes-Verlag, Einsiedeln ^{4}1983); S. 127: L. J. Kard. Suenens, Worte der Hoffnung (Verlag O. Müller, Salzburg 1973); S. 232: D. Bonhoeffer in: Bonhoeffer-Brevier (Chr. Kaiser Verlag, München ^{3}1968); S. 250: H. Flügel, Mensch und Menschensohn (Kösel-Verlag, München 1947); S. 267, S. 293, S. 332: Johannes Paul II. in: Die Freude, die bleibt (Verlag Herder, Freiburg 1980); S. 273, S. 278, S. 472, S. 573: Frère Roger, Worte der Versöhnung (Verlag Herder, Freiburg ^{4}1980); S. 324, S. 526, S. 620: H. J. M. Nouwen, Ich hörte auf die Stille (Verlag Herder, Freiburg ^{7}1982); S. 461: Frère Roger. Die Dynamik des Vorläufigen. Herderbücherei 648 (Verlag Herder, Freiburg ^{2}1981): S. 477, S. 501: H. J. M. Nouwen, Gebete aus der Stille (Verlag Herder, Freiburg ^{2}1982); S. 483: Fr. J. J. Buytendijk in: L. Pesch (Hrsg.), Menschenbild und Lebensführung (Verlag C. H. Beck, München 1963); S. 490: B. Schellenberger, Ein anderes Leben (Verlag Herder, Freiburg ^{3}1981); S. 495: Franz von Sales, Worte des Vertrauens (Verlag Herder, Freiburg ^{5}1981); S. 509: K. Adam, Christus, unser Bruder (Verlag J. Habbel, Regensburg ^{9}1960); S. 520: Th. Brüggemann, Worauf es ankommt (Verlag E. Kaufmann, Lahr 1970); S. 532: Johannes Paul II., Enz. Redemptor hominis. Die Würde des Menschen in Christus (Verlag Herder, Freiburg ^{3}1981); S. 538: U. Horst in: Anzeiger für die kath. Geistlichkeit (1979); S. 549: In: E. Jungclaussen, Beten mit Franz von Assisi (Verlag Herder, Freiburg ^{7}1984); S. 567: F. Cromphout, Eine Zeit des Redens. Gebete und liturgische Texte (Verlag G. Kaffke, Bergen-Enkheim 1971); S. 579: K. Hemmerle in: Christ in der Gegenwart 49 (1967); S. 598: H. Mühlen, Einübung in die christliche Grunderfahrung, Bd. II. Topostaschenbücher 49 (Matthias-Grünewald-Verlag, Mainz); S. 604: F. Kard. Marty in: H. Bacht, Zeiten des Herrn III, Lesejahr C (Verlag J. Knecht, Frankfurt a. M. 1973); S. 609: B. Lesniewicz in: Christ in der Gegenwart 25 (1973); S. 626: H. Spaemann, Stärker als Not, Krankheit und Tod (Verlag Herder, Freiburg ^{2}1982); S. 631: K. Ihlenfeld, zitiert in: Deutsche Zeitung vom 15. Dez. 1978.

SCHOTT

Der Name Schott ist geschützt. DP 637431/28

Imprimi potest. – Beuron, den 11. November 1983
† Hieronymus Nitz OSB, Erzabt
Imprimatur. – Freiburg im Breisgau, den 1. Dezember 1983
Der Generalvikar: Dr. Schlund

Für die Texte aus Die Feier der heiligen Messe, Meßbuch und Meßlektionar, authentische Ausgaben für den liturgischen Gebrauch, herausgegeben im Auftrag der Deutschen und der Berliner Bischofskonferenz, der Österreichischen Bischofskonferenz, der Schweizer Bischofskonferenz sowie der Bischöfe von Luxemburg, Bozen-Brixen, Lüttich, Metz und Straßburg, erteilte die zur Wahrnehmung und Verwaltung der Rechte beauftragte „Ständige Kommission für die Herausgabe der gemeinsamen liturgischen Bücher im deutschen Sprachgebiet" die Abdruckerlaubnis. Die aus dem Meßlektionar entnommenen Schriftlesungen sind Teil der von den Bischöfen des deutschen Sprachgebietes approbierten Einheitsübersetzung der Heiligen Schrift.

G

Gesetzt und gedruckt in der von Alfred Riedel
gestalteten Adamas-Antiqua in der Offizin Herder
in Freiburg im Breisgau
1991

ISBN 3-451-19800-2 (Paperback)
ISBN 3-451-19801-0 (Kunstleder)
ISBN 3-451-19802-9 (Leder)